ACCESO AL E-BOOK GRATIS

[+] Diríjase a la página web de la editorial www.tirant.com

[+] En *Mi cuenta* vaya a Mis promociones https://www.tirant.com/mispromociones

[+] Introduzca su mail y contraseña, si todavía no está registrado debe registrarse

[+] Una vez en Mis promociones inserte el código oculto en esta página para activar la promoción

Código Promocional

Rasque para visualizar

No se admitirá la devolución de este libro si el código promocional ha sido manipulado

GPS PROPIEDAD HORIZONTAL

Guía íntegra para la Administración de Fincas

Procedimiento de selección de originales, ver página web:

http://www.tirant.net/index.php/editorial/procedimiento-de-seleccion-de-originales

GPS PROPIEDAD HORIZONTAL

Guía íntegra para la Administración de Fincas

Coordinación:

JOSÉ IGNACIO ROSAT ACED

Autores:

ARTURO BALLESTEROS PASCUAL
Licenciado en Ciencias Económicas

PEDRO CARMONA IBÁÑEZ
Doctor en Ciencias Económicas y Empresariales
Profesor Titular Universidad de Valencia

INMACULADA JAIME LÓPEZ
Licenciada en Derecho

JACINTO JOSÉ JIMÉNEZ LUJÁN
Licenciado en Derecho

JOSÉ FRANCISCO LÓPEZ NAVARRO
Abogado

CARLOS ROSAT ACED
Administrador de Fincas

JOSÉ IGNACIO ROSAT ACED
Administrador de Fincas

tirant lo blanch
Valencia, 2015

En caso de erratas y actualizaciones, la Editorial Tirant lo Blanch publicará la pertinente corrección en la página web www.tirant.com (http://www.tirant.com).

EDITA: TIRANT LO BLANCH
C/ Artes Gráficas, 14 - 46010 - Valencia
TELFS.: 96/361 00 48 - 50
FAX: 96/369 41 51
Email:tlb@tirant.com
http://www.tirant.com
Librería virtual: http://www.tirant.es
ISBN: 978-84-9086-564-4
DEPÓSITO LEGAL: V-639-2015
IMPRIME: RODONA Industria Gráfica, S.L.
MAQUETA: Tink Factoría de Color

Si tiene alguna queja o sugerencia, envíenos un mail a: *atencioncliente@tirant.com*. En caso de no ser atendida su sugerencia, por favor, lea en *www.tirant.net/index.php/empresa/politicas-de-empresa* nuestro Procedimiento de quejas.

Nota aclaratoria

Dada la fecha de entrada en vigor de la Ley 8/2013 que modificó la Ley de Propiedad Horizontal, todavía en la presente obra van a encontrase numerosas sentencias, en especial del Tribunal Supremo, que hacen referencia a la unanimidad para la modificación de elementos comunes y del título constitutivo. Como explicamos en diversos capítulos, la exigencia de la unanimidad se ha flexibilizado para la mayor parte de toma de acuerdos, pero hemos entendido conveniente mantener la citada Jurisprudencia, por lo clarificador de sus fundamentos de derecho, en relación a los asuntos abordados y ello en espera de que se emita nueva Jurisprudencia, ya basada en la última reforma de la Ley 49/1960.

Abreviaturas

A.P.	Audiencia Provincial.
art.	artículo.
BOE	Boletín Oficial del Estado.
CC	Código Civil.
CE	Constitución Española.
corr. de err.	Corrección de errores.
DGRN	Dirección General de los Registros y del Notariado.
D.N.I.	Documento Nacional de Identidad.
E.T.	Estatuto de los Trabajadores.
Fdo.	Firmado.
IVA	Impuesto sobre el valor añadido.
IRPF	Impuesto sobre la Renta de las Personas Físicas.
LAU	Ley de Arrendamientos Urbanos.
LH	Ley Hipotecaria.
LEC	Ley de Enjuiciamiento Civil.
LPH	Ley de Propiedad Horizontal.
LPRL	Ley de Prevención de Riesgos Laborales.
NIF	Número de Identificación Fiscal.
Nº/Núm.	Número.
OMIC	Oficina Municipal de Información al Consumidor.
P.G.C.	Plan General Contable.
Pts.	Pesetas.
pfo.	párrafo.
R.	Resolución.
RD	Real Decreto.
RDL	Real Decreto-Ley.
RH	Reglamento Hipotecario.
SAP	Sentencia de la Audiencia Provincial.
SMI	Salario Mínimo Interprofesional.
Sr.	Señor.
Sra.	Señora.
SS.	siguientes.
SSTS	Sentencias del Tribunal Supremo.
TOL	Referencia Tirant On Line.
TRLGSS	Texto Refundido de la Ley General de Seguridad Social.

TS	Tribunal Supremo.
V° B°	Visto Bueno.
V.	Véase.
Vd.	Usted.
VPO	Vivienda de protección oficial.

Índice

Constitución y extinción de la propiedad horizontal. Figuras jurídicas análogas y supuestos conflictivos

1. LA PROPIEDAD HORIZONTAL

1.1. *Definición*

La propiedad horizontal es una figura jurídica especial que se caracteriza por comprender una propiedad exclusiva sobre unos determinados elementos (pisos o locales susceptibles de aprovechamiento independiente) y una copropiedad sobre otros elementos (servicios e instalaciones comunes de la finca).
La propiedad horizontal se rige en nuestro derecho positivo por la Ley 49/1960, de 21 de julio, sobre Propiedad Horizontal (en adelante LPH), que ha sido objeto de modificación en diversas ocasiones.

1.2. *Formas de creación de la Propiedad Horizontal*

Existen tres formas principales de creación de un régimen de Propiedad Horizontal:

1. División por el propietario de un inmueble, hasta entonces único.
2. División de un inmueble en situación de copropiedad (art. 401 CC.).
3. Construcción de un inmueble para configurarlo, como un régimen de Propiedad Horizontal, por parte de su promotor. Aquí estamos ante una situación de prehorizontalidad.

1.3. *Proceso de constitución de la Propiedad Horizontal. La prehorizontalidad*

La Prehorizontalidad es aquella situación jurídica en que el régimen de propiedad horizontal no está todavía constituido por completo, pero en la que se encuentra perfectamente formada y declarada la voluntad de los interesados de llegar a establecerlo, habiéndose iniciado la vía jurídica para ello.

El art. 2 LPH establece que:

> *«Esta ley será de aplicación… b) A las comunidades que reúnan los requisitos establecidos en el artículo 396 del Código Civil y no hubiesen otorgado el título constitutivo de la propiedad*

horizontal. Estas comunidades se regirán, en todo caso, por las disposiciones de esta Ley en lo relativo al régimen jurídico de la propiedad, de sus partes privativas y elementos comunes, así como en cuanto a los derechos y obligaciones recíprocas de los comuneros».

Este artículo contempla la situación de prehorizontalidad, porque físicamente la comunidad cumple con los requisitos del art. 396 CC, es decir, está compuesta por elementos comunes y elementos privativos, susceptibles de aprovechamiento independiente, bien por tener salida a un elemento común o a la vía pública. Sin embargo aún no se ha otorgado el título constitutivo, que supone el instrumento jurídico mediante el cual queda constituída la propiedad horizontal.

No obstante, pese a no contar con el título constitutivo, el legislador ha querido incluir a estas comunidades dentro del campo de aplicación de la presente ley.

El artículo 8.4 de la Ley Hipotecaria permite la inscripción de la propiedad horizontal de los edificios que aún están en fase de construcción en el Registro de la Propiedad, aunque la definitiva conformación del régimen está condicionada a que la construcción termine. Si las obras llegan a su fin de la manera prevista, se entiende que la propiedad horizontal queda constituida con efectos retroactivos (al momento de la inscripción):

«Los edificios en régimen de propiedad por pisos cuya construcción esté concluida o, por lo menos comenzada. En la inscripción se describirán, con las circunstancias prescritas por la Ley, además del inmueble en su conjunto, sus distintos pisos y locales susceptibles de aprovechamiento independiente, asignando a éstos un número correlativo escrito en letra y la cuota de participación que a cada uno corresponde en relación con el inmueble. En la inscripción del solar o del edificio en conjunto se harán constar los pisos meramente proyectados. Se incluirán, además, aquellas reglas contenidas en el título y en los Estatutos que configuren el contenido y ejercicio de esta propiedad. La inscripción se practicará a favor del dueño del inmueble constituyente del régimen o de los titulares de todos y cada uno de sus pisos o locales».

La resolución de la **DGRN de 18-4-88** *(Tol 834362)* ya abordó la prehorizontalidad estableciendo que:

«...No constando del Registro otros interesados, no debe haber obstáculos para reflejar las vicisitudes jurídico-reales ocurridas en la finca inscrita por voluntad de los dos titulares registrales tal como resulte de sus declaraciones de voluntad. Conforme a nuestro Ordenamiento, las reglas ordinarias de la comunidad y entre ellas, las que llevarían al resultado de que el edificio una vez construido, siga igualmente perteneciendo a ambos en proindiviso ordinario, sólo rigen 'a falta de contratos' (cfr. artículo 392-11 del Código civil), siempre, claro, que en ellos queden respetadas las normas imperativas. Mas nada se opone a estipulaciones de los comuneros como las que ahora resultan concertadas según la escritura que se enjuicia; se trata de acuerdos que son muy frecuentes en la práctica, como destacaba ya la Resolución de 5 de noviembre de 1982. Nada se opone, tampoco, aún antes de iniciarse la construcción a la inscripción de los acuerdos, tan conveniente para asegurar, frente a terceros, el interés de cada uno de los comuneros, en el concreto local o vivienda futura a él asignado y cuya construcción le va a imponer gastos tan importantes. La inscripción se practicará entonces en el folio de la finca común, en cuanto acuerdo modificativo del régimen de la comunidad (cfr. artículo 2, número 2 de la Ley Hipotecaria). En tanto la construcción no esté concluida o, por lo menos, comenzada,

no podrá hacerse constar en el Registro que existe ya sobre cada local o apartamento —todavía en proyecto— una propiedad separada, es decir, no podrá todavía inscribirse el régimen de propiedad horizontal como tal, pues para esto Ley Hipotecaria (artículo 8, números 4 y 5) exige que la construcción esté concluida o, por lo menos, comenzada. Pero, desde que se produzca el acuerda suficientemente determinado sobre la construcción y sobre el destino de cada vivienda o local, procede la inscripción y los pisos proyectados pueden constar como términos de referencia de los derechos que sobre la finca tienen los titulares registrales, como para hipótesis análogas prevé la misma Ley (cfr. artículos 21-1º —'pacto en contratario'— de la Ley de Propiedad Horizontal, 8º 4 de la Ley Hipotecaria y 16-2º del Reglamento Hipotecario).

3. En el presente caso, como ya consta, por la escritura, que la construcción está, por lo menos comenzada, se cuenta con base física suficiente incluso para la inscripción del régimen de propiedad horizontal tal como tienen acordado los titulares registrales, sin que deba imponérseles, para llegar a esa inscripción, que, desdiciéndose del acuerdo modificativo de la comunidad originaria, hayan de soportar sobre todo el edificio una abstracta comunidad ordinaria sujeta a las reglas ordinarias de división del proindiviso. La inscripción naturalmente debe expresar por su orden, el acuerdo previo y la construcción del edificio circunstancia ésta, la de la construcción, que registralmente tiene aquí un doble significado: el ordinario de hecho que modifica la base objetiva la finca de los derechos registrados; y el evento que determina la vigencia del régimen de propiedad horizontal convenido. Sin que importe, en cambio, precisar si la naturaleza de estas modificaciones jurídicas ocurridas en el inicial condominio del solar, constituyen propiamente disolución de la comunidad o simplemente transformación de un régimen comunitario en otro distinto en fenómeno inverso en el artículo 21 de la Ley de Propiedad Horizontal».

También la resolución de la **DGRN de 24-6-91** trató el tema de la prehorizontalidad y de la indefensión en que se encontraban los compradores de viviendas:

«Es hipótesis muy frecuente, en la realidad social actual, que la adquisición de las viviendas se efectúe en documento privado y cuando aún no se ha iniciado la construcción del edificio correspondiente, postponiendo a un ulterior momento, una vez cumplidas las circunstancias previstas, la formalización de la escritura pública de compraventa; ello plantea múltiples situaciones conflictivas que podrían terminar en una indefensión del comprador. Se hace necesario, por tanto, una adecuada ponderación de todos los elementos concurrentes que hagan posible la obtención de soluciones equilibradas, que, a la vez que dan satisfacción a la necesidad de protección del comprador, sean asimismo, cohonestables con las exigencias de seguridad, certeza y fluidez propias del tráfico jurídico inmobiliario».

Al referirse dicha resolución al tema de la prehorizontalidad estableció que:

«Evidentemente, en tanto que la construcción no esté concluida o, por lo menos, comenzada, no podrá hacerse constar en el Registro que existe ya sobre cada local o apartamento una propiedad separada; es decir, no podrá inscribirse el régimen de propiedad horizontal como tal, pues para esto la ley hipotecaria (artículo 8º, números 4º y 5º) exige que la construcción esté concluida o, por lo menos, comenzada. Pero de acuerdo con los criterios aceptados en la Resolución de 18 de abril de 1988 (RJ 1988/3358) —desde que se produzca acuerdo suficientemente determinado sobre la construcción— y al calificar la procedencia de la anotación preventiva de la demanda no corresponde al Registrador si esta determinación, posible cuestión litigiosa, se da —y sobre el destino de las viviendas o locales, procede la inscripción, y ahora la anotación preventiva—, y los locales vendidos pueden constar como términos de referencia de los derechos que sobre la finca pudiera tener el demandante si el Juez estima la demanda».

1.4. Requisitos para constituir una comunidad de propietarios

Básicamente son los siguientes:

1. Que exista un edificio.
2. Que el edificio este dividido en elementos privativos susceptibles de aprovechamiento independiente.
3. Que se haya otorgado el título constitutivo.

Por lo que se refiere al punto tercero, el art. 2 LPH establece que el mismo se va a aplicar a las comunidades de propietarios constituidas con arreglo a lo dispuesto en el art. 5, es decir, a aquellas en las que se haya otorgado el título constitutivo. Sin embargo, en el apartado segundo de dicho artículo, dispone que también será de aplicación a aquellas comunidades en que no se haya otorgado, pero sólo en lo referente al *«régimen jurídico de la propiedad, de sus partes privativas y elementos comunes, así como en cuanto a los derechos y obligaciones recíprocas de los comuneros»*, por tanto, las relaciones de la comunidad en su conjunto con terceras personas no se regirían por la LPH.

Jurisprudencia relevante

Al respecto es interesante lo dispuesto por la **STS de 23 de enero de 2008** *(Tol 1256788)* reconoce la existencia de la propiedad horizontal y la aplicación de la LPH aún sin otorgamiento de título constitutivo:

> *«...los recurrentes, que niegan la aplicación de la Ley de Propiedad Horizontal de 21 de julio de 1960 al no existir título constitutivo, inciden en el error de considerar la aplicación del art. 392 Cc, así como el art. 396 de dicho Cuerpo legal, y el artículo 5 de la Ley de 1960, cuando el título constitutivo no es elemento sustancial para la existencia y funcionamiento de la comunidad (STS 16 de junio de 1995; 7 de abril de 2003)».*

1.5. La propiedad horizontal y el registro de la propiedad

El sistema de inscripción registral español es declarativo, es decir, los negocios jurídicos, en general, producen sus efectos aunque no accedan al Registro de la Propiedad.

La principal función de esta institución es la de dar publicidad a los actos y protección a quienes tienen su derecho inscrito, frente a quienes no lo tienen.

Si trasladamos estas consideraciones al régimen de propiedad horizontal, llegamos a la conclusión de que el mismo queda constituido y surte plenos efectos, con independencia de que acceda o no al Registro.

En el supuesto de que se decida no inscribir el título constitutivo, hay que tener en cuenta que sólo va a vincular a quienes lo otorgaron o se adhirieron posteriormente, no pudiendo gozar de la publicidad registral. Así, por ejemplo, unos estatutos que no hayan tenido acceso al Registro no perjudicarán a terceros de buena fe, tal como establece la propia LPH en su art. 5.

Jurisprudencia relevante

Al respecto es interesante lo establecido en la **STS de 25 de abril de 2013** que declara (el subrayado es nuestro):

> *«...para que estas reglas de constitución y ejercicio del derecho obliguen a terceros, como ocurre en este caso respecto de una asignación de gastos de reparación de un elemento común distinta de la contenida en el título constitutivo, es preciso que conste inscrito en el Registro de la propiedad de tal forma que no estando no podrá obligar a los nuevos propietarios que adquieren la vivienda en la convicción de que lo único que les vincula es aquello que aparece publicado. Ahora bien, interpretar esta regla con absoluta rigidez, especialmente en temas menores, como el que aquí se ventila, supone desconocer otros principios fundamentales, como el de la buena fe, de lógica y de sentido de las cosas, que no reconoce la sentencia. Es cierto, a la vista de dicho precepto, en relación con el artículo 34 de la Ley Hipotecaria, que las modificaciones que se introduzcan en el Título con posterioridad, también deberán tener reflejo en el Registro de la Propiedad, y que la falta de inscripción determinará la inoponibilidad del acuerdo a todos aquéllos que en la fecha en que se acordó la modificación estatutaria no eran propietarios de pisos o locales en el edificio de que se trate, **pero solo a los terceros de buena fe**, lo que no ocurre en este caso en quien, como el actor, tiene conocimiento de los acuerdos de modificación, como declara probado la sentencia, y no los impugna por causas vinculadas al proceso de adopción, pues desde entonces adquiere legitimación para hacerlo, como resulta de la jurisprudencia que cita en el motivo».*

Cuestiones útiles

1. ¿Quedarán sujetos los edificios en construcción a la Ley de Propiedad Horizontal?

La Ley de Propiedad Horizontal no contempla esta posibilidad, ya que la edificación no cumple con los requisitos del art. 396 CC.

Sin embargo, el artículo 8.4 de la ley hipotecaria, permite la inscripción en el Registro de la Propiedad de los edificios que aún están en fase de construcción. Pero la definitiva conformación del régimen está condicionada a que la construcción termine. Si las obras llegan a su fin de la manera prevista, se entiende que la propiedad horizontal queda constituida con efectos retroactivos (al momento de la inscripción).

2. ¿Podría la Junta exigir a un propietario la inscripción de su piso en el Registro de la Propiedad? ¿Qué sucedería en caso de reclamación por morosidad del art. 21 LPH?

La Junta no puede exigir a un propietario la inscripción de su piso en el Registro de la propiedad.

Es posible que la comunidad de propietarios tema que en caso de morosidad no va a poder dirigirse contra el propietario al no tener su piso inscrito en el Registro, pero hay que señalar que tal temor es totalmente infundado, ya que el derecho de propiedad se adquiere con independencia de que acceda o no al Registro.

Lo que sí hay que tener en cuenta es que la posible anotación de embargo que se efectúe puede recaer en un piso que aparece a nombre de otra persona, en el caso de que el anterior propietario sí tuviese inscrita su titularidad. Asimismo, es posible que en el Registro no aparezca dicho piso, ya que nunca se inscribió.

3. ¿Cómo afecta al título constitutivo el que se fijen las respectivas cuotas de participación sin haber tenido en cuenta lo establecido en el artículo 5.2 LPH?

El artículo 5.2 LPH establece que para la fijación de la cuota de participación se tomarán en cuenta, necesariamente, unos requisitos. Es un imperativo legal, que en caso de incumplimiento, determinaría la nulidad del título constitutivo, por aplicación del art. 6.3 CC, ya que la cuota de participación es una de las referencias que ha de contener dicho título.

Se podría en la cuestión planteada, instar la modificación de cuotas, según lo establecido en la **STS de 29 de enero de 2007** *(Tol 1033398)*: *«... Ello no obsta, sin embargo, a que pueda instarse la modificación de los coeficientes asignados a cada piso o local del inmueble, cuando en la fijación de éstos no se hubieran respetado los criterios establecidos en el artículo 5 de la Ley de Propiedad Horizontal».*

Si se fija un coeficiente de participación distinto al que se debería instituir, de seguir los criterios de la ley, se producirá un enriquecimiento injusto para algunos titulares de pisos o locales. Así que es posible que algún copropietario acuda a los Tribunales para impugnar el título constitutivo.

Hemos de tener en cuenta quién ha fijado las cuotas para ver su legitimación en cuanto a poder impugnar las mismas. Lo normal, cuando ocurren estos supuestos, es que la fijación la haya efectuado el propietario único del edificio. Si han intervenido distintos propietarios, no podrán ellos impugnar el título, ya que supondría ir en contra de sus propios actos.

2. LA DECLARACIÓN DE OBRA NUEVA

2.1. Definición

La Declaración de Obra Nueva es una escritura que el titular registral del inmueble realiza ante un Notario en la que declara que se han comenzado o concluido unas obras, siendo necesario justificar tanto la licencia de obras como la certificación final de la misma y en la que se definen las características físicas del edificio. Esta declaración es el paso previo a la inscripción del inmueble en el Registro de la Propiedad, lo que recibe el nombre de inmatriculación.

Del artículo 208 de la Ley Hipotecaria y 308 del Reglamento Hipotecario deducimos que la declaración de obra nueva es la manifestación del propietario de una finca que está inscrita en el Registro de la Propiedad, en la que se hace constar la construcción de un edificio.

El artículo 308 del Reglamento Hipotecario establece que:

> *«Con arreglo a lo dispuesto en el artículo 208 de la ley, la inscripción de las nuevas plantaciones, así como la construcción de edificios o mejoras de las fincas urbanas, podrá efectuarse:*
> *1º Mediante su descripción en los títulos referentes al inmueble por los que se declare, reconozca, transfiera, modifique o grave el dominio y demás derechos reales, o se haga constar solamente la plantación, edificación o mejora.*
> *2º Mediante escritura pública descriptiva de la obra nueva, en la que el contratista manifieste que ha sido reintegrado del importe de la misma o a la que se acompañe certificado del Arquitecto director de la obra o del Arquitecto municipal, acreditativo de que la construcción está comenzada o concluida».*

2.2. Trámites posteriores

Siguiendo el proceso más común, se puede aprovechar la propia escritura de Declaración de Obra Nueva para efectuar la constitución del Régimen en Propiedad Horizontal.

Esta operación consistirá en dividir el total del edificio en elementos inmobiliarios independientes (pisos, locales, anejos, etc.) a los que se les asignará una cuota de participación.

3. EL TÍTULO CONSTITUTIVO

3.1. Definición

Es un acto jurídico y documento público con el que se origina la propiedad horizontal. Entre los contenidos del mismo se encuentran:

1. Descripción del inmueble en su totalidad. Datos de sumo interés son el carácter privativo o común de determinados elementos, como los patios o terrazas.
2. Descripción de los pisos o locales.
3. Puede contener los estatutos. Son interesantes las posibles cláusulas de exoneración de determinados gastos.
4. Expresión de la cuota de participación.

❒ ***Forma de otorgamiento del título:***

La LPH, en su artículo 5, no exige una forma determinada, aunque en la práctica lo normal es constituirlo en escritura pública, que se conoce como escritura de declaración de obra nueva y división horizontal, a fin de conseguir su inscripción en el Registro de la Propiedad.

❒ ***Persona que puede otorgar el título:***

- El propietario único del edificio.
- Todos los titulares de los pisos o locales mediante acuerdo unánime, ya que el otorgamiento del título constitutivo es un acto de disposición y la LPH establece que dichos acuerdos han de ser adoptados por unanimidad.

Jurisprudencia relevante

Respecto del requisito del acuerdo unánime de todos los titulares de pisos o locales, véase, entre otras, la **STS de 16-2-2012** *(Tol 2494323)*, cuando en sus fundamentos jurídicos señala que:

> *«...el otorgamiento del título de declaración de obra nueva y constitución de la propiedad horizontal carece de un requisito esencial, como es el consentimiento de todos los copropietarios, lo que impide la invocación de la doctrina de los actos propios para convalidar la nulidad padecida en la referida escritura. La estimación de este motivo del recurso supone la declaración de nulidad del título constitutivo de declaración de obra nueva y división de propiedad horizontal, la consiguiente cancelación de la inscripción en el Registro de la Propiedad del título y la consiguiente necesidad de que se otorgue una nueva declaración de obra nueva y división de propiedad horizontal conforme a los dispuesto en el artículo 5 LPH...».*

El propietario inicial del edificio puede otorgarlo por sí solo cuando no haya vendido todavía alguno de los pisos o locales porque, de lo contrario, necesita el consentimiento de los adquirentes.

❐ ***Momento en que se puede otorgar:***

- Cuando están terminadas las obras.
- Cuando el edificio todavía está en construcción.
- Cuando el edificio aún está en fase de proyecto, ya que lo permite el artículo 8.4 de la Ley Hipotecaria.

❐ ***Modificación del título constitutivo:***

El artículo 5 LPH establece que *«en cualquier modificación del título, y a salvo lo que se dispone sobre validez de acuerdos, se observarán los mismos requisitos que para la constitución»*, lo cual implicaría la unanimidad de todos los propietarios.

El artículo 17 LPH regula el régimen de adopción de acuerdos y contempla la posibilidad de modificar el título constitutivo por diferentes mayorías, como en el caso de la instalación del ascensor. Salvo en los supuestos específicamente contemplados en este artículo, cualquier modificación del título constitutivo requiere la unanimidad, como se establece en el apartado 6 del mencionado artículo: *«los acuerdos no regulados expresamente en este artículo, que impliquen aprobación o modificación de las reglas contenidas en el título constitutivo de la propiedad horizontal o en los estatutos de la comunidad, requerirán para su validez la unanimidad del total de los propietarios...»*.

Jurisprudencia relevante

Con anterioridad a la última reforma de la LPH, la **STS de 7 de junio de 2006** *(Tol 952729)* consideró que:

> *«Constituye un tema legalmente reconocido que, para la modificación del título, cualesquiera que sea su incidencia, son precisos idénticos presupuestos que para su constitución, de manera que solo cabe su alteración por el propietario único antes de la venta de partes del inmueble, por acuerdo posterior unánime de la Junta de Propietarios o por resolución judicial, y, en seguimiento de dicha posición respecto a los acuerdos de la Junta, esta Sala, en sentencias de 25 de julio de 1991, 22 de diciembre de 1994, 16 de julio de 1996 y 19 de julio de 2000, tiene declarado el rechazo de cualquier intento de modificación del título sin el requisito de la unanimidad de los propietarios en el acuerdo de la Junta».*

Cuestiones útiles

4. ¿Qué ocurre con las Comunidades de Propietarios cuando no se ha otorgado el Título Constitutivo?

Estaríamos ante una Propiedad Horizontal de hecho. Al respecto, es interesante la **STS de 1-2-1995**: *«...nos encontramos aquí en presencia de una de esas situaciones que tanto la doctrina científica como jurisprudencial califican de «propiedades horizontales de hecho» dada la inexistencia de «título constitutivo» y habida cuenta que: a) Se trata de locales que si bien no tienen salida a un elemento común, sí parecen tenerla a la vía pública (artículo 396.1 CC); b) Que los intervinientes en esta litis no sólo han rechazado tal calificación, sino que incluso parecen haberla promovido».*

La LPH, en su art. 2, dispone que se regirán por la misma en lo concerniente a *«régimen jurídico de la propiedad, de sus partes privativas y elementos comunes, así como en cuanto a los derechos y obligaciones recíprocas de los comuneros».*

5. Si en un piso todavía no han terminado las obras y ya se ha formalizado la división horizontal y la inscripción en el Registro, ¿se está obligado a contribuir a los gastos comunes?

Sí, ya que desde el momento en que se constituye la Comunidad de Propietarios, existe obligación de contribuir al sostenimiento de los gastos comunes, en proporción a la cuota de participación, tal como establece el art. 9.1.e) de la LPH y ello con independencia de que se viva o no en el correspondiente inmueble.

6. ¿Es suficiente la existencia de escrituras individuales de propiedad, que contienen cuotas de participación, para considerar que estamos ante un régimen de propiedad horizontal, aunque no exista una escritura global del edificio?

Como ha señalado en distintas ocasiones la jurisprudencia, si concurren los requisitos del artículo 396 CC, podemos hablar de la existencia de un régimen de propiedad horizontal, aunque no se haya otorgado el título constitutivo.

En el supuesto de que las distintas escrituras de propiedad estableciesen cuotas de participación, habremos de estar a las mismas para distribuir los beneficios y cargas de la comunidad.

7. ¿Qué tipo de consentimiento se precisa para pasar a formar parte de una única comunidad con desaparición de las comunidades de cada una de las áreas de un complejo inmobiliario?

La **STS de 5-9-2009** da respuesta a esta pregunta cuando señala, en su fundamento jurídico segundo, que *«...No procede declarar el derecho de la parte actora a participar, como comunidad independiente, en el complejo urbanístico de DIRECCIÓN 000, que es lo que se solicitaba en la súplica de* *la demanda, pues ese derecho, que existía inicialmente a tenor de las previsiones del título constitutivo del complejo, desapareció desde el momento en que, como hemos visto, existe un acuerdo unánime, en cuanto no impugnado por ninguno de los propietarios, para la modificación de ese régimen jurídico original y en cuya virtud las cinco áreas que componen el complejo pasan a formar una única comunidad de propietarios, de la que ahora no puede desgajarse el área NÚM. 000 para pasar a formar una comunidad de propietarios independiente, aunque integrada en una comunidad general del complejo, sin un nuevo acuerdo en tal sentido de la Junta de Propietarios de la única comunidad de propietarios existente actualmente en el complejo. Es decir, ya no existen las comunidades de cada una de las áreas agrupadas en la comunidad general del complejo, sino que existe sólo una única comunidad de propietarios de todo el complejo que engloba a todos los propietarios de cada una de las áreas, habiéndose pasado del régimen jurídico previsto en el artículo 24.2.b) de la Ley de Propiedad Horizontal al régimen previsto en el artículo 24.2.a) del mismo cuerpo legal. En este sentido, debe añadirse, finalmente, que la operatividad, a efectos internos, de esa modificación tampoco exigía una formal modificación del título constitutivo ni la inscripción registral de esa modificación, que no vienen impuestas por la Ley de Propiedad Horizontal...».*

8. ¿Es nula la cláusula estatutaria por la que la promotora que ha redactado los Estatutos se reserva una serie de derechos, al ser conocidos y aceptados por los adquirentes?

Debería estudiarse detenidamente cada caso y examinarse con minuciosidad los derechos reservados por la promotora. No obstante, la **STS de 21-3-2007** *(Tol 1050547)* entiende que no es nula esta cláusula: *«...la Audiencia, ante todo, consideró acreditado que los compradores conocían o podían conocer, con carácter previo a la firma notarial de la escritura de compraventa la disposición estatutaria, cuya nulidad se pretende, y la apreciación de este presupuesto constituye una cuestión de hecho que incumbe resolver a los órganos de instancia, después de valorar la prueba de autos, cuyo resultado debe permanecer incólume en este sede de no haber sido oportuna y eficazmente combatido y desvirtuado por el vía del error de derecho en la valoración probatoria, siempre con la cita de la norma que contenga la regla legal de prueba que se considere vulnerada, y con la exposición de la nueva resultancia probatoria, lo que no se ha efectuado por la recurrente. A este respecto debe significarse que, cuando la Audiencia ha estimado suficientemente acreditado el conocimiento de la disposición estatutaria cuya nulidad se pretende, lo ha hecho después de examinar no sólo la documental aportada, y en concreto los contratos privados de compraventa y las respuestas remitidas por el Notario ante el que se formalizó la escritura de declaración de obra nueva, división en régimen de propiedad horizontal y establecimiento de Normas de Comunidad del Grupo, y muy especialmente las propias escrituras de compraventa, en las que se reconoce su previo conocimiento, sino* *además, las declaraciones manifestadas en prueba de confesión por los propios recurrentes, de donde extrae la conclusión de que hubo conocimiento de la disposición estatutaria por los compradores en el momento de la firma...».*

9. ¿Podría ser válido el otorgamiento unilateral del Título realizado por la promotora con posterioridad a la venta, al estar autorizada según cláusula establecida en los contratos privados de compraventa?

El Tribunal Supremo, en **STS de 22-9-2005** *(Tol 718573)*, analiza un caso particular en el que se plantea esta cuestión, pronunciándose a favor de la validez de dicho otorgamiento: «*...De los hechos probados se deduce:*

1° Que al tiempo del otorgamiento de las escrituras públicas a que se hecho referencia en el primer fundamento, URBESA era la única propietaria del solar donde se edificó un edificio de apartamentos y otros locales.

2° Que el contrato privado otorgado entre URBESA y el hoy recurrente, así como con los demás miembros de la Comunidad de Propietarios, tenía un objeto perfectamente delimitado y descrito, que era el futuro apartamento o local que compraban.

3° Que en este mismo contrato, los compradores autorizaron a la propietaria y promotora URBESA a efectuar una serie de operaciones inmobiliarias y a constituir el régimen de propiedad horizontal, sin la concurrencia de los compradores.

4° Que en las escrituras otorgadas por URBESA como propietaria se determinó una parte de la propiedad horizontal, la relativa a los elementos comunes, que no se describía en el contrato privado, por ser ello imposible en aquel momento. Al mismo tiempo se fijaban las cuotas, cosa que no había sido posible realizar en el contrato privado.

De ello se deduce que el contrato privado tenía como objeto una cosa futura determinada (sentencia de 25 de marzo de 2004), es decir, el apartamento o local a construir en un edificio que se regiría en el futuro por el régimen de la Propiedad Horizontal; esta cosa futura quedaba perfectamente delimitada en el contrato. No así el régimen de la propiedad horizontal que incluía la determinación de los elementos comunes, ni, lo que es más importante, la cuota de participación en la comunidad. Para la fijación de esta parte, los compradores autorizaban a la propietaria URBESA a efectuar aquellas modificaciones que fueran necesarias, cosa que hizo.

SEXTO. Al tiempo del otorgamiento de las escrituras de segregación, obra nueva y división horizontal y modificación de la obra nueva y de la propiedad horizontal, la otorgante de las mismas, URBESA, era la única propietaria, de manera que estaba facultada para efectuar 'las rectificaciones que tuviere por conveniente' y ello sin perjuicio de los derechos que correspondían a los compradores según las cláusulas específicas de los contratos privados de compraventa, que afectaban solamente al piso o local objeto del contrato (sentencia de 23 de marzo de 2004 en un caso muy parecido al que es objeto del recurso). Por ello, la promotora y vendedora URBESA podía actuar unilateralmente porque el título constitutivo de la propiedad horizontal puede ser otorgado unilateralmente por el propio vendedor y más cuando éste resulta ser el propietario, como ocurrió en el presente caso.

Pero es que además, los propios contratos privados autorizaban a URBESA para determinar aquella parte del objeto de la compraventa que era indeterminado cuando se otorgaron los mencionados contratos y esto es lo que hizo URBESA, según se ha reconocido en las diferentes instancias de este procedimiento. Como afirma la sentencia de 23 de marzo de 2004, 'la escritura pública recoge la declaración de voluntad contractual renovadamente manifestada y su contenido es suficientemente expresivo de la reglamentación de intereses aceptada por los otorgantes', de modo que no se requiere que sea una reproducción de los contratos privados, sino que puede comportar 'una novación objetiva' y en este caso, las escrituras otorgadas con los diferentes compradores incorporaban todos los elementos necesarios para determinar el régimen de propiedad horizontal, así como la descripción del concreto objeto del contrato tal y como ya se había pactado en el documento privado...».

Esta misma sentencia afirma, más adelante que: «...*Hay que recordar que la Ley de Propiedad Horizontal permite la constitución unilateral del régimen por aquel que sea propietario en el momento de establecerse el mismo. Como ya se ha dicho, URBESA era propietaria hasta el otorgamiento de las correspondientes escrituras públicas y la entrega de los pisos y locales objeto de las compraventas. En consecuencia, se utilizó esta vía, que aunque no está prevista expresamente en el artículo. 5 LPH, vigente en el momento de la constitución, se ha interpretado en el sentido de permitir al propietario único del edificio la constitución del régimen de propiedad horizontal antes de iniciar la construcción, lo que permitió a la vendedora y propietaria cumplir la obligación que asumía en el contrato privado de determinar la parte del objeto que quedó indeterminada en el momento del otorgamiento dicho contrato, para lo cual estaba totalmente facultada por la cláusula introducida en los contratos privados cuya validez no ha sido cuestionada en este pleito...*».

10. ¿Es válida la servidumbre no establecida en el título constitutivo que se realiza tras la venta de alguna propiedad?

La **STS de 13-5-2004** *(Tol 420572)* entiende que la constitución de servidumbre no establecida en el título constitutivo de la propiedad horizontal no puede ser tenida en cuenta, aunque se establezca en los Estatutos: «...*En relación con la constitución de la servidumbre establecida en los Estatutos de la Comunidad plasmados en los Estatutos de 17 de marzo de 1993, no puede ser tenida en cuenta, como muy bien se dice en la sentencia recurrida, dado que dicho título de servidumbre tenía que haberse establecido en el título constitutivo de la propiedad horizontal; y que, asimismo, el dato de la aceptación de los Estatutos por la parte ahora recurrida y antes demandante no puede ser catalogado como la admisión o aceptación de la servidumbre constituida por los aparatos de calefacción o refrigeración colocados en la terraza. Con lo que la teoría de los actos propios queda en el presente caso descabalgada.*

Por último es preciso constatar que no ha habido posibilidad de infringir el artículo 5 de la Ley de Propiedad Horizontal, acción que achaca la parte recurrente a la sentencia recurrida, ya que según dicha norma que para el otorgamiento de la escritura de propiedad horizontal debe concurrir el propietario único del edificio al iniciar su venta, o el acuerdo de todos los propietarios existentes. Y en el presente caso no ha habido este total acuerdo y ya se había vendido con anterioridad otra vivienda dentro del bloque edificado, o sea que no había propietario único...».

11. Si existiera un conflicto en cuanto a la cuota de participación de una vivienda o local en un inmueble sujeto al régimen de propiedad horizontal ¿en base a qué criterios se debe interpretar la modificación de cuotas? ¿Debe prevalecer siempre la equidad?

La **STS de 18-9-2007** *(Tol 1146770)* analiza el supuesto en el que se plantea un conflicto en cuanto a la interpretación de la modificación de cuotas, concluyendo que no se vulnera el art. 3.2 del Código Civil cuando el tribunal no ha acudido a la equidad para fundar su decisión, sino a la interpretación de los criterios legales establecidos en el art. 5 LPH para establecer la cuota de participación. Esta sentencia afirma que «*...la Audiencia Provincial, por el contrario, estimó el parte el recurso de apelación interpuesto por los actores y acogió en parte la demanda, modificando la cuota de participación correspondiente a la vivienda, reduciéndola del 9,35% al 8,10%, cuya diferencia se ha de distribuir proporcionalmente entre el resto de viviendas y locales del inmueble, en trámite de ejecución de sentencia.*

Los argumentos que conducen a este último pronunciamiento se encuentran recogidos en el fundamento de derecho cuarto de la sentencia de apelación, en el que se analiza la cuota de participación asignada a la vivienda de los actores, en atención a los criterios objetivos que el artículo 5 de la Ley de Propiedad Horizontal establece a tales efectos, para lo cual se parte de comprobar la superficie útil de la vivienda, y, tras apreciar la Sala de instancia que, según el resultado del reconocimiento judicial practicado en el proceso, todo el piso respecto del que recae la pretensión objeto del pleito puede ser utilizado en provecho de su propietarios, incluso la parte cuya altura es inferior a 1.50 metros, poniendo después la Audiencia en relación la superficie útil con los demás parámetros a que alude el señalado precepto de la Ley de Propiedad Horizontal...».

Esta misma sentencia añade, más adelante, que: «*...ahora bien, la lectura de la sentencia recurrida pone de manifiesto que la Sala de instancia, para fijar la cuota de participación de la vivienda de los actores, se atuvo a los criterios establecidos en el artículo 5 LPH a tales efectos, lejos, pues, de acudir a la equidad, cuya aplicación no se aprecia si no es con la mera finalidad hermenéutica de integrar el significado de los conceptos que sirven para definir los criterios legales con arreglo a los cuales ha de fijarse la cuota de participación de los distintos pisos y locales sujetos al régimen de propiedad horizontal. Así, tras atender a la superficie útil de la vivienda en relación con* *el total del inmueble, tomó en consideración, conforme al mandato legal, su situación y el uso que racionalmente se presumía iba a efectuarse de los servicios o elementos comunes...».*

4. LA EXTINCIÓN DE LA PROPIEDAD HORIZONTAL

4.1. Causas de extinción de la Propiedad Horizontal: artículo 23 LPH

Según lo dispuesto en el artículo 23 LPH, la propiedad horizontal se extingue:

1. Por la destrucción del edificio, salvo pacto en contra. Se entiende que habrá destrucción del edificio cuando el coste de la reconstrucción de la finca exceda del 50% de su valor al tiempo de ocurrir el siniestro, a menos que dicho exceso esté cubierto por un seguro.
2. Por conversión en copropiedad o propiedad ordinarias: adquisición de todo el inmueble por una sola persona, física o jurídica. En la praxis cotidiana se da, por ejemplo, con la compra por una sociedad de todo el edificio para instalar oficinas.

Jurisprudencia relevante

Respecto a la posibilidad de pacto en contra para el supuesto de destrucción del edificio se pronuncia la **STS de 22 de julio de 2008** *(Tol 1378546)*. En la escritura de compraventa se estipuló que:

> *«El propietario de la planta sótano tendrá siempre el derecho de construir esta planta en caso de que se tuviera que reconstruir el edificio por siniestro». Se trata de determinar si estamos ante "el pacto en contra" que prevé el artículo 23. La sentencia argumenta lo siguiente: "Ocurrió que el 3 de diciembre de 1987, un incendio arrasó el referido edificio, y quedó sólo el solar, sin que las partes llegaran a un acuerdo sobre su destino. La propiedad horizontal se constituye y cabe su extinción cuando se dan las circunstancias que la Ley contempla, es decir, la destrucción del edificio o la conversión en propiedad o copropiedad ordinaria. En el supuesto del debate nos encontramos ante la íntegra destrucción del edificio, lo que en principio, provoca la extinción de la propiedad horizontal. La problemática reside en la determinación de si la cláusula reseñada puede o no ser considerada como el pacto e contrario a que se refiere el artículo 23.1, inciso primero, de la Ley de Propiedad Horizontal... En efecto, al interpretar los términos de la repetida cláusula, corresponde concluir que sólo hace referencia al derecho del actor de construir la planta inferior en la coyuntura de que se tuviera que reconstruir el edificio, de modo que la última situación no se establece sino como eventualidad, y sólo podrá realizarse si los copropietarios deciden ejecutarla de mutuo acuerdo, pero sin ninguna exigencia obligacional de hacerlo.»*

Cuestiones útiles

12. ¿Se extingue la propiedad horizontal por la destrucción de un edificio a consecuencia de un incendio?

La destrucción del edificio supone, salvo pacto en contrario, la extinción de la Propiedad Horizontal. Se entenderá que existe destrucción del edificio cuando el coste de la reconstrucción sea superior a la mitad del valor actualizado del edificio (art. 23.1° de la LPH).

Como excepción cabe destacar que si la finca dispusiera de seguro y el mismo costeara los gastos anteriormente citados, no cabría considerar extinguida la Propiedad Horizontal.

Así se pronuncia el artículo 23.1 de la LPH.: *«El régimen de propiedad horizontal se extingue:*

1. Por la destrucción del edificio, salvo pacto en contrario. Se estimará producida aquélla cuando el coste de la reconstrucción exceda del 50 por 100 del valor de la finca al tiempo de ocurrir el siniestro, a menos que el exceso de dicho coste esté cubierto por un seguro.»

No basta una destrucción parcial para considerar que se ha destruido el edificio: en este sentido es ejemplificativa la **STS de 21-1-1992**: *«Sometido así el inmueble al régimen de propiedad horizontal, no puede entenderse extinguido dicho régimen por virtud de la realización de las obras de construcción de las nuevas plantas aunque para ello fuese necesario derruir la planta destinada a cine, ya que esta forma de comunidad sólo se extingue por alguna de las causas previstas en el artículo 21 de la Ley de 21 de julio de 1960, o sea, por la destrucción del edificio, salvo pacto en contrario, o por la conversión en propiedad horizontal durante la realización de las repetidas obras, lo cual viene a ser reconocido por los propios demandantes al solicitar en el suplico de la demanda la condena del demandado al otorgamiento de «escritura pública de declaración de obra nueva y modificación de división horizontal», modificación que, es obvio, sólo puede llevarse a cabo respecto a algo ya existente».*

5. FIGURAS JURÍDICAS ANÁLOGAS. SUPUESTOS CONFLICTIVOS

5.1. La comunidad de bienes y su relación con la Propiedad Horizontal

5.1.1. Normativa aplicable

El art. 13.8 LPH dispone que:

«Cuando el número de propietarios de viviendas o locales en un edificio no exceda de cuatro, podrán acogerse al régimen de administración del art. 398 del Código Civil, si expresamente lo establecen los estatutos».

El art. 398 CC establece que:

«Para la administración y mejor disfrute de la cosa común serán obligatorios los acuerdos de la mayoría de los partícipes.
No habrá mayoría sino cuando el acuerdo esté tomado por los partícipes que representen la mayor cantidad de los intereses que constituyan el objeto de la comunidad.
Si no resultare mayoría, o el acuerdo de ésta resultare gravemente a los interesados en la cosa común, el Juez proveerá, a instancia de parte, lo que corresponda, incluso nombrar un Administrador.
Cuando parte de la cosa perteneciere privadamente a un partícipe o alguno de ellos, y otra fuere común, sólo a ésta será aplicable la disposición anterior».

5.1.2. Objeto de la comunidad de bienes

Tal como establece el artículo 392 del Código civil, *«hay comunidad cuando la propiedad de una cosa o de un derecho pertenece pro indiviso a varias personas»*.

Al respecto, debemos tener cautela ya que el objeto del derecho de propiedad siempre ha de ser una cosa, bien material o inmaterial, pero nunca un derecho. Un derecho no puede ser objeto de otro derecho.

5.1.3. Regulación legal

La comunidad de bienes se va a regir por lo que pacten las partes, por disposiciones especiales sobre la misma y, en defecto de las anteriores, por los artículos 392 a 406 del Código civil.

5.1.4. Derechos y obligaciones

Las cargas y beneficios de la comunidad se han de repartir entre los partícipes en porciones iguales, salvo pacto en contra, según se desprende del artículo 393 del Código civil.

Los copropietarios pueden usar las cosas objeto de copropiedad pero no pueden variar su destino, perjudicar a la comunidad ni impedir que otro copropietario las use (artículo 394 del Código civil).

Todos los copropietarios han de contribuir a los gastos de conservación de la cosa. Únicamente en el caso de que renuncien a su parte del condominio podrán eximirse.

En el supuesto de que se nieguen, podrán ser obligados a contribuir a los gastos por cualquier otro condómino (artículo 395 del Código civil).

5.1.5. Propiedad horizontal

El artículo 396 del Código civil se refiere a la propiedad horizontal y dispone que se regirá por *«disposiciones legales especiales y, en lo que las mismas permitan, por la voluntad de los interesados»*. La disposición legal especial es la ley de propiedad horizontal.

5.1.6. Administración y disposición

Según lo establecido en el artículo 397 del Código civil, ningún copropietario puede alterar la cosa común sin el consentimiento de los demás, aunque pudieran resultar beneficiados todos.

Respecto a los acuerdos para la administración y disfrute de la cosa, rige la mayoría, entendiendo como tal la mayoría de partícipes que representen la mayor cantidad de intereses que constituyan el objeto de la comunidad. Si fuera imposible lograr la mayoría o se logra pero perjudica a los demás, habrá que acudir al juez (artículo 398 del Código civil).

Cada condueño puede disponer libremente de su parte del condominio a tenor de lo dispuesto en el artículo 399 del Código civil.

5.1.7. Acción de división

Ningún copropietario está obligado a permanecer en la comunidad y puede pedir en cualquier momento la acción de división. Ello no impide que se pueda pactar mantener la indivisión, aunque el tiempo máximo será de 10 años (artículo 400). Hay que tener en cuenta que estas situaciones de copropiedad, en ocasiones, son consideradas antieconómicas, así que el legislador favorece su extinción.

No obstante lo dispuesto en el artículo 400 del Código civil, si como consecuencia de la división la cosa resultare inservible, no se podrá realizar, tal como dispone el artículo 401 del Código civil. También se prevé la posibilidad de pasar a un régimen de propiedad horizontal, si las condiciones físicas de la cosa objeto de copropiedad lo permiten.

En el supuesto de que la acción de división pueda ejercitarse, ésta se llevará a cabo por los mismos interesados, por árbitros o por amigables componedores (artículo 402).

El artículo 403 del Código civil contempla la posibilidad de que los acreedores o cesionarios de los partícipes concurran a la división de la cosa común y se opongan a que se realice sin su concurso. Pero en el caso de que ya esté consumada la división no la va a poder impugnar, salvo que haya habido fraude o se haya verificado, no obstante, la oposición formalmente interpuesta para impedirla.

Si se quiere dividir la cosa común y ésta es indivisible, se venderá y se repartirá su precio entre los partícipes, según su cuota de participación (artículo 404. CC).

Cuestiones útiles

13. ¿Es posible la existencia de una comunidad en propiedad horizontal en una finca de cuatro propietarios?

Sí es posible aplicar la LPH, ya que la misma no establece un número mínimo de propietarios para entender constituido este régimen jurídico.

Sin embargo, si el número de propietarios de pisos o locales de un edificio no excede de cuatro, los titulares podrán acogerse, en lugar de a la LPH y si expresamente lo establecen los estatutos, al régimen de administración del Código Civil regulado en el artículo 398.

5.2. *Complejos inmobiliarios privados*

5.2.1. Definición

Con la expresión «Complejos inmobiliarios privados», la LHP hace referencia al régimen jurídico que rige las urbanizaciones.

Con anterioridad a la reforma de la Ley de Propiedad Horizontal del año 1999, existían dudas acerca de su naturaleza jurídica y de la posibilidad de regularse por la misma, si bien mayoritariamente se aceptaba su sometimiento a dicha normativa. Como consecuencia de tal inseguridad jurídica, a estos complejos inmobiliarios se les denominaba «propiedad horizontal tumbada» o «ciudades sin ley».

Jurisprudencia relevante

La **STS de 28 de mayo de 2009** *(Tol 1564659)* analiza la naturaleza de estos complejos y contempla la posibilidad de que los copropietarios se doten de estatutos:

«Los derechos de disfrute, dice la Exposición de Motivos de la Ley de Propiedad Horizontal, 'tienden a atribuir al titular las máximas posibilidades de utilización, con el límite representado tanto por la concurrencia de los derechos de igual clase de los demás cuanto por el interés general, que se encarna en la conservación del edificio y en la subsistencia del régimen de propiedad horizontal, que requiere una base material y objetiva. Por lo mismo íntimamente unidos a los derechos de disfrute aparecen los deberes de igual naturaleza... inspirados en las relaciones de vecindad, procurando dictar unas normas dirigidas a asegurar que el ejercicio del derecho propio no se traduzca en perjuicio del ajeno ni en menoscabo del conjunto, para así dejar establecidas las bases de convivencia normal y pacífica'. Pues bien, el régimen jurídico aplicable a esta suerte de urbanizaciones, venía inicialmente establecido por la voluntad de los particulares propietarios, y a falta de pacto de los mismos con carácter subsidiario por la normativa de la Propiedad Horizontal, y como consecuencia lógica de todo ello había que tener muy en cuenta la jurisprudencia de esta Sala, interpretativa de la misma. En la actualidad, la actividad de las urbanizaciones privadas está regida por el artículo 24 de la Ley 8/1999, de 6 de abril, que modificaba la Ley 49/1960, de 21 de julio, de Propiedad Horizontal, y denomina a dichas urbanizaciones como ***complejos inmobiliarios privados****. Y es precisamente en defensa de los intereses generales y del régimen de propiedad horizontal, lo que autoriza a los propietarios, al amparo del principio de la autonomía de la voluntad consagrado en el artículo 1.255 del Código Civil, a configurar un régimen jurídico adaptado a esa peculiar naturaleza de las urbanizaciones privadas, limitando las facultades dispositivas de sus integrantes mediante la redacción de unos Estatutos en los que se disciplinan los derechos y obligaciones de todos ellos, sin contravención alguna que pudiera afectar al contenido del derecho singular que asiste a cada uno, desde el momento en que van dirigidos a asegurar el mejor disfrute de los comuneros; el equilibrio arquitectónico de la urbanización y a evitar un aumento de la densidad de la población en la misma, impidiendo la división o segregación de las parcelas en los términos que se establece en el artículo 2; estatutos que tienen una eficacia configuradora absoluta y que producen efectos reales entre las partes que contribuyeron a su formación y constitución a los que obliga junto a los demás que de los mismos traigan causa por virtud de un negocio jurídico posterior, al margen de la inscripción registral, como sucede en este caso».*

5.2.2. Régimen jurídico

La vigente Ley de Propiedad Horizontal regula los complejos inmobiliarios privados en su art. 24.

El art. 24.1 LPH establece que para poder aplicar el régimen de propiedad horizontal, los complejos inmobiliarios privados deben reunir los siguientes requisitos:

a) *«Estar integrados por dos o más edificaciones o parcelas independientes entre sí cuyo destino principal sea la vivienda o locales».*

b) *«Participar los titulares de estos inmuebles, o de las viviendas o locales en que se encuentren divididos horizontalmente, con carácter inherente a dicho derecho, en una copropiedad indivisible sobre otros elementos inmobiliarios, viales, instalaciones o servicios».*

Respecto a la forma de organización que van a tener estos complejos, se contemplan tres posibilidades en base a los arts. 24.2 y 24.4 LPH:

a) Pueden *«constituirse en una sola comunidad de propietarios a través de cualquiera de los procedimientos establecidos en el párrafo segundo del art. 5. En este caso quedarán sometidos a las disposiciones de esta Ley, que les resultará íntegramente de aplicación»*.

En este supuesto, la organización de una urbanización sería la misma que la de un edificio en régimen de propiedad horizontal, con idénticos derechos y deberes de los propietarios, de la comunidad, órganos de la misma y funcionamiento.

b) Pueden *«constituirse en una agrupación de comunidades de propietarios. A tal efecto, se requerirá que el título constitutivo de la nueva comunidad agrupada sea otorgado por el propietario único del complejo o por los Presidentes de todas las comunidades llamadas a integrar aquélla, previamente autorizadas por acuerdo mayoritario de sus respectivas juntas de propietarios. El título constitutivo contendrá la descripción del complejo inmobiliario en su conjunto y de los elementos, viales, instalaciones y servicios comunes. Asimismo fijará la cuota de participación de cada una de las comunidades integradas, las cuales responderán conjuntamente de su obligación de contribuir al sostenimiento de los gastos generales de la comunidad agrupada. El título y los estatutos de la comunidad agrupada serán inscribibles en el Registro de la Propiedad»*.

En este caso, nos encontramos con distintos regímenes de propiedad horizontal y, por acuerdo de todas las comunidades de propietarios, se decide constituir una agrupación global.

El funcionamiento de esta agrupación se establece en el art. 24.3 LPH que dispone que:

> *«La agrupación de comunidades a que se refiere el apartado anterior gozará, a todos los efectos, de la misma situación jurídica que las comunidades de propietarios y se regirá por las disposiciones de esta Ley con las siguientes especialidades:*
> *a) La junta de propietarios estará compuesta, salvo acuerdo en contrario, por los presidentes de las comunidades integradas en la agrupación, los cuales ostentarán la representación del conjunto de los propietarios de cada comunidad.*
> *b) La adopción de acuerdos para los que la ley requiera mayorías cualificadas exigirá, en todo caso, la previa obtención de la mayoría de que se trate en cada una de las juntas de propietarios de las comunidades que integran la agrupación.*
> *c) Salvo acuerdo en contrario de la junta, no será aplicable a la comunidad agrupada lo dispuesto en el artículo 9 de esta Ley sobre el fondo de reserva.*
> *La competencia de los órganos de gobierno de la comunidad agrupada únicamente se extiende a los elementos inmobiliarios, viales, instalaciones y servicios comunes. Sus acuerdos no podrán menoscabar en ningún caso las facultades que corresponden a los órganos de gobierno de las comunidades de propietarios integradas en la agrupación de comunidades».*

Aún en el supuesto de constituir una agrupación de comunidades, observamos que el funcionamiento de los diferentes regímenes de propiedad horizontal es igual al de cualquier inmueble sometido a dicha normativa.

Desde la perspectiva de la administración profesional de fincas, consideramos que en la práctica cotidiana resultará complejo poder establecer estas agrupaciones, en Comunidades ya constituidas, al requerirse el acuerdo mayoritario de todas las comunidades existentes en el complejo inmobiliario, no sólo para su constitución, sino también para la adopción de acuerdos sobre su funcionamiento.

c) El art. 24.4 LPH establece que:

> *«A los complejos inmobiliarios privados que no adopten ninguna de las formas jurídicas señaladas en el apartado 2 les serán aplicables, supletoriamente respecto de los pactos que establezcan entre sí los copropietarios, las disposiciones de esta Ley con las mismas especialidades señaladas en el apartado anterior».*

Por tanto, en primer lugar hemos de atender a los posibles pactos de los copropietarios. Éstos pueden decidirse por constituir un solo régimen de propiedad horizontal o varios con una agrupación de comunidades. El legislador, a fin de evitar lagunas, ha establecido que se le aplicará la LPH a falta de pacto entre los copropietarios.

Jurisprudencia relevante

Las consideraciones sobre la naturaleza y régimen jurídico de estos complejos que contempla la vigente LPH, fueron recogidas en la **STS de 26-6-1995**:

> *«Es doctrina de esta Sala, contenida en la Sentencia de 13 de septiembre de 1991, que cita las de 18 de abril de 1988 y 13 de marzo de 1989, que se admite, en el caso de las urbanizaciones, la posibilidad de coexistencia de dos tipos de comunidades entrelazadas para su administración: la propia y exclusiva de cada edificio con pluralidad de viviendas y la de la urbanización, cada una con sus propios cometidos comunitarios, pero hallándose ambas sometidas, en cuanto a su constitución y funcionamiento —a falta de una regulación específica de la segunda— al régimen de la Ley de Propiedad Horizontal de 21 de julio de 1960, sin que exista inconveniente legal, ni jurisprudencial, en admitir que la defensa de aquellos intereses comunitarios que, por extravasar los propios y exclusivos de cada edificio, afecten a la generalidad o a una gran mayoría de los componentes del conjunto urbanístico, pueda asumirla la expresada comunidad de la urbanización...».*

5.2.3. Aspectos registrales

Los complejos inmobiliarios privados pueden acceder al Registro de la Propiedad. Si se constituyen en una sola comunidad de propietarios, el acceso será igual al de cualquier edificio sometido al régimen de propiedad horizontal.

En el supuesto de que se constituya una agrupación de comunidades, el art. 24.2 b) LPH establece que *«...El título y los estatutos de la comunidad agrupada serán inscribibles en el Registro de la Propiedad»*, así que en este caso habrá dos inscripciones: la de los diferentes regímenes de propiedad horizontal y la de la agrupación.

Cuestiones útiles

14. ¿Ha de contribuir el propietario de una parcela sin edificar integrada en una mancomunidad a los gastos generales del mismo?

Efectivamente, el hecho de que la parcela no esté edificada no justifica que no se contribuya a los gastos del complejo inmobiliario, ya que está integrada en el mismo y precisa del uso de elementos, servicios e instalaciones comunes. Así se pronuncia la **STS de 1 de abril de 2009** *(Tol 1494530)*: *«La Jurisprudencia de esta Sala en las sentencias de 26 de junio de 1995 y 5 de julio de 1996 tiene reconocida la validez de las supracomunidades, comunidades planas o de urbanizaciones, respecto de las cuales se admite la coexistencia de dos tipos de comunidades entrelazadas para su administración: la propia y exclusiva de cada edificio ya construido, integrado por una pluralidad de viviendas; y la comunidad sobre la propia urbanización. Lo relevante es que de ésta última son parte integrante todos y cada uno de los propietarios de elementos incluidos en la misma, susceptibles de un aprovechamiento individual, ya se trate de edificios o de cada uno de los pisos o locales que lo compongan de estar dividido en régimen de propiedad horizontal típica, ya, como es el caso, de meras fincas en las que se ha proyectado edificar. Por tanto, a los efectos de hablar de urbanización susceptible de regularse por las normas de la propiedad horizontal, no es imprescindible, como defiende la parte recurrente, que se hayan edificado los terrenos, sino que basta con la acreditación de la coexistencia de diferentes unidades inmobiliarias —con independencia de que unas sean edificios, incluso a su vez divididos en régimen de propiedad horizontal, y otras meros terrenos parcelados y dispuesto para su edificación—, que existan propietarios distintos y que la propiedad singular y exclusiva sobre cada uno de esos elementos lleve aparejada la participación, con arreglo a una cuota, sobre elementos comunes o, al menos, sobre elementos inmobiliarios, viales, instalaciones o servicios —artículo 24 LPH—, es decir, servicios generales destinados al mejor uso y disfrute o aprovechamiento de los privativos (RDGRN de 5 de abril de 2002) (...) Por tanto, la aplicación de la LPH que hace la sentencia impugnada y, en concreto, del artículo 9.5, en cuanto precepto de derecho necesario, es plenamente acertada, siendo ineficaz, por contraria a norma imperativa, la cláusula de exención estatutaria 12, a que se alude para justificar la no contribución durante los años anteriores a la terminación de la obra, ya que supone una exención, no del pago de determinados gastos, sino del deber mismo de contribuir a ellos, no siendo transcendente el que las parcelas no estuvieran edificadas, y sí que la demandada adquiriera unos terrenos integrados en la Mancomunidad cuyo aprovechamiento independiente, fuera para edificar en ellos o no, precisaba desde un primer momento, en mayor o menor medida, del uso de unos servicios, elementos o instalaciones* *comunes y, en este sentido, la documentación aportada con la demanda —folios 270 y siguientes— para justificar el carácter común de los gastos que se reclaman, contiene partidas sobre alumbrado de la urbanización o vigilancia de indudable naturaleza general y, por tanto, para costear el mantenimiento de servicios que aprovechan a todos los elementos integrantes de la Mancomunidad».*

15. ¿Puede una agrupación de comunidades que funciona como asociación utilizar el procedimiento del artículo 21 de la Ley de Propiedad Horizontal?

Es cierto que el artículo 24.4 de la LPH prevé la aplicación analógica de sus disposiciones con carácter supletorio respecto de los pactos que establezcan entre sí los copropietarios para aquellos complejos que no adopten ninguna de las formas previstas en el apartado 2 del mismo. Sin embargo, se refiere únicamente a pactos sustantivos, no procesales. Así lo ratifica la **STS de 27 de octubre de 2002** *(Tol 1401676)*, al disponer que el complejo inmobiliario en cuestión, privado en parte, *«...no se ha constituido nunca ni en una comunidad de propietarios ni en una agrupación de comunidades de propietarios (apartados 1, 2 y 3 del art. 24 de la LPH), funcionando como asociación. (...) La interpretación del apartado 4 del art. 24 de la LPH nos hace llegar sin embargo a una conclusión diversa de la que pretende la apelante. Y es que aquella supletoriedad se predica en el precepto respecto de los pactos que establezcan entre sí los copropietarios, en este caso, por tanto, respecto de los Estatutos de la asociación actora. Y tales pactos sólo pueden tener carácter sustantivo, siendo obvio que no podrían regular un procedimiento judicial distinto a los previstos en las normas procesales. Lo que nos obliga a deducir que la previsión legal que establece la aplicación supletoria de las disposiciones de la LPH a los complejos de constante referencia se refiere solamente a las que regulan el régimen interno de las comunidades de propietarios y no a las procesales, estando vedada para aquéllos, por tanto, la posibilidad de instar el procedimiento previsto en el art. 21. «Y es que el reconocimiento del derecho a acudir para reclamar las cuotas adeudadas al privilegiado procedimiento que prevé el art. 21 de la LPH a las urbanizaciones privadas que, por lo que ahora interesa, adoptan la forma de asociación puede producir no pocas distorsiones al menos cuando, como aquí ocurre, se trata de una urbanización mixta y la reclamación se formula frente a propietarios que no forman parte de la asociación que presta los servicios cuyo cobro se pretende. Nótese que por ejemplo los estatutos de la entidad actora no prevén la convocatoria a las asambleas de los no socios a quienes parece negarse el derecho de voto (art. 9) o el sistema de notificación o impugnación de los acuerdos por los mismos. En definitiva, la situación originada por estos impagos es más complicada y no se puede asimilar al menos sin ciertos problemas de ajuste a la necesidad social que llevó al legislador a dotar a las comunidades de propietarios de un sistema rápido y eficaz de 'lucha contra la morosidad', en expresión recogida en la Exposición de Motivos de la Ley 8/1999, de 6 de abril de reforma de la Ley de Propiedad Horizontal».*

5.3. *Garajes*

5.3.1. Naturaleza jurídica

Con la reforma de la Ley de Propiedad Horizontal realizada por la Ley 8/2013, de 26 de junio, de rehabilitación, regeneración y renovación urbanas, el artículo 2 LPH especifica que la misma será de aplicación:

> *«d) A las subcomunidades, entendiendo por tales las que resultan cuando de acuerdo con lo dispuesto en el título constitutivo, varios propietarios disponen, en régimen de comunidad, para su uso o disfrute exclusivo, de determinados elementos o servicios comunes dotados de unidad e independencia funcional o económica».*

Entendemos que, a pesar de no nombrarlos explícitamente, podemos incluir a los garajes como ejemplo de tales subcomunidades.

Jurisprudencia relevante

La exposición sobre la naturaleza jurídica de los garajes que a continuación se presenta, está contenida en la **STS de 24 de diciembre de 1990**:

Para poder delimitar la naturaleza jurídica de los garajes, hay que partir de que esa modalidad de uso o disfrute puede presentarse por medio de alguna de las siguientes variantes:

a) Como incorporada a un edificio destinado a viviendas que funciona en régimen de propiedad horizontal y cuya planta destinada a garaje se ha configurado como un elemento común de edificio. Así, todos los propietarios del mismo tienen derecho indistintamente a uso y disfrute a los fines del aparcamiento de sus vehículos.

b) Que el local esté situado en el edificio, generalmente en el sótano y se haya desprendido, a efectos dominicales en relación al uso o disfrute, de la comunidad de propiedad horizontal que afecta al edificio y con tal autonomía se rige, de forma independiente. Los usuarios del mismo pueden ser, incluso, terceras personas. En este supuesto, funcionará como una comunidad autónoma, cuyos cotitulares serán los mismos que los del edificio y también terceros.

c) Que con absoluta desconexión del edificio en régimen de propiedad horizontal, pueda existir una nave construida en un solar al efecto y cuyo régimen de explotación sea con esta finalidad de aparcamiento. Los usuarios son copropietarios en los distintos huecos o espacios asignados a cada plaza de garaje.

Lo importante es que siempre se trata de un local, ya sea construido sobre un solar o sobre una planta subterránea de un edificio que esté distribuido o dividido por espacios con las características siguientes:

1. Que sea una superficie plana.
2. Que tenga un acceso directo a la vía pública, que utilizarán los vehículos para la entrada o salida del aparcamiento.
3. Que en esa superficie plana existan, perfectamente delineadas o delimitadas, una serie de señales rectilíneas o rayas que dividen dicha superficie en tantos números de espacios como las propias medidas de los vehículos necesitan para su aparcamiento.
4. Que la extensión de esos espacios delimitados ha de ser la adecuada para que los usuarios puedan acceder por los accesos o pasos comunes, haciendo las maniobras correspondientes sin entorpecer a los contiguos, hasta el punto que, incluso, existen medidas dentro de la ordenación municipal donde se especifican los mínimos exigibles para dichas superficies individuales.

En relación a la naturaleza jurídica, hay que entender que se compone de dos elementos perfectamente diferenciados:

– Esos planos individualizados y delimitados sobre el terreno, cuyos espacios (materializados con esas líneas) son susceptibles de aprovechamiento separado e independiente y que, como tal, se asignan con la correspondiente titularidad dominical a los respectivos dueños.
– La necesidad de que para el uso racional y adecuado, existan unos elementos comunes, que se corresponden, fundamentalmente, con las entradas a las vías públicas, por las viales en el interior que sirven de paso a los vehículos y demás elementos necesarios para el funcionamiento, además de los instrumentos necesarios como instalación eléctrica, servicios sanitarios, etc.

Por todo lo expuesto y sin perjuicio de que dicho régimen de propiedad tenga connotaciones que lo aproximan a los artículos 392 y siguientes del Código civil, es decir, a la comunidad de bienes, es el régimen del artículo 396 del Código civil el que se proyecta sobre los garajes, porque se trata de la existencia de un local o parte de un local susceptible de aprovechamiento independiente por tener salida propia a un elemento común de aquél o a la vía pública y que, por tanto, es susceptible de una propiedad separada sobre las partes o plazas en que se divide el mismo, así como de una copropiedad en los elementos comunes que se han expuesto.

El régimen jurídico de los derechos y obligaciones aplicables habrá de estar incardinado con lo dispuesto en la ley de propiedad horizontal. Sobre cualquier problema que se suscite habrá de tenerse en cuenta lo que hayan dispuesto sobre la existencia o no de algún pacto específico ordenador de tales derechos y obligaciones.

Hay que apreciar la prevalencia del régimen de la propiedad horizontal frente a la de la comunidad de bienes, porque esta última recae en torno a un «pro indiviso» sobre una cosa exclusivamente que se posee en común, mientras que en el garaje, como en la propiedad horizontal, existe el deslinde entre los distintos objetos patrimoniales sobre partes exclusivas y elementos comunes.

5.3.2. Inscripción registral

El artículo 68 del Reglamento Hipotecario (RD 1867/98) contempla la posibilidad de inscribir la transmisión de la cuota del garaje en el Registro en folio independiente, al establecer que: «*La inscripción de la transmisión de una cuota indivisa de finca destinada a garaje o estacionamiento de vehículos, podrá practicarse en folio independiente que se abrirá con el número de la finca matriz y el correlativo de cada cuota. La apertura de folio se hará constar por nota al margen de la inscripción de la finca matriz*».

Igualmente, dicho artículo dispone una serie de requisitos que se han de cumplir: «*...Para hacer constar la adscripción del uso y disfrute exclusivo de una zona determinada del garaje o estacionamiento, deberá incluirse en el título la descripción pormenorizada de la misma, con fijación de su número de orden, linderos, dimensiones perimetrales y superficie útil, así como la descripción correspondiente a los elementos comunes, la cual deberá hacerse con referencia a un plano, cuya copia testimoniada se archivará en el Registro*».

Cuestiones útiles

16. ¿En qué se diferencian un garaje y un aparcamiento?

La diferencia entre un garaje y un aparcamiento la encontramos en la **STS de 22-10-1996**, que establece que: «"garaje" es una palabra, de origen galo, que significa "local destinado a guardar automóviles", aparcamiento, réplica de la voz inglesa "parking", contempla la acepción de "lugar destinado para aparcar vehículos" esto es para "colocar convenientemente el vehículo en la zona de que se trate"». Aparcamiento, por tanto, es término que sólo expresa el efecto de una acción sin que implique, de suyo, una organización empresarial, ni un acotamiento de terrenos que sean objeto de industria. En la práctica, y de acuerdo con la semántica corriente atendiendo al concepto de negocio, en sentido económico, «garaje» es palabra que aparece constreñida a locales reservados cuyo uso queda limitado a usuarios habituales que guardan en él sus coches, en plaza determinada, ya sea de su propiedad, ya sea arrendada por precio único que no tiene en cuenta las horas de permanencia ni los días, sino períodos temporales de mayor duración (meses o años...), mientras que el aparcamiento o «parking», entendido, más allá de su acepción neutra, «como empresa que cobra un canon, supone un local o terreno acotado (al que no se puede entrar libremente con el vehículo) con casetas o controles de acceso, en los que se expende, manual o mecánicamente, un tique o boleto que principalmente marca la hora y el día de entrada del vehículo conducido por el usuario que debe estacionarlo en cualquiera de las plazas disponibles».

17. ¿El cerramiento de la zona de garajes con una verja ha de acordarse por unanimidad?

Efectivamente, tal cerramiento supone una modificación del título constitutivo y ha de acordarse por unanimidad. La **STS de 20 de mayo de 2009** *(Tol 1525359)* establece que *«El artículo 17.1 de la Ley de Propiedad Horizontal exige la unanimidad sólo para la validez de los acuerdos que impliquen la aprobación o modificación de las reglas contenidas en el Título Constitutivo de la propiedad horizontal o en los Estatutos de la Comunidad.*

Con relación al caso debatido, esta Sala considera que el cerramiento acordado, consistente en la instalación de un verja en la zona de aparcamiento y garaje número 1, espacio en que están situados los locales comerciales de los actores, para dejar una puerta de salida al paseo y otra a la escalera que baja al garaje número 1 les ocasiona perjuicios y afecta al Título Constitutivo por suponer una alteración de los elementos comunes y debe acordarse en Junta de Propietarios por unanimidad.

El acuerdo que nos ocupa perjudica a los demandantes desde la óptica de sus derechos como dueños de locales comerciales y con independencia de que los mismos sean destinados en la actualidad a negocios abiertos al público, garajes o almacenes, ya que, en todo caso, no podrían desarrollar sus legítimas facultades dominicales, en el sentido de facilitar el acceso de clientela o de proveedores a sus locales, por lo que es procedente respetar a los propietarios en los derechos adquiridos, los cuales han sido menoscabados en sus posibilidades de utilización al impedir el flujo de clientes o de mercancías a los almacenes para cuyo fin adquirieron los demandantes los citados locales".

18. ¿Deben contribuir los propietarios de garajes a la sustitución del ascensor de la finca, al que no tienen acceso, cuando el título constitutivo les exonera del pago de «gastos de ascensor"?

La **STS de 18 de noviembre de 2009** *(Tol 1748184)* establece que *«En el caso objeto del proceso, el Título Constitutivo excluye a las plantas bajas y entresuelos de los gastos de ascensor, con apoyo en su imposibilidad de uso; por demás, el Título utiliza el término genérico de 'gastos', y cabe concluir que hace referencia tanto a los ordinarios como a los extraordinarios, porque, donde la regla citada no distingue, no existe justificación para interpretar lo contrario".* Por tanto, la exoneración comprende tanto los gastos de mantenimiento y reparaciones como los de sustitución.

19. ¿Se puede negar el acceso a los propietarios de plazas de garaje por el patio o ascensor, cuando no son propietarios de vivienda, si son los únicos pasos para peatones?

La **STS de 17 de julio de 2009** *(Tol 1580535)* se pronunció en sentido negativo a la cuestión planteada. En el caso objeto de litigio, no existía más acceso al garaje para peatones que el patio y ascensor. La comunidad de propietarios había acordado que los propietarios únicamente de garajes tendrían que acceder al mismo por la rampa destinada a vehículos. Así, la sentencia dispone que *«De manera que la forma de acceso al garaje no es coincidente en las resoluciones comparadas, pues en el caso de autos la única forma de entrada es a través de la rampa, que se debe utilizar exclusivamente para vehículos, siendo el único modo de llegada para los peatones a través del zaguán, mientras que en las SSTS aducidas existen dos formas al margen del acceso por el zaguán, ya que en ambos supuestos existe una puerta al garaje exclusivamente para peatones".*

Formularios de interés

Convocatoria de Junta Extraordinaria por el Promotor. *(Tol 4563259)*
Modelo de solicitud de diligenciamiento del libro de actas. *(Tol 4577012)*
Acta por la que el complejo inmobiliario privado se constituye en una sola comunidad. *(Tol 4575095)*
Acta por la que un complejo inmobiliario privado se constituye en una agrupación de comunidades. *(Tol 4575096)*

Esquema del capítulo

CONSTITUCIÓN Y EXTINCIÓN DE LA PROPIEDAD HORIZONTAL:

❒ **FORMAS DE CREACIÓN:**

1. División por el propietario de un inmueble, hasta entonces único.
2. División de un inmueble en situación de copropiedad (art. 401 CC.).
3. Construcción de un inmueble para configurarlo, como un régimen de Propiedad Horizontal, por parte de su promotor. Aquí estamos ante una situación de prehorizontalidad.

❒ **REQUISITOS PARA CONSTITUIR UNA COMUNIDAD DE PROPIETARIOS:**

1. Que exista un edificio.
2. Que el edificio este dividido en elementos privativos susceptibles de aprovechamiento independiente.
3. Que se haya otorgado el título constitutivo.

❒ **DECLARACIÓN DE OBRA NUEVA:**

La Declaración de Obra Nueva es una escritura que el titular registral del inmueble realiza ante un Notario en la que declara que se han comenzado o concluido unas obras, siendo necesario justificar tanto la licencia de obras como la certificación final de la misma y en la que se definen las características físicas del edificio. Esta declaración es el paso previo a la inscripción del inmueble en el Registro de la Propiedad, lo que recibe el nombre de inmatriculación.

❒ **TÍTULO CONSTITUTIVO:**

Es un acto jurídico y documento público con el que se origina la propiedad horizontal. Entre los contenidos del mismo se encuentran:

1. Descripción del inmueble en su totalidad. Datos de sumo interés son el carácter privativo o común de determinados elementos, como los patios o terrazas.
2. Descripción de los pisos o locales.
3. Puede contener los estatutos. Son interesantes las posibles cláusulas de exoneración de determinados gastos.
4. Expresión de la cuota de participación.

❒ **EXTINCIÓN DE LA PROPIEDAD HORIZONTAL:**

La propiedad horizontal se extingue (art. 23 LPH):

1. Por la destrucción del edificio, salvo pacto en contra. Se entiende que habrá destrucción del edificio cuando el coste de la reconstrucción de la finca exceda del 50% de su valor al tiempo de ocurrir el siniestro, a menos que dicho exceso esté cubierto por un seguro.
2. Por conversión en copropiedad o propiedad ordinarias: adquisición de todo el inmueble por una sola persona, física o jurídica.

❒ **FIGURAS ANÁLOGAS Y SUPUESTOS CONFLICTIVOS:**

- Comunidad de bienes.
- Complejos inmobiliarios privados.
- Garajes.

II Elementos básicos en la Administración de Fincas: el título constitutivo y la cuota de participación

1. INTRODUCCIÓN

Hemos considerado conveniente dedicar un capítulo al título constitutivo, pues este documento va a ser de vital importancia para la administración del inmueble constituido en régimen de propiedad horizontal.

Junto con un estudio pormenorizado del libro de actas (si lo hubiere), uno de los primeros pasos que debe realizar el Administrador es una lectura detallada del título. En el caso de que no se le haya facilitado, será necesario solicitar una copia simple del mismo en el Registro de la Propiedad correspondiente. El primer estudio que efectuaremos es la anotación de las diferentes cuotas de participación de cada piso y local para comprobar que la suma de todas da cien.

Acto seguido se deberá comprobar la existencia de cláusulas de exoneración, recayentes en algún piso o local, sobre determinados elementos, pues será necesario realizar una rectificación de cuotas que permita las correspondientes liquidaciones de cada tipo de gasto.

Como tercer punto a realizar, será necesario que el profesional determine, tras una lectura detenida, la existencia de posibles elementos considerados comunes y que en el citado título se configuren como privativos, como puede ocurrir con la terraza de algún patio interior o incluso con parte o la totalidad de la cubierta pisable de un edificio. Esta correcta diferenciación sobre su carácter común o privativo será determinante a la hora de plantear en Junta cualquier posible modificación y delimitar asimismo su uso y disfrute.

2. EL TÍTULO CONSTITUTIVO

2.1. El título constitutivo: concepto

Se entiende por título constitutivo, tanto el acto jurídico a través del cual nace el régimen de propiedad horizontal, como el documento público que da forma a ese acto y en el cual ha de hacerse constar necesariamente los supuestos de hecho que sirven de base para la determinación del régimen jurídico de la Propiedad Horizontal.

Jurisprudencia relevante

Nuestra jurisprudencia entiende el concepto de título constitutivo en esta doble vertiente: como negocio jurídico y como documento en el cual se plasma dicho negocio jurídico. Así podemos apreciarlo, entre otras, en la **STS de 30-3-1999** *(Tol 2494)* cuando se afirma que

> *«...El título constitutivo de la propiedad horizontal se otorga por el único propietario del edificio, como negocio jurídico unilateral, cuyo sujeto es dicho propietario único, o bien se otorga por los copropietarios, si los hay, como negocio jurídico plurilateral (o acto de conjunto, Gesamtakte, en la doctrina alemana). Lo mismo, en caso de modificación del título. Todo ello viene establecido por el artículo 5 de la Ley de Propiedad Horizontal cuyo párrafo 2º dispone claramente los sujetos: o el propietario único del edificio, como sujeto del negocio jurídico unilateral, o todos los copropietarios, sujetos del negocio jurídico plurilateral; además del laudo o resolución judicial...».*

La **STS de 30-3-1999** *(Tol 171280)*, destaca la segunda acepción del término título constitutivo cuando indica que

> *«...Efectivamente, partiendo de la base de conceptuar el Título Constitutivo del régimen relativo a la propiedad horizontal, como aquel documento en el cual hará de hacerse constar necesariamente los supuestos de hecho que sirven de base para la determinación del régimen jurídico de la propiedad horizontal, lo que hace destacar la importancia del mismo, cuyo contenido exacto deviene indicado en el artículo 5 de la Ley de Propiedad Horizontal. Hay dos maneras de crear ese Título Constitutivo, una, por el promotor —vendedor— constructor del edificio mientras fuese propietario único del mismo —el caso más corriente—; y otra, por todos los propietarios de los pisos y locales en que el edificio estuviere dividido...».*

2.2. Documentos relativos al inmueble: el título constitutivo y la escritura de compraventa; su diferenciación

Hay dos tipos de documentos, uno es el individual correspondiente a la vivienda, que será entregado por el Notario en el momento en que se adquiera la propiedad y en el que se describirá el piso o local, con su superficie, planta en la que se halla ubicado, número de puerta, lindes con propiedades adyacentes, acceso al mismo por el número de puerta del patio, la calle y la cuota de participación.

El otro documento, que describe la totalidad del edificio, recibe el nombre de título constitutivo de la propiedad horizontal. Deberá contener una descripción de todo el inmueble y de los pisos y locales, junto con sus cuotas de participación. Asimismo es posible que contenga estatutos en los que queden reflejadas algunas cláusulas de exoneración.

2.3. Contenido y requisitos

El art. 5 LPH establece el contenido del título constitutivo en el que necesariamente deberá constar:

> *El título constitutivo de la propiedad por pisos o locales describirá, además del inmueble en su conjunto, cada uno de aquellos al que se asignará número correlativo. La descripción del inmueble habrá de expresar las circunstancias exigidas en la legislación hipotecaria y los servicios e instalaciones con que cuente el mismo. La de cada piso o local expresará su extensión, linderos, planta en la que se hallare y los anejos, tales como garaje, buhardilla o sótano.*
>
> *En el mismo título se fijará la cuota de participación que corresponde a cada piso o local, determinada por el propietario único del edificio al iniciar su venta por pisos, por acuerdo de todos los propietarios existentes, por laudo o por resolución judicial. Para su fijación se tomará como base la superficie útil de cada piso o local en relación con el total del inmueble, su emplazamiento interior o exterior, su situación y el uso que se presuma racionalmente que va a efectuarse de los servicios o elementos comunes.*
>
> *El título podrá contener, además, reglas de constitución y ejercicio del derecho y disposiciones no prohibidas por la Ley en orden al uso o destino del edificio, sus diferentes pisos o locales, instalaciones y servicios, gastos, administración y gobierno, seguros, conservación y reparaciones, formando un estatuto privativo que no perjudicará a terceros si no ha sido inscrito en el Registro de la Propiedad.*
>
> *En cualquier modificación del título, y a salvo lo que se dispone sobre validez de acuerdos, se observarán los mismos requisitos que para la constitución.*

Así pues, los requisitos que debe contener el título constitutivo, son los siguientes:

1. La descripción del inmueble en su totalidad. Datos de sumo interés son el carácter privativo o común de determinados elementos, como los patios o terrazas.
2. La descripción de los pisos o locales.
3. Puede contener los estatutos. Son interesantes las posibles cláusulas de exoneración de determinados gastos.
4. La expresión de la cuota de participación.

Al respecto, debe examinarse lo previsto en la Ley Hipotecaria, en concreto en su artículo 8.1, que exige que:

> *Cada finca tendrá, desde que se inscriba por primera vez, un número diferente y correlativo. Las inscripciones que se refieran a una misma finca tendrán otra numeración correlativa y especial.*

El propio artículo 8 de la Ley Hipotecaria *(Tol 314711)* prevé que *se inscribirán como una sola finca bajo un mismo número*, entre otros:

- *Los edificios en régimen de propiedad por pisos cuya construcción esté concluida o, por lo menos, comenzada.*

En la inscripción se describirán, con las circunstancias prescritas por la Ley, además del inmueble en su conjunto, sus distintos pisos y locales susceptibles de aprovechamiento independiente, asignando a éstos un número correlativo escrito en letra y la cuota de participación que a cada uno corresponde en relación con el inmueble. En la inscripción del solar o del edificio en conjunto se harán constar los pisos meramente proyectados.

Se incluirán, además, aquellas reglas contenidas en el título y en los Estatutos que configuren el contenido y ejercicio de esta propiedad.

La inscripción se practicará a favor del dueño del inmueble constituyente del régimen o de los titulares de todos y cada uno de sus pisos o locales.

– *Los pisos o locales de un edificio en régimen de propiedad horizontal, siempre que conste previamente en la inscripción del inmueble la constitución de dicho régimen.*

Además, debe tenerse presente lo previsto en el artículo 9 de la Ley Hipotecaria que exige que:

Toda inscripción que se haga en el Registro expresará las circunstancias siguientes:

1. *La naturaleza, situación y linderos de los inmuebles objeto de la inscripción, o a los cuales afecte el derecho que deba inscribirse, y su medida superficial, nombre y número, si constaren del título.*

   Podrá completarse la identificación de la finca mediante la incorporación al título inscribible de una base gráfica o mediante su definición topográfica con arreglo a un sistema de coordenadas geográficas referido a las redes nacionales geodésicas y de nivelación en proyecto expedido por técnico competente.

   La base gráfica catastral o urbanística y el plano topográfico, si se utilizasen, deberán acompañarse al título en ejemplar duplicado. Uno de sus ejemplares se archivará en el Registro, sin perjuicio de su incorporación a soportes informáticos. Del archivo del duplicado se tomará nota al margen del asiento correspondiente a la operación practicada y en el ejemplar archivado el registrador hará constar referencia suficiente a la finca correspondiente. Podrá obtenerse el archivo de la base gráfica como operación registral específica mediante acta notarial autorizada a requerimiento del titular registral en la que se describa la finca y se incorpore la base gráfica.

   Los registradores dispondrán de aplicaciones informáticas para el tratamiento de bases gráficas que permitan su coordinación con las fincas registrales y la incorporación a éstas de la calificación urbanística, medioambiental o administrativa correspondiente.

2. *La naturaleza, extensión y condiciones, suspensivas o resolutorias, si las hubiere, del derecho que se inscriba, y su valor, cuando constare en el título.*

3. *El derecho sobre el cual se constituya el que sea objeto de la inscripción.*

4. *La persona natural o jurídica a cuyo favor se haga la inscripción.*
5. *La persona de quien procedan inmediatamente los bienes o derechos que deban inscribirse.*
6. *El título que se inscriba, su fecha, y el Tribunal, Juzgado, Notario o funcionario que lo autorice.*
7. *La fecha de presentación del título en el Registro y la de la inscripción.*
8. *La firma del Registrador, que implicará la conformidad de la inscripción, con la copia del título de donde se hubiere tomado.*

Lo dispuesto en este artículo se entiende sin perjuicio de lo especialmente establecido para determinadas inscripciones.

Este artículo se desarrolla en el artículo 51 del Reglamento Hipotecario:

Las inscripciones extensas a que se refiere el artículo 9 de la Ley contendrán los requisitos especiales que para cada una de ellas determina este Reglamento, y se practicarán con sujeción a las reglas siguientes:

1. *La naturaleza de la finca se determinará expresando si es rústica o urbana, el nombre con las que las de su clase sean conocidas en la localidad, y en aquéllas, si se dedican a cultivo de secano o de regadío y, en su caso, la superficie aproximada destinada a uno y a otro.*

   Si se aporta cédula, certificación o licencia administrativa que lo acredite se hará constar, además, la calificación urbanística de la finca.

2. *La situación de las fincas rústicas se determinará expresando el término municipal, pago o partido o cualquier otro nombre con que sea conocido el lugar en que se hallaren; sus linderos por los cuatro puntos cardinales; la naturaleza de las fincas colindantes; y cualquier circunstancia que impida confundir con otra la finca que se inscriba, como el nombre propio silo tuviere. En los supuestos legalmente exigibles se hará constar la referencia catastral del inmueble.*

3. *La situación de las fincas urbanas se determinará expresando el término municipal y pueblo en que se hallaren; el nombre de la calle o sitio; el número si lo tuvieren, y los que hayan tenido antes; el nombre del edificio si fuere, conocido por alguno propio; sus linderos por la izquierda (entrando), derecha y fondo, la referencia catastral en los supuestos legalmente exigibles; y cualquier otra circunstancia que sirva para distinguir de otra la finca descrita. Lo dispuesto en este número no se opone a que las fincas urbanas cuyos linderos no pudieran determinarse en la forma expresada se designen por los cuatro puntos cardinales.*

4. *La medida superficial se expresará en todo caso y con arreglo al sistema métrico decimal, sin perjuicio de que también se haga constar la equivalencia a las medidas del país.*

   La descripción de las fincas rústicas y urbanas será preferentemente perimetral, sobre la base de datos físicos referidos a las fincas colindantes o datos catastrales de las mismas tomados de plano oficial.

5. *La naturaleza del derecho que se inscriba se expresará con el nombre que se le dé en el título, y si no se le diere ninguno, no se designará tampoco en la inscripción.*

6. *Para dar a conocer la extensión del derecho que se inscriba se hará expresión circunstanciada de todo lo que, según el título, determine el mismo derecho o limite las facultades del adquirente, copiándose literalmente las condiciones suspensivas, resolutorias, o de otro orden, establecidas en aquél. No se expresarán, en ningún caso, las estipulaciones, cláusulas o pactos que carezcan de trascendencia real.*

7. *Las cargas y limitaciones de la finca o derecho que se inscriba se expresarán indicando brevemente las que consten inscritas o anotadas con referencia al asiento donde aparezcan. En ningún caso se indicarán los derechos expresados en el artículo 98 de la Ley ni los aplazamientos de precio no asegurados especialmente.*

   Las cargas relacionadas en el título que no resulten inscritas o anotadas no se harán constar en la inscripción. Si no existieran cargas se expresará así.

8. *El valor de la finca o derecho inscrito se designará, si constare en el título, en la misma forma que apareciere en él.*

9. *La persona a cuyo favor se practique la inscripción y aquélla de quien proceda el bien o derecho que se inscriba se determinarán conforme a las siguientes normas:*

   a. *Si se trata de personas físicas, se expresarán el nombre y apellidos; el documento nacional de identidad; si es mayor de edad o, en otro caso, la edad que tuviera, precisando, de estar emancipado, la causa; si el sujeto es soltero, casado, viudo, separado o divorciado y, de ser casado y afectar el acto o contrato que se inscriba a los derechos presentes o futuros de la sociedad conyugal, el régimen económico matrimonial y el nombre y apellidos y domicilio del otro cónyuge; la nacionalidad y la vecindad civil del sujeto si se acreditan o manifiestan; y el domicilio con las circunstancias que lo concreten.*

   b. *Si se trata de personas jurídicas, se consignarán su clase; su denominación; el número de identificación fiscal; la inscripción, en su caso, en el Registro correspondiente; la nacionalidad, si fuere una entidad extranjera, y el domicilio con las circunstancias que lo concreten.*

   c. *Se expresarán también, en su caso, las circunstancias de la representación legal o voluntaria, las personales que identifiquen al representante, el poder o nom-*

bramiento que confieran la representación y, cuando proceda, su inscripción en el Registro correspondiente.

d. *Cuando las circunstancias de la persona constaren en otro asiento del mismo folio registral, podrá consignarse en el nuevo asiento sólo el nombre y apellidos si se trata de persona física o la clase y denominación si es persona jurídica y, en uno y otro caso, la referencia, para las demás circunstancias, al asiento anterior, expresando las variaciones que resulten de los documentos presentados.*

e. *En cualquier momento, el titular inscrito podrá instar directamente del Registrador que por nota marginal se hagan constar las circunstancias de un domicilio a efectos de recibir comunicaciones relativas al derecho inscrito.*

10. *En todo caso se hará constar el acta de inscripción, que expresará: el hecho de practicarse la inscripción, la persona a cuyo favor se practica, el título genérico de su adquisición y el derecho que se inscribe.*

11. *Se hará constar la clase del título en cuya virtud se practique la inscripción, la fecha de su otorgamiento, autorización o expedición, y el Juez, Tribunal, Notario o funcionario que lo autorice y el Notario en cuyo protocolo se encuentre o Juzgado o Tribunal del que proceda, cuando no sea el mismo que la autorizó. Tratándose de documentos complementarios no notariales bastará consignar el funcionario que lo autorice y su residencia. Cuando proceda se indicará que el documento se archiva.*

12. *Al día y la hora de la presentación del título en el Registro se añadirán el número del asiento y el tomo del Diario correspondiente.*

13. *Cuando los actos o contratos sujetos a inscripción hayan devengado derechos a favor del Estado se expresará esta circunstancia y que la carta de pago ha quedado archivada en el legajo. Si estuvieren exentos del pago o hubiere prescrito la acción administrativa se consignará dicha circunstancia.*

14. *Al final de toda inscripción se consignará la fecha de la misma. La inscripción será autorizada por el Registrador con su firma, que implicará la conformidad de aquélla con el título presentado y documentos complementarios, sin que sea necesario hacer constar expresamente tal conformidad.*

Finalmente, debe examinarse el artículo 53 del RD 1093/1997, de 4 de julio, por el que se aprueban las normas complementarias al Reglamento para la ejecución de la Ley Hipotecaria sobre inscripción en el Registro de la Propiedad de actos de naturaleza urbanística *(Tol 7063)*, que dispone que:

Para inscribir los títulos de división horizontal o de modificación del régimen ya inscrito, se aplicarán las siguientes reglas:

a. *No podrán constituirse como elementos susceptibles de aprovechamiento independiente más de los que se hayan hecho constar en la declaración de obra nueva, a menos que se acredite, mediante nueva licencia concedida de acuerdo con las previsiones del planeamiento urbanístico vigente, que se permite mayor número. No será de aplicación lo dispuesto en este número a las superficies destinadas a locales comerciales o a garajes, salvo que del texto de la licencia resulte que el número de locales comerciales o de plazas de garaje constituye condición esencial de su concesión.*

b. *Cuando el objeto de la transmisión sea una participación indivisa de finca destinada a garajes, que suponga el uso y disfrute exclusivo de una zona determinada, deberá incluirse en el título la descripción pormenorizada de la misma, con fijación de su número de orden, linderos, dimensiones perimetrales y superficie útil, así como la descripción correspondiente a los elementos comunes.*

2.3.1. Forma de otorgamiento del título

La LPH, en su artículo 5, no exige una forma determinada, aunque en la práctica lo normal es constituirlo en escritura pública, que se conoce como escritura de declaración de obra nueva y división horizontal, a fin de conseguir su inscripción en el Registro de la Propiedad.

> No obstante, debe tenerse muy presente lo previsto en el párrafo tercero del artículo 5 de la LPH, cuando se dice que el título constitutivo: *«...no perjudicará a terceros si no ha sido inscrito en el Registro de la Propiedad»*, por lo que podemos afirmar que el documento público y la inscripción en el Registro de la Propiedad únicamente serán exigibles si queremos que el título constitutivo tenga una eficacia jurídica *erga omnes*, pudiéndose hacer valer frente a terceros.

Jurisprudencia relevante

En este punto no debemos obviar la **STS de 8-5-2009** *(Tol 1525362)*, que analiza un supuesto de error a la hora de redactar la escritura pública de otorgamiento de título constitutivo, señalando que

> *«...el art. 153 del Reglamento Notarial permite la subsanación de errores materiales en los instrumentos públicos, cuando los errores, aparte de dicha naturaleza de puramente materiales, resulten del contexto del documento y de los inmediatamente anteriores y siguientes, o de los restantes documentos que se tuvieron en cuenta al redactar el documento subsanado, y, si bien es cierto que cualquier modificación de las reglas contenidas en el título constitutivo de la propiedad horizontal o en los estatutos de la comunidad requiere la unanimidad de todos los comuneros, también lo es que la corrección de lindes de tres entidades y de elementos comunes*

se configura como un supuesto de mero error material que se comprueba mediante el hecho de que a través de la rectificación no se altera ni la superficie, ni el coeficiente de cada entidad, ni tampoco los elementos comunes; razón por la que la legislación notarial no exige un nuevo consentimiento de los otorgantes para que el acta complementaria produzca todos los efectos registrales...».

2.3.2. Momento del otorgamiento e inscripción

Como norma general podemos afirmar que el título constitutivo puede otorgarse en cualquier momento:

- Antes del inicio de las obras.
- Cuando están terminadas las obras.
- Cuando el edificio todavía está en construcción.
- Cuando el edificio aún está en fase de proyecto.

Los artículos 4.3 y 5.5 del RD 515/1989 sobre protección de los consumidores en cuanto a la información a suministrar en la compraventa y arrendamiento de viviendas preceptúan que, con anterioridad al inicio de la publicidad y promoción de un edificio el promotor otorgue el título constitutivo y que las empresas que promocionen y publiciten la venta de viviendas tenga a disposición de los interesados, entre otros extremos. la descripción de la vivienda con expresión de sus superficie útil, descripción general del edificio, estatutos y normas de funcionamiento de la comunidad etc.

Respecto a la inscripción el artículo 8.4 de la Ley Hipotecaria y la resolución de la DGRN de 18-4-1988 se expresan en términos similares, estableciendo esta última que

«...no podrá inscribirse el régimen de propiedad horizontal hasta que la construcción no esté concluida o por los menos comenzada».

2.3.3. Responsables de su otorgamiento

En cuanto a quiénes están legitimados para otorgar el título constitutivo, podemos distinguir entre:

a) El propietario único del edificio.
b) Todos los titulares de los pisos o locales mediante acuerdo unánime, ya que el otorgamiento del título constitutivo es un acto de disposición y la LPH establece que dichos acuerdos han de ser adoptados por unanimidad.

El propietario inicial del edificio puede otorgarlo por sí solo cuando no haya vendido todavía alguno de los pisos o locales porque, de lo contrario, necesitará el consentimiento de los adquirentes.

Jurisprudencia relevante

Resulta especialmente interesante la **STS de 11-12-2009** *(Tol 1762179)*, cuando, en su fundamentación jurídica, reproduce argumentos esgrimidos por el propio Tribunal Supremo en anteriores sentencias, afirmando que

> *«...El Tribunal Supremo en sentencias de 25 de marzo de 2004 y 23 de marzo de 2004, recoge la sentencia de 21 de junio de 2002 que: «Ésta (se está refiriendo a la propiedad horizontal) se constituye como tal, o por el único propietario del edificio, o por los copropietarios, en negocio jurídico plurilateral, calificado como acto conjunto por la doctrina alemana ("Gesamtakte"), que, por ello, precisa el consentimiento de todos los copropietarios, en régimen de propiedad horizontal y en orden a la fijación de las cuotas de participación correspondientes a cada propietario», y «lo mismo, en caso de modificación del título». Todo ello viene establecido por el artículo 5 de la Ley de Propiedad Horizontal cuyo párrafo 2º dispone claramente dos supuestos: o el propietario único del edificio, como sujeto del negocio jurídico unilateral, o todos los copropietarios, sujetos del negocio jurídico plurilateral; además del laudo o resolución judicial, dice la sentencia de 30 de marzo de 1999 que: tan sólo el propietario único o los propietarios (artículo 5 segundo y último párrafos, Ley de Propiedad Horizontal) pueden ser los sujetos de tales negocios jurídicos. Y no es sujeto la persona que ha comprado, pero no ha adquirido el derecho de propiedad sobre un piso o local, al haber obtenido título (contrato) pero no modo (tradición real o simbólica). Así lo ha dicho reiteradamente la jurisprudencia: la sentencia de 3 de febrero de 1975 dijo: «De existir alguna persona con esa titularidad dominical, aun cuando su adquisición constase únicamente en documento privado, se precisa la presencia de ésta (...)», exige, por tanto, la adquisición del dominio, que no se ha producido en el presente caso; en el mismo sentido la sentencia de 27 de febrero de 1987, en que se celebraron compraventas en documento privado, pero la sentencia parte de la adquisición del derecho de propiedad por los compradores y dice: «La escritura pública de obra nueva y la de constitución (o modificación) de la propiedad horizontal, deben ser otorgadas por aquéllos en el momento de realizarse esas operaciones sean titulares de dominio (...)», titularidad que no tenía el actor en el presente caso cuando se otorgó la escritura de modificación. La de 17 de julio de 1987 insiste en la idea: «(...) sin que conste en los hechos probados en la sentencia recurrida haber tomado posesión de aquélla antes de otorgarse la escritura pública de venta; y ello es así porque la propiedad plena no se adquiere, en caso de transmisión mediante documento privado, hasta que no tiene lugar la tradición o entrega (...)», que precisamente es el caso presente; lo que reitera la de 11 de junio de 1994: que mantiene que no es nulo el título otorgado por el promotor al no existir al momento del otorgamiento otros copropietarios, pues se habían vendido en documento privado determinados pisos, pero no se había producido tradición de los mismos. Por ello resulta incuestionable, en virtud de la teoría del título y el modo, que para adquirir el dominio no es suficiente la perfección de un contrato transmisivo, sino que es precisa la concurrencia de la tradición (artículos 609 y 1095, inciso segundo, del Código Civil, SS., entre otras, de 22 diciembre 2000, 14 febrero y 13 marzo 2002), y la jurisprudencia tiene reiterado (SS., entre otras, de 21 de marzo y 14 de julio de 1998, 9 de octubre de 2001, 14 de febrero y 10 de julio de 2002) que la formalización del contrato en documento privado no genera tradición instrumental y no acredita por si solo la efectiva transmisión patrimonial pretendida y al ser el promotor el único propietario goza de la «cobertura» del ordenamiento jurídico para llevar a cabo la modificación del Título Constitutivo de la división horizontal. Y en tal sentido se manifiesta la jurisprudencia, entre otras, en las sentencias de 16 de junio de 1998, «a contrario sensu», y 30 de marzo de 1999, declarándose en esta última que: «El adquirente en documento privado sin*

entrega de posesión, al no ser copropietario, no tiene derecho, ni siquiera posibilidad de concurrir al otorgamiento de la escritura de constitución o modificación del Título Constitutivo de la propiedad horizontal». Pues bien aplicada toda esta jurisprudencia al caso de autos resulta acreditado que el contrato privado de compraventa de vivienda y garaje y trastero son de fechas 15 de diciembre de 1998 y 5 de octubre de 2000, respectivamente, habiéndose pactado expresamente que hasta que no haya satisfecho todas las cantidades estipuladas, la propiedad queda a favor de la vendedora, la entrega de las llaves se realiza el 3 de mayo de 2002 y el otorgamiento de la escritura pública donde consta haber recibido la totalidad del precio se efectúa el 6 de mayo de 2002. En consecuencia, hasta esa fecha está facultada la demandada promotora para modificar el Título Constitutivo al ser la única propietaria del edificio, de tal forma que tanto la declaración de obra nueva y constitución de propiedad horizontal (escritura 21 de diciembre 1998, inscrita en el Registro de la Propiedad el 15 de marzo de 1999), escritura de terminación de la obra de fecha 25 de febrero de 2002 y, rectificada por escritura de 25 de abril de 2002 son de fecha anterior a la efectiva transmisión de la propiedad. Pero es que, a mayor abundamiento, en el contrato privado del actor no aparece para nada referencia alguna al montacargas ni a la escalera que se suprimió del zaguán número NÚM. 001, pues como establece la escritura de terminación de obra lo que se suprime es el espacio que ocupaba el acceso posterior al patio número NÚM. 001 y una escalera y que sólo era para las oficinas. Además el demandante tiene su acceso por el patio número NÚM. 000, en consecuencia, ni ha existido un incumplimiento de contrato, pues no se especificaron los elementos que dice se han suprimido, ni por otra parte son nulas las normas estatutarias al haberse modificado por la única propietaria legitimada entonces para su modificación (...)».

Esta misma sentencia aclara, más adelante que

«...de ordinario, el promotor redacta y otorga la escritura de división horizontal, con la asignación de la cuota de participación de cada piso, local o cualquier finca independiente del edificio.

En el supuesto de que el promotor haya efectuado la división y asignación de cuotas cuando hubiera transmitido pisos o locales en documento privado, procede manifestar que, conforme determina el artículo 5 de la Ley de Propiedad Horizontal, no es admisible ese otorgamiento, toda vez que ya no es el dueño único, amén de que la compraventa no requiere la solemnidad de documento público, a tenor del artículo 1280 del Código Civil, pero corresponde distinguir si el contrato se ha consumado con la entrega de la cosa, de conformidad con el artículo 1462 del Código Civil, ya que en la primera coyuntura no habrá dueño único, mientras que en otro caso mantendrá dicha condición.

En el supuesto debatido, se suscita una cuestión plenamente jurídica, consistente en si el contrato privado de compraventa de vivienda de un inmueble, con reserva de dominio, y sin entrega aún de llaves, confiere al comprador el derecho para concurrir al otorgamiento de la escritura de constitución, o en su caso de modificación de la Propiedad Horizontal.

Es evidente que, según reiterada doctrina jurisprudencial, seguida en los últimos tiempos, la formalización del contrato en documento privado no genera tradición instrumental y no acredita por si sólo la efectiva transmisión patrimonial pretendida y, al ser el promotor el único propietario, tiene el amparo del ordenamiento jurídico para llevar a cabo la modificación del Título Constitutivo de la división horizontal...».

2.4. Modificación

Con carácter general y en determinadas actuaciones que especifica la LPH, para su modificación el título constitutivo precisa de acuerdo unánime, tal como establece el art. 17.6 LPH y doctrina jurisprudencial contenida, entre otras, en las siguientes sentencias: **STS de 25 de julio de 1991** *(Tol 1727662)*, **STS de 22 de diciembre de 1994** *(Tol 1666575)*, **STS de 16 de julio de 1996** *(Tol 217489)* y **STS de 30 de abril de 2002** *(Tol 162074)*.

Jurisprudencia relevante

La **STS de 7-6-2006** *(Tol 952729)* consideró que:

> *«...constituye un tema legalmente reconocido que, para la modificación del título, cualesquiera que sea su incidencia, son precisos idénticos presupuestos que para su constitución, de manera que solo cabe su alteración por el propietario único antes de la venta de partes del inmueble, por acuerdo posterior unánime de la Junta de Propietarios o por resolución judicial, y, en seguimiento de dicha posición respecto a los acuerdos de la Junta, esta Sala, en sentencias de 25 de julio de 1991, 22 de diciembre de 1994, 16 de julio de 1996 y 19 de julio de 2000, tiene declarado el rechazo de cualquier intento de modificación del título sin el requisito de la unanimidad de los propietarios en el acuerdo de la Junta...».*

Sobre nulidad de acuerdo adoptado en la Junta de una Comunidad de propietarios, modificando el título constitutivo sin el acuerdo unánime de los comuneros véase la **STS de 3-10-2007** *(Tol 1153262)*, especialmente cuando afirma que

> *«...los locales o dependencias de que se trata no figuran en el Título constitutivo y para cualquier modificación del mismo, como realiza la decisión comunitaria impugnada, se precisa el requisito de la unanimidad de todos los propietarios, mediante acuerdo en Junta, según exige el artículo 16.1 de la Ley de Propiedad Horizontal de 1960 y determina la doctrina jurisprudencial contenida, entre otras, en las sentencias de esta Sala de 25 de julio de 1991, 22 de diciembre de 1994, 16 de julio de 1996, 19 de julio de 2000 y 30 de abril de 2002, lo que no ha sido observado...».*

Cuestiones útiles

1. ¿Deben reflejarse los anejos en el título constitutivo?
Los anejos son dependencias complementarias del piso o local sin cuota de participación específica, ya que ésta es la propia del piso o local del que son anejos. Están ubicados fuera del espacio delimitado del departamento privativo y están emplazados dentro de la misma finca. En el título constitutivo deben estar consignados con ese carácter. Los anejos no tienen número individual, ya que el número lo posee el inmueble principal.

Un ejemplo típico de anejo suelen ser los trasteros ubicados en la terraza o cubierta del edificio.

2. ¿Deben describirse los linderos en el título constitutivo?
Esta cuestión queda respondida a tenor de la lectura del art. 51.3 del Reglamento Hipotecario *(Tol 275334)*: *«La situación de las fincas urbanas se determinará expresando el término municipal y pueblo en que se hallaren; el nombre de la calle o sitio; el número, si lo tuvieren, y los que hayan tenido antes; el nombre del edificio si fuere conocido por alguno propio; sus linderos por la izquierda (entrando), derecha y fondo; la referencia catastral en los supuestos legalmente exigibles; y cualquier otra circunstancia que sirva para distinguir de otra la finca descrita. Lo dispuesto en este número no se opone a que las fincas urbanas cuyos linderos no pudieran determinarse en la forma expresada se designen por los cuatro puntos cardinales».*

3. ¿Qué sucede cuando no se ha otorgado el título constitutivo?
Cuando no se ha otorgado el Título Constitutivo estaríamos ante una Propiedad Horizontal de hecho. Al respecto, es interesante la **STS de 1-2-1995** *(Tol 1666973)*: *«...nos encontramos aquí en presencia de una de esas situaciones que tanto la doctrina científica como jurisprudencial califican de «propiedades horizontales de hecho» dada la inexistencia de «título constitutivo» y habida cuenta que: «a) Se trata de locales que si bien no tienen salida a un elemento común, sí parecen tenerla a la vía pública (artículo 396.1 CC); b) Que los intervinientes en esta litis no sólo han rechazado tal calificación, sino que incluso parecen haberla promovido».*
Más recientemente la **STS de 17-7-2006** *(Tol 979463)* reitera la doctrina ya sentada por la sentencia anteriormente citada y señala que: *«...Ciertamente, tal y como se expone en la Sentencia recurrida, esta Sala viene admitiendo la existencia de propiedades horizontales de hecho. Así, en la Sentencia de 1 de febrero de 1995 'que, por error, se ha citado en la resolución impugnada como de fecha 10 de febrero de 1995, dando lugar a cierta confusión a la hora de argumentar el recurso, pero también más recientemente, en Sentencia de 25 de marzo de 2004, se ha admitido su posible existencia y la aplicación a las mismas de la Ley de Propiedad Horizontal, con capacidad para adoptar acuerdos válidos. Igualmente, en Sentencia de 7 de abril de 2003, con cita de las sentencias de 28 de mayo de 1985, 20 de febrero de 1990 y 16 de junio de 1995, se indica, con referencia a un Conjunto Residencial, y a la situación anterior a la introducción del artículo 24 por la Ley 8/1999, de 6 de abril, de reforma de la Ley de Propiedad Horizontal, que se había declarado la posible existencia de un régimen de facto «sin que el título constitutivo sea elemento sustancial para la existencia y funcionamiento de la Comunidad, como tampoco lo es la inscripción en el Registro, requisito que igualmente carece de efectos constitutivos, sino simplemente a efectos de publicidad y en cuanto a terceros»'.*

La LPH, en su art. 2, dispone que se regirán por la misma en lo concerniente a «régimen jurídico de la propiedad, de sus partes privativas y elementos comunes, así como en cuanto a los derechos y obligaciones recíprocas de los comuneros»».

Consecuentemente, la Sentencia recurrida es conforme a la doctrina jurisprudencial expuesta en cuanto a la posibilidad de existencia de propiedades horizontales de hecho. En el presente supuesto, la 'DIRECCIÓN 0000' tiene unos estatutos reguladores, constan documentadas reuniones de la misma, nombramiento de Presidente y adopción de acuerdos que afectan a su vida y funcionamiento. En todo caso, la existencia o no 'de facto' de la Comunidad resulta del examen de los elementos de prueba y su correspondiente valoración, tarea para la que la instancia es soberana salvo que se denuncie error de derecho en la valoración de la prueba, lo que no acontece en el presente recurso.»

4. ¿Pueden existir escrituras individuales de propiedad y faltar una escritura global de otorgamiento de título constitutivo?

Como ha señalado en distintas ocasiones la jurisprudencia, si concurren los requisitos del artículo 396 CC, podemos hablar de la existencia de un régimen de propiedad horizontal, aunque no se haya otorgado el título constitutivo. Entre otras sentencias que recogen esta postura podemos citar la **STS de 23-10-2007** *(Tol 1177286)*, que afirma que: «*...Para el enjuiciamiento de este motivo ha de partirse de la base de que efectivamente nunca ha existido título constitutivo de propiedad horizontal sobre el edificio, sino sólo declaración de obra nueva por la única propietaria del suelo en el Registro de la Propiedad en el año 1931, previa a una inscripción de hipoteca sobre el edificio, que fue cancelada. Ha sido su única dueña Dª Emilia Llorente y Fuentes la que ha ido transmitiendo la propiedad de cada piso. Pero el hecho de que no hubiera escritura pública nada obsta para que exista una propiedad horizontal dado que tienen salida propia a un elemento común o a la vía pública, como requiere el art. 396 Cód. Civ. e inevitablemente unos elementos comunes. Ello hace que su regulación jurídica se someta a la Ley de Propiedad Horizontal. La Ley 8/1999, de 6 de abril, de reforma de la Ley de Propiedad Horizontal de 21 de julio de 1960, ha recogido este criterio unánime en la doctrina y jurisprudencia, y por ello dispone el art. 2º, apartado b), que se aplica a las comunidades que reúnan los requisitos establecidos en el art. 396 Cód. civ. y no hubiesen otorgado título constitutivo de la propiedad horizontal.*»

En el supuesto de existencia de escrituras individuales de propiedad que estableciesen cuotas de participación, habremos de estar a las mismas para distribuir los beneficios y cargas de la comunidad.

5. ¿Cuál es el régimen de contribución a los gastos comunes de un piso en el que todavía no ha concluido su construcción y ya se ha formalizado la división horizontal e inscripción en el Registro?

Un piso donde todavía no han terminado las obras y ya se ha formalizado la división horizontal y la inscripción en el Registro, estaría obligado a contribuir a los gastos comunes ya que desde el momento en que se constituye la Comunidad de Propietarios, existe obligación de contribuir al sostenimiento de los gastos comunes, en proporción a la cuota de participación, tal como establece el art. 9.1.e) de la LPH y ello con independencia de que se viva o no en el correspondiente inmueble.

3. LA CUOTA

3.1. *Concepto y trascendencia*

La cuota viene establecida en el título constitutivo de la Propiedad Horizontal.

La cuota sirve, por una parte, para determinar la participación en la propiedad y los gastos de la comunidad, y por otra parte para computar las mayorías en la junta de propietarios.

La importancia de la cuota radica en que determina la proporción en que se ejercen los derechos y deberes por los integrantes de la Comunidad, así pues, a cada piso se le asigna una cuota y la suma de las cuotas de los diferentes pisos, debe de totalizar el 100%.

El artículo 3.b apartado 2º LPH establece que *«a cada piso o local se atribuirá una cuota de participación con relación al total del valor del inmueble y referida a centésimas del mismo. Dicha cuota servirá de módulo para determinar la participación en las cargas y beneficios por razón de la comunidad. Las mejoras o menoscabos de cada piso o local no alterarán la cuota atribuida, que sólo podrá variarse de acuerdo con lo establecido en los artículos 10 y 17 de esta Ley».*

Lo anteriormente expresado no quiere decir que un piso o local no pueda tener atribuidas más de una cuota, pues, a modo de ejemplo, es perfectamente posible que tenga una cuota respecto al edificio y otra relativa a elementos comunes externos al mismo como piscinas o zonas de ocio.

Incluso, para el propio edificio, se pueden tener cuotas distintas. Sirva de ejemplo los bajos que están exonerados de algún gasto concreto. Dichos locales tendrán una cuota respecto a los gastos comunes a todos los pisos y locales y otra que no se aplicará sobre los gastos de los que están exonerados.

3.2. Establecimiento y modificación de la cuota

❒ ***Establecimiento***

Las cuotas de participación se establecen en virtud del art. 5 párrafo 2º de la LPH:

En el mismo título —refiriéndose al título constitutivo de la propiedad— *se fijará la cuota de participación que corresponde a cada piso o local, determinada por el propietario único del edificio al iniciar su venta por pisos, por acuerdo de todos los propietarios existentes, por laudo o por resolución judicial. Para su fijación se tomará como base la superficie útil de cada piso o local, en relación con el total del inmueble, su emplazamiento interior o exterior, su situación y el uso que se presuma racionalmente que va a efectuarse de los servicios o elementos comunes.*

Jurisprudencia relevante

La **SAP de Málaga de 11-3-1999** fallaba, respecto al establecimiento de la cuota por el promotor, estableciendo la necesidad que éste se basara en criterios lógicos y racionales y no apoyándose en un privilegio exorbitado.

Como hemos visto, el artículo 5 LPH determina los elementos que deben tenerse en cuenta a la hora de determinar la cuota de participación de cada uno de los propietarios en el total del edificio *la superficie útil de cada piso o local en relación con el total del inmueble, su emplazamiento interior o exterior, su situación y el uso que se presuma racionalmente que va a efectuarse de los servicios o elementos comunes.*

En este punto resulta de interés la **STS de 18-9-2007** *(Tol 1146770)*, que afirma que

> *«...la Sala de instancia, para fijar la cuota de participación de la vivienda de los actores, se atuvo a los criterios establecidos en el artículo 5 LPH a tales efectos, lejos, pues, de acudir a la equidad, cuya aplicación no se aprecia si no es con la mera finalidad hermenéutica de integrar el significado de los conceptos que sirven para definir los criterios legales con arreglo a los cuales ha de fijarse la cuota de participación de los distintos pisos y locales sujetos al régimen de propiedad horizontal. Así, tras atender a la superficie útil de la vivienda en relación con el total del inmueble, tomó en consideración, conforme al mandato legal, su situación y el uso que racionalmente se presumía iba a efectuarse de los servicios o elementos comunes, a cuyos efectos tuvo en cuenta que el elemento privativo en cuestión se hallaba situado en un sobreático al que no llegaba el ascensor, y cuya altura disminuía progresivamente por razón de la inclinación o abuhardillamiento de la cubierta del edificio, revelándose de este modo puramente circunstancial la reflexión acerca de la progresiva disminución de la altura del piso y la mayor incidencia térmica que sufría por razón de su ubicación, extremos carentes en sí mismos de virtualidad, y, por lo tanto, incapaces de conformar per se un criterio legal de fijación de la cuota de participación diferente al de la situación del piso o local con el que ha de relacionarse el consistente en su superficie útil. Y, en fin, no puede decirse que el razonamiento del tribunal sentenciador en punto al uso del aparato elevador con que cuenta el edificio se revela carente*

de lógica y que ha llevado, por ello, a un resultado igualmente ilógico, sino que, por el contrario, se encuentra dentro de los límites de lo razonable, por lo que ha de mantenerse en esta sede, quedando a salvo, pues, de los argumentos de los recurrentes sobre este punto, producto de su particular punto de vista, por muy respetable que éste sea...».

El artículo 4 del Real Decreto 3148/1978, de 10 de noviembre, por el que se desarrolla el Real Decreto-ley 31/1978, de 31 de octubre, sobre política de vivienda *(Tol 138532)*, define lo que se entiende por superficie útil:

«Se entiende por superficie útil la del suelo de la vivienda, cerrada por el perímetro definido por la cara interior de sus cerramientos con el exterior o con otras viviendas o locales de cualquier uso. Asimismo incluirá la mitad de la superficie de suelo de los espacios exteriores de uso privativo de la vivienda tales como terrazas, miradores, tendederos, u otros hasta un máximo del 10% de la superficie útil cerrada.
Del cómputo de superficie útil queda excluida la superficie ocupada en la planta por los cerramientos interiores de la vivienda, fijos o móviles, por los elementos estructurales verticales y por las canalizaciones o conductos con sección horizontal superior a cien centímetros cuadrados, así como la superficie de suelo en la que la altura libre sea inferior a 1,50 metros cuadrados.
Cuando se trate de viviendas iguales y dispuestas en columna vertical, dentro de un mismo edificio para el cómputo de las superficies ocupadas en planta por los elementos estructurales verticales y por las canalizaciones o conductos con sección horizontal superior a cien centímetros cuadrados, se tomará la media aritmética de los valores correspondientes a las viviendas situadas en las plantas inferior y superior de la columna, siempre que la divergencia entre aquellos valores no sea superior al 100%.
En el caso de las edificaciones a las que se extienda la protección oficial de acuerdo con el artículo 2 del presente Real Decreto, se entenderá por superficie útil la que resulte de multiplicar la superficie construida por 0,80.»

El artículo 2 de este Real Decreto determina que:

«Cuando, en cumplimiento de lo dispuesto en las ordenanzas que sean de aplicación, o por voluntad del promotor, se incluyan en el proyecto garajes que tengan la consideración de anejos inseparables de las viviendas del inmueble, la superficie útil de los mismos, dentro de los límites máximos establecidos en la correspondiente ordenanza, se computará, a efectos de determinar los precios de venta o renta de las viviendas; mas no se tendrá en cuenta ni para la concesión de ayudas económicas personales ni para determinar la superficie máxima a que se refiere el artículo 1 de este Real Decreto. En el caso de que los garajes no estén vinculados a las viviendas, se considerarán a todos los efectos como locales comerciales».

El mismo régimen legal establecido en el párrafo anterior se aplicará a los trasteros y otras dependencias cuya altura libre exceda de uno coma cincuenta metros y que se consideren anejos inseparables de las viviendas. En cualquier caso, el precio de venta o renta de los mismos no podrá exceder de un diez por ciento del precio total de la vivienda.

❐ *Modificación*

Según se desprende del contenido del art. 5 de la LPH, tal y como recoge la jurisprudencia del Tribunal Supremo en distintas sentencias que veremos a continuación, es posible modificar las cuotas de participación por:

- Acuerdo unánime de los copropietarios.
- Resolución judicial

Jurisprudencia relevante

Respecto a la posibilidad de modificar las cuotas por acuerdo unánime, la **STS de 22-12-93** *(Tol 1663594)* entendió que:

> *«...Si bien el sistema de distribución de los gastos generales, que en principio ha de tener por base la cuota de participación fijada en el título de constitución en régimen de propiedad horizontal, puede ser modificado por medio de los estatutos con observancia de los requisitos legales establecidos en la norma 1ª del art. 16 de la Ley de Propiedad Horizontal, se exige el acuerdo unánime de todos los propietarios que integran la comunidad para poder modificar las reglas contenidas en la escritura fundacional o en los estatutos...».*

En relación a la modificación por resolución judicial, se pronuncia, entre otras, la **STS de 29-1-2007** *(Tol 1033398)*:

> *«...Como se dice en la Sentencia de esta Sala de 5 de julio de 2005, «entre los modos de fijar la modificación del sistema de cuotas de participación, fuera del acuerdo unánime de los copropietarios, se puede, precisamente, cumpliendo los requisitos legales exigibles al respecto, determinar aquellas conforme al artículo 5º de la dicha Ley, por resolución judicial, que es lo acontecido en el presente caso, de manera que huelga insistir en el examen de la jurisprudencia acerca de la necesidad de unanimidad para modificar los estatutos que rigen una determinada comunidad de propietarios, según la Ley de Propiedad Horizontal, que, por su notoriedad, resulta obvia, pues lo que en realidad se debate es la legitimidad en casos como el presente de establecer, mediante juicio declarativo por sentencia, las modificaciones que se propugnan en función de la prueba practicada»; legitimidad para instar la modificación de coeficientes al margen de la unanimidad de los copropietarios y de la impugnación de los acuerdos de la comunidad que también se declara en la Sentencia de 11 de abril de 1995...».*

Sobre la carga y valoración de prueba en la modificación de la cuota sobre elementos comunes véase la **STS de 18-12-2006** *(Tol 1026966)*:

> *«...Argumenta dicha parte, en síntesis, que la sentencia recurrida ha vulnerado la regla que rige la distribución de la carga de la prueba al no haber tenido en cuenta la aceptación por la parte demandada de los documentos aportados con el escrito de demanda, que desplazaba hacia ella la carga de acreditar que el contenido de los informes no era correcto o no se ajustaba a la realidad; de forma que —en el razonamiento de los recurrentes— al darse la circunstancia de que la única prueba practicada en el proceso conduce a la estimación de la demanda, no procede dictar un pronunciamiento absolutorio sin que concurran otros elementos probatorios que hubieran desmentido la parte acreditada por la actora, desvirtuando la resultancia de los documentos aportados con la demanda, cuya falta de adveración no les priva de valor y puede ser tomado en consideración por el juzgador, ponderando su grado de credibilidad, conforme reiterada jurisprudencia.*
>
> *Este motivo debe ser desestimado.*

Su rechazo deriva de la reiterada doctrina de esta Sala respecto de la denuncia en casación de la infracción del artículo 1214 del Código Civil, que la parte recurrente no aplica debidamente a la hora de construir el argumento casacional. Con insistencia ha declarado esta Sala la excepcionalidad de la invocación en esta sede del citado precepto para fundamentar un motivo de casación —Sentencias de 2 de julio de 2003 y 2 de marzo de 2006, entre otras muchas—. El artículo 1214 del Código Civil no contiene norma valorativa de prueba y sólo puede ser alegado en casación cuando se hubiera alterado indebidamente el 'onus probandi', o sea, invertido la carga que a cada parte corresponde, al actor la de probar los hechos constitutivos de su derecho y al demandado los extintivos —Sentencias de 21 de noviembre de 2004, 21 de diciembre de 2004, 24 de junio de 2005, 19 de julio de 2005 y 15 de junio de 2006, entre otras muchas—; en otros términos, sólo es invocable en casación cuando, ante la falta de elementos demostrativos de los hechos, el juzgador altere, modifique o invierta la estructura de la regla. Desde luego, no puede invocarse cuando el Tribunal valora la prueba de autos, independientemente de quien la hay traído al proceso —Sentencias de 27 de febrero y 6 de abril de 2004—, como tampoco puede alegarse por entender que bebieron practicarse más pruebas sobre determinados extremos o para discutir la convicción del juez sobre la practicada —Sentencias de 30 de marzo de 1995, 10 de junio de 1995, 19 de septiembre de 1997 y 27 de enero de 2000—, ni permite, en fin, bajo su invocación volver a valorar nuevamente todo el material probatorio —Sentencias de 9 de junio de 1999, 23 de marzo de 2001, 20 de diciembre de 2001—, pues, como se ha dicho, no contiene regla de prueba —entre otras, Sentencias de 30 de octubre de 1999, 8 de noviembre de 1999, 13 de diciembre de 1999, 21 de julio de 2000, 29 de diciembre de 2000, 25 de abril de 2001, 16 de octubre de 2001, 2 de noviembre de 2001, 19 de diciembre de 2001 y 15 de junio de 2006—. Y, como precisa la Sentencia de 15 de diciembre de 1999, no se infringe aunque la parte entienda o sostenga que ha desplegado la actividad necesaria para acreditar los hechos.

Como señala la Sentencia de 15 de junio de 2006, para que el Juez pueda fallar conforme a las exigencias de los artículos 361 de la Ley de Enjuiciamiento Civil y 1.7 del Código Civil, el ordenamiento le ofrece un instrumento lógico para indicarle, en los casos de incerteza fáctica, si la sentencia ha de ser absolutoria o condenatoria, que es lo que en la ciencia del Derecho se denomina 'regla de juicio', y que en el proceso civil se encuentra en el artículo 1214 del Código Civil —y en el 217 de la Ley de Enjuiciamiento Civil de 2000—; de modo que lo determinante para la aplicación de esta pauta legal es la presencia de la duda después de que se haya desarrollado, al menos, una mínima labor probatoria en el litigio, sin que, de otro lado, dicho mecanismo esté al alcance de la voluntad de las partes, que no impedirán su utilización en los supuestos de hecho incierto, ni tienen resortes para modificar su estructura y sentido.

En el presente caso la Audiencia consideró que los informes aportados por la parte actora con la demanda, y sobre los que se proyecta la denuncia casacional de este primer motivo del recurso, no tenían virtualidad bastante para facilitar el soporte fáctico de la pretendida modificación de las cuotas de participación en los elementos comunes y, subsiguientemente, del título constitutivo de la Comunidad de Propietarios a que se contraía la pretensión deducida en la demanda, y ello porque, en un caso, el elaborado por el arquitecto era una simple copia carente de firma que no fue avalado mediante prueba testifical, y en el otro, porque se trataba de un informe elaborado por la Cámara Oficial de la Propiedad Urbana de Vizcaya que solo tomaba en consideración los datos facilitados a dicho organismo por los demandantes, al tiempo que se ceñía exclusivamente a la extensión superficial de los elementos del edificio, sin atender a cualesquiera otros criterios para fijar la cuota de participación en los elementos comunes, no habiéndose advertido, además, al organismo emisor del informe de que no se trataba de la determinación 'ex novo' de dichas cuotas de participación, sino de la modificación de las existentes, a las que, consiguientemente, no se hacía alusión alguna, como tampoco se aludía a las razones que justificaban su modificación.

Así las cosas, y con independencia de lo que más adelante se dirá al tratar del segundo motivo del recurso con relación a la eficacia probatoria de este informe, no puede sostenerse fundadamente que la Audiencia haya alterado la regla distributiva de la carga de la prueba, desplazando hacia la parte actora la carga de acreditar los hechos que son de la incumbencia de la demandada. Por el contrario, ha procedido a valorar la prueba aportada por los demandantes para acreditar los hechos constitutivos de su pretensión —aquellos de los que, en expresión del artículo 217.2 de la vigente Ley de Enjuiciamiento Civil, ordinariamente se desprenda, según las normas jurídicas a ellos aplicables, el efecto jurídico correspondiente a las pretensiones de la demanda—, de cuya carga no le eximía la admisión por la parte demandada de la eficacia extrínseca del informe elaborado por la señalada corporación; y seguidamente, tras la valoración crítica de su contenido —al que no alcanzaba el reconocimiento de la parte demandada— y de su eficacia intrínseca para acreditar los hechos que sirven de base a la pretensión de la demanda, el Tribunal de instancia ha procedido a resolver conforme a la regla de juicio que contiene el artículo 1214 del Código Civil, y que ahora se recoge de forma expresa en el apartado primero del artículo 217 de la vigente Ley de ritos. La pretensión impugnatoria que se ejercita a través de este motivo de casación encierra, en realidad, una discrepancia con la valoración de la prueba aportada al proceso por la parte demandante, a lo que no aprovecha la denuncia de la infracción normativa que se expresa en el enunciado del motivo, pues, como ha quedado expuesto, el artículo 1214 del Código Civil no contiene regla de valoración de la prueba y no sirve, por ello, para sustentar válidamente un motivo de casación orientado a denunciar el error de derecho en la valoración de la prueba; del mismo modo —y por idéntica razón— que no sirve para disentir de la conclusión alcanzada por los órganos de instancia tras valorar la prueba aportada al proceso, por considerar los ahora recurrentes que la aportada era suficiente para acreditar los hechos alegados en su demanda...».

Esta misma sentencia añade, a continuación que:

«...La tesis que quiere hacer valer la parte recurrente —que en el desarrollo argumental del motivo cita el artículo 1225 del Código Civil— se ciñe a sostener que, una vez reconocido por la parte demandada el informe elaborado por la Cámara Oficial de la Propiedad Urbana de Vizcaya, asume el carácter de prueba legal inherente a los documentos privados de cuya naturaleza participa, por lo que no le es dable al Tribunal apreciar libremente su contenido, quedando sometido a la regla de valoración probatoria contenida en el artículo 1218 del Código Civil, al que se remite el artículo 1225 del mismo Código cuando, como dice ser la parte recurrente, se trata de un documento privado reconocido legalmente.

Este motivo debe ser también desestimado.

En efecto, la denuncia del supuesto error de derecho en la valoración de la prueba que contiene el motivo de impugnación recae sobre un informe procedente de la Cámara Oficial de la Propiedad Urbana en el que, a partir de los datos facilitados por quien propuso su elaboración —la parte actora— y según su orientación, se asignan los coeficientes de participación en los elementos comunes del edificio de los distintos pisos, locales y restantes elementos privativos del inmueble. Con relación a este tipo de informes la jurisprudencia de esta Sala ha destacado, por un lado, su carácter de prueba documental, diferenciándola de la prueba pericial y sustrayéndola del régimen procedimental predicable de ésta —Sentencias de 8 de abril de 1994, 29 de noviembre de 1995, 20 de febrero de 1997, 26 de septiembre de 1997 y 5 de febrero de 2001—, al tiempo que los distingue de los documentos públicos enumerados en el artículo 596 de la Ley de Enjuiciamiento Civil de 1881 y hoy en el artículo 317 de la vigente Ley de procedimiento; y por otro lado ha predicado de ellos su libre valoración, sin someterlos a regla legal de valoración de la prueba alguna —Sentencias de 8 de abril de 1994 y 10 de diciembre de 1996, entre otras—.

Siendo así, en modo alguno resultan infringidas las normas invocadas para sustentar el motivo de casación, de las que se pretende aplicar la regla tasada de prueba que contienen, lo que, como se acaba de ver, no procede, quedando al margen de la revisión casacional la valoración que el Tribunal de instancia ha hecho del señalado informe, cuyo resultado ha de permanecer, por tanto, incólume en esta sede, cuando dicha valoración y la resultancia que de ella se extrae responden a un juicio crítico que aparece ajustado a las reglas de la lógica y carente de error manifiesto...».

❒ *Procedimiento a seguir para reclamar contra una cuota*

Al respecto hay que tener en cuenta que al comprar una vivienda o local se está aceptando el título constitutivo y la cuota en él contenido. No obstante entendemos que se podrá actuar en contra de la misma si se considera que la cuota es desproporcionada o arbitraria, en ese sentido se expresa la **SAP de Madrid de 23 de mayo de 1995** sobre el derecho del propietario a obtener tutela judicial efectiva frente a una cuota que consideraba desproporcionada.

En términos similares resulta particularmente interesante al **STS de 29-1-2007** *(Tol 1033398)*:

«...Ciertamente, la sentencia recurrida sienta como un hecho probado el conocimiento por aquel demandante de los estatutos en el momento en que compró los pisos y el local que tiene en propiedad, y dicha circunstancia es valorada, juntamente con la también verificada unanimidad en la adopción de los acuerdos aprobatorios de los estatutos, por quienes entonces eran propietarios, y con la falta de impugnación oportuna y en forma por el demandante de tales acuerdos, desde que tuvo conocimiento de los mismos, para rechazar la pretensión de nulidad e ineficacia que se postula como pedimento principal y como primera petición subsidiaria de la demanda. Ello no obsta, sin embargo, a que pueda instarse la modificación de los coeficientes asignados a cada piso o local del inmueble, cuando en la fijación de éstos no se hubieran respetados los criterios establecidos en el artículo 5 de la Ley de Propiedad Horizontal...».

Los pasos a seguir serían:

1. Solicitar al Presidente que incluyese en el orden del día de la próxima junta, el tema de la modificación.
2. Aprobar la modificación y rectificación del resto de cuotas por unanimidad
3. En caso de falta de acuerdo interponer acción judicial contra el resto de condóminos (juicio ordinario, art. 249.1.8 LEC), pues la alteración de una cuota, necesariamente, altera el conjunto al tener que totalizar cien la suma global, aportando propuestas y datos técnicos que fundamenten la demanda.

Jurisprudencia relevante

Al respecto resulta significativa la **SAP de Segovia de 31-1-2001** *(Tol 112423)*

«...en este caso, debe dirigirse la acción contra el resto de los propietarios; todos deben comparecer activa o pasivamente, pues en otro caso resultarían afectados por un pronunciamiento

en el que no han sido parte; de modo que estaríamos como bien afirma la apelada, ante una situación de defectuosa constitución de la litis, que impide entrar a analizar su contenido.
El litisconsorcio pasivo necesario implica que el órgano jurisdiccional sólo debe pronunciarse sobre la pretensión del actor que alcance a todas las personas que pueden ser afectadas por ella, pero no debe hacerlo si sólo se pronuncian (porque no han sido demandados los otros) sobre alguna de ellas. Sería contrario al principio de la tutela judicial efectiva que la resolución del órgano jurisdiccional alcanzara a personas que no han sido partes procesales. Iría también contra la proscripción de la indefensión que quien no se ha defendido, por no haber sido demandado, quedara afectado por los efectos de una sentencia dictada en proceso en que no ha sido parte. Halla su fundamento, explica la STS 20 diciembre 1996 ('como es sabido y reiterado por la jurisprudencia, de ociosa cita', dice literalmente) en la necesidad de evitar tanto los fallos contradictorios, como en la de cumplir con el principio de audiencia bilateral y la posibilidad de condena a alguna persona sin haberla oído, con violación incluso de norma constitucional (art. 24 CE). Y su concepto lo resume la STS 16 noviembre 1996: 'Tiene reiteradamente declarado esta Sala que el litisconsorcio pasivo necesario, figura de construcción preferentemente jurisprudencial, se rige por el principio impuesto a los órganos jurisdiccionales de cuidar que los litigios se ventilen con la presencia de todos aquellos que pudieran resultar afectados por el fallo a dictar, con la finalidad de evitar fallos contradictorios o impedir que nadie pueda ser condenado sin ser oído y vencido en juicio, teniendo el litisconsorcio pasivo la consideración de necesario cuando la pretensión ejercitada es obligado hacerla valer frente a varias personas, bien por establecer una norma positiva, bien por imponer la naturaleza de la relación jurídica-material controvertida'. Como sucede en el caso de autos que se pretende la modificación de los Estatutos, para cuya virtualidad se exige por Ley, la unanimidad, es decir el asentimiento de todos y cada uno de los comuneros y por ende resulta insuficiente (vd. STS 30-5-97), la capacidad procesal de que goza la comunidad de propiedad horizontal, carente en todo caso de capacidad jurídica (personalidad)...».

Respecto al litisconsorcio pasivo se pronuncia la **STS de 5-2-2004** *(Tol 348577)*:

«...Sería contrario al principio de la tutela judicial efectiva que la resolución del órgano jurisdiccional alcanzara a personas que no han sido partes procesales. Iría también contra la proscripción de la indefensión que quien no se ha defendido, por no haber sido demandado, quedara afectado por los efectos de una sentencia dictada en proceso en que no ha sido parte. Halla su fundamento, explica la sentencia de esta Sala de 20 de diciembre de 1996 ('como es sabido y reiterado por la jurisprudencia, de ociosa cita', dice literalmente) en la necesidad de evitar tanto los fallos contradictorios, como en la de cumplir con el principio de audiencia bilateral y la posibilidad de condena a laguna persona sin haberla oído, con violación incluso de norma constitucional (artículo 24 de la Constitución Española). Y su concepto lo resume la sentencia de 16 de noviembre de 1996: Tiene reiteradamente declarado esta Sala que el litisconsorcio pasivo necesario, figura de construcción preferentemente jurisprudencial, se rige por el principio impuesto a los órganos jurisdiccionales de cuidar que los litigios se ventilen con la presencia de todos aquellos que pudieran resultar afectados por el fallo a dictar, con la finalidad de evitar fallos contradictorios o impedir que nadie pueda ser condenado sin ser oído y vencido en juicio, teniendo el litisconsorcio pasivo la consideración de necesario cuando la pretensión ejercitada es obligado hacerla valer frente a varias personas, bien por establecerlo una norma positiva, bien por imponerlo la naturaleza de la relación jurídica-material controvertida».

Otras sentencias similares del alto Tribunal son, entre otras, la **STS de 4-11-2002** *(Tol 225422)*, **STS de 2-4-2003** *(Tol 275372)*, **STS de 18-6-2003** *(Tol 286086)* y **STS de 27-1-2006** *(Tol 820910)*, afirmando esta última resolución que:

> *«...La doctrina del litisconsorcio pasivo necesario exige llamar al juicio a todas las personas que, en virtud de disposición legal o por razón de la inescindibilidad de la relación jurídica material, puedan estar interesadas directamente o puedan resultar afectadas en la misma medida por la solución que se dicte en el proceso, por lo que se trata de una exigencia de naturaleza procesal con fundamento en la necesidad de dar cumplimiento al principio de audiencia evitando la indefensión, al tiempo que se robustece la eficacia del proceso mediante la exclusión de resultados procesales prácticamente inútiles por no poder hacerse efectivos contra los que no fueron llamados a juicio y se impiden sentencias contradictorias no solo por diferentes sino además por incompatibles...».*

EXCEPCIONES:

No obstante lo expuesto anteriormente, sobre el establecimiento de cuotas y modificación de las mismas debe tenerse muy presente lo dispuesto en el art. 10.3º LPH, con la nueva redacción introducida por la Ley 8/2013, que (el subrayado es nuestro) *«Requerirán autorización administrativa, en todo caso:*

a) La constitución y modificación del complejo inmobiliario a que se refiere el artículo 17.6 del texto refundido de la Ley de Suelo, aprobado por el Real Decreto Legislativo 2/2008, de 20 de junio, en sus mismos términos.

b) Cuando así se haya solicitado, previa aprobación por las tres quintas partes del total de los propietarios que, a su vez, representen las tres quintas partes de las cuotas de participación, la división material de los pisos o locales y sus anejos, para formar otros más reducidos e independientes; el aumento de su superficie por agregación de otros colindantes del mismo edificio o su disminución por segregación de alguna parte; la construcción de nuevas plantas y cualquier otra alteración de la estructura o fábrica del edificio, incluyendo el cerramiento de las terrazas y la modificación de la envolvente para mejorar la eficiencia energética, o de las cosas comunes, cuando concurran los requisitos a que alude el artículo 17.6 del texto refundido de la Ley de Suelo, aprobado por el Real Decreto Legislativo 2/2008, de 20 de junio.

En estos supuestos deberá constar el consentimiento de los titulares afectados y corresponderá a la Junta de Propietarios, de común acuerdo con aquéllos, y por mayoría de tres quintas partes del total de los propietarios, la determinación de la indemnización por daños y perjuicios que corresponda. La fijación de las nuevas cuotas de participación, así como la determinación de la naturaleza de las obras que se vayan a realizar, en caso de discrepancia sobre las mismas, requerirá la adopción del oportuno acuerdo de la Junta de Propietarios, por idéntica mayoría. A este respecto también podrán los interesados solicitar arbitraje o dictamen técnico en los términos establecidos en la Ley».

Por lo tanto, la citada modificación por mayoría de tres quintos de propietarios y cuotas se limita a:

- Obras que implican división material de los pisos o locales y sus anejos, para formar otros más reducidos e independientes.
- Aumento de su superficie por agregación de otros colindantes del mismo edificio o su disminución por segregación de alguna parte.
- Construcción de nuevas plantas y cualquier otra alteración de la estructura o fábrica del edificio, incluyendo el cerramiento de las terrazas y la modificación de la envolvente para mejorar la eficiencia energética, o de las cosas comunes, cuando concurran los requisitos a que alude el artículo 17.6 del texto refundido de la Ley de Suelo.

Serán requisitos preceptivos:

- Aprobación por 3/5 partes de propietarios y cuotas.
- Consentimiento de los afectados.
- Autorización administrativa.

3.3. Interpretación de la cuota

La cuota de participación, que siempre vendrá dada por un número expresado hasta las centésimas (2'37%, 0'95%, 6'85%, etc.) es el módulo que determina la proporción sobre derechos y deberes que a cada copropietario le corresponde sobre el total de la edificación (referido con el valor 100).
Así, si la cuota de participación de la vivienda de un copropietario es 2'37%, significa que de 100 partes que constituyen el todo de la comunidad, a él le corresponden 2'37 partes, a todos los niveles y efectos, esto es, en cuanto a derechos y deberes.

3.4. La participación en cargas y beneficios y su relación con la cuota

La referencia numérica de la cuota es el elemento fundamental en la descripción de la vivienda, puesto que sirve «*...para determinar la participación en las cargas y beneficios por razón de la Comunidad*» (art. 3.b LPH).

Por un lado, a la hora de repartir los gastos generados por la Comunidad (limpieza, mantenimiento, reparaciones, salarios, etc.), se pagarán en función de la cuota de participación y por otro, en el supuesto de destrucción del edificio, el copropietario tendrá derecho al solar en función de su cuota de participación y al reparto de beneficios, si los hubiera, en relación a dicha cuota.

Además, la cuota de participación se tiene en cuenta a la hora de las votaciones, como cita en varias ocasiones el art. 17 LPH: *«Para la validez de los demás acuerdos bastará el voto de la mayoría del total de los propietarios que, a su vez, representen la mayoría de las cuotas de participación (art. 17.6).»*

Formas de expresión de la cuota pueden ser las siguientes:

- Mediante un número porcentual: por ejemplo, el 3'25%.
- Mediante un número de enteros, décimas y centésimas: por ejemplo, «tres enteros, dos décimas y cinco centésimas».

3.5. La exoneración estatutaria del pago de determinados gastos a pisos y locales concretos

3.5.1. La exoneración estatutaria

La contribución a los gastos que se originan en la comunidad se ha de realizar en proporción a la cuota de participación que cada piso o local tenga, en relación al total del inmueble. No obstante, puede suceder que se exonere del pago de determinados gastos a pisos y locales en los estatutos, que pueden contenerse en el título constitutivo o en un acuerdo posterior.

Habrá que diferenciar los gastos que sufragan todos los propietarios y los que únicamente pagan algunos. En el caso de los segundos se tendrá que redistribuir la cuota de participación para hacer frente a dichos gastos (rectificación de cuotas).

Jurisprudencia relevante

Reiteradas sentencias, anteriores a la nueva redacción de la ley, admiten la posibilidad de excluir del pago de algunos gastos generales a determinados propietarios, ya de pisos, ya de locales, siempre y cuando dicha exclusión o exención aparezca en el título constitutivo, o en los estatutos de la comunidad, o mediante acuerdo adoptado por unanimidad.

La **STS de 30 de diciembre de 1993** *(Tol 1663165)* estableció que es válido el pacto contenido en los Estatutos en el que se excluye del pago de los gastos que se produzcan por el funcionamiento de las instalaciones, respecto a aquellos locales que no estén dotados de ellos o cuyo uso no sea posible a sus titulares:

> *«...el artículo 5 de la Ley de Propiedad Horizontal regula la inclusión de las reglas de constitución de la Comunidad con un criterio permisivo en cuanto no se conculquen prohibiciones legales y, en consecuencia, las reglas aceptadas en la escritura de compraventa, que no vulnera*

> *ninguna norma legal, deben ser respetadas...» añadiendo que «...no cabe olvidar, por último, que la regla 12 del artículo 11 de los Estatutos de la Comunidad de que se trata, establece que 'en general, los componentes de esta propiedad horizontal no contribuirán al pago de los gastos referentes, por cualquier concepto, a aquellas instalaciones comunes de que no están dotados y cuyo uso no les sea posible...'».*

Esta cuestión es interesante, a efectos prácticos, en las comunidades de copropietarios en las que existe la instalación de ascensor o en las que se pretenda instalar este elemento, sobre todo a los efectos de determinar el régimen de gastos aplicable a bajos y locales comerciales que no tienen acceso a este servicio y, por lo tanto, les resulta de uso imposible. La **STS 18 de noviembre de 2009** *(Tol 1748184)*, trata esta cuestión y resulta especialmente esclarecedora cuando afirma que:

> *«...Por consiguiente, cabe concluir que la jurisprudencia de esta Sala sobre casos regidos por la Ley de Propiedad Horizontal en su redacción anterior a la reforma de 1999 ya se inclinaba claramente por considerar la instalación del ascensor como un servicio o mejora exigible y, por lo tanto, requerido para la adecuada habitabilidad del inmueble, según terminología del párrafo primero del artículo 10 de dicha ley que con la reforma de 1999 pasó a integrar el apartado 1 del artículo 11, añadiéndose entonces 'seguridad' a 'conservación' y 'habitabilidad', conceptos a los que la reforma de 2003 agregó el de 'accesibilidad'.*
>
> *De lo antedicho se desprende que la reforma de 1999, sobre la que ahora debe pronunciarse esta Sala, no vino sino a plasmar normativamente con más claridad lo que ya venía anticipando la jurisprudencia mediante una interpretación de la Ley de Propiedad Horizontal atenta a la realidad social y que se traducía, sustancialmente, en una flexibilización del rígido criterio de la unanimidad exigida para la modificación del título constitutivo o de los estatutos.*
>
> *En el caso objeto del proceso, el Título Constitutivo excluye a las plantas bajas y entresuelos de los gastos de ascensor, con apoyo en su imposibilidad de uso; por demás, el Título utiliza el término genérico de 'gastos', y cabe concluir que hace referencia tanto a los ordinarios como a los extraordinarios, porque, donde la regla citada no distingue, no existe justificación para interpretar lo contrario...».*

3.5.2. La rectificación de las cuotas

Las cuotas de participación normalmente se rectifican a la hora de dividir los gastos generados por el mantenimiento de la Comunidad, cuando hay determinadas propiedades que en el título constitutivo o en los estatutos queden exoneradas de alguno de esos gastos; normalmente son las plantas bajas.

Puesto que la totalidad del inmueble corresponde a 100 enteros y suponiendo que el total de las plantas bajas sumasen un 20% de las cuotas de participación, para calcular el gasto que debe pagarse por el resto de los copropietarios habrá que variar la cuota de participación con una sencilla regla de tres, ya que el total vendrá dado por la diferencia entre 100% y 20% libre de esos gastos, esto es un 80%. Ese 80% habrá que reconvertirlo en un 100% para saber lo que le corresponderá pagar a cada copropietario, lo que se verá mejor con un sencillo ejemplo:

Supongamos una comunidad de 16 viviendas y 2 plantas bajas. Cada vivienda tiene una cuota de participación del 5% y cada planta baja del 10%. Así:

16 viviendas	x	5%	=	80%
2 plantas bajas	x	10%	=	20%
Total				100%

Si hay una serie de gastos que no deben pagar los propietarios de las plantas bajas, debe figurar en los Estatutos o escrituras (por ejemplo: luz de escalera, mantenimiento ascensor, limpieza patio-zaguán y escalera, etc.) esos gastos deberán abonarse por los propietarios de las 16 viviendas, con una cuota del 80%. Si la cuota no se rectificase, el importe de los gastos se vería mermado en un 20% por lo que debe procederse de la siguiente forma:

80 100

5 X $X = 100 \cdot 5 / 80 = 6'25\%$

La cuota de participación rectificada, para aquellos gastos que deban ser abonados exclusivamente por los propietarios de las viviendas será del 6'25%.

Eso no significa que la cuota de participación haya aumentado. Sólo sirve a los efectos del pago indicado.

Cuestiones útiles

6. Si los bajos están exonerados del pago de unos determinados gastos, ¿han de contribuir al abono del salario del administrador?

La jurisprudencia ha venido entendiendo que los propietarios de los bajos exonerados del pago de ciertos gastos han de contribuir al abono del salario del administrador, tal como se estableció en la **SAP de Valencia de 16 de enero de 1991**: *«...Por último, resaltar que es criterio de esta Sala, que los propietarios de los bajos han de soportar asimismo, los gastos derivados de la figura del Secretario-Administrador, en cuanto servicio que redunda en beneficio del conjunto del inmueble, como lo evidencian las funciones que le otorgan el artículo 18 de la Ley de Propiedad Horizontal, y cuya enumeración es expresiva de no ser únicamente destinatarios de su actividad los titulares de las viviendas sin que, les exime de tal tarea contributiva, la exclusión de gastos que figura en el apartado A) de la escritura de constitución, toda vez que entre los allí descritos no aparece el concepto que nos ocupa, ni semejante dispensa por su naturaleza admite una interpretación más amplia de la allí contenida...».*

Sin embargo, esta postura jurisprudencial encuentra sentencias opuestas como la de la Audiencia Provincial de Valencia quien se ha pronunciado al respecto, entre otras, en la **SAP de 30-3-2007** *(Tol 1461487)*, dando otro enfoque a esta cuestión cuando afirma que: «...*Aplicando dicha doctrina al caso que nos ocupa, se invoca por la parte apelante, la referencia recogida en las 'normas de la Comunidad' (folios 53 en adelante), y en particular al final del art. 3° relativo al régimen de gastos, la referencia a que 'los locales estarán exentos de los gastos ordinarios derivados del mantenimiento del complejo'.*

La interpretación de los estatutos aboca a la estimación parcial del recurso, con la consiguiente revocación parcial de la sentencia. Compartimos la conclusión de la Magistrada de Instancia, en cuanto excluye del concepto de gastos ordinarios derivados del mantenimiento del complejo los gastos repercutidos y objeto de impugnación por la parte demandante, relativos a 'seguro de comunidad, gastos extintores y alarma de incendios' que, como indicaba la fundamentación jurídica de la resolución impugnada, fue aclarada por el administrador en atención a unas acciones judiciales por vicios ruinógenos, y a la emisión de un informe pericial, que no puede reputarse de simple mantenimiento, sino de 'servicios', y por tanto contribuyen la beneficio de toda la comunidad, incluido los bajos.

Sin embargo, no podemos llegar a dicha conclusión respecto a los gastos 'honorarios de administrador, y material de oficina', que entendemos son el arquetipo de gastos ordinarios para el mantenimiento y gestión de la Comunidad, y que por tanto no pueden repercutirse, dado el tenor de las normas de la Comunidad a la parte apelante...».

7. ¿Es posible pagar los gastos generales a partes iguales?

El pago de los gastos generales de la comunidad a partes iguales es posible los siguientes casos:

a) Cuando todos los pisos o locales tienen la misma cuota de participación.

b) Cuando, aún teniendo distintas cuotas de participación, los Estatutos de la comunidad (aprobados por unanimidad de los propietarios) prevean esta forma de pago.

c) Cuando la Junta de Propietarios así lo apruebe por unanimidad.

8. ¿Ha de contribuir al pago de los gastos comunes un propietario que no habita el inmueble?

El hecho de no utilizar la vivienda no da derecho de exclusión de los gastos comunes bajo ningún concepto. Art. 9.2 LPH: «*Para la aplicación de las reglas del apartado anterior se reputarán generales los gastos que no sean imputables a uno o varios pisos o locales, sin que la no utilización de un servicio exima del cumplimiento de las obligaciones correspondientes, sin perjuicio de lo establecido en el artículo 17.4.*».

Recordemos que el art. 17.4 LPH establece que: «*Ningún propietario podrá exigir nuevas instalaciones, servicios o mejoras no requeridos para la adecuada conservación, habitabilidad, seguridad y accesibilidad del inmueble, según su naturaleza y características.*

No obstante, cuando por el voto favorable de las tres quintas partes del total de los propietarios que, a su vez, representen las tres quintas partes de las cuotas de participación, se adopten válidamente acuerdos, para realizar innovaciones, nuevas instalaciones, servicios o mejoras no requeridos para la adecuada conservación, habitabilidad, seguridad y accesibilidad del inmueble, no exigibles y cuya cuota de instalación exceda del importe de tres mensualidades ordinarias de gastos comunes, el disidente no resultará obligado, ni se modificará su cuota, incluso en el caso de que no pueda privársele de la mejora o ventaja. Si el disidente desea, en cualquier tiempo, participar de las ventajas de la innovación, habrá de abonar su cuota en los gastos de realización y mantenimiento, debidamente actualizados mediante la aplicación del correspondiente interés legal.

No podrán realizarse innovaciones que hagan inservible alguna parte del edificio para el uso y disfrute de un propietario, si no consta su consentimiento expreso».

9. Si hay determinados elementos que los bajos no utilizan, ¿están obligados a pagar los gastos relativos a los mismos?

Salvo que los Estatutos o el título constitutivo establezcan lo contrario, los bajos o los pisos deben participar en proporción a su cuota de participación en los gastos generales, incluidos patio y ascensor y ello con independencia del uso y de que tengan, o no, acceso directo a los mismos. Así lo dispone el art. 9.2 LPH: «*...sin que la no utilización de un servicio exima del cumplimiento de las obligaciones correspondientes, sin perjuicio de lo establecido en el artículo 17.4*».

El Tribunal Supremo se pronuncia en la **STS de 14-3-2000** *(Tol 2214)* sobre esta cuestión cuando afirma que: «*...lo que resulta decisivo es la imperatividad genérica del artículo 9-5 de la Ley de Propiedad Horizontal, que obliga a los copropietarios a contribuir, según la cuota de participación que les corresponde, a los gastos generales para el adecuado funcionamiento del inmueble, sus servicios y demás que el precepto señala, generando su impago crédito preferencial a favor de la comunidad. El concepto de gastos resulta amplio y comprende tanto los ordinarios que se presentan como fijos, como periódicos no fijos, y los que su cuantía varía en función al consumo y uso (agua, electricidad, calefacción), así como también los extraordinarios ocasionados por algún acontecimiento que determina su procedencia (reparaciones y similares).*

Para el abono de los referidos gastos queda afectado el piso o local correspondiente, tratándose de una titularidad ob rem, que obliga al propietario a su pago, al ostentar la denominada titularidad deudora subjetivamente real. No obstante el artículo 9-5° permite que determinados gastos puedan tener consideración de individualizables, y actúa como excepción a la regla general, ya que permite al propietario de un piso o local determinado a no abonar concretos gastos. Para que se produzca esta especie de privilegio contributivo, es preciso que en el título constitutivo aparezca la exclusión o, en su caso, en los estatutos comunitarios y también cabe que se decida en Junta de propietarios mediante acuerdo tomado por unanimidad, en razón a la concordancia del artículo 5 con el 16 de la Ley de Propiedad Horizontal. La jurisprudencia de esta Sala así lo ha entendido, al tener en cuenta que prevalece el principio de autonomía contractual (SS de 16-2-1971, 7-10-1978, 12-12-1979, 21-7-1988, 2-3-1989, 6-7-1991, 30-12-1993 y 16-11-1996, entre otras)...».

En tal sentido y en relación a los servicios de portería, se pronuncia la Sentencia de la Audiencia Provincial de Valencia de 2-5-84 estableciendo que *«no puede ser admitido que el propietario no utilice los servicios de portería, aun cuando pueda admitirse que su utilización, dada la respectiva situación geográfica de portería y acceso al local del demandado tenga un alcance distinto del que supone para los habitantes del inmueble que acceden por la misma portería, y esa utilización que, por una parte, deriva del carácter de elemento común de la vivienda del portero (reconocido por la mencionada escritura, apartado tercero, folio 59), se funda en la naturaleza del servicio de portería que la propia jurisprudencia ha configurado como un beneficio que redunda en todos los ocupantes del inmueble, sin que ningún copropietario pueda renunciar a las funciones del portero ni eximirse, por tanto, del pago correspondiente a tal gasto general (S. 22-1-74), pues, como sienta la S. 24-4-79, entre las obligaciones inherentes al portero figura la relativa a la custodia de todo el inmueble, custodia que implica por sí misma una serie de servicios de ineludible prestación...».*

En términos similares se expresan la **SAP de Barcelona de 22-10-99** y la **SAP de Pamplona de 13-12-99**.

10. ¿Pueden ser objeto de división material los pisos o locales y sus anejos?

Según establece el art. 10.1, apartado e) LPH, tendrán carácter obligatorio y no requerirán de acuerdo previo de la Junta de propietarios, impliquen o no modificación del título constitutivo o de los estatutos, y vengan impuestas por las Administraciones Públicas o solicitadas a instancia de los propietarios, los actos de división material de pisos o locales y sus anejos para formar otros más reducidos e independientes, el aumento de su superficie por agregación de otros colindantes del mismo edificio, o su disminución por segregación de alguna parte, realizados por voluntad y a instancia de sus propietarios, cuando tales actuaciones sean posibles a consecuencia de la inclusión del inmueble en un ámbito de actuación de rehabilitación o de regeneración y renovación urbanas.

Cuando el inmueble no se halle incluido en un ámbito de actuación de rehabilitación o de regeneración y renovación urbanas, los actos de división material de pisos o locales y sus anejos, precisarán autorización administrativa y acuerdo de la junta de propietarios tomado por mayoría de 3/5 partes de propietarios que, a su vez, representen las 3/5 partes de las cuotas de participación, tal y como establece el art. 10.3 b) LPH. En estos supuestos deberá constar el consentimiento de los titulares afectados y corresponderá a la Junta de Propietarios, de común acuerdo con aquéllos, y por mayoría de tres quintas partes del total de los propietarios, la determinación de la indemnización por daños y perjuicios que corresponda. La fijación de las nuevas cuotas de participación, así como la determinación de la naturaleza de las obras que se vayan a realizar, en caso de discrepancia sobre las mismas, requerirá la adopción del oportuno acuerdo de la Junta de Propietarios, por idéntica mayoría. A este respecto también podrán los interesados solicitar arbitraje o dictamen técnico en los términos establecidos en la Ley.

11. ¿Contra quién debe dirigirse la acción para modificar las cuotas establecidas en el título constitutivo?

La **SAP de Alicante de 9-9-2005** *(Tol 1274183)* da respuesta a esta cuestión, afirmando que «*...la pretensión de los actores afecta no sólo a la Comunidad de Propietarios como ente globalmente considerado, sino, sobre todo, a todos y a cada uno de los propietarios de cada piso o garaje, que pueden ver modificada la descripción de sus inmuebles en el título —en la descripción de la cuota de participación— y que van a ver alterado su régimen particular en el sostenimiento de los elementos comunes, mantenimiento de éstos y contribución a los gastos de la Comunidad como consecuencia de la alteración de dicha cuota. Tal pretensión obliga a demandar a todos y cada uno de los comuneros, por afectar la misma de forma directa e insoslayable a sus respectivos títulos...*».

12. Ante una modificación de los estatutos, si existe discrepancia en cuanto al acuerdo tomado por la junta de propietarios, ¿es preciso dirigir la acción judicial contra todos los comuneros (litisconsorcio pasivo necesario)?

La **SAP de Segovia de 31 de enero de 2001** *(Tol 112423)* afirma que: *«...respecto de la modificación de estatutos que pretende para reflejar el número real de elementos, es cierto que la unanimidad de los comuneros puede lograr ese acuerdo; y que en su defecto puede el comunero que se considere perjudicado por el mantenimiento de esa situación acudir a los Tribunales.*

Pero en este caso, debe dirigirse la acción contra el resto de los propietarios; todos deben comparecer activa o pasivamente, pues en otro caso resultarían afectados por un pronunciamiento en el que no han sido parte; de modo que estaríamos como bien afirma la apelada, ante una situación de defectuosa constitución de la litis, que impide entrara a analizar su contenido.

El litisconsorcio pasivo necesario implica que el órgano jurisdiccional sólo debe pronunciarse sobre la pretensión del actor que alcance a todas las personas que pueden ser afectadas por ella, pero no debe hacerlo si sólo se pronuncian (porque no han sido demandadas las otras) sobre alguna de ellas. Sería contrario al principio de la tutela judicial efectiva que la resolución del órgano jurisdiccional alcanzara a personas que no han sido partes procesales. Iría también contra la proscripción de la indefensión que quien no se ha defendido, por no haber sido demandado, quedara afectado por los efectos de una sentencia dictada en proceso en que no ha sido parte. Halla su fundamento, explica la STS 20 diciembre 1996 ('como es sabido y reiterado por la jurisprudencia, de ociosa cita', dice literalmente) en la necesidad de evitar tanto los fallos contradictorios, como en la de cumplir con el principio de audiencia bilateral y la posibilidad de condena a alguna persona sin haberla oído, con violación incluso de norma constitucional (art. 24 CE). Y su concepto lo resume la S 16 noviembre 1996: 'Tiene reiteradamente declarado esta Sala que el litisconsorcio pasivo necesario, figura de construcción preferentemente jurisprudencial, se rige por el principio impuesto a los órganos jurisdiccionales de cuidar que los litigios se ventilen con la presencia de todos aquellos que pudieran resultar afectados por el fallo a dictar, con la finalidad de evitar fallos contradictorios o impedir que nadie pueda ser condenado sin ser oído y vencido en juicio, teniendo el litisconsorcio pasivo la consideración de necesario cuando la pretensión ejercitada es obligado hacerla valer frente a varias personas, bien por establecer una norma positiva, bien por imponer la naturaleza de la relación jurídica-material controvertida'. Como sucede en el caso de autos que se pretende la modificación de los Estatutos, para cuya virtualidad se exige por Ley, la unanimidad, es decir el asentimiento de todos y cada uno de los comuneros y por ende resulta insuficiente (vd. STS 30-5-97), la capacidad procesal de que goza la comunidad de propiedad horizontal, carente en todo caso de capacidad jurídica (personalidad)...».

Formularios de interés

Modelo de acta por el que la Junta autoriza la agrupación de dos pisos. *(Tol 4575093)*

Esquema del capítulo

TÍTULO CONSTITUTITVO

REQUISITOS:

- Descripción del inmueble en su totalidad.
- Descripción de los pisos/locales.
- Puede contener estatutos.
- Cuotas de participación.

SE PUEDE OTORGAR:

- Antes del inicio de la obra.
- Cuando está terminada la obra.
- Cuando el edificio todavía está en construcción.
- Cuando el edificio está en fase de pryecto.

LEGITIMACIÓN:

- Propietrio único del edificio.
- Acuerdo por unanimidad de todos los titulares de pisos/locales.

CUOTA (Suma de todas las cuotas = 100)

SE ESTABLECE:

- En el título constitutivo.

SE MODIFICA:

- Por acuerdo unánime de la Junta de Propietarios.
- Por resolución judicial.
- EXCEPCIÓN: Por 3/5 partes de propietarios y cuotas en los supuestos previstos en el art. 10.3º LPH.

SIRVE:

- Para determinar la participación en las cargas y beneficios de la comunidad.

III Los estatutos y las normas de régimen interior

1. LOS ESTATUTOS

1.1. Definición

Son el conjunto de normas que, en concordancia con la Ley, pueden ser establecidas en documento público, bien por el propietario único, o por los copropietarios unánimemente para la regulación de la propiedad horizontal.

Tal como los define la LPH en su art. 5, son *«reglas de constitución y ejercicio del derecho y disposiciones no prohibidas por la Ley en orden al uso o destino del edificio, sus diferentes pisos o locales, instalaciones y servicios, gastos, administración y gobierno, seguros, conservación y reparaciones, formando un estatuto privativo que no perjudicará a terceros si no ha sido inscrito en el Registro de la Propiedad»*.

Jurisprudencia relevante

La **STS de 22-10-08** *(Tol 1389544)* enumeró algunas de las disposiciones que pueden contener los estatutos:

> *«...En verdad, el Estatuto tiene como finalidad la de que se puedan establecer derechos y facultades esenciales, como la exoneración de gastos, la autorización o prohibición de que en las viviendas o locales haya establecimientos profesionales, comerciales o industriales, la posibilidad de división, segregación o agrupación, la determinación de qué elementos comunes son para todos, o cuales para determinados propietarios, la utilización privativa de terrazas en áticos o patios, etc.; no cabe hacer una enumeración de todas las cuestiones que puede contener el Estatuto, pues la posibilidad de fijar reglas es amplísima si no vulneran las disposiciones de la propia Ley».*

1.2. Inscripción

El artículo 5 de la LPH los contempla como *«reglas de constitución y ejercicio del derecho y disposiciones no prohibidas por la Ley en orden al uso o destino del edificio, sus diferentes pisos o locales, instalaciones o servicios, gastos, administración y gobierno, seguros y reparaciones, formando un estatuto privativo que* ***no perjudicará a terceros si no ha sido inscrito en el Registro de la Propiedad****»*.

Este imperativo legal relativo a la inscripción de los estatutos en el Registro de la Propiedad, para que afecte a terceros, permite que los mismos obliguen a cualquier futuro propietario de pisos o locales.

Jurisprudencia relevante

Resulta interesante la **STS de 26-3-08** *(Tol 1320868)* al indicar que (el subrayado es nuestro)

> *«aunque es factible la integración de las cláusulas de exoneración en el Título Constitutivo, por tratarse de una excepción a la regla general que marca una cuota de propiedad para cargas y beneficios, esta situación ha de ser interpretada de manera restrictiva (SSTS de 25 de junio y de 3 de julio de 1984), y, en todo caso, para su validez han de estar inscritas, con dicho documento, en el Registro de la Propiedad, pues si este requisito no se cumple, los futuros propietarios no están obligados a la observancia de algo en cuya elaboración no han participado y que no figura reflejado en la publicidad registral…».*

Cuestiones útiles

1. ¿Qué ventajas puede tener el que los estatutos obliguen a los futuros propietarios?

Las razones son obvias, supongamos que en los Estatutos de una Comunidad está prohibido el que los propietarios puedan llevar a cabo en un piso una actividad comercial, como puede ser una academia de música, peluquería, etc. Si los Estatutos no están inscritos en el Registro de la Propiedad, cualquier nuevo adquirente no estará obligado por el citado Estatuto y podrá realizar aquellas actividades que el resto de los comuneros tenían prohibidas.

2. ¿Es obligatorio establecer los Estatutos mediante escritura pública para que tengan validez?

No necesariamente, según se establece en el artículo 1280 del CC *(Tol 220310)*:

«Deberán constar en documento público:

1. Los actos y contratos que tengan por objeto la creación, transmisión, modificación o extinción de derechos reales sobre bienes inmuebles.

2. Los arrendamientos de estos mismos bienes por seis o más años, siempre que deban perjudicar a tercero.

3. Las capitulaciones matrimoniales y sus modificaciones.

4. La cesión, repudiación y renuncia de los derechos hereditarios o los de la sociedad conyugal.

5. El poder para contraer matrimonio, el general para pleitos y los especiales que deban presentarse en juicio; el poder para administrar bienes y cualquier otro que tenga por objeto un acto redactado o que deba redactarse en escritura pública, o haya de perjudicar a tercero.
6. La cesión de acciones o derechos procedentes de un acto consignado en escritura pública.
También deberán hacerse constar por escrito, aunque sea privado, los demás contratos en que la cuantía de las prestaciones de uno de los dos contratantes exceda de 1500 pts.»

Por tanto, en virtud de dicho artículo, no es necesario que los estatutos consten en escritura pública para tener validez respecto a las personas que los otorgan, pero sí deberán constar en escritura pública para que puedan perjudicar a terceros.

En este sentido se pronunciaba la **STS de 9-11-1994** *(Tol 204779)*, al establecer que los Estatutos, aprobados debidamente, no precisan, como se argumenta, que conste necesariamente en escritura pública como requisito *«ad solemnitatem»* exigible, pues la formalización de este negocio comunal (pacto estatutario) puede llevarse a cabo en forma de documento privado, plenamente eficaz y vinculante, teniéndose en cuenta al respecto el artículo 1280 del Código Civil.

Asimismo, la **STS de fecha 16-6-95** *(Tol 210022)* establecía que *«...sin que el título constitutivo sea elemento sustancial para la existencia o funcionamiento de la Comunidad, como tampoco lo es la inscripción en el Registro, requisito que igualmente carece de efectos constitutivos, sino simplemente efectos de publicidad y en cuanto a terceros...»*.

3. ¿Puede el Registrador de la Propiedad denegar la inscripción de cláusulas estatutarias fijadas por un promotor?

Efectivamente, si considera que son contrarias a algún precepto legal, puede denegar la inscripción. La **STS de 26-03-2008** *(Tol 1320868)* contempló este supuesto, en el que un promotor había redactado una clausula estatutaria en la que se limitaba enormemente el coeficiente de participación en gastos que había de pagar dicha promotora por las viviendas, locales y garajes que le quedaban por vender: *«...aunque es factible la integración de las cláusulas de exoneración en el Título Constitutivo, por tratarse de una excepción a la regla general que marca una cuota de propiedad para cargas y beneficios, esa situación ha de ser interpretada de manera restrictiva (...) y en todo caso, para su validez han de estar inscritas, con dicho documento, en el Registro de la Propiedad, pues, si este requisito no se cumple, los futuros propietarios no están obligados a la observancia de algo en cuya elaboración no han participado y que no figura reflejado en la publicidad registral.*
En el supuesto debatido, el Registrador de la Propiedad ha denegado la inscripción de las cláusulas que nos ocupan por infringir los artículos 5 y 9.5 de la Ley de Propiedad Horizontal y la Ley General para la Defensa de Consumidores y Usuarios...».

Aunque es práctica frecuente que los promotores, antes de iniciar las ventas de viviendas, otorguen el título constitutivo estableciendo cláusulas estatutarias, éstas no podrán contravenir lo dispuesto en la Ley. En tal sentido se pronuncia la **STS de 17-3-2011** *(Tol 2080109)*:

«Es un principio básico del régimen de la Propiedad Horizontal, instituido por su Ley reguladora, la preferencia del Derecho necesario sobre el dispositivo. La Exposición de Motivos de la Ley de Propiedad Horizontal señala, en referencia expresa a los Estatutos que rigen la Propiedad Horizontal, lo siguiente: 'Estos, frecuentemente, no eran fruto de las libres determinaciones recíprocas de los contratantes, sino que, de ordinario, los dictaba, con sujeción a ciertos tipos generalizados por la práctica, el promotor de la empresa de construcción, limitándose a prestar su adhesión las personas que ingresaban en el régimen de la propiedad horizontal. La ley brinda una regulación que, por un lado, es suficiente por sí —con las salvedades dejadas a la iniciativa privada— para constituir, en lo esencial, el sistema jurídico que presida y gobierne esta clase de relaciones, y, por otro lado, admite que, por obra de la voluntad, se especifiquen, completen y hasta modifiquen ciertos derechos y deberes, siempre que no se contravengan las normas de derecho necesario, claramente deducibles de los mismos términos de la ley. De ahí que la formulación de Estatutos no resultará indispensable, si bien podrán éstos cumplir la función de desarrollar la ordenación legal y adecuarla a las concretas circunstancias de los diversos casos y situaciones'.

En definitiva, la validez de una autorización previa y genérica contenida en los Estatutos de la Comunidad para realizar obras que afecten a elementos comunes, y que no exija una autorización unánime prestada por los copropietarios, es rechazada».

1.3. Delimitación

Los Estatutos pueden figurar:

1. En el título constitutivo tal como indica el art. 5 LPH *«...el Título podrá contener, además, reglas de constitución y ejercicio del derecho y disposiciones no prohibidas por la Ley en orden al uso o destino del edificio, sus diferentes pisos o locales, instalaciones y servicios, gastos, administración y gobierno, seguros, conservación y reparaciones, formando un estatuto privativo que no perjudicará a terceros si no ha sido inscrito en el Registro de la Propiedad».*
2. En documento independiente del título. Para que tengan eficacia frente a terceros es necesario que se inscriban en el Registro de la Propiedad.

En el mismo sentido la Ley Hipotecaria, cuando regula la inscripción de los Estatutos, diferencia entre los mismos y el título constitutivo, pudiendo los citados Estatutos constar en documento independiente:

Art. 8.4 de la Ley Hipotecaria:

> *«...Se inscribirán como una sola finca bajo un mismo número:*
> *4º. Los edificios en régimen de propiedad por pisos cuya construcción esté concluida o, por lo menos, comenzada.*
> *En la inscripción se describirán, con las circunstancias prescritas por la Ley, además del inmueble en su conjunto, sus distintos pisos o locales susceptibles de aprovechamiento independiente, asignando a éstos un número correlativo escrito en letra y la cuota de participación que a cada uno corresponde en relación con el inmueble. En la inscripción del solar o del edificio en conjunto se harán constar los pisos meramente proyectados.*
> *Se incluirán, además, aquellas reglas contenidas en el título y en los Estatutos que configuren el contenido y ejercicio de esta propiedad.*
> *La inscripción se practicará a favor del dueño del inmueble constituyente del régimen o de los titulares de todos y cada uno de sus pisos o locales.»*

1.4. Naturaleza jurídica

La naturaleza jurídica de los estatutos de las comunidades de copropietarios en régimen de propiedad horizontal es compleja y existen opiniones muy variadas sobre la misma. Algunos autores consideran que tienen naturaleza convencional, otros lo califican como un negocio jurídico normativo, hay quien opina que se trata de un derecho objetivo y, finalmente, otra corriente estima la naturaleza contractual de los estatutos. Atendiendo a la definición de los estatutos que viene recogida en la propia LPH, se trataría de «reglas de constitución y ejercicio del derecho», por lo que no puede negarse el carácter de interna, con eficacia frente a terceros si están inscritos en el Registro de la Propiedad, con un origen convencional, puesto que son normas *«establecidas de común acuerdo por todos los propietarios de un edificio sujeto al régimen de Propiedad Horizontal»* (STS 26-11-56) y que tienen fuerza de ley en el inmueble sujeto al régimen de propiedad horizontal.

En la propiedad horizontal, la prelación de fuentes es la siguiente:

1. La ley de propiedad horizontal y sus artículos concordantes (artículo 396 del Código Civil).
2. Los estatutos de la comunidad que no pueden ir en contra de la ley.
3. El reglamento de régimen interior, que no puede contradecir ni la ley ni los estatutos.

Jurisprudencia relevante

En este punto cabe mencionar la **STS de 11-2-09** *(Tol 1459620)*, al disponer que:

> *«...según destacada doctrina científica, el artículo 5 de la Ley de Propiedad Horizontal, con el artículo 396 del Código Civil, constituyen los fundamentos de la propiedad horizontal, y el precepto primeramente citado se refiere al Título, los Estatutos y la cuota de participación, esto es, determina los presupuestos principales para conocer los detalles del inmueble y las normas de funcionamiento, de modo que concreta el espacio para ele funcionamiento de las Comunidades de Propietarios, sin perjuicio de los acuerdos de la Junta adoptados posteriormente con el 'quórum' exigido en el artículo 17.1 de la Ley...».*

La **STS de 1-4-2009** *(Tol 1494530)* alude a que los estatutos de la comunidad y demás reglamentación de carácter interior no pueden ir en contra de la legislación civil aplicable al régimen de propiedad horizontal, al señalar que:

> *«...como refrenda la Sentencia de 26 de noviembre de 2007, ...esta sala ha señalado en multitud de oportunidades que la Ley que regula la propiedad horizontal es eminentemente imperativa (Sentencia de 7 de febrero de 1976), como también se deduce de la propia Exposición de Motivos, que expresamente alude al carácter de derecho cogente de sus normas. En palabras de la sentencia de 7 de julio de 1997, ello es así porque se trata de una ley en que 'su voluntad es respetar la voluntad de los comuneros, salvo que se contradiga preceptos de derecho necesario'. Asimismo, la sentencia de 22 de diciembre de 1994 se refiere expresamente al sistema de fuentes aplicable al régimen de Propiedad Horizontal, diciendo que 'el CC, por aplicación de lo dispuesto en su artículo 13.2 tiene carácter suplementario del que regule el instituto en cuestión, que para la Propiedad Horizontal será, cual se ha indicado en alguna ocasión por esta Sala, el siguiente artículo 396 del Capítulo de regla general; Ley 49/1960; y voluntad de los interesados manifestada en debida forma —artículos 5º III y 16. Primera y segunda de la misma—, siempre que no se contradiga los principios fundamentales de dicho régimen de propiedad, por ser su normativa de derecho minuscuamperfectamente necesario, cual la doctrina de esta Sala ha declarado también con reiteración...'».*

Cuestiones útiles

4. ¿Pueden los estatutos prohibir determinadas edificaciones en parcelas de la comunidad si el Plan General de Ordenación Urbana lo permite?

La **STS de 25-5-2009** *(Tol 1564659)* estableció que en este supuesto, las cláusulas estatutarias prevalecían frente al Plan General de Ordenación Urbana. Los estatutos prohibían edificar más de dos chalets en las parcelas de la comunidad. El Plan General de Ordenación Urbana lo permitía y se habían concedido las licencias de construcción: *«...Y es precisamente en defensa de los intereses generales y del régimen de propiedad horizontal, lo que autoriza a los propietarios, al amparo del principio de la autonomía de* *la voluntad consagrado en el artículo 1.255 del Código Civil, a configurar un régimen jurídico adaptado a esa peculiar naturaleza de las urbanizaciones privadas, limitando las facultades dispositivas de sus integrantes mediante la redacción de unos Estatutos en los que se disciplinan los derechos y obligaciones de todos ellos, sin contravención alguna que pudiera afectar al contenido del derecho singular que asiste a cada uno, desde el momento en que van dirigidos a asegurar el mejor disfrute de los comuneros; el equilibrio arquitectónico de la urbanización y a evitar un aumento de la densidad de la población en la misma, impidiendo la división o segregación de las parcelas en los términos que se establece en el artículo 2; estatutos que tienen una eficacia configuradora absoluta y que producen efectos reales entre las partes que contribuyeron a su formación y constitución a los que obliga junto a los demás que de los mismos traigan causa por virtud de un negocio jurídico posterior, al margen de la inscripción registral, como sucede en este caso».*

1.5 Otorgamiento

En la práctica cotidiana los estatutos se suelen otorgar por los constructores o promotores del edificio mientras son los únicos propietarios del mismo. Al respecto, el Tribunal Supremo considera que no afecta al título constitutivo de la propiedad horizontal el hecho de que en su otorgamiento no concurrieron quienes adquirieron una vivienda mediante documento privado, y por tanto, será válido el Estatuto en cuestión, obligando a todos los propietarios, presentes y futuros.

Jurisprudencia relevante

La **STS de 22-9-05** *(Tol 718573)*, entre otras, es muy clara al afirmar que:

«...por ello, la promotora y vendedora URBESA podía actuar unilateralmente porque el título constitutivo de la propiedad horizontal puede ser otorgado unilateralmente por el propio vendedor y más cuando éste resulta ser el propietario, como ocurrió en el presente caso...».

Sobre la imposibilidad de otorgar el título constitutivo por el titular inicial del edificio cuando se ha iniciado la enajenación de pisos o locales del inmueble en cuestión, la **STS de 28-1-94** *(Tol 204839)* establece que:

«...es asimismo de constatar la igualmente generalizada doctrina jurisprudencial sobre otro aquí esencial extremo: el que cuando se ha iniciado la enajenación de pisos y locales sitos en inmuebles destinados a constituirse en régimen de Propiedad Horizontal, el título constitutivo no puede ser otorgado por el inicial titular del edificio ya que ha dejado de ser único del inmueble [Sentencias de 31 enero 1987 (RJ 1988/10209); 13 octubre 1988 (RJ 1988/7485) relativa a la inobservancia de los requisitos legales para convocatoria de las juntas de propietarios, norma-

tiva que es de ius cogens; 5 octubre 1989, argumentalmente; 6 noviembre 1992 (RJ 1992/9229); 17 junio 1993 (RJ 1993/4841) y las en ella citadas]».

Cuestiones útiles

5. ¿Puede el promotor reservarse en los estatutos el derecho de vuelo sobre parte de la superficie de la comunidad que todavía no se ha edificado?

La LPH sigue sin pronunciarse sobre el derecho de reserva de división, segregación y sobreelevación que con frecuencia se contemplan en el título constitutivo.

Vienen existiendo conflictos doctrinales entre la DGRN y determinadas sentencias del STS, respecto a la reserva del suelo. Consideramos de mucho interés, la STS 27-05-2009 *(Tol 1547673)* que entiende que, dicha reserva, en el título constitutivo o en los estatutos de ciertos elementos en principio comunes de la finca para su construcción posterior, como es el suelo, por el propietario originario o promotor, ha de cumplir diversos requisitos, para tener eficacia frente a terceros, que deben tener conocimiento de la exacta determinación de su naturaleza y extensión para lo cual ha de inscribirse en el Registro de la Propiedad, cumplidos los requisitos dimanantes de los principios de especialidad, cuya eficacia resulta determinante en todo el ámbito de los derechos reales. El incumplimiento de este requisito de publicidad provoca la nulidad de la atribución de suelo realizada en la escritura de división horizontal al promotor.

No obstante sí que establece la reforma incorporada por la Ley 8/2013 la necesidad de que, **por Junta se establezcan las nuevas cuotas**, lo que probablemente cierra el problema de la validez de las reservas de sobreelevación reflejadas en el título y que la DGRN consideró que, en relación a las nuevas cuotas, su establecimiento requería el consentimiento de todos los propietarios o resolución judicial (RRDGRN de 24-3-2000 o de 28-3-2008 RJ 2008, 1486).

1.6. Aprobación

Deben ser aprobados por unanimidad. Así lo especifica la LPH lo especifica concretamente en el art. 17.6: «*Los acuerdos no regulados expresamente en este artículo, que impliquen la aprobación o modificación de las reglas contenidas en el título constitutivo de la propiedad horizontal o en los estatutos de la comunidad, requerirán para su validez la unanimidad del total de los propietarios que, a su vez, representen el total de las cuotas de participación*».

Jurisprudencia relevante

En términos similares se expresó **STS de 26 de junio de 1995** *(Tol 211257)*:

«Resulta de los escritos rectores del proceso que Don Ezequiel A. G., propietario de un piso de uno de los diecisiete bloques que forman la mancomunidad de propietarios de la Urbanización "Las Chaparras", de Collao Mediano, demandó a ésta, constituida en 1980, pero sin que se aprobasen los Estatutos o Reglamentos por los que había de regirse y cuya finalidad era el uso de las zonas comunes a dichos diecisiete bloques —en solicitud de que se declarase nula y si efecto alguno el acta de la Junta General Ordinaria de tal Mancomunidad celebrada el 19 de abril de 1989, "y la nulidad de los acuerdos adoptados en dicha junta en los puntos 4º y 5º relativos al modelo de cerramiento de las terrazas interiores y demás acuerdos adoptados en dicho punto 4º", y a la aprobación del Reglamento de Régimen Interior. La demandada solicitó su absolución, entendiendo, en esencia, que no le era aplicable la Ley de Propiedad Horizontal, y si los artículos 392 y siguientes del Código Civil, relativos a la comunidad de bienes.

El juzgado reconociendo que el acta de junta no se había realizado de manera fehaciente, estimó que tal requisito solo era exigible respecto de los acuerdos que requerían unanimidad; consideró que la Mancomunidad estaba sometida al régimen de la Ley de la Propiedad Horizontal; declaró la validez del acuerdo sobre aprobación del modelo de cerramiento de las terrazas adoptado en el punto 4º, y anuló el Reglamento de Régimen Interior por constituir realmente unos Estatutos que requerían la unanimidad…».

Los pasos y requisitos legales que debe cumplir una comunidad que desee contar con estatutos son: Una vez redactados los mismos, deberán ser aprobados mediante acuerdo unánime, por la Junta de propietarios, válidamente convocada y constituida, debiendo aprobarse asimismo el acuerdo de elevarlos a escritura pública e inscribirlos en el Registro.

No podrán contener disposiciones prohibidas por la Ley y el título formal ha de ser una escritura otorgada ante Notario. Normalmente se suele facultar al Presidente para presentarlos ante el mismo, debiendo aportar el Libro de Actas o un certificado del Secretario en el que se hará constar el acuerdo unánime de aprobación, escrituración e inscripción. Una vez se recojan en escritura pública, deberán ser inscritos en el Registro de la Propiedad, para que puedan tener validez frente a terceros.

1.7. Modificación

Para su modificación, será necesario que la Junta sea debidamente convocada, que se celebre cumpliendo lo regulado en los arts. 15, 16 y 17 de la LPH y que el acuerdo sea aprobado por unanimidad. Las modificaciones efectuadas deberán ser inscritas en el Registro para que puedan tener validez frente a terceras personas.

Jurisprudencia relevante

Al respecto se ha de tener en cuenta lo establecido en la **STS de 22-12-93** *(Tol 179077)*:

> *«si bien el sistema de distribución de los gastos generales, que en principio ha de tener por base la cuota de participación fijada en el título de constitución en régimen de propiedad horizontal, puede ser modificado por medio de los estatutos con observancia de los requisitos legales establecidos en la norma 1.ª del art. 16 de la Ley de Propiedad Horizontal, se exige el acuerdo unánime de todos los propietarios que integran la comunidad para poder modificar las reglas contenidas en la escritura fundacional o en los estatutos».*

Es interesante lo dispuesto en la **STS de 30-4-2010** *(Tol 1838563)*. Trata el supuesto de una comunidad que decide la sustitución de un sistema de calefacción por voto favorable de tres quintas partes de propietarios y cuotas, pretendiendo aplicar el mismo porcentaje de voto para fijar el modo de contribución de los propietarios a los gastos de dicha calefacción, lo cual supone una modificación de los estatutos:

> *«Los tres motivos van a ser examinados conjuntamente, pues plantean en definitiva la misma cuestión jurídica, esto es, la imposibilidad de que pueda declararse la validez de un acuerdo que modifica la forma de participación en los gastos de la Comunidad, fijada en sus Estatutos, no adoptado por unanimidad de todos los copropietarios.*
>
> *En el caso que se examina, por una mayoría de 3/5 de los propietarios se aprobó la realización de unas obras, de interés general, consistentes en la sustitución de un antiguo sistema de calefacción alimentado de carbón por otro más moderno. Este acuerdo resulta válido, sin que su eficacia haya sido puesta en entredicho por la parte ahora recurrente. Pero la Audiencia considera que, como la mayoría cualificada citada es suficiente para la aprobación del gasto, la misma es igualmente capaz para establecer el modo en el que se distribuirá el importe entre los propietarios, dado que, según se indica en el Fundamento de Derecho Segundo, 'la distribución de los gastos que implique el nuevo servicio no puede requerir una mayoría superior a la que exija su establecimiento'.*
>
> *Sin embargo tal argumento debe ser rechazado. La Audiencia confunde la mayoría exigible para el establecimiento de un servicio de interés general con la necesaria unanimidad que se requiere para modificar el modo de participación en los gastos, que en el presente caso aparece fijado en los Estatutos de la Comunidad, y que atiende al coeficiente de participación. No cabe duda de que, conforme a lo dispuesto en el artículo 9, regla 5ª, de la Ley de Propiedad Horizontal, la primera pauta que ha de tenerse en cuenta para distribuir los gastos comunes es la referida al coeficiente o cuota de participación, y, si bien tal forma de distribución puede ser alterada (artículo 9.1.e de la Ley de Propiedad Horizontal), ello exige la conformidad de todos y cada uno de los propietarios, al suponer una alteración de la cuota de participación prevista en el título».*

Cuestiones útiles

6. ¿Se puede acordar para una anualidad en concreto modificar el sistema de cuotas fijado en el título constitutivo o en los estatutos?

Efectivamente, el título constitutivo o los estatutos podrían ser modificados por acuerdo unánime de la Junta de Propietarios y dicha modificación sería válida para esa anualidad o ejercicio en concreto. Así lo reflejó la **STS de 30-4-2002** *(Tol 162074)*:

«Alega la Comunidad recurrente que procede el sistema igualitario acordado en la Junta precedente y actúa vinculando a la Junta posterior celebrada el 27 de octubre de 1993, lo que el Tribunal de Instancia no aceptó, pues equivaldría a instaurar un sistema indefinido que efectivamente no se acordó, sino que lo fue para una anualidad y el hecho de su permanencia en las sucesivas requiere la unanimidad de los copropietarios, que no concurrió en la Junta referida.

Si bien es cierto que el pago de los gastos de acuerdo a los coeficientes no es férreo ni cerrado, pues el artículo 5 de la Ley de Propiedad Horizontal establece que en el título constitutivo se fijará la cuota de participación que corresponde a cada piso o local, la regla quinta del artículo 9 contempla la contribución no sólo con arreglo a la cuota de participación, sino también a lo 'especialmente establecido', no prohibiéndose por tanto que se adopten otros sistemas de abono de los gastos comunes y así lo ha aceptado la jurisprudencia de esta Sala, al tener en cuenta que mediante los Estatutos puede modificarse el título en lo relativo a la fijación de cuotas de participación (Sentencia de 2-2-1991), y, a su vez, cabe dispensar determinados gastos (Sentencia de 6-7-1991), y también procede, para supuestos concretados o anualidades precisadas, el sistema de reparto igual y no proporcional para todos los copropietarios (Sentencias de 22-4-1974 y 10-3-1993).

Ahora bien en supuestos como el de autos, al no ajustarse al título ni a los Estatutos, se impone la unanimidad de los copropietarios para esta forma especial de reparto de gastos, conforme al artículo 16-1° de la Ley especial y así lo ha declarado la jurisprudencia de esta Sala (Sentencias de 10-12-1990, 22-12-1993 y 16-11-1996), lo que aquí no se ha observado, por lo que el motivo ha de ser desestimado».

7. El propietario de la una planta sótano destinada en los estatutos a «locales industriales o almacenes» pretende convertirla en garaje. ¿Está ello dentro de sus facultades dominicales o supone una modificación de los estatutos?

El cambio de destino pretendido excede de las facultades que le corresponden como propietario, ya que implica alteración de elementos comunes y causaría molestias a la comunidad, por tanto debería ser aprobado por junta.

La **STS de 20-9-2007** *(Tol 1146783)* estableció al respecto que: *«Ahora bien, con independencia de que es hecho probado de la sentencia que 'la descripción que se hace de los sótanos en el título constitutivo, limita su uso sobre la base de la propia realidad física de los mismos' y de 'que es la configuración del segundo y primer sótano la que precisa su destino a garaje y de local industrial o almacén, haciendo innecesaria la constitución de la prohibición de uso en los Estatutos de la Comunidad', de tal forma que si la demandante 'destinara ahora el primer sótano a garaje es claro que se alteraría la naturaleza del local, modificándose el título constitutivo' la apreciación prohibitiva del cambio interesado que contiene la Sentencia impugnada resulta ajustada a derecho por cuanto la modificación interesada conllevaría además no solo 'la realización de importantes obras que afectarían a los elementos comunes', sino que alteraría la naturaleza del local, pues tal destino 'se deriva de la propia configuración de los mismos', amen de que implicaría una ampliación considerable del número de plazas previstas en el mismo, causándose molestias en el uso de los accesos».*

1.8. Contenido

Siempre dentro del respeto a la ley, los estatutos pueden contener:

- Reglas de constitución, las cuales regularán los derechos y obligaciones no especificados por la ley.
- Normas sobre el ejercicio del derecho en relación con el uso o destino del edificio.
- Normas relativas a gastos, administración, gobierno, seguros, conservación y reparaciones.

Ejemplos prácticos de los puntos anteriores pueden ser:

A) Exoneración a los bajos de determinados gastos como los de patio, escalera y ascensor.

B) Prohibición de establecer actividades comerciales o industriales en los pisos, tales como academias, peluquerías, etc. Estas prohibiciones se deben constatar de una manera clara y precisa, siendo nulas aquellas que supongan una privación de las facultades de uso o disposición.

Jurisprudencia relevante

Así, la **STS** de **28-2-2007** *(Tol 1044144)* se pronunció respecto a la prohibición de llevar a cabo en un primer piso de un edificio la actividad de Bar-Cafetería:

«En el desarrollo de la actividad de los locales sujetos al régimen de la propiedad horizontal, los comuneros estaban obligados a la observancia de las prescripciones contenidas en los Estatutos, y estos pactos, contemplados y autorizados en los artículos 5, párrafo tercero, 7, párrafo tercero, y 19 de la Ley de Propiedad Horizontal de 21 de julio de 1960, y, en la reforma introducida en la misma por la Ley 8/1999, han sido vulnerados desde el momento en que no ha sido respetado el ámbito negocial marcado por dichos estatutos, razón por la que la sentencia ordena el cese de la actividad concurrencial prohibida y de obligado cumplimiento para la Comunidad, teniendo por cumplimentado el requisito de haberse efectuado el requerimiento dimanante del artículo 19 de la LPH, hecho que ha quedado incólume en casación al no haber sido removido por la vía adecuada.
(...) En cualquier caso, la prohibición de uso no alcanza a actividades distintas de las mencionadas en el título constitutivo. Lo que prohíbe es la actividad de bar, bien sea de forma individualizada, bien con carácter accesorio de otro negocio».

Al prohibir o limitar los estatutos una actividad a desarrollar en un piso o local hemos de tener en cuenta que el principio general que debe primar es el de libertad de actividad, así pues dicha prohibición se ha de interpretar restrictivamente. Al respecto, la **STS de 21-4-97** dispuso que:

«...la actividad desarrollada por la recurrida no se encuentra dentro del ámbito del artículo 11 de los Estatutos, que se refiere exclusivamente a consultorios, clínicas, casas de huéspedes, colegios o academias, y no a una 'oficina', que es lo que ha instalado la arrendataria, donde no desarrolla actividades comerciales ni públicas, como tampoco se ha demostrado la existencia del uso peligroso o molesto del piso, lo que concuerda con lo declarado por esta Sala en Sentencia de 5 de marzo de 1990 (RJ 1990/1666), en la que, además de considerar que las prohibiciones sancionadas en el párrafo tercero del artículo 7 de la mencionada Ley se interpretarán con carácter restrictivo».

El Tribunal Supremo se ha pronunciado sobre las prohibiciones estatutarias al establecimiento de actividades comerciales en los pisos de una comunidad de copropietarios en régimen de propiedad horizontal, requiriendo que dichas prohibiciones o limitaciones estén establecidas en atención al interés general de la propia comunidad y que estén inscritas en el Registro de la Propiedad para garantizar su eficacia frente a terceros. Así, en la **STS de 20-10-2008** *(Tol 1389549)* establece que:

«...La doctrina constitucional entiende que el art. 33 CE reconoce el derecho a la propiedad privada un núcleo esencial, de manera que el régimen de bienes, es decir, las facultades del propietario, no puede privarle de la efectiva utilidad económica, ni de la autonomía de la voluntad para usar, gozar y disponer de ellos. Si bien es cierto que los estatutos de una determinada comunidad constituida en régimen de propiedad horizontal pueden contener cláusulas prohibitivas o limitativas de determinadas actividades, éstas deben estar establecidas en atención al interés general de la propia comunidad. Para garantizar su eficacia frente a terceros y a posteriores adquirentes, estas limitaciones deben constar inscritas en el Registro de la Propiedad.
(...) Más concretamente y en relación al caso concreto planteado en este litigio, esto es, el ejercicio en un piso-vivienda de una actividad médica, la sentencia de 17 de noviembre de 1993 ya había dicho que 'lo que afirma la sentencia recurrida es que "dentro" de la vivienda puede hacerse la instalación, coexistiendo los dos destinos, interpretación acertada pues, en la división horizontal, que es repetimos, donde únicamente consta el destino de los pisos, no se dice

"exclusivamente", u otra expresión análoga, se dedicarán a viviendas, sino sólo se describen lo que se denominan "pisos-viviendas". Deducir de ello la exclusividad implicaría una limitación de facultades dominicales, que ni puede presumirse ni interpretar las que existan de modo extensivo'. Esta doctrina debe aplicarse al presente recurso de casación porque: a) el destino de las unidades era el de 'piso-vivienda', y b) no existía ninguna limitación de uso ni una declaración de exclusividad en este destino en los estatutos. En conclusión, el propietario recurrente pudo usar el piso adquirido como consultorio médico, porque ello pertenece al ámbito exclusivo de sus facultades dominicales...».

Cuestiones útiles

8. ¿Pueden los estatutos autorizar a los propietarios a dividir y segregar sus elementos privativos?

En muchas comunidades de propietarios los estatutos contemplan este tipo de cláusulas. No obstante, la jurisprudencia del Tribunal Supremo ha fijado los requisitos que han de observarse para que tal división pueda llevarse a cabo legalmente.

La **STS de 30-9-2010** *(Tol 1968880)* abordó este supuesto y estableció lo siguiente: «...*Lo que se discute en el pleito es la posibilidad de unir diferentes elementos de propiedad horizontal sin el consentimiento de la Comunidad, por venir esto autorizado en los Estatutos, lo que, en principio, podría suponer una vulneración de norma imperativa (art. 8 LPH).*

(...) Ello supone la desestimación del recurso en aplicación de la doctrina sustentada en la Sentencia de esta Sala de 30 de septiembre de 1988, citada por la Sentencia recurrida, en la que se establecen unos límites a estas cláusulas estatutarias, de forma que si se cumplen tres requisitos mínimos las obras realizadas por un comunero a su amparo serían admisibles sin necesidad de disponer de autorización de la comunidad. Son estos:

1) que los pisos o locales resultantes de la división sean susceptibles de aprovechamiento independiente, o sea, que tengan salida propia a un elemento común o a la vía pública (art. 396.1 del C.C.);

2) que como consecuencia de la división no se altere la seguridad del edificio, su estructura general, su configuración o su estado exterior o perjudique los derechos de otros propietarios, exigencias que vienen impuestas por el contenido del art. 7.1 de la LPH; y

3) que no se alteren elementos comunes, por contravenir el art. 11 de la LPH, en cuanto establece que cualquier alteración en las cosas comunes afecta al título constitutivo y debe someterse al régimen establecido para las modificaciones del mismo».

No obstante es importante tener en cuenta la nueva redacción del art. 10.3.b LPH, el cual establece que:

«3. Requerirán autorización administrativa, en todo caso:

b) Cuando así se haya solicitado, previa aprobación por las tres quintas partes del total de los propietarios que, a su vez, representen las tres quintas partes de las cuotas de participación, la división material de los pisos o locales y sus anejos, para formar otros más reducidos e independientes; el aumento de su superficie por agregación de otros colindantes del mismo edificio o su disminución por segregación de alguna parte; la construcción de nuevas plantas y cualquier otra alteración de la estructura o fábrica del edificio, incluyendo el cerramiento de las terrazas y la modificación de la envolvente para mejorar la eficiencia energética, o de las cosas comunes, cuando concurran los requisitos a que alude el artículo 17.6 del texto refundido de la Ley de Suelo, aprobado por el Real Decreto Legislativo 2/2008, de 20 de junio.

En estos supuestos deberá constar el consentimiento de los titulares afectados y corresponderá a la Junta de Propietarios, de común acuerdo con aquéllos, y por mayoría de tres quintas partes del total de los propietarios, la determinación de la indemnización por daños y perjuicios que corresponda. La fijación de las nuevas cuotas de participación, así como la determinación de la naturaleza de las obras que se vayan a realizar, en caso de discrepancia sobre las mismas, requerirá la adopción del oportuno acuerdo de la Junta de Propietarios, por idéntica mayoría. A este respecto también podrán los interesados solicitar arbitraje o dictamen técnico en los términos establecidos en la Ley.»

9. Ante el establecimiento de una nueva actividad comercial por parte de un comunero ¿podría negársele el inicio de la misma si en los estatutos no contempla tal prohibición?

Tal medida precisaría un acuerdo unánime que sería imposible de lograr, dado que el afectado, por razones obvias, votaría en contra. De cualquier modo esa actividad comercial no podría ir en contra de lo estipulado en el art. 7 de la LPH y por lo tanto no podría ser generadora de actividades que resulten dañosas para la finca o que contravengan las disposiciones generales sobre actividades molestas, insalubres, nocivas, peligrosas o ilícitas.

Al respecto hay que tener en cuenta lo que estableció la **STS 17-11-93** *(Tol 189780)*, sobre una consulta médica con material radioactivo. «*...Si la actividad está sujeta a un control de la autoridad administrativa, si ésta da la autorización para que se emprenda una vez tomadas las medidas prevenidas legalmente para evitar daños, no se ve como la Comunidad puede sentirse perjudicada alegando una nocividad y un peligro que aquellas medidas quieren evitar*».

10. ¿Puede un local comercial destinarse a vivienda si no existe una prohibición expresa al respecto en el Título constitutivo o en los Estatutos?

La **STS de 30-12-2010** *(Tol 2039447)* abordó un supuesto de cambio de destino de un elemento privativo. En el título constitutivo únicamente se contiene una descripción genérica del edificio y no hay cláusulas estatutarias (el subrayado es nuestro):

«En el ámbito de la propiedad horizontal, resulta posible, el establecimiento de limitaciones o prohibiciones que en general atienden al interés general de la comunidad. Estas prohibiciones referidas a la realización de determinadas actividades o al cambio de uso del inmueble, deben constar de manera expresa, y a fin de tener eficacia frente a terceros deben aparecer inscritas en el Registro de la Propiedad.

La doctrina de esta Sala es prácticamente unánime (SSTS 23 de febrero de 2006 [RC n.° 1374/1999], 120 de octubre de 2008 [RC n.° 3106/2002], entre otras) al considerar que la mera descripción del inmueble no supone una limitación del uso o de las facultades dominicales. Para que las prohibiciones o limitaciones resulten eficaces, resulta imprescindible que una cláusula o regla precisa así lo establezca. Los copropietarios no pueden verse privados de la utilización de su derecho a la propiedad como consideren más adecuado, a no ser que este uso no esté legalmente prohibido o que el cambio de destino aparezca expresamente limitado por el régimen de dicha propiedad horizontal, su título constitutivo o su regulación estatutaria.

C) La interpretación que realiza la Audiencia Provincial de los preceptos que se consideran vulnerados por el recurrente, es plenamente acertada. Tras constatar que la comunidad de propietarios carece de estatutos, señala que en la escritura de división de la propiedad horizontal únicamente aparece reflejado el destino de la planta sótano (reservada a servicios comunes de la comunidad) para a continuación limitarse a describir los elementos del inmueble, señalando que la planta primera, donde está situada la finca del recurrido, está compuesta de locales comerciales. Esta referencia no permite deducir la vigencia de una prohibición que afecta a las facultades dominicales. Esta clase de prohibiciones o limitaciones deben ser expresas y no pueden presumirse. En definitiva no existe en el caso que se examina ninguna limitación de uso ni una prohibición de modificación del uso del inmueble. Finalmente, declara que la modificación en el destino del inmueble realizada, no supone una alteración en la determinación de las cuotas de participación de cada uno de los copropietarios».

11. ¿Pueden los estatutos conceder autorización a un propietario para modificar elementos comunes sin el consentimiento de la Junta de Propietarios?

La **STS de 7-7-2010** *(Tol 1966701)* establece que no sería posible: *«Lo cierto es que en los Estatutos que rigen la Comunidad a que el presente pleito se refiere se excluye, de manera expresa, la aplicación de un precepto de naturaleza imperativa, cuando textualmente contempla lo siguiente: 'TERRAZAS: Quedan facultados los propietarios de dichas terrazas a cubrir las mismas, sin necesidad del consentimiento de la Junta de Propietarios, siempre y cuando cuenten con los permisos y autorizaciones municipales pertinentes'.*

Resulta jurídicamente indiscutible que el cerramiento de terrazas supone una alteración en un elemento común, cual es la fachada del edificio, de modo que, conforme a lo establecido en el artículo 12 de la Ley de Propiedad Horizontal, precisa para su válida realización un consentimiento unánime de la Junta de Propietarios.

La posibilidad de una autorización 'ex ante' contenida en los Estatutos de la Comunidad, como admite la Audiencia, resulta contraria a la doctrina de esta Sala contenida en, al menos, dos de las sentencias citadas por el recurrente».

12. En una comunidad de propietarios los estatutos establecen exoneraciones de gastos. No obstante, siempre se abonan los gastos según las cuotas de participación fijadas en el título constitutivo, sin tener en cuenta las cláusulas estatutarias. ¿Supone esto una modificación tácita de los estatutos?

La **STS de 3-12-2004** *(Tol 636147)* aborda esta cuestión estableciendo que (el subrayado es nuestro): «*...en la STS de 2 de febrero de 1991, se expresa que la solución, en sede de teoría general, de la cuestión que se plantea ha de venir dada por una doble consideración (...) según dispone el artículo 9, regla 5ª, de la Ley de Propiedad Horizontal, la forma de contribución a los gastos comunes es según la cuota de participación fijada en el Título o a lo que especialmente se haya establecido, por lo que, en principio, todos los comuneros deben aportar conforme a su coeficiente, el cual, a veces, no coincide con su cuota de propiedad, pues caben reglas especiales para los gastos, que es precisamente 'lo especialmente establecido' mencionado en el precepto, y que, en el caso debatido, se encuentran en los Estatutos, y aunque sea la Junta de Propietarios quién establezca un sistema singular para pagar determinadas partidas por conceptos de gastos o mantenimiento, ello supone una modificación estatutaria contraria a la ley, susceptible de ser impugnada judicialmente para lograr la anulación del acuerdo, sin que la tolerancia de cuentas o presupuestos en Juntas anteriores con un sistema de reparto diferente al que correspondía, en base a lo que especialmente se haya establecido en los Estatutos, sea suficiente aceptación de hecho para evitar la impugnación de un acuerdo similar adoptado en una Junta posterior*».

13. ¿Pueden los estatutos alterar la cuota de participación que establece el promotor en el título constitutivo?

Sobre esta cuestión el Tribunal Supremo, en **Sentencia de 9-11-94** *(Tol 204779)* estableció que «*Aunque el promotor establezca las cuotas de participación, éstas no son inmutables, pero no las puede modificar a su conveniencia, ya que requiere el acuerdo unánime de la Junta de Propietarios como requisito legal imperativo. Es procedente, por tanto, la modificación del título constitutivo por medio de los Estatutos, en los que cabe establecer un régimen de coeficientes participativos distinto e incluso más gravoso que el precedente, así como fijar exclusiones*».

14. ¿Es legal que en los estatutos se exonere a los bajos del pago de gastos de ascensor?

Sentencias como la **STS de 3-2-1994** *(Tol 199657)* o de **18-11-2009** *(Tol 1748184)* consideran que sí y no sólo de aquellos gastos de conservación y mantenimiento, sino de todos los relativos al aparato incluidos los de cambio o sustitución del mismo.

En tal sentido se pronuncia también la **STS de 7-6-2011** *(Tol 2177721)*. En este caso, los estatutos contenían una exoneración de gastos para los bajos de todos aquellos servicios que no utilizasen:

«Esta Sala ha declarado en STS 18 de noviembre de 2009, RC n.° 956/2005, en un supuesto de sustitución del ascensor, en el que el título constitutivo disponía que los departamentos situados en sótano y planta de baja, que no tenían acceso al portal ni a la entrada, no contribuirían en los gastos de estos ni en los de la escalera ni ascensor, que las exenciones de gastos globales, genéricas deben interpretarse sin hacer distinción entre unos y otros conceptos, incluyéndose por tanto, dentro del término «gastos» tanto los ordinarios como los extraordinarios, porque donde la regla no distingue no hay razón para interpretar lo contrario, razón por la que excluye a estos propietarios de los gastos necesarios tanto para la conservación y funcionamiento del ascensor, como de los precisos para la reforma o sustitución de este.

No habiéndolo entendido así la sentencia recurrida, se aprecia, en suma, la infracción denunciada.

Este razonamiento no se opone a lo dispuesto en la reciente STS de 20 de octubre de 2010, RC n.° 2218/2006 en la que se establece que las cláusulas que eximen del deber de contribuir a «gastos de conservación, limpieza, alumbrado de portales y escaleras» a los propietarios de locales que no tienen acceso por dichos portales, deben entenderse en el sentido de que no les libera del deber de contribuir a sufragar los gastos de instalación de los mismos, en aquellos casos en los que es necesaria para la adecuada habitabilidad del inmueble, puesto que en el caso que nos ocupa se trata de la sustitución o cambio de un ascensor ya existente y no de su instalación originaria.

Se debe reiterar como doctrina jurisprudencial que las exenciones genéricas de gastos que afectan a los locales contenidas en las cláusulas estatutarias, con apoyo en el no uso del servicio, comprenden tanto los gastos ordinarios como los extraordinarios».

15. ¿Es necesario que las actividades prohibidas por los Estatutos resulten dañosas para la finca o que contravengan las disposiciones generales sobre actividades molestas, insalubres, nocivas, peligrosas o ilícitas?

Al respecto y en relación con las actividades prohibidas por la LPH en su redacción anterior a la reforma de 1999, la **STS 20-2-97** *(Tol 215867)* consideró que la prohibición establecida en los estatutos relativa a la prohibición de distintas actividades no implicaba que éstas tuvieran necesariamente que coincidir con lo que la Ley consideraba prohibido, tales como las actividades incómodas o insalubres.

No obstante, es importante reseñar que las limitaciones deben efectuarse siempre con claridad y precisión.

Al prohibir en los estatutos una actividad a desarrollar en un piso o local hemos de tener en cuenta que dicha prohibición se ha de interpretar restrictivamente. Sobre este tema hemos de ver lo que estableció la **STS 21-4-97** *(Tol 216417)*: *«...la actividad desarrollada por la recurrida no se encuentra dentro del ámbito del artículo 11 de los Estatutos, que se refiere exclusivamente a consultorios, clínicas, casas de huéspedes, colegios o academias, y no a una "oficina", que es lo que ha instalado la arrendataria, donde no desarrolla actividades comerciales ni públicas, como tampoco se ha demostrado la existencia del uso peligroso o molesto del piso, lo que concuerda con lo declarado por esta Sala en Sentencia de 5 marzo 1990 (RJ 1990/1666), en la que, además de considerar que las prohibiciones sancionadas en el párrafo tercero del artículo 7 de la mencionada Ley se interpretarán con carácter restrictivo»*.

16. ¿Pueden los estatutos autorizar la realización de cualquier tipo de obras a los propietarios, sin necesidad del consentimiento de la Junta?

La **STS de 13-6-2011** *(Tol 2161220)* dispone que si las obras afectan a elementos estructurales no se podrán llevar a cabo sin el consentimiento de los demás propietarios. Los Estatutos establecían las siguientes autorizaciones:

«a) Efectuar cualesquiera operaciones de comunicación con otros locales de fincas colindantes, agrupación, segregación, división y subdivisión horizontal y vertical (...), de tal modo que cada uno de los nuevos locales así formados tenga acceso directo desde la calle o tuviere ya acceso abierto a un elemento común antes de tales modificaciones, y sin que en ningún caso se altere la estructura del edificio ni se disminuya la seguridad del mismo.

b) Realizar sin limitación alguna, tanto en el interior del local como en la parte de su fachada exterior, sin rebasar sus límites, cualesquiera obras o modificaciones, abriendo o cerrando huecos, pudiendo instalar anuncios, rótulos o letreros luminosos, en sentido horizontal o vertical, y siempre con el correspondiente permiso administrativo.

Para todo lo dicho los propietarios de los locales se consideran investidos de amplios poderes irrevocables de todos los restantes titulares de unidades de propiedad horizontal, que se entenderán conferidos por el solo hecho de la adquisición de las mismas.»

Sin embargo, la mencionada STS de 13-6-2011 matiza que (el subrayado es nuestro):

«La construcción de un refuerzo mediante perfiles de acero y a modo de estructura (vigas y pilares) en la planta destinada a garaje, adosadas a las paredes y techo, así como la colocación de un pilar metálico en el hueco de escalera y la construcción de un altillo utilizando vigas y viguetas 'abrochadas a la estructura', con demolición en parte del forjado doble para ganar altura, son obras que exceden de la facultad otorgada en el título constitutivo y han sido hechas en beneficio exclusivo del recurrente para la construcción de una piscina y un altillo en el local, no para reforzar la estructura del edificio, que no prueba que lo necesitara, y ello comporta en si mismo una alteración estructural y una ocupación de elementos comunes, aunque ello no repercuta en la seguridad.
(...) Las sentencias que menciona la parte recurrente se refieren a obras que no modifican la configuración y la estructura del edificio así como a las instalaciones o servicios de un piso o de un elemento privativo de que sea titular, lo que tampoco sucede en este caso en el que lo que está haciendo, entre otras cosas, va mas allá de lo que dispone el artículo 394 que autoriza a cada a cada partícipe a servirse de las cosas comunes, siempre que disponga de ellas conforme a su destino y de manera que no perjudique el interés de la comunidad, ni impida a los copartícipes utilizarlas según su derecho. Las obras realizadas consistentes, entre otras cosas, en la colocación de una red de tuberías, no son precisamente de escasa entidad y suponen más que uso ordinario de los elementos comunes, disponer en beneficio propio de una parte sustancial del mismo en detrimento de otros copropietarios o de la propia comunidad que no podrá en el futuro tener la libre disposición del espacio ocupado por uno de ellos».

2. LAS NORMAS DE RÉGIMEN INTERIOR

2.1. Definición

Tal como establece el artículo 6 de la LPH son normas fijadas por el conjunto de propietarios, para regular los detalles de la convivencia y adecuada utilización de los servicios comunes, dentro de los límites establecidos por la ley y los estatutos.

2.2. Delimitación

Estas normas son obligatorias para todos los titulares, mientras no sean modificadas en la forma prevista para tomar acuerdos sobre la administración.

Esta obligatoriedad comprende no sólo a los propietarios o titulares de los distintos pisos, sino también a todos los que habiten el inmueble, como los usufructuarios de pisos o locales, dado que las citadas normas son una ordenanza de régimen interior de edificio.
Se inscriben en el libro de actas y son aprobadas por mayoría. A diferencia de los estatutos, no constan en el título constitutivo.

2.3 Naturaleza jurídica

Se trata de normas internas, con un origen convencional, al igual que los estatutos y con un carácter subordinado a éstos, puesto que ocupan el tercer lugar en la prelación de fuentes, por detrás de la Ley de Propiedad Horizontal y los estatutos.

Jurisprudencia relevante

Así, la **STS de 3-5-2007** *(Tol 1075935)* pone de manifiesto que una norma de régimen interior no puede modificar ni la Ley ni los Estatutos:

> *«...el Reglamento de Régimen Interior, a que se refiere el citado artículo 6, constituye un documento para fijar unas normas de mero funcionamiento de los servicios y elementos comunes, cuya rectificación o reforma es posible verificarla por cada Junta de la Comunidad, mediante su determinación en el Orden del Día, para concretar o modificar los sistemas de prestación de los mismos y los comportamientos exigidos a los propietarios, pero dicho instrumento no puede modificar la Ley ni los Estatutos, y carece de valor para regular la forma de contribución a los gastos comunes o sus exoneraciones, pues estas cuestiones están fuera del Reglamento y solo pueden ser reguladas en los Estatutos».*

2.4. Aprobación

En base al artículo 17.7 de la LPH, para su aprobación basta el voto de la mayoría del total de propietarios que, a su vez, representen la mayoría de cuotas de participación. Respecto a su redacción no se establece en la ley ningún requisito o formalidad.

Jurisprudencia relevante

En este punto es interesante la **STS de 25-4-2007** *(Tol 1069817)*, que sigue el criterio jurisprudencial establecido en la STS de 6-7-78 (el subrayado es nuestro):

> *«...Dice la sentencia de 6 de julio de 1978, que la Ley de Propiedad Horizontal, en su artículo 6º, prescribe que, con independencia de lo que determina el título constitutivo de la propiedad*

por pisos o locales, y para regular los detalles de la convivencia y la adecuada utilización de los servicios y cosas comunes y dentro de los límites establecidos por la ley y los estatutos, el conjunto de propietarios podrá fijar normas de régimen interior que obligarán también a todo titular con lo cual viene a proclamar que existen dos clases de normas, de muy distinto rango: unas, contenidas en el título constitutivo de la propiedad y en los estatutos, que regulan la constitución y ejercicio del derecho de cada propietario, en orden al uso y destino del edificio; y otras, integradas en el reglamento de régimen interior, para regular los detalles de la convivencia y la adecuada utilización de los servicios y las cosas comunes y tan esencial es esta diferencia que mientras para la validez de los acuerdos que impliquen aprobación o modificación de reglas contenidas en el título constitutivo de la propiedad o en los estatutos exige la unanimidad regla primera del artículo 16, en cambio, para la validez de los demás acuerdos bastará el voto de la mayoría del total de propietarios que, a su vez, representen la mayoría de las cuotas de participación...».

Una vez aprobadas, las normas de régimen interior deberán transcribirse en el libro de actas de la comunidad.

2.5. Modificación

Al igual que para su aprobación será suficiente el acuerdo mayoritario de la Junta válidamente constituida.

2.6. Contenido

Son muchos y variados los aspectos que pueden regular las normas de régimen interior, y los mismos se establecerán dependiendo de las características de cada comunidad. A modo de ejemplo podemos destacar:

- Prohibición de realizar determinadas actividades como el tendido de ropas en patios interiores.
- Horario para sacar la basura.
- Prohibición de que los niños jueguen en la terraza común.
- Obligación de cerrar con llave la puerta o reja del patio.
- Prohibición de arrojar objetos por los patios interiores.
- Uso de aparatos elevadores (bien sean ascensores o montacargas).
- Turno y/o sistema de limpieza del patio o escalera.
- Limitación de ruidos a partir de determinadas horas.
- Horario y normas de uso de determinados elementos comunes como piscinas, locales sociales, pistas deportivas..., etc.

- Normas relativas al funcionamiento de los órganos de la comunidad, medios de información de los temas inherentes a la comunidad, tablón de anuncios, etc.
- Otros.

2.7. Diferencias con los estatutos

Siguiendo el art. 17.7 de la LPH, para su aprobación o modificación será necesario el acuerdo mayoritario de la Junta, a diferencia de los estatutos que precisan la unanimidad.

Una vez aprobadas, las mismas deben transcribirse al libro de actas de la Comunidad, no se inscriben en el Registro de la Propiedad, dado su carácter personal y forman siempre un cuerpo normativo separado del Título Constitutivo.

Los estatutos pueden estar o no comprendidos en el título constitutivo, las normas nunca.

Los estatutos están limitados por la Ley. Las normas de régimen interior están limitadas por la Ley y por los estatutos.

Los estatutos tienen un campo de aplicación más amplio que las normas.

Jurisprudencia relevante

La **STS de 25-4-2007** *(Tol 1069817)* se refiere a ellas citando una sentencia de 1978 (el subrayado es nuestro):

> *«Dice la sentencia de 6 de julio de 1978, que la Ley de Propiedad Horizontal, en su artículo 6.º, prescribe que, con independencia de lo que determina el título constitutivo de la propiedad por pisos o locales, y para regular los detalles de la convivencia y la adecuada utilización de los servicios y cosas comunes y dentro de los límites establecidos por la ley y los estatutos el conjunto de propietarios podrá fijar normas de régimen interior que obligarán también a todo titular con lo cual viene a proclamar que existen dos clases de normas, de muy distinto rango: unas, las contenidas en el título constitutivo de la propiedad y en los estatutos, que regulan la constitución y el ejercicio del derecho de cada propietario, en orden al uso y destino del edificio; y otras, integradas en el reglamento de régimen interior, para regular los detalles de la convivencia y la adecuada utilización de los servicios y las cosas comunes y tan esencial es esta diferencia que mientras para la validez de los acuerdos que impliquen aprobación o modificación de reglas contenidas en el título constitutivo de la propiedad o en los estatutos exige la unanimidad regla primera del artículo 16, en cambio, para la validez de los demás acuerdos bastará el voto de la mayoría del total de los propietarios que, a su vez, representen la mayoría de las cuotas de participación...».*

También la **STS de 22-10-08** *(Tol 1389544)* diferencia claramente entre estatutos y normas de régimen interior:

«Como dispone el artículo 5, párrafo tercero, de la Ley de Propiedad Horizontal, 'el Título podrá contener, además, reglas de constitución y ejercicio del derecho y disposiciones no prohibidas por la Ley en orden al uso o destino del edificio, sus diferentes pisos o locales, instalaciones y servicios, gastos, administración y gobierno, seguros, conservación y reparaciones, formando un estatuto privativo que no perjudicará a terceros si no ha sido inscrito en el Registro de la Propiedad'.

En verdad, el Estatuto tiene como finalidad la de que se puedan establecer derechos y facultades esenciales, como la exoneración de gastos, la autorización o prohibición de que en las viviendas o locales haya establecimientos profesionales, comerciales o industriales, la posibilidad de división, segregación o agrupación, la determinación de qué elementos comunes son para todos, o cuales para determinados propietarios, la utilización privativa de terrazas en áticos o pa5tios, etc.; no cabe hacer una enumeración de todas las cuestiones que puede contener el Estatuto, pues la posibilidad de fijar reglas es amplísima si no vulneran las disposiciones de la propia Ley.

Según establece el artículo 6 de la Ley de Propiedad Horizontal, 'para regular los detalles de la convivencia y la adecuada utilización de los servicios y cosas comunes, y dentro de los límites establecidos por la Ley y los Estatutos, el conjunto de propietarios podrá fijar normas de régimen interior, que obligarán también a todo titular mientras no sean modificadas en la forma prevista para tomar acuerdos sobre la administración'.

El Reglamento de Régimen Interior se refiere a cuestiones de mero funcionamiento de los servicios y elementos comunes».

Cuestiones útiles

17. ¿A quiénes obligan las Normas de Régimen Interior?

Obligan a todos los titulares, entendiendo por tales no sólo los propietarios sino en general los ocupantes de los pisos o locales. Sin embargo y a diferencia de los Estatutos inscritos en el Registro de la Propiedad, no tienen validez frente a terceras personas.

18. ¿Pueden un reglamento de régimen interior modificar una exoneración de gastos contenida en los estatutos?

Respecto a la imposibilidad de que un reglamento de régimen interior modifique los estatutos que contienen la exoneración de contribuir a determinados gastos por los bajos se pronuncia la **STS de 3-5-2007** *(Tol 1075935)*.

19. ¿Se puede aprobar por mayoría un documento en la comunidad que se llamara «Estatutos y Reglamento de Régimen Interior»?

Este supuesto fue analizado en la **STS de 22-10-08** *(Tol 1389544)*. El Tribunal Supremo consideró en este caso que bajo la denominación genérica «Estatutos y Reglamento de Régimen Interior» se contenían (el subrayado es nuestro) *«...unas reglas que acotan y restringen el ejercicio de los derechos y facultades de los propietarios, sobre los elementos comunes, determinados como normas prohibitivas, como son: a) la prohibición de utilizar la azotea* *para cualquier uso distinto a tendedero de ropa y zona de esparcimiento (artículo 13); b) la prohibición de ocupar, aunque sea por poco espacio de tiempo con objetos de cualquier clase, el zaguán, escalera, rellanos y demás lugares de uso común (artículo 16 c); c) la prohibición de efectuar los copropietarios, modificaciones que afecten a la propiedad común, muro de carga, fachada (artículo 9); y d) la prohibición de colocar en los balcones, ventanas o terrazas, aún privativas, objetos que no sean macetas de flores o adornos, siempre que se encuentren convenientemente asegurados contra su caída, así como tender ropa a secar en la fachada exterior (artículo 16 e).*

Esta Sala considera que el documento denominado 'Estatutos y Reglamento de Régimen Interior', antes mencionado, contiene una mezcla de reglas, alguna de las cuales, como las concernientes a los artículos 13 y 16 c), por su ambigua redacción, participan de los dos conceptos señalados, si bien, con indicación a las mentadas normas, predomina en la misma su naturaleza estatutaria, al limitar y acotar los derechos y facultades de los propietarios que constituyen la comunidad respecto a la azotea...».

En este caso, al predominar la naturaleza estatutaria se han de aprobar por unanimidad.

20. ¿Puede establecer un Reglamento de Régimen Interior sanciones en caso de incumplimiento de sus disposiciones? ¿Podría dejarse la facultad sancionadora en manos del Administrador?

La **SAP de Tenerife de 14-12-2006** *(Tol 1115420)* establece que si una Norma de Régimen Interior contempla sanciones, éstas no pueden perjudicar los derechos dominicales ni ir en contra de lo establecido en la Ley y, en ningún caso, podría dejarse en manos de un Gerente o Administrador la tramitación de todo el expediente sancionador (el subrayado es nuestro):

«Por otra parte, se discute en la doctrina si el incumplimiento de estos reglamentos puede dar lugar a sanciones; dado que por medio de un acuerdo válidamente adoptado en Junta pueden los propietarios establecer, siempre dentro de la legalidad, determinadas prohibiciones u obligaciones y tales acuerdos deben respetarse por los comuneros, nada obsta, en principio, para que se prevean sanciones en caso de incumplimiento, y de igual manera pueden establecerse prohibiciones u obligaciones en los Reglamentos; pero aún en este caso, parece lógico que tales acuerdos afecten a incumplimientos de cierta gravedad, como por ejemplo, estableciéndose el pago de intereses de demora para el caso de no abonarse las cuotas comunitarias.

Lo que es evidente es que el reglamento no puede suplantar ni modificar la ley ni los estatutos, que no puede imponer restricciones y prohibiciones a la propiedad privada, por lo que debe concluirse que el régimen sancionador, en su caso, no puede nunca afectar a los derechos dominicales o a cualesquiera otros establecidos en la ley.

Y en lo que la doctrina mayoritaria está conforme es que en ningún caso puede dejarse esa facultad sancionadora en manos de un administrador o gerente, que no tiene reconocida por ley dicha facultad, ni siquiera en relación a incumplimientos del Estatuto. El incumplimiento del Reglamento, como compromiso aceptado por los propietarios que lo suscribieron, o, como en este caso, por comprometerse a su cumplimiento al comprar los locales, podrá ser exigido ante la autoridad judicial, que valorará la situación y determinará lo procedente, concluyendo dicha doctrina que carecen de validez las cláusulas que permitan sancionar a quien ninguna ley concede esa facultad, como se ha dicho con referencia al gerente.

(...) El Reglamento de Régimen Interno, por su parte y en lo que aquí interesa, establece dentro de las Normas de Funcionamiento la prohibición del cierre de los locales comerciales, salvo en casos excepcionales, en lo que se entiende como una fórmula de garantizar que el centro comercial funcione rentablemente y de forma óptima. Y además, se establece un régimen de sanciones, que es la parte de dicho reglamento cuya nulidad se pide, en el que, también ciñéndonos a lo que es objeto de debate, se atribuye al Gerente, designado por la promotora, no solo la función de tramitar el 'expediente' sancionador, con intervención del presunto infractor a efectos de alegaciones, sino la facultad de decidir, unilateral y 'potestativamente', si procede o no dar inicio a dicho procedimiento, así como la de graduar en su caso la sanción que corresponda. Este procedimiento no respeta desde luego las mínimas normas exigibles para garantizar los derechos del afectado, ni se atiene a la fórmula democrática que se establece en la normativa reguladora de la propiedad horizontal para la toma de decisiones que afecten a los derechos y obligaciones de los comuneros. A esto hay que añadir que el reglamento no se ha consensuado por los propietarios, no es un compromiso libremente adquirido por ellos, sino que su aceptación les ha venido impuesta por la entidad vendedora.

En estas condiciones hay que concluir que dicho régimen sancionador es nulo de pleno derecho, porque vulnera la ley, imponiendo un sistema sin las garantías previstas en los arts. 17 y conc. L.P.H. en cuanto a la formación de la voluntad de los propietarios, afectando a su derecho de propiedad de manera abusiva».

21. ¿Puede la Comunidad imponer una sanción económica por incumplimiento de una norma de régimen interior?

Al respecto la conclusión vigésimo primera alcanzada en el Congreso *«Poder Judicial-Administradores de Fincas de la Comunidad Valenciana»*, celebrado en 2010 y publicada por la Editorial Tirant lo Blanch, consideró que no es posible imponer sanciones económicas a los comuneros por incumplir la norma comunitaria de régimen interno. Ello ni aunque se prevea en los Estatutos o se adopte un acuerdo por mayoría simple, teniendo la comunidad, la posibilidad de actuar judicialmente contra el infractor.

Formularios de interés

Modelo de Estatutos de una comunidad de propietarios. *(Tol 4577013)*
Modelo de Estatutos de un complejo inmobiliario privado. *(Tol 4577014)*
Modelo de Normas de Régimen Interior. *(Tol 4577015)*

Esquema del capítulo

❒ **ESTATUTOS:**

- Son reglas de constitución y ejercicio del derecho y disposiciones no prohibidas por la Ley en orden al uso o destino del edificio, sus diferentes pisos o locales, instalaciones y servicios, gastos, administración y gobierno, seguros, conservación y reparaciones.
- No perjudican a terceros si no han sido inscritos en el Registro de la Propiedad.
- Puede otorgarlos el propietario único del edificio, antes de iniciar la venta de pisos y locales, o todos los propietarios por unanimidad.
- Su modificación requieren acuerdo unánime.
- Pueden figurar en el título constitutivo o en un documento independiente.

❒ **NORMAS DE RÉGIMEN INTERIOR:**

- Son normas fijadas por el conjunto de propietarios, para regular los detalles de la convivencia y adecuada utilización de los servicios comunes, dentro de los límites establecidos por la Ley y los estatutos.
- Se aprueban y se modifican por acuerdo de la mayoría de propietarios que, a su vez, represente la mayoría de las cuotas de participación.
- No se inscriben en el Registro de la Propiedad. Una vez aprobadas, se transcriben al libro de actas.

IV Órganos de gobierno en las comunidades de propietarios

1. LA JUNTA DE PROPIETARIOS

1.1. *Consideraciones generales*

1.1.1. Naturaleza jurídica

La determinación de la naturaleza jurídica de la Junta de Propietarios es una cuestión que ha suscitado diversas opiniones doctrinales. El punto de partida lo encontramos en el preámbulo de la Ley 49/1960 de Propiedad Horizontal, que nos dice que *«la concurrencia de una colectividad de personas en la titularidad de derechos que, sin perjuicio de su sustancial individualización, recaen sobre fracciones de un mismo edificio y dan lugar a relaciones de interdependencia que afectan a los respectivos titulares, ha hecho indispensable en la práctica la creación de órganos de gestión y administración. La Ley, que en todo momento se ha querido mostrar abierta a las enseñanzas de la experiencia, la ha tenido muy especialmente en cuenta en esta materia. Y fruto de ella, así como de la detenida ponderación de los diversos problemas, ha sido confiar normalmente el adecuado funcionamiento del régimen de propiedad horizontal a tres órganos: la Junta, el Presidente de la misma y el Administrador. La Junta, compuesta de todos los titulares, tiene los cometidos propios de un órgano rector colectivo, ha de reunirse preceptivamente una vez al año, y para la adopción de acuerdos válidos se requiere, por regla general, el voto favorable tanto de la mayoría numérica o personal cuanto de la económica, salvo cuando la trascendencia de la materia requiera la unanimidad, o bien cuando, por el contrario por la relativa importancia de aquélla, y para que la simple pasividad de los propietarios no entorpezca el funcionamiento de la institución, sea suficiente la simple mayoría de los asistentes. El cargo de Presidente, que ha de ser elegido del seno de la Junta, lleva implícita la representación de todos los titulares en juicio y fuera de él, con lo que se resuelve el delicado problema de legitimación que se ha venido produciendo. Y, finalmente, el Administrador, que ha de ser designado por la Junta y es amovible, sea o no miembro de ella, ha de actuar siempre en dependencia de la misma, sin perjuicio de cumplir en todo caso las obligaciones que directamente se le imponen.»*

Pese a lo establecido en este preámbulo, la doctrina mayoritaria ha venido sosteniendo que las juntas carecen de personalidad jurídica, negándose asimismo su consideración como órgano, puesto que se estimaba que era sólo un conjunto de personas que ostentaban la condición de propietarios de una comunidad por sí mismos o por representante y que se reunían en convocatoria, de acuerdo con unas normas.

Jurisprudencia relevante

La jurisprudencia señala claramente que la Junta de Propietarios carece de personalidad jurídica plena y así se expresa, entre otras, la **STS de 22-10-2007** *(Tol 1221212)* afirmando que la organización colectiva de propietarios (refiriéndose a la Junta de Propietarios) no tiene una personalidad jurídica perfecta:

> *«...Bajo la vigencia de la LPH, en su primitiva redacción, la jurisprudencia, si bien señaló el carácter orgánico de la representación que concedía al Presidente el artículo 12, no llegó a concebir que la organización colectiva de propietarios diera lugar a una persona jurídica perfecta, pues se admitió la legitimación de los propietarios incluso para reclamar en defensa de intereses generales (SSTS 8 de noviembre de 1995, 14 de junio de 1999, 14 de mayo de 2007, etc.) y se caracterizó la figura o institución por razón de la inseparabilidad entre el derecho singular y exclusivo de propiedad sobre la parte privativa y la participación en la titularidad en los elementos, pertenencias y servicios comunes (SSTS 30 de mayo de 1997, 1 de marzo de 2001, etc.; Resoluciones de la Dirección General de Registros y del Notariado de 28 de febrero de 2000, 26 de septiembre de 2002, 4 de junio de 2003, etc.), de modo que se acentuaban los rasgos de privaticidad e independencia del derecho sobre las partes o elementos susceptibles de propiedad separada.»*

No obstante estas consideraciones en cuanto a la personalidad jurídica de la Junta de Propietarios, la Ley, con sus sucesivas reformas, ha ido reforzando la condición de la Junta como órgano de gobierno y así lo encontramos plasmado en su art. 13.1°, que literalmente dice que

> *«Los órganos de gobierno de la comunidad son los siguientes:*
> *a) La Junta de propietarios...»*

La **STS de 4-2-2008** *(Tol 1256792)* refuerza el carácter de órgano de gobierno de la Junta de Propietarios, cuando, en sus fundamentos jurídicos, establece que

> *«...como señala destacada doctrina científica conforme a las previsiones legales, aceptada por esta Sala, la Junta de Propietarios es el órgano superior, que decide todas las cuestiones comunitarias y goza plenamente de las facultades para las actuaciones en el inmueble y, de hecho, nadie puede suplir sus competencias; la aprobación de cuentas, los presupuestos ordinarios y extraordinarios, las normas de funcionamiento, la autorización de obras, el nombramiento y cese de cargos y, en definitiva, cualquier decisión pasa por el previo acuerdo de la Junta; no es posible su sustitución por otros órganos intermedios, por lo que sería nulo un Estatuto que determinara la no existencia o cualquier disminución de sus prerrogativas, ya que estamos ante conceptos de carácter imperativo y fuera de la autonomía de la voluntad...».*

1.1.2. Características

1. Ostenta la condición de órgano supremo de la comunidad de propietarios.
2. Es un órgano permanente de gobierno de la comunidad de propietarios.
3. Es un órgano colectivo.
4. Sólo los propietarios son miembros de la Junta; en caso de usufructo, la asistencia y el voto le corresponden al nudo propietario, quien, salvo manifestación en contrario, se entenderá representado por el usufructuario.

1.1.3. Competencias

1. Nombrar y remover a las personas que ejercen los cargos de Presidente, Administrador y Secretario y resolver las reclamaciones que los titulares de los pisos o locales formulen contra la actuación de aquellos [art. 14.a) LPH].

Jurisprudencia relevante

La **STS de 4-2-2008** *(Tol 1256792)* indica que

> *«...a estos efectos, sólo se necesitará el acuerdo de la mayoría de los asistentes, tanto para los cargos denominados 'directivos' (presidente, vicepresidente, vocales, etc.), como para los dedicados a funciones 'administrativas' (secretario y administrador); de modo que el único sistema de nombramiento y cese es la decisión de la Junta de Propietarios, y cualquier designación o remoción por cualquier otra fórmula estaría sujeta a nulidad, incluso aunque hubiera una previsión estatutaria...».*

2. Aprobar el plan de gastos e ingresos previsibles y las cuentas correspondientes [art. 14.b) LPH]. Bajo el concepto de plan de gastos e ingresos previsibles se entiende comprendido el presupuesto anual de la Comunidad. Un presupuesto es un cálculo anticipado de los ingresos y gastos de una actividad económica durante un período temporal concreto (generalmente un año). Así pues, el plan de ingresos y gastos será la previsión anual de los gastos previstos y de los ingresos necesarios para cubrir estos gastos.

El art. 20 LPH señala, entre las funciones del administrador, la de *«preparar con la debida antelación y someter a la Junta el plan de gastos previsibles, proponiendo los medios necesarios para hacer frente a los mismos.»*

Jurisprudencia relevante

El plan anual de ingresos y gastos se elabora con carácter único y no es una práctica recomendable aprobar un nuevo presupuesto motivado por la existencia de propietarios que no satisfagan sus cuotas, tal y como reconoce la **STS de 26-3-1999** *(Tol 1444)*, cuando en sus fundamentos de derecho afirma que

> *«...la Comunidad de Propietarios demandada, en el Fundamento de Derecho segundo de su escrito de contestación a la demanda, reconoce expresamente que el presupuesto extraordinario litigioso fue aprobado para hacer frente a las innumerables deudas padecidas, generalmente, por el sistemático impago de determinados propietarios (folio 77 vuelto de los autos), cuando el referido impago no puede justificar la confección de un nuevo Presupuesto, ni siquiera con el carácter de extraordinario, que suponga una duplicidad de pagos para los propietarios cumplidores de sus obligaciones, sino que solamente debe dar lugar a que la Comunidad de Propietarios, representada por su Presidente, ejercite las acciones judiciales pertinentes contra los propietarios morosos en el pago de sus cuotas, conforme establece el artículo 20 de la Ley de Propiedad Horizontal, para cuyo cobro (en lo que respecta a los gastos producidos en el último año y la parte vencida de la anualidad corriente) queda afecto, con el carácter de carga real, el piso o local respectivo, cualquiera que fuera su propietario actual y el título de su adquisición, conforme preceptúa la regla quinta del artículo 9 de la citada Ley...».*

Asimismo resulta interesante la **STS de 25-2-1988** *(Tol 1735333)*, que analiza el supuesto en el que se plantea la nulidad de la reunión de la Junta de Propietarios cuando existe una ocultación de los datos documentales sobre el plan de gastos e ingresos a tratar en dicha Junta, afirmando el Tribunal que

> *«...el quinto motivo, último de los formulados, a tenor, igualmente, del ordinal 5.°, denuncia infracción del artículo 13, apartado segundo, de la Ley reguladora, "corresponde a la Junta de propietarios aprobar el plan de gastos e ingresos previsibles y las cuentas correspondientes", en relación con el artículo 18, apartado quinto, "corresponde al administrador custodiar, a disposición de los titulares, la documentación de la Comunidad". Análogamente a lo dicho en el precedente fundamento, la ocultación de los datos documentales sobre el plan de gastos e ingresos a tratar en Junta o la ausencia de información, no implicaría, de por sí, la nulidad de la reunión comunitaria y del Acta de constancia de su contenido, sino que, más bien, concedería a los propietarios disidentes la facultad de ejercitar su derecho de impugnación, no pudiendo olvidarse que los acuerdos adoptados en la Junta objeto de impugnación, fueron aprobados por mayoría. Lo acabado de decir, lleva a situar la resolución del problema planteado al juego de las normas del artículo 16, cuya norma primera no es de aplicación a referirse a las reglas contenidas en el título constitutivo o en los Estatutos, y sí lo sería, por el contrario, la segunda de ellas, al versar sobre la validez "de los demás acuerdos" pero dado que los acuerdos se aprobaron mayoritariamente, habría de estarse a la norma tercera y requerir por ende a los disidentes la prueba del grave e indebido perjuicio que se les haya ocasionado por aquellos acuerdos, y, ya concretamente, ante la falta de probanza sobre tal particular, no es dable hacer extensiva la nulidad de los gastos declarados en la sentencia, a todos los restantes conceptos de "la cuenta del gasto", como pretende el recurrente, lo que produce, en definitiva, el fracaso del motivo, debiendo dar aquí por reproducido el razonamiento del séptimo considerando de la sentencia de esta Sala de la que se hizo cumplida referencia...».*

3. Aprobar los presupuestos y la ejecución de todas las obras de reparación de la finca, sean ordinarias o extraordinarias, y ser informada inmediatamente de las medidas urgentes adoptadas por el Administrador, de conformidad con lo dispuesto en el artículo 20.C [art. 14.c) LPH].

Jurisprudencia relevante

La **SAP de Madrid de 13-6-2008** *(Tol 1367011)* recuerda en este punto que

> *«...el art. 14 c) establece que corresponde a la Junta de propietarios aprobar los presupuestos y la ejecución de todas las obras de reparación de la finca, sean ordinarias o extraordinarias, y correlativamente el art. 18 contempla la posibilidad de impugnar los acuerdos de la Junta cuando se estime que estos son contrarios a la Ley o a los estatutos, gravemente lesivos para la comunidad en beneficio de uno o varios propietarios o supongan un grave perjuicio para algún propietarios, fijando en todos los casos el plazo para el ejercicio de la acción impugnatoria (un año para los contrarios a la Ley o a los Estatutos y tres meses para los demás acuerdos)...».*

4. Aprobar o reformar los estatutos y determinar las normas de régimen interior. [art. 14.d) LPH].

Jurisprudencia relevante

La **STS de 26-6-1995** *(Tol 1668852)*, distingue entre los estatutos y otras normas de régimen interior de la Comunidad de Propietarios, afirmando que

> *«...existen dos clases de normas de muy distinto rango: unas, las contenidas en el título constitutivo de la propiedad y en los estatutos; y otras, integradas en el Reglamento de Régimen Interior; para las primeras se exige la unanimidad —regla 1.a del art. 16— y en cambio, para la validez de los demás acuerdos bastará el voto de la mayoría del total de los propietarios que, a su vez, representen la mayoría de las cuotas de participación —regla 2º del mencionado art. 16—...».*

Asimismo, resulta de interés la **STS de 21-7-2003** *(Tol 295915)*, cuando indica que

> *«...el motivo tercero, fundado en infracción de los arts. 7.1 y 1.6 CC, alega que el actor fue contra sus propios actos al interponer la demanda más de diez años después de haber comprado su piso, momento en que conoció los estatutos y perdió la condición de tercero, por más que 'en más de una ocasión' manifestara no estar conforme 'con la validez de dichos estatutos', pues según la recurrente con sus hechos demostraba lo contrario ya que, de un lado, perteneció durante tres años a la 'Junta de Presidentes de la Comunidad' y, de otro, 'en ningún momento impugnó los Estatutos judicialmente'. Si ya el reconocimiento expreso de que el demandante había manifestado no estar conforme con la validez de los estatutos desvirtúa en gran medida el planteamiento de este motivo, pues difícilmente puede ir contra sus propios actos quien finalmente acude al juez para que éste declare lo que el demandante venía manifestando en el seno de la comunidad de propietarios, lo esencial para desestimar este motivo es que no hay pasividad, por prolongada que sea, capaz de dotar de existencia a lo legalmente inexistente. La recurrente parece desconocer que son los términos de su contestación a la demanda, e incluso los de su recurso de casación, los que por sí solos evidencian la inexistencia legal de los presuntos estatutos, porque si, como alegó en su contestación, la existencia de tales estatutos se remonta al año 1971, entonces resulta que están en flagrante contradicción con lo previsto en el título constitutivo, que data de finales del año 1972 y dispone que sería la concesionaria y promotora quien establecería los estatutos; porque si en acto de conciliación celebrado en*

el año 1995 manifestó que se habían venido aplicando unos estatutos a pesar de no aparecer aprobados en el libro de actas ni inscritos en el Registro de la Propiedad, entonces resulta que lo debatido no es la unanimidad o la mayoría del acuerdo aprobatorio de los estatutos, sino la propia existencia del acuerdo que la comunidad admite no constar en parte alguna; y porque, en fin, si en el propio recurso de casación (alegato del motivo segundo) se admite implícitamente que no hay constatación alguna de la aprobación de los repetidos estatutos, entonces resulta que éstos se quedan en el reino de lo imaginario, como por demás se desprende de varias de las actas aportadas al proceso y demostrativas de la inseguridad que presidía la vida comunitaria por la incertidumbre de si en verdad había o no unos estatutos aplicables como tales. De ahí, en suma, que el fallo impugnado sea plenamente ajustado a derecho, pues a falta de estatutos, que no son preceptivos con arreglo a la Ley de Propiedad Horizontal, la comunidad de propietarios se rige directamente por dicha Ley y por su título constitutivo, que en definitiva es lo que el fallo recurrido viene a acordar…»

5. Autorizar la división, o agrupación de departamentos, determinando la indemnización por daños y perjuicios que corresponda, estableciendo la fijación de las nuevas cuotas de participación, así como la determinación de la naturaleza de las obras que se vayan a realizar [art. 10.3º b) LPH].

6. Conocer y decidir en los demás asuntos de interés general para la comunidad, acordando las medidas necesarias o convenientes para el mejor servicio común [art. 14.e) LPH].

Jurisprudencia relevante

En este punto resulta, cuanto menos, curiosa, la **STS de 15-11-2002** *(Tol 225514)*, que *aborda el problema del idioma utilizado en la reunión de la junta de propietarios*. Esta sentencia dispone que:

«…la pretensión ejercitada en la demanda por Don P. A. P. y Don C. D. consiste en 'que se declare la nulidad radical de la Junta General Ordinaria de Propietarios de "XXX", celebrada el 15 de septiembre de 1994, ordenando se celebre una nueva Junta en Idioma Español, por ser el de este país, con traducción a tantos idiomas como propietarios de diferentes nacionalidades existan, y con sujeción a lo estipulado en la Ley de Propiedad Horizontal española'; la sentencia impugnada, revocatoria de la dictada en primera instancia, estimó la demanda esencialmente con base en el art. 3-1 de la Constitución, aludiendo también al art. 1-2 de la misma. La 'Comunidad de Propietarios XXX' demandada funda, en síntesis, el motivo de casación en que el art. 3-1 CE 'simplemente reconoce la oficialidad del castellano como lengua del estado español y el deber de los españoles de conocerla y el derecho de usarla, pero de ello no cabe inferir las consecuencias' extraídas por la Audiencia, pues 'no implica que se pueda imponer un idioma determinado en unas relaciones jurídico privadas', así como que los acuerdos y deliberaciones de las personas 'en el ámbito de sus relaciones privadas son plenamente válidas y se rigen por la legislación española sin que deban considerarse nulas radicalmente por no realizarse en idioma español', poniendo también de manifiesto 'que el Sr. A. P. pudo expresarse libremente en idioma castellano que utilizó al efecto un traductor facilitado por la Comunidad de Propietarios y que por tanto nadie le impuso la utilización de un idioma ajeno al suyo propio'. Estima esta Sala que la Audiencia ha interpretado erróneamente el art. 3-1 de la Constitución al entender que

el derecho de todos los españoles a usar el castellano, como lengua española oficial del Estado, impide que en las relaciones jurídico-privadas pueda utilizarse una lengua extranjera tanto más cuando así lo aconsejan las circunstancias y la naturaleza del acto. Y éste es el caso de la Junta de Propietarios prevista en la Ley de Propiedad Horizontal, cuya evidente aplicabilidad no se extiende a que aquélla haya de celebrarse necesariamente en el idioma español. Sucede además en el caso que hay una gran mayoría de propietarios extranjeros (148, de ellos 94 de nacionalidad británica), y sólo dos españoles, según consta en la certificación obrante al fº 106 de los autos. Aunque de lo dicho ya se infiere que el motivo debe prosperar, se tiene también que ya en la Junta de Propietarios celebrada el día 17 de septiembre de 1992 se aprobó por unanimidad su celebración en inglés, y en la de 23 de septiembre de 1993, a la que asistió el demandante Sr. A., también se aprobó celebrarla en aquel idioma, lo que denota indudablemente cuál venía siendo la voluntad mayoritaria de los propietarios y explica que, en la Junta de que ahora se trata, el Administrador Sr. M. manifestara 'que la reunión se celebrará en inglés como era usual'. Es otro dato significativo que el propio Sr. A., en carta fechada 30 de agosto de 1994 dirigida al Administrador de la Comunidad, sostuvo que las Asambleas debían celebrarse en idioma español, pero también propuso que se estableciera, como acuerdo previo a la Asamblea de ese año, 'la obligación de traducir por lo menos al español... los acuerdos que se pretenda someter a votación', en lo que ciertamente le asistía razón, pero no consta fuera incumplido en la Junta impugnada, sino que el Sr. A. intervino en la misma y el Administrador actuó como traductor, sin que en momento alguno se privara a aquél de su derecho a utilizar el idioma español, y, por otra parte, tuvo conocimiento de las propuestas y de los acuerdos adoptados —las actas traídas a los autos se hallan redactadas en castellano—, pudiendo servirse, en todo caso, de los servicios del administrador-traductor. No ofrece, por tanto, la menor duda la inexistencia del invocado vicio en la celebración de la Junta y ha de señalarse que, desde una perspectiva de operatividad, está plenamente justificada la utilización del idioma inglés, como se desprende de los datos expuestos. Por último, el art. 1-2 de la Constitución, al que hace alusión la sentencia recurrida, no guarda relación alguna con el tema del litigio que, obviamente, no afecta en absoluto a la soberanía nacional, que reside en el pueblo español...»

7. Exigir a los titulares de los pisos y locales, o a sus ocupantes, a través del Presidente o del Administrador, la responsabilidad dimanante de las infracciones cometidas por los mismos [art. 21.1) LPH en relación con el art. 9 LPH].

8. Acordar la creación de servicios comunes de interés general (arts. 9 y 17 LPH).

9. Acordar nuevas instalaciones y servicios o mejoras (arts. 10 y 17 LPH).

10. Acordar la construcción de nuevas plantas o alteraciones de la estructura o fábrica del edificio [art. 10.3º b) LPH].

11. Acordar la interposición de la acción de cesación, a través del Presidente, para la cesación definitiva de la actividad prohibida e, incluso, la privación del uso del piso o local por parte de los ocupantes de departamentos que infrinjan las normas de uso o destino sobre los mismos, por sentencia estimatoria de la demanda (art. 7 LPH).

Jurisprudencia relevante

Respecto a este último apartado, merece especial consideración la **STS de 14-10-2008** *(Tol 1386103)*, que *analiza el supuesto en el que se produce la falta de legitimación del Presidente de la Comunidad para entablar la acción de cesación por carecer de la condición de propietario y ser su nombramiento nulo*:

> *«...el recurso extraordinario por infracción procesal plantea como primera cuestión a resolver la relativa a la falta de personalidad en el actor por carecer de las cualidades necesarias para comparecer en juicio o por no acreditar el carácter o representación con que reclama, dado que no ostenta la condición de Presidente de la Comunidad de Propietarios, en cuyo nombre dice actuar, con infracción del artículo 13 de la Ley de Propiedad Horizontal, que exige que el Presidente sea nombrado entre los propietarios, no teniendo tal condición. Se estima. La jurisprudencia de esta Sala ha declarado la nulidad de pleno derecho del nombramiento como Presidente de la comunidad de propietarios de quien no es propietario. Así dice la sentencia de 30 de junio de 2005, citada en la de 13 de julio de 2006 (con referencia al artículo 12 de la Ley 40/1960, de 21 de julio, modificada por la Ley 8/1999, de 6 de abril —hoy art. 13—), que 'evidentemente la normativa del art. 12 de la Ley de Propiedad Horizontal es imperativa y cuando se conculca estamos ante un acto nulo de pleno derecho, conforme al art. 6.3 del Código Civil. Así lo declara la sentencia de 30 de abril de 1994, que estudia un caso análogo, referente a no reunir el presidente designado la cualidad de copropietario, diciendo que se trata de nombramiento indebidamente acordado, contrario a la legalidad del "ius cogens" con la consecuencia de nulidad radical del acuerdo, pues conforme a la jurisprudencia, cuando se ha infringido el art. 12, como aquí ha ocurrido, se infringe normativa de obligado y necesario cumplimiento (sentencias de 10 de marzo de 1965, 7 de febrero y 27 de abril de 1976, 11 de diciembre de 1982 y 10 de octubre de 1985 citadas, a las que cabe agregar las de 2 de marzo de 1992 y 29 de octubre de 1993), y añade esta sentencia que no se trata evidentemente de nombramiento susceptible de subsanación y convalidación desde el momento en que la norma es exigente en cuanto a reunir la condición de copropietario en el momento de elección para presidente y al tratarse de acto radicalmente nulo, no sometido a plazo de caducidad alguno, es decir, al previsto en el art. 16.4º, de treinta días, que juega para los acuerdos anulables'. La sentencia recurrida declara probado que el Presidente de la Comunidad no tiene la condición de propietario, no obstante lo cual le reconoce legitimación para actuar a su nombre con el argumento de que el nombramiento obedeció a un expreso acuerdo de la comunidad y que tal acuerdo no fue objeto de impugnación, siendo susceptible de sanación por efecto de la caducidad sobrevenida de la acción de impugnación, conforme declara la sentencia de 19 de julio de 1994, sentencia que no se refiere expresamente a lo que aquí se debate, y que se limita a recordar la doctrina de esta sala sobre la naturaleza de los acuerdos señalando que hay algunos como los relativos a aquel régimen de propiedad cuya ilegalidad es susceptible de sanación por efecto de la caducidad sobrevenida de la acción de impugnación, a cuyo orden pertenecen también todos los que se ofrezcan contrarios a los estatutos privativos, y que hay otros que acusan una ilegalidad que comportaría la nulidad 'pleno iure', sin posibilidad alguna de convalidación por el transcurso del plazo de caducidad. Siendo así, quien actuó como Presidente de la Comunidad demandante no tenía la condición de propietario en la misma al ser nombrado como tal, por lo que su nombramiento 'no fue acorde con lo establecido en el artículo 13.2 de la Ley de Propiedad Horizontal'; razón por la que ha de acogerse este motivo del recurso en aplicación de la doctrina jurisprudencial citada, sin necesidad de entrar en el estudio de los demás y del consiguiente recurso de casación, por ser la legitimación un requisito o presupuesto inexcusable*

para la válida constitución de la relación procesal, aquí mal establecida, al carecer el que actúa como demandante del 'carácter' o representación necesaria para interponer la acción propuesta, por lo que en definitiva procederá casar la sentencia recurrida...».

La **STS de 4-2-2008** *(Tol 1256792)* cita, entre otras competencias propias e indelegables de la Junta de Propietarios las de

«...la aprobación de cuentas, los presupuestos ordinarios y extraordinarios, las normas de funcionamiento, la autorización de obras, el nombramiento y cese de cargos y, en definitiva, cualquier decisión pasa por el previo acuerdo de la Junta; no es posible su sustitución por otros órganos intermedios, por lo que sería nulo un Estatuto que determinara la no existencia o cualquier disminución de sus prerrogativas...».

En materia de competencias de la Junta de Propietarios la **STS de 6-3-2000** *(Tol 2170)*, analizando un *supuesto en el que el Presidente de la Comunidad de Propietarios asume competencias propias de la Junta de Propietarios*, afirma que

«...no significa ello desconocer que el Presidente asume la representación (de tipo orgánico, ha dicho esta Sala en numerosas sentencias) de la Comunidad, sino señalar que no suple en todo caso la voluntad de la misma con la suya, a modo de dictadura; necesariamente ha de actuar ejecutando los acuerdos tomados por la Junta en su esfera de competencias. Si por imperativo del art. 13.5º LPH a la Junta corresponde conocer y decidir en los demás asuntos de interés general para la comunidad acordando las medidas necesarias o convenientes para el mejor servicio de la comunidad, no es dudoso que esa competencia legal no puede desaparecer por una concepción dictatorial de la figura del Presidente. En este caso, además, no puede darse un asunto de interés general más evidente como es la recuperación de locales que se estima por la Comunidad que le pertenecen. Otra cosa distinta es que en casos de necesidad urgente pueda velar unilateralmente por intereses de la Comunidad, lo cual no debe prohibirse en razón de la misma urgencia y necesidad, si bien dando cuenta inmediata a la Junta para que adopte decisiones pertinentes. Una aplicación de la norma adecuada a la realidad social presente (art. 3º. CC.) rechaza cualquier concepción doctrinal que elimine las competencias de la Junta en favor del autoritarismo de la figura de su Presidente. También es distinta la cuestión de la protección de terceros que han confiado en declaraciones o manifestaciones del Presidente como si procediesen de la Junta...».

1.2. Clases de junta y convocatoria

1.2.1. Clases de juntas

La LPH distingue en su art. 16 dos tipos de Juntas:

- La Junta Ordinaria anual, que se reunirá por lo menos una vez al año, con carácter preceptivo, para aprobar los presupuestos y cuentas y se deberá convocar, por lo menos, con seis días de antelación.
- Las Juntas Extraordinarias, que se realizarán en las ocasiones en que el Presidente lo estime conveniente o cuando lo soliciten la cuarta parte de los propietarios,

o un número de estos que representen al menos el 25 por 100 de las cuotas de participación.

> Si se alegara que no se dan los requisitos del artículo 16 para que el 25% de los propietarios convoque la junta, la prueba corresponde a quien sostenga que no concurren dichos requisitos.

Ello viene refrendado por la **STS de 13 de diciembre de 1993** *(Tol 179315): «...lo que supone entender: A) Que en la convocatoria y en la celebración de la junta de propietarios que tuvo lugar el día 4 de mayo de 1987, no aparece acreditada la concurrencia de los requisitos que obligatoriamente exige el artículo 15 de la Ley de Propiedad Horizontal* (actualmente el art. 16 del texto de la Ley Sobre Propiedad Horizontal)*; B) Que alegada esta ausencia de requisitos en la demanda inicial de la litis, correspondía la carga de la prueba de su licitud y validez a la parte demandada que mantenía estas circunstancias; y C) Que por tales razones no pueden entenderse violados los artículos 15 de la LPH y 1.214 del Código Civil, debiendo consecuentemente decaer el presente recurso, en donde no se han tenido en cuenta tales infracciones. La desestimación del presente recuso no puede suponer privación alguna de los derechos que la Ley concede a los propietarios para regir los destinos de su Comunidad; se pone de manifiesto únicamente la necesidad de acomodarse a la legalidad vigente, cuando se ejerciten tales atribuciones...».*

La convocatoria de las Juntas Extraordinarias se realizará con la antelación que sea posible para que pueda llegar a conocimiento de todos los interesados (art. 16).

No se exige un determinado plazo para las Juntas extraordinarias, lo único necesario es que los propietarios conozcan de dicha junta, y dispongan del tiempo suficiente para acudir a la misma, tal como lo estableció la **STS de 12 de julio de 1994** *(Tol 1656853): «...por último y en lo que respecta a la antelación con la que deberá hacerse la convocatoria para su efectividad, como señala igualmente la Sentencia impugnada: 'es claro que ha sido cumplido, pues para las juntas extraordinarias no hay plazo sino es meramente necesaria la posibilidad de que llegue a conocimiento de los interesados, lo que está acreditado respecto de la primera junta, y en cuanto a la segunda se han cumplido los plazos previstos en el apartado segundo del art. 15 de la Ley...'».*

1.2.2. Convocatoria

1.2.2.1. Contenido de la convocatoria

La convocatoria de la Junta, art. 16 párrafo 2º de la LPH, la efectuará el Presidente y, en su defecto, los promotores de la reunión, debiendo indicar claramente los siguientes puntos:

1. Si la Junta es Ordinaria o Extraordinaria.
2. Asuntos a tratar (Orden del día).
3. Lugar, día y hora de la Junta en primera o, en su caso, en segunda convocatoria.
4. Relación de propietarios que no están al corriente en el pago de las deudas vencidas a la comunidad, advirtiendo de la privación del derecho de voto de acuerdo con el art. 15.2 LPH.

Jurisprudencia relevante

Respecto a las competencias para convocar la Junta de Propietarios, merece reproducirse aquí los fundamentos de derecho de la **STS de 13-10-1988** *(Tol 1734328)*:

«Primero: La Sentencia impugnada, revocatoria de la que fue dictada en primera instancia, declarada la nulidad de los acuerdos adoptados por los asistentes copropietarios de la finca de la cual se trata, en fecha 26 de mayo de 1984, puesto que tal junta fue convocada por copropietarios en régimen de propiedad horizontal, que no representaban un 25 por 100 de participación, con incumplimiento del art. 12, 5.°, de la Ley de Propiedad Horizontal 49/1960, de 21 de julio, además de no constar la efectiva representación de tres de los copropietarios asistentes, con infracción del art. 14 de la citada Ley.

Segundo: El primer motivo del recurso se apoya en el núm. 4 del art. 1.962 de la Ley de Enjuiciamiento Civil, ya que los documentos no discutidos que recogen los precedentes y acta de la Junta, demostrarían que fue convocada por propietarios con representación superior al 25 por 100 de las participaciones, con plena justificación del carácter de los asistentes. Frente a este alegación debe decirse que el hecho fundamental de la convocatoria de la Junta (documento de fecha 21 de mayo de 1984, al folio 99 de las actuaciones), viene suscrito por seis firmas (don Gregorio, doña Celestina, don Casimiro, don Marco Antonio, doña Amelia y don Juan Pedro), cuya suma en la cuota de participación, según se desprende de las escrituras públicas de adquisición, aportadas por los demandados y copias autorizadas obrantes a los folios 179 y siguientes, no alcanza el 25 por 100. Por otra parte, tampoco consta la citación a la junta de todos los copropietarios, según la certificación de Correos, al folio 171 y, finalmente, a la junta solamente asistieron diez vecinos (cuatro de ellos convocantes), como aparece del acta de la Junta, cuando de la escritura de obra nueva y división horizontal resulta que la finca tiene siete locales comerciales y diecinueve viviendas, todo lo cual lleva al ánimo de la Sala de apelación la irregularidad de la Junta y su desarrollo sobre la base sustancial de un defecto de convocatoria. ya que los convocantes no representaban el 25 por 100 de las cuotas de participación, ni la cuarta parte de los copropietarios, como exige el art. 15 de la Ley de Propiedad Horizontal. Por ello debe ser desestimado este primer motivo.

Tercero: El segundo motivo, con el mismo amparo procesal, mantiene el error con base en los documentos contables de la comunidad de los cuales se deduciría que las cuotas efectivas de pago de los convocantes superaban el 25 por 100 del total y significaban una cuarta parte de los dieciséis propietarios de las viviendas. Tal alegación no tiene ninguna base en los documentos que, de forma indubitada, demuestren tales afirmaciones, pues las cuotas de participación de los concurrentes, según sus títulos básicos (constitución de propiedad horizontal y adquisición), no superan el 25 por 100, ni se acredita que fueran la cuarta parte de los copropietarios, sin que puedan ser desvirtuados por documentos interno; contables, por lo que el motivo debe ser desestimado (Sentencias de esta Sala d (fecha 31 de octubre de 1987 y 22 de marzo de 1988). Cuarto: El tercer motivo se basa en el art. 1.692, 5.°, de la Ley de Enjuiciamiento Civil, por infracción de los arts. 6, 3.°, del Código Civil y 16 normas 2ª, 3ª y 4ª de la Ley de Propiedad Horizontal y doctrina legal aplicable. Sostiene este motivo que, aun cuando existiere un defecto de convocatoria, la consecuencia no sería la de nulidad radical, sino la de impugnabilidad de los acuerdos dentro de un plazo de treinta días, transcurrido con exceso desde la notificación del acta de la junta al actor, hasta la demanda de conciliación, como señala la argumentación del motivo 4.° que, con la misma base procesal, estima infringidos los arts. 10; 15, 1.°, y 16, 2ª y 4., de la Ley de Propiedad Horizontal. Ambos motivos deben ser desestimados, en aplicación de la reiterada doctrina de esta Sala expuesta con amplitud en las Sentencias de fecha 11 de febrero de 1985 y 10 de octubre de 1985, en las cuales se califica la nulidad que deriva de irregularidad en la convocatoria de la junta, de insubsanable y contraria a las normas de derecho necesario proclamados por la Ley de Propiedad Horizontal, en todo lo que se refiere a la observancia de los preceptos que regulan la toma de decisiones, como se deduce de la exposición de motivos de la ley que anuncia el carácter imperativo de las normas que constituyen garantías contra la arbitrariedad o no pensada adhesión y dejan a los Estatutos una función de desarrollo, no de configuración, distinta a la ordenación legal y que no pueden contradecir lo dispuesto en los arts. 12 a 17 de la Ley. Por tanto los acuerdos que contravengan esta normas se pueden impugnar sin la limitación del plazo de caducidad de treinta días establecidos en el art. 16.»

Posteriormente, la **SAP de Madrid de 13-12-2009** *(Tol 1796800)* se ha pronunciado al respecto, cuando analiza la línea doctrinal utilizada por nuestros Tribunales en orden a la capacidad para convocar la Junta de Propietarios:

«...El art. 16,1 de la LPH en la redacción dada al precepto por la reforma operada en virtud de la Ley 8/99 de 6 de abril, viene a disponer que La Junta de propietarios se reunirá por lo menos una vez al año para aprobar los presupuestos y cuentas y en las demás ocasiones que lo considere conveniente el presidente o lo pidan la cuarta parte de los copropietarios, o un número de ellos que representen al menos el 25% de las cuota s de participación, y en su 2º párrafo dispone, que la convocatoria de las Juntas la hará el Presidente y en su defecto los promotores de la reunión con la expresión de los asuntos a tratar, lugar día y hora en que se celebrará la junta en primera o, en su caso en segunda convocatoria.
La inteligencia del precepto en lo que se refiere a la convocatoria de la Junta por la cuarta parte de los copropietarios o por un número de estos que represente al menos un 25% de las cuotas ha sido objeto de alguna atención jurisprudencial. Se suele tomar como base la conocida STS de 9 de diciembre de 1993 que sienta la siguiente doctrina: "Se denuncia exclusivamente una interpretación errónea del apartado 2 del art. 15 Ley de Propiedad Horizontal, por lo que son extravagantes las resultancias probatorias sobre las representaciones en las Juntas de las fechas indicadas: nada se impugna en cuanto a la validez o invalidez de las mismas por falta de representaciones de algunos propietarios, sino porque la Junta convocada por la Presidencia lo fue después de la convocada por los propietarios. La desestimación se impone porque es un hecho probado, sin que su ataque en esta vía casacional haya prosperado, que la Junta se convocó por su Presidente con anterioridad a la de los propietarios promotores, por tanto no ha existido pasividad alguna que éstos puedan remediar. Junto a ello, es importante también que, en la convocatoria (y en la reunión subsiguiente) se incluyeron como parte del orden del día los temas a tratar en la convocada por el recurrente y otros propietarios (actuación de la Presidencia, y nombramiento de una nueva Junta), por lo que no cabe duda de que el interés comunitario de los mismos quedó satisfecho, sin ser por ello necesario una Junta paralela que

los acometiese". En base a ello ha venido tomándose en consideración dos posturas una que atiende la consideración acerca de si la legitimación concedida a los comuneros es una legitimación principal equiparable a la del Presidente de la comunidad, o si, por el contrario se trata de una legitimación subordinada a la pasividad del Presidente. Aunque no faltan posiciones encontradas lo cierto es que es esta segunda postura legitimación subordinada a una cierta pasividad del Presidente la que se ha venido abriendo paso en la denominada jurisprudencia menor. Así entre otras la SAP de Alicante de 13 de abril de 2005 viene a establecer recogiendo, la doctrina existente que "Sin desconocer que existen al respecto posturas divergentes, la Sala ha de acogerse a la interpretación literal y finalista del precepto, la cual lleva a la consideración de que los comuneros que reúnan el número de personas o de cuotas exigidas precisan de una previa actuación de pasividad o negación del presidente".

Es decir, no basta la mera iniciativa de los comuneros, aunque reúnan esos porcentajes, si no concurre la negativa previa, del presidente, la cual puede manifestarse de manera expresa, al negarse a convocar la Junta, o tácita, cuando sin negativa expresa se aprecie por las circunstancias concurrentes que no procederá a la convocatoria, por lo que no existe una legitimación directa sino subsidiaria, y ello por las siguientes razones: 1ª Aunque la negativa o pasividad no vienen expresamente impuestas por la norma, la idea que preside la legislación especial es atribuir al presidente la capacidad para convocar la Junta, y así se desprende de la expresión "la hará" que referida a la convocatoria utilizan tanto el artículo 15 como el actual 16, a lo que ha de añadirse que se permite que los comuneros puedan "pedir" la convocatoria, lo que implica que, lógicamente, habrán de pedirla al presidente que es quien tiene atribuida esa facultad en la Ley. Este podrá: convocarla, en cuyo caso el problema está resuelto, o podrá no hacerlo, ante lo cual, sea expresa o tácita esa negativa, los comuneros que reúnan las condiciones exigidas podrán actuar. Igualmente es expresiva la expresión "en su defecto" del párrafo 2º del art. 16 LPH, lo cual parece indicar que si la convocatoria no la realiza el Presidente intervendrán los comuneros, pero sólo ante la inactividad del Presidente. En definitiva, las expresiones transcritas están indicando que si el Presidente no actúa, y por lo tanto, si pese a la obligación legal de convocar la Junta ordinaria anual o ante la falta de iniciativa en los supuestos de la necesidad de una Junta extraordinaria tiene una actitud pasiva, los comuneros podrán convocar la Junta, pero constatada la negativa o, la menos, la inactividad del Presidente, lo cual en el fondo tiene la misma fundamentación que la admisión de la legitimación procesal para actuar en juicio de cualquier comunero, cual es: la inactividad y la dejación de funciones del Presidente. 3ª Si se observa el inciso segundo del párrafo 2 del art. 16 LPH. se comprueba que a pesar del reconocimiento de la iniciativa de un comunero para pedir la inclusión de temas en el orden del día, tiene que hacerlo mediante petición al Presidente, lo cual supone un reconocimiento de que la legitimación directa para definir la celebración y el contenido de la Junta corresponde al Presidente. 4ª La admisión indiscriminada de una legitimación directa y propia de los comuneros, no sólo sería contraria a una función propia, específica y natural del Presidente, sino que desnaturalizaría su cargo, permitiendo que los comuneros asumieran funciones que sólo por defecto les corresponden, llevando a situaciones de duplicidad en la dirección comunitaria que siempre tiene gravosas consecuencias para el conjunto.

La misma postura mantiene la Sentencia de la Audiencia Provincial de Las Palmas, Sección 4ª, de 4 de octubre de 2004, argumentando que "En efecto, la convocatoria de Junta Extraordinaria por quien no sea Presidente de la Comunidad (art. 16.2 LPH, tras la redacción dada a la Ley por la de 6 de abril de 1999), es para el caso de que no lo haga aquel ('en su defecto', dice la Ley) en alguno de los supuestos en que, por Ley, venga obligado a su convocatoria (art. 16.1 LPH). Es el principio de subsidiariedad (STS 13-12-93)"...».

En cuanto a la fijación del orden del día de la Junta de Propietarios, la doctrina del Tribunal Supremo establece que *«la convocatoria para la celebración de juntas de propietarios exige, para la validez de los acuerdos que se adopten, que se fijen en el orden del día los asuntos a tratar, para que puedan llegar a conocimiento de los copropietarios»*, tal y como recoge la **STS de 12-1-2012** *(Tol 2488863)*.

Esta misma sentencia establece nulo el acuerdo adoptado sobre una materia que no figura en el orden del día:

> *«...el hecho de que el acuerdo adoptado, en lo que se refiere al recurso de casación, relativo a la instalación de grifo comunitario y pileta de desagüe, sea de escasa trascendencia económica no constituye un argumento que permita, en contraposición a la doctrina jurisprudencial destacada, declarar la validez de un acuerdo que fue adoptado con vulneración de normas imperativas, al someterse a votación la adopción de un acuerdo sobre una materia que de ningún modo se había fijado en el orden del día tal y como preceptúa el artículo 16.2 LPH...».*

En este punto merece la pena la lectura de la **STS de 28-6-2011**, que en sus fundamentos de derecho señala que:

> *«...A) Esta Sala, como indica el recurrente en relación con las sentencias que invoca en su escrito, ha declarado que no resulta posible adoptar acuerdos en las Juntas de la Comunidad de Propietarios que no estén en el orden del día, por cuanto ello supondría burlar la voluntad de determinados copropietarios al obtener en la Junta convocada acuerdos diferentes de los señalados en dicho orden (así, SSTS de 31 de noviembre de 1991, 27 de julio de 1993 y 26 de junio de 1995, dictadas en RC n.º 2448/1989, 209/1991 y 406/1992, respectivamente).*
> *B) Conforme a dicha doctrina jurisprudencial, en el caso concreto, no podría apreciarse que los acuerdos objeto de impugnación estén viciados de nulidad radical, ni siquiera de anulabilidad, por cuanto, tal y como declararon las sentencias 15 de marzo de 2010 y la de 14 de febrero de 2002, recogiendo el criterio contenido en la sentencia de 16 de abril de 1993, y que la sentencia hoy impugnada recoge expresamente "ni del espíritu del artículo 15 de la Ley sobre Propiedad Horizontal, en su texto vigente, tras la Ley de 23 de febrero de 1988, puede entenderse que exista un auténtico derecho de información a favor de los copropietarios, como ocurre en el ámbito de las sociedades anónimas, bastando con hacer constar las materias a tratar en la Junta que se convoca, sin que se exija con rigor la exposición previa de todos los datos o medios de conocimiento precisos para la participación y, en su caso, deliberación de los interesados. De esta manera, no conforma el precepto una exigencia particularizada y detallista de los temas a decidir en la asamblea"...».*

El propio Tribunal Supremo, en **STS de 15-3-2013** *(Tol 3266962)* da validez a un orden del día genérico para poder adoptar acuerdos sobre el inicio de acciones judiciales contra un comunero, pese a no estar incluido en el orden del día este punto como tal:

> *«...la Comunidad de Propietarios adoptó un acuerdo que no estaba previsto en el orden del día, referido al ejercicio de acciones judiciales. El acuerdo, que si estaba en el orden del día, dice lo siguiente: 'Información de la situación de las obras realizadas en los pisos cuartos a solicitar de la propietaria de CALLE000 nº NUM002 NUM003 NUM004, Dª Matilde (y otros propietarios)'. Considera quien recurre que esta dicción equivale a una mera cuestión informativa que no puede dar lugar a un acuerdo de anulación de autorización e inicio de acciones judiciales,*

sobre todo cuando en las Juntas anteriores se habían puesto textos similares en orden del día, que se referían a mero seguimiento de la obra.
El motivo de desestima.
Ciertamente, los términos del orden del día son claros, como claro es el acuerdo de iniciar acciones judiciales, como expresión del derecho de la comunidad de propietarios a instar la tutela judicial para la defensa de sus derechos e intereses, al carecer de facultades de autotutela en relación a las mismas. Como tal expresión del derecho a instar de los Jueces y Tribunales la tutela de sus derechos, el acuerdo de la junta de propietarios es plenamente ajustado a la Ley y a los Estatutos, con independencia de que no se hubiera introducido en el orden del día. En primer lugar, porque es de este informe que se somete a la consideración de la Junta del que la Comunidad de propietarios deduce la ilegalidad parcial o total de las obras del que resulta el acuerdo de ejercitar acciones judiciales. En segundo lugar, porque el hecho de que se acuerde iniciar acciones judiciales nada dice sobre la legalidad de las obras. El acuerdo a que se refiere el motivo se limita a dar vía libre a la comunidad para emprender los trámites legales necesarios y no es más que la expresión clara y evidente de su derecho a la tutela judicial efectiva ante lo que considera una actuación contraria a los estatutos por parte de unos comuneros…».

Respecto a la legitimación para realizar la convocatoria para la Junta de Propietarios, la **SAP de Alicante de 18-6-2014** *(Tol 4469572)* se ha pronunciado recientemente, mereciendo ser transcritos aquí los argumentos razonados en los fundamentos jurídicos de dicha resolución:

«…En orden a la resolución de la presente controversia es necesario resolver previamente una cuestión netamente jurídica sobre la que existen discrepancias en la denominada jurisprudencia menor: si la facultad de convocatoria de los comuneros que reúnen los requisitos establecidos en el artículo 16.1 de la que LPH, constituye una legitimación principal y equiparable a la reconocida al presidente o si, por el contrario, tiene naturaleza subsidiaria vinculada a la previa inactividad o pasividad de quien ostenta la representación de la comunidad de propietarios. Que es el criterio adoptado por el tribunal de instancia para desestimar la demanda. (…)
Ciertamente la mayor parte de las audiencias se inclinan por la segunda de las opciones, considerando que la capacidad de los comuneros para convocar juntas exige previa petición dirigida al presidente, que si no es atendida permite a dichos comuneros la convocatoria interesada. Es decir, no basta la mera iniciativa de los comuneros, aunque reúnan los porcentajes legales, si no concurre la negativa previa del presidente, la cual puede manifestarse de manera expresa, al negarse a convocar la junta, o tácita, cuando sin negativa expresa se aprecie por las circunstancias concurrentes que no procederá a la convocatoria, por lo que no existe una legitimación directa sino subsidiaria.
En este sentido se pronuncian, entre otras muchas, la SAP de Málaga de 17 de abril de 2012 (…), las sentencias de 17 de septiembre de 2008, de la Audiencia Provincial de Madrid, y 9 de enero de 2002 de la Audiencia Provincial de Asturias (…).
Sin embargo, esta Sección 9ª, se inclina por la tesis minoritaria que acepta la legitimación directa y principal de los convocantes al amparo de lo dispuesto en el artículo 16 de la citada Ley de Propiedad Horizontal.
Siendo exponente de este criterio la SAP de Madrid de 11 de junio de 2013 'por la prevalencia e importancia que tienen las decisiones de la Junta para los intereses comunes', adquiere singular relevancia el derecho de los propietarios para convocar su reunión, sobre todo cuando existe conflicto de intereses con el presidente, como órgano que también ostenta la facultad de convocar la Junta, o cuando uno de los puntos a debatir en ésta es su remoción o cese. Resultaría un contrasentido que siendo la Junta el órgano rector superior deviniera imposible o se viera

dificultado el ejercicio de sus funciones por falta de convocatoria cuando ésta es solicitada por los propietarios y se cumplen los requisitos de número y cuotas establecidos en la Ley.
En efecto, el artículo 16, en su apartado 1, dispone que la Junta de Propietarios se reunirá por lo menos una vez al año para aprobar los presupuestos y cuentas (Junta Ordinaria) y en las demás ocasiones que lo considere conveniente el Presidente o lo pidan la cuarta parte de los propietarios, o un número de éstos que representen al menos el 25 por 100 de las cuotas de participación.
Como se puede apreciar el precepto establece un derecho originario incondicional e igualitario del presidente y de los propietarios, en el número o con las cuotas de participación exigidos por la Ley, sin régimen alguno de subsidiariedad entre los legitimados para ejercerlo ni sujeción en el segundo caso a la conformidad del presidente, al que la Ley no le confiere el derecho de veto.
El número segundo del precitado artículo sólo regula la forma en que ha de efectuarse la convocatoria, sin limitar el derecho ya reconocido en el apartado primero, al señalar que la convocatoria de las Juntas la hará el Presidente y, en su defecto (o sea cuando fueren los propietarios quienes la pidan), los promotores de la reunión, con indicación de los asuntos a tratar, el lugar, día y hora en que se celebrará en primera o, en su caso, en segunda convocatoria, practicándose las citaciones en la forma establecida en el artículo 9. La convocatoria contendrá una relación de los propietarios que no estén al corriente en el pago de las deudas vencidas a la Comunidad y advertirá de la privación del derecho de voto si se dan los supuestos previstos en el artículo 15.2. (…)
El artículo 16 no limita de modo expreso el derecho consustancial al régimen de la propiedad horizontal de los propietarios para convocar al órgano rector, integrado por ellos, a fin de tomar las decisiones que procedan sobre los asuntos de interés general, aparte de reunir los convocantes el número mínimo o las cuotas de participación requeridos, muestra de ello es que no se regula la forma de cursar la petición, plazo en que ha de pronunciarse el Presidente de ser preceptiva e ineludible la convocatoria por su intermediación, efectos del silencio, etc.
No se desconoce la existencia de la sentencia del Tribunal Supremo de 13 de diciembre de 1993, mas el supuesto que motivó su emisión es totalmente distinto al que da origen a este litigio, pues en aquél de las 29 firmas existentes sólo 17 eran susceptibles de ser identificadas y atribuidas a propietarios de la Comunidad, estando además suscritas y firmadas con anterioridad de un año a la convocatoria, por lo que no puede aplicarse su doctrina al presente caso, sobre todo cuando existen otras resoluciones discrepantes.
No obstante y aún de reputar aplicable el principio de subsidiariedad, tal y como ha quedado expuesto, el Presidente tuvo conocimiento de la convocatoria a las 11:43 AM del día 16 de junio de 2009, sin que emitiera respuesta alguna hasta las 14:07 del mismo día, lo que los convocantes y el administrador podían entender como una negativa a realizar la convocatoria de la reunión, que les legitimaba para hacerlo directamente dado el escaso período de tiempo que mediaba hasta el día de su celebración. Negativa que luego quedó patente cuando el Presidente lejos de aceptar el orden de los asuntos a tratar y la fecha de celebración, hizo una convocatoria propia y distinta, incrementando los asuntos a tratar, alterando el orden de los propuestos y señalando una fecha de celebración distinta. El Presidente podía no convocar, mas lo que no se acomoda a la Ley de Propiedad Horizontal es que hiciera una convocatoria de Junta propia sin respectar y mantener en sus propios términos la petición presentada por los propietarios convocantes, a los que, como se desprende del documento unido al folio 138, no les reconocía, según él por disposición de la Ley, derecho a dictar día, hora y orden del día, sin que desde luego pueda invocarse en sustento del recurso una norma estatutaria que choca con las disposiciones de la Ley y que, por tanto, es inoperante…»

En relación con los requisitos exigidos con anterioridad a la reforma de la LPH de 1999, el Tribunal Supremo se pronunció en sentencias como la **STS de 16-4-1993**:

> *«El art. 15.2 LPH que es el que resuelve la controversia, expresamente preceptúa que en la convocatoria se indicarán los asuntos a tratar, hora y lugar de la junta, indicación, pues, que, como su sencilla definición denota, sólo viene a referirse a la descripción de la materia con sus notas individualizadas de referencia a los asuntos a tratar, sobre la cual habrá de versar la junta y, naturalmente, sin que ello exija en rigor, la exposición previa de todos los datos o instrumentos de conocimiento precisos para poder participar o deliberar de forma decidida en dicha junta».*

En este punto resulta interesante la **STS de 3-5-2007** *(Tol 1073399)*, cuando recoge que

> *«La Ley de Propiedad Horizontal de 1960 disponía unas normas de obligado cumplimiento para la convocatoria de la Junta, que constituían un sistema de garantías, pues, si bien los propietarios gozaban de libertad para acudir o no a la Junta, no cabía el impedimento de su asistencia por omisión de la información sobre ciertos datos de su celebración; así, en la citación, debía constar, como presupuesto esencial, el lugar, el día y la hora de la celebración; y, también había de facilitarse la indicación de los asuntos a tratar, es decir, el Orden del Día, pues a ningún propietario se le podía privar del previo examen de los temas objeto de la reunión, el cual, según la doctrina científica, no precisaba una redacción amplia y exhaustiva, sino que fuera suficiente para el conocimiento y comprensión por los comuneros de las materias objeto de la Junta; por último, las citaciones debían entregarse por escrito en el domicilio que hubiera designado cada propietario y, en su defecto, en el piso a él perteneciente».*

Por último, la **STS de 15-6-2010** *(Tol 1884702)* establece como doctrina jurisprudencial que:

> *«...la convocatoria para la celebración de Juntas de Propietarios exige, para la validez de los acuerdos que se adopten, que se fije en el orden del día los asuntos a tratar, para que puedan llegar a conocimiento de los copropietarios...».*

1.2.2.2. Citación

La Ley de Propiedad Horizontal, en la reforma del año 1999, estableció en su artículo 15.2º que las citaciones se entregarán por escrito en el domicilio en España que hubiere designado para ello cada propietario (hay que tener en cuenta que puede haber propietarios que no residan en el inmueble) y, en su defecto, en el piso o local a ellos perteneciente.

En su actual redacción, la Ley de Propiedad Horizontal contempla, en su artículo 16, que las citaciones se practicarán en la forma establecida en el artículo 9 del mismo texto legal.

En el art. 9 LPH se encuentran enumeradas las obligaciones de cada propietario, entre las que se encuentra el deber de comunicar el domicilio en España a efectos de citaciones y notificaciones:

«1. Son obligaciones de cada propietario:
...h): Comunicar a quien ejerza las funciones de Secretario de la comunidad, por cualquier medio que permita tener constancia de su recepción, el domicilio en España a efectos de citaciones y notificaciones de toda índole relacionadas con la comunidad. En defecto de esta comunicación se tendrá por domicilio para citaciones y notificaciones el piso o local perteneciente a la comunidad, surtiendo plenos efectos jurídicos las entregadas al ocupante del mismo.
Si intentada una citación o notificación al propietario fuese imposible practicarla en el lugar prevenido en el párrafo anterior, se entenderá realizada mediante la colocación de la comunicación correspondiente en el tablón de anuncios de la Comunidad, o en lugar visible de uso general habilitado al efecto, con diligencia expresiva de la fecha y motivos por los que se procede a esta forma de notificación, firmada por quien ejerza las funciones de Secretario de la Comunidad, con el visto bueno del Presidente. La notificación practicada de esta forma producirá plenos efectos jurídicos en el plazo de tres días naturales.»

Como podemos apreciar, el texto de la Ley de Propiedad Horizontal introdujo, en la reforma operada en el año 1999, al permitir, ante la falta de comunicación de cualquier propietario de un domicilio en España a efectos de citaciones y/o notificaciones, el poder realizarla en el piso o local pertenecientes a la comunidad, entregándola a su ocupante y que esta forma de notificación surta plenos efectos jurídicos.

También resulta importante en la praxis el hecho que, intentadas sin efecto las dos formas anteriores de notificación, el texto legal permita la colocación de la comunicación en un tablón de anuncios de la comunidad o sitio visible de uso general habilitado al efecto, produciendo plenos efectos jurídicos en el plazo de tres días naturales.

Jurisprudencia relevante

Respecto a los requisitos de la citación consideramos especialmente interesante la **STS de 28-6-2007** *(Tol 1112999)*:

«La Ley de Propiedad Horizontal ha dispuesto unas normas para la convocatoria de las Juntas de Propietarios, que deben ser cumplidas, al configurar un sistema de garantías, ya que, si bien los titulares de pisos o locales de negocio gozan de libertad de acudir o no a las Juntas, no se les puede impedir su asistencia por falta de conocimiento de su celebración.
En la citación correspondiente, debe constar el lugar, el día y la hora de celebración y el orden del día, pues, como antes se ha indicado, aunque la asistencia sea voluntaria, no cabe privar a ningún propietario del previo conocimiento de los temas a tratar, que les sirva para decidir su posición y su asistencia, lo que resultará imposible si no figura en la convocatoria.
La citación debe ser personal y por escrito en el domicilio señalado, que constituya la residencia de los titulares en España, o, en su defecto, en el propio piso o local y, subsidiariamente, en el tablón de anuncios o lugar destinado en la finca a estos fines, sin que quepa que las convocatorias, con todos los requisitos exigidos, se efectúen verbalmente, toda vez que ello quiebra las garantías concernientes al propietario.
La Ley establece que la asistencia a la Junta será personal o por representación legal o voluntaria, y, para acreditar ésta, basta un escrito firmado por el propietario.

En el caso debatido, la sentencia de instancia reconoce el incumplimiento de todos los presupuestos referidos respecto a la citación y notificación de los acuerdos, dado el conocimiento del domicilio real de la parte demandada, sin que la anómala participación de la arrendataria 'DIRECCIÓN 001 C. B.' en algunas Juntas sirva para convalidar los defectos observados en las referidas en este litigio. Por último, la falta de notificación personal de los acuerdos a la litigante pasiva impide el inicio del plazo para su impugnación».

1.2.2.3. Citación a la junta, no realizada por escrito

Siguiendo la Jurisprudencia anterior al texto de 1999 de la LPH, la Junta celebrada sería nula, tal como pone de manifiesto la **STS de 30-10-1992** *(Tol 178657)*: «*...Es evidente que no se cumplieron los requisitos que para la convocatoria de la actora exige el artículo 15, párr. dos, de la LPH; a saber, "entregar las citaciones por escrito en el domicilio que hubiere designado cada propietario..."*».

Con la redacción introducida en 1999, se desprende que las citaciones y/o notificaciones deben realizarse por escrito, ya que el primer párrafo del art. 9.1.h) LPH señala que aquellas surtirán plenos efectos jurídicos si son entregadas al ocupante del piso o local. De haber querido admitir la notificación verbal, se habría sustituido el participio «entregadas» por «transmitidas». A mayor abundamiento, el siguiente párrafo de la norma recoge que entiende realizada la notificación o citación si se coloca en el tablón de anuncios de la Comunidad, lo que exige, indefectiblemente, la forma escrita.

Jurisprudencia relevante

Es significativa la **STS de 3-5-2007** *(Tol 1073399)*:

«En el caso que nos ocupa, no se ha acreditado que para la construcción de las obras se haya seguido el trámite previsto en el artículo 16.1 de la mentada Ley, pues no se ha participado la oportuna acta de la Junta por la demandada, como tampoco que la citación para su convocatoria se hubiera efectuado a la parte actora, cuya demostración correspondía a la Comunidad, para lo que bastaba la aportación del acuse de recibo de la carta o la nota de su certificación, el testimonio del Secretario de la Comunidad de la remisión de la citación por correo normal o el del Portero de la finca de haberla entregado en mano, e, inclusive, en determinadas circunstancias según las doctrinas científica y jurisprudencial, su colocación en el lugar habitual de la finca; y tampoco aparece probado en autos que el acuerdo de la Junta haya sido notificado a la parte actora; sin que la situación de rebeldía de la litigante pasiva, hasta finalizado el periodo de proposición de prueba, la exonere de las cargas probatorias de su incumbencia».

1.2.2.4. Plazos para formular la citación

El art. 16.3 LPH establece: «*La citación para la junta ordinaria anual se hará, cuando menos, con seis días de antelación, y para las extraordinarias, con la que sea posible para que pueda llegar a conocimiento de todos los interesados*».

Jurisprudencia relevante

En este sentido se pronuncia la **STS de 29-10-93**:

«...Al haberse citado al demandante con un plazo de cinco días de antelación a la junta general en lugar de los seis previstos; siendo esta citación en forma condición de la validez de la junta, según resulta del párrafo citado, y teniendo en cuenta que la jurisprudencia ha declarado al respecto que la normativa prevista en la LPH es de carácter imperativo y, por ende, de necesario cumplimiento, ante tal vicio de la convocatoria la junta debe ser considerada nula».

La **SAP de Valencia de 14-12-2012** *(Tol 3661404)* contempla el supuesto en el cual se ha remitido por burofax a un comunero la convocatoria para la junta de propietarios dentro del plazo previsto en el art. 16.3° LPH, pero el propietario no ha recogido la notificación del burofax hasta pasada la junta de propietarios:

«...Del artículo 16 apartado 2, párrafo primero, y apartado 3, en relación con el artículo 9.1.h) LPH, se infieren los distintos modos o sistemas para la citación de los propietarios en los asuntos relacionados con la comunidad, entre los que adquiere singular trascendencia la citación a la Junta de Propietarios por ser el órgano que decide sobre todas las cuestiones que afectan al gobierno de la Comunidad como se desprende del artículo 14. El primero es la práctica de la comunicación en el domicilio en España que expresamente haya designado el propietario a efectos de citaciones y notificación. En su defecto, en régimen por tanto de subsidiariedad, la comunicación ha de realizarse en el piso o local perteneciente a la comunidad, surtiendo plenos efectos jurídicos las entregadas al ocupante del mismo, sea o no el propietario. Y, por último, si intentada una citación o notificación al propietario (u ocupante), lo que necesariamente requiere una actuación o relación directa con el destinatario que no se produce ni puede producirse con la mera introducción de la citación en el buzón de cada vecino, fuese imposible practicarla, se entenderá realizada mediante la colocación de la comunicación correspondiente en el tablón de anuncios de la comunidad, o en lugar visible de uso general habilitado al efecto, con diligencia expresiva de la fecha y motivos por los que se procede a esta forma de notificación. Sistema que, como remedio final, se asemeja a la citación procesal edictal, al que, cuando no conste quien sea el propietario de un piso o local y sea conocido que nadie lo ocupa y resulte por tanto ocioso /.../ debe acudirse de modo directo y único [SAP, Civil sección 13 del 20 de Septiembre de 2011 (ROJ: SAP M 14841/2011)].

Ciertamente se desprende del documento-certificado expedido por la oficina de correos de remisión y entrega del burofax remitido por la codemandada al actor —folio 54 que fue entregado el 3-10-2011 a Dª Antonia pero no es menos cierto como resuelve la juzgadora de instancia que la remisión por la comunidad lo fue con fecha de 14-9-2011 dejándose aviso ese mismo día y el actor acudió a través de Antonia 15 días después a recogerlo. Él mismo se colocó en una presunta indefensión ante la comunidad.

Está remitido en plazo conveniente la convocatoria a Junta de propietarios pero lo que no puede es depender la validez de sus notificaciones de cuando 'el actor quiera ir a notificarse' dado que ello impide el normal funcionamiento de la comunidad de propietarios...».

En cuanto a la carga de la prueba respecto a que una citación ha sido practicada en tiempo y forma, corresponde, tal y como afirma la **STS de 18-12-2007** *(Tol 1227442)* y así lo recoge la **SAP de Alicante de 11-2-2013** *(Tol 3673435)*, a la parte que sostiene que la citación ha tenido lugar:

> *«...A propósito de la acreditación de las citaciones dice la STS de 18/12/2007 "Desde un punto de vista fáctico, la alegada falta de citación hecha por el recurrente, 'implica un hecho negativo, que, al no poder ser probado mediante un hecho positivo del mismo significado, produce el efecto de desplazar el 'onus probando' a la parte que sostiene que la citación ha tenido lugar' (Sentencias de 30 abril 1992 y 10 de julio de 2003)..."».*

Citación: correo ordinario

Sobre la validez de la expedición por correo ordinario de citaciones escritas a los propietarios para la convocatoria de Junta se pronuncia la **STS 22-3-2006** *(Tol 866064)*:

> *«...y si se cuestiona la recepción por cualquier propietario, cabe demostrar la entrega mediante cualquier medio admitido en derecho, ya sea, entre otros, por el acuse de recibo de la carta, la utilización de correo certificado, la aportación por mensajería, el testimonio del Secretario de la Junta de su expedición por correo ordinario o la colocación de la convocatoria en un lugar visible de la propia finca, está ultima sentada por las SSTS de 8 de noviembre de 1989 y 12 de julio de 1994, para así conseguir la convicción del Juzgador de que se ha verificado a cada uno de los integrantes de la comunidad en el domicilio correspondiente, como sucede en este caso, donde la testifical de los empleados de la administración de fincas que gestiona la de la demandante manifestaron que tuvo conocimiento de la convocatoria mediante el envío de la carta de citación».*

La citada **STS de 8-11-1989** *(Tol 1731358)* dice que

> *«...en la sentencia impugnada expresamente se declara, mediante la apreciación conjunta del uso o costumbre generalizado, de la prueba testifical, y de la de presunciones, que el recurrente fue citado en debida forma, añadiendo además a mayor abundamiento, que la convocatoria tuvo la suficiente publicidad como para que llegara al conocimiento del actor la celebración de la reunión y el contenido de la misma...»*

Por su parte, la **STS de 12-7-1994** *(Tol 1666219)* contempla en sus fundamentos de derecho que

> *«...Ninguna de dichas motivaciones es de estimar, ya que al formularlas se ha prescindido por completo de lo que en la Sentencia impugnada se declara probado, cual es: a) Que ante la ausencia del actor-recurrente del edificio en cuestión, de cuya Comunidad de Propietarios era Presidente, por el número de propietarios suficiente para realizar dicha operación fue convocada una Junta extraordinaria por "un número de propietarios que representen menos del 25 por 100 de las cuotas de participación" (vid. Sentencia de 30 de octubre de 1992 a sensu contrario) estando además realizada en forma fehaciente; b) Que no habiéndose designado por el actor-recurrente domicilio en el que llevar a efecto su citación para las Juntas de propietarios (que por cierto lo tenía en Madrid), la misma según el art. 15-II de la Ley de Procedimiento Hipotecario, se llevará a cabo "por escrito en el piso a él perteneciente", lo que tuvo efectivamente lugar como se declara en la Sentencia impugnada, sin que ello aparezca debidamente combatido en este recurso; c) Que en orden a la validez de la convocatoria es de indicar, que cual declara la Sala a quo en su quinto fundamento "La validez de la convocatoria está sujeta,*

a que se haga por escrito dirigido a cada copropietario indicando el asunto o asuntos a tratar (Sentencia del Tribunal Supremo 12 de mayo de 1988) y así se hizo en este caso, planteándose por el actor el desconocimiento de las convocatorias, tanto de la primera que se hizo mediante entrega notarial al conserje que devolvió al siguiente día al Notario pretextando que no vivía el Presidente en el edificio, como el de la segunda, que se hizo por medio igualmente de Notario que al encontrar cerrada la oficina de administración introdujo la citación por bajo de la puerta, debiendo significarse, por tanto, que con tal lujo de precauciones resulta extraño que no llegara a su conocimiento alguna de las citaciones que, por otro lado, son perfectamente legales, ya que el referido art. 15 de la Ley de Propiedad Horizontal, tantas veces citado, al no haber domicilio designado en España para citaciones y el actor no ha probado que lo hubiera, determina que el lugar para ello será el piso o local a él perteneciente, con lo cual queda acreditado la validez de las citaciones realizadas"; d) Por último y en lo que respecta a la antelación con la que deberá hacerse la convocatoria para su efectividad, como señala igualmente la Sentencia impugnada: "Es claro que ha sido cumplido, pues para las juntas extraordinarias no hay plazo sino es meramente necesaria la posibilidad de que llegue a conocimiento de los interesados, lo que está acreditado respecto de la primera junta, y en cuanto a la segunda se han cumplido los plazos previstos en el apartado segundo del art. 15 de la Ley"». (Fundamento sexto de la Sentencia recurrida).

Citación: telegrama

La **STS de 28-11-1992** *(Tol 1661607)* afirma que:

«...la afirmación, de carácter fáctico, contenida en la sentencia recurrida, de que se trataba de la junta inicial o constitutiva —lo que no se ha desvirtuado en el recurso—, pone de manifiesto que el cumplimiento riguroso y formalista de la Ley de Propiedad Horizontal (art. 15) sería material y metafísicamente imposible porque además uno de los puntos a tratar era el nombramiento de presidente y demás cargos directivos de la organización interna de la comunidad, que por sus condiciones físico-urbanísticas constituye una modalidad un tanto sui generis, pero que aun así se ha acreditado que se trataba de la primera junta constitutiva a la que fue fehacientemente convocado por telegrama el demandante-recurrente, como asimismo que la notificación por correo con copia simple, pero absolutamente fiel, del acta de constitución de la junta, estuvo en poder del mismo efectivamente, por lo que no puede hacer protesta de ocultación de lo tratado y acordado...».

Citación: fehaciencia

En relación a la no obligatoriedad de fehaciencia de las citaciones se pronuncia la **STS de 19-9-2007** *(Tol 1150966)*:

«Con reiteración esta Sala ha señalado que nada impide, tanto desde el punto de vista sustantivo (art. 15, párrafo segundo, LPH), como probatorio, que se pueda considerar acreditado haber tenido lugar la citación de un comunero a la Junta general, aunque no conste la fehaciencia del conducto notarial o del correo certificado con acuse de recibo, siempre que se den determinadas circunstancias y entre ellas la de que se trate de un sistema habitual de comunicación entre la Comunidad y los comuneros sin queja o protesta de sus integrantes (SSTS 13 de marzo 1997;10 de julio 2003; 22 de marzo 2006). Lo que se pretende es dinamizar la vida de la comunidad y evitar que la pasividad de los copropietarios no entorpezca el funcionamiento de la institución,

propugnando un criterio flexible en esta y en otras cuestiones en armonía con las directrices de la propia Ley, entre ellas el logro de una convivencia normal y pacífica presidida por la idea de justicia y la atención a las necesidades de la colectividad (STS 5 de mayo de 2000). Se trata, en definitiva, de armonizar los derechos de los comuneros con los de la propia comunidad, y ello permite, sin duda, dotar de eficacia situaciones que aun alejadas de un formalismo extremo, no causan indefensión ni perjuicio a los comuneros, como es el caso contemplado en la sentencia de 28 de febrero 2005, en la que se toma en consideración el hecho de que no se hubiera formulado objeción alguna a los acuerdos adoptados, con base en que se tomaron sin cumplimentar las reglas de la unanimidad o la mayoría que, según los casos, exige la LPH, o en cualquier otra causa determinante de su nulidad, al fundamentarse exclusivamente en un defecto de convocatoria a la Junta y no en la entidad o contenido del propio acuerdo.»

Citación: correo electrónico

Cada vez son más las comunidades de propietarios que, para ahorrar costes en las comunicaciones y agilizar las mismas, se decantan por el correo electrónico como forma habitual de notificaciones con respecto a los comuneros. Adquiere esta forma de comunicación una especial relevancia, sobre todo, a la hora de notificar las liquidaciones, las actas de las juntas y comunicaciones de otra índole que el Presidente o el Administración quieran hacer llegar a los propietarios del inmueble.

La principal dificultad que plantea el correo electrónico, sobre todo a la hora de utilizarlo como medio habitual de notificación en las comunidades de propietarios, es la acreditación de la recepción del mismo por parte del destinatario. Recordemos que la jurisprudencia exige la fehaciencia de la notificación y que, en caso de conflicto, la carga de la prueba de que se haya practicado dicha notificación corresponde, ante un Juzgado o Tribunal, a la parte que alegue que dicha notificación se ha practicado, tal y como previene el art. 217.3º de la Ley de Enjuiciamiento Civil. Así lo recoge, entre otras, la **SAP de Madrid de 29-4-2014** *(Tol 4358164)*:

«…En lo referente a los defectos de la convocatoria de la Junta, entiende la Comunidad apelante que basta con acreditar la emisión del correo electrónico para citar a los distintos propietarios, no siendo necesario acreditar la recepción del mismo, teniendo en cuenta de que existía la costumbre de convocar a las Juntas a través del correo electrónico.

A dichos efectos, no podemos obviar que es a la Comunidad de Propietarios a quien corresponde acreditar que el actor fue convocado, de tal forma que la ausencia de notificación es una circunstancia negativa que no puede ser probada por el propietario, encontrándonos ante la denominada 'probatio diabolica'; por tanto, es la parte demandada la que ha de acreditar que el actor fue legalmente notificado de la convocatoria de la Junta, en virtud de lo dispuesto en el art. 217.3 L.E.Civ., según el cual 'Incumbe al demandado y al actor reconvenido la carga de probar los hechos que, conforme a las normas que les sean aplicables, impidan, extingan o enerven la eficacia jurídica de los hechos', sin que resulte acreditación suficiente la remisión de un correo electrónico, que desconocemos si ha sido recibido.

La forma en que han de practicarse las citaciones para la Junta está especificada en la Ley de Propiedad Horizontal, estableciéndose en su art. 16.2 que 'La convocatoria de las Juntas la hará el presidente y, en su defecto los promotores de la reunión, con indicación de los asuntos a tratar, el lugar, día y hora en que se celebrará en primera o, en su caso, en segunda convocato-

ria, practicándose las citaciones en la forma establecida en el artículo 9'; precisando el art.9.1 en su apartado h) que 'se tendrá por domicilio para citaciones y notificaciones el piso o local perteneciente a la comunidad, surtiendo plenos efectos jurídicos las entregadas al ocupante del mismo', añadiendo dicho precepto que 'Si intentada una citación o notificación al propietario fuese imposible practicarla en el lugar prevenido en el párrafo anterior, se entenderá realizada mediante la colocación de la comunicación correspondiente en el tablón de nuncios de la comunidad, o en lugar visible de uso general habilitado al efecto con diligencia expresiva de la fecha y motivos por los que se procede a esta forma de notificación, firmada por quien ejerza las funciones de secretario de la comunidad, con el visto bueno del presidente'.
El impugnante del acuerdo no ha sido convocado a la Junta General Ordinaria de fecha 18 de septiembre de 2012, entendiendo que no han tenido conocimiento de su celebración, al no haber asistido a la misma, sin que la Comunidad de Propietarios haya acreditado la convocatoria en la forma antedicha...».

Sobre el correo electrónico y su valor probatorio ante los Juzgados y Tribunales debemos hacer una serie de consideraciones. En primer lugar, el correo electrónico es un documento cuyo valor probatorio entraría dentro de la categoría de los documentos privados, a diferencia de los documentos públicos, en los que interviene un fedatario público que garantiza la validez y legalidad de los mismos con efectos *erga omnes*. Debemos tener presente que la aportación del correo electrónico como prueba en un procedimiento judicial se efectúa mediante una reproducción del mismo en soporte papel y, por ello, será imprescindible para hacerlo valer como prueba que en el documento que reproduzca el e-mail aparezca la cabecera del mensaje, con la indicación de la dirección de correo electrónico del remitente y del destinatario. No obstante, sobre todo en el caso de reenvíos, es muy fácil su manipulación y, por ello, resulta importantísimo dotar al correo electrónico de mayores garantías probatorias para su aportación al procedimiento judicial. En este sentido la firma digital cumpliría con dicho propósito, sobre todo si se trata de una firma emitida con certificado reconocido y mediante un dispositivo seguro de creación de firma, ya que el emisor es quien garantiza la autenticidad e integridad de dicho documento, aunque sigue sin resolverse con ello la acreditación de su recepción y contenido.

Como regla general, nuestros Juzgados y Tribunales admiten como prueba válida en juicio los correos electrónicos siempre y cuando, en caso de impugnación de esta prueba, un perito informático pueda dictaminar la validez de los mismos. Para ello deberá facilitarse al perito los metadatos del correo que permitan emitir un dictamen concluyente.
Por tanto, como conclusión, podemos afirmar que el correo electrónico puede utilizarse como medio normal de notificación en una comunidad de propietarios siempre y cuando se cumplan una serie de requisitos:

1º.- Que el propietario haya designado expresamente este medio de comunicación para practicar las notificaciones ordinarias de la comunidad.

2º.- Que, en caso de conflicto entre emisor y destinatario, el correo electrónico permita garantizar la fehaciencia de la comunicación (tanto la emisión como la recepción del mismo).

3º.- Que el correo electrónico no supla, sobre todo en el caso de las convocatorias a las juntas de propietarios, la práctica de las notificaciones prevista en el art. 9.1º h) LPH.

1.2.2.5. Convocatoria de la primera junta

Habitualmente la primera Junta suele ser convocada por el promotor, pero de todas formas y por ser la primera, puede ser convocada por cualquier copropietario, siempre citando a los demás y cumpliendo todos los requisitos legales de una convocatoria, según se desprende de la jurisprudencia y doctrina existente, ya que la LPH no lo indica expresamente.

Jurisprudencia relevante

Sobre la validez de la primera junta convocada por el promotor se pronunció la **STS de 28-11-92** *(Tol 182692)*:

> *«Por lo demás, la afirmación, de carácter fáctico, contenida en la sentencia recurrida, de que se trataba de la Junta inicial o constitutiva —lo que no se ha desvirtuado en el recurso—, pone de manifiesto que el cumplimiento riguroso y formalista de la Ley de Propiedad Horizontal (art. 15) sería material y metafísicamente imposible porque además uno de los puntos a tratar era el nombramiento de Presidente y demás cargos directivos de la organización interna de la Comunidad, que por sus condiciones físico-urbanísticas constituye una modalidad un tanto "sui generis", pero que aun así se ha acreditado que se trataba de la primera Junta constitutiva a la que fue fehacientemente convocado por telegrama el demandante-recurrente, como así mismo que la notificación por correo con copia simple, pero absolutamente fiel, del acta de constitución de la Junta, estuvo en poder del mismo efectivamente por lo que no puede hacer protesta de ocultación de lo tratado y acordado»*.

La Ley, en su art. 16.2º señala: *«La convocatoria de las juntas la hará el Presidente y, en su defecto, los promotores de la reunión...»*, que no desvirtúa lo anteriormente expuesto.

1.2.2.6. Temas a debatir en la primera junta

El primer punto, que tendrá carácter prioritario, será el nombramiento del Presidente, bastando el voto de la mayoría de los asistentes para adoptar el acuerdo. Posteriormente deberán nombrarse Secretario y Administrador.

Todos los acuerdos se reflejarán en el libro de actas y los propietarios que no hayan asistido deberán ser informados de los mismos.

1.2.2.7. La segunda convocatoria

El art. 16.2) LPH establece en el cuarto párrafo que *«La Junta se reunirá en segunda convocatoria en el lugar, día y hora indicados en la primera citación, pudiendo celebrarse el mismo día si hubiese transcurrido media hora desde la anterior».*

En relación con la adopción de acuerdos, el art. 17.7 LPH regula que: *«(...) En segunda convocatoria serán válidos los acuerdos adoptados por la mayoría de los asistentes, siempre que ésta represente, a su vez, más de la mitad del valor de las cuotas de los presentes.»*

Esta norma se puede explicar con un ejemplo muy sencillo: Supongamos que una Comunidad se compone de 10 copropietarios, con iguales cuotas de participación. Convocados debidamente, en primera convocatoria sólo acuden 4 de los mismos, con lo que sería imposible aprobar cualquier acuerdo dado que no puede existir mayoría, que en este caso sería de 6 copropietarios. Sin embargo, citados en segunda convocatoria con una diferencia mínima de media hora, bastaría la mayoría de los asistentes, siempre que ésta represente, a su vez, más de la mitad del valor de las cuotas de los presentes que, en el caso de nuestro ejemplo, sería de 3 copropietarios.

Como podemos ver, la Ley pretende, con esta figura, facilitar la toma de acuerdos ya que, en numerosas comunidades, nunca se podrían adoptar decisiones al no asistir a las juntas, en muchos casos sistemáticamente, gran parte de los propietarios.

En base a todo lo expuesto, normalmente nos encontraremos con gran número de convocatorias a juntas ordinarias o extraordinarias que están redactadas del siguiente modo:

> *«Se convoca a todos los Sres. copropietarios de la Comunidad de Propietarios de... a la Junta General Extraordinaria que tendrá lugar a las 20 horas en primera convocatoria y a las 20,30 horas en segunda convocatoria del día...».*

Jurisprudencia relevante

Sobre la posibilidad de adoptar acuerdos en segunda convocatoria se pronunció la **STS de 5-2-1992** *(Tol 179319)*:

> *«En el tercer y último motivo del recurso, también residenciado en el art. 1692-5º, se denuncia 'infracción del artículo 16, regla 2ª, párrafo 2º de la Ley de Propiedad Horizontal en su redacción de 1960, entonces vigente, en cuanto los acuerdos adoptados por la Junta convocada por parte de los copropietarios fueron adoptados en segunda convocatoria sin que mediara el plazo legal'. Se refiere la recurrente a: '1) Que D. A. J. H. convocó la Junta Extraordinaria para el día*

6 de junio de 1986 en primera convocatoria a las trece horas, y en segunda, a las trece treinta horas. 2) Que no hubo quorum para reunir en primera convocatoria y que a las trece horas treinta minutos da comienzo la Junta en segunda convocatoria', lo que, a su juicio, es contrario a lo dispuesto en el art. 16 citado.

La cuestión planteada ha sido resuelta por esta Sala en el sentido de que 'se cumple adecuadamente con la convocatoria cuando se celebra en la segunda hora señalada para el caso de falta de quorum en la primera hora fijada, pues en realidad ambas son significativas de primera convocatoria' (S. de 23 de mayo de 1990 y, anteriormente, las dictadas en 13 de octubre de 1982 y 16 de junio de 1988), doctrina jurisprudencial ésta declarada con referencia a Juntas celebradas, como sucede en el caso que nos ocupa, con anterioridad a la reforma de la Ley operada en 23 de febrero de 1988, en que ya se dispone que 'si la mayoría no pudiera obtenerse por falta de asistencia de los propietarios, se reunirá la Junta en segunda convocatoria, reunión que podrá tener lugar incluso en el mismo día, siempre que haya transcurrido un intervalo mínimo de media hora y que hubiese sido convocada previamente'».

Sobre la segunda convocatoria también se pronuncia la **SAP de Madrid de 3-3-2001** *(Tol 48939)*, que afirma que

«...indudablemente, es distinto el régimen de mayorías que exige el tantas veces mencionado artículo 16 de la LPH para la adopción de acuerdos, ya se celebre la Junta en primera o en segunda convocatoria, puesto que mientras que para la válida adopción de acuerdos en primera convocatoria es preciso la concurrencia del voto de la mayoría total de los propietarios que, a su vez, representen la mayoría de cuotas de participación, en segunda convocatoria, por el contrario, serán válidos los acuerdos adoptados por la mayoría de los asistentes, siempre que ésta represente, a su vez, más de la mitad del valor de las cuotas de los presentes. Dado este doble régimen en materia de mayorías, en el caso que nos ocupa resulta que, indudablemente, la propuesta de la Comunidad demandada hubiese tenido que requerir de un mayor consenso para su aprobación, de haber asistido los ahora recurrentes a la celebración de la Junta en primera convocatoria; sin embargo, éstos pretendieron prescindir de este sistema democrático de adopción de decisiones, e intentan ahora imponer su personal criterio por la vía de acudir a los Tribunales, obviando el tamiz que la propia Ley establece. En puridad, tal forma de proceder no puede ser amparada...».

1.2.2.8. Validez de una Junta ante la inasistencia del Presidente

Puede ser válida una Junta a la que no ha asistido el Presidente, dado el carácter obligatorio de realización de la Junta Ordinaria que fija la Ley. No obstante, al principio de la Junta, la Comunidad debería aprobar la celebración de la misma y delegar en otra persona las funciones del Presidente, debiendo todo ello, al igual que cualquier otro acuerdo adoptado, reflejarse en la correspondiente acta.

Cuestiones útiles

1. **¿Qué ocurre cuando existe una separación matrimonial, a los efectos de la designación de domicilio a efectos de comunicaciones?**
Este problema se plantea en los casos en que el propietario (o en su caso, el representante de la comunidad —art. 15 LPH—) deja de tener como domicilio el designado a los efectos de comunicaciones (art. 9.1° h. LPH) en la comunidad de propietarios. En tal caso, si existe cambio del que lo fue en su momento en la comunidad, surge nuevamente la obligación de comunicación a su cargo, ya que de no hacerlo así será válido el acto de comunicación practicado en el domicilio del inmueble a su ocupante.

2. **¿Cuando el propietario del inmueble es una persona jurídica será válido, a efectos de notificaciones, el domicilio que conste en un registro público?**
En este supuesto la obligación del propietario del inmueble es muy clara, atendiendo al art. 9.1° h) LPH: el propietario debe *«comunicar a quien ejerza las funciones de secretario de la comunidad, por cualquier medio que permita tener constancia de su recepción, el domicilio en España a efectos de citaciones y notificaciones de toda índole relacionadas con la comunidad. En defecto de esta comunicación se tendrá por domicilio para citaciones y notificaciones el piso o local perteneciente a la comunidad, surtiendo plenos efectos jurídicos las entregadas al ocupante del mismo.»* Por lo tanto, entendemos que no existe razón jurídica alguna para imponer a la comunidad la carga de consultar los registros públicos en los que esté inscrita la persona jurídica propietaria del inmueble, aunque estos registros tengan eficacia frente a terceros.

3. **¿Cabe la designación de domicilio a efectos de comunicaciones el domicilio del administrador, gerente, apoderado o directivo de la persona jurídica propietaria del inmueble?**
No existiría problema alguno si se designa, en el caso de personas jurídicas propietarias del inmueble, como domicilio a los efectos del art. 9.1° h) LPH, el domicilio del administrador, gerente, apoderado, directivo o representante legal de la sociedad o entidad titular de la vivienda, garaje o local sujeto a régimen de propiedad horizontal, siempre y cuando esa designación haya sido realizada por la persona física que tenga la representación legal de la sociedad o entidad en cuestión. Y ello por analogía de lo dispuesto en el art. 155.3° LEC, que, cuando habla de la formulación de demandas contra personas jurídicas, dice que *«podrá igualmente señalarse el domicilio de cualquiera que aparezca como administrador, gerente o apoderado de la empresa mercantil, o presidente, miembro o gestor de la Junta de cualquier asociación que apareciese en un Registro oficial.»*

4. ¿Cómo debe producirse la obligación del propietario de designar un domicilio a efectos de comunicaciones y notificaciones?

Tal y como dispone el art. 9.1° h) LPH, el propietario debe comunicar un domicilio para la práctica de esos actos de notificación. Esta comunicación se debe dirigir a quien ejerza las funciones de secretario en la comunidad de propietarios, aunque, entendemos que será también válida la comunicación dirigida a cualquiera de los órganos de gobierno unipersonales de la comunidad: presidente, vicepresidente (en caso de ausencia, vacante, enfermedad o incapacidad del presidente), o administrador, siempre y cuando éstos den traslado de ella a quien tenga encomendada las funciones de secretario. Esta comunicación debe practicarse de forma fehaciente, esto es, de manera tal que quede constancia de la recepción de la notificación o comunicación por parte del destinatario. En defecto de esta comunicación se tendrá por domicilio para citaciones y notificaciones el piso o local perteneciente a la comunidad, surtiendo plenos efectos jurídicos las entregadas al ocupante del mismo.

5. ¿Puede designar el propietario de un inmueble sujeto al régimen de propiedad horizontal un domicilio, a efectos de notificaciones, ubicado en el extranjero?

El art. 9.1°. h) exige que el domicilio cuya designación corresponde al propietario debe ser un domicilio ubicado en España. Esta cuestión tiene una enorme trascendencia en municipios con marcada vocación turística, en el que tienen muchos extranjeros su segunda residencia. La LPH es clara en esta cuestión y debe designarse un domicilio ubicado en España, lo cual no quiere decir que no pueda designarse, adicionalmente, otro domicilio, si bien, los gastos de los actos de comunicación practicados al domicilio extranjero no tendrán la consideración de gastos generales de la comunidad, salvo que exista acuerdo de la junta de propietarios en sentido contrario, y tendrán la consideración de gastos individuales, imputables al propietario que genere dicho gasto. Así se expresa la **STS de 20-3-1997** *(Tol 215699)*: *«...no pueden ser considerados gastos generales las comunicaciones al extranjero de asuntos relativos a la comunidad; tanto más por la vigente redacción del artículo 15 de la Ley de Propiedad Horizontal dada por la Ley 2/1988, de 23 de febrero, que impone la designación de domicilio en España o, en su defecto, la del local que forma parte de la comunidad, a efectos de convocatoria para la celebración de la junta...».*

6. ¿Tienen validez las comunicaciones practicadas en el domicilio designado por el propietario, aunque éste no tenga conocimiento de ellas?

La designación de domicilio por parte del propietario, según los requisitos del art. 9.1° h) LPH, pone de manifiesto que lo relevante es que el domicilio designado por el propietario es un lugar donde, por voluntad expresa de éste, la comunidad de propietarios debe dirigir sus comunicaciones con plenos efectos. Por tanto, practicado en tiempo y forma un acto de comunicación en el domicilio designado por el propietario, es responsabilidad del propietario tomar conocimiento de la comunicación. Esta es una presunción *iuris tantum*, es decir, admite prueba en contrario, lo cual quiere decir que se presume la validez del acto de comunicación, salvo que exista causa que justifique que el propietario no haya tenido acceso a dicha notificación. A ella se refiere la **STS de 5-7-2006** *(Tol 964433)*: *«...entregado el requerimiento notarialmente remitido en el domicilio designado, la recurrente no aporta prueba alguna que acredite que el mismo no llegó a su poder. Es de señalar, que en su escrito de contestación a la demanda, la ahora recurrente no niega haber recibido el requerimiento ni aduce, como hace en el motivo, que el receptor no fuera ella o su representante legal sino que limita su oposición a decir que el requerimiento no fue hecho en su domicilio social, sito en Madrid, sin que, por otra parte, justifique haber hecho saber a la Comunidad de Propietarios el cambio de domicilio, a efecto de las procedentes citaciones y notificaciones. Ante estos datos es lógica y racional la conclusión que establece la Sala de instancia de haber recibido la demandada recurrente el requerimiento de pago que se le efectuó...»*.

7. ¿Es válida la comunicación practicada con el ocupante de la vivienda o local de la comunidad de propietarios?

La regla general contenida en el art. 9.1°.h) LPH es que la notificación se practicará en el domicilio designado expresamente por el propietario de la vivienda o local y, en su defecto, en el domicilio del piso o local perteneciente a la comunidad de propietarios. El propio art. 9.1°. h) LPH nos dice que, en este último caso, tendrán plenos efectos jurídicos las notificaciones entregadas al ocupante de dicha vivienda o local.

8. ¿Son válidos los actos de comunicación practicados en los buzones de la comunidad o de las viviendas o locales?

Este tipo de comunicación es conocido como buzoneo y se practica, no sólo en los buzones propiamente dichos, sino también en las viviendas o locales, dejando la notificación por debajo de la puerta de acceso a estos inmuebles. Uno de los requisitos para la correcta práctica de un acto de comunicación, dentro del régimen jurídico de propiedad horizontal, es la fehaciencia de la recepción. Este sistema de buzoneo no garantiza la fehaciencia de la recepción, lo cual no ha impedido que la jurisprudencia, en determinados casos, conceda validez a esta forma de practicar las notificaciones. A favor de esta postura tenemos la **STS de 18-12-2007** *(Tol 1227442)*, que afirma que *«...en su virtud, el obligado respeto al factum de la sentencia limita la controversia suscitada en este primer motivo al juicio jurídico del tribunal, el cual, tras subsumir el anterior factum en el supuesto de hecho a que se refiere el apartado 2° del artículo 15 de la Ley, concluye en el sentido de dotar de eficacia, a los efectos de citación del propietario recurrente, a la carta enviada a éste, presumiendo su recepción en la medida que era el medio habitual de comunicación y había venido dando resultado positivo, al menos, en los cinco* *años anteriores. El análisis de la doctrina de esta Sala en torno a la interpretación del mencionado precepto conduce a una solución plenamente coincidente con los argumentos jurídicos utilizados por Audiencia pues como señaló la reciente Sentencia de 19 de septiembre de 2007 (Recurso de Casación 3442/2000) que "Con reiteración esta Sala ha señalado que nada impide, tanto desde el punto de vista sustantivo (art. 15, párrafo segundo, LPH), como probatorio, que se pueda considerar acreditado haber tenido lugar la citación de un comunero a la Junta general, aunque no conste la fehaciencia del conducto notarial o del correo certificado con acuse de recibo, siempre que se den determinadas circunstancias y entre ellas la de que se trate de un sistema habitual de comunicación entre la Comunidad y los comuneros sin queja o protesta de sus integrantes (SSTS 13 de marzo 1997;10 de julio 2003; 22 de marzo 2006)"; en definitiva, pese al carácter ius cogens de las normas reguladoras de la convocatoria, la jurisprudencia ha venido a flexibilizar el régimen con el fin de "dinamizar la vida de la comunidad y evitar que la pasividad de los copropietarios no entorpezca el funcionamiento de la institución, propugnando un criterio flexible en esta y en otras cuestiones en armonía con las directrices de la propia Ley, entre ellas el logro de una convivencia normal y pacífica presidida por la idea de justicia y la atención a las necesidades de la colectividad (STS 5 de mayo de 2000). Se trata, en definitiva, de armonizar los derechos de los comuneros con los de la propia comunidad, y ello permite, sin duda, dotar de eficacia situaciones que aun alejadas de un formalismo extremo, no causan indefensión ni perjuicio a los comuneros...". Esta doctrina es aplicable en que la prueba practicada, como al cotejo del resto de documental, acreditan el carácter habitual de la comunicación mediante carta certificada, vía empleada para la convocatoria de la Junta cuya nulidad se instó, así como que esa forma de comunicación venía siendo aceptada por los propietarios, sin queja ni protesta de sus integrantes, lo que no cabe cuestionar ahora, razón por la cual la eficacia de ese medio de comunicación habitual no es posible ignorarla cuando los acuerdos no interesan, como aquí acontece, pues de ser así, ese comportamiento implicaría una mala fe obstativa a ser notificado, que en ningún caso priva de eficacia jurídica al acto de comunicación intentado por la Comunidad...».*

También resulta interesante la **SAP de Alicante de 26-2-2008** *(Tol 1282103): «...En el presente caso, quedó además demostrado que la notificación de la convocatoria se hizo por el sistema del buzoneo y mediante la colocación de la convocatoria en el tablón de anuncios. En definitiva, la convocatoria tuvo la suficiente publicidad como para que llegara al conocimiento del actor la celebración de la reunión y el contenido de la misma. La STS de 10 de julio de 2003 declara que nada obsta desde los puntos de vista sustantivo y probatorio a que se pueda considerar acreditado haber tenido lugar la citación, aunque no conste la fehaciencia del conducto notarial o el correo certificado con acuse de recibo, siempre que se den determinadas circunstancias y entre ellas la de ser el correo ordinario el sistema habitual seguido en la Comunidad sin queja o protesta de sus integrantes...».*

9. ¿Es válida la notificación practicada a través del tablón de anuncios?

El tablón de anuncios es el último de los recursos que tiene la comunidad de propietarios para practicar la notificación, tal y como prevé el propio art. 9.1.h) LPH: *«si intentada una citación o notificación al propietario fuese imposible practicarla en el lugar prevenido en el párrafo anterior, se entenderá realizada mediante la colocación de la comunicación correspondiente en el tablón de anuncios de la comunidad, o en lugar visible de uso general habilitado al efecto, con diligencia expresiva de la fecha y motivos por los que se procede a esta forma de notificación, firmada por quien ejerza las funciones de secretario de la comunidad, con el visto bueno del presidente. La notificación practicada de esta forma producirá plenos efectos jurídicos en el plazo de tres días naturales.»*

La jurisprudencia se muestra ampliamente favorable a esta forma de practicar los actos de comunicación, siempre y cuando se acredite que ha habido un incumplimiento por parte del propietario en cuanto a la obligación de comunicar domicilio a efectos de notificaciones, así como que exista una imposibilidad de practicar los actos de comunicación en la vivienda o local de la comunidad. Cumplidos estos requisitos, será válida y producirá plenos efectos jurídicos la colocación de la comunicación en el tablón de anuncios de la comunidad o en su defecto en un lugar visible de uso general al que tenga acceso el propietario respecto del que se pretende la notificación [la **SAP de Castellón de 30-1-2006** *(Tol 888984)* señala que *«lo esencial es que la notificación se ponga a disposición de los propietarios de forma accesible según los usos sociales de modo que puedan tener acceso a la convocatoria de forma razonable»*], con la correspondiente diligencia del secretario de la comunidad, con el visto bueno del presidente, extendida sobre el texto de la notificación, justificando la razón por la que procede esta forma de comunicación.

Véase la **SAP de Valencia de 11-2-2004** *(Tol 362176)*, que se pronuncia claramente sobre esta cuestión, afirmando que: *«...Las notificaciones domiciliarias no están sometidas a más formalismos que los que se derivan de la necesaria garantía de que se hagan por escrito y de que en ellas conste el contenido propio del acto que se comunique. Si intentada la notificación fuese imposible practicarla en los domicilios mencionados, prevé la ley que se realice una verdadera notificación edictal a la que no cabe acudir de manera rutinaria y formalista, sino como último recurso, después de que se haya frustrado el intento de comunicación personal, pues sólo ésta garantiza el conocimiento. Precisamente la excepcionalidad de estas notificaciones edictales justifica que la ley las someta a las siguientes exigencias de carácter formal, sin cuyo cumplimiento no producirán efectos jurídicos:*

1. Deben ir acompañadas de diligencia en la que consten los motivos por los que se procede a esa forma de notificación.

2. Esa diligencia debe estar fechada y ha de ser firmada por el secretario, con el visto bueno del presidente.
3. Deben colocarse en el tablón de anuncios de la comunidad, o en lugar visible de uso general habilitado al efecto. Ha de tratarse de un lugar que, por hábito o por evidencia, no pueda pasar desapercibido para los miembros de la comunidad.
4. Han mantenerse expuestas en el lugar de colocación durante el plazo de tres días naturales.
Cumplidas esas formalidades, la notificación así practicada producirá plenos efectos jurídicos, lo que quiere decir que éstos no dependen de que la noticia llegue efectivamente a conocimiento de su destinatario...».

10. ¿Es válida la notificación practicada por correo electrónico?

El correo electrónico es un medio de comunicación que hoy en día se utiliza cotidianamente, también en el ámbito de la propiedad horizontal. Podemos plantearnos si una notificación practicada por correo electrónico surtirá plenos efectos jurídicos dentro del ámbito de aplicación de la Ley sobre Propiedad Horizontal. El principal problema que plantea el correo electrónico es la fehaciencia de su recepción por parte del destinatario y que sea éste y no otra persona quien reciba la comunicación. Este problema únicamente quedaría resuelto con la firma digital, tanto del correo que se envía como de acuse de la recepción de dicho correo. Nuestros tribunales admiten el correo electrónico como medio de comunicación válido, siempre y cuando la dirección de correo electrónico se haya facilitado expresamente por parte del destinatario, se haya designado como medio de comunicación preferente y sea un medio habitual de notificación, sin que se impugne ese medio de notificación por parte del destinatario [**SAP de la Coruña de 30-12-2010** *(Tol 2079378)* o **SAP de Madrid de 10-6-2011** *(Tol 2217674)*, entre otras]. Por tanto, entendemos que aquí podrían darse por reproducidas las consideraciones que hemos expuesto cuando abordábamos el problema de las comunicaciones por buzoneo, precisando que la práctica de un acto de comunicación por correo electrónico no excluye la aplicación del art. 9.1.h) LPH.

11. ¿Pueden asistir a las juntas de propietarios los comuneros acompañados por terceros no pertenecientes a la comunidad?

Podemos plantearnos el problema que se puede producir en una junta de propietarios cuando algún comunero comparece acompañado por terceras personas ajenas a la comunidad, como por ejemplo un notario, un abogado, un arquitecto, un asesor financiero, etc. Si bien el art. 15. 1° LPH prevé que el propietario pueda asistir personalmente a la junta o por representación legal o voluntaria, bastando para acreditar ésta un escrito firmado por el propietario, no es el caso que abordamos en esta cuestión, dado que en el supuesto planteado sí que comparece personalmente el propietario o persona que ostenta la representación del inmueble, junto con un tercero ajeno a la comunidad. En estos casos el derecho de voto e intervención en la junta de propietarios lo ejercerá el titular del inmueble o persona designada para representar al propietario, sin que entendamos que exista razón jurídica o impedimento legal alguno para vetar la asistencia a la junta del tercero ajeno a la comunidad. Por tanto el tercero asistirá sin voz ni voto. Este caso es distinto al que puede plantearse si ha sido la propia junta de propietarios quien ha acordado la presencia en la junta de un tercero ajeno a la comunidad para emitir un dictamen, opinión profesional o presupuesto, que en este caso sí que asistirá a la junta de propietarios, en virtud del acuerdo tomado al respecto, con voz pero sin voto.

12. Para acreditar que el propietario que impugna un acuerdo ha tenido conocimiento del mismo ¿es necesario demostrar que el propietario disconforme con el acuerdo ha tenido un conocimiento íntegro y detallado del acuerdo impugnado?

Esta cuestión se aborda en la **STS de 22-12-2008** *(Tol 1432565)*, que, literalmente dice que «...*El artículo 16, regla primera, párrafo segundo LPH, en la redacción dada por la Ley 3/1990, de 21 junio, respecto a los actos que requerían unanimidad o los de supresión de barreras electrónicas, establecía que [l]os propietarios que, debidamente citados, no hubieren asistido a la junta serán notificados de modo fehaciente y detallado del acuerdo adoptado por los presentes». El párrafo cuarto añadía que la acción de impugnación «deberá ejercitarse dentro de los treinta días siguientes al acuerdo o a la notificación si hubiere estado ausente el que impugne».*

Esta regla, hoy derogada, desarrollada en su aplicación por la jurisprudencia que seguidamente veremos, guarda una estrecha relación con lo dispuesto en el artículo 18.3 LPH, en la redacción dada por la Ley 8/1999, de 6 abril. En este último se establece, con carácter general, ahora respecto de todos los acuerdos, que «la acción caducará en los plazos que establece a partir del momento de la adopción del acuerdo, con la excepción de que [p]ara los propietarios ausentes dicho plazo se computará a partir de la comunicación del acuerdo conforme al procedimiento establecido en el art. 9». Este artículo, redactado a su vez por la Ley 8/1999, de 6 abril, prevé como procedimiento de notificación el que tiene lugar «por cualquier medio que permita tener constancia de su recepción». Añade que, en defecto de la oportuna comunicación al secretario de la comunidad, «se tendrá por domicilio para citaciones y notificaciones el piso o local perteneciente a la comunidad, surtiendo plenos efectos jurídicos las entregadas al ocupante del mismo» y finalmente precisa en el siguiente párrafo que [s]i intentada una citación o notificación al propietario fuese imposible practicarla en el lugar prevenido en el párrafo anterior, «se entenderá realizada mediante la colocación de la comunicación correspondiente en el tablón de anuncios de la comunidad, o en lugar visible de uso general habilitado al efecto, con diligencia expresiva de la fecha y motivos por los que se procede a esta forma de notificación, firmada por quien ejerza las funciones de secretario de la comunidad, con el

visto bueno del presidente. La notificación practicada de esta forma producirá plenos efectos jurídicos en el plazo de tres días naturales.»
La sentencia de 18 de abril de 2007, rec. 1317/2000, declara en relación con el artículo 16, regla primera, párrafo segundo, LPH, en la redacción de 1990, que este trata de asegurar que los propietarios que, debidamente citados, no hubieren asistido a la Junta, tengan un conocimiento completo y detallado de los acuerdos adoptados.
Esta misma doctrina es la que se refleja en las sentencias del Tribunal Supremo que la parte recurrente considera contradichas por la sentencia recurrida. Así, la STS 7 de abril de 1997 declara que «la doctrina jurisprudencial tenida en cuenta en la presente, resulta válida para los supuestos en que el acuerdo en cuestión hubiera sido notificado en forma al comunero ausente de la junta». La STS 2 de marzo de 1992 afirma que [l]a norma 4ª del art. 16 LPH además es clara: el plazo comienza a contarse desde el acuerdo o desde la notificación, si hubiera estado ausente el que impugna. La STS de 16 de octubre de 1990, declara que no niega «la corrección, en abstracto, del argumento del recurrente, en punto al momento recepción de la notificación de los acuerdos por el interesado que ha de iniciar el cómputo del plazo de 30 días previsto en el artículo 16-4° LPH y correlativa desautorización de la tesis que traslada el inicio del cómputo al día en que se impuso en la Oficina Postal el certificado conteniendo la notificación de lo acordado». La STS de 21 de mayo de 1976 afirma que la LPH «lo que exige y trata de garantizar es, que aquellos acuerdos en que se requiera para su aprobación la unanimidad de todos los condueños, por afectar al título constitutivo o a los Estatutos, no pueda llegarse a estimar la existencia de aquélla, por la inactividad de oposición de alguno de ellos que el propio precepto autoriza, transcurrido el plazo de un mes, sin que resulte acreditado la notificación fehaciente del acuerdo o acuerdos en cuestión, es decir sin género alguno de dudas y en forma que pueda hacer fe en juicio, el hecho de que aquel tuvo conocimiento exacto de la aprobación del acuerdo y sus términos, y si bien la exigencia de la notificación según la literalidad de la redacción del indicado precepto, hace referencia a los condueños que no hayan asistido a la Junta, es evidente que cuando se haya ausentado antes de su terminación, ha de constar acreditado que aquel conocimiento lo tuvo con anterioridad al momento de su ausencia, por haberse llegado a la aprobación del acuerdo, no sólo en principio sino en los términos de su enunciado, o articulado, si se trata de los Estatutos, pues sobre este conocimiento completo o perfecto opera la exclusión de la exigencia de la notificación posterior fehaciente» y añade que «el tribunal de instancia debe considerar probado dicho exacto conocimiento [y] que la aprobación de los acuerdos en los términos y con el alcance que queda anteriormente expresado, se hubiera logrado con anterioridad a que la actora se ausentara de las Juntas, no bastando para acreditarlo la presunción de no ser verosímil».

Otras sentencias del Tribunal Supremo recogen la misma doctrina. Así, la STS 30 de mayo de 2007, rec. 1298/2000, declara que «tampoco aparece probado en autos que el acuerdo de la Junta haya sido notificado a la parte actora». La STS 14 de diciembre de 2001, rec. 2382/1996, declara que «además no se ha cumplido con la notificación fehaciente que marca el punto de partida para el cómputo del tiempo dentro del que puede ejercitarse la acción de impugnación que concede el art. 16.4ª.2 LPH respecto a los acuerdos contrarios a la ley o a los estatutos». La STS 11 de mayo de 1998, rec. 882/1994, declara que la acción de impugnación ha de «ejercitarse dentro de los treinta días siguientes al acuerdo o a la notificación si hubiese estado ausente el que impugne». La STS 19 de diciembre de 1997, rec. 3105/1003, declara que la LPH «prevé la comunicación a los propietarios no asistentes a la Junta mediante el mecanismo de que se les ha de notificar fehacientemente el acuerdo tomado y de forma detallada, arbitrándose al efecto un procedimiento de conformación de voluntades tácitas en su párrafo segundo, con el fin de evitar, como dice la sentencia de 10 de noviembre de 1992, que la inasistencia de los titulares frustre la adopción definitiva de los acuerdos»; y añade que [f]ehaciente equivale a lo que es evidente y cierto y, tratándose de notificaciones de actos y acuerdos, supone puesta en conocimiento de algo que interesa. Hay que entender, conforme al principio de la recepción, que «resultan fehacientes sólo cuando materialmente llegan de forma demostrada a su destino y aunque no sea en forma directa al interesado, pero éste pueda siempre tomar conocimiento de modo normal o esté en situación de lograr su alcance, sin la concurrencia de impedimentos acreditados que lo obstaculicen, con lo que se excluye que la notificación haya de ser necesariamente notarial o por medio de funcionario público, bastando que se lleve a cabo y sea efectiva en cuanto pueda llegar su contenido a ser sabido debidamente por el destinatario».

Como puede verse, la interpretación jurisprudencial del concepto de notificación fehaciente del acuerdo al copropietario ausente, que estableció el artículo 16 LPH en la redacción de 1990, se ha reflejado en gran medida en la actual regulación de la LPH, por lo cual resulta aplicable la jurisprudencia según la cual para el inicio del cómputo de plazo para la acción de impugnación es necesario que se pruebe el conocimiento detallado del acuerdo y no su mera existencia, pues solamente el primero garantiza el ejercicio de la acción en condiciones de efectividad del derecho a la tutela judicial.

En el caso examinado, se advierte que la doctrina seguida por la sentencia de apelación considera suficiente con la demostración del conocimiento del acuerdo por parte de la parte recurrente, sin afirmar que el conocimiento tenga carácter detallado, a pesar de que no se considera probado que el acuerdo se hubiera comunicado en su integridad y detalle hasta el momento de la entrega del acta en el acto de conciliación, y de que la notificación del acuerdo fue reiteradamente reclamada por la parte hoy recurrente, que no lo obtuvo hasta dicho momento.

En suma, se aprecia una contradicción de la doctrina sentada por la sentencia impugnada con la fijada en la jurisprudencia reiterada de esta Sala, aplicable en lo sustancial a la nueva redacción del artículo 18.3 LPH, en relación con el artículo 9 LPH, por lo cual «es procedente la estimación del motivo...».

Finalmente, esta misma sentencia señala que «*...Procede, finalmente, de acuerdo con lo razonado al resolver sobre el motivo de casación,* ***fijar como doctrina jurisprudencial que la comunicación al copropietario ausente de los acuerdos de las juntas prevista en el artículo 18.3 LPH debe verificarse en la forma establecida en el artículo 9 LPH y sólo puede presumirse la práctica de la notificación si se demuestra, de acuerdo con las circunstancias, el conocimiento detallado por el copropietario ausente del acuerdo adoptado por la junta****...*».

13. ¿Puede celebrarse válidamente la Junta en segunda convocatoria si las citaciones para la misma se han hecho simultáneamente con las de la primera?

Sí, ya que el art. 16.2 LPH establece que: «*La convocatoria de las juntas la hará el Presidente y, en su defecto, los promotores de la reunión, con indicación de los asuntos a tratar, el lugar, día y hora en que se celebrará en primera o, en su caso, en segunda convocatoria...*».

En este sentido se expresa la ***STS de 25-2-92*** *(Tol 178269): «Es cierto que la S. 9-10-1987, siguiendo el criterio imperante hasta entonces, estableció la doctrina de que no podían celebrarse en segunda convocatoria válidamente si se habían hecho las citaciones para ella coetáneamente con las de la primera, aunque hubiera un cierto lapso de tiempo en la fijación de la hora a celebrar entre una y otra, pero no es menos cierto que ese rigor extremo no venía establecido por dicha norma explícitamente y por ello la Ley de 23-2-1988 tuvo que reformar la Ley primitiva 21-9-1960, en el sentido más conforme a las conveniencias naturales del funcionamiento de la Comunidad, de suerte que el tema propio de la violación legal propuesto en el motivo desapareció a partir de la nueva Ley sin posibles dudas (S. 16-6-1988)».*

14. ¿Dónde se ha de comunicar a un propietario la convocatoria de una Junta cuando no ha designado domicilio?

En este supuesto, la citación se llevará a cabo en el piso a él perteneciente. La validez de la convocatoria estará sujeta a que se haga por escrito dirigido a cada copropietario indicando el asunto o asuntos a tratar, tal como establecía la **STS de 3 de mayo de 1988** y el art. 9 LPH.

Si también se fracasa en el intento de notificar en el piso a él perteneciente, el art. 9 LPH permite la colocación de la comunicación en un tablón de anuncios de la comunidad o sitio visible de uso general habilitado al efecto, produciendo plenos efectos jurídicos en el plazo de tres días naturales.

La **STS de 3-5-1988** *(Tol 1735264)* afirma que «...*En el primer motivo, la parte recurrente alega error en la apreciación de la prueba, con base en el acta de la Junta de Propietarios de la Comunidad demandada de fecha 19 de septiembre de 1983 para lo cual usa el cauce procesal del número 4 del artículo 1.692 de la Ley de Enjuiciamiento Civil; alegación totalmente carente de viabilidad, pues en la sentencia recurrida se declara nula la Junta de Propietarios celebrada con fecha 21 de octubre de 1982, dada la existencia de un vicio en su convocatoria, al no concurrir los requisitos señalados en el artículo 15 de la Ley de Propiedad Horizontal, siendo por tanto intrascendente que el copropietario-demandante haya o no tenido conocimiento de lo tratado en aquella reunión, puesto que tal acto comunitario fue nulo de pleno derecho e inexistente desde su origen. A todo lo largo de las actuaciones se ha venido manteniendo, sin oposición eficaz, que el copropietario "Supermercados Hermanos Guerra, S.L." no fue citado, en la forma que determina la Ley, en relación con la convocatoria de la Junta que se combate, y este defecto que atañe directamente a la entidad demandante, y al parecer a otros copropietarios más, invalida la celebración de la Junta, así como todo lo que allí se trató o convino; invalidez que de ninguna forma puede subsanarse por el hecho de que un año después el copropietario no citado ni comparecido, venga en conocimiento de lo que en aquel acto se acordó; razones que hacen perecer, como anticipábamos, la fundamentación de este motivo... Al segundo motivo le cabe la misma suerte adversa, pues amparándose en el ordinal 5° del artículo 1.692 de la Ley Procesal, denuncia la inaplicación del artículo 16 de la Ley de Propiedad Horizontal, olvidando que los requisitos que allí se exigen son: que exista jurídicamente un acuerdo, que los copropietarios impugnantes del mismo hayan sido debidamente citados, y que se les haya notificado tal acuerdo de un modo fehaciente; circunstancias que, como ya vimos, no concurren en el presente caso, en donde, ante el vicio de la convocatoria, la Junta fue nula, por lo que no existió acuerdo formalmente válido; y al no haber mediado citación de los copropietarios no asistentes, no cabe la posible apreciación de un consentimiento tácito; resultando, finalmente, también inaplicable el alegado plazo de caducidad, pues no han concurrido los requisitos necesarios para que empiece a transcurrir; pudiendo añadirse como resumen, que en cualquier caso, ante el constatado vicio de la convocatoria debe quedar excluido el contenido del artículo cuya inaplicación se denuncia*».

La **SAP de León de 2-1-2004** *(Tol 346123)*, haciéndose eco de diversas sentencias, resulta de interés en este punto: «...*cierto es que bajo la vigencia de la antigua redacción de la LPH los tribunales venían admitiendo la validez de las convocatorias a través de anuncios expuestos en el portal, así, la AP Madrid, Sec. 1ª, en sentencia de 23-11-94 decía: STS 30 octubre 1002 señala que el cumplimiento del requisito que señala art. 15 pfo. 2° Ley de Propiedad Horizontal, a saber, 'entregar las citaciones por escrito en el domicilio que, hubiere designado cada propietario', formalidad que no puede omitirse alegando la viciosa práctica de realizarla debidamente, por* *tratarse de un uso contra ley que no puede judicialmente aprobarse, y, es por tanto, originador de nulidad radical de la junta celebrada a base de tal omisión; pero también señala la misma sentencia en su FJ 5° que alguno o algunos copropietarios con motivo de la convocatoria de la respectiva junta, cuya validez depende de que se convoque en forma auténtica y fehaciente, pudiendo probarse posteriormente a través de los medios ordinario sin equívocos ni ambigüedades; a las anteriores consideraciones jurisprudenciales añadimos que a tenor de lo dispuesto en art. 3,1 CC en la aplicación de las normas y en su interpretación habrá de tenerse en cuenta la realidad social del tiempo en que han de ser aplicadas, atendiendo fundamentalmente al espíritu y finalidad de aquéllas, y el art. 7 del mismo cuerpo legal establece que los derechos deberán ejercitarse conforme a las exigencias de la buena fe; desde las anteriores consideraciones legales y resultando probado, a través de la abundante testifical en autos practicada, que las juntas de propietarios de la comunidad demandada desde su constitución se venían convocando a través de anuncio expuesto en el portal, que tal modo de convocatoria se haya de tener por válido, por cuanto así se nos presenta como hecho notorio se viene realizando en comunidades pequeñas, hecho de la realidad social, con ello se logra conocimiento de la convocatoria en los vecinos, que así lo han venido aceptando, lo que puede significar no una costumbre contra 'legem', sino el establecimiento de forma tácita de un domicilio convencional, forma de domicilio sin duda alguna admitido, entender lo contrario significaría quebrantar la buena fe que se ha creado en la comunidad o en su presidente y/o administrador que a través de aquella aceptación durante largo tiempo y reiterada ha adquirido la confianza de la validez aceptada por todos los copropietarios de aquella forma de convocatoria, lo que éstos no puedan ahora defraudar para a su través pretender una impugnación por motivo meramente formal, después de haber sido demandada por el impago de cuotas, por lo que se nos presenta que está utilizando la impugnación por motivo meramente formal, después de haber sido demandada por el impago de cuotas, por lo que se nos presenta que se está utilizando la impugnación para un fin distinto del que la norma legal en su esencia le atribuye, que no es otro que burlar la presencia de un copropietario en la Junta; siendo ahora de señalar que la validez a la convocatoria de junta por anuncio en el tablón del portal ha sido admitido en diversas SSAP Madrid 28 febrero 1973, 25 marzo 1977 y 2 noviembre 1992 y Barcelona 9 febrero 1989.*

Tras la reforma operada por Ley de 6-abril-99, la convocatoria y citaciones a las Juntas aparecen reguladas en los siguientes términos: el apartado 2 del artículo 16 de la Ley de Propiedad Horizontal: 'La convocatoria de las Juntas la hará el presidente y, en su defecto, los promotores de la reunión, con indicación de los asuntos a tratar, el lugar, día y hora en que se celebrará en primera o, en su caso, enseguida convocatoria practicándose las citaciones en la forma establecida en el artículo 9'. El indicado artículo 9, en su apartado h), recoge la obligación de los propietarios de 'comunicar el domicilio en España a efectos de citaciones y notificaciones de toda índole relacionadas

con la comunidad', indicando seguidamente que: '...En defecto de esta comunicación se tendrá por domicilio para citaciones y notificaciones el piso o local perteneciente a la comunidad, surtiendo plenos efectos jurídicos las entregadas al ocupante del mismo.
Si intentada una citación o notificación al propietario fuese imposible practicarla en el lugar prevenido en el párrafo anterior, se entenderá realizada mediante la colocación de la comunicación correspondiente en el tablón de anuncios de la comunidad, o en lugar visible de uso general habilitado al efecto, con diligencia expresiva de la fecha y motivos por los que se procede a esta forma de notificación, firmada por quien ejerza las funciones de secretario de la comunidad, con el visto bueno del presidente. La notificación practicada en esta forma producirá plenos efectos jurídicos en el plazo de tres días naturales'.
Es por ello que, como señala la AP de Valencia, Sec. 6ª en sentencia de 17-4-2003, sin desconocer la corriente jurisprudencial que venía interpretando el precedente artículo 15 anterior a la reforma operada por Ley 8/1999 de 6 de abril en términos de flexibilidad —para hacer lo más operativas posibles las Juntas de Propietarios—, considera el Tribunal que la actual configuración legal no permite considerar entregada licitación al propietario simplemente por debajo de la puerta del local, pues de otro modo no se entiende la previsión que se contiene en el artículo 9 para el caso de que fuese imposible practicarla en el lugar prevenido en el párrafo primera del apartado h) esto es, en el propio piso o local, pues parece que siempre sea físicamente posible dejar la citación por debajo de la puerta. La sala considera, en principio, que el legislador está pensando en una entrega manual al ocupante del piso o local, prevenido, para el caso de no ser hallado, y como garantía —tanto de citación, como de operatividad de la Junta, cuando la citación tenga por objeto la convocatoria—, 'la colocación de la comunicación correspondiente en el tablón de anuncios de la comunidad, o en lugar visible de uso general habilitado al efecto, con diligencia expresiva de la fecha y motivos por los que se procede a esta forma de notificación, firmada por quien ejerza las funciones de secretario de la comunidad, con el visto bueno del presidente.'
En términos más categóricos si cabe se pronuncia la AP Burgos, secc. 7ª en sentencia de 1-2-2002 cuando dice: 'La nueva redacción de la Ley ha contribuido a esclarecer la falta de regulación de la antigua redacción, sobre todo en los casos en los que el propietario no se encontraba en el piso o local designado en el momento de intentarse la citación, lo que dio lugar a una abundante casuística y doctrina jurisprudencial, que ahora en buena medida resulta innecesaria al señalarse como medio subsidiario de citación la colocación de la convocatoria en el tablón de anuncios de la comunidad o en lugar visible de uso general habilitado al efecto. La citación ha de intentarse como antes en primera lugar en el domicilio que el propietario haya designado en España, y, a falta de designación, en el piso o local perteneciente a la comunidad, pero si, intentada la citación de ese modo, incluso con el ocupante del piso, fuera imposible realizarla, servirá a los mismos efectos la

colocación de la convocatoria en el tablón de anuncios o lugar análogo habilitado al efecto. Se suprime así como forma válida de realizar la citación el tradicional sistema de echar la convocatoria en el buzón, que anteriormente se había admitido en ocasiones si es que esta era la manera usual de citar a los propietarios en una comunidad determinada.'

La AP Alicante, Sec. 5ª en sentencia de 5-7-2002 incide en la misma línea cuando afirma: 'no consta que se haya practicado la citación de la mercantil propietaria del local con el objeto de ponerle en conocimiento el orden del día y permitirle su asistencia de la manera prevista en los artículos 16.2 y 9.1.h), pues el modo de citación mediante la publicación en el tablón de anuncios es un sistema subsidiario, de tal manera que debe constar inicialmente el intento de citación en el domicilio designando o en el local perteneciente a la Comunidad. Resulta muy significativo que ni siquiera consta en el margen izquierdo de la primera hoja del acta la reseña del local como presente o ausente de la Junta. Este defecto de la citación de la mercantil demandada, propietaria del local, lleva consigo la nulidad de los acuerdos adoptados en ambas Juntas en lo que perjudica a la mercantil impugnante.'

Citaremos, para concluir, la AP Orense, Sec. 2ª en Sentencia de 16-10-2002, que señala que 'el artículo 16.2 de la vigente Ley de Propiedad Horizontal establece que la convocatoria de las Juntas la hará el presidente y, en su defecto, los promotores de la reunión, con indicación de los asuntos a tratar, el lugar, día y hora en que se celebrará en primera o, en su caso, en segunda convocatoria, practicándose las citaciones en la forma establecida en el art. 9 precepto éste que viene a recoger la obligación de llevar a cabo una notificación personal más si ésta fuera intentada y fuese imposible practicarla en el lugar prevenido en el párrafo anterior, se entenderá realizada mediante la colocación de la comunicación correspondiente en el tablón de anuncios de la comunidad, o en lugar visible de uso general habilitado al efecto. No consta de manera fehaciente que se hubiera llevado a cabo la citación personal del ahora demandado, simplemente existe constancia de la costumbre de la comunidad demandante de notificar a los vecinos las convocatorias de las juntas mediante la colocación de avisos en lugares de uso común y así el propio demandado. D. Jesús Miguel, que también es propietario de un piso del inmueble, indicó en prueba de confesión llevada a cabo (novena posición) que se venían colocando anuncios en el portal de las convocatorias de las juntas de vecinos. No es admisible la vulneración de la forma de convocatoria y comunicación de los acuerdos pues las normas que rigen esa materia son de contenido imperativo y no pueden ser sustituidas por determinados usos, que al parecer existen en la comunidad demandante, por tratarse de un uso contra ley (SSTS de 10.4.81, 13.10.82, 9.10.87 y 30.10.92)'...».

15. ¿Qué ocurre si se tratan asuntos en una Junta que no están incluidos en el orden del día?

Si se tratasen asuntos no incluidos en el orden del día, los acuerdos que se tomasen respecto a los mismos serían nulos, según reiterada Jurisprudencia. Véase **STS de 27 de julio de 1993** *(Tol 1663231)*, cuando afirma que *«...el motivo segundo se formula al amparo del número 5° del artículo 1692 de la Ley de Enjuiciamiento Civil y denuncia infracción del artículo 15-2° de la Ley de Propiedad Horizontal, alegándose que el conocimiento por los asistentes a la Junta de los asuntos que se iban a tratar, al ser suficiente, no permite acordar la nulidad de los acuerdos adoptados, tesis insostenible, no solo porque hace supuesto de la cuestión, partiendo de una base contraria a la sostenida por la resolución recurrida y no combatida con éxito en la vía de la casación, la de que los asistentes tuvieron conocimiento de que en la Junta se iba a debatir la modificación de los Estatutos, sino también porque contraria la doctrina reiteradamente sentado por esta Sala en interpretación del precepto del artículo 15 de la aludida Ley de Propiedad Horizontal, al proclamar que, dado lo dispuesto en la aludida norma de que la convocatoria se haga con indicación de los asuntos a tratar, para que pueda llegar conocimiento a todos los interesados, ello pone de relieve la transcendencia que comporta la redacción clara y precisa del orden del día, toda vez que siempre habrá de exigirse una perfecta armonía y congruencia entre lo enunciado, como tema a tratar y deliberar y, en definitiva, a acordar o rechazar, y lo que en efecto se decida en la Junta al efecto, ya que siendo la asistencia de los interesados copropietarios voluntaria, no lo es, sin embargo, la citación de todos ellos, que, obviamente, harán uso de su facultad de asistir o no con vista del orden del día como marco indesbordable de los asuntos que han debatirse (SS. 19 noviembre 1991 y 16 abril 1993); doctrina esta que no permite sanar los defectos de una convocatoria a Junta, en la que, como sucede con la que nos ocupa, no consta con la debida claridad al menos, que en ella fueran a tratar se cuestiona que, como la de la modificación estatutaria, fueron objeto de acuerdo, que, por contravenir el artículo 15 de la repetida Ley, deben entenderse aquejados de nulidad absoluta...».*

Más recientemente se pronuncia al respecto la **STS de 18-3-2010** *(Tol 1808694)*, cuando afirma que: *«...esta Sala, en alguna ocasión, tal y como indica el recurrente en relación con las sentencias que invoca en su escrito, ha declarado que no resulta posible adoptar acuerdos en las Juntas de la Comunidad de Propietarios que no estén en el orden del día, por cuanto ello supondría burlar la voluntad de determinados copropietarios al obtener en la Junta convocada acuerdos diferentes de los señalados en dicho orden (así, sentencias de esta Sala de fechas 31 de noviembre de 1991, 27 de julio de 1993 y 26 de junio de 1995, dictadas en recursos n° 2448/1989, 209/1991 y 406/1992 respectivamente). Pero también es verdad que, con posterioridad, esta Sala ha fijado una interpretación más ajustada a las previsiones legislativas del artículo 16.2 de la Ley de Propiedad Horizontal, de tal forma que se distingue entre 'aquéllas ilegalidades que por afectar estrictamente* *al régimen de propiedad horizontal se encuentran sometidas a la normativa del art. 16.4 LPH y a las que, por ende, es aplicable la sanción por el transcurso del plazo de caducidad, de aquellas otras infracciones que por atentar a la esencia de la institución, contravenir disposiciones imperativas o prohibitivas sin estar legalmente previsto un efecto distinto, o conculcar las reglas de la moral o el orden público, o implicar fraude de ley, determinan la nulidad radical e insubsanable' (en este sentido, Sentencias de 10 de marzo de 1997, 5 de mayo de 2000, 14 de febrero de 2002, 10 de noviembre de 2004, 30 de diciembre de 2005 y 20 de noviembre de 2006, entre otras, en recursos nº 1183/1993, 2246/1995, 2984/1996, 3047/1998, 1786/1999 y 4775/1999, respectivamente). Conforme a dicha doctrina jurisprudencial, en el caso concreto, no podría apreciarse que los acuerdos objeto de impugnación estén viciados de nulidad radical, ni siquiera de anulabilidad, y ello por cuanto, tal y como declaró la citada sentencia de 14 de febrero de 2002, recogiendo el criterio contenido en la sentencia de 16 de abril de 1993, ' ni del espíritu del art. 15 de la Ley sobre Propiedad Horizontal, en su texto vigente, tras la Ley de 23 de febrero de 1988, puede entenderse que exista un auténtico derecho de información a favor de los copropietarios, como ocurre en el ámbito de las sociedades anónimas, bastando con hacer constar las materias a tratar en la Junta que se convoca, sin que se exija con rigor la exposición previa de todos los datos o medios de conocimiento precisos para la participación y, en su caso, deliberación de los interesados. De esta manera, no conforma el precepto una exigencia particularizada y detallista de los temas a decidir en la asamblea'...».*

Sobre un asunto no incluido en el orden del día y el transcurso del plazo de caducidad para su impugnación, se pronuncia la **STS 20-11-2006** *(Tol 1019389): «...la línea ampliamente mayoritaria, que se encuentra ajustada a las previsiones legislativas a las que forzosamente ha de atenerse esta Sala, se encuentra en la acotación de un círculo de la ineficacia por nulidad radical, con los lindes marcados por la oposición del acuerdo a la moral o al orden público, por disposiciones imperativas o prohibitivas que establezcan ésta consecuencia (la invalidez) y no otra, o por el fraude de ley. Pues no se trata de que el acuerdo sobre materia no expresada en el orden del día o que se adopte en contradicción de la regla de la unanimidad sea válido, sino de que su ineficacia o, si se prefiere, su invalidez, haya de ser obtenida mediante una acción sometida —por decisión del legislador— a un plazo de caducidad. Y así decía la Sentencia de 27 de mayo de 2002 que 'la jurisprudencia dictada en aplicación de la Ley de Propiedad Horizontal distingue las ilegalidades que por afectar estrictamente al régimen de propiedad horizontal se encuentran sometidas a la normativa del artículo 16.4 LPH y a las que, por ende, es aplicable la sanción por el transcurso del plazo de caducidad, de aquellas otras infracciones que por atentar a la esencia de la institución, contravenir disposiciones imperativas o prohibitivas sin estar legalmente previsto un efecto distinto, o conculcar las reglas de la moral o el orden público, o implicar fraude de ley, determinan la nulidad radical e insubsanable'. Entre* *las cuales no se encuentra la que es apreciable en el caso. La misma doctrina cabe encontrar en las Sentencias de 10 de marzo de 1997, 5 de mayo de 2000, 14 de febrero de 2002 (en ésta, se estima suficiente un sucinto anuncio en la convocatoria), e incluso la de 10 de noviembre de 2004, atendidas las circunstancias del caso, pues uno de los impugnantes actuaba dentro de plazo, 17 de julio y 30 de diciembre de 2005, entre otras. Se trata por lo demás, de un plazo que ha de contarse de fecha a fecha, de acuerdo con el artículo 5.1 C, opera por el mero paso del tiempo y no es susceptible de interrupción (Sentencias de 26 de abril de 2000, 2 de julio de 2002, 11 de noviembre de 2004, 17 de julio de 2005)...».*

La **STS de 12-1-2012** *(Tol 2488863)* se ha pronunciado, más recientemente, sobre esta cuestión, sentando las siguientes premisas: *«...A) La jurisprudencia fijada por esta Sala, en torno a la aplicación del actual artículo 16.2 LPH, tal y como pone de relieve la parte recurrente, considera exigible que en el orden del día de la convocatoria de la junta de propietarios se fijen con claridad los asuntos objeto de debate, a fin de que todos los copropietarios tengan conocimiento de las materias que se van a tratar, de modo que exista una plena concordancia entre el contenido del orden del día y los temas que se debatirán (así, no solo las sentencias citadas por la parte recurrente, sino también las de 10 de noviembre de 2004 [RC 3047/1998] y 28 de junio de 2007 [RC 3062/2000]). La finalidad de que quede claramente fijado el orden del día permite cumplir con la exigencia de que los comuneros puedan adquirir antes del momento de celebración de la junta la suficiente información para votar respecto a las materias que van a ser discutidas, o bien para decidir si delegan su voto a favor de un tercero, o si, en su caso, optan por no asistir a su celebración.*

La asistencia a las juntas de propietarios es voluntaria, de modo que dar validez a la inclusión de asuntos para ser tratados al margen de los fijados en el orden del día permitiría aprovechar la inasistencia de determinados propietarios para obtener la aprobación de acuerdos prescindiendo de su voluntad (STS de 15 de junio de 2010 [RC 1615/2005]).

B) Por lo expuesto, se reitera como doctrina jurisprudencial que la convocatoria para la celebración de juntas de propietarios exige, para la validez de los acuerdos que se adopten, que se fijen en el orden del día los asuntos a tratar, para que puedan llegar a conocimiento de los copropietarios.

C) Pues bien, con aplicación de la doctrina jurisprudencial reseñada, el motivo tercero ha de ser estimado al resultar contraria a aquella la sentencia impugnada. Razona la recurrente que con aplicación de la doctrina jurisprudencial declarada en SSTS de 27 de julio de 1993, 26 de junio de 1995, 18 de septiembre de 2006 y 10 de noviembre de 2004, por la cual "no resulta admisible la adopción de acuerdos que no estén en el orden del día, ni tan siquiera bajo el epígrafe de ruegos y preguntas", el acuerdo impugnado relativo a la instalación de grifería y pileta de desagüe ha de ser declarado nulo puesto que el mismo no se reflejó en la convocatoria de la junta de propietarios.

Por el contrario, la Audiencia Provincial, aunque parte de la obligatoriedad de indicar los asuntos a tratar, exigida por el artículo 16.2 LPH, declara válido el acuerdo, punto 4.° adoptado aunque no esté incluido en el orden del día. Basa su decisión en la escasa importancia económica del mismo ya que se concreta en la obligación de abonar como gasto único por propietario el de 41,66 euros. En concreto, razona que la obligatoriedad impuesta por el artículo 16.2 LPH de indicar en la convocatoria los asuntos a tratar no estaría reñida con la flexibilidad en la interpretación de aquel precepto, debiendo excluirse de dicho rigor las cuestiones, como en el presente caso, que por su escasa importancia económica no merezcan de una convocatoria especial.
Esta Sala no puede compartir esta doctrina, pues considera que el hecho de que el acuerdo adoptado, en lo que se refiere al recurso de casación, relativo a la instalación de grifo comunitario y pileta de desagüe, sea de escasa trascendencia económica no constituye un argumento que permita, en contraposición a la doctrina jurisprudencial destacada, declarar la validez de un acuerdo que fue adoptado con vulneración de normas imperativas, al someterse a votación la adopción de un acuerdo sobre una materia que de ningún modo se había fijado en el orden del día tal y como preceptúa el artículo 16.2 LPH...».

16. ¿Es necesario que el orden del día sea exhaustivo?

La **STS de 18-3-2010** *(Tol 1808694)*, ha refrendado la jurisprudencia que entiende necesario la inclusión en el orden del día cualquier tema sobre el que se precise llegar a un acuerdo, sin embargo, el alto Tribunal precisa que el orden del día no ha de ser, necesariamente exhaustivo: «*...Esta Sala, en alguna ocasión, tal y como indica el recurrente en relación con las sentencias que invoca en su escrito, ha declarado que no resulta posible adoptar acuerdos en las Juntas de la Comunidad de Propietarios que no estén en el orden del día, por cuanto ello supondría burlar la voluntad de determinados copropietarios al obtener en la Junta convocada acuerdos diferentes de los señalados en dicho orden (así, sentencias de esta Sala de fechas 31 de noviembre de 1991, 27 de julio de 1993 y 26 de junio de 1995, dictadas en recursos n° 2448/1989, 209/1991 y 406/1992 respectivamente). Pero también es verdad que, con posterioridad, esta Sala ha fijado una interpretación más ajustada a las previsiones legislativas del artículo 16.2 de la Ley de Propiedad Horizontal, de tal forma que se distingue entre 'aquéllas ilegalidades que por afectar estrictamente al régimen de propiedad horizontal se encuentran sometidas a la normativa del art. 16.4 LPH y a las que, por ende, es aplicable la sanción por el transcurso del plazo de caducidad, de aquellas otras infracciones que por atentar a la esencia de la institución, contravenir disposiciones imperativas o prohibitivas sin estar legalmente previsto un efecto distinto, o conculcar las reglas de la moral o el orden público, o implicar fraude de ley, determinan la nulidad radical e insubsanable' (en este sentido, Sentencias de 10 de marzo de 1997, 5 de mayo de 2000, 14 de febrero de 2002, 10 de noviembre de 2004, 30 de diciembre de 2005 y 20 de noviembre* *de 2006, entre otras, en recursos nº 1183/1993, 2246/1995, 2984/1996, 3047/1998, 1786/1999 y 4775/1999, respectivamente). Conforme a dicha doctrina jurisprudencial, en el caso concreto, no podría apreciarse que los acuerdos objeto de impugnación estén viciados de nulidad radical, ni siquiera de anulabilidad, y ello por cuanto, tal y como declaró la citada sentencia de 14 de febrero de 2002, recogiendo el criterio contenido en la sentencia de 16 de abril de 1993, ' ni del espíritu del art. 15 de la Ley sobre Propiedad Horizontal, en su texto vigente, tras la Ley de 23 de febrero de 1988, puede entenderse que exista un auténtico derecho de información a favor de los copropietarios, como ocurre en el ámbito de las sociedades anónimas, bastando con hacer constar las materias a tratar en la Junta que se convoca, sin que se exija con rigor la exposición previa de todos los datos o medios de conocimiento precisos para la participación y, en su caso, deliberación de los interesados. De esta manera, no conforma el precepto una exigencia particularizada y detallista de los temas a decidir en la asamblea'».*

17. ¿Es válida la Junta convocada por cualquier propietario si el Presidente, por razones de edad o de enfermedad, no puede ejercer el cargo?

La **STS de 22-7-1994** *(Tol 1657132)* afirma que *«...no se puede estimar que el defecto denunciado sea causa de nulidad de los acuerdos, pues ante la imposibilidad por razón de edad del Presidente de la Comunidad de ejercer sus funciones es lícito que ejerza las mismas otro propietario, con aquiescencia mayoritaria de los demás, al menos a los mínimos efectos de convocar y presidir las Juntas, so pena de llegarse a una paralización en la actividad de la Comunidad, efecto 'no admisible'. Alega, en esencia, el recurrente, D. José, que la tesis de la Audiencia 'llevaría a crear una situación generalizada de inseguridad jurídica en el mecanismo de funcionamiento de las comunidades de propietarios, cuyas Juntas solamente pueden convocarse, según determina expresamente la Ley de Propiedad Horizontal en su art. 15 por la persona que ejerza el cargo de Presidente, por solicitud de la cuarta parte de los propietarios, o bien a instancia de un número de propietarios que representen al menos un veinticinco por ciento de las cuotas de participación'. El motivo no debe prosperar porque nos hallamos ante una situación excepcional que dio lugar a que el Sr. Pedro Miguel, según convinieron los propietarios aunque de modo informal, convocó y presidió transitoriamente las Juntas para evitar la paralización de la actividad comunitaria, sin que, por tanto, sea apreciable la causa de nulidad invocada...».*

18. ¿Es necesario que se convoque una junta para acordar que una persona asuma las funciones de Presidente, en el supuesto de que el mismo se encuentre imposibilitado para realizar su labor?

Tal como estableció la **STS de 22 de julio de 1994**. *«no se puede estimar que el defecto denunciado sea causa de nulidad de los acuerdos, pues* *ante la imposibilidad por razón de edad del presidente de la comunidad de ejercer sus funciones es lícito que ejerza las mismas otro propietario, con aquiescencia mayoritaria de los demás, al menos a los mínimos efectos de convocar y presidir las juntas, so pena de llegarse a una paralización en la actividad de la comunidad, efecto no admisible».*

Para solucionar este tipo de problema el art. 13 LPH contempla el nombramiento de un Vicepresidente o Vicepresidentes, órgano de naturaleza facultativa y cuya principal función es la de sustituir al Presidente en los casos de ausencia, vacante o imposibilidad de éste, así como asistirlo en el ejercicio de sus funciones en los términos que establezca la junta de propietarios.

19. ¿Es obligatorio citar a los propietarios de los bajos y locales?

La **STS de 28-6-2007** *(Tol 1112999)* se expresa en ese sentido al establecer que:

«La Ley de Propiedad Horizontal ha dispuesto unas normas para la convocatoria de las Juntas de Propietarios, que deben ser cumplidas, al configurar un sistema de garantías, ya que, si bien los titulares de pisos o locales de negocio gozan de libertad de acudir o no a las Juntas, no se les puede impedir su asistencia por falta de conocimiento de su celebración».

20. ¿Puede impugnar los acuerdos el propietario moroso que no asiste a la Junta?

La **SAP de Zaragoza de 8-2-2007** *(Tol 1066639)* estableció que un propietario que no asistió a dos juntas y una vez notificado del acta de las mismas, no podía impugnar los acuerdos en ella adoptados al no estar al corriente de pago: *«...Y en cuanto a la segunda, lo que pretende el recurrente es impugnar el acuerdo que liquida su deuda y decide su reclamación sin hallarse al corriente del pago de la derrama aprobada en el acuerdo previamente adoptado, que es ejecutivo, por lo que no cabe entender que se halla al corriente de pago a los mencionados efectos de legitimación».*

21. ¿Pueden publicarse en el tablón de anuncios de la comunidad las relaciones de propietarios morosos?

La Resolución 00878/2008 de la Agencia Española de Protección de Datos resuelve la cuestión que surge en muchas comunidades de propietarios sobre si pueden publicarse datos de carácter personal de vecinos morosos en el tablón de anuncios de la comunidad. En dicha resolución no se considera infracción el hecho de comunicar a cada propietario la convocatoria de la junta, incluyendo en ella el listado de propietarios morosos, conforme previene el art. 16.2° LPH, dado que el párrafo primero del art. 11 de la Ley Orgánica de Protección de Datos dispone que *«los datos de carácter personal objeto del tratamiento sólo podrán ser comunicados a un tercero para el cumplimiento de fines directamente relacionados con las funciones legítimas del cedente y del cesionario con el previo consentimiento del interesado»*, añadiendo que *el propio art. 11, en su párrafo 2° a) dice que este consentimiento no será preciso «cuando la cesión está autorizada en una ley.»* Sin embargo, sí que constituye infracción del art. 10 LOPD el hecho de publicar la convocatoria en el tablón de anuncios de la Comunidad a la que tiene acceso cualquier tercero que acceda a la finca. Esta resolución señala que, en virtud de la aplicación de los artículos 11.2 a) de la Ley sobre Propiedad Horizontal y 9.1.h) de la LOPD, sólo puede ser publicada la lista de los vecinos morosos en el tablón cuando no haya podido ser notificada a alguno de los propietarios en su domicilio a efecto de notificaciones. El único objetivo que debe perseguirse al poner la lista en el tablón es informar a los propietarios deudores que se hallan en tal situación, y no poner en conocimiento de terceros tal hecho. Por tanto, esta resolución considera que es posible la publicación de los datos personales de los vecinos morosos en dos supuestos: En la convocatoria de la junta de propietarios (art. 16.2 LPH) y en la publicación del acta aprobada en la junta (art. 19.3° LPH). Para que la comunidad no incurra en una infracción de la LOPD, antes de proceder a la publicación en el tablón de anuncios deberá notificarse al afectado en su domicilio conocido la convocatoria de la junta o el acta en la que se indica su condición de moroso. Si no se pudiera practicar dicha notificación en el domicilio conocido del interesado, se notificará en el inmueble del que es propietario en la comunidad de que se trate. Y si existiese una total imposibilidad para notificar personalmente al interesado, se procederá a la publicación de la convocatoria o el acta de la junta en el tablón de anuncios del edificio o en lugar visible.

1.3. Documentación de la comunidad

1.3.1. Documentación Obligatoria de la Comunidad

Como norma general, la única documentación obligatoria que debe poseer una Comunidad es el Libro de Actas y el Libro del Edificio (este último en aquellos edificios entregados a sus propietarios a partir de mayo de 2000). No obstante, existen otros documentos cuya adquisición sería obligatoria, o aconsejable, según los casos:

Según el artículo 33 de la Ley General Tributaria, las entidades sin personalidad jurídica propia —como una Comunidad de propietarios— han de tener número de identificación fiscal para sus relaciones con trascendencia tributaria.

Es interesante poseer algún libro de registro contable donde reflejar las cuentas, como un libro de ingresos y gastos, pues la Comunidad de propietarios no se considera comerciante en el sentido del Código de Comercio y no tiene la obligación de llevar una contabilidad como la que se exige a dichas personas.

Si aparte de ello cuenta con personal a su servicio, deberá poseer la documentación requerida por las normas laborales con carácter obligatorio. En este punto nos remitimos a la legislación laboral vigente.

1.3.2. Obligatoriedad del libro de actas: su legalización

La obligatoriedad de disponer de un Libro de Actas viene impuesta a las Juntas de Copropietarios por el artículo 19 LPH. Este libro debe ser convenientemente diligenciado.

Antes de la reforma del año 92 el artículo 17 de la LPH estipulaba que el Libro de Actas debía ser *«foliado y sellado por el Juzgado municipal o comarcal correspondiente al lugar de la finca o diligenciado por Notario»*.

La disposición final segunda de la Ley 10/92 de 30 de abril de Medidas Urgentes de Reforma Procesal, modificó el citado artículo y actualmente mantiene la misma redacción en el art. 19.1, que literalmente dice: *«Los acuerdos de la Junta de Propietarios se reflejarán en un libro de actas diligenciado por el Registrador de la Propiedad en la forma que reglamentariamente se disponga»*.

Tal y como se ha pronunciado la Dirección General de Registros y del Notariado en resolución de 7-3-2014 *(Tol 4182195)*, no es posible el diligenciamiento de un nuevo libro de actas de la Comunidad de Propietarios mientras no se justifique la íntegra utilización del anterior o, en su caso, se acredite la pérdida o el extravío del mismo: *«...el artículo 415 del Reglamento Hipotecario es terminante al disponer que no podrá legalizarse un libro de actas en tanto no se acredite la íntegra utilización del anterior, se comunique su pérdida o extravío o destrucción o se denuncie su substracción en los términos recogidos en la propia norma...»*.

1.3.3. La transcripción de las actas: forma de reflejar los acuerdos

Con la redacción original de la Ley de Propiedad Horizontal, la cuestión resultaba un tanto controvertida, siendo delimitados los requisitos que debían incorporar las actas por la jurisprudencia.

Jurisprudencia relevante

En este sentido, la **STS de 9/10/1993** *(Tol 1664102)* se pronunció al respecto:

> *«...los dos motivos integradores del recurso, mediante los que se denuncia infracción del art. 17 de la Ley de Propiedad Horizontal (en el primero) y de la doctrina jurisprudencial contenida en la Sentencia que cita de esta Sala de 10 de octubre de 1985 (en el segundo), han de ser examinados y resueltos conjuntamente, al ser el mismo el objeto impugnatorio de ambos, orientado a patentizar que no aparece probado que la Comunidad de Propietarios demandada lleve el preceptivo Libro de Actas de sus Juntas, ni que las correspondientes a las celebradas en 29 de junio y 27 de septiembre de 1988 reúnan los requisitos exigidos a las mismas. Sin olvidar*

la censurable inopia probatoria que ha caracterizado a este proceso, como ya hemos dicho en el fundamento jurídico anterior, con base en la cual han tenido que ser dictadas las contradictorias e insustanciales Sentencias de la instancia y cuya misma tónica impregna necesariamente también la resolución de este recurso, los dos expresados motivos deben ser estimados, ya que, partiendo del carácter imperativo, de necesario y obligado cumplimiento, reiteradamente proclamado por la doctrina de esta Sala (Sentencias de 10 de mayo de 1965, 7 de febrero y 27 de abril de 1976. 11 de diciembre de 1982, 10 de octubre de 1985, entre otras), que tiene la normativa establecida en la Ley de Propiedad Horizontal, entre la que figura el precepto que impone la obligatoriedad de reflejar los acuerdos de la Junta de propietarios en un Libro de Actas debidamente legalizado (artículo 17 de la citada Ley), la Comunidad de Propietarios demandada no ha probado, a pesar de incumbirle la carga de la prueba, por ser la única que podía hacerlo, en cuanto legítima tenedora de dicho Libro de Actas, no ha probado, decimos, la existencia del mismo, ni que en caso de existir, se hayan reflejado en él las actas de las Juntas de 29 de junio y 27 de septiembre de 1988, ni que en fin éstas reúnan los mínimos requisitos legalmente exigibles alíñenles a la identificación de los asistentes, cuotas de participación que representan, contenido de los acuerdos, forma de adopción de éstos y protestas formuladas, en su caso, por cuanto dichos requisitos, además de imprescindibles, suponen una garantía, tanto para la Comunidad, como para cualquiera de los propietarios. Ante dicha falla de prueba que como acaba de decirse, solo a la Comunidad de propietarios demandada incumbía, ha de concluirse que el acuerdo o los acuerdos de la Junta de 27 de septiembre de 1988 (de cuya acta no existe la más mínima constancia en Autos) fueron adoptados sin los expresados requisitos y, por tanto, no pudo aprobar el acta de la Junta de 29 de junio de 1988, que tampoco se ha probado por quien debía hacerlo que se celebrara con los repetidos requisitos legales…».

Tras la reforma operada por la Ley 8/1999, de 6 de abril, de Reforma de la Ley 49/1960, de 21 de julio, sobre Propiedad Horizontal la propia LPH amplía lo establecido por el Tribunal Supremo y en los arts. 15.2 y 19.2 introduce las circunstancias que, al menos, deberá expresar el acta de cada reunión de la Junta de propietarios:

a) La fecha y el lugar de celebración.

b) El autor de la convocatoria y, en su caso, los propietarios que la hubiesen promovido.

c) Su carácter ordinario o extraordinario y la indicación sobre su celebración en primera o segunda convocatoria.

d) Relación de todos los asistentes y sus respectivos cargos, así como de los propietarios representados, con indicación, en todo caso, de sus cuotas de participación.

e) El orden del día de la reunión.

f) Los acuerdos adoptados, con indicación, en caso de que ello fuera relevante para la validez del acuerdo, de los nombres de los propietarios que hubieren votado a favor y en contra de los mismos, así como de las cuotas de participación que respectivamente representen.

g) Relación de propietarios privados del derecho de voto, cuya persona y cuota de participación en la comunidad no será computada a efectos de alcanzar las mayorías exigidas en la Ley. [art. 15.2) LPH].

Hay que reseñar que, de acuerdo con la redacción de la Ley y atendiendo al espíritu de la misma en el sentido de erradicar la morosidad, según se indica en el art. 15.2, los propietarios que en el momento de iniciarse la Junta no se encontrasen al corriente del pago de todas las deudas vencidas con la comunidad no tendrán derecho de voto, siempre y cuando no hubiesen impugnado judicialmente las referidas deudas o hubieran procedido a la consignación judicial o notarial de la suma adeudada.

1.3.4. Suscripción de las actas

Antes de la modificación de la LPH del año 1999, era dudoso el hecho de que fuera obligatorio que las actas fuesen firmadas por todos los asistentes.

No era, a nuestro juicio, algo preceptivo, aunque sí aconsejable. A pesar de que existían sentencias que consideraban insuficiente el que las actas estuvieran firmadas sólo por el Presidente y el Secretario, debiendo ser signadas por todos los asistentes, el Tribunal Supremo, en sus últimas sentencias, y algunas Audiencias, estimaban que era requisito suficiente la firma del Secretario, con el visto bueno del Presidente, para su admisibilidad y ello en función de la práctica cotidiana.

La legislación sobre propiedad horizontal anterior al año 1999 no se pronunciaba claramente sobre este punto, puesto que el artículo 17 de la anterior Ley tan sólo establecía lo siguiente: *«Los acuerdos de la junta de propietarios se reflejarán en un libro de actas diligenciado por el Registrador de la Propiedad en la forma que reglamentariamente se disponga»*. Visto esto, por tanto, debíamos remitirnos en este punto a la jurisprudencia, pero ésta tampoco era clara, ya que, sobre esta cuestión se producía la llamada «jurisprudencia vacilante» o enfrentada.

Jurisprudencia relevante

Había sentencias del Tribunal Supremo que exigían la firma de todos los propietarios asistentes; en este sentido podemos ver la **STS de 8 de julio de 1975**:

> *«...lo primero que se aprecia en el libro de actas de la Comunidad es la ausencia total y completa de firmas de los asistentes en las Juntas de propietarios, desde la primera, en la que se constituye la Comunidad y se nombra Presidente y Secretario-Administrador, hasta la de 11 de marzo de 1974, con lo cual resulta la invalidez de todas ellas y de los acuerdos adoptados, al faltar requisito tan obviamente esencial como la ausencia de refrendo, por lo que se dice asistieron a las reuniones, y ello con nulidad total y absoluta».*

La **STS de 10 de octubre de 1985** *(Tol 1737179)* corroboró la anterior sentencia:

«...los acuerdos de la Junta de Propietarios se reflejarán en un libro de actas sellado por el Juzgado Municipal o Comarcal correspondiente al lugar de la finca o diligenciado por Notario, exigencia de tipo formalista que habrá de ser cumplida rigurosamente por quien ostente la Presidencia de la Comunidad, ya que a la vista del contenido de los acuerdos transcritos, con expresión de fecha y hora de celebración, asistentes, cuotas de participación que representan, forma de adopción de los acuerdos, protestas formuladas, en su caso, y, suscripción del acta por los asistentes...».

Sin embargo, había sentencias posteriores que no exigían la firma de todos los copropietarios asistentes para la validez de las actas. Así tenemos la **STS de 23 de enero de 1991**:

«La sala rechaza la nulidad pretendida del acta de la junta, en razón a que la firma de los copropietarios asistentes a la misma no está expresamente exigida por la Ley especial, que se dice vulnerada, siendo en la praxis cotidiana de las juntas que sean firmadas las actas solamente por los presidentes y secretarios».

También tenemos sobre este punto la **STS de 25 de abril de 1992** *(Tol 178369)*:

«La ausencia de firmas en las actas de las juntas de copropietarios —si bien es conveniente que figuren, pues se aporta mayor seguridad a lo que reflejan tales documentos— no priva de virtualidad a los acuerdos dotados de la necesaria legalidad; la firma tiene significación formal de representar un elemento confirmatorio de las declaraciones emitidas y recogidas en los documentos que hayan producido las partes obligadas».

Afortunadamente el legislador se encargó de aclarar esta controversia, pues el art. 19.3 de vigente LPH establece que

«El acta deberá cerrarse con las firmas del Presidente y del Secretario al terminar la reunión o dentro de los diez días naturales siguientes...», postura refrendada por la ***STS 22-12-2009*** *(Tol 1762162): «...En verdad, la STS de 23 de enero de 1991 dice que la firma de los copropietarios asistentes a la Junta no está expresamente exigida por la Ley de Propiedad Horizontal, siendo en la praxis cotidiana de las Juntas, sobre todo en Comunidades numerosas, la costumbre de que sean firmadas las actas solamente por Presidente y Secretario; en contra de esta posición se sitúan las SSTS de 23 de junio de 1983 y 11 de noviembre de 1988. En la actualidad, no existe duda alguna: el Acta deberá cerrarse con las firmas del Presidente y del Secretario al terminar la reunión o dentro de los diez días naturales siguientes (artículo 19.3 de la Ley de Propiedad Horizontal, según la modificación de la Ley 8/1999, de 6 de abril)».*

El mismo artículo también recoge que los defectos o errores del acta serán subsanables siempre que la misma exprese inequívocamente la fecha y lugar de celebración, los propietarios asistentes, presentes o representados, y los acuerdos adoptados, con indicación de los votos a favor y en contra, así como las cuotas de participación que respectivamente supongan y el acta se encuentre firmada por el Presidente y el Secretario. Dicha subsanación deberá efectuarse antes de la siguiente reunión de la Junta de propietarios.

1.3.5. Desacuerdo con el contenido del acta

Cualquier copropietario que interprete que el acta de una Junta no se adapta a la realidad, tiene defectos de fondo o incluso considere que se ha cambiado el resultado de una votación, puede acudir a la vía judicial, pues en la LPH se contempla la posibilidad de impugnar cualquier acuerdo por el propietario disconforme al objeto de evitar la consumación de acuerdos ilegales (art. 18 LPH).

1.3.6. La pérdida del libro de actas

Obviamente y dado el carácter obligatorio que posee dicha documentación se deberá proceder a la adquisición y legalización de uno nuevo.

Para ello y según lo que establece el artículo 415 del Decreto de 14 de febrero de 1947 por el que se aprueba el Reglamento Hipotecario, tras la reforma llevada a cabo por el Real Decreto 1368/92, de 13 de noviembre, será requisito indispensable que el Presidente o Secretario de la Comunidad afirme, bajo su responsabilidad, bien en acta notarial o bien ante el Registrador de la Propiedad, que la pérdida del Libro ha sido notificada a todos los propietarios que componen la Comunidad.

Posteriormente a este acto, el Libro deberá ser diligenciado conforme a lo estipulado en el art. 19.1) de la LPH.

En el nuevo Libro deberá insertarse una diligencia en la que se haga consta que, aunque aparezca el libro extraviado, no podrán extenderse nuevas actas en el mismo con fecha posterior a la de esta diligencia.

Jurisprudencia relevante

En este punto resulta interesante, entre otras, la **SAP de Las Palmas,** de fecha **14-10-2004** *(Tol 538896)*

> *«...por la Comunidad demandada se aportaron a las actuaciones, el Acta de constitución de la comunidad de 2 de noviembre de 1993, con los Estatutos de igual fecha así como diligencia en el Libro de Actas de fecha 23 de septiembre de 1999, haciéndose constar que el primer Libro ha sufrido extravío y aunque aparezca no podrán extenderse nuevas actas en el mismo...».*

1.3.7. El Libro del Edificio

Se trata de un documento obligatorio desde mayo de 2000. Es el conjunto de documentación que detalla y describe una obra nueva o edificio recién construido y que es entregado a los compradores para su conocimiento y mantenimiento posterior. Es obligatorio que el promotor lo entregue a la comunidad de propietarios según la Ley 38/1999, de 5 de noviembre, de Ordenación de la Edificación.

Se trata en cierta medida de los documentos escritos y gráficos que registran la historia de la edificación del edificio... Es por tanto un documento útil a la hora de exigir responsabilidades en el caso de que el edificio ocasionara problemas derivados de la ejecución de la obra.

El art. 7 de la Ley de Ordenación de la Edificación dispone que:

> *«Una vez finalizada la obra, el proyecto, con la incorporación, en su caso, de las modificaciones debidamente aprobadas, será facilitado al promotor por el director de obra para la formalización de los correspondientes trámites administrativos.*
> *A dicha documentación se adjuntará, al menos, el acta de recepción, la relación identificativa de los agentes que han intervenido durante el proceso de edificación, así como la relativa a las instrucciones de uso y mantenimiento del edificio y sus instalaciones, de conformidad con la normativa que le sea de aplicación.*
> *Toda la documentación a que hace referencia los apartados anteriores, que constituirá el Libro del Edificio, será entregada a los usuarios finales del edificio.»*

La funcionalidad práctica del Libro del Edificio es la de un manual de conservación de la edificación para sus propietarios que recoge las obligaciones de éstos en materia de conservación del inmueble cuando deciden sumarse a la comunidad de propietarios. Como tal, recoge:

- Las instrucciones para uso y mantenimiento del edificio y sus instalaciones. Se indican revisiones obligatorias y convenientes de las instalaciones —calefacción, fontanería— y plazos máximos recomendados.
- El mantenimiento de los materiales usados en la construcción, etc...., para que sean observados por el usuario final de la vivienda.
- El Proyecto de obra, juntamente con los modificados y reformados que se hayan producido debidamente aprobados.
- El acta de recepción de la obra.
- La relación identificativa de los intervinientes en el proceso de edificación.

Como hemos visto, el Libro del Edificio pretende reunir la documentación jurídica y técnica de cada inmueble en un documento específico, con la finalidad de brindar información sobre el mismo al usuario, planificar el mantenimiento y el seguimiento de la vida del inmueble.

Cuestiones útiles

22. ¿Puede negársele a un propietario la consulta del libro de actas u otra documentación de la comunidad?

No. La LPH en su art. 20.e) establece que, en el caso de que el Administrador actúe como Secretario de la Junta, deberá custodiar la documentación de la Comunidad, que estará a disposición de los titulares.

Sin embargo, la propia LPH, ni en su artículo 14, apartados d) y e), ni tampoco en el artículo 20, apartado e) dice cómo se debe concretar ese derecho de acceso a la documentación que tienen todos los copropietarios. Así se manifiesta la **SAP de Valencia de 29-10-2008** *(Tol 1437030)*, cuando indica que «*...debemos llegar a dos conclusiones: 1º) que la Ley no establece la forma de que los propietarios pueden acceder a esa documentación y por tanto no contiene la exigencia de que se den copias de aquellos a cualquier copropietario o que esta exigencia solo pueda cumplirse mediante su exhibición; 2º) la regulación de ese acceso queda al arbitrio de la Comunidad siempre que el mismo no vulnere la disposición documental que recoge el aparato 'e' del artículo 20 de la LPH*», concluyendo que «*...por ello, la solución debe ser coincidente a la dada por el Juez 'a quo', en la medida que el acuerdo no veda el derecho a acceder a los documentos de la Comunidad que custodia el administrador, pues el modo de cumplirla queda silenciado en la Ley y que por tanto deja al arbitrio de la junta, conforme a las facultades residuales que le confiere los apartados 'd' y 'e' del artículo 14 de la LPH, la concreta manera de efectuar ese acceso. Por consiguiente, el acuerdo impugnado no infringe el artículo 20.e) de la LPH., y por tanto la impugnación queda fuera del supuesto recogido en el artículo 18.1.a. Respecto a la prohibición recogida en el apartado 'c' de ese artículo, debe atenderse a que el acuerdo es de carácter general en cuanto que no perjudica a un propietario en beneficio de otro, sino que afecta por igual a todos ellos y en segundo lugar a que al actor como tal expone su texto, no es lesivo para los intereses de los propietarios pues no les veda el conocimiento de la documentación de la Comunidad y solamente la somete a un trámite previo a la obtención de fotocopias. Esta realidad, no desconoce que en su caso contra el concreto acuerdo que no permite la obtención de determinadas copias por no aceptar los argumentos del solicitante, podrá entenderse que esta incardinado en el apartado antes expuesto, pero el acuerdo impugnado como tal no incurre en el mismo*».

23. Si el administrador se negase a exhibir el libro de actas o cualquier otra documentación de la Comunidad a un comunero ¿cómo debería proceder el afectado al respecto?

El copropietario afectado debería comunicárselo a la Junta, debidamente representada por el Presidente, al objeto de que se instara al Administrador a mostrar la documentación requerida. Si la junta no lo hiciese se podría demandar al Administrador y en base al artículo 256, 1°, 4) de la LEC se le podría exigir que mostrase la documentación, como acto preparatorio al juicio correspondiente. Así este artículo prevé que todo juicio podrá prepararse: *«Por petición de un socio o comunero para que se le exhiban los documentos y cuentas de la sociedad o comunidad, dirigida a éstas o al consocio o condueño que los tenga en su poder».*

24. La inexistencia del libro de actas, ¿afecta a la validez de los acuerdos de la Junta?

La **STS de 10-7-1995** *(Tol 1669039)* afirmó que *«...tampoco puede imputarse al meritado Tribunal infracción alguna del art. 17 de la Ley sobre Propiedad Horizontal pues, aparte de precisar la misma la probanza de la inexistencia del Libro de Actas o la omisión de los requisitos descritos en ese precepto, la imperatividad de su contenido afectaría al régimen interno de la Comunidad de Propietarios y no privaría a los acuerdos adoptados de su efectividad en el caso de haberse observado las prescripciones legales...».* También se pronuncia al respecto la **STS de 25-2-1988** *(Tol 1735333)* cuando indica claramente que *«...por lo que concierne a la infracción hecha mérito, la existencia o inexistencia de un libro de Actas resulta indiferente para las cuestiones relacionadas con la validez o nulidad de la Junta, del Acta correspondiente y de los acuerdos adoptados...».*

25. ¿Quién firma el acta de la Junta en la que se produce el nombramiento de nuevo Presidente?

Pese a que la LPH guarda silencio sobre esta cuestión, entendemos que el acta de la reunión de la Junta de Propietarios en la que se produce el relevo del Presidente deberá ser firma por el Presidente que presidió esta reunión. Al menos así lo hace la **SAP de Castellón de 7-6-2010** *(Tol 1934366)*, cuando señala que *«...se trata de meros errores materiales que han sido corregidos, sobre los que además debió preguntarse al administrador cuando compareció en el juicio, al igual que sobre las irregularidades que se indican, pudiendo haber aclarado por qué firmó esta acta el presidente entrante y no el saliente y por qué no se hicieron constar si todos los acuerdos fueron adoptados por unanimidad, como se indicó en el primero de los que se decidieron...».*

26. ¿Qué sucede si existe un acta que no ha sido firmada?

El Tribunal Supremo, en **STS de 25-4-1992 1.660.345**, se pronunció al respecto: *«...a mayores razones, si se tiene en cuenta que la ausencia de firmas en las actas de las juntas de copropietarios —si bien es conveniente que figuren, pues se aporta mayor seguridad a lo que reflejan tales documentos—, no priva de virtualidad a los acuerdos dotados de la necesaria legalidad. La firma tiene significación formal de representar un elemento confirmatorio de las declaraciones emitidas y recogidas en los documentos que hayan producido las partes obligadas (sentencia de 23 de junio de 1983)...».*

Más recientemente, la **SAP de Málaga de 4-2-2008** *(Tol 1350300)* afirma que «...*la ausencia de las firmas requeridas por la nueva redacción del art. 19,1 de la LPH, no priva de virtualidad a los acuerdos dotados de la necesaria legalidad; la firma tiene significación formal de representar un elemento confirmatorio de las declaraciones emitidas y recogidas en los documentos que hayan producido las partes obligadas. El supuesto incumplimiento de los requisitos formales en el acta de la reunión, tales como que no consta la firma de éstos, no afectan esencialmente a la validez de la reunión, pues no se produce indefensión para cualquiera de los comuneros (STS de 25 abril 1992). De lo que se desprende la conclusión de que la ausencia de firmas en el acta de reunión de la Junta de propietarios no provoca la nulidad de los acuerdos adoptados, siempre que su realidad quede cumplidamente acreditada. Entendiéndose que sólo se consideran vicios de entidad suficiente para producir la nulidad de los acuerdos adoptados en Junta los que expresamente señala el art. 18,1 de la LPH. La mencionada circunstancia de falta de firma del acta provocará su ineficacia a los meros efectos probatorios, sin que provoque necesariamente la nulidad de los acuerdos, que, acreditada su realidad y contenido, serán plenamente válidos. En el sentido del carácter del acta como documento ad probationem de los acuerdos adoptados en la reunión plasmada en aquélla se pronuncia la SAP Granada, 12 julio 1999...*».

1.4. La junta de propietarios y la adopción de acuerdos

El diccionario de la Real Academia de la Lengua Española define acuerdo como *«resolución que se toma en los tribunales, sociedades, comunidades u órganos colegiados»*. Otra acepción de la palabra acuerdo, que recoge este mismo diccionario es la de *«convenio entre dos o más partes»*.

Así pues, un acuerdo de una Junta de Propietarios será una resolución que se toma, dentro de las potestades que la Ley de Propiedad Horizontal atribuye a este órgano de gobierno, que resultará del convenio entre los propietarios asistentes a dicha Junta, teniendo en cuenta asimismo los propietarios ausentes que deben ser notificados y ajustándose, en todo caso, al régimen de mayorías previsto en la propia LPH.

1.4.1. Diferencia entre mayoría y unanimidad

Un acuerdo es aprobado por unanimidad cuando, una vez celebrada la Junta, habiendo sido debidamente notificados todos los titulares, todos los copropietarios presentes están de acuerdo con el mismo, mientras que en un acuerdo aprobado por mayoría habrá asistentes que hayan votado en contra o se hayan abstenido.

Además, la norma mantiene para las mayorías la necesidad de computar las cuotas de participación en un doble recuento —personas y cuotas— para que los acuerdos sean válidos, como después veremos.

1.4.2. Acuerdos que deben ser necesariamente adoptados por unanimidad

1.4.2.1. Aspectos generales

Antes de la reforma de 1999, la Ley de Propiedad Horizontal, en su artículo 16 —de forma general— y la jurisprudencia, casuísticamente, establecían aquellos acuerdos para los que era necesaria la unanimidad en su aprobación. Podemos destacar los siguientes:

- Aprobación o modificación de reglas contenidas en el título constitutivo de la propiedad o en los estatutos (art. 16.1 antigua redacción LPH).
- Modificar la cuota de participación de un propietario en el caso de que en su local se vayan a producir mejoras o menoscabos [STS 22-3-94 *(Tol 208728)*].
- Cualquier obra o construcción en la estructura o zonas comunes del edificio por afectar al título constitutivo: construcción de trasteros en la terraza, cubrimiento de un patio de luces común, etc. (STS 12-2-86).
- La división de pisos en nuevos apartamentos o la agregación de otros (STS 30-6-1986).
- Supresión de servicios comunes que figuraban en el título o que existían desde el inicio de la propiedad. Un ejemplo muy corriente y conflictivo era el acuerdo para la supresión del servicio de portería que, necesariamente, debía efectuarse por unanimidad [STS 16-7-92 *(Tol 178388)*].
- Aprobación o modificación de Estatutos (STS 21-5-76).
- Modificación del sistema de reparto de gastos comunitarios [STS 22-12-93 *(Tol 179077)*].

Con la reforma de la LPH de 1999 el art. 17 el legislador dio un vuelco a alguna de estas normas, de tal forma que el art. 17.1° establecía que: «*La unanimidad sólo será exigible para la validez de los acuerdos que impliquen la aprobación o modificación de reglas contenidas en el título constitutivo de la propiedad horizontal o en los estatutos de la comunidad...*», pero, a partir de ahí comenzó la innovación en lo que a adopción de acuerdos se refiere, atendiendo fundamentalmente a un criterio social frente al individual que primaba en la Ley de 1960.

De esta manera, el art. 17.2° disponía que: «*El establecimiento o supresión de los servicios de ascensor, portería, conserjería, vigilancia u otros servicios comunes de interés general, incluso cuando supongan la modificación del título constitutivo o de los estatutos, requerirá el voto favorable de la tres quintas partes del total de los propietarios que, a su vez, representen las tres quintas partes de las cuotas de participación».*

La Ley puso fin con la reforma de 1999 a acuerdos conflictivos tales como el establecimiento o supresión del servicio de portería, bastando, para ello, el voto favorable de las tres quintas partes del total de propietarios. Como hemos citado, antes de la reforma de 1999 el acuerdo de supresión de servicios comunes que figuraban en el título constitutivo o que existían desde el inicio de la propiedad, debía adoptarse necesariamente por unanimidad. Es, por tanto, una de las importantes innovaciones que la Ley introdujo en la redacción de 1999.

Como podemos observar, la misma regla servía para el establecimiento del servicio de ascensor u otros servicios comunes de interés general. Este precepto puso fin a muchos conflictos en multitud de comunidades, pues, en no pocas ocasiones, un único voto negativo de un copropietario privaba a la mayoría de comuneros de una instalación que podía redundar en una mejor calidad de vida de sus integrantes.

En este punto debemos tener presente la modificación introducida por la Ley 19/2009, de 23 de noviembre, de medidas de fomento y agilización procesal del alquiler y de la eficiencia energética de los edificios, que en su artículo 3º introdujo una modificación en el artículo 17 LPH, en el sentido de que se añadió un nuevo apartado 3 a dicho artículo, de modo que los apartados 3 y 4 quedaron redactados del siguiente modo:

> *«3. El establecimiento o supresión de equipos o sistemas distintos de los mencionados en el apartado anterior que tengan por finalidad mejorar la eficiencia energética o hídrica del inmueble, incluso cuando supongan la modificación del título constitutivo o de los estatutos, requerirá el voto favorable de las tres quintas partes del total de los propietarios que, a su vez, representen las tres quintas partes de las cuotas de participación. Los acuerdos válidamente adoptados con arreglo a esta norma obligan a todos los propietarios.*
>
> *No obstante, si los equipos o sistemas tienen un aprovechamiento privativo, para la adopción del acuerdo bastará el voto favorable de un tercio de los integrantes de la comunidad que representen, a su vez, un tercio de las cuotas de participación, aplicándose, en este caso, el sistema de repercusión de costes establecido en el apartado anterior.*
>
> *Si se tratara de instalar en el aparcamiento del edificio un punto de recarga de vehículos eléctricos para uso privado, siempre que éste se ubicara en una plaza individual de garaje, sólo se requerirá la comunicación previa a la comunidad de que se procederá a su instalación. El coste de dicha instalación será asumido íntegramente por el o los interesados directos en la misma.*
>
> *4. Para la validez de los demás acuerdos bastará el voto de la mayoría del total de los propietarios que, a su vez, representen la mayoría de las cuotas de participación. En segunda convocatoria serán validos los acuerdos adoptados por la mayoría de los asistentes, siempre que ésta represente, a su vez, más de la mitad del valor de las cuotas de los presentes.*
>
> *Cuando la mayoría no se pudiere lograr por los procedimientos establecidos en los párrafos anteriores, el Juez, a instancia de parte deducida en el mes siguiente a la fecha de la segunda Junta, y oyendo en comparecencia los contradictores previamente citados, resolverá en equidad lo que proceda dentro de veinte días, contados desde la petición, haciendo pronunciamiento sobre el pago de costas.»*

Sin embargo, la reforma introducida por la disposición final primera de la Ley 8/2013, de 26 de junio, de rehabilitación, regeneración y renovación urbanas en la Ley de Propiedad Horizontal, ha supuesto un vuelco en el régimen de mayorías aplicable a los acuerdos de las juntas de propietarios. La exposición de motivos de la Ley 8/2013 señala que esta reforma se hace *«con el objeto de evitar que los actuales regímenes de mayorías establecidos impidan la realización de las actuaciones previstas en la nueva Ley. No se puede hacer depender algunos de sus más importantes efectos de que las comunidades de propietarios adopten dicha decisión por unanimidad o por mayorías muy cualificadas, máxime cuando van a incluir obras que, aunque afecten al título constitutivo o a los estatutos, en realidad competen a la Administración actuante autorizar o, en algunos casos, exigir.»*

La Ley 8/2013 ha dado una nueva redacción al artículo 17 LPH, quedando con el siguiente tenor literal:

> *«Los acuerdos de la Junta de propietarios se sujetarán a las siguientes reglas:*
> *1. La instalación de las infraestructuras comunes para el acceso a los servicios de telecomunicación regulados en el Real Decreto-ley 1/1998, de 27 de febrero, sobre infraestructuras comunes en los edificios para el acceso a los servicios de telecomunicación, o la adaptación de los existentes, así como la instalación de sistemas comunes o privativos, de aprovechamiento de energías renovables, o bien de las infraestructuras necesarias para acceder a nuevos suministros energéticos colectivos, podrá ser acordada, a petición de cualquier propietario, por un tercio de los integrantes de la comunidad que representen, a su vez, un tercio de las cuotas de participación.*
> *La comunidad no podrá repercutir el coste de la instalación o adaptación de dichas infraestructuras comunes, ni los derivados de su conservación y mantenimiento posterior, sobre aquellos propietarios que no hubieren votado expresamente en la Junta a favor del acuerdo. No obstante, si con posterioridad solicitasen el acceso a los servicios de telecomunicaciones o a los suministros energéticos, y ello requiera aprovechar las nuevas infraestructuras o las adaptaciones realizadas en las preexistentes, podrá autorizárseles siempre que abonen el importe que les hubiera correspondido, debidamente actualizado, aplicando el correspondiente interés legal.*
> *No obstante lo dispuesto en el párrafo anterior respecto a los gastos de conservación y mantenimiento, la nueva infraestructura instalada tendrá la consideración, a los efectos establecidos en esta Ley, de elemento común.*
> *2. Sin perjuicio de lo establecido en el artículo 10.1 b), la realización de obras o el establecimiento de nuevos servicios comunes que tengan por finalidad la supresión de barreras arquitectónicas que dificulten el acceso o movilidad de personas con discapacidad y, en todo caso, el establecimiento de los servicios de ascensor, incluso cuando impliquen la modificación del título constitutivo, o de los estatutos, requerirá el voto favorable de la mayoría de los propietarios, que, a su vez, representen la mayoría de las cuotas de participación.*
> *Cuando se adopten válidamente acuerdos para la realización de obras de accesibilidad, la comunidad quedará obligada al pago de los gastos, aun cuando su importe repercutido anualmente exceda de doce mensualidades ordinarias de gastos comunes.*
> *3. El establecimiento o supresión de los servicios de portería, conserjería, vigilancia u otros servicios comunes de interés general, supongan o no modificación del título constitutivo o de los estatutos, requerirán el voto favorable de las tres quintas partes del total de los propietarios que, a su vez, representen las tres quintas partes de las cuotas de participación.*

Idéntico régimen se aplicará al arrendamiento de elementos comunes que no tengan asignado un uso específico en el inmueble y el establecimiento o supresión de equipos o sistemas, no recogidos en el apartado 1, que tengan por finalidad mejorar la eficiencia energética o hídrica del inmueble. En éste último caso, los acuerdos válidamente adoptados con arreglo a esta norma obligan a todos los propietarios. No obstante, si los equipos o sistemas tienen un aprovechamiento privativo, para la adopción del acuerdo bastará el voto favorable de un tercio de los integrantes de la comunidad que representen, a su vez, un tercio de las cuotas de participación, aplicándose, en este caso, el sistema de repercusión de costes establecido en dicho apartado.

4. Ningún propietario podrá exigir nuevas instalaciones, servicios o mejoras no requeridos para la adecuada conservación, habitabilidad, seguridad y accesibilidad del inmueble, según su naturaleza y características.

No obstante, cuando por el voto favorable de las tres quintas partes del total de los propietarios que, a su vez, representen las tres quintas partes de las cuotas de participación, se adopten válidamente acuerdos, para realizar innovaciones, nuevas instalaciones, servicios o mejoras no requeridos para la adecuada conservación, habitabilidad, seguridad y accesibilidad del inmueble, no exigibles y cuya cuota de instalación exceda del importe de tres mensualidades ordinarias de gastos comunes, el disidente no resultará obligado, ni se modificará su cuota, incluso en el caso de que no pueda privársele de la mejora o ventaja. Si el disidente desea, en cualquier tiempo, participar de las ventajas de la innovación, habrá de abonar su cuota en los gastos de realización y mantenimiento, debidamente actualizados mediante la aplicación del correspondiente interés legal.

No podrán realizarse innovaciones que hagan inservible alguna parte del edificio para el uso y disfrute de un propietario, si no consta su consentimiento expreso.

5. La instalación de un punto de recarga de vehículos eléctricos para uso privado en el aparcamiento del edificio, siempre que éste se ubique en una plaza individual de garaje, sólo requerirá la comunicación previa a la comunidad. El coste de dicha instalación y el consumo de electricidad correspondiente serán asumidos íntegramente por el o los interesados directos en la misma.

6. Los acuerdos no regulados expresamente en este artículo, que impliquen la aprobación o modificación de las reglas contenidas en el título constitutivo de la propiedad horizontal o en los estatutos de la comunidad, requerirán para su validez la unanimidad del total de los propietarios que, a su vez, representen el total de las cuotas de participación.

7. Para la validez de los demás acuerdos bastará el voto de la mayoría del total de los propietarios que, a su vez, representen la mayoría de las cuotas de participación. En segunda convocatoria serán válidos los acuerdos adoptados por la mayoría de los asistentes, siempre que ésta represente, a su vez, más de la mitad del valor de las cuotas de los presentes.

Cuando la mayoría no se pudiere lograr por los procedimientos establecidos en los apartados anteriores, el Juez, a instancia de parte deducida en el mes siguiente a la fecha de la segunda Junta, y oyendo en comparecencia los contradictores previamente citados, resolverá en equidad lo que proceda dentro de veinte días, contados desde la petición, haciendo pronunciamiento sobre el pago de costas.

8. Salvo en los supuestos expresamente previstos en los que no se pueda repercutir el coste de los servicios a aquellos propietarios que no hubieren votado expresamente en la Junta a favor del acuerdo, o en los casos en los que la modificación o reforma se haga para aprovechamiento privativo, se computarán como votos favorables los de aquellos propietarios ausentes de la Junta, debidamente citados, quienes una vez informados del acuerdo adoptado por los presentes, conforme al procedimiento establecido en el artículo 9, no manifiesten su discrepancia mediante comunicación a quien ejerza las funciones de secretario de la comunidad en el plazo de 30 días naturales, por cualquier medio que permita tener constancia de la recepción.

9. Los acuerdos válidamente adoptados con arreglo a lo dispuesto en este artículo obligan a todos los propietarios.
10. En caso de discrepancia sobre la naturaleza de las obras a realizar resolverá lo procedente la Junta de propietarios. También podrán los interesados solicitar arbitraje o dictamen técnico en los términos establecidos en la Ley.
11. Las derramas para el pago de mejoras realizadas o por realizar en el inmueble serán a cargo de quien sea propietario en el momento de la exigibilidad de las cantidades afectas al pago de dichas mejoras.»

Así pues, en la actualidad, la LPH contempla el régimen de unanimidad aplicable a supuestos muy concretos tratando de flexibilizar el mismo, estableciendo su apartado 6º que: *«Los acuerdos no regulados expresamente en este artículo, que impliquen la aprobación o modificación de las reglas contenidas en el título constitutivo de la propiedad horizontal o en los estatutos de la comunidad, requerirán para su validez la unanimidad del total de los propietarios que, a su vez, representen el total de las cuotas de participación.»*

1.4.2.2. Notificación a los propietarios ausentes

El art. 17.8º regula lo siguiente: *«Salvo en los supuestos expresamente previstos en los que no se pueda repercutir el coste de los servicios a aquellos propietarios que no hubieren votado expresamente en la Junta a favor del acuerdo, o en los casos en los que la modificación o reforma se haga para aprovechamiento privativo, se computarán como votos favorables los de aquellos propietarios ausentes de la Junta, debidamente citados, quienes una vez informados del acuerdo adoptado por los presentes, conforme al procedimiento establecido en el artículo 9, no manifiesten su discrepancia mediante comunicación a quien ejerza las funciones de secretario de la comunidad en el plazo de 30 días naturales, por cualquier medio que permita tener constancia de la recepción»*.

La redacción de este artículo favorece, por una parte, la consolidación de acuerdos, al considerar votos favorables los de los propietarios ausentes que no manifiesten su disconformidad en el plazo de 30 días naturales desde que reciban la notificación del acta, permitiendo que las *«mayorías silenciosas»* que raramente acuden a las Juntas incrementen los votos de algunos acuerdos que, en caso contrario, siempre planteaban la duda de su legalidad al ser aprobados por un número mínimo de propietarios, siempre en segunda convocatoria.

Jurisprudencia relevante

La **STS de 7-3-2013** *(Tol 3536688)* analiza la notificación de los acuerdos a los propietarios ausentes:

«...A) El artículo 18.3 LPH establece, con carácter general, ahora respecto de todos los acuerdos, que la acción caducará en los plazos que establece a partir del momento de la adopción del acuerdo, con la excepción de que "[p]ara los propietarios ausentes dicho plazo se computará a partir de la comunicación del acuerdo conforme al procedimiento establecido en el art. 9".
Esta Sala interpretando el artículo 16, regla primera, párrafo segundo, LPH, en la redacción de 1990, sostenía en SSTS de 21 de mayo de 1976, 7 de abril de 1997, 19 de diciembre de 1997, 14 de diciembre de 2001, 18 de abril de 2007, 30 de mayo de 2007 que este trataba de asegurar que los propietarios que, debidamente citados, no hubieren asistido a la Junta, tuvieran un conocimiento completo y detallado de los acuerdos adoptados. Esta doctrina resulta aplicable en lo sustancial a la nueva redacción del artículo 18.3 LPH, en relación con el artículo 9 LPH, como así lo declara la STS de 22 de diciembre de 2008 alegada por la parte como fundamento del interés casacional junto con la de 10 de julio de 2003.
La STS de 22 de diciembre de 2008 trata el tema del cómputo del plazo para impugnar los acuerdos que adopte la comunidad de propietarios y la forma de verificar la notificación de los acuerdos a los propietarios ausentes conforme a lo dispuesto en el artículo 9 LPH y dispone que para el inicio del cómputo de plazo para la acción de impugnación es necesario que se pruebe el conocimiento detallado del acuerdo y no su mera existencia, pues solamente el primero garantiza el ejercicio de la acción en condiciones de efectividad del derecho a la tutela judicial efectiva. La STS de 10 de julio de 2003 en un supuesto de impugnación de acuerdos comunitarios en el que se cuestionaba si había tenido lugar la citación para la junta, declara que la carga de la prueba sobre si se produjo o no la citación para asistir a la junta corresponde a la parte que sostiene que la citación ha tenido lugar porque la alegación de falta de citación implica un hecho negativo que al no poder ser probado mediante un hecho positivo produce el efecto de desplazar el onus probandi [carga de la prueba], especialmente cuando todo propietario tiene derecho a que se le cite debidamente a las juntas de la comunidad sobre todo si se van a adoptar acuerdos que les afecten directamente.
B) Esta Sala como se ha expuesto con anterioridad tiene una consolidada doctrina en cuanto al inicio del cómputo del plazo para impugnar para los ausentes de las reuniones y la obligatoriedad por parte de los órganos representativos de la comunidad de notificar el acuerdo a los mismos en la forma determinada en el artículo 9 LPH que la Audiencia Provincial no solo no contradice sino que la aplica, ya que sin desconocer que todo copropietario tiene derecho a que se le cite debidamente a las juntas de la comunidad de propietarios a que pertenece, y máxime si se van a adoptar acuerdos que le afectan directamente declara que los acuerdos adoptados por la comunidad demandante por los que no se permitía instalar aparatos de aire acondicionado en la fachada del edificio fueron debidamente notificados al anterior propietario de la vivienda (al que en ningún caso se ha considerado como propietario ausente) de la que actualmente son titulares los recurrentes, quienes desde que compraron la vivienda ocupan la posición de estos, sin que los mismos hubieran sido impugnados por aquellos hasta el ejercicio de la presente acción. De igual forma estima acreditado, al dar por reproducidos los fundamentos de derecho de la sentencia de primera instancia que los actuales propietarios, ahora recurrentes cuando adquirieron en septiembre de 2004 la vivienda conocían el título constitutivo que conforma la comunidad de propietarios y en el que se describe la configuración del inmueble así como los acuerdos cuestionados, tal y como se extrae de la prueba de interrogatorio de parte y de la testifical practicada. Por tanto no es cierto, como afirman los recurrentes que quede acreditada la citación a la junta y la notificación y, por lo tanto, el conocimiento de los acuerdos por la simple manifestación de la comunidad demandante, sino que lo anterior se corrobora con la prueba practicada en autos.
No es irrazonable deducir que los anteriores propietarios conocieron el acuerdo inicial, dadas las circunstancias que pudo tener en cuenta la Audiencia Provincial para darlo por probado,

especialmente el hecho de que se esperó hasta tres meses desde la adopción del acuerdo por mayoría en octubre de 1999 por si alguno de los propietarios lo impugnaba sin que constase en acta impugnación alguna, constan anotaciones manuscritas del entonces administrador para procurar la notificación del acuerdo de forma personal y escrita, pese a que la forma habitual empleada por la comunidad para la notificación de las actas era por correo, según hace constar el juez de primera instancia cuya valoración de la prueba implícitamente acepta la Audiencia Provincial, el acuerdo inicial se ratificó en junio del año 2000 y transcurrió un largo tiempo sin protesta alguna. En todo caso, los nuevos propietarios, que se subrogaron en la posición de los anteriores, no lo recurrieron en el plazo de un año desde que, según la Audiencia Provincial, tuvieron conocimiento de él, según se declara expresamente probado mediante prueba testifical.

Sentado lo anterior, demostrado el conocimiento tanto de los anteriores como de los actuales propietarios de la vivienda sita en planta NUM001.º puerta NUM000.º de los acuerdos adoptados en su día por la comunidad de propietarios que impedían la instalación de aparatos de aire acondicionado en la fachada del inmueble en la parte destinada a viviendas permitiendo su instalación en la cubierta del edificio y el carácter extemporáneo de la impugnación realizada por los recurrentes la sentencia recurrida no incurre en las infracciones denunciadas a menos que se altere la base fáctica tomada en consideración por la sentencia impugnada…».

1.4.3. La mayoría en la adopción de acuerdos

1.4.3.1. Aspectos generales

La norma séptima del artículo 17, tras la reforma introducida por la Ley 8/2013 establece que *«para la validez de los demás acuerdos bastará el voto de la mayoría del total de los propietarios que, a su vez, representen la mayoría de las cuotas de participación. En segunda convocatoria serán válidos los acuerdos adoptados por la mayoría de los asistentes, siempre que ésta represente, a su vez, más de la mitad del valor de las cuotas de los presentes.*

Cuando la mayoría no se pudiere lograr por los procedimientos establecidos en los apartados anteriores, el Juez, a instancia de parte deducida en el mes siguiente a la fecha de la segunda Junta, y oyendo en comparecencia los contradictores previamente citados, resolverá en equidad lo que proceda dentro de veinte días, contados desde la petición, haciendo pronunciamiento sobre el pago de costas».

Sin ánimo de exhaustividad y sin perjuicio de analizar los supuestos de mayorías especiales, que abordaremos más adelante, podemos citar como acuerdos que sólo exigen mayoría, los siguientes:

- Ampliación del fondo de reserva o maniobra. Antes de la reforma de 1999 y ante el silencio de la Ley, se precisaba la mayoría para su creación. Se refiere al fondo de maniobra de que disponen las comunidades para hacer frente a los gastos generales y que nada tiene que ver con el fondo de reserva que la actual redacción exige en su articulado (art. 9.1.f) obligando a todas las comunidades a dotarse de un nuevo fondo para atender las obras de conservación y reparación de la finca, nunca inferior al cinco por ciento del presupuesto.

- Aprobación del plan de gastos e ingresos previsibles de la Comunidad [STS de 22 de marzo de 1994 *(Tol 208728)*].
- Acordar el ejercicio de acciones judiciales.
- Nombramiento y cese de cargos: Presidente, Secretario y Administrador.
- Aprobación de las Normas de Régimen Interior.
- Aprobación de obras de mejora.

1.4.3.2. Régimen de mayorías

El art. 17 LPH ha sufrido una importante modificación con la Ley 8/2013 y el régimen de mayorías para la toma de acuerdos en la Junta de Propietarios ha quedado establecido de la siguiente manera:

a) **Mayoría de 1/3 de los propietarios que, a su vez, representen 1/3 de las cuotas de participación:** La instalación de las infraestructuras comunes para el acceso a los servicios de telecomunicación regulados en el Real Decreto-ley 1/1998, de 27 de febrero, sobre infraestructuras comunes en los edificios para el acceso a los servicios de telecomunicación, o la adaptación de los existentes, así como la instalación de sistemas comunes o privativos, de aprovechamiento de energías renovables, o bien de las infraestructuras necesarias para acceder a nuevos suministros energéticos colectivos (art. 17.1° LPH).

   Establecimiento o supresión de equipos o sistemas, no recogidos en el apartado 1° del art. 17 LPH, que tengan por finalidad mejorar la eficiencia energética o hídrica del inmueble y tengan un aprovechamiento privativo (art. 17.3° LPH).

b) **Mayoría de 3/5 de los propietarios que, a su vez, representen 3/5 de las cuotas de participación:** El establecimiento o supresión de los servicios de portería, conserjería, vigilancia u otros servicios comunes de interés general, supongan o no modificación del título constitutivo o de los estatutos, requerirán el voto favorable de las tres quintas partes del total de los propietarios que, a su vez, representen las tres quintas partes de las cuotas de participación.

   Idéntico régimen se aplicará al arrendamiento de elementos comunes que no tengan asignado un uso específico en el inmueble y el establecimiento o supresión de equipos o sistemas, no recogidos en el apartado 1°, que tengan por finalidad mejorar la eficiencia energética o hídrica del inmueble y no tengan un aprovechamiento privativo (art. 17.3° LPH).

c) **Unanimidad:** Los acuerdos no regulados expresamente en el art. 17 LPH, que impliquen la aprobación o modificación de las reglas contenidas en el título constitutivo de la propiedad horizontal o en los estatutos de la comunidad, requerirán para su validez la unanimidad del total de los propietarios que, a su vez, representen el total de las cuotas de participación (art. 17.6° LPH).

d) **Mayoría de los propietarios que, a su vez, representen la mayoría de las cuotas de participación:** Para la validez de los demás acuerdos bastará el voto de la mayoría del total de los propietarios que, a su vez, representen la mayoría de las cuotas de participación. En segunda convocatoria serán válidos los acuerdos adoptados por la mayoría de los asistentes, siempre que ésta represente, a su vez, más de la mitad del valor de las cuotas de los presentes (art. 17.7° LPH).

   Sin perjuicio de lo establecido en el artículo 10.1 b), la realización de obras o el establecimiento de nuevos servicios comunes que tengan por finalidad la supresión de barreras arquitectónicas que dificulten el acceso o movilidad de personas con discapacidad y, en todo caso, el establecimiento de los servicios de ascensor, incluso cuando impliquen la modificación del título constitutivo, o de los estatutos, requerirá el voto favorable de la mayoría de los propietarios, que, a su vez, representen la mayoría de las cuotas de participación (art. 17.2° LPH).

e) **Mera comunicación previa a la comunidad:** La instalación de un punto de recarga de vehículos eléctricos para uso privado en el aparcamiento del edificio, siempre que éste se ubique en una plaza individual de garaje, sólo requerirá la comunicación previa a la comunidad. El coste de dicha instalación y el consumo de electricidad correspondiente serán asumidos íntegramente por el o los interesados directos en la misma (art. 17.5° LPH).

f) **Régimen especial de acuerdos del art. 10 LPH:** El art. 10 LPH ha sufrido una importante modificación tras la entrada en vigor de la Ley 8/2013, afectando al régimen de acuerdos de la Junta de Propietarios en determinados supuestos. Así, este artículo ha quedado redactado de la siguiente manera: «*1. Tendrán carácter obligatorio y no requerirán de acuerdo previo de la Junta de propietarios, impliquen o no modificación del título constitutivo o de los estatutos, y vengan impuestas por las Administraciones Públicas o solicitadas a instancia de los propietarios, las siguientes actuaciones:*

   a) Los trabajos y las obras que resulten necesarias para el adecuado mantenimiento y cumplimiento del deber de conservación del inmueble y de sus servicios e instalaciones comunes, incluyendo en todo caso, las necesarias para satisfacer los requisitos básicos de seguridad, habitabilidad y accesibilidad universal, así como las condiciones de ornato y cualesquiera otras derivadas de la imposición, por parte de la Administración, del deber legal de conservación.

b) Las obras y actuaciones que resulten necesarias para garantizar los ajustes razonables en materia de accesibilidad universal y, en todo caso, las requeridas a instancia de los propietarios en cuya vivienda o local vivan, trabajen o presten servicios voluntarios, personas con discapacidad, o mayores de setenta años, con el objeto de asegurarles un uso adecuado a sus necesidades de los elementos comunes, así como la instalación de rampas, ascensores u otros dispositivos mecánicos y electrónicos que favorezcan la orientación o su comunicación con el exterior, siempre que el importe repercutido anualmente de las mismas, una vez descontadas las subvenciones o ayudas públicas, no exceda de doce mensualidades ordinarias de gastos comunes. No eliminará el carácter obligatorio de estas obras el hecho de que el resto de su coste, más allá de las citadas mensualidades, sea asumido por quienes las hayan requerido.

c) La ocupación de elementos comunes del edificio o del complejo inmobiliario privado durante el tiempo que duren las obras a las que se refieren las letras anteriores.

d) La construcción de nuevas plantas y cualquier otra alteración de la estructura o fábrica del edificio o de las cosas comunes, así como la constitución de un complejo inmobiliario, tal y como prevé el artículo 17.4 del texto refundido de la Ley de Suelo, aprobado por el Real Decreto Legislativo 2/2008, de 20 de junio, que resulten preceptivos a consecuencia de la inclusión del inmueble en un ámbito de actuación de rehabilitación o de regeneración y renovación urbana.

e) Los actos de división material de pisos o locales y sus anejos para formar otros más reducidos e independientes, el aumento de su superficie por agregación de otros colindantes del mismo edificio, o su disminución por segregación de alguna parte, realizados por voluntad y a instancia de sus propietarios, cuando tales actuaciones sean posibles a consecuencia de la inclusión del inmueble en un ámbito de actuación de rehabilitación o de regeneración y renovación urbanas.

2. Teniendo en cuenta el carácter de necesarias u obligatorias de las actuaciones referidas en las letras a) a d) del apartado anterior, procederá lo siguiente:

a) Serán costeadas por los propietarios de la correspondiente comunidad o agrupación de comunidades, limitándose el acuerdo de la Junta a la distribución de la derrama pertinente y a la determinación de los términos de su abono.

b) Los propietarios que se opongan o demoren injustificadamente la ejecución de las órdenes dictadas por la autoridad competente responderán individualmente de las sanciones que puedan imponerse en vía administrativa.

c) Los pisos o locales quedarán afectos al pago de los gastos derivados de la realización de dichas obras o actuaciones en los mismos términos y condiciones que los establecidos en el artículo 9 para los gastos generales.

3. Requerirán autorización administrativa, en todo caso:

a) La constitución y modificación del complejo inmobiliario a que se refiere el artículo 17.6 del texto refundido de la Ley de Suelo, aprobado por el Real Decreto Legislativo 2/2008, de 20 de junio, en sus mismos términos.

b) Cuando así se haya solicitado, previa aprobación por las tres quintas partes del total de los propietarios que, a su vez, representen las tres quintas partes de las cuotas de participación, la división material de los pisos o locales y sus anejos, para formar otros más reducidos e independientes; el aumento de su superficie por agregación de otros colindantes del mismo edificio o su disminución por segregación de alguna parte; la construcción de nuevas plantas y cualquier otra alteración de la estructura o fábrica del edificio, incluyendo el cerramiento de las terrazas y la modificación de la envolvente para mejorar la eficiencia energética, o de las cosas comunes, cuando concurran los requisitos a que alude el artículo 17.6 del texto refundido de la Ley de Suelo, aprobado por el Real Decreto Legislativo 2/2008, de 20 de junio.

En estos supuestos deberá constar el consentimiento de los titulares afectados y corresponderá a la Junta de Propietarios, de común acuerdo con aquéllos, y por mayoría de tres quintas partes del total de los propietarios, la determinación de la indemnización por daños y perjuicios que corresponda. La fijación de las nuevas cuotas de participación, así como la determinación de la naturaleza de las obras que se vayan a realizar, en caso de discrepancia sobre las mismas, requerirá la adopción del oportuno acuerdo de la Junta de Propietarios, por idéntica mayoría. A este respecto también podrán los interesados solicitar arbitraje o dictamen técnico en los términos establecidos en la Ley.»

Una cuestión que ha suscitado tradicionalmente numerosas consultas y conflictos en las comunidades de propietarios, ha sido el establecimiento de medidas para la supresión de barreras arquitectónicas para personas con discapacidad o mayores de setenta años. Esta cuestión, ya abordada en la reforma de la LPH operada por la Ley 26/2011, de 1 de agosto, de adaptación normativa a la Convención Internacional sobre los Derechos de las Personas con Discapacidad, ha sido retomada por la Ley 8/2013, modificándose los artículos 10 y 17 LPH, de tal forma que el procedimiento por el que un discapacitado pueda promover una acción para suprimir barreras arquitectónicas en una comunidad de propietarios sujeta al régimen de propiedad horizontal es el siguiente:

1) Obligar a la comunidad a realizar y sufragar obras cuyo importe no exceda de doce mensualidades de gastos comunes.

El art. 10.1º b) LPH dice que *«tendrán carácter obligatorio y no requerirán de acuerdo previo de la Junta de propietarios, impliquen o no modificación del título constitutivo o de los estatutos, y vengan impuestas por las Administraciones Públicas o solicitadas a instancia de los propietarios, las siguientes actuaciones:*

Las obras y actuaciones que resulten necesarias para garantizar los ajustes razonables en materia de accesibilidad universal y, en todo caso, las requeridas a instancia de los propietarios en cuya vivienda o local vivan, trabajen o presten servicios voluntarios, personas con discapacidad, o mayores de setenta años, con el objeto de asegurarles un uso adecuado a sus necesidades de los elementos comunes, así como la instalación de rampas, ascensores u otros dispositivos mecánicos y electrónicos que favorezcan la orientación o su comunicación con el exterior, siempre que el importe repercutido anualmente de las mismas, una vez descontadas las subvenciones o ayudas públicas, no exceda de doce mensualidades ordinarias de gastos comunes. No eliminará el carácter obligatorio de estas obras el hecho de que el resto de su coste, más allá de las citadas mensualidades, sea asumido por quienes las hayan requerido.»

El propio art. 10 LPH añade, en su apartado 2º, lo siguiente: *«Teniendo en cuenta el carácter de necesarias u obligatorias de las actuaciones referidas en las letras a) a d) del apartado anterior, procederá lo siguiente:*

a) Serán costeadas por los propietarios de la correspondiente comunidad o agrupación de comunidades, limitándose el acuerdo de la Junta a la distribución de la derrama pertinente y a la determinación de los términos de su abono.

b) Los propietarios que se opongan o demoren injustificadamente la ejecución de las órdenes dictadas por la autoridad competente responderán individualmente de las sanciones que puedan imponerse en vía administrativa.

c) Los pisos o locales quedarán afectos al pago de los gastos derivados de la realización de dichas obras o actuaciones en los mismos términos y condiciones que los establecidos en el artículo 9 para los gastos generales.»

2) Si las obras superan las doce mensualidades ordinarias, se puede intentar promover acuerdo de la junta de la comunidad de al menos la mayoría de propietarios y cuotas de participación. Si se adoptara dicho acuerdo vinculará a todos los propietarios, incluidos los disidentes.

El artículo 17.2º LPH establece que *«sin perjuicio de lo establecido en el artículo 10.1 b), la realización de obras o el establecimiento de nuevos servicios comunes que tengan por finalidad la supresión de barreras arquitectónicas que dificulten el acceso o movilidad de personas con discapacidad y, en todo caso, el establecimiento de los servicios de ascensor, incluso cuando impliquen la modificación del título constitutivo, o de los estatutos, requerirá el voto favorable de la mayoría de los propietarios, que, a su vez, representen la mayoría de las cuotas de participación.*

Cuando se adopten válidamente acuerdos para la realización de obras de accesibilidad, la comunidad quedará obligada al pago de los gastos, aun cuando su importe repercutido anualmente exceda de doce mensualidades ordinarias de gastos comunes».

3) En el caso de que no se lograse un acuerdo mayoritario, el propietario discapacitado puede obligar a la comunidad a consentir la realización de obras de accesibilidad a través del procedimiento previsto en la Ley 15/1995, en cuyo caso será el propio interesado quien asuma el coste de las mismas en lo que exceda del importe de doce mensualidades ordinarias de gastos comunes, tal y como prevé el propio art. 10.1° b) LPH. En este supuesto el propietario debe notificar a la Comunidad la necesidad de ejecutar las obras y si ésta comunica en el plazo de 60 días su oposición, podrá acudir a la jurisdicción civil —juicio verbal— para defender su pretensión.

Cuestiones útiles

27. ¿Quién tiene la condición legal de discapacitado y cómo se acredita dicha condición, a los efectos de la supresión de barreras arquitectónicas en inmuebles?

1.- Serán beneficiarios de las medidas previstas en la Ley 15/1995 sobre límites de dominio sobre inmuebles para eliminar barreras arquitectónicas, quienes, padeciendo una minusvalía con disminución permanente para andar, subir escaleras o salvar barreras arquitectónicas, se precise o no el uso de prótesis o de silla de ruedas, sean titulares de fincas urbanas en calidad de propietarios, arrendatarios, subarrendatarios o usufructuarios, o sean usuarios de las mismas.

A los efectos de esta Ley se considera usuario al cónyuge, a la persona que conviva con el titular de forma permanente en análoga relación de afectividad, con independencia de su orientación sexual, y a los familiares que con él convivan. Igualmente se considerarán usuarios a los trabajadores minusválidos vinculados por una relación laboral con el titular.

2.- Según Ley 26/2011, de 1 de agosto, de adaptación normativa a la Convención Internacional sobre los Derechos de las Personas con Discapacidad, establece que en su artículo 2 que (el subrayado es nuestro):

«Son personas con discapacidad aquellas que presenten deficiencias físicas, mentales, intelectuales o sensoriales a largo plazo que, al interactuar con diversas barreras, puedan impedir su participación plena y efectiva en la sociedad, en igualdad de condiciones con los demás.

Las medidas de defensa, de arbitraje y de carácter judicial, contempladas en esta Ley serán de aplicación a las personas con discapacidad, con independencia de la existencia de reconocimiento oficial de la situación de discapacidad o de su transitoriedad. En todo caso, las Administraciones públicas velarán por evitar cualquier forma de discriminación que afecte o pueda afectar a las personas con discapacidad.

Ello no obstante, a los efectos de esta Ley, tendrán la consideración de personas con discapacidad aquellas a quienes se les haya reconocido un grado de discapacidad igual o superior al 33 por ciento. En todo caso, se considerarán que presentan una discapacidad en grado igual o superior al 33 por ciento los pensionistas de la Seguridad Social que tengan reconocida una pensión de incapacidad permanente en el grado de total, absoluta o gran invalidez, y a los pensionistas de clases pasivas que tengan reconocida una pensión de jubilación o de retiro por incapacidad permanente para el servicio o inutilidad.
La acreditación del grado de discapacidad se realizará en los términos establecidos reglamentariamente y tendrá validez en todo el territorio nacional.»

28. ¿Existe abuso de derecho por parte de la Junta si aprobara una modificación de barreras y luego la revocara?

Habría que estudiar, detenidamente, cada caso. En relación con la obra de instalación de un ascensor hidráulico en el portal por parte de un discapacitado que, en opinión de la Comunidad, contravenía lo dispuesto en el artículo 7.1 la Ley de Propiedad Horizontal así como en los Estatutos comunitarios, discrepando la actora y los copropietarios, no en la construcción sino en sus medidas y su aspecto estético, la **SAP de Santander 15-04-2003** *(Tol 306934)* consideró que aunque es cierto que la Junta de Propietarios es soberana en sus decisiones, no lo es menos que desautorizar a posteriori, por motivos estéticos, una obra cuya necesidad para algunos vecinos nadie discutía, y cuyo coste económico elevado, constituiría un ejemplo evidente de abuso del derecho.

29. La instalación de un ascensor, ¿se entiende como innovación exigible para eliminación de barreras arquitectónicas?

Sobre la calificación del ascensor como innovación exigible para la eliminación de barreras arquitectónicas se expresa la **STS 28-9-2006** *(Tol 1014542)*: *«En el presente caso la obra a la que se refieren los acuerdos impugnados tiene por objeto la ampliación del recorrido del ascensor de la finca con la finalidad de eliminar barreras arquitectónicas que dificulten el acceso y la movilidad de personas con minusvalías, y por ello debe conceptuarse como una innovación exigible, en línea con el criterio jurisprudencial reflejado en la Sentencia de 22 de septiembre de 1997».*

30. ¿Existe una obligación de seguir el procedimiento de la Ley 15/1995 o pueden realizarse actos prescindiendo del mismo?

La **SAP de Valencia de 16/02/2001** *(Tol 22764)*, en relación con la a Ley 15/1995, de 30 de mayo, sobre Límites del Dominio sobre Inmuebles para Eliminar Barreras Arquitectónicas entendió que no existe en este ámbito una suerte de eximente de «estado de necesidad» civil que exculpe o justifique la realización de actos sin ajustarse al procedimiento y legalidad vigentes, de forma que aún reconociendo la existencia de un minusválido con dificultades de acceso a su vivienda por la entrada comunitaria del edificio, ello no implicaba la no obligación de respetar la normativa existente.

En este sentido la Audiencia consideró que la Ley 15/1995, procura un procedimiento para facilitar la supresión de barreras arquitectónicas para personas minusválidas, teniendo la posibilidad el interesado, para el caso de que la Comunidad se negara a la realización de las obras necesarias, de obtener el amparo judicial, obteniendo una sentencia que reconozca, en su caso, su derecho a ejecutar las obras. Nada justifica las vías de hecho, aun amparadas por autorizaciones administrativas que se otorgan con otras perspectivas, cuando el ordenamiento jurídico posibilita el camino para la obtención de lo que es justo, si lo es.

31. ¿Es admisible un grado de minusvalía inferior al 33% cara a la modificación de barreras arquitectónicas?

Alguna sentencia aislada así lo ha considerado; en concreto la **SAP de Barcelona de 3-2-2005** *(Tol 596273)* estimó suficiente un grado de disminución de un 20% de minusvalía, junto con la recomendación médica de no realizar esfuerzos ni subir muchas escaleras, como requisitos suficientes para acceder a los beneficios de la Ley 15/1995: «*...podemos sino concluir en la voluntad del Legislador de no limitar al concepto administrativo sino al funcional el de minusválido expresado; siendo así que, en el supuesto que nos ocupa, la justificación, a través de la certificación administrativa requerida en la Norma, de un grado de disminución de una 20% en la codemandante, junto con la recomendación médica de no realizar esfuerzos ni subir muchas escaleras, deben ser considerados como eficaces para entender acreditado dicho requisito, atendiendo al elemental argumento de que el sentido de la Ley 15/1995 no resulta ser el de facilitar la eliminación de barreras arquitectónicas a quienes se encuentren en las fases críticas de sus dolencias, sino a cualquiera que, en las condiciones señaladas en la Norma, presente dificultades físicas relevantes que requieran facilidades para su acceso o circulación, dejando tan solo fuera de su ámbito de protección a las pretensiones asentadas en el mero capricho o conveniencia, debiendo revocar la sentencia de instancia, en este aspecto*».

32. En el caso de la instalación de un ascensor en el suelo de un patio de luces cuyo uso y disfrute corresponda a un propietario ¿es necesario el consentimiento expreso del comunero afectado?

La **STS de 12-4-2012** *(Tol 2509187)* es muy clara en esta cuestión:

«*...La Ley de Propiedad Horizontal, conforme a la redacción dada por la Ley 51/2003, establece un nuevo sistema de mayorías para la adopción de determinados acuerdos de la Junta, según dispone su artículo 17.1, párrafo tercero, pues si se pretende un acuerdo "sobre la realización de obras o el establecimiento de nuevos servicios comunes que tengan por finalidad la supresión de barreras arquitectónicas que dificulten el acceso o movilidad de persona con minusvalía, incluso cuando impliquen la modificación del Título*

Constitutivo o de los Estatutos, requerirá el voto favorable de la mayoría de los propietarios que, su vez, representen la mayoría de las cuotas de participación".
Sin embargo, si la innovación supone la privación a un propietario de un elemento común, usado y disfrutado de forma privativa, es necesario, como requisito añadido, el asentimiento expreso del comunero perjudicado, como avisa el precepto recién mencionado en primer lugar, con la expresión de "sin perjuicio de lo dispuesto en los artículos 10 y 11"...»

1.4.4. *Requisitos de un acuerdo para ser válido, cómputo de votos y cuota de participación*

Básicamente debe cumplir cinco requisitos:

1. Será necesario haber efectuado la citación a la junta con todas las exigencias que establece la Ley o las que pudieran existir en los Estatutos o reglamentos de la Comunidad.
2. En la citación, entre otras cosas, deberá constar el orden del día, o sea, los temas que serán tratados y sometidos a votación.
3. El acuerdo deberá transcribirse al Libro de Actas.
4. Dependiendo del acuerdo que se trate, tendrán que cumplirse las reglas de la mayoría simple, «especial» o de la unanimidad.
5. Se computarán como votos favorables los de aquellos propietarios ausentes de la Junta, debidamente citados, quienes una vez informados del acuerdo adoptado por los presentes, conforme al procedimiento establecido en el artículo 9, no manifiesten su discrepancia mediante comunicación a quien ejerza las funciones de secretario de la comunidad en el plazo de 30 días naturales, por cualquier medio que permita tener constancia de la recepción (Salvo los supuestos expresamente previstos en los que no se pueda repercutir el coste de los servicios a aquellos propietarios que no hubieren votado expresamente en la Junta a favor del acuerdo, o en los casos en los que la modificación o reforma se haga para aprovechamiento privativo).

1.4.5. La adopción de acuerdos; cálculos para comprobar su validez

Partiendo de un acuerdo en el que sea suficiente la mayoría simple y a modo de ejemplo, hay que efectuar cuatro pasos:

Primero: Comprobar la relación nominal de propietarios, presentes o representados, teniendo en cuenta que los propietarios que no estén al corriente en el pago de todas las deudas vencidas con la comunidad y no hubiesen impugnado judicialmente las mismas o procedido a la consignación judicial o notarial de la suma adeudada, no tendrán derecho de voto, según recoge el art. 15.2 de la LPH, aunque podrán participar en las deliberaciones. La excepción a esta regla es el supuesto en el que lo que se debate en la junta sea la modificación del título constitutivo.

Segundo: Contabilizar todos los votos de los propietarios presentes y de los representados.

Para la representación hay que tener en cuenta las siguientes matizaciones:

La representación será legal o voluntaria, bastando para acreditar ésta un escrito firmado por el propietario.

Si algún piso o local de negocio perteneciese pro indiviso a diferentes propietarios éstos nombrarán un representante para asistir y votar en las juntas.

Si la vivienda o local de negocio se hallare en usufructo, la asistencia y el voto corresponderá al nudo propietario, quien, salvo manifestación en contrario, se entenderá representado por el usufructuario, debiendo ser expresa la delegación cuando se trate de los acuerdos a que se refiere la regla sexta del artículo 17 o de obras extraordinarias y de mejora.

Tercero: Comprobar que la suma de los votos favorables al acuerdo es superior a la mitad de los votos contabilizados en el primer punto (suma de propietarios presentes y representados).

Cuarto: Comprobar que la suma de las cuotas de participación de los propietarios que han aprobado el acuerdo (presentes o representados) es superior al 50% de las cuotas de los mismos.

El problema se suscita en casos en los que un comunero es propietario de diversos pisos o locales en el inmueble sujeto a régimen de propiedad horizontal. Aquí la Ley se ha inclinado por la fórmula de una persona un voto, pero sin embargo también pondera el criterio de las cuotas de participación exigiendo también como requisito de la votación una determinada cuota que varía dependiendo de si es una junta en primera o segunda convocatoria, o sea, se tienen en cuenta dos elementos, uno personal y otro económico. Es decir que un único propietario de varios pisos tendrá un voto, si bien dicho voto será ponderado en función del porcentaje de cuotas de participación que tengan sus inmuebles a los efectos del recuento del quórum necesario para cada tipo de votación.

Así al menos se infiere del artículo 17.7 LPH: *«Para la validez de los demás acuerdos bastará el voto de la mayoría del total de los propietarios que, a su vez, representen la mayoría de las cuotas de participación.*

En segunda convocatoria serán válidos los acuerdos adoptados por la mayoría de los asistentes, siempre que ésta represente, a su vez, más de la mitad del valor de las cuotas de los presentes...».

Jurisprudencia relevante

En cuanto nuestra jurisprudencia, el Tribunal Supremo sigue el criterio, sentado en la **STS de 25-5-1985** de asignar a cada propietario un voto, con independencia del número de elementos privativos del inmueble de los que sea titular y sin perjuicio de la cuota de participación de que disponga, debiéndose computarse esta última a los efectos de quórum.

Más recientemente, el propio Tribunal Supremo, en **STS de 10-2-1995** *(Tol 1666963)* afirma categóricamente que

> *«...Esta Sala acepta la interpretación que asigna un voto a cada propietario, ya sea propietario de un solo piso o apartamento o local individualizado o de varios dentro del mismo inmueble sujeto a la ley de propiedad horizontal, al margen, claro es, de la mayor o menor cuota de participación de que disponga, bien sea por un piso o local, bien sea como resultado de la suma de las correspondientes a varios pisos o locales, cuota individual o global que se computará en su totalidad en la formación de las mayorías de las cuotas de participación. La Ley, ha establecido dos mayorías que se conjugan para la validez de los acuerdos (Artículo 16.2º), mayoría del total de los propietarios y mayoría de las cuotas de participación; estas mayorías son, en segunda convocatoria, mayoría de los asistentes que represente a su vez la mitad del valor de las cuotas de los presentes. Es decir, se ponderan dos elementos uno personal y otro económico. Si la voluntad de la Ley hubiera sido la valoración de la persona-propietario exclusivamente por su representatividad económica manifestada en la cantidad de sus cuotas de participación en la propiedad conjunta la solución más lógica habría pasado por la eliminación del elemento personal como factor corrector o de equilibrio frente a la mera representatividad económica. Mas su inclusión y permanencia en la ley, sugiere una mayor coherencia de la solución que se inclina por el postulado 'un propietario, un voto', con independencia de sus cuotas de participación, criterio que, como más aconsejable, merece ser acogido. Es verdad que la ley no resuelve el problema concreto de manera clara. Mas sí aparece nítidamente que la ley no ha querido otorgar una preponderancia total de unos propietarios (los más fuertes) sobre otros (los más débiles), no obstante ponderar la importancia de las cuotas de participación. En consecuencia el cómputo ha de hacerse por personas una a una, es decir, de modo que tenga un sólo voto el propietario de varios pisos...».*

Esta línea jurisprudencial es seguida actualmente por nuestros tribunales, tal y como podemos observar, entre otras, en la **SAP de Madrid de 13-7-2004** *(Tol 503578)*, cuando afirma que:

> *«...Se exigen dos mayorías, que han de concurrir cumulativamente, por un lado la numérica o personal y por otro lado la de cuotas o económica. Pues bien la mayoría numérica o personal o de propietarios suscita las dos siguientes cuestiones:*
> *Primera, cuando son varios los copropietarios de una sola vivienda o local de la casa. Esta cuestión viene resuelta en el párrafo segundo del número 1 del artículo 15 de la Ley 49/1960, de 21 de julio, sobre Propiedad Horizontal, al decir que 'si algún piso o local perteneciese pro indiviso a diferentes propietarios éstos nombrarán un representante para asistir y votar en las juntas'. En consecuencia, se computará un solo voto por cada piso o local que pertenezca proindiviso a varios propietarios.*

Segunda, cuando una sola persona física o jurídica es propietaria de más de una vivienda o local en la misma casa. Cuestión ante la que caben dos posibles soluciones opuestas: 1ª. Considerar que ese único propietario tiene tantos votos como viviendas o locales detente; 2ª. Entender que ese único propietario solo ostenta un voto aunque sean varias las viviendas o locales que detente. Y por esta segunda solución se ha decantado la doctrina jurisprudencial, afirmando que, en la mayoría personal, se contabilizan individualmente el voto de cada uno de os propietarios que forman la Comunidad con independencia del número de apartamentos, viviendas o locales de que sean propietarios, o sea que el cómputo ha de hacerse por persona una a una, es decir, de modo que tenga un solo voto el propietario de varios pisos (sentencias de la Sala Primera del Tribunal Supremo de 13 de octubre de 1982 y 10 de febrero de 1995)…».

Finalmente, la **SAP de Zamora de 1-12-2009** *(Tol 1780734)* afirma que:

«…Esta Sala se inclina por la tesis intermedia con apoyo en la doctrina jurisprudencial sobre cómputo de votos para la obtención de mayorías de acuerdos del propietario de varios apartamentos y/o locales y /o plazas de garaje, como el caso de autos, SS del Tribunal Supremo de 13 de octubre de 1982, 10 de febrero de 1995, seguida por la SS de la Sección 10ª de l A. P. de Madrid de 7 de junio de 2005, señalando la segunda de las sentencias de la Sala 1º del Tribunal Supremo lo siguiente: El problema, en efecto, relativo a si cada propietario dispone de un sólo voto o de tantos como apartamentos o pisos de su propiedad tenga dentro de la misma comunidad de propietarios para la obtención de las mayorías exigidas legalmente como 'quorum' necesarios en orden a la validez de los acuerdos de la junta de propietarios, no está resuelto de manera explícita por la norma y, por ello, ha dado ocasión a dudas doctrinales sobre el criterio a seguir. Frente, en efecto, a la interpretación que propugna la sentencia recurrida, cabe mantener —como dice la sentencia de primera instancia— que la Ley exige en ambas convocatorias la concurrencia de dos mayorías, la personal, en la que se contabilizan individualmente el voto de cada uno de los propietarios que forman la comunidad, con independencia del número de apartamentos, viviendas o locales de los que sea propietarios, y la mayoría económica, en la que se tiene en cuenta la cuota de participación de cada propietario, cuota que se obtiene sumando todos los coeficientes que correspondan a cada apartamento individualizado, y que consta o debe constar en el título constitutivo de la comunidad, como establece el artículo 5º párrafo 2º de la Ley de Propiedad Horizontal… Es decir, es preciso que voten a favor de una determinada propuesta la mayoría simple del total de propietarios, computando cada uno de estos votos como una unidad por cada propietario con independencia de los pisos o apartamentos de los que sea dueño. Pero, a su vez, se requiere que esa mayoría simple de propietarios, una vez sumadas las cuotas de participación de todos los pisos de los que sean titulares, alcance una cuota global que represente la mayoría del total del edificio, es decir, que siempre deberá ser mayoría absoluta, mitad más uno, o más del 50% de las cuotas de participación porque se computan todas las cuotas existentes, de los presentes y los ausentes. En segunda convocatoria se exige duplicidad de mayorías, pero con una diferencia fundamental, y es que el módulo que se tiene en cuenta como total tanto de propietarios como de cuotas es el de los asistentes, ya estén presentes en la reunión, o debidamente representados como prevé la Ley de Propiedad Horizontal… Esta Sala acepta la interpretación que asigna un voto a cada propietario, ya sea propietario de un solo piso o apartamento o local individualizado o de varios dentro del mismo inmueble sujeto a la ley de propiedad horizontal, al margen, claro es, de la mayor o menor cuota de participación de que disponga, bien sea por un piso o local, bien sea como resultado de la suma de las correspondientes a varios pisos o locales, cuota individual o global que se computará en su totalidad en la formación de las mayorías de las cuotas de participación. La Ley, ha establecido dos mayorías que se conjugan para la validez de los acuerdos (Artículo

16.2º), mayoría del total de los propietarios y mayoría de las cuotas de participación; estas mayorías son, en segunda convocatoria, mayoría de los asistentes que represente a su vez la mitad del valor de las cuotas de los presentes. Es decir, se ponderan dos elementos uno personal y otro económico. Si la voluntad de la Ley hubiera sido la valoración de la persona-propietario exclusivamente por su representatividad económica manifestada en la cantidad de sus cuotas de participación en la propiedad conjunta la solución más lógica habría pasado por la eliminación del elemento personal como factor corrector o de equilibrio frente a la mera representatividad económica. Mas su inclusión y permanencia en la ley, sugiere una mayor coherencia de la solución que se inclina por el postulado 'un propietario, un voto', con independencia de sus cuotas de participación, criterio que, como más aconsejable, merece ser acogido. Es verdad que la ley no resuelve el problema concreto de manera clara. Mas sí aparece nítidamente que la ley no ha querido otorgar una preponderancia total de unos propietarios (los más fuertes) sobre otros (los más débiles), no obstante ponderar la importancia de las cuotas de participación. En consecuencia el cómputo ha de hacerse por personas una a una, es decir, de modo que tenga un sólo voto el propietario de varios pisos…».

En la práctica cotidiana del funcionamiento de las Juntas en las Comunidades de propietarios, donde no hay administradores profesionales, no se suele realizar el citado cómputo de las cuotas de participación, ya que, normalmente, por desconocimiento legal y no por mala fe, sólo se toma en cuenta para la aprobación de una propuesta el número de votos. Esto puede dar lugar a que el acuerdo carezca de validez.

Hay que tener en cuenta que el acta de la junta deberá reflejar la relación de los propietarios privados del derecho de voto, cuya persona y cuota de participación en la comunidad no será computada a efectos de alcanzar las mayorías exigidas en esta Ley, como ya se ha indicado.

1.4.6. Imposibilidad de la toma de acuerdos por inasistencia o insuficiencia de quórum de los propietarios a la Junta

Cuando en primera convocatoria no es posible adoptar acuerdos por no existir el quórum mínimo, será necesaria la realización de una segunda convocatoria (art. 16.2º LPH).

Si a la reunión de la Junta no concurriesen, en primera convocatoria, la mayoría de los propietarios que representen, a su vez, la mayoría de las cuotas de participación se procederá a una segunda convocatoria de la misma, esta vez sin sujeción a quórum.

La Junta se reunirá en segunda convocatoria en el lugar, día y hora indicados en la primera citación, pudiendo celebrarse el mismo día si hubiese transcurrido media hora desde la anterior. En su defecto, será nuevamente convocada, conforme a los requisitos establecidos en este artículo, dentro de los ocho días naturales siguientes a la Junta no celebrada, cursándose en este caso las citaciones con una antelación mínima de tres días.

En segunda convocatoria serán válidos los acuerdos adoptados por la mayoría de los asistentes, siempre que ésta represente, a su vez, más de la mitad del valor de las cuotas de los presentes (siempre refiriéndose a acuerdos que precisen la mayoría simple).

Si en esta segunda convocatoria también fuese imposible lograr la mayoría, cualquier propietario podrá acudir al Juez durante el mes siguiente a la fecha en que se realizó la segunda convocatoria de la Junta, para que aquel resuelva lo procedente.

El Juez citará a los propietarios afectados para que éstos comparezcan y expongan las razones que les llevaron a adoptar una u otra postura. Una vez efectuadas estas comparecencias, resolverá en equidad lo que proceda dentro de veinte días, contados desde la petición, haciendo pronunciamiento sobre el pago de costas (Artículo 17.7º de la LPH).

1.4.7. La impugnación de los acuerdos de la Junta

El art. 18.1 LPH dispone: «*Los acuerdos de la Junta de propietarios serán impugnables ante los Tribunales, de conformidad con lo establecido en la legislación procesal general, en los siguientes supuestos:*

a) Cuando sean contrarios a la Ley o a los estatutos de la comunidad de propietarios.

b) Cuando resulten gravemente lesivos para los intereses de la propia comunidad en beneficio de uno o varios propietarios.

c) Cuando supongan un grave perjuicio para algún propietario que no tenga obligación jurídica de soportarlo o se hayan adoptado con abuso de derecho.»

Por tanto, un acuerdo de la Junta es impugnable en base a uno de estos cuatro motivos:

1. Que sea contrario a la Ley o a los Estatutos.
2. Que sea considerado gravemente perjudicial para los intereses de la comunidad en beneficio de uno o varios propietarios.
3. Cuando para algún propietario suponga un grave perjuicio si no tiene obligación jurídica de soportarlo.
4. Cuando el acuerdo, perjudicial para uno, varios propietarios o la Comunidad, se haya adoptado con abuso de derecho.

1.4.7.1. *Legitimación para la impugnación de acuerdos*

Según el art. 18.2 LPH, «*Estarán legitimados para la impugnación de estos acuerdos los propietarios que hubiesen salvado su voto en la Junta, los ausentes por cualquier causa y los que indebidamente hubiesen sido privados de su derecho de voto*».

Así pues, podrán impugnar los acuerdos de Junta, siempre que se dé alguno de los supuestos contemplados en el art. 18.1 LPH, todos aquellos propietarios que *«hubiesen salvado su voto en la junta»*, esto es, los propietarios que se hubieran abstenido por desconocer si el acuerdo conculcaba el artículo citado, así como los propietarios ausentes por cualquier causa y aquellos a los que se les hubiera privado indebidamente de su derecho de voto.

Jurisprudencia relevante

La interpretación de la expresión *«salvar el voto»* que contiene el artículo 18 LPH ha mantenido dividida a la doctrina en dos posturas:

La primera de ellas entiende que el propietario además de votar en contra, y así venir reflejado en el acta, debe pedir al Secretario-Administrador que haga constar en la misma que se opone expresamente al acuerdo ya adoptado, siendo ejemplo de esta postura la **SAP de Asturias de 28-10-2005** *(Tol 761162)*, que recoge que

> *«…El resultado de la votación decide o no, de acuerdo con las mayorías en su caso exigibles, la aprobación o desaprobación del acuerdo sometido a votación y quien votó en contra de su aprobación no por eso debe entenderse opuesto al acuerdo adoptado, pues bien cabe la posibilidad de su sometimiento a la voluntad de los otros de forma que, votar en contra, no necesariamente significa oposición al acuerdo adoptado y tal voluntad de oposición al acuerdo ya adoptado es la que se entiende que exige la Ley cuando habla de 'salvar el voto'. Dicho de otro modo, no pueden ni debe confundirse votar con 'salvar el voto'. Lo primero es consecuencia del ejercicio del derecho al voto y será el resultado de la votación lo que determine al comunero a salvar su voto, es decir, a dejar constancia de su disidencia con el acuerdo aprobado, pues sólo producido éste puede aquél tener interés en 'salvar su voto' según que haya sido su criterio el adoptado o no por la Junta.*
>
> *Por lo mismo y entonces que el hecho de que en el acta conste el resultado de la votación, relacionando nominativamente quien votó a favor y quien en contra, no puede entenderse, respecto de los segundos, cumplida la exigencia de salvar el voto sino consta otra manifestación distinta del derecho de su ejercicio al voto y de la que resulte su oposición al acuerdo ya aprobado. Y así es que el art. 19.1 F de la LPH, que regula el contenido del acta de las Juntas, se refiere a la indicación de los nombres de los propietarios y de sus cuotas de participación 'que hubieren votado a favor y en contra' de los acuerdos 'en caso de que ello fuere relevante para la validez del acuerdo', pero norma que es de mínimos en cuanto establece lo que 'al menos' debe contener el acta, pero que nada se opone a que, sea o no relevante para el acuerdo los intervinientes en la votación, se relacione a estos indicando quienes lo hicieron a favor y quienes en contra.*
>
> *Dicho ya que votar en contra y salvar el voto no es lo mismo, no exige la Ley forma concreta en que debe constar esa oposición, ni siquiera, como en el art. 117 de la LSA se exige para los disidentes, que conste necesariamente en el acta de la Junta siquiera, es indudable, la conveniencia de que así sea dada la función probatoria de ese documento, cabiendo añadir que tampoco es dable confundir 'oposición' al acuerdo con frontal rechazo a todo acuerdo que todos los demás comuneros voten consecuente con un estado de tirantez entre ellos porque, entonces, más que derecho al voto y a oponerse incidiría tal conducta del comunero disidente en un posible abuso de derecho y desde esa perspectiva debería ser examinada, en cada caso, su oposición…»*

Otro sector de la doctrina entiende que salvar el voto únicamente exige que el voto en contra venga reflejado en el Acta. Como ejemplo de esta postura encontramos la **SAP de Madrid de 28-07-2009** *(Tol 1575021)* que afirma que

> *«...El artículo 18.2 de la Ley de Propiedad Horizontal dice que 'estarán legitimados para la impugnación de estos acuerdos [los comprendidos en las letras a), b) y c) del apartado 1] los propietarios que hubieren salvado su voto en la Junta...' Expresión que ha dado lugar a distintas y contrapuestas interpretaciones, pues mientras que para unos es suficiente con que el propietario vote en contra del acuerdo de que se trate, para otros es necesario que además manifieste una voluntad específica de reserva expresa contraria al acuerdo con la finalidad de su ulterior impugnación... Consideramos que el carácter inespecífico del término 'salvar el voto' no impone una manifestación de voluntad más extensa ni distinta de la que ya entraña votar en contra del acuerdo, que conlleva el rechazo absoluto de lo que se somete a la aprobación de los propietarios, sin que la ambigüedad del precepto permita realizar una interpretación limitativa del derecho a una tutela judicial plena sustentada en un formalísimo excesivo cuyo incumplimiento la ley no sanciona expresamente con la pérdida del derecho. Al propietario le basta con expresar su oposición al acuerdo, las razones de ello debe exponerlas en la materialización procesal de su impugnación, no en la Junta, donde no se exige que asista defendido o asesorado por profesionales...».*

En esa misma línea la **SAP de La Rioja, de fecha 9-10-2009** *(Tol 1649784)*, señala que

> *«...La legitimación para impugnar los acuerdos comunitarios se encuentra restringida a los propietarios en los que concurran las circunstancias previstas en el artículo 18-2 de La Ley de Propiedad Horizontal, como son aquellos que hubiesen salvado su voto en la junta. Para cumplir esta exigencia basta que conste en acta el voto en contra del propietario disidente, aunque no se haga constar formal y expresamente en la misma su oposición al acuerdo, una vez adoptado. Sólo en el supuesto de que la causa o el vicio determinante de la impugnación se conozca después de haber sido tomado el acuerdo, resultaría inexigible para impugnarlo salvar el voto. Siempre que en el acta de la Junta se refleje el resultado de la votación, al propietario impugnante le corresponde la carga de probar que votó en contra del acuerdo o, si esta discrepancia no se recogió en acta, que solicitó oportunamente que su voto contrario constara en la misma. (Sentencia de la Sección 5ª de la Audiencia Provincial de La Coruña, nº 478/2006, de 16 de noviembre)...».*

La **SAP de Madrid de 2-12-2009** *(Tol 1787110)* consideró que el simple hecho de votar en contra (reflejado en acta) conlleva salvar el voto:

> *«...Esta sección 12ª de la AP Madrid, ya se ha pronunciado sobre esta cuestión en sentencia de fecha 30-5-2007, entendiendo que el artículo 18.2 de la Ley de Propiedad Horizontal, exige que el propietario haya salvado su voto en la Junta que pretenda impugnar, y tal exigencia debe ser interpretada, teniendo en cuenta que el mencionado precepto restringe el acceso de los propietarios a los tribunales al fijar los requisitos precisos para ello, con lo cual nos encontramos con una norma restrictiva (por lo demás de la tutela judicial efectiva que recoge el artículo 24 de la Constitución Española). Y que como tal norma restrictiva ha de ser interpretada en sentido estricto, tal y como resulta del artículo 4.2 del Código Civil, y desde tal perspectiva, el considerar que el hecho de salvar el voto, tal y como exige el artículo 18 examinado, implique no sólo votar en contra, sino además hacer indicación en el momento de la votación que se desea impugnar judicialmente la junta, supone exigir al propietario, y al objeto de que pueda acceder a la vía*

judicial, el cumplimiento de unas cargas u obligaciones que si bien pudieran quedar implícitas en el texto legal, sin embargo no se desprenden expresa y claramente del mismo. Y ello porque la exigencia de haber 'salvado su voto en la junta' tanto puede entenderse cumplida haciendo indicación expresa del deseo de impugnar judicialmente la junta, como por el simple hecho de votar en contra. De lo contrario, los comuneros ausentes por su propia voluntad estarían legitimados, sin necesidad de ningún otro condicionante que el hecho de no haber asistido a la junta, con lo cual se llegaría a la conclusión, que esta Sala no comparte, de que el comunero que tan siquiera ha acudido a la Junta puede impugnarla por el hecho de no haber acudido, mientras que al comunero presente y disidente se le exigiría, no sólo votar en contra, sino además hacer específica indicación de su deseo de acudir a los Tribunales al objeto de impugnar la junta.

En el mismo sentido son mayoritarios los pronunciamientos de esta Audiencia de Madrid, pudiéndose citar las sentencias de la sec. 13ª de 3-11-2004; sec. 21ª de 27-10-2005 y sec. 14ª de 27-12-2007.

En concordancia a lo expuesto la Sala considera que en el caso presente la votación expresa en contra, que efectúa el representante de la apelante, y que se consigna en la Junta impugnada, verifica la legitimación activa concurrente en la apelada, Villa Laguna SL, para proceder a la impugnación del acuerdo en su demanda…».

Llama la atención, **SAP de Tenerife 15-1-2010** *(Tol 1831118)*, que reconoce el criterio dispar de las Audiencias Provinciales en esta materia y, dentro de la misma Audiencia, de las distintas Secciones:

«Además de lo anterior, con relación a la falta de legitimación activa por incumplimiento del requisito de 'salvar el voto', conviene destacar que, sin desconocer la falta de criterio unánime en las Audiencias Provinciales —e incluso, en algunos casos, entre Secciones de una misma Audiencia Provincial— respecto a la interpretación de esta última expresión que utiliza el artículo 18.2 de la Ley de Propiedad Horizontal, la realizada por el juzgador de la instancia se ajusta totalmente al criterio de esta Sección Tercera, recogido entre otras, en la sentencia de 6 de octubre de 2006, número 417/2006 —reseñada expresamente en la que ahora se apela—, así como en la de 3 de octubre de 2008, número 444/2008, teniendo establecido esta última que 'La actual regulación del art. 18 de la LPH ha generado cierta confusión, de manera que las distintas Audiencias se ha pronunciado de manera dispar al respecto, estimándose que la expresión de "salvar el voto" requiere algo más que el voto en contra del acuerdo, mientras que otro grupo considera que el voto queda salvado con el solo voto en contra o con abstenerse de votar. En cualquier caso, parece que lo que le ley persigue es que pueda impugnar el acuerdo aquel que haya manifestado su posicionamiento en contra una vez conocida la orientación del voto'. Así, se entiende que para que el propietario disidente presente en la junta pueda impugnar todos o algunos de los acuerdos en ella adoptados es exigible no sólo el mero voto disconforme sino que haya salvado el voto, pues el hecho en sí de votar en contra no tiene por qué significar necesariamente que haya oposición al acuerdo una vez haya sido aprobado por mayoría, momento en el que se hace preciso, se reitera, manifestar tal oposición, 'salvando el voto', y, si bien es cierto que tal exigibilidad puede suponer una limitación del acceso a la tutela judicial efectiva, puede decirse que tal requisito legal viene justificado por la necesidad de compatibilizar el derecho a impugnar tales acuerdos y la atribución de seguridad y certeza a las decisiones adoptadas por las comunidades de propietarios en aras a su normal y eficiente funcionamiento».

De lo anteriormente expuesto, podemos constatar que la expresión del artículo 18 de haber salvado el voto en la junta es un concepto jurídico indeterminado sobre el que parte de la doctrina entiende que su significado no es el de votar en contra, sino el de reservar el voto con el fin de impugnar algo que pueda entender que vulnera la legalidad y otra parte considera que es equivalente a votar en contra. Para poner un ejemplo gráfico de lo primero, sería como si el propietario que salva su voto hubiera abandonado la reunión antes de la votación.

Es decir, que si un propietario participase en la votación significaría que acepta el resultado adoptado por la mayoría. Sin embargo, si el propietario presente en la junta no desea que la voluntad de la mayoría supla su propia voluntad, podrá abandonar la junta en el momento de la votación u optar por la fórmula de salvar el voto en la junta, que tiene los mismos efectos. Por ello, puede entenderse que salvar el voto en la junta no es equiparable a votar en contra, ya que cuando el propietario participa en la votación se compromete, con independencia del resultado de dicha votación.

Ante esta controversia, en nuestra opinión, resulta muy acertada la **SAP de les Illes Balears de 28-5-2009** *(Tol 1548475)*, que manifiesta que lo importante es que el propietario exprese de forma clara su voluntad de impugnar ante los tribunales y no se limite a votar en contra:

> *«...Al resolver esta cuestión el juez de primera instancia refiere sentencias de Audiencias Provinciales relativas al alcance que ha de darse a la exigencia del artículo 18.2 de la Ley de Propiedad Horizontal de que al efecto de que los propietarios disidentes estén legitimados para la ulterior impugnación de un acuerdo hayan salvado su voto en la junta. Para algunas Audiencias se trataría de un requisito literalmente exigible para poder impugnar los acuerdos ante los tribunales, para otras constituye un obstáculo para la obtención de la tutela judicial y, por tanto, debe ser interpretado en el sentido de que basta el voto en contra para que el propietario disconforme pueda después impugnar el acuerdo ante los tribunales.*
> *Este Tribunal entiende, sin embargo, que la cuestión debe ser resuelta en sentido contrario a aquel en que lo hizo el juez 'a quo'. En efecto, la Sala considera que el artículo 18.2 de la Ley de Propiedad Horizontal, cuando exige que para la impugnación del acuerdo el propietario disidente haya salvado su voto en la junta, establece un requisito más, un plus respecto al mero voto disconforme, y ello por las siguientes razones:*
> *a) En el régimen anterior a la reforma introducida en la Ley de Propiedad Horizontal por la Ley 8/1999, de 6 de abril, dicho requisito no se exigía sino que se atribuía legitimación activa para impugnación de los acuerdos a cualquier propietario disidente (antiguo artículo 16.4ª). Si el legislador ha introducido un nuevo requisito no puede reconducirse la interpretación de la nueva norma a un régimen de impugnación de acuerdos idéntico al previamente existente dado que ello equivaldría a frustrar la finalidad de la novedad legislativa y, al mismo tiempo, a quebrantar la voluntad del legislador, máxime si se tiene en cuenta que, según la exposición de motivos de la Ley 8/1999, el ejercicio del derecho de voto es una de las materias que se hallaban insuficientemente reguladas y que era necesario actualizar.*
> *b) Así se deduce de la dicción literal del precepto cuando establece que 'estarán legitimados para la impugnación de estos acuerdos los propietarios que hubiesen salvado su voto en la junta'. La necesidad de salvar el voto es, pues, un requisito de procedibilidad determinante de la legitimación activa que supone, es cierto, una limitación del acceso a la tutela judicial efectiva pero que se justifica en la necesidad de compatibilizar el derecho a impugnar los acuerdos con el funcionamiento eficiente de las comunidades de propietarios dando certeza a las relaciones*

surgidas en el régimen de propiedad horizontal. No se trata de un obstáculo arbitraria o caprichosamente establecido por el legislador sino que obedece a una finalidad legítima por la que ha optado el legislador y a la que el juzgador no puede sino dar cumplimiento.
c) El requisito de legitimación podría ser obviado, en su caso, si la causa de impugnación surge después de adoptarse el acuerdo y antes del transcurso del plazo establecido en el artículo 18.3 de la Ley de Propiedad Horizontal, lo que no ha sucedido en el supuesto enjuiciado.
d) La doctrina coincide en que la exigencia de salvar el voto es una novedad que no tenía antecedentes en el ámbito de la propiedad horizontal (aunque sí en el de las sociedades, artículo 117.2 de la Ley de Sociedades Anónimas y 56 de la Ley de Sociedades de Responsabilidad Limitada), pero ello no puede ser un argumento en contra de su aplicación sino que, al contrario, es ilustrativo de que la voluntad del legislador fue introducir un requisito nuevo para la impugnación de los acuerdos.
e) Este tribunal, en su sentencia de 18 de octubre de 2005 ya ha dejado sentado que es esa la interpretación que asume del artículo 18.2 de la Ley de Propiedad Horizontal, criterio al que la Sala se siente vinculada aunque solo fuese por respeto al principio de igualdad en la aplicación de la ley.
Otra cosa es el grado de formalismo exigido para salvar el voto. Lo que no se considera acertado es exigir la utilización de las palabras 'salvar el voto' como si se tratase de una fórmula ritual. Lo importante es que, en la junta, el propietario disconforme no se limite a votar en contra sino que, además, quede clara su voluntad de impugnar ante los tribunales el acuerdo adoptado, con independencia de las palabras textualmente utilizadas; y es este segundo requisito el que no se cumple en el caso de autos, por lo que procederá estimar la falta de legitimación activa de todos los actores, excepto de doña Salvadora, a la que no es aplicable el mismo precepto por hallarse ausente de la junta…».

El Tribunal Supremo, en la **STS de 10-5-2013** *(Tol 3783209)* y posteriormente en **STS de 24-5-2013** *(Tol 384687)*, ante la presente polémica doctrinal ha analizado esta cuestión:

«…El artículo 18.2 de la LPH no habla de emisión del voto contrario a la adopción del acuerdo. Se limita a conceder legitimación para impugnarlo a los propietarios que hubiesen salvado su voto en la Junta, a los ausentes por cualquier causa y a los que indebidamente hubiesen sido privados de su derecho de voto. La sentencia de 16 de diciembre de 2008, declara, entre otras cosas, que 'no se modifica el artículo 18 LPH, en el cual se mantiene como requisito para poder impugnar el acuerdo, únicamente respecto de los copropietarios presentes en la junta, que hayan salvado su voto o votado en contra del acuerdo'. Salvar el voto y votar en contra no suponen por tanto lo mismo. El hecho de votar en contra significa que, sin más expresión de voluntad que la del propio voto disidente, el propietario tiene legitimación para impugnar los acuerdos en la forma que previene la LPH.
No es posible obviar que el legislador modificó la Ley para introducir, entre otras cosas, una expresión tan controvertida como la de 'salvar el voto', que no tenía antecedentes en el ámbito de la propiedad horizontal, y que mediante esta reforma que ha de operar en una realidad social determinada por una reunión de vecinos no debidamente ilustrada en estas cosas, puede entenderse suficiente el hecho de votar en contra para impugnar un acuerdo comunitario con el que no se está conforme, significado que, por cierto, nada tiene que ver con el que tendría en una sociedad capitalista, ni por las expresiones que en ella se utilizan ('asistentes a la junta que hubiesen hecho constar en acta su oposición al acuerdo'), ni por la mayor exigencia de formalidades para éstas. La necesidad de salvar el voto únicamente tiene sentido en aquellos casos en los que los propietarios asisten a la Junta sin una información o conocimiento suficiente sobre

el contenido y alcance de los acuerdos que se van a deliberar, y deciden no comprometer su voto, favorable o en contra, sino abstenerse de la votación a la espera de obtenerla y decidir en su vista. A ellos únicamente habrá de exigírseles dicho requisito de salvar el voto, pues en otro caso sí que se desconocería su postura ante dicho acuerdo. Con ello se evitaría, además, que el silencio o la abstención puedan ser interpretados como asentimiento al posicionamiento de la voluntad mayoritaria que se expresa en uno o en otro sentido...».

En dichas sentencias concluye el alto Tribunal como doctrina jurisprudencial la siguiente:

«...la expresión 'hubieren salvado su voto', del artículo 18.2 de la Ley de Propiedad Horizontal, debe interpretarse en el sentido de que no obliga al comunero que hubiera votado en contra del acuerdo, sino únicamente al que se abstiene...».

Por lo anteriormente expuesto, respecto a la expresión «salvar el voto» cabría concluir:

- El término está contenido en el 18.2 LPH.
- Se tiene que reflejar en el acta.
- Viene a implicar que el propietario no dispone de la información suficiente sobre el alcance del asunto que se debate y no compromete su voto.
- Salvar el voto o votar en contra no supone lo mismo; Votar en contra: implica que el propietario tiene legitimación para impugnar los acuerdos en la forma que previene la LPH y no es no es necesario que salve el voto.
- Si el propietario se abstiene no puedes impugnar el acuerdo. es necesario que se reserve esa posibilidad con la expresión *«salvo el voto»*.

Recomendamos a Administradores y Presidentes, la conveniencia de informar en alguna junta, o incluso por escrito de este pormenor jurídico, para evitar problemas procedimentales y personales no deseados.

Por otra parte, no hay que olvidar que, para impugnar los acuerdos de la Junta, es imprescindible que el propietario esté al corriente en el pago de la totalidad de las deudas vencidas con la comunidad o que proceda previamente a la consignación judicial de las mismas, salvo que se tratara de impugnar acuerdos sobre establecimiento o alteración de las cuotas de participación, para lo que no sería exigible estar al corriente en el pago de las deudas.

Es importante señalar que, pese a la redacción del art. 18.3 LPH, en cuanto a la caducidad de la acción, a los tres meses de adoptarse el acuerdo por la Junta o al año si se tratara de actos contrarios a la Ley o a los Estatutos, para los propietarios ausentes el plazo empezará a contar desde el momento en que reciban la comunicación, de acuerdo con el procedimiento recogido en el art. 9.h) 2º párrafo de la LPH, que permite la notificación hasta en el tablón de anuncios de la Comunidad si fuese imposible practicarla en el domicilio en España o en la vivienda o local en el inmueble, del propietario ausente, produciendo plenos efectos jurídicos en el plazo de tres días naturales.

1.4.8. Notificación a los propietarios ausentes de la Junta

La redacción del art. 9.h) es clara en cuanto a la obligación de los propietarios de comunicar a la Comunidad, a través de quien ejerza las funciones de secretario y *«por cualquier medio que permita tener constancia de su recepción»*, el domicilio en España a efectos de citaciones y notificaciones de toda índole relacionadas con la comunidad.

En defecto de esta comunicación, sigue diciendo la Ley, se tendrá por domicilio para citaciones y notificaciones el piso o local perteneciente a la comunidad, surtiendo plenos efectos jurídicos las entregadas al ocupante del mismo.

Sin embargo, si intentada una citación o notificación al propietario fuese imposible practicarla en el lugar prevenido en el párrafo anterior, se entenderá realizada mediante la colocación de la comunicación correspondiente en el tablón de anuncios de la comunidad, o en lugar visible de uso general habilitado al efecto, con diligencia expresiva de la fecha y motivos por los que se procede a esta forma de notificación, firmada por quien ejerza las funciones de Secretario de la Comunidad, con el visto bueno del Presidente. La notificación practicada de esta forma producirá plenos efectos jurídicos en el plazo de tres días naturales. Art. 9. h) LPH.

No obstante lo anterior, es admitida cualquier forma de notificación que permita tener constancia de su recepción por parte del interesado (correo certificado con acuse de recibo, burofax, la notarial, que reúne todas las garantías de autenticidad...).

Jurisprudencia relevante

Es interesante la **STS de 16 de julio de 1992** *(Tol 178388)* que dispone que:

> *«Respecto del requisito de la comunicación fehaciente y detallada a los copropietarios que no asistieron a la Junta en que se adoptó el acuerdo de modificación de los Estatutos de la comunidad demandada, entienden los recurrentes que no se cumple ese requisito de comunicación con la carta emitida por correo certificado con acuse de recibo, pero tal alegación no puede ser acogida, ya que de acuerdo con el contenido del artículo 16.1.2 LPH no se requiere, en cuanto a la fehaciencia de la comunicación, que la misma se obtenga notarial o judicialmente, por lo que es válido cualquier medio suficiente que acredite la realidad de la misma».*

La **STS de 22 de diciembre de 2008** *(Tol 1432565)* establece que

> *«...el precepto impugnado es claro en el sentido de que el plazo para que los propietarios ausentes puedan ejercer su derecho de impugnación de los acuerdos que adopte la comunidad de propietarios que sean contrarios a la Ley o a los estatutos, se computará a partir de la comunicación del acuerdo conforme al procedimiento del art. 9 LPH, que regula la forma de notificación y señala que deberá hacerse de forma que se tenga constancia de su recepción, pues literalmente expone el art. 18.3 LPH que el plazo se computará desde que se le notifique al ausente el acuerdo, no desde que tenga conocimiento del mismo; y el recurrente desconocía las*

circunstancias del acuerdo que reiteradamente reclamó hasta que le fue facilitado con ocasión del acto de conciliación...».

Esta misma sentencia hace un resumen de la doctrina jurisprudencial aplicable al caso:

«...La sentencia de 18 de abril de 2007, declara en relación con el artículo 16, regla primera, párrafo segundo, LPH, en la redacción de 1990, que este trata de asegurar que los propietarios que, debidamente citados, no hubieren asistido a la Junta, tengan un conocimiento completo y detallado de los acuerdos adoptados. Esta misma doctrina es la que se refleja en las sentencias del Tribunal Supremo que la parte recurrente considera contradichas por la sentencia recurrida. Así, la STS 7 de abril de 1997 declara que "la doctrina jurisprudencial tenida en cuenta en la presente, resulta válida para los supuestos en que el acuerdo en cuestión hubiera sido notificado en forma al comunero ausente de la junta". La STS 2 de marzo de 1992 afirma que "la norma 4ª del art. 16 LPH además es clara: el plazo comienza a contarse desde el acuerdo o desde la notificación, si hubiera estado ausente el que impugna.". La STS de 16 de octubre de 1990, declara que no niega "la corrección, en abstracto, del argumento del recurrente, en punto al momento recepción de la notificación de los acuerdos por el interesado que ha de iniciar el cómputo del plazo de 30 días previsto en el artículo 16-4º LPH y correlativa desautorización de la tesis que traslada el inicio del cómputo al día en que se impuso en la Oficina Postal el certificado conteniendo la notificación de lo acordado". La STS de 21 de mayo de 1976 afirma que la LPH "lo que exige y trata de garantizar es, que aquellos acuerdos en que se requiera para su aprobación la unanimidad de todos los condueños, por afectar al título constitutivo o a los Estatutos, no pueda llegarse a estimar la existencia de aquélla, por la inactividad de oposición de alguno de ellos que el propio precepto autoriza, transcurrido el plazo de un mes, sin que resulte acreditado la notificación fehaciente del acuerdo o acuerdos en cuestión, es decir sin género alguno de dudas y en forma que pueda hacer fe en juicio, el hecho de que aquel tuvo conocimiento exacto de la aprobación del acuerdo y sus términos, y si bien la exigencia de la notificación según la literalidad de la redacción del indicado precepto, hace referencia a los condueños que no hayan asistido a la Junta, es evidente que cuando se haya ausentado antes de su terminación, ha de constar acreditado que aquel conocimiento lo tuvo con anterioridad al momento de su ausencia, por haberse llegado a la aprobación del acuerdo, no sólo en principio sino en los términos de su enunciado, o articulado, si se trata de los Estatutos, pues sobre este conocimiento completo o perfecto opera la exclusión de la exigencia de la notificación posterior fehaciente" y añade que el tribunal de instancia debe considerar probado "dicho exacto conocimiento y que la aprobación de los acuerdos en los términos y con el alcance que queda anteriormente expresado, se hubiera logrado con anterioridad a que la actora se ausentara de las Juntas, 'no bastando para acreditarlo la presunción de no ser verosímil'". Otras sentencias del Tribunal Supremo recogen la misma doctrina. Así, la STS 30 de mayo de 2007, declara que "tampoco aparece probado en autos que el acuerdo de la Junta haya sido notificado a la parte actora". La STS 14 de diciembre de 2001, declara que "además no se ha cumplido con la notificación fehaciente que marca el punto de partida para el cómputo del tiempo dentro del que puede ejercitarse la acción de impugnación que concede el art. 16.4ª.2 LPH respecto a los acuerdos contrarios a la ley o a los estatutos". La STS 11 de mayo de 1998, declara que la acción de impugnación ha de "ejercitarse dentro de los treinta días siguientes al acuerdo o a la notificación si hubiese estado ausente el que impugne". La STS 19 de diciembre de 1997, declara que la LPH "prevé la comunicación a los propietarios no asistentes a la Junta mediante el mecanismo de que se les ha de notificar fehacientemente el acuerdo tomado y de forma detallada, arbitrándose al efecto un procedimiento de conformación de voluntades tácitas en su

párrafo segundo, con el fin de evitar, como dice la sentencia de 10 de noviembre de 1992, que la inasistencia de los titulares frustre la adopción definitiva de los acuerdos"; y añade que "fehaciente equivale a lo que es evidente y cierto y, tratándose de notificaciones de actos y acuerdos, supone puesta en conocimiento de algo que interesa. Hay que entender, conforme al principio de la recepción, que resultan fehacientes sólo cuando materialmente llegan de forma demostrada a su destino y aunque no sea en forma directa al interesado, pero éste pueda siempre tomar conocimiento de modo normal o esté en situación de lograr su alcance, sin la concurrencia de impedimentos acreditados que lo obstaculicen, con lo que se excluye que la notificación haya de ser necesariamente notarial o por medio de funcionario público, bastando que se lleve a cabo y sea efectiva en cuanto pueda llegar su contenido a ser sabido debidamente por el destinatario"».

Como puede verse, la interpretación jurisprudencial del concepto de notificación fehaciente del acuerdo al copropietario ausente, que estableció el artículo 16 LPH en la redacción de 1990, se ha reflejado en gran medida en la actual regulación de la LPH, por lo cual resulta aplicable la jurisprudencia según la cual para el inicio del cómputo de plazo para la acción de impugnación es necesario que se pruebe el conocimiento detallado del acuerdo y no su mera existencia, pues solamente el primero garantiza el ejercicio de la acción en condiciones de efectividad del derecho a la tutela judicial.

1.4.9. Disconformidad con los acuerdos de una junta a la que no se asistió; posibilidad de impugnar el acuerdo si no se muestra la disconformidad en el plazo de 30 días

Según el artículo 17.8º LPH, su redacción dada por la reforma de la LPH operada en virtud de la Ley 8/2013, salvo en los supuestos expresamente previstos en los que no se pueda repercutir el coste de los servicios a aquellos propietarios que no hubieren votado expresamente en la Junta a favor del acuerdo, o en los casos en los que la modificación o reforma se haga para aprovechamiento privativo, se computarán como votos favorables los de aquellos propietarios ausentes de la Junta, debidamente citados, quienes una vez informados del acuerdo adoptado por los presentes, conforme al procedimiento establecido en el artículo 9, no manifiesten su discrepancia mediante comunicación a quien ejerza las funciones de secretario de la comunidad en el plazo de 30 días naturales, por cualquier medio que permita tener constancia de la recepción.

Antes de la reforma de la LPH de 1999 todo propietario obligado a manifestar su disconformidad con los acuerdos de la junta, que no lo hiciera en el plazo de 30 días, quedaba vinculado por este acuerdo. Este criterio era recogido por la jurisprudencia, entre otras, en la **STS de 17-11-1995**.

Sin embargo, tras la reforma de 1999 la ausencia de manifestación de conformidad del propietario ausente con los acuerdos tomados en la junta únicamente producía sus efectos en cuanto al cálculo de mayorías cualificadas, a los efectos de computar como favorable el voto omitido.

Así, el art. 17. 1 LPH, disponía que:

> *«A los efectos establecidos en los párrafos anteriores de esta norma, se computarán como votos favorables los de aquellos propietarios ausentes de la Junta, debidamente citados, quienes una vez informados del acuerdo adoptado por los presentes, conforme al procedimiento establecido en el artículo 9, no manifiesten su discrepancia por comunicación a quien ejerza las funciones de secretario de la comunidad en el plazo de 30 días naturales, por cualquier medio que permita tener constancia de la recepción.»*

Jurisprudencia relevante

Al respecto, el Tribunal Supremo, en **STS de 16-12-2008** *(Tol 1432566)*, interpretó que:

> *«...La LPH ha sufrido en 1999 (Ley 8/1999 de 6 abril) una modificación del sistema de mayorías cualificadas para la adopción de determinados acuerdos, la cual ha sido realizada con el fin de facilitar la adopción de dichas mayorías. Para ello se ha reformado la redacción del precepto que prevé los efectos de la ausencia de disconformidad del propietario ausente a quien se notifica el acuerdo. Los comuneros que no votan a favor del acuerdo que requiere mayoría cualificada ya no quedan vinculados por el mismo, como sucedía en la redacción originaria, sino que se "computará" su voto como favorable al acuerdo sólo a los efectos de lo establecido en los apartados que establecen la necesidad de una mayoría cualificada ("A los efectos establecidos en los párrafos anteriores de esta norma [...]"). En correspondencia con ello, no se modifica el artículo 18 LPH, en el cual se mantiene como requisito para poder impugnar el acuerdo, únicamente respecto de los copropietarios presentes en la junta, que hayan salvado su voto o votado en contra del acuerdo.*
>
> *En la redacción anterior de la ley el propietario obligado a manifestar su disconformidad que no lo hacía en el plazo de 30 días, supuesto contemplado en la STS de 17 de noviembre de 1995, quedaba vinculado por este ("se entenderán vinculados", se decía, sin referencia alguna a que esta disposición quedara limitada a los efectos de la adopción de mayorías) como si hubiera emitido una declaración de voluntad favorable a la adopción del acuerdo. En la nueva redacción la no-manifestación de conformidad únicamente produce sus efectos, a tenor de la previsión expresa de la Ley, en relación con el cálculo de las mayorías cualificadas al efecto de computar como favorable el voto omitido.*
>
> *Confirma esta interpretación el último apartado del número 1º del artículo 17 LPH, pues en él, con respecto a los acuerdos para los cuales se exige mayoría cualificada o a los acuerdos de supresión de barreras arquitectónicas, a los que se refiere la atribución a la no-disconformidad de los efectos propios del voto favorable, se establece que "[l]os acuerdos válidamente adoptados con arreglo a lo dispuesto en esta norma obligan a todos los propietarios.". Con ello se precisa que el efecto que se atribuye a la no-manifestación de disconformidad en el plazo establecido es la formación de la mayoría necesaria y el consiguiente nacimiento del carácter obligatorio del acuerdo, al igual que sucede con los adoptados por mayoría conforme a los siguientes apartados, pero no la supresión de la facultad de solicitar su anulación por unos u otros propietarios si concurren los requisitos para ello, pues resulta evidente que el carácter obligatorio y la consiguiente ejecutividad de un acuerdo no impiden su impugnación durante el plazo establecido por la ley. Así lo presupone la LPH al vincular el efecto obligatorio para "todos los propietarios", sin distinción, a que los acuerdos estén "válidamente" adoptados, admitiendo implícitamente*

que los que no reúnan esta condición podrán ser impugnados, en principio, por "todos" ellos, sin más restricciones que las que resultan con carácter general del art. 18.3 LPH.

Esta interpretación es asimismo congruente con la ampliación de los plazos de impugnación, que pasan a ser de tres meses o un año según los casos, frente a la regulación anterior, en la que plazo de impugnación era de 30 días. No consideramos admisible la postura de entender que la nueva LPH ha pretendido restringir la posibilidad de impugnación de los acuerdos; antes bien, se advierte que se ha pretendido facilitar la adopción de mayorías cualificadas, a cambio de establecer un plazo más amplio de impugnación, el cual se concibe como un plazo de reflexión sobre la posibilidad de impugnar el acuerdo por motivos ajenos a la formación de la mayoría que dependa de la conformidad del ausente, el cual quedaría privado de este plazo si se le obligase a presentar la demanda o a manifestar su disconformidad en el plazo de 30 días para entablar cualquier tipo de impugnación.

En suma, no puede darse al requisito establecido en el art. 17 LPH un efecto restrictivo de los derechos del copropietario más extenso que el que la ley establece, pues ello comportaría privar de legitimación para recurrir el acuerdo y, consiguientemente, del derecho a la tutela judicial efectiva por una causa no prevista en la ley, ya que en ella únicamente se contempla la falta de disconformidad del propietario ausente para la formación de mayorías cualificadas y, en consecuencia, esta falta no puede impedir la impugnación del acuerdo por causas distintas de la inexistencia de la mayoría cualificada exigida por la ley que dependa de la disconformidad del impugnante…».

Esta misma sentencia zanjó cualquier divergencia doctrinal cuando afirmó que:

«…Procede, en consecuencia, fijar como doctrina jurisprudencial que el copropietario ausente de la junta a quien se comunica el acuerdo y no manifiesta su discrepancia en el plazo de 30 días establecido en el artículo 17.1 LPH, redactado por la Ley 8/1999, de 6 abril, no queda privado de su legitimación para impugnarlo con arreglo a los requisitos establecidos en el artículo 18 LPH, salvo si la impugnación se funda en no concurrir la mayoría cualificada exigida por la LPH fundándose en la ausencia de su voto…».

Con la entrada en vigor de la Ley 8/2013, de 26 de junio, de rehabilitación, regeneración y renovación urbanas y la consiguiente reforma de la LPH, el legislador ha querido matizar todavía más el contenido del anterior art. 17.1º LPH y así, en el actual art. 17.8º se añaden dos excepciones a la regla general de tomar como favorables los votos de los propietarios ausentes a la Junta, debidamente citados y que no manifiesten su discrepancia en el plazo de 30 días:

a) Los supuestos expresamente previstos en los que no se pueda repercutir el coste de los servicios a aquellos propietarios que no hubieren votado expresamente en la Junta a favor del acuerdo.

b) Los casos en los que la modificación o reforma se haga para aprovechamiento privativo.

1.4.10. Plazo para manifestar discrepancias con el acuerdo de la Junta

Desde el momento de la notificación de los acuerdos de Junta a los propietarios ausentes, éstos disponen de treinta días naturales para manifestar su discrepancia, mediante comunicación a quien ejerza las funciones de Secretario de la comunidad y por cualquier medio que permita tener constancia de la recepción, de acuerdo con lo establecido en el art. 17.8°.

El plazo comenzará a contar, bien desde el momento en que se le comunique en su domicilio habitual, bien desde el momento en que en su domicilio en la comunidad le sea entregada la notificación al ocupante del mismo, o bien a los tres días de que la notificación sea colocada en el tablón de anuncios de la Comunidad o en lugar visible de aquella, de uso general habilitado al efecto.

La notificación en el tablón de anuncios de la Comunidad, o lugar similar, como indica la norma, debe cumplir unos requisitos elementales para no provocar indefensión ni adolecer de un defecto de forma. Así, deberá constar expresamente la fecha, los motivos por los que se procede a esta forma de notificación, el contenido de la misma y la firma del Secretario de la Comunidad, con el visto bueno del Presidente.

Jurisprudencia relevante

Podríamos plantearnos si aquí pueden verse conculcados derechos constitucionales como el derecho al honor, tal y como se refleja en la **STS de 11-12-2008** *(Tol 1413602)*:

> *«La publicación en el tablón de anuncios de la comunidad de propietarios de la diligencia controvertida, cuya copia se adjuntó al escrito de demanda, en modo alguno supuso vulneración alguna del derecho al honor del recurrente, por la sencilla razón de que los codemandados, en el ejercicio legítimo de sus funciones como presidente y secretario-administrador de la comunidad de propietarios del inmueble, actuaron escrupulosamente conforme prevé la legislación específica en materia de propiedad horizontal para supuestos de impago de cuotas comunitarias por parte de algún copropietario, por remisión a lo dispuesto en el artículo 21.2 de la Ley 8/1999, de 6 de abril, de reforma de la Ley 49/1960, de 21 de julio, sobre Propiedad Horizontal, en relación con lo dispuesto en el apartado h) del artículo 9 del mismo texto legal, que entiende practicadas las citaciones o notificaciones a los copropietarios, cuando no sea posible realizarlas en el domicilio designado o, en su caso, o en el piso o local perteneciente a la comunidad, mediante la colocación de la comunicación correspondiente en el tablón de anuncios de la comunidad, o en lugar visible de uso general habilitado al efecto, con diligencia expresiva de la fecha y motivos por los que se procede a esta forma de notificación, firmada por quien ejerza las funciones de secretario de la comunidad con el visto bueno del presidente.*
>
> *Además, de la lectura de la diligencia controvertida resulta que la misma no contiene ningún juicio valorativo, ni mucho menos ofensa ninguna ni términos injuriosos o insultantes referidos al ahora recurrente que pudiesen atentar contra su honor, de igual forma que tampoco incluye crítica alguna a su condición profesional de abogado. Tampoco incluye información inveraz de ningún tipo. A mayor abundamiento, ni siquiera la diligencia referida le atañe personalmente pues la misma viene a suplir la notificación negativa intentada en la persona de sus padres...,*

los únicos que aparecen nominados en tal escrito. Recuérdese al respecto que el hoy recurrente sí fue notificado personalmente del acuerdo adoptado en la Junta de Propietarios de 5 de mayo de 1999, por el que se aprobaron y liquidaron los importes pendientes de pago por los propietarios morosos. Por último, el reproche que el ahora recurrente hizo a la conducta de los codemandados, que parece circunscribirse al hecho de no haberse reflejado en la diligencia controvertida la verdadera titularidad del inmueble NÚM. 003, al no incluirle a él como cotitular, resulta, a parte de tendenciosa, por cuanto en ningún momento se pretendió en tal diligencia esclarecer las titularidades registrales del inmueble ni negar la condición de copropietario al ahora recurrente, absolutamente irrelevante.

En suma, la diligencia tantas veces referida, vistos sus estrictos términos, no puede ser apta para infringir el derecho al honor de persona alguna, ni siquiera de las personas que aparecen en ellas nombradas, de tal suerte además que el hecho de haberse publicado la misma en el tablón comunitario atiende a las previsiones legales que al respecto establece la legislación específica.»

En relación al cómputo de días, si el plazo concluyese en domingo u otro día inhábil, se entenderá prorrogado al siguiente día hábil, ya que el art. 133.4 LEC establece que *«los plazos que concluyan en domingo u otro día inhábil, se entenderán prorrogados hasta el día siguiente hábil»*.

El plazo de treinta días naturales es de caducidad a todos los efectos, lo que implica dos importantes consecuencias:

1. El plazo no puede interrumpirse.
2. La caducidad se declara de oficio.

Estas dos premisas son las que diferencian un plazo de caducidad y uno de prescripción: la prescripción puede interrumpirse y es alegada a instancia de parte, es decir, aunque el plazo de la prescripción se haya cumplido, el demandante va a poder interponer la demanda y habrá de ser el demandado quien alegue que la acción ha prescrito, porque el Juez, de oficio, no puede hacerlo.

Jurisprudencia relevante

Finalmente, en cuanto a los efectos que produce la falta de impugnación de un acuerdo en tiempo y forma y las dudas existentes sobre la nulidad y la anulabilidad de los acuerdos tomados por la Junta de Propietarios, merece la pena la lectura de la **STS de 5-3-2014** *(Tol 4150543)*:

«...la doctrina de esta Sala apunta a la posible nulidad de pleno derecho en los casos de contravención por los acuerdos comunitarios de otra ley que no sea la de Propiedad Horizontal. Esta Sala viene declarando, entre otras, en la sentencia de 17-12-2009 que:

'Con igual posición, la STS de 18 de abril de 2007 (RJ 2007/2073), en su fundamento de derecho tercero, en el párrafo segundo, dice lo que se expone acto continuo: La doctrina jurisprudencial que, con alguna excepción, cita la sentencia de la Audiencia SSTS de 24 de septiembre de 1991 (RJ 1991/6278), 26 de junio de 1993 (RJ 1993/4789), 7 de junio de 1997 (RJ 1997/6147) y 26

de junio de 1998 (RJ 1998/5018) sobre la distinción entre nulidad radical y anulabilidad en materia de propiedad horizontal, es, como recuerda la sentencia de 5 de mayo de 2000 (RJ 2000/3990), la que se viene manteniendo como más acertada por la moderna doctrina de esta Sala. Más recientemente las sentencias de 7 de marzo de 2002 (RJ 2002/4152), 25 de enero de 2005 (RJ 2005/1200) y 30 de diciembre de 2005 (RJ 2006/1212) explican las diferencias entre nulidad y anulabilidad, sujeta a caducidad, y recuerdan que la jurisprudencia posterior a las sentencias que se invocan en el recurso, se definió claramente por considerar meramente anulables los acuerdos que entrañasen infracción de algún precepto de la Ley de Propiedad Horizontal o de los Estatutos de la respectiva Comunidad, quedando reservada la más grave calificación de nulidad radical o absoluta solamente para aquellos otros acuerdos que, por infringir cualquier otra Ley imperativa o prohibitiva que no tenga establecido un efecto distinto para el caso de contravención o por ser contrarios a la moral o el orden público o por implicar un fraude de Ley, hayan de ser conceptuados nulos de pleno derecho, conforme al párrafo 3º del artículo 6 del Código Civil, y por tanto insubsanables por el transcurso del tiempo (…). Es razón por la que no es posible reprochar a la sentencia recurrida la infracción denunciada en el recurso, puesto que se sustenta en una línea jurisprudencial ya superada. Antes al contrario el criterio sostenido, no sólo es el correcto, sino el mismo que se mantiene tras la redacción dada por Ley 8/1999, de 6 de abril, en el sentido de someter la impugnación de acuerdos contrarios a la Ley o a los Estatutos de la Comunidad de Propietarios a las reglas contenidas en la Ley de Propiedad Horizontal, con un plazo más amplio y el añadido de nuevos supuestos de impugnación y el abandono de la exigencia de la unanimidad para determinados acuerdos'.

De esta doctrina jurisprudencial se deduce que los acuerdos comunitarios sobre alteración de elementos comunes, que se hayan adoptado por mayoría, pese a requerir la unanimidad, quedarán convalidados si no se recurren en el plazo establecido, al tratarse de una infracción de la Ley de Propiedad Horizontal (arts. 15 a 18 de la LPH) (STS. 27/2/2013, rec. 1023 de 2010)…».

La **STS de 6-11-2013** *(Tol 4008089)* también aborda esta cuestión:

«…La respuesta de esta Sala a la cuestión así delimitada no puede prescindir de la doctrina jurisprudencial existente en relación con la fuerza ejecutiva de los acuerdos adoptados en junta de propietarios. Así, en materia de validez y plena eficacia de tales acuerdos la jurisprudencia declara que: "los acuerdos que entrañen infracción de preceptos de la Ley de Propiedad Horizontal o de los Estatutos de la Comunidad de que se trate, al no ser radicalmente nulos, son susceptibles de sanación por el transcurso del plazo de caducidad que establece la regla cuarta del artículo 16 de la Ley de Propiedad Horizontal. Por tanto, aquellos acuerdos no impugnados por los propietarios, gozan de plena validez y eficacia, y afectan y obligan a aquellos (SSTS de fechas 19 de noviembre de 1996, 28 de febrero de 2005, 19 de octubre de 2005, 30 de diciembre de 2005, 7 de junio de 2006). De esta doctrina se desprende que los acuerdos adoptados en junta de propietarios que no sean radicalmente nulos y no hayan sido impugnados son válidos y ejecutables (STS 18 de julio de 2011, rec. 2103/07)".

Por otro lado, también es doctrina jurisprudencial, recogida, entre otras, en SSTS de 28/10/2004, 25/01/2005 o 17/12/2009, que son meramente anulables los acuerdos que entrañen infracción de algún precepto de la LPH o de los estatutos de la respectiva comunidad de propietarios, quedando reservada la más grave calificación de nulidad radical o absoluta para aquellos acuerdos que infrinjan cualquier otra ley imperativa o prohibitiva…».

Cuestiones útiles

33. ¿Qué ocurre cuando la distribución de los gastos de la comunidad se viene produciendo a partes iguales durante largo período de tiempo, sin que exista norma estatutaria que así lo establezca o acuerdo unánime reflejado en el libro de actas?

Esta cuestión se plantea cuando se aplica el art. 9.1° e) LPH, que establece la obligación de cada propietario de *«contribuir, con arreglo a la cuota de participación fijada en el título o a lo especialmente establecido, a los gastos generales para el adecuado sostenimiento del inmueble, sus servicios, cargas y responsabilidades que no sean susceptibles de individualización.»*

La jurisprudencia no es unánime en esta materia. Varias sentencias entienden que basta el acuerdo de la mayoría de los propietarios para cambiar el sistema de distribución de gastos adoptado durante un largo período de tiempo y volver al sistema de distribución de gastos por cuotas. Un ejemplo de esta postura es la **STS de 16-5-2004** *(Tol 514310)*, cuando afirma que *«...el hecho de que durante siete u ocho años no hayan sido impugnadas las cuentas realizadas por la administración de la Comunidad conforme a un sistema igualitario, en modo alguno significa que haya existido un acuerdo inequívoco de los copropietarios dirigido a modificar los estatutos que, como acto propio, sería vinculante para todos los que lo hubiesen adoptado. En el caso que nos ocupa, como alega la Comunidad demandada, solamente ha existido una tolerancia ante una práctica inadecuada, que, a lo sumo, únicamente puede determinar la pérdida del derecho a impugnar las cuentas anuales correspondientes a los ejercicios a que aquella ha afectado, las cuales, a tenor del coeficiente de participación en los gastos comunes que corresponde a la finca de la actora (16,35%) han debido ser ciertamente favorables a la misma pues dicha cuota superaba ostensiblemente a las de cualquiera de los demás propietarios. En atención a cuanto queda expuesto ha de calificarse de correcta la conclusión del Tribunal de apelación respecto a que el acuerdo que impugna la demandante se ajusta a lo prevenido en los Estatutos de la Comunidad en cuanto a distribución de gastos comunes, sistema que no puede entenderse dejado sin efecto por la práctica indebida a que nos hemos referido...»*.

La **STS de 3-12-2004** *(Tol 636147)* también se expresa en términos similares: *«...y aunque sea la Junta de Propietarios quien establezca un sistema singular para pagar determinadas partidas por conceptos de gastos o mantenimiento, ello supone una modificación estatutaria contraria a la ley, susceptible de ser impugnada judicialmente para lograr la anulación del acuerdo, sin que la tolerancia de cuentas o presupuestos en Juntas anteriores con un sistema de reparto diferente al que correspondía, en base a lo que especialmente se haya establecido en los Estatutos, sea suficiente aceptación de hecho para evitar la impugnación de un acuerdo similar adoptado en una Junta posterior...»*.

Sin embargo, más recientemente, la **STS de 22-5-2008** *(Tol 1340454)* matiza y, entendemos, clarifica esta cuestión: «...*la jurisprudencia de esta Sala sobre el artículo 9.5° de la Ley de Propiedad Horizontal es reiterada, en el sentido de que puede establecerse estatutariamente un régimen especial sobre distribución de gastos, que articule módulos diferentes a la cuota de participación fijada en el título constitutivo para cada piso o local, en relación con el total del edificio, prevaleciendo en este punto la autonomía de la voluntad —Sentencias de 28 de diciembre de 1984, 2 de marzo de 1989, 2 de febrero de 1991 y 14 de marzo de 2000, entre otras muchas—. Por tanto,* ***la cuota de participación en los gastos, establecida en el Título Constitutivo únicamente puede ser modificada por acuerdo unánime de los propietarios****, según establecía el art. 16.1 de la Ley de Propiedad Horizontal 49/1960 en su redacción original,* ***no así el acuerdo consensuado de establecimiento de las referidas cuotas de participación —que puede fijar unas cuotas diferentes a las establecidas en el título constitutivo—, cuya modificación, al constituir una novación en la voluntad convencional, exige la mayoría simple de los propietarios,*** *como expresión de la voluntad general de la Junta de Propietarios*...».

34. ¿Cómo se reparten los gastos de agua de la comunidad de propietarios?

Esta es una cuestión que genera no pocas controversias en los inmuebles sujetos al régimen de propiedad horizontal. Por una parte debemos diferenciar los gastos comunes, necesarios para el mantenimiento y limpieza del inmueble, que serán repartidos conforme a cuotas de participación, salvo que exista un acuerdo distinto, tomado por unanimidad de la junta de propietarios y recogido en el libro de actas, o salvo que el propio título constitutivo o estatutos estableciesen un régimen de reparto de estos gastos diferente.

Por otro lado, podemos distinguir el consumo de agua de las viviendas de cada uno de los comuneros, distinto del que se aplica al mantenimiento del inmueble, que no es un gasto general sino particular de cada una y como tal resulta perfectamente individualizable, lo cual significa que la primera regla a que ha de atenderse para la distribución de estos gastos, no es la del coeficiente o cuota de participación fijada en el título constitutivo del régimen de propiedad horizontal, sino la de su consumo o cualquiera otra que resulte del acuerdo mayoritario o pacto entre los distintos propietarios que integran el inmueble, puesto que no se modifica la cuota de participación prevista en el título, sino que se adopta un criterio de simple administración sobre el reparto de unos gastos ajenos a esos coeficientes, y ello no implica alteración del título constitutivo de la Propiedad o de sus Estatutos. Esta es la postura mantenida por nuestra jurisprudencia, entre otras, en la **STS de 24-1-2008** *(Tol 1256799)*: «...*hay que distinguir los gastos generales, que dan lugar a la obligación de contribuir a los mismos según la cuota de participación, y los gastos particulares, que se satisfarán de acuerdo con lo previsto en los* *estatutos de la comunidad, o, en su defecto, según lo pactado. Por otra parte, en relación con lo anterior, tampoco puede confundirse el concepto de gastos acordados o aprobados por la Junta de propietarios, según prevé el art. 13,2, con la distribución del importe de los mismos, entre todos los copropietarios, si es gasto general o de forma distinta (según estatutos o acuerdo de Junta), si no lo es. El consumo de agua de las viviendas de cada uno de los comuneros, distinto del que se aplica al mantenimiento del inmueble, no es un gasto general sino particular de cada una y como tal resulta perfectamente individualizable, lo cual lo cual significa que la primera regla a que ha de atenderse para la distribución de estos gastos, no es la del coeficiente o cuota de participación fijada en el título constitutivo del régimen de propiedad horizontal, sino la de su consumo o cualquiera otra que resulte del acuerdo mayoritario o pacto entre los distintos propietarios que integran el inmueble, puesto que no se modifica la cuota de participación prevista en el título, sino que se adopta un criterio de simple administración sobre el reparto de unos gastos ajenos a esos coeficientes, y ello no implica alteración del título constitutivo de la Propiedad o de sus Estatutos...».*

Esta misma sentencia añade, a continuación que: «*...habida cuenta que determinados copropietarios cuentan con contadores de agua que miden el consumo individual, por lo que para los mismos el consumo de agua ha dejado de ser un gasto común para pasar a ser un gasto susceptible de individualización, que no puede volver a convertirse en común, por acuerdo mayoritario. El motivo se desestima. La sentencia establece un doble criterio para negar que el acuerdo requiera la unanimidad y no la mayoría: inexistencia de previsión estatuaria e individualización del gasto que no pudo concretarse porque 'existe un único contador y no llegaron a instalarse por todos los comuneros contadores individuales'. El gasto sigue siendo el que es y no es posible confundir un acuerdo de modificación de cuotas de participación con un acuerdo sobre el cambio en el sistema de reparto de consumo de agua propiciado por la particular situación de la comunidad, de tal forma que sin una previsión legal o estatuaria para volver de uno a otro sistema sería necesaria mayoría de los comuneros por cuanto no se modifica la cuota o coeficiente de participación asignado al piso o local ni altera las reglas contenidas en el título constitutivo de la propiedad horizontal o en los estatutos. Supone simplemente individualizar un gasto particular a partir de la distribución igualitaria entre todos los comuneros, tal como se repartía desde su inicio, dada la falta de previsión al respecto y la forma en que la comunidad tiene organizado el servicio...*».

35. ¿Es válida la citación para la celebración de una Junta de Propietarios efectuada mediante un anuncio en el vestíbulo de la finca?

Antes de la reforma de la LPH de 1999 era posible en aquellos casos en que ésta era la costumbre de la Comunidad. Sería válida a todos los efectos y ajustada a derecho, según manifestaron diversas sentencias.

La **SAP de Barcelona de 9-2-1989**: *«...el sistema utilizado tradicionalmente para la convocatoria de las juntas de la comunidad ha sido el de su anuncio colocado en el vestíbulo del edificio, sin citación escrita a cada uno de los comuneros... la acción impugnatoria aquí entablada, supone por su parte un ejercicio contrario a la buena fe... la falta de citación personal no puede ser considerada como causa de nulidad, alegada por aquél a quien por afectarle negativamente, se prevale de una irregularidad o vicio formal sin trascendencia alguna para el caso, cuando sin oposición por parte de los miembros de la comunidad, siempre se llevó a cabo la convocatoria y citación de las juntas en la forma concurrente en las aquí cuestionadas...»*.

La vigente Ley refrenda la postura de esas sentencias al permitir que, si una vez intentada una citación o notificación al propietario fuese imposible practicarla en el domicilio en España por él designado, a efectos de citaciones y notificaciones de toda índole relacionadas con la comunidad, o en defecto de esta comunicación, en el piso o local perteneciente a la comunidad, se entenderá realizada mediante la colocación de la comunicación correspondiente en el tablón de anuncios de la comunidad, o en lugar visible de uso general habilitado al efecto.

36. ¿Cuántas mayorías ha establecido la ley para la validez de los acuerdos?

Según la **STS de 10 de febrero de 1995** *(Tol 210735) «la ley ha establecido dos mayorías que se conjugan para la validez de los acuerdos (artículo 16.3ª), mayoría del total de los propietarios y mayoría de las cuotas de participación; estas mayorías son, en segunda convocatoria, mayoría de los asistentes que represente a su vez la mitad del valor de las cuotas de los presentes. Es decir, se ponderan dos elementos, uno personal y otro económico»*.

Si un propietario tiene la mayoría de las cuotas de participación, no se podrá adoptar un acuerdo en la junta si no se cuenta con su consentimiento, pero al mismo tiempo no podrá imponer su voluntad sobre los demás, porque la ley exige que los acuerdos se tomen por mayoría de propietarios y de cuotas. Por tanto, si hay más propietarios que se oponen al acuerdo, aunque la suma de sus cuotas de participación sea inferior a las del otro propietario, habrán de acudir al Juez para que decida en equidad.

Si un propietario lo es de más de un piso o local y decide acudir a la Junta representado por tantas personas como pisos o locales posea, solamente tendrá un voto en cuanto a la mayoría de personas que exige la ley.

37. ¿Qué se necesita para acudir a una junta mediante representación?

El art. 15.1 LPH establece que *«La asistencia a la Junta de propietarios será personal o por representación legal o voluntaria, bastando para acreditar ésta un escrito firmado por el propietario»*.

La **STS de 5 de febrero de 1992** *(Tol 179319)* indicó que *«...la ley de propiedad horizontal admite que para acreditar la representación voluntaria, al efecto de asistencia a la Junta, basta un escrito firmado por el propietario»*. A nuestro juicio, en dicho escrito deben de estar especificados los nombres y apellidos del copropietario y su representante, con sus respectivos números de DNI. Con posterioridad a la junta, todos los escritos de representación deberían adjuntarse a la correspondiente acta.

38. Un acuerdo adoptado en junta, ¿es ejecutivo mientras no se impugne?

El art. 18.4 LPH establece que *«La impugnación de los acuerdos de la Junta no suspenderá su ejecución, salvo que el Juez así lo disponga, con carácter cautelar, a solicitud del demandante oída la comunidad de propietarios»*.

En términos similares se expresaba la jurisprudencia anterior a la reforma de 1999. Al respecto véase la **STS de 22 de mayo de 1992** *(Tol 189730)*. Señala que la jurisprudencia sostiene que, para enervar los acuerdos, se requiere haberlos impugnado dentro de los treinta días siguientes (tres meses según el art. 17 de la nueva Ley) al que se adoptó o a la notificación conforme previene el artículo 16 de la ley de propiedad horizontal y aún así el acuerdo tiene carácter provisionalmente ejecutivo, salvo que judicialmente se ordene la suspensión.

39. Si se acuerda un reparto de gastos contrario a lo que correspondería según las cuotas de participación, ¿se considera esto una modificación estatutaria?

Tal como se establece en la **STS de 22 de marzo de 1994** *(Tol 208728)*: *«aunque tal acuerdo no se quiera tener por una modificación de la regla estatutaria (que sí que lo es), al aplicar un criterio de distribución contrario a lo mandado supone una modificación expresa del precepto, aunque haya sido especial sólo para este supuesto concreto y pese a que después la regla se haya seguido aplicando igual que estaba promulgada, pero en la dicha ocasión se ha alterado esa norma, contrariando así lo que ordena el artículo 16.1° de la ley sobre propiedad horizontal sobre la exigencia de unanimidad para la validez de los acuerdos implicatorios de modificaciones de las reglas de los estatutos»*.

40. ¿Qué tipo de información debe disponer un propietario sobre los asuntos que se tratarán en Junta?

La **STS de 16 de abril de 1993**, con base a la anterior redacción de la ley, disponía que *«se trata de concretar cuál es el alcance de ese derecho de la información y de precisar si los comuneros y demandados tuvieron la información exigible... El art. 15.2 de la LPH establece que la convocatoria la hará el Presidente y en su defecto los promotores de la reunión, con indicación de los asuntos a tratar; que el único derecho informativo que compete a los comuneros es la indicación de los asuntos que deberán tratarse en la Junta y, en el presente caso, ese derecho obligación informativa se cumplió»*.

Actualmente, el art. 16.2 LPH establece que *«...La convocatoria contendrá una relación de los propietarios que no estén al corriente en el pago de las deudas vencidas a la comunidad y advertirá de la privación del derecho de voto si se dan los supuestos previstos en el art. 15.2»*.

Cosa diferente es el derecho que tienen los copropietarios a obtener información de los distintos cargos de la comunidad, para poder tomar un acuerdo en la Junta.

A un copropietario no se le puede negar la consulta del libro de actas u otra documentación de la comunidad, ya que el art. 20.e) LPH establece que en el caso de que el administrador actúe como secretario de la Junta, deberá custodiar la documentación de la comunidad, que estará a disposición de los titulares.

Resulta interesante examinar la **STS de 2 de julio de 2008** *(Tol 1343794)*, cuando analiza el supuesto de incorrección, reserva u ocultación de una circunstancia que hace incompleta la expresión del acuerdo en el acta, sin que la nota posterior haya sido comunicada a los interesados, que quedaron así en una situación de indefensión:

«...Que no aparece en el acta que se adoptase el acuerdo de variar la coloración de los cristales aspecto que por su trascendencia debió hacerse constar por lo que prescindiendo de si se mostró unas muestras del cristal o se enseñaron los presupuestos en que constaba que el cristal sería tipo Reflectasol gris, ya que existen declaraciones contradictorias de los propietarios asistentes a la Junta al respecto, lo cierto es que nada de ello se mencionó o recogió en el acta por lo que mal podían los propietarios ausentes que sí estuvieran conformes con que se cambiasen las ventanas pero no la transparencia de los vidrios, impugnar en el plazo legalmente previsto una decisión que formalmente no se había tomado. No resulta admisible que al transcribir en el libro de actas los Acuerdos de la Junta de 7 de mayo se haya añadido a posteriori una coletilla en la que se dice: "NOTA: la opción 2ª aprobada en el anterior acta fue adjudicada a la empresa Aplideco, S.L., en reunión de la comisión de obras celebrada el día 27 de julio de 1999 (...)", pasando a continuación a describirse detalladamente el presupuesto de rehabilitación, pues, sobre tener que cerrarse las actas con las firmas del Presidente y del Secretario al terminar la reunión o dentro de los diez días naturales siguientes pasando desde ese momento a ser ejecutivos los acuerdos (art. 19 de la Ley de Propiedad Horizontal), lo cierto es que el contenido de la Nota no aparece notificado a los propietarios ni se sabe tampoco cuando se incluyó en el libro, no viniendo obligados los propietarios a consultarlo en todo momento para comprobar si se han tomado de forma oculta acuerdos que debieron impugnar».

41. En caso de empate, ¿tiene el presidente voto de calidad?

No, ya que este supuesto no está contemplado en el artículo 17 de la LPH. Para la adopción de acuerdos por mayoría se tiene en cuenta la personal y la de cuotas de participación. En el supuesto de que no se pudiera obtener un acuerdo por el sistema de la doble mayoría, se habrá de acudir al Juez, para que resuelva en equidad.

42. ¿Pueden efectuarse votaciones secretas?

No, en un régimen de propiedad horizontal no pueden efectuarse votaciones secretas, por varias razones:

1. No podríamos saber cuál es la cuota de participación de las personas que votan a favor y en contra.
2. No se sabe quién vota a favor y en contra, lo cual es importante a efectos de posibles impugnaciones de acuerdos.
3. No se sabría cuál es el propietario que no está al corriente en el pago de sus deudas con la Comunidad y, con la nueva redacción, debe privársele del derecho de voto.
4. El artículo 19.1 LPH dispone que *«los acuerdos de la junta de propietarios se reflejarán en un libro de actas diligenciado por el Registrador de la Propiedad en la forma que reglamentariamente se disponga»*. Es necesario saber quiénes adoptan los acuerdos y es conveniente la firma en el libro de actas.
5. El artículo 19.2.f) LPH recoge, expresamente, la necesidad de indicar los nombres de los propietarios que hubieren votado a favor y en contra de un acuerdo, si fuera relevante para la validez del mismo.

43. ¿Pueden adoptarse acuerdos en el apartado de ruegos y preguntas?

El Tribunal Supremo negó que pudiesen adoptarse acuerdos en el apartado ruegos y preguntas, ya que no estarían comprendidos en el orden del día, por lo cual, según la **STS de 26-6-95** *(Tol 210121)* serían nulos: *«no se pueden tomar acuerdos que no estén en el orden del día», pues sería fácil burlar la voluntad de determinados copropietarios, consiguiendo en la junta convocada acuerdos diferentes de los señalados en dicho orden, nulidad que abarca igualmente a dichos acuerdos si se adoptan bajo la rúbrica de ruegos y preguntas pues el artículo 15 de la Ley de Propiedad Horizontal señala entre los requisitos de convocatoria para las juntas la «indicación de los asuntos a tratar».*

44. ¿Qué valor tiene una abstención en la votación de una junta de propietarios?

Al respecto, la conclusión decimotercera alcanzada en el Congreso *«Poder Judicial-Administradores de Fincas de la Comunidad Valenciana»*, celebrado en 2010, antes de la última reforma de la LPH y publicada por la Editorial Tirant lo Blanch, consideraba, respecto a los acuerdos que precisan unanimidad, que los propietarios que se abstienen no afectan a la misma dado que las abstenciones ni suman ni restan votos, atendiendo a que los que se apartan voluntariamente de la toma de decisiones de la comunidad no pueden bloquear su funcionamiento y carecen de legitimación para impugnar el acuerdo según el art. 18.2 de la LPH.

No obstante, la nueva redacción del art. 17.6 LPH está provocando dudas doctrinales al respecto, al establecer que (el subrayado es nuestro): «*Los acuerdos no regulados expresamente en este artículo, que impliquen la aprobación o modificación de las reglas contenidas en el título constitutivo de la propiedad horizontal o en los estatutos de la comunidad, requerirán para su validez la unanimidad del total de los propietarios* ***que, a su vez, representen el total de las cuotas de participación***».

Esta dudosa redacción legal, ha generado que determinados sectores doctrinales interpreten que la abstención cuenta como voto negativo pues impide la unanimidad del total, al no poder computarse el total de las cuotas de participación, mientras que otros sector mantienen que, para ello, el propietario que se ha abstenido, debería a la par de haberse abstenido, salvado su voto para poder impugnar el acuerdo, basándose en la mencionada STS 10-5-2013. Con todas las prudencias y en espera del superior criterio de los Tribunales, nosotros nos decantamos por esta última opción, pues el espíritu de la reforma ha sido sin duda el de flexibilizar el régimen de la unanimidad, la cual de nuevo no podría alcanzarse ante la mera abstención de un propietario indeciso que bloquea su funcionamiento.

Respecto a los acuerdos que exigen doble mayoría cualificada, las abstenciones no se suman para conseguir la mayoría porque expresamente se exige el voto favorable y la abstención no equivale a un voto a favor. Por último en relación a los acuerdos que exigen mayoría de los asistentes, la mencionada conclusión entiende que las abstenciones no se computan para alcanzar la mayoría, de tal manera que para adoptar el acuerdo se exige que el voto favorable sea el que obtenga la mayoría de los asistentes (la mitad más uno).

2. EL PRESIDENTE

La figura del Presidente como órgano de gobierno de la comunidad se regula en el art. 13.1 de la Ley sobre Propiedad Horizontal y queda redactado en los siguientes términos:

> *«1. Los órganos de gobierno de la comunidad son los siguientes:*
> *a) La Junta de propietarios.*
> *b) El Presidente y, en su caso, los Vicepresidentes.*
> *c) El Secretario.*
> *d) El Administrador.»*

2.1. Naturaleza jurídica

El Presidente es un órgano de gobierno de la Comunidad de propietarios al que corresponde la representación de la Comunidad y la legitimación para actuar en juicio en defensa de los intereses de la misma.

No obstante, hay voces doctrinales discrepantes en el sentido de no considerar al Presidente, ni tampoco a los Vicepresidentes, Secretario y Administrador como órganos de gobierno sino, simplemente, como el o los ejecutores del único y auténtico órgano de gobierno de la Comunidad que es la Junta de Propietarios.

Según regula el artículo 13.2 LPH, el Presidente será nombrado entre los propietarios, con las matizaciones que posteriormente veremos.

2.2. Características

Vienen determinadas en relación con su función de representación y son las siguientes:

a) Actúa siempre en nombre propio y en el del colectivo, vinculando incluso a los disidentes.

b) Debe ser necesariamente un propietario, tal como se pone de manifiesto en el art. 13.2 LPH:

> *«El Presidente será nombrado, entre los propietarios, mediante elección, o, subsidiariamente, mediante turno rotatorio o sorteo.»*

2.3. Nombramiento y cese

2.3.1. Nombramiento

El art. 13.2 de la LPH, ya antes de la reforma de 2013, introdujo con la redacción dada por la Ley 8/1999, 6 abril, de Reforma de la Ley 49/1960, 21 julio, sobre Propiedad Horizontal, novedades en cuanto al procedimiento de nombramiento ya que, además de la elección añade, de forma subsidiaria, el turno rotatorio o sorteo.

Para la elección será suficiente un acuerdo mayoritario de la Junta de Propietarios, no requiriéndose la unanimidad. Atendiendo a lo dispuesto en el art. 17.7º LPH, si la Junta de Propietarios en la que se procede a la elección de nuevo presidente se celebrase en primera convocatoria será necesaria la mayoría del total de propietarios que, a su vez, representen la mayoría de cuotas de participación. Si, por el contrario, esta reunión se celebrase en segunda convocatoria, bastará la mayoría de los asistentes, siempre que ésta represente, a su vez, más de la mitad del valor de la cuota de los presentes.

2.3.1.1. Consideraciones

El Presidente ocupará el cargo por el plazo de un año, salvo que los Estatutos de la Comunidad establezcan otro período para la vigencia de los nombramientos. (art. 13.7 LPH).

Aunque anterior a la reforma de 1999, es interesante la **STS de 29-5-84**

> *«...No se le puede confundir con un representante legal ya que la voluntad de los propietarios en régimen de propiedad horizontal, es determinante no solo para el nombramiento, que de suyo es electivo, sino asimismo para la duración del cargo, porque aquellos pueden ampliar o reducir el plazo legal de un año que tiene de vigencia, pues según el párrafo cuarto del art. 12 de la Ley, los estatutos..., pueden establecer otra cosa, permitiéndose la prórroga tácita por periodos iguales;...».*

Tras la reforma del 1999, la Ley omite la posibilidad de prorrogar tácitamente el cargo de Presidente por períodos iguales al precedente, posibilidad que sí contemplaba la LPH antes de su modificación en el art. 12 p. 4º:

> *«Salvo que los estatutos dispongan otra cosa, estos nombramientos se harán por un año prorrogable tácitamente por periodos iguales».*

Se entiende, en este caso, que el Presidente podrá repetir en el cargo, siempre que sea refrendado por la Junta de Propietarios, lo que debe suponer, indefectiblemente, la inclusión en el Orden del día de la Junta anual el punto que contemple el nombramiento de Presidente.

> Como recomendación, es conveniente que el Presidente viva en la Comunidad, para agilizar la resolución de cualquier problema que pueda plantearse y conozca, día a día, la evolución de todos los asuntos relacionados con el inmueble.

2.3.1.2. Negativa de todos los propietarios a acceder al cargo

La LPH es taxativa al respecto, al establecer en su art. 13.2 que

> *«...El nombramiento será obligatorio...».*

El citado artículo 13.2 párrafo segundo LPH establece que

> *«Igualmente podrá acudirse al Juez cuando, por cualquier causa, fuese imposible para la Junta designar Presidente de la comunidad».*

2.3.1.3. Nombramiento de un propietario que no ha asistido a la Junta

Se podría nombrar Presidente a un propietario que no asiste a la Junta, aunque no lo consideramos aconsejable si no tenemos la certeza de que el citado propietario acepte el cargo ya que, de lo contrario, una vez informado del acuerdo adoptado, podría impugnar el mismo, conforme establece el art. 17.8º LPH.

2.3.1.4. Obligación de aceptar el cargo

Dado que el nombramiento del Presidente es obligatorio según lo establecido en el art. 13.2 LPH, ningún propietario puede negarse a desempeñar el cargo si en su designación se han cumplido todos los requisitos legales, a menos de que pueda alegar motivos suficientemente justificados para no aceptar el cargo.

Para ello la LPH establece en el art. 13.2 que *«El nombramiento será obligatorio, si bien el propietario designado podrá solicitar su relevo al Juez dentro del mes siguiente a su acceso al cargo, invocando las razones que le asistan para ello. El Juez, a través del procedimiento establecido en el art. 17.3º, resolverá de plano lo procedente, designando en la misma resolución al propietario que hubiera de sustituir al Presidente en el cargo hasta que se proceda a una nueva designación en el plazo que se determine en la resolución judicial»*. En este punto hay que tener presente que el art. 17.3º LPH, donde se regulaba el juicio de equidad, ha sido sustituido por el actual art. 17.7º LPH, en virtud de la Ley 8/2013, aunque se mantiene curiosamente el texto del art. 13.2º que hace referencia al anterior art. 17.3º sin haberse hecho, hasta el día de hoy, corrección alguna por parte del legislador.

En resumen, el propietario designado deberá aceptar el cargo, ejercer sus funciones como Presidente y solicitar su relevo al Juez alegando razones fundadas para ello, en el plazo máximo de un mes desde su nombramiento, pero, en ningún caso podrá rechazar el nombramiento y mucho menos no actuar en el desempeño de sus funciones como Presidente hasta que sea relevado por decisión judicial.

2.3.2. Cese

2.3.2.1. Acuerdo mayoritario

El art. 13.7 establece la posibilidad de destituir al presidente antes de la expiración del mandato por acuerdo de la junta de propietarios, convocada en sesión extraordinaria.

Para aprobar el cese bastará acuerdo mayoritario de la junta debidamente convocada y cumpliendo los correspondientes requisitos formales. Asimismo ha de elegirse, en la misma junta, un nuevo Presidente dada la obligatoriedad de dicho órgano.

En tal sentido se expresaba la **SAP de Bilbao de 3-3-1973:**

> *«A tenor de lo establecido en el art. 12.2 LPH, que regula la PH, es incuestionable el derecho de los copropietarios a elegir de entre ellos a un presidente de la comunidad, así como a removerlos de tal cargo en la Junta extraordinaria convocada al efecto; y como en el caso presente consta la convocatoria de la Junta, diciendo que se convoca expresamente para elegir nuevo Presidente, que ejercite las acciones que corresponde a la comunidad, porque el anterior Presidente, designado en la escritura de compra, ha resultado totalmente inoperante, y se celebra tal*

Junta, se nombre Presidente al señor A. y se acuerde oponerse al funcionamiento del centro de enseñanza del demandado establecido en la casa...».

Es importante precisar que en el orden del día de la junta en la que se tome la decisión de destitución del presidente y nombramiento de uno nuevo, deberá constar expresamente ese punto, tal y como pone de manifiesto la **SAP de Madrid de 28-3-2006** *(Tol 981871)*:

> *«...el nombramiento de nuevo Presidente por elección directa va en contra del acuerdo tomado en la anterior Junta Ordinaria de 5 de junio de 2002, de ser por rotación y orden consiguiente fijado, y no porque una Junta de Propietarios no puede revocar acuerdos anteriores, que sí cabe, pero siempre que en el orden del día así conste para que los copropietarios sepan los asuntos a tratar, lo cual no ocurre con la Junta celebrada el 28 de junio de 2002 y visto su orden del día lo único que podía era elegir Presidente por rotación y turno, de aceptarse la renuncia de la anterior, máxime si como cuestión previa se acababan de convalidar los acuerdos de la Junta de 5-6-02, lo cual supone una clara contradicción y el acuerdo atentaría contra el principio de seguridad jurídica, que debe regir el funcionamiento de la Comunidad de Propietarios...».*

2.3.2.2. Negativa del Presidente a convocar Junta para su destitución

Tal como establece el artículo 16 de la LPH, la Junta de propietarios se puede reunir siempre que los firmantes de la misma cumplan uno de los siguientes requisitos:

a) Ser, como mínimo, una cuarta parte del total de propietarios.

b) Que la suma de sus cuotas de participación sea, al menos, un 25 por 100 del total.

La convocatoria de las juntas la hará el Presidente y, en su defecto, los promotores de la reunión, con indicación de los asuntos a tratar, el lugar, día y hora en que se celebrará en primera o, en su caso, en segunda convocatoria, practicándose las citaciones en la forma establecida en el artículo 9 LPH.

Al respecto entendemos interesante constatar que existen sentencias que consideran que, para que puedan convocar la cuarta parte de propietarios o cuotas, es necesario una imposibilidad del presidente de hacerlo, o una negativa, por lo que, a nuestro juicio y llegado el caso, es necesario intentar que el presidente convoque y, en caso contrario y una vez constatada la negativa, obrar en consecuencia.

Es importante reseñar, asimismo, que la Junta podrá reunirse válidamente, aun sin la convocatoria del Presidente, siempre que concurran la totalidad de los propietarios y así lo decidan, según refleja el art. 16.3 LPH.

2.4. Funciones

2.4.1. Función principal

El artículo 13 de la LPH establece instaura como función principal del Presidente, la representación. Ello implica actuar como representante de la Comunidad en todos los temas que la afectan, incluso en procedimientos judiciales.

2.4.2. Otras funciones

- Convocar y presidir las Juntas.
- Actuar como Secretario y Administrador, salvo que la Junta de propietarios por acuerdo mayoritario, dispongan la provisión de dichos cargos separadamente de la presidencia o cuando los estatutos así lo determinen.
- Representar a la Comunidad en las acciones judiciales que hayan sido acordadas por la Junta. En este punto, el Tribunal Supremo ha sentado la doctrina jurisprudencial de la necesidad de un previo acuerdo de la junta de propietarios que autorice expresamente al presidente de la comunidad para ejercitar acciones judiciales en defensa de ésta, salvo que el presidente actúe en calidad de copropietario o los estatutos expresamente dispongan lo contrario.

Jurisprudencia relevante

Así viene recogido en la **STS de 19-2-2014** *(Tol 4142260)*:

«...La Ley de Propiedad Horizontal otorga al Presidente de la Comunidad la representación de la Comunidad en juicio y fuera de él, pero esto no significa que esté legitimado para cualquier actuación por el mero hecho de ostentar el cargo de Presidente, ya que no puede suplir o corregir la voluntad de la Comunidad expresada en las Juntas Ordinarias o Extraordinarias. La STS de 10 de octubre de 2011 al estudiar la legitimación del Presidente para representar en juicio a la Comunidad de Propietarios, declaró: "Se trata de impedir que su voluntad personal sea la que deba vincular a la comunidad, lo que se consigue sometiendo al conocimiento de la junta de propietarios la cuestión que se somete a la decisión judicial, habida cuenta el carácter necesario de las normas que rigen la propiedad horizontal, que impide dejarlas al arbitrio y consideración exclusiva del presidente". Aunque la Ley de Propiedad Horizontal únicamente exige de modo expreso el acuerdo previo para que el presidente pueda ejercitar acciones judiciales en defensa de la comunidad de propietarios en los supuestos concretos de acción de cesación de actividades prohibidas por los estatutos que resulten dañosas para la finca (artículo 7.2 LPH) y de reclamación de cuotas impagadas (artículo 21LPH), no resulta razonable sostener que la facultad de representación que se atribuye de modo genérico al presidente le permita decidir unilateralmente sobre asuntos importantes para la comunidad. (STS 10/10/11, 27/03/12) En definitiva, es reiterada la jurisprudencia de esta Sala, que declara como doctrina jurisprudencial la necesidad de un previo acuerdo de la junta de propietarios que autorice expresa-

mente al presidente de la comunidad para ejercitar acciones judiciales en defensa de esta salvo que el presidente actúe en calidad de copropietario o los estatutos expresamente dispongan lo contrario. (SSTS 27/03/12, 12/12/12 entre otras)...».

- Defender los intereses de la comunidad en todo tipo de circunstancias.

En este punto merece citarse la **STS de 23-4-2013** *(Tol 3706724)* que afirma que:

«...las Comunidades de Propietarios, con la representación conferida legalmente a los respectivos Presidentes, ex artículo 13.3 de la Ley de Propiedad Horizontal, gozan de legitimación 'para demandar la reparación de los daños causados tanto a los elementos comunes como a los privativos del inmueble —STS de 26 de noviembre de 1990—, y no puede hacerse por los extraños discriminación en punto a si los distintos elementos objetivos son de titularidad dominical privada o común, pues tal cuestión queda reservada a la relación interna entre los integrantes subjetivos de esa Comunidad —STS de 24 de septiembre de 1991—, sin perjuicio, por ello, de las obligaciones del Presidente de responder de su gestión —SSTS de 15 de enero y 9 de marzo de 1988—, pero cuya voluntad vale como voluntad de la Comunidad frente al exterior —STS de 20 de abril de 1991—'. En definitiva, la jurisprudencia del Tribunal Supremo ha extendido las facultades del Presidente a la defensa de los intereses afectantes a los elementos privativos del inmueble, cuando los propietarios le autoricen. Lo anterior deriva de las peculiaridades de que gozan las facultades de representación conferidas legalmente a los Presidentes de las Comunidades de Propietarios.
Declarando, incluso, entre otras, las Sentencias de 20 y 31 de diciembre de 1996, que 'el Presidente no necesita la autorización de la Junta para intervenir ante los Tribunales, cuando ejercite una pretensión en beneficio para la Comunidad, salvo en los supuestos expresamente excluidos en la Ley, o que exista, como puntualizan las Sentencias de 3 de marzo de 1995 y 16 de octubre de 1996, una oposición expresa y formal'. Existe por tanto, en la jurisprudencia la presunción de que el Presidente está autorizado mientras no se acredite lo contrario —Sentencia 2 de diciembre de 1989—, sin que haya razón alguna para reducir tal autorización a los 'vicios y defectos de construcción', strictu sensu considerados, por afectar también el interés de la Comunidad a los incumplimientos contractuales afectantes a viviendas en particular (SSTS 10 de mayo 1995; 18 de julio 2007)...».

- Convocar las Juntas extraordinarias además de las ordinarias, cuando así lo considere oportuno.
- Ostentar la representación de la comunidad en todos los actos y adoptar medidas de carácter urgente respecto de los elementos comunes.
- Firmar las actas de las Juntas de la Comunidad, junto con el Secretario, para cerrarlas.

Cuestiones útiles

45. ¿Puede el Presidente defender en juicio intereses que no afectan a elementos o intereses comunes sino también de los propietarios en particular?

Así lo entendió la **STS de 3-3-95** *(Tol 210016) «...es evidente que en la representación orgánica que le corresponde al Presidente al amparo de lo dispuesto en el artículo 12 conforme se anticipa en la propia Exposición de Motivos de la ley, él está investido de un mandato suficiente para defender en juicio y fuera de él los intereses complejos de toda la Comunidad, no sólo en cuanto a lo que afecta a los elementos o intereses comunes, sino también de los propietarios en particular; siendo para ello suficiente aducir que, en el caso de la discutida proyección de ese mandato representativo del Presidente, sobre intereses particulares, ha de tenerse en cuenta el principio general de que con ello, está reportando unos indiscutibles beneficios a dichos comuneros, lo cual debe mantenerse, salvo que, en su caso, pudiera existir una oposición expresa o formal, para que, en su nombre, no pudiese proyectarse la defensa de esos intereses asumidos por dicho Presidente».*

46. ¿Necesita el Presidente acuerdo de la junta para reclamar el pago a morosos?

Con anterioridad a la reforma de la Ley de 1999 no se necesitaba dicho acuerdo; véase la **STS 31-12-96**: *«el presidente representa a la comunidad en juicio y fuera de él, según dispone el artículo 13 de la Ley de Propiedad Horizontal, y no precisa acuerdo de la Junta para reclamar a morosos, pues este requisito sólo afecta a las demandas directamente entabladas por el Administrador (artículo 20 de la Ley de Propiedad Horizontal)».*

Sin embargo, de acuerdo con el actual articulado y, concretamente con el art. 21.1 y 2 LPH, es necesario el acuerdo de la Junta de Propietarios en tanto que, de no pagar cualquier propietario, *«...el Presidente o el Administrador, si así lo acordase la Junta de Propietarios, podrá exigirlo judicialmente a través del procedimiento establecido en este artículo».*

El apartado 2° del mismo artículo 21 refrenda esta postura en tanto que señala: *«La utilización de este procedimiento requeriría la previa certificación del acuerdo de la Junta aprobando la liquidación de la deuda con la Comunidad de propietarios por quien actúe como Secretario de la misma...».*

Es evidente, a la vista del texto de la LPH, la necesidad del acuerdo previo de la Junta, para poder reclamar las deudas a los morosos.

47. ¿Serían válidos los poderes otorgados a un procurador por un Presidente que después es cesado?

Así lo entendió la **STS 19-11-1993**: *«...es el Presidente quien tiene que otorgar los poderes a Procuradores, que serán válidos aunque la persona del Presidente cambie con posterioridad, como también serán válidas las actuaciones procesales aunque durante el proceso cambie el Presidente [S. 16-7-1990 (RJ 1990/5882)], desprendiéndose del art. 13.5 la legitimación de la Comunidad, representada por su Presidente, para demandar la reparación de los daños causados tanto a los elementos comunes como a los privativos del inmueble».*

48. ¿Cómo se acredita el cargo de Presidente?

Según la **STS 9-12-96** *(Tol 216821) «el acreditamiento de dicho cargo se produce con la certificación de la Junta sin que sea precisa otra demostración».*

49. ¿Puede reducirse el plazo de un año de nombramiento de la figura del Presidente?

Sí puede reducirse el plazo de un año a tenor de lo establecido en la **STS de 29-5-1984**: *«...No se le puede confundir con un representante legal ya que la voluntad de los propietarios en régimen de propiedad horizontal, es determinante no solo para el nombramiento, que de suyo es electivo, sino asimismo para la duración del cargo, porque aquellos pueden ampliar o reducir el plazo legal de un año que tiene de vigencia, pues según el párrafo cuarto del art. 12 de la Ley, los estatutos..., pueden establecer otra cosa, permitiéndose la prórroga tácita por periodos iguales;...».*

La redacción de la Ley matiza esta posibilidad en su art. 13.4 al establecer que *«Salvo que los estatutos de la comunidad dispongan lo contrario, el nombramiento de los órganos de gobierno se hará por el plazo de un año».*

50. ¿Qué ocurriría si se nombra Presidente a una persona que no es copropietaria?

Existían dudas razonables sobre la posibilidad de elegir como Presidente a una persona que no es copropietaria, tanto en la doctrina como en la jurisprudencia. La antigua redacción de la Ley en su art. 12 establecía que *«Los propietarios elegirán de entre ellos un presidente...».*

Actualmente la LPH, en su art. 13.2 regula que *«El Presidente será nombrado, entre los propietarios...».*

Al respecto merece la pena examinar la **STS de 30-6-2005** *(Tol 703319)*, que afirma que *«...El recurso más bien parte del hecho de que el Presidente controvertido no resulta ser copropietario, cambiando la alegación de la instancia, para centrar la impugnación casacional, en que, no obstante a ello, debía de reputarse válido su nombramiento, para lo que se aporta como infringidas las sentencias de 28 de octubre de 1974 y 9 de diciembre de 1996, ya que el demandante nunca había impugnado la elección.*

La sentencia de 28 de octubre de 1974 declara que si bien la elección para el cargo de presidente a persona que no ostenta la condición de propietario es acto contrario a la ley, no se trata de acto nulo 'ipso iure' o de pleno derecho, sino simplemente anulable, sometido a la oportuna impugnación a ejercitar por los cotitulares disidentes y, cuando la misma no se produce, el acuerdo de elección de presidente resulta ejecutivo.

Se trata de una sola sentencia, con lo que no se respeta la doctrina de esta Sala de Casación Civil que exige como mínimo la aportación de dos sentencias relacionadas con la cuestión del debate procesal (Sentencias de 15-2-1982, 24-3-1995, 20-3-1997 y 28-2-2002).

La sentencia de 9 de noviembre de 1996 lo que declara es que, acreditado el cargo de presidente por certificación del Acta de la Junta, no es preciso otra demostración, si bien deja a salvo la carga de la prueba al que, pese a tal certificación, se negase que concurren los requisitos para su nombramiento, es decir que cabe destruir por prueba en contrario la procedencia de tal designación y con ello postular la nulidad del acuerdo comunal correspondiente.

Evidentemente la normativa del artículo 12 de la Ley de Propiedad Horizontal es imperativa y cuando se conculca estamos ante un acto nulo de pleno derecho, conforme al artículo 6-3 del Código Civil. Así lo declara la sentencia de 30 de abril de 1994, que estudia un caso análogo, referente a no reunir el presidente designado la cualidad de copropietario, decidiendo que se trata de nombramiento indebidamente acordado, contrario a la legalidad del 'ius cogens' con la consecuente nulidad radical del acuerdo, pues conforme a la jurisprudencia, cuando se ha infringido el artículo 12, como aquí ha ocurrido, se infringe normativa de obligado y necesario cumplimiento (Sentencias de 10-3-1965, 7-2 y 27-4-1976, 11-12-1982 y 10-10-1985 citadas, a los que cabe agregar las de 2-3-1992 y 29-10-1993).

No se trata evidentemente de nombramiento susceptible de subsanación y convalidación desde el momento que la norma es exigente en cuanto a reunir la condición de copropietario en el momento de elección para presidente y al tratarse de acto radicalmente nulo, no sometido a plazo de caducidad alguno, es decir al previsto en el artículo 16-4°, de treinta días, que juega para los acuerdos anulables.

El motivo se desestima y a mayores razones no cabe confundir la posición del representante del propietario con la de éste, ya que sólo al mismo se le autoriza a acceder al cargo de presidente y no a quien le represente para actuar en una junta determinada...».

También resulta interesante la **STS de 14-10-2008** *(Tol 1386103)* cuando dice, en sus fundamentos de derecho, que: «...*El recurso extraordinario por infracción procesal plantea como primera cuestión a resolver la relativa a la falta de personalidad en el actor por carecer de las cualidades necesarias para comparecer en juicio o por no acreditar el carácter o representación con que reclama, dado que no ostenta la condición de Presidente de la Comunidad de Propietarios, en cuyo nombre dice actuar, con infracción del artículo*

13 de la Ley de Propiedad Horizontal, que exige que el Presidente sea nombrado entre los propietarios, no teniendo tal condición. Se estima. La jurisprudencia de esta Sala ha declarado la nulidad de pleno derecho del nombramiento como Presidente de la comunidad de propietarios de quien no es propietario. Así dice la sentencia de 30 de junio de 2005, citada en la de 13 de julio de 2006 (con referencia al artículo 12 de la Ley 40/1960, de 21 de julio, modificada por la Ley 8/1999, de 6 de abril —hoy art. 13—), que 'evidentemente la normativa del art. 12 de la Ley de Propiedad Horizontal es imperativa y cuando se conculca estamos ante un acto nulo de pleno derecho, conforme al art. 6.3 del Código Civil. Así lo declara la sentencia de 30 de abril de 1994, que estudia un caso análogo, referente a no reunir el presidente designado la cualidad de copropietario, diciendo que se trata de nombramiento indebidamente acordado, contrario a la legalidad del "ius cogens" con la consecuencia de nulidad radical del acuerdo, pues conforme a la jurisprudencia, cuando se ha infringido el art. 12, como aquí ha ocurrido, se infringe normativa de obligado y necesario cumplimiento (sentencias de 10 de marzo de 1965, 7 de febrero y 27 de abril de 1976, 11 de diciembre de 1982 y 10 de octubre de 1985 citadas, a las que cabe agregar las de 2 de marzo de 1992 y 29 de octubre de 1993), y añade esta sentencia que no se trata evidentemente de nombramiento susceptible de subsanación y convalidación desde el momento en que la norma es exigente en cuanto a reunir la condición de copropietario en el momento de elección para presidente y al tratarse de acto radicalmente nulo, no sometido a plazo de caducidad alguno, es decir, al previsto en el art. 16.4°, de treinta días, que juega para los acuerdos anulables'. La sentencia recurrida declara probado que el Presidente de la Comunidad no tiene la condición de propietario, no obstante lo cual le reconoce legitimación para actuar a su nombre con el argumento de que el nombramiento obedeció a un expreso acuerdo de la comunidad y que tal acuerdo no fue objeto de impugnación, siendo susceptible de sanación por efecto de la caducidad sobrevenida de la acción de impugnación, conforme declara la sentencia de 19 de julio de 1994, sentencia que no se refiere expresamente a lo que aquí se debate, y que se limita a recordar la doctrina de esta sala sobre la naturaleza de los acuerdos señalando que hay algunos como los relativos a aquel régimen de propiedad cuya ilegalidad es susceptible de sanación por efecto de la caducidad sobrevenida de la acción de impugnación, a cuyo orden pertenecen también todos los que se ofrezcan contrarios a los estatutos privativos, y que hay otros que acusan una ilegalidad que comportaría la nulidad 'pleno iure', sin posibilidad alguna de convalidación por el transcurso del plazo de caducidad. Siendo así, quien actuó como Presidente de la Comunidad demandante no tenía la condición de propietario en la misma al ser nombrado como tal, por lo que su nombramiento 'no fue acorde con lo establecido en el artículo 13.2 de la Ley de Propiedad Horizontal'; razón por la que ha de acogerse este motivo del recurso en aplicación de la doctrina jurisprudencial citada, sin necesidad de entrar en el estudio de los demás y del consiguiente recurso de casación, por ser la legitimación un requisito o presupuesto inexcusable para la válida constitución de la relación procesal, aquí mal establecida, al carecer el que actúa como demandante del 'carácter' o representación necesaria para interponer la acción propuesta, por lo que en definitiva procederá casar la sentencia recurrida...».

En el supuesto de que el propietario de un piso o local fuese una persona jurídica, o un incapaz, sí se permite que sus representantes legales asuman las funciones del Presidente.

Desde el punto de vista de las relaciones con terceros, el nombramiento de un no propietario, también pueden plantearse problemas. El Presidente representa a la comunidad dentro y fuera de juicio. Si el Presidente, que posee legitimación activa para defender los intereses de la comunidad, presentase una demanda contra otra persona, la parte demandada podría oponer falta de legitimación por parte del Presidente, ya que su nombramiento vulnera lo establecido en el artículo 13.2 de la LPH en su nueva redacción. No importaría si se eligió unánimemente.

Ante estos problemas, aconsejamos ser estrictos en los nombramientos y que el Presidente sea un propietario, excepto en los casos de las personas jurídicas y las personas incapaces.

51. ¿Se podría elegir como Presidente al esposo de la propietaria de un piso?

Aunque su esposa sea la titular del piso, él no es propietario y el artículo 13.2 LPH expresa que el Presidente será nombrado entre los propietarios.

Estaríamos ante los problemas que plantea el elegir como Presidente a una persona ajena a la comunidad. Una de las funciones de dicho órgano es la de representar a la comunidad dentro y fuera de juicio. En el supuesto de que tuviera que entablar una demanda judicial, se le podría oponer falta de legitimación activa, por vulnerar el artículo 13 de la LPH y no tener, consiguientemente, la condición de Presidente.

52. ¿Se podría aceptar la renuncia de un propietario a ser Presidente cuando por su avanzada edad tiene dificultades para desempeñar su cargo?

Si de acuerdo con las normas de la LPH sobre elección de presidente, se eligiese como tal a una persona de avanzada edad, lo más conveniente sería que, si la persona en cuestión desea renunciar y no utilizar la vía judicial para ello, se convocara una junta, y el afectado expusiera los problemas que tiene para cumplir con su cometido. Si después de expuestas estas dificultades los propietarios deciden que continúe como Presidente y en el futuro realiza alguna mala gestión, podría no ser responsable de la misma, pudiendo la comunidad haber incurrido en *«culpa in eligendo»*, ya que ha nombrado a una persona no idónea para dicho cargo.

No obstante la LPH en previsión de estas circunstancias, en su art. 13.2 establece que *«El nombramiento será obligatorio, si bien el propietario designado podrá solicitar su relevo al Juez dentro del mes siguiente a su acceso al cargo, invocando las razones que le asistan para ello. El Juez, a través del procedimiento establecido en el artículo 17.4, resolverá de plano lo procedente, designando en la misma resolución al propietario que hubiera de sustituir, en su caso, al Presidente en el cargo hasta que se proceda a una nueva designación en el plazo que se determine en la resolución judicial»*.

Al respecto resulta particularmente interesante la **SAP de Barcelona de 20-3-2007** *(Tol 1123334) anulando el acuerdo de la Junta que, con carácter general y entre otros extremos, eximía de la obligatoriedad de ser presidente a los mayores de 75 años: «Por el contrario, la redacción del acuerdo quinto sí es discriminatoria puesto que no contempla un derecho a no ejercer el cargo obligatorio, sino que directamente dispone que determinadas personas en las que concurren circunstancias como la de ser mayores de 75, enfermos o residentes en otro lugar, 'quedarán dispensados', esta expresión, resulta confusa y se presta a la dispensa automática de copropietarios que se hallen en los casos comprendidos en el acuerdo. Este acuerdo, por lo demás, es innecesario ya que, si lo que se quiere es facilitar la exención de estos propietarios, la Junta es soberana para concederles dicha posibilidad atendiendo a las circunstancias de cada caso y después el afectado en caso de que la junta no le conceda la exención, puede acudir al auxilio judicial, como bien señala la sentencia. Sin embargo, la lectura del acuerdo lleva a pensar que el fin pretendido es excluir del cargo a determinadas personas, lo cual también es innecesario porque todo presidente puede ser removido de su cargo a voluntad de la Junta en acuerdo adoptado en convocatoria extraordinaria, según expresa previsión del artículo 13.7 LPH. Por ello, el acuerdo, al no ampararse en precepto alguno que disponga la exclusión voluntaria del cargo a ningún copropietario, debe considerarse atentatorio al principio de igualdad y, por ende, contrario a la Ley y nulo».*

53. ¿Puede el Presidente dimitir sin previo aviso y dejar de desempeñar su cargo?

La figura del Presidente, al representar a la Comunidad, es obligatoria, por lo que entendemos que no sería posible dejar de prestar las funciones inherentes a ese cargo sin que se hubiese nombrado un sustituto. En términos similares se expresa la **SAP de Palma de Mallorca de 20-12-1999**.

En este punto resultan interesantes las **STS de 26-7-2007** *(Tol 1146781)* **y 30-6-2006** *(Tol 195751)* donde se constata la necesidad de que exista un mecanismo de sustitución, previamente establecido en el título constitutivo, en los estatutos o por acuerdo válidamente tomado por la comunidad, para los casos de vacante en la presidencia por dimisión o renuncia, ausencia o enfermedad.

54. ¿Se puede cambiar el sistema de designación de Presidente de la Comunidad?

Se puede cambiar el sistema de designación de Presidente de la Comunidad. La cuestión estriba en el sistema de mayorías que será exigible, dado que si el sistema de designación de Presidente viene contemplado en los Estatutos, su cambio implicará una modificación de los mismos, por lo que será preciso que se adopte el acuerdo por unanimidad. En el caso de que el sistema de designación de Presidente no venga contemplado en los Estatutos, el acuerdo de modificación no será preciso que sea adoptado por unanimidad.

La **SAP de Zaragoza, de 27-1-2003** *(Tol 419434)*, estableció que: *«...en lo que respecta al cambio de sistema de designación de los cargos de Presidente y Vicepresidente, dicen los demandados apelantes A) Que la propuesta verificada en una Asamblea comunitaria por ocho de los catorce condueños integrantes de la Comunidad de Propietarios, optando por el sistema de libre elección en sustitución del sistema rotatorio que venía rigiendo desde el año 1984, carece de validez y debe reputarse ineficaz, por resultar necesario para la modificación de ese sistema, no la voluntad mayoritaria de los condueños, sino su acuerdo unánime; y B) Que, habiendo sido dos las cuestiones suscitadas en la Junta de la Comunidad —sistema de nombramiento de cargos representativos de la Comunidad, rotatorio o por elección, y marco legal en que la propuesta efectuada en relación con lo anterior debe debatirse, por unanimidad o por simple mayoría—, aunque los condueños perfilaron con claridad su posición en el primer tema, no la explicitaron sobre el segundo, silencio que, al disponer el art. 18 LPH que solo estarán legitimados para impugnar los acuerdos los propietarios que hubieran salvado su voto en la Junta, es decir, los que asistiendo a esta hubieran hecho constar en el acta su oposición al acuerdo, debe arrastrar la consecuencia de que no se pueda tener a los actores por parte legitima a los efectos de la impugnación finalmente planteada.»*

Parten los recurrentes en su razonamiento de que la Comunidad, que desde 1984 venía renovando los cargos por un turno correlativo entre los propietarios, en la Junta celebrada el 26-2-00 adoptó por unanimidad de los presentes el acuerdo de que el cargo de Presidente y Vicepresidente «sea rotatorio, por orden correlativo del numero de chalet», entendiéndose, pues, que ese acuerdo se había incorporado al régimen por el que se regía la Comunidad, esto es, tenía carácter estatutario y formaba parte del título constitutivo, por lo que su modificación requería de la unanimidad exigida por el art. 17.1 LPH. Tal planteamiento no puede ser compartido. Los Estatutos de la Propiedad Horizontal constituyen un negocio jurídico al que se asigna un efecto normativo para el futuro, siendo sus pactos, cláusulas o estipulaciones, de acuerdo con el principio «pacta sunt servanda» y con el art. 1091 del Código Civil, de obligado cumplimiento para todos los interesados en las Comunidades a que se refieran; pero en el caso, en el que no hay Estatutos otorgados, no cabe atribuir naturaleza estatutaria al acuerdo adoptado en la Junta de 26-2-00, pues, como señalan los apelados, por mucho que el mismo se aprobase por unanimidad, se plasmase por escrito y el sistema aprobado fuese el que en sustancia regia desde antiguo, ni tales circunstancias provocan ni permiten su ingreso en el título constitutivo de la Comunidad, ni consta que la Junta fuese convocada para atribuir aquel carácter al sistema de designación de cargos que en ella se aprobó.

Y si el art. 18.2 LPH impone que el propietario salve su voto respecto al acuerdo que luego quiera impugnar, nada debe suponer en este punto el hecho de que los condueños no consignasen su disidencia concreta respecto de las consideraciones efectuadas por el Administrador acerca del marco legal en el que el acuerdo debía adoptarse —mayoría o unanimidad—. Lo que con la exigencia del art. 18.2 LPH quiere esta asegurar es la constancia de una voluntad contraria al voto afirmativo, de forma que ninguna duda quepa abrigar acerca del parecer del comunero disidente; pero de ningún modo cabe mantener el alcance que al presupuesto legitimador otorgan los demandados apelantes, pues en tal caso, claramente manifestada por los actores su postura contraria al acuerdo, se les estaría impidiendo el acceso a la jurisdicción «a través de una interpretación evidentemente exagerada e injustificadamente restrictiva, representativa de un obstáculo que en una perspectiva constitucional solo podría imponerse si, respetando el contenido del derecho a la tutela judicial efectiva, se dirigiese a preservar otros derechos o intereses constitucionalmente protegidos y guardase la adecuada proporcionalidad con la finalidad perseguida (SSTC 30-9-96 y 21-4-98, entre otras)...».

55. ¿Pueden establecerse otras formas de nombramiento de cargos que no sea a través de la Junta?

Al respecto se ha pronunciado la **STS de 4-2-2008** *(Tol 1256792) «A estos efectos, sólo se necesitará el acuerdo de la mayoría de los asistentes, tanto para los cargos denominados 'directivos' (presidente, vicepresidente, vocales, etc.), como para los dedicados a funciones 'administrativas' (secretario y administrador); de modo que el único sistema de nombramiento y cese es la decisión de la Junta de Propietarios, y cualquier designación o remoción por cualquier otra fórmula estaría sujeta a nulidad, incluso aunque hubiera una previsión estatutaria».*

56. El Presidente como representante de la Comunidad ¿suple en todo momento la voluntad de la misma?

No. El presidente no puede usurpar las funciones que la Ley otorga a la Junta de Propietarios, en ese sentido es especialmente significativa la **STS de 6-3-2000** *(Tol 2170)* la cual entiende que, aunque el presidente asuma la representación de la Comunidad, no suple su voluntad a modo de dictadura y ha de actuar ejecutando los acuerdos tomados por la junta.

2.5. *El vicepresidente*

2.5.1. Naturaleza jurídica

Antes de la reforma de 1999 de la LPH, en la praxis cotidiana era frecuente elegir a un Vicepresidente ya que, en caso de que el Presidente se encontrara imposibilitado, podía ejercer sus funciones.

Aunque en el antiguo art. 12 de la LPH no se contemplaba la mencionada figura, no se la consideraba contraria al espíritu de la Ley, porque la relación de cargos que efectuaba dicho precepto no constituía un «numerus clausus», cosa que la redacción de 1999 ratificó, mediante redacción expresa y reconocimiento de la figura del o de los Vicepresidentes (art. 13.4 LPH).

Jurisprudencia relevante

En el mismo sentido, se expresaba la **STS 30-6-1993** *(Tol 195751)*:

> *«...La primera excepción pretende tener su apoyo legal en el art. 12 de la Ley de Propiedad Horizontal (RCL 1960/1042 y NDL 24990), en cuanto en dicho precepto no se contempla la figura del Vice-Presidente o Presidente Segundo entre los órganos de la comunidad. Ya en la sentencia recurrida se razona acertadamente la necesidad práctica de esta figura, que se va abriendo camino en la realidad y en la jurisprudencia, pues viene a cubrir un vacío legal, ganando en eficacia la institución para los supuestos de ausencia, enfermedad o vacante del titular, al evitar el vacío temporal de representación que se produciría en otro caso».*

Otra sentencia interesante, es la **STS 29-mayo-84**:

> *«...es incuestionable porque la Ley no lo prohíbe, que pueden igualmente nombrar un segundo presidente que sustituya al primero en determinadas funciones concediéndole la facultad de realizar todo lo conducente para un fin determinado...».*

La redacción actual de la LPH disipa cualquier duda al permitir la existencia facultativa del Vicepresidente. El art. 13.4 establece que

> *«La existencia de Vicepresidentes será facultativa. Su nombramiento se realizará por el mismo procedimiento que el establecido para la designación del Presidente».*

2.5.2. Nombramiento y Cese

En base al citado artículo 13.4 LPH, para el nombramiento se realizará el mismo procedimiento que el establecido para la designación del Presidente, esto es, nombrado entre los propietarios, mediante elección o, subsidiariamente, mediante turno rotatorio o sorteo, con mayoría simple de los asistentes, siempre que ésta represente, a su vez, más de la mitad del valor de las cuotas de los presentes en segunda convocatoria.

Se deduce que la misma regla vale en caso de cese, esto es, si se pretende destituir a algún Vicepresidente antes de la expiración de su mandato, deberá convocarse una Junta General Extraordinaria y adoptar en la misma el acuerdo, por mayoría simple, con los requisitos legales de citaciones en forma, ya comentados.

En este caso podría obviarse la elección de un nuevo Vicepresidente, si la Comunidad así lo acordara, puesto que su existencia, como la Ley indica, es facultativa y no imperativa, como en el caso del Presidente.

2.5.3. Funciones y cometidos

Corresponde al Vicepresidente, o a los Vicepresidentes por su orden sustituir al Presidente en los casos de ausencia, vacante o imposibilidad de éste [**SSTS 14-5-2007** *(Tol 1079727)* y **4-10-2007** *(Tol 1153265)*], así como asistirlo en el ejercicio de sus funciones en los términos que establezca la Junta de propietarios (art. 13.4 LPH).

Jurisprudencia relevante

Sobre la sustitución del Presidente en Juicio:

Al respecto es particularmente interesante la **SAP de Barcelona de 20-3-2007** *(Tol 1123334)* que entendió:

> *«La sentencia acoge en parte la demanda y declara la nulidad del acuerdo quinto y la validez del cuarto. Respecto este último, entiende que la junta de propietarios es soberana para apoderar a un copropietario, para representar a la comunidad en los procedimientos entablados, en los que la misma es parte y por hechos acaecidos bajo el mandato de dicho propietario como presidente. Se trata de una autorización temporal de representación con una finalidad concreta y determinada y revocable en cualquier momento por parte de la comunidad, la cual en este caso viene justificada por el mejor conocimiento de los hechos por parte de dicho comunero, actualmente vicepresidente de la misma comunidad, lo que le faculta para 'asistir' al presidente en sus funciones, entre las que puede entenderse comprendida la propia de representar a la comunidad cuando, en beneficio de ella, lo requieran las circunstancias (enfermedad, imposibilidad o desconocimiento de los hechos por parte del presidente vigente)».*

Sobre la posibilidad de que convoque junta:

Sobre la validez de acuerdo sobre desistimiento de un litigio adoptado por la Comisión Gestora de una Comunidad de Propietarios en PH cuya convocatoria fue realizada por el Vicepresidente, como consecuencia de la dimisión del Presidente, no obstante la cual éste seguía en funciones, dando lugar a duplicidad de órganos, se pronuncia la **STS 26-7-2007** *(Tol 1146781)*:

> *«...Si la vacante se produjo (y así lo dice la Sala de instancia) y los Estatutos preveían para tal supuesto que el Vicepresidente asumiera el cargo, lo que ocurrió —como también se destaca*

en la sentencia recurrida—, es claro que la primera de las facultades de un Presidente es la de convocar a los órganos colegiados, y ningún dato de los Estatutos ni de la LPH desmienten esta posibilidad, ni condicionan o limitan las competencias de la Comisión por razón de la 'provisionalidad' del Presidente, que, por cierto, fue más tarde refrendado por una Asamblea cuya validez no se cuestiona en este procedimiento.»

3. EL ADMINISTRADOR

3.1. Definición

El Administrador, según la actual redacción de la Ley, es un órgano de gobierno de la Comunidad de Propietarios que, a diferencia del Presidente, no ha de pertenecer necesariamente a la misma.

3.2. Naturaleza jurídica

Tiene naturaleza contractual bastando el acuerdo de la mayoría para su nombramiento. La relación contractual entre el administrador y la comunidad de copropietarios se encuadraría, según la doctrina mayoritaria, en la figura jurídica del mandato retribuido (arts. 1709 y siguientes del Código Civil).

Jurisprudencia relevante

En este sentido resulta interesante, entre otras, la **SAP de Girona de 27-5-2005** *(Tol 680490)*, cuando precisa que:

«...esta Sala, conforme a la doctrina mayoritaria, comparte la tesis de que se trata de un mandato 'sui generis' de los arts. 1709 y ss. CC en razón, principalmente, de la similitud del contenido del art. 12.5 LPH que prevé que 'los nombrados podrán, en todo caso, ser removidos en junta extraordinaria de propietarios' con los arts. 1732, que prevé que 'el mandato se acaba por su revocación' y 1733, ambos del CC, en el que se hace constar 'que el mandante puede revocar el mandato a su voluntad y compeler al mandatario a la devolución del documento en que consiste el mandato'. Todo ello en razón a que, dentro de la generalidad de los términos en que queda redactado el mencionado art. 1709, se comprenden dos figuras distintas: el mandato representativo y el mandato de gestión (en tal sentido TS SS 16 Feb. 1935 y 8 Abr. 1991), modalidad esta última que fácilmente puede llegar a confundirse con el arrendamiento de servicios del que se distingue acudiendo a diversos criterios, uno de los cuales es la sustituibilidad, porque no es obligatorio que se encomiende la administración a una persona ajena a la comunidad, a tenor de lo establecido en el art. 12.2 LPH, es decir, sus funciones se ejercen por el presidente de la comunidad si no acuerdan elegir a otras personas para el desempeño de este cargo, que a su vez podrá recaer en una misma persona.»

3.3. Características

Las funciones de Administrador serán ejercidas por el Presidente de la comunidad, salvo que los estatutos, o la junta de propietarios por acuerdo mayoritario, dispongan la provisión de dicho cargo separadamente de la presidencia.

Asimismo, también se diferencia del Presidente en que, tal como dispone el art. 13.6 LPH, el administrador puede no ser un copropietario. El citado artículo establece que:

> *«Los cargos de Secretario y Administrador podrán acumularse en una misma persona o bien nombrarse independientemente.*
> *El cargo de Administrador y, en su caso, el de Secretario-Administrador podrá ser ejercido por cualquier propietario, así como por personas físicas con cualificación profesional suficiente y legalmente reconocida para ejercer dichas funciones. También podrá recaer en corporaciones y otras personas jurídicas en los términos establecidos en el ordenamiento jurídico».*

Puede nombrarse por la Comunidad un profesional colegiado en el Colegio Profesional de Administradores de Fincas de la provincia, lo que garantiza los conocimientos mínimos que deben poseerse para ejercer la profesión, y la protección de los derechos de los copropietarios por los que vela el Colegio.

3.4. Nombramiento y cese

3.4.1. Nombramiento

El Administrador debe ser nombrado por la Junta de Propietarios, de acuerdo con lo estipulado en el art. 14.a) LPH: *«Nombrar y remover los cargos mencionados en el art. anterior...»*, refiriéndose a los órganos de gobierno de la Comunidad de Propietarios entre los que se encuentra encuadrado el de Administrador.

Cabría la posibilidad de que su contratación se delegara en el Presidente, siempre que la Junta de Propietarios, como órgano soberano, así lo acordase y autorizara al Presidente a realizar la búsqueda, elección y designación del administrador que, en todo caso, debería ser refrendado en la Junta siguiente por los Propietarios en acuerdo adoptado por mayoría simple.

En cuanto a la duración, el art. 13.7 establece que el nombramiento será por un año, salvo que los estatutos de la Comunidad dispongan lo contrario. No es, pues, prorrogable tácitamente por periodos iguales, como recogía la redacción anterior, lo que lleva a concluir que en la Junta anual deba ponerse el cargo de administrador a disposición de la Comunidad, salvo mejor criterio. Si la Comunidad está satisfecha con los servicios del administrador, renovará su cargo en la Junta correspondiente.

3.4.2. Cese

Para cesar al Administrador de su cargo se deberá adoptar el correspondiente acuerdo mayoritario en junta, ordinaria o extraordinaria, convocada al efecto, tras la cual se le tendrá que notificar, fehacientemente, la remoción del cargo.

Jurisprudencia relevante

Respecto a lo afirmado anteriormente, la jurisprudencia del Tribunal Supremo es clara y así, entre otras, en la **STS de 4-2-2008** *(Tol 1256792)* se afirma que

> *«...como señala destacada doctrina científica conforme a las previsiones legales, aceptada por esta Sala, la Junta de Propietarios es el órgano superior, que decide todas las cuestiones comunitarias y goza plenamente de las facultades para las actuaciones en el inmueble y, de hecho, nadie puede suplir sus competencias; la aprobación de cuentas, los presupuestos ordinarios y extraordinarios, las normas de funcionamiento, la autorización de obras, el nombramiento y cese de cargos y, en definitiva, cualquier decisión pasa por el previo acuerdo de la Junta; no es posible su sustitución por otros órganos intermedios, por lo que sería nulo un Estatuto que determinara la no existencia o cualquier disminución de sus prerrogativas, ya que estamos ante conceptos de carácter imperativo y fuera de la autonomía de la voluntad.*
>
> *A estos efectos, sólo se necesitará el acuerdo de la mayoría de los asistentes, tanto para los cargos denominados 'directivos' (presidente, vicepresidente, vocales, etc.), como para los dedicados a funciones 'administrativas' (secretario y administrador); de modo que el único sistema de nombramiento y cese es la decisión de la Junta de Propietarios, y cualquier designación o remoción por cualquier otra fórmula estaría sujeta a nulidad, incluso aunque hubiera una previsión estatutaria...».*

Resulta interesante la **STS de 14-10-2002** *(Tol 225495)*, que estudió la forma en que podía tomarse un acuerdo por el que se producía el cese o remoción del administrador:

> *«...habida cuenta de la convocatoria de la junta general extraordinaria con un orden del día monográfico consistente en informe de una comisión creada al efecto sobre el estado de cuentas de la comunidad y renovación del cargo de administrador, de la lista nominal de asistentes que encabeza el acta, especificando en su caso las representaciones que ostentaban, del inicio de la sesión con un informe de la comisión revisora de cuentas que se hizo circular entre los asistentes y se incorporó al acta, del planteamiento de la remoción del administrador por el presidente y la junta rectora, de la expresa constancia de que tal propuesta es debatida y 'finalmente cuenta con el apoyo mayoritario de los asistentes' y, en fin, de la relación final de asistentes, que en su propio nombre y en representación de otros propietarios, se manifestaron en contra, no hay base legal para exigir además, como hace la sentencia recurrida, que los comuneros a favor de la propuesta 'lo hicieran valer en la Junta de modo expreso' para que no se computaran como votos a favor las posibles abstenciones, ya que, en primer lugar, después de la relación nominal de quienes se manifestaron en contra de la propuesta consta que el resto de los asistentes facultaba al presidente y a la junta rectora para contratar los servicios de un nuevo administrador; en segundo lugar, la sentencia de esta Sala de 23 de mayo de 1990 declaró que el art. 16 LPH no indica una forma imperativa de determinación de las mayorías; y finalmente, el acuerdo*

impugnado contaba con un indudable respaldo legal por cuanto el administrador removido de su cargo no era propietario ni tenía la titulación o habilitación exigibles a los administradores de fincas, como la propia parte recurrida viene en definitiva a admitir en su escrito de impugnación al oponerse al motivo tercero...».

Cuando el Administrador cese o sea removido en su cargo deberá devolver toda la documentación de la comunidad de vecinos que obre en su poder. Así se pronuncia, entre otras, la **SAP de Alicante de 6-10-2004** *(Tol 524426)*:

«...El demandado cesado en la Junta ya mencionada, tenía obligación de devolver a la Comunidad esa documentación, pues como indica la norma citada debe conservarla 'a disposición de los titulares', y no puede desconocer el administrador que los acuerdos de la Comunidad son ejecutivos, según dispone expresamente el artículo 18.4 de la Ley de Propiedad Horizontal, aún en el caso de que sean impugnados salvo que el Juzgado acuerde la suspensión cautelar. El Administrador es un profesional encargado por la Comunidad de determinadas prestaciones, conforme establece el ya citado artículo 20, pero no es titular de ninguna documentación de la finca, y en consecuencia, cuando es destituido de su cargo, debe entregar toda la que obra en su poder tanto la general como la particular, entre la que se incluyen los datos de los propietarios y la domiciliación bancaria...».

La **SAP de Barcelona 29-10-1985** estableció que

«El cargo de administrador es amovible como establece la exposición de motivos de la LPH, y si bien el artículo 12 señala que su nombramiento será por un año prorrogable tácitamente por periodos iguales, se trata de una disposición que puede ser alterada por pacto en contrario, y en definitiva, pueden ser removidos en Junta extraordinaria convocada al efecto, o en cualquier otra ordinaria, como señala la mejor doctrina, que en el orden del día figure éste como punto a examen. En Autos, el cargo de administrador, fue nombrado por tiempo indefinido si bien se hacía constar que "si una de las partes en su día no le interesara continuar esta relación, debería renunciarse por escrito con un mes de antelación" Por ello para su remoción se requería:
a) Acuerdo válidamente adoptado por la Junta de propietarios.
b) Su anuncio con un mes de antelación.
Extremos que fueron cumplidos, no pudiéndose argumentar contra ello, que su nombramiento al ser por tiempo indefinido no podía ser removido, ni que por mandato el artículo 12 LPH al tener una duración anual, debía cobrar hasta el fin de la anualidad correspondiente, pues a tenor de lo señalado, se trata de cargos de libre remoción y que una vez cesados, no tienen derecho al cobro de honorarios...».

<u>En cuanto a la cuestión que puede suscitarse en torno a si el administrador tiene derecho a ser indemnizado cuando es cesado en su cargo,</u> nuestra jurisprudencia entiende que debe reconocerse al Administrador el derecho a ser indemnizado por la remuneración correspondiente a los meses dejados de percibir desde que fue cesado en su cargo en Junta de Propietarios antes del vencimiento de la relación contractual renovada, salvo que se acreditara el incumplimiento de sus funciones y obligaciones.

Sobre la procedencia de una indemnización, al haber cese sin causa se pronuncia, entre otras, la **SAP de Madrid 11-4-2006** *(Tol 937391)*:

«...La administradora actora, a quien le fue revocado el cargo antes de la expiración del plazo de un año sin causa justificada, debe ser indemnizada, como bien refiere la sentencia recurrida, por los daños y perjuicios causados, que bien pueden traducirse en el lucro cesante o pérdida de expectativas por la resolución o desistimiento contractual injustificado efectuado antes de expirar el plazo contractual. Sin embargo, tal indemnización no puede consistir, como pretende la actora apelante, en el íntegro percibo de los honorarios pactados que la Comunidad habría de satisfacer doblemente, a la anterior administradora y al nuevo administrador, y que la administradora actora obtendría pese a no realizar el trabajo desde el cese hasta que hubiera expirado el plazo, pudiendo sustituir el contrato extinguido por otro con un nuevo cliente y suprimir, al menos en parte, los costes derivados de su trabajo, de lo que se desprende que ese lucro cesante, al no acreditarse otra cosa —los perjuicios han de acreditarse cumplidamente por el actor—, debe valorarse, como valora el juez de instancia, en el importe de dos mensualidades, tiempo suficiente para que la actora pueda hacerse cargo de un nuevo administrado. Una cosa es la retribución por el servicio prestado y otra bien distinta los daños y perjuicios causados por la revocación del cargo...».

En términos similares se expresan la SAP de Madrid de 3-10-2005 *(Tol 732841)* o la SAP de Asturias 12-12-2005, entre otras.

Al respecto también resulta interesante la **SAP de Madrid de 21 octubre 2008** *(Tol 1440461)* es clara en este sentido, cuando recoge en sus fundamentos de derecho que

«...este tribunal comparte plenamente la doctrina recogida en la sentencia de primera instancia y ya que en casos similares al presente se ha indicado de continuo que se debía distinguir según la remoción del cargo de administrador respondiese a una causa justificada o fuese producto de la libre voluntad de la Comunidad mandante sin motivo que lo justificase. En el primer caso, especialmente si la causa del cese anticipado responde al incumplimiento de las obligaciones del mandatario, éste carece de derecho a ningún tipo de indemnización pues, además de la antedicha pérdida de confianza inherente al mandato, el mandatario —desoyendo las instrucciones del mandante con infracción de lo preceptuado en los artículos 1.719 párrafo primero del Código Civil y 12 de la Ley de Propiedad Horizontal— al no cumplir sus obligaciones contractuales tampoco podría reclamar la remuneración convenida a tenor de lo establecido en el artículo 1.124 del citado Código; en cambio, si la remoción de la administradora es injustificada, como sucede en el presente caso, sí tendría derecho a ser indemnizada tanto en los gastos y desembolsos que acredite haber efectuado durante el tiempo que prestó sus servicios como en aquellos otros realizados en la legítima creencia de que la relación contractual iba a durar el plazo estipulado, incluso abarcando, como aquí sucede, el lucro cesante o pérdida de expectativas que la imprevista terminación de la relación le hubiera podido ocasionar. Manteniendo tal criterio en el caso que nos ocupa y partiendo de la consideración de que el cese de la administradora demandante no se ha justificado en modo alguno, sino que se revela que simplemente obedece a la causa puramente subjetiva de un pérdida de confianza, debe darse por bueno el pronunciamiento de la sentencia de primera instancia en cuanto al derecho que asiste a la administradora cesada a ser indemnizada por los daños y perjuicios que dicho cese le han comportado —artículos 1.101 y 1.106 del Código Civil—, entre los que evidentemente habrá de incluirse el lucro cesante correspondiente a las remuneraciones que debía percibir y sin que quepa aplicación alguna de la facultad moderadora cuando no existe incumplimiento por su parte y no puede entenderse concurrencia de enriquecimiento injusto en ningún caso, obedeciendo el cese únicamente a la voluntad de la Comunidad demandada, por lo que no puede compartirse la moderación que se lleva a cabo en la Sentencia apelada, limitando la

indemnización a tres mensualidades en lugar de las once reclamadas, al no existir causa para la misma y debe estimarse por tanto el recurso en ese aspecto...».

Algunas de las causas que los tribunales han calificado como justas para cesar al Administrador son, entre otras, las siguientes:

1) Pérdida de confianza por incumplimiento de obligaciones:

Esta causa está contemplada en la **SAP Málaga 31-3-2006** *(Tol 963824)*:

«...Considerando que dispone el artículo 13 de la vigente Ley de Propiedad Horizontal que el cargo de administrador y, en su caso, el de secretario-administrador podrá ser ejercido por cualquier propietario, así como por personas físicas con cualificación profesional suficiente y legalmente reconocida para ejercer dichas funciones. También podrá recaer en corporaciones y otras personas jurídicas en los términos establecidos en el ordenamiento jurídico. Añade el precepto que, salvo que los estatutos de la comunidad dispongan lo contrario, el nombramiento de los órganos de gobierno se hará por el plazo de un año, y que los designados podrán ser removidos de su cargo antes de la expiración del mandato por acuerdo de la Junta de propietarios, convocada en sesión extraordinaria. El recurso de apelación se sustenta en definitiva en la existencia de error en la valoración de la prueba por parte del juzgador de instancia, que consideró que la prueba practicada en los autos acredita que el cese del Sr. Carlos Miguel como administrador de la comunidad demandada estaba justificado por el incumplimiento por parte del mismo de las obligaciones inherentes a su cargo. La sentencia de instancia reconoce pues la existencia de justa causa para la remoción del actor en el cargo de administrador de la comunidad demandada, basándose en que el mismo tenía conflictos o enfrentamientos con determinados propietarios, y en el clima de tensión en las asambleas ante la falta de información constatada o la forma inadecuada de las explicaciones debidas. Da por acreditado el Juez, a quo 'de la testifical practicada que la llevanza de la contabilidad y la gestión de la propia administración era cuando menos negligente, y lo concreta en la existencia de deudas muy elevadas que no se saldaron conforme a plan alguno y que no podían disculparse porque algunas procediesen de la época anterior, en tanto el Sr. Carlos Miguel estuvo en el cargo alrededor de cuatro años y no solo no se regularizó la situación, como era su responsabilidad, sino que se agravó a causa de la escasa transparencia en la gestión de cara a los comuneros. Por otro lado la lectura del acta de la junta de 26 de enero de 2002 no permite sino concluir que debido a los motivos anteriormente expuestos, la Comunidad había perdido la confianza que había depositado años antes en el administrador; pérdida de confianza que estaba absolutamente justificada por incumplimiento de sus obligaciones, y el hecho de que en el acta se haga mención a que quien en ese mismo acto resultó elegido nuevo presidente propugnaba a su vez la elección de nuevo administrador, por convocatoria pública y para elegir al mejor' no es sino confirmado por el requerimiento notarial de fecha 25 de febrero de 2002, por el telegrama de 7 de marzo posterior y por la junta de 9 de ese mismo mes que nombró ya un nuevo administrador. Conducen los razonamientos expuestos a la íntegra confirmación de la sentencia dictada en la instancia al estimar la Sala, siguiendo al Juez de instancia, que el cese no fue arbitrario sino obligado por su mala gestión y que hasta el 9 de marzo de 2002 el actor ha percibido sus honorarios...».

También en la **SAP Asturias 31-3-2006** *(Tol 931405)*:

«...Como antecedente necesario para resolver la cuestión debatida debemos señalar la inexistencia de contrato en el que se pacte la duración específica del cargo de administrador por lo que su duración es la señalada en el artículo 13.7º de la LPH que establece que: 'Salvo que los

estatutos de la comunidad dispongan lo contrario, el nombramiento de los órganos de gobierno se hará por el plazo de un año'; pero al propio tiempo permite a la comunidad la remoción del administrador y restantes cargos designados 'antes de la expiración del mandato por acuerdo de la Junta de propietarios, convocada en sesión extraordinaria'. Tampoco se estipuló dentro de la relación contractual entre actor y demandada la consecuencia anudada a la resolución, por lo que ninguna virtualidad tiene el contrato tipo aportado como documento 7, ya que no fue suscrito por los litigantes.

Sentado lo anterior han de reflejarse los antecedentes que revelan una gradual y patente pérdida de confianza en la labor del administrador por los comuneros, hasta el punto de que en la Junta de 29 de julio de 2003 se sometió a votación el cese del mismo, que no pudo lograrse al alcanzarse un empate técnico entre los asistentes —6 votaron a favor y 6 en contra—, lo que finalmente se logró en la Junta de 3 de diciembre de 2003. Así las cosas y a diferencia de la sentencia de la sección 5º de 9 de mayo de 2001 en la que se había pactado un plazo especial de duración del contrato y no se producía la anterior circunstancia, en el caso enjuiciado no lo había, por lo que ha de resolverse el thema decidendi determinando si el derecho de revocación que asiste a la comunidad genera en atención a las razones expuestas, un derecho indemnizable a favor del apelante, y en el presente caso la respuesta ha de ser negativa y coincidente con la de la sentencia apelada, no ya por no pactarse las consecuencias de la resolución, pues si no obedeciera aquella a justa causa se generaría el derecho postulado por el impugnante, sino al evidenciarse que el cese del administrador se debe a una pérdida cierta de la confianza de la comunidad, gradual en el tiempo, manifiesta y evidente incluso para el recurrente, que hace efectiva la comunidad en virtud del derecho que le concede el expresado artículo 13.7º LPH, pues el resultado de la junta de 29 de julio de 2003 constituye más la crónica de un cese anunciado que una ratificación de la confianza de los comuneros en su gestión, de modo que ha de interpretarse que la renovación de su cargo, que el resultado de la votación provoca, no constituye la expresión de la voluntad concorde de la comunidad en la prórroga de su mandato como administrador por gozar de la plena confianza de la Junta, sino la mera consecuencia de no alcanzarse, debido al empate técnico obtenido, la mayoría indispensable para su cese; cese que se consigue poco después al lograrse la asistencia y quórum suficiente de los propietarios para revocar el mandato conferido al actor, que en definitiva obedece a justa causa patente y no da lugar a la indemnización pretendida, como viene declarando la jurisprudencia mayoritaria de las AAPP, entre otras la de Madrid 12 de julio de 2005, interpretada a contrario sensu, y la de Málaga de 20 de diciembre de 2004 que deniega la indemnización postulada por el administrador, partiendo de la revocabilidad esencial al mandato, cuando el cese se debe a una pérdida de confianza acreditada en el designado (artículos 1732 y 1733 Código Civil). Las razones expuestas obligan a confirmar, en cuanto al fondo, la sentencia apelada...».

La desidia o pasividad se asimilaría al incumplimiento de las obligaciones.

Tal y como puede estudiarse en la **SAP Madrid 2-1-2006** *(Tol 829987)*:

«...De la lectura del acta de la junta general extraordinaria de propietarios celebrada el día 17 de julio de 2001 no se puede deducir que el Administrador hubiera aceptado la remoción con implícita renuncia a cualquier indemnización.

Por lo demás, debe entenderse que en las juntas generales ordinarias posteriores a la de 19 de febrero de 1997 y de la que fue la última la celebrada el 15 de marzo de 2001 se le renueva en el cargo de Administrador-Secretario por plazo de un año, lo que trasciende a la relación contractual. Téngase en cuenta que tras la reforma de la Ley 49/1960, de 21 de julio, sobre Propiedad Horizontal por la Ley 8/1999 de 6 de abril de 1999 ya no se prorroga tácitamente por periodos anuales el nombramiento del Administrador (se decía antes en el párrafo cuarto del artículo

12: '...estos nombramientos se harán por un año, prorrogable tácitamente por periodos iguales'; y se dice ahora en el párrafo primero del número 7 del artículo 13 que: '...el nombramiento de los órganos de gobierno se hará por el plazo de un año').

Pero la correcta desestimación de la demanda y, por ende, del recurso de apelación proviene de que, aún cuando no se puede dar por probado un concreto y específico incumplimiento obligacional del Administrador (ni en la contratación de los litros de gasóleo y firma del cheque de 12 de julio de 2001, ni en las vicisitudes relativas a las filtraciones de agua en los últimos pisos —reparación del parquet de las viviendas números NÚM. 000 y NÚM. 001 del piso NÚM. 000— ni en el cambio de la compañía de seguros a su instancia ni en el presupuesto que presenta para el cambio de la puesta de entrada a la finca), lo que si consta acreditado es que la revocación del mandato no respondió a una simple voluntad caprichosa o de mera ventaja o interés de la Comunidad de Propietarios sino a la desidia absoluta mostrada por el Administrador en el desempeño de su cargo, por lo que tenía que ser el Presidente (que nada cobra por ello) quién tenía que estar pendiente de la marcha del inmueble e insistir al Administrador para que cumpliese con su cometido. Aparte de una cierta tendencia a realizar actos por su cuenta con olvido de dar cuenta de los mismos al Presidente.

En consecuencia concurría una justa causa de revocación del mandato...».

La **SAP de Murcia 7-11-2005** *(Tol 789118)* sigue esta línea:

«...Enmarcado jurídicamente el tema sobre el que se debate resta por saber es si el Administrador demandante incumplió o no su deber en la medida suficiente como para justificar la resolución contractual anticipada acordada en la Junta de Propietarios. Consta acreditado que el citado Administrador no firmó las actas de las Asambleas (2 de septiembre y 14 de octubre de 2004), careciendo de apoyo por improbado por el alegato en torno a que la Presidenta de la Comunidad le impidió la firma; nada hizo el actor respecto de las deudas de morosos, ni sobre la privación de voto legalmente impuesta a los mismos, no ha enviado algunas actas de las Juntas, ni canalizado las quejas de los vecinos, los testimonios del acto del juicio revelan la pasividad del demandante, destacando el Sr. Raúl que los problemas se iniciaron casi desde la primera reunión; y Don Eloy manifestó que el administrador conectaba con la Promotora pero no con los vecinos. La argumentación de la recurrente en torno a la falta de credibilidad de la prueba de la contraparte no puede ser acogida sin más, ya el hecho de que las declaraciones se prestaran por los vecinos y el nuevo administrador no es suficiente para restar de credibilidad a las mismas, además, posibilidades tuvo el actor de proponer prueba en el acto del juicio tendente a desvirtuar la oposición de la demandada, limitándose al interrogatorio del legal representante de la Comunidad de Propietarios y a reproducir la documental aportada con la demanda.

Con los hechos reflejados en el párrafo anterior, consideramos que el incumplimiento real del Administrador existe, y sobre tales bases se ha aplicado correctamente la norma que priva de indemnización de daños y perjuicios ante el cese justificado. Todo ello nos lleva a coincidir con la decisión adoptada en la sentencia...».

2) Dudas sobre imparcialidad:

Esta causa está recogida, entre otras, en la **SAP Zaragoza 15-3-2006** *(Tol 887697)*, cuando afirma que:

«...Existe un argumento decisivo en cuya virtud se ha de enjuiciar el supuesto presente, como es que un socio de la entidad actora fue el representante de la sociedad promotora y constructora del inmueble constituido en propiedad horizontal, y así es de comprobar examinando los

documentos obrantes a los folios 7, 15 y 315 de las actuaciones, y así, al comprobarse que las primeras actuaciones emprendidas por la comunidad de propietarios ya en su primer y normal desenvolvimiento tenían por objeto reclamar a la constructora la reparación de varias deficiencias observadas —documentos cinco y seis de la demanda— ha de entenderse admisible surgiera una cierta cuando menos razonable duda sobre la gestión encomendada al mandatario y sobre su posible imparcialidad al acometerla, que, en relación a las restantes circunstancias del caso, ha de estimarse como justa causa de terminación del mandato conferido, y en su consecuencia de extinción del contrato, debiendo negarse por ello la indemnización que es pedida en la demanda, tal como también se razona en el FJ Tercero de la Sentencia objeto del recurso, que por todo ello merecerá íntegra confirmación. Y ningún efecto ha de tener en contra de esta argumentación que la comunidad demandada pudiera estar dispuesta a entregar a la sociedad actora una determinada cantidad, y que incluso pretendiera un posible acuerdo transaccional, obrando con un legítimo y explicable interés de evitar este proceso, lo que no tiene trascendencia alguna en su decisión ni tiene el significado de un acto propio...».

3) Error en la realización de presupuestos:

Así lo contempla la **SAP Málaga 9-2-2005** *(Tol 650292)*:

«...La sentencia de instancia reconoce la existencia de justa causa para la remoción del actor en el cargo de administrador de la comunidad demandada, basándose en que el mismo confeccionaba erróneamente los presupuestos de la comunidad, a sabiendas, pues incluía partidas (exoneración de determinados gastos de los locales) que diversas resoluciones judiciales habían declarando improcedentes, y en su negativa reiterada a facilitar información a la comunidad sobre los asuntos judiciales en los que la comunidad estaba inmersa.

Por lo que respecta a la incorrecta confección de los presupuestos de la comunidad no cabe duda de que así era, y ello viene acreditado no solo por las declaraciones de los testigos, D. Mariano (Vicepresidente de la comunidad) y de D. Enrique, que al margen de la tacha propuesta y admitida por el Señor Mariano, y de las relaciones que ambos mantienen con la comunidad, no puede prescindirse de su testimonio, por el conocimiento que ambos tienen de los asuntos internos de la comunidad y en particular de los presupuestos de las mismas y la improcedencia de que los locales contribuyan al pago de determinados conceptos, por lo que sus testimonios, valorándolos conforme a las reglas de la sana crítica que autoriza el artículo 376 de la LEC, han de ser tenidos en cuenta, más aún cuando a D. Enrique lo propuso el propio actor, viniendo sus testimonios corroborados por la abundante prueba documental obrante en los autos, consistentes en actas de Junta de Propietarios donde se recuerda que el título constitutivo recoge la exoneración de locales comerciales y aparcamientos de contribuir a determinados gastos (folios 155 a 159) y diversas Sentencias de los juzgados de 1ª Instancia de Málaga, que pormenorizadamente analiza el juzgado a quo en el fundamento de derecho segundo de su resolución, análisis que se da aquí por reproducido, acogiéndolo esta Sala, al objeto de evitar repeticiones innecesarias, en las cuales en esencia, se establece que la exoneración de los locales de determinados partidas presupuestarias estaba prevista en el propio título constitutivo de la comunidad, por lo que la obligación del administrador era, al elaborar los presupuestos de cada año, excluir tales gastos de los locales, lo que no hacía y ello determinó, como consta documentalmente acreditado, que los propietarios de los locales, se vieran obligados a litigar frente a la comunidad, viéndose así, está inmersa en una serie de litigios, que se hubieran evitado, simplemente con cumplir lo establecido en el título constitutivo y en la sentencias que se iban pronunciando, es decir, excluyendo de los presupuestos de cada año, aquéllas partidas respecto de las cuales los locales no tenían obligación de contribuir, sin que sea admisible la alegación de que los presupuestos que él elaboraba, no eran aprobados por él, sino por la Junta General, puesto que su obligación era elaborarlos en legal forma, y por tanto con arreglo a lo establecido en el título constitutivo, siendo así que con su conducta reiterada, solo consiguió que la comunidad se viera sometida a constantes litigios, con los consiguientes gastos que para la misma de ello se derivaban. Por lo que se refiere a la falta de información a la comunidad de los procedimientos judiciales en los que la misma estaba inmersa, que el juzgado de instancia ha estimado como incumplimiento acreditado y por tanto justificativo del cese, entiende el apelante que basta una simple lectura del orden del día de cada reunión de la junta de propietarios, para comprobar como si se daba cumplida cuenta a los propietarios del estado y situación de los pleitos, citando en ejemplo de ello una serie de juntas desde junio de 1998 a septiembre de 1999, pero si leen detenidamente las actas en cuestión, puede comprobarse, como por ejemplo, en la de 23 de junio de 1988, solo se acuerda proceder judicialmente contra propietarios morosos, pero nada se informa sobre pleitos pendientes; en la de 16 de junio de 1989 se acuerda continuar en recurso contra el promotor por deficiencias en la construcción; en la de 23 de abril de 1990, únicamente se acuerda proceder contra propietarios morosos, en la de junio de 1993 se faculta al presidente para otorgar poderes a letrados y procuradores para reclamar a propietarios morosos, sin que nada se informe sobre procedimientos existentes; en la de 15 de diciembre de 1994, ocurre igual que en la anterior citada, al igual que en la del 2 de diciembre de 1997 y en la de 25 de enero de 1999, pudiéndose concluir que el administrador, aún teniendo conocimiento de los pleitos, habiendo incluso prestado declaración en alguno de ellos, en ningún momento, o al menos no resulta así acreditado, dio cumplida cuenta a la comunidad de la existencia de los pleitos y del resultado de cada uno de ellos, lo que además viene corroborado por el testimonio del vicepresidente de la comunidad, que aunque tachado, y admitido el hecho de la tacha, ello no priva, como ya se dijo con anterioridad, de valor a su declaración, que ha de ser tenida en cuenta dado el conocimiento que el mismo tiene de los asuntos internos de la comunidad y lo acaecido en la misma, que refiere que al hacerse cargo de la comunidad la directiva nombrada en 28 de septiembre de 1999, el actor, ante la información que le pidieron, dijo que no había pleito pendiente, y por el testimonio del nuevo administrador señor Enrique, que refiere que no existía información en los libros de reclamaciones pendientes, denunciándose incluso esta falta de información a la comunidad, de las propias manifestaciones del actor obrantes en el acta de la junta celebrada el día 15 de noviembre de 1999 (folios 217 y siguientes de los autos), en la cual, el actor manifestó que en los años que llevaba administrando la comunidad, no se había perdido ningún pleito e incluso se habían cobrado costas y gastos, lo cual no es cierto, habiéndose aportado a los autos numerosas sentencias absolutamente desfavorables para la comunidad, tanto la que reseña el juzgador de instancia en el fundamento de derecho segundo de la sentencia, como dos pleitos seguidos contra la comunidad y EMASA (folios 329 a 331 y 507 a 511) en los que se condena a la comunidad a pagar a Emasa, más otra sentencia, condenatoria para la comunidad frente a EMASA (folio 307 a 312 de los autos), dictada incluso con posterioridad al cese del mismo, lo que demuestra la absoluta falta de información veraz, por parte del administrador, hacia la comunidad, del estado de los pleitos existentes. Por otro lado la lectura del acta de la junta en la que se cesó al administrador (documento nº 2 de la demanda), no permite sino concluir que debido a los motivos anteriormente expuestos, la comunidad había perdido la confianza que habían depositado en el administrador, pérdida de confianza que estaba absolutamente justificada por incumplimiento de sus obligaciones y el hecho de que en el acta se haga mención a que en el octavo día de la anterior junta la presidente le pidió un borrador de la misma y no se le facilitó y que hizo una 'tramllulla' con un perito, no denota sino que esas circunstancias fueron la gota que rebosó el vaso y el punto y final a una serie de incumplimientos por parte del administrador, por lo que evidentemente, no puede considerarse como causas exclusivas del cese del mismo en su cargo. El resto de los motivos o causas justificativas del cese alegadas por la demandada, y que han sido desestimadas en la sentencia de instancia, en la que insiste la parte apelada en su escrito de posición al recurso de Apelación, no pueden ser objeto de análisis en esta alzada, por cuanto que respecto de dicho particular la sentencia no ha sido recurrida, conduciendo los razonamientos expuestos a la íntegra confirmación de la sentencia dictada en la instancia…».

4) Ocultación contable o graves errores en las cuentas de la comunidad:

A sensu contrario, la **SAP Madrid 29-11-2004** *(Tol 551475)* contempla este motivo como causa justa para cesar al Administrador:

«…Tampoco prospera el error en la valoración de la prueba relativo a las causas que motivaron el cese del administrador, compartiendo este tribunal la argumentación contenida en el 'Fundamento de Derecho Tercero' de la sentencia de primera instancia y sobre la que únicamente cabe insistir en la diferencia existente entre la posibilidad de llevar una contabilidad de modo distinto a como la llevaba el administrador —lo que se ha apreciado en el caso de autos— y el que realmente se hubiesen producido los 'graves errores detectados en las cuentas de la comunidad' que alega la parte recurrente…».

Véase también la **SAP de Málaga, de 13-6-2005** *(Tol 734459)*:

«…Aunque el administrador esté legitimado para realizar pagos en nombre de la Comunidad, debe rendir cuentas de su gestión económica, presentando a la Junta de Propietarios un presupuesto de ingresos y gastos para su aprobación (artículo 14.b de la Ley de Propiedad Horizontal), resultando anómala la actuación posterior a su cese, al abonar cantidades en nombre de la Comunidad de Propietarios pese a ser conocedor de su cese como tal, que podía o no aceptar, pero que en ningún caso legitimaba esos pagos ni esa doble administración a la que alude en el hecho primero, párrafo tercero de su escrito de contestación a la demanda y que mantuvo hasta dos años después de producida. Aunque es cierto que impugnó la Junta en la que se le destituía del cargo, hasta que se dictó Sentencia por ésta Audiencia Provincial (sección sexta) declarando dicha nulidad (noviembre de 1993), no ostentaba ya el cargo de administrador, ya que el acuerdo por el que se acordaba su cese y se nombraba nuevo administrador era ejecutivo, no constando que el demandante solicitara en la primera instancia la medida cautelar consistente en la suspensión del mismo, por lo que carece de sentido que mantuviera una doble administración cuando no contaba con el respaldo de la Junta de propietarios ni, por tanto, estaba legitimada para actuar en su nombre. Pero es que, además, no rinde cuentas de su gestión hasta el año 1996, haciendo una relación pormenorizada de los documentos que entregaba a la Comunidad de propietarios (entre los que figuran balances y sumas de los años 1992 a 1995, reflejando en el punto 21 el balance de sumas y saldos a fecha dieciséis de enero de 1996, atribuyéndose una deuda con cargo a la hoy demandada de 2.348.661 pesetas), lo que acredita que, pese a la expresa oposición de la Comunidad a continuar contando con sus servicios, siguió gestionando aspectos económicos de la misma, interfiriendo así en la labor del administrador legítimamente nombrado, pues no debe olvidarse que la nulidad de la Junta de Propietarios en la que fue destituido vino motivada por su expresa impugnación dada su condición de copropietario y la infracción de las normas establecidas al efecto por la Ley de Propiedad Horizontal, por lo que ésta Sala no alcanza a comprender su empecinamiento en seguir desempeñando tareas para las que ya no era requerido ni, lo que es más importante, en abonar cantidades a cuenta de quien ya no requería sus servicios profesionales, siendo cierta y evidente la confusión generada por ese actuar a espaldas de la Comunidad mediante una administración paralela o duplicada únicamente por su obcecación en continuar en el cargo por razones que escapan a ésta Sala.

Lo anterior sería suficiente para desestimar la reclamación por pagos supuestamente realizados con posterioridad a su cese como administrador (incluso los anteriores, al no reclamarlos tras ser cesado), no siendo aplicable el artículo 1.728 del Código Civil por no encontrarnos ante un mandatario, por las razones que anteriormente se expusieron, aunque en cualquier caso, si se conceptuara su actuación como mandato, desde el momento en que fue removido de su cargo habría desaparecido la nota esencial del actuar, por cuenta o encargo de otro 'exigida por el artículo 1.709 del Código Civil', al no contar con autorización expresa, ni tan siquiera tácita. Pero es que, además, muchas de las facturas aportadas carecen de la menor fuerza probatoria, pues en algunas consta el recibí del apelante (documentos 3.74 y 3.76 del escrito de demanda), en otras se reflejan pagos que fueron realizados en su día por el nuevo administrador nombrado (documentos 3.46, 3.62, 3.65, 3.67 y 3.69) y otras (documentos 3.77 a 3.82) corresponden a pagos por deudas supuestamente contraídas por la comunidad demandada con otras comunidades, sin que conste dación de cuentas o solicitud de autorización para su pago, lo que conllevaría justificar el origen e importe de las mismas. El resto de las facturas responden a gastos que pudo y debió atender el nuevo administrador (por entrar dentro de sus competencias), caso de corresponderse con deudas reales de la Comunidad, pues de ser así lo lógico es que hubieran sido comunicadas al administrador y/o a la Comunidad de Propietarios para que pudieran decidir libremente si estaban justificados y se correspondían realmente con gastos producidos, no solo para autorizar su pago (requisito imprescindible), sino para realizar un cálculo de previsiones de gastos que permitieran ajustar los ingresos para equilibrar la situación económica de la Comunidad. En realidad los únicos pagos que podría repercutir el hoy apelante serían los realizados cuando aún ostentaba el cargo de administrador con el respaldo de la comunidad demandada (esto es, hasta el día dos de noviembre de 1991), pero incluso éstos deben desestimarse, pues existiendo aprobado para el ejercicio 1991 un presupuesto de ingresos y gastos, debieron abonarse con los fondos comunitarios y, de resultar éstos insuficientes (cuestión improbable, pues de las diversas actas de juntas de propietarios que aporta el apelante resulta acreditado que ejercía sus funciones en el plano económico con suma diligencia, calculando los gastos que se producirían en el año), interesar de la comunidad la dotación de fondos mediante cuotas extraordinarias o comunicándole la necesidad de afrontar esos gastos extraordinarios, siendo poco convincente que, sin ánimo de lucro, el administrador anticipe de su peculio la nada despreciable suma de 14,115,74 euros y que espere casi diez años para reclamarla por vía judicial. En definitiva, procede desestimar el recurso de apelación interpuesto, confirmando la resolución recurrida en su integridad...».

La **SAP de Málaga de 20-12-2004** *(Tol 1184445)* resulta, si cabe, todavía más clara cuando afirma que

«...expuesto lo anterior y centrándonos en el supuesto de autos, debe valorarse si la revocación del actor como administrador aparece justificada por la Comunidad demandada, a efectos de concluir sobre la procedencia de la indemnización reclamada. A la vista de la prueba practicada resulta acreditado que en la Junta de Propietarios celebrada el día 18 de junio de 2002 se informó a los asistentes que la cuenta de la Comunidad arrojaba un saldo en contra de 2.330,32 euros, debatiéndose sobre la conveniencia de la existencia de una cuenta a nombre de la Comunidad, con firmas mancomunadas de tres personas para su disposición y no que ésta estuviera en una cuenta propia del administrador, con la confusión de patrimonios que ello implicaba, dándose por la Junta un voto de confianza al nuevo presidente para que obrara según estimare conveniente. Ante ésta situación y ante la reclamación del saldo deudor por parte del administrador, el presidente de la Comunidad requiere al mismo, mediante escrito presentado en su despacho con fecha 10 de julio de 2002, para que le facilite la documentación

sobre el estado de cuentas, balance, etc., a fin de resolver lo oportuno. Frente a esto se contesta por el administrador mediante un burofax del día siguiente, reiterando la petición del saldo deudor sin aportar la documentación para la que fue requerido. Con fecha 15 de julio de 2002, el presidente de la Comunidad remite otro burofax al administrador reclamando la documenta antes requerida, manifestando que hasta en tanto no conozca el contenido de la misma, no podrán reconocer deuda alguna. Vista la situación, y ante la negativa del administrador de entregar al presidente la documentación que le había reclamado, se convoca Junta General Extraordinaria de Propietarios el día 21 de julio de 2002, donde por unanimidad se acuerda el cese del administrador ante la imposibilidad de examinar y cotejar la documentación de la Comunidad para verificar la existencia de un saldo deudor o, en su caso, irregularidades contables o mala gestión administrativa.

Esta renuencia del administrador ante el requerimiento de entrega de la documentación de la Comunidad, dio origen, incluso, a un expediente sancionador ante el Colegio Territorial de Administradores de Málaga, archivado tras manifestar el mismo, con fecha 29 de mayo de 2003, su voluntad de entregar la documentación requerida a la Comunidad. Así las cosas, ésta situación creó la alarma consiguiente de los propietarios, siendo ello causa más que bastante no solo para perder la confianza en la gestión de tal administrador, si no para justificar suficientemente su remoción, ante el incumplimiento de sus funciones y obligaciones como administrador, lo que no da derecho alguno de indemnización por el cese anticipado de sus funciones, debiendo desestimarse las pretensiones formuladas en cuanto al pago de sus honorarios correspondientes a las mensualidades de octubre de 2002 a junio de 2003, pues había sido ya cesado, con justa causa, desde el día 21 de julio de 2002…».

Por último, podemos examinar la **SAP de Valencia 9-1-2006** *(Tol 931336)*, de la que merece la pena reproducir gran parte de sus fundamentos de derecho:

«PRIMERO.- La acción deducida en la demanda se basa en el hecho de que el actor ha venido desempeñando el cargo de administrador de la comunidad de propietarios demandada desde el año 1997, habiéndose producido su última reelección en la junta de la comunidad celebrada en 22 de agosto de 2002, no obstante, en la junta de la comunidad celebrada en 15 de marzo de 2003, se acordó por dicha junta de propietarios cesarlo en su cargo por pérdida de la confianza depositada en él por la comunidad y por incumplimiento sistemático de sus obligaciones como administrador, siendo desestimada esta pretensión deducida en la demanda, cuyo petitum consistió en la reclamación de 3.302,45 euros como indemnización por su cese anticipado, si bien en la demanda se reclamaba también de la comunidad demandada la suma de 197,31 euros como cantidad que le adeuda la misma tras la liquidación de cuentas con el nuevo administrador, lo que reconoció la comunidad demandada, y ello ha sido objeto de estimación en la sentencia, la cual considera acreditada justa causa en el cese del administrador, por lo que no procede el reconocimiento del derecho a fijar una indemnización en su favor. Frente a esta sentencia se alza en apelación el actor.

SEGUNDO.- Para resolver la cuestión de fondo debatida, el primer problema que se plantea es el de precisar la naturaleza de la relación jurídica que ligaba a los litigantes, si se trata de un contrato de arrendamiento de servicios o de un mandato, para de esta forma determinar la procedencia de la indemnización solicitada, y sin desconocer las dificultades que suscita esta figura, en especial porque la remuneración —que podría ser un elemento diferenciador— no es privativa de ninguna de ellas, y por lo impreciso de los límites del arrendamiento de servicios y el mandato, esta Sala tiene reiterada, conforme a la doctrina mayoritaria, la tesis de que se trata de un mandato "sui generis" de los artículos 1709 y siguientes del Código Civil en razón, principalmente, de la similitud del contenido del artículo 13.7 de la Ley de Propiedad Horizon-

tal —los designados podrán ser removidos de su cargo antes de la expiración del mandato por acuerdo de la Junta de propietarios, convocada en sesión extraordinaria— con los artículos 1732 —el mandato se acaba por su revocación— y 1733, ambos del Código Civil, en el que se hace constar que el mandante puede revocar el mandato a su voluntad y compeler al mandatario a la devolución del documento en que consiste el mandato; en razón a que dentro de la generalidad de los términos en que queda redactado el mencionado artículo 1709, se comprenden dos figuras distintas, el mandato representativo y el mandato de gestión (SSTS 16 febrero 1935 y 8 abril 1991), modalidad esta última que fácilmente puede llegar a confundirse con el arrendamiento de servicios del que se distingue acudiendo a diversos criterios, uno de los cuales es la sustituibilidad, porque no es obligatorio que se encomiende la administración a un ajeno a la comunidad a tenor de lo establecido en el artículo 13, párrafo quinto, de la Ley de Propiedad Horizontal, es decir, sus funciones se ejercen por el presidente de la comunidad si no acuerdan elegir a otras personas para el desempeño de este cargo, que a su vez podrá recaer en una misma persona, y este elemento lo explica la Sentencia del Tribunal Supremo de 14 marzo 1986: "...en orden a la distinción del mandato con el arrendamiento de servicios, es básico el criterio de la sustituibilidad, no confundible con el de la representación, de tal manera que sólo pueden ser objeto posible de mandato aquellos actos en que quepa la sustitución, o sea, los que el que solicita la gestión realizaría normalmente por sí mismo, que pertenecen a la esfera propia de su misma actividad y que nada impide poderlos realizar por medio de otra persona, pues cuando así no es, o lo que es lo mismo, cuando se encomienda a otra persona, la prestación de servicios que normalmente no pueden ser realizados ni son de la propia actividad de la persona que los encomienda a otro, que precisamente necesita acudir a él para que lleve a cabo la actividad que aquél no podía utilizar estaremos en presencia de un arrendamiento de servicios"; y en razón a que las actividades ejecutivas que se recogen en el artículo 20 de la Ley de Propiedad Horizontal vienen a ser meramente accesorias, inherentes e indispensables para el ejercicio de una función gestora característica del mandato, que desempeña no solamente en el ámbito interno de la Comunidad, sino en proyección externa, cuando contrata con terceros y practica gestiones en nombre de su mandante, aunque lo haga en nombre propio, ya que en tal supuesto entraría en juego el artículo 1712.2 del Código Civil, puesto que contrataría sobre cosas propias de la comunidad de propietarios. En este sentido, al igual que ocurre con el cargo de presidente o con el de secretario, la duración del administrador, según el mencionado artículo 13.7 de la Ley de Propiedad Horizontal, durará un año, prorrogable tácitamente por períodos iguales, salvo que los Estatutos de la comunidad de propietarios establezca otra cosa, no obstante, lo cual, cabe también la posibilidad de que el administrador sea removido de su cargo mediante acuerdo adoptado en Junta general extraordinaria convocada al efecto, en observancia al principio consagrado en el artículo 1733 del Código Civil antes mencionado, siendo esto lo que aconteció en el caso de litis, por cuanto que en Junta general extraordinaria celebrada el 15 de marzo de 2003, se procedió a destituir en el cargo a D. David, lo que hace reconducir la cuestión litigiosa a precisar si el mismo tiene derecho a exigir sus honorarios profesionales desde la fecha en que fue destituido, noviembre de 1999 hasta el mes de mayo de 2000, y respecto a esta cuestión la Jurisprudencia se inclina por afirmar el derecho a ser indemnizado, entre otras, las Sentencias de fechas 8 abril 1991, 11 diciembre 1990, y 25 noviembre 1983, precisando esta última que cuando se ha establecido un plazo de duración, evidentemente en interés común de ambas partes contratantes, aunque la facultad de revocación subsiste, si se impone antes de la expiración del plazo, debe indemnizarse; precisando que ello no es así cuando se ha demostrado que media justa causa dimanante del incumplimiento de lo pactado por parte del mandatario, y la sentencia recurrida, en el supuesto de autos, reconoce como existente justa causa basándola, entre otras causas, en la pérdida de confianza que debe inspirar y presidir las relaciones comunidad-administrador, no obstante, como ya esta Sala tiene resuelto en anteriores ocasiones (entre otras, sentencia de 2 de febrero de 1998), si bien la pérdida de confianza puede ser motivo por sí solo para la revocación del mandato no puede considerarse como justa causa a efectos de no indemnizar el cese anticipado en el cargo, toda vez que la confianza —según el diccionario de la RALE en su primera acepción "esperanza firme en una persona o cosa"— al ser un elemento subjetivo, al igual que el descontento, si los consideramos como justa causa, el cumplimiento del contrato de mandato quedaría al arbitrio del mandante —que expresamente lo rechaza el artículo 1256 del Código Civil—, debiendo evitarse el cese anticipado en el cargo del mandatario sin indemnizarlo por ello —en este caso, del administrador— por posibles sentimientos o intuiciones del mandante —en este caso la comunidad de propietarios representada por el señor presidente—. Se alegaban por la parte demandada como causas que hacían justificado el cese del actor como administrador de la comunidad, por suponer un incumplimiento sistemático de sus obligaciones como tal, en primer lugar, que en junta de 22 de agosto de 2002 se nombró como presidente de la comunidad a Don Francisco, en la cual la comunidad le encomendó que como presidente y de forma urgente abordara el problema de la mala situación, con estado de abandono, que presentaban ciertas zonas comunes que la comunidad demandada compartía con otras comunidades, formando una mancomunidad, por lo cual el citado presidente intentó en numerosas ocasiones contactar telefónicamente con el administrador para que le facilitara libro de actas, estado de cuentas, contratos de servicios y suministros, relación de morosos, etc...., así como la firma del acta de la junta de 22 de agosto de 2002, para proceder a la ejecución de los acuerdos adoptados, acudiendo incluso al despacho profesional del actor, sin obtener resultado, por lo que en fecha 25 de septiembre de 2002 se vio obligado a acudir al notario D. José Andrés Ramos Hidalgo a fin de requerirle para la entrega de la citada documentación (documento nº 3 de la contestación), vía notarial que, en dos ocasiones más se vio obligado a utilizar para requerir documentación, concretamente en 15 de abril de 2003 y 8 de mayo de 2003 (documentos 4 y 5 de la contestación). También se alegó deterioro de la relación entre presidente y administrador, siendo imposible la comunicación entre ambos, así como redacción del acta de la junta de 5 de diciembre de 2002, recogiendo en la misma un contenido que nada tenía que ver con la realidad de lo acontecido, petición, por parte del presidente al administrador, a finales del año dos mil dos para que convocase la celebración de una junta que no fue atendida, que también se le pidió tanto por el presidente, como por diversos comuneros que en cumplimiento de los acuerdos adoptados en la junta celebrada en 5 de diciembre de 2002, transfiriera todos los fondos de la comunidad, desde una cuenta abierta a nombre de 'Francisco García Prieto, S.L.', en la que los comuneros no gozaban de disponibilidad, a una cuenta aperturada a nombre de la comunidad, lo que no se consiguió sino hasta el día 8 de mayo de 2003, es decir, seis meses después de haberse acordado así en la junta de propietarios. También se alegó que en 7 de marzo de 2003, el presidente de la mancomunidad le envió un fax (documento nº 10 de la contestación) para que ingresara en la cuenta de la mancomunidad 3.779,20 euros, que corresponden a la comunidad demandada, en cumplimiento del acuerdo adoptado en junta general extraordinaria de dicha mancomunidad, de fecha 11 de febrero de 2003, y a pesar de ello la comunidad no pudo efectuar el pago hasta fecha posterior al 8 de mayo de 2003, fecha en la que finalmente el Señor David entregó los fondos de la comunidad y su actitud posterior al cese de retardo en la entrega de la documentación. Todas estas alegaciones de la parte demandada en justificación de la concurrencia de justa causa en el cese anticipado del actor en su cargo de administrador de la comunidad demandada, son acogidas por la sentencia de instancia, y frente a ello la parte apelante se opone, alegando en definitiva error en la valoración de la prueba por parte del juzgador de instancia, por ello se hace preciso analizar en esta alzada todos los motivos esgrimidos por la parte demandada, si bien previamente hay que poner de relieve que, conforme a constante jurisprudencia de cita excusada por ser sobradamente conocida, el criterio valorativo de los juzgadores de instancia,

por gozar de mayor imparcialidad y objetividad que el que puede llevar a cabo uno de los litigantes contendientes en defensa de sus intereses particulares y, por tanto, de forma subjetiva y parcial, ha de ser respetado, en tanto no se acredite que ha resultado ilógico, irracional o contrario a las máximas de la experiencia o contrario a las reglas de la sana crítica, de ahí que puedan los jueces, dentro de las facultades que les están atribuidas, dar distinto valor a los diferentes medios probatorios puestos a su alcance e incluso optar entre ellos por el que estimen más conveniente y ajustado a la realidad de los hechos, todo ello sin olvidar, claro está, como la revisión del valor probatorio que debe darse a los testimonios de los diferentes testigos que depusieron a instancia de parte debe hacerse con suma cautela, teniendo en cuenta la regla de la sana crítica recogida en el artículo 376 de la LEC, apuntando de forma insistente la jurisprudencia que la apreciación del referido medio probatorio es puramente discrecional del órgano judicial, dado que la citada norma no contiene reglas de valoración tasadas que se puedan violar, al ser dicho precepto admonitivo, siendo tan sólo digna de tener en cuenta la impugnación cuando se constate que la apreciación de los testimonios ha sido ilógica, irracional o disparatada, de lo cual se colige que el uso que haga el juzgador de primer grado de su facultad de libre apreciación o apreciación en conciencia de la prueba practicada, ha de ser respetada, al menos en principio, siempre que se motive o razone en la sentencia y no se acredite su carácter ilógico, irracional o contrario de las reglas de la sana crítica o a las máximas de la experiencia.
Lo expuesto hace preciso que esta Sala analice las causas del cese alegadas por la demandada para comprobar, con las pruebas practicada, si resultan o no acreditadas, y poder comprobar así si la valoración de las mismas llevada a cabo por el juzgador a quo es ilógica, irracional o contraria a las reglas de la sana crítica o máximas de la experiencia.
TERCERO.- La comunidad demandada alega que el actual presidente de la misma D. Francisco, fue nombrado en junta general ordinaria de 22 de agosto de 2002, en la cual la comunidad le encomendó que abordara de forma urgente el problema del estado de abandono que presentaban las zonas comunes que la comunidad compartía con la macrocomunidad (siendo ello ratificado por los testimonios prestados en el acto de la vista por D. Cristóbal y D. Carlos Miguel) y que para ello intentó contactar con el administrador en varias ocasiones telefónicamente e incluso acudiendo a su despacho a fin de que le facilitara toda la documentación de la comunidad y poder conocer así su estado y situación a fin de poder desempeñar su cargo de presidente y ejecutar los acuerdos de la junta de 22 de agosto de 2002, en relación a la cual, por cierto, también le requería para que procediera firmar el acta de la misma y, al no ser satisfechas sus peticiones, tuvo que acudir al auxilio de un notario, no sólo en esta ocasión, sino en dos más en 15 de abril de 2003 y 8 de mayo de 2003. Su alegación está plenamente acreditada en los autos, no sólo por las actas notariales que se acompañan como documentos nº 3, 4 y 5 de la contestación, sino también por el hecho de que no es lógico y va contra la práctica habitual, el que un presidente tenga que acudir a un notario a fin de requerir al administrador de la misma para la entrega de documentación de la comunidad, con los gastos que la actuación notarial genera para la comunidad, si no es porque la documentación interesada realmente no le es proporcionada por el administrador, el cual contravino de este modo el artículo 20 apartado e) de la LPH, resultando absolutamente contrario a ley el hecho de que un presidente de una comunidad tenga que acudir a un notario para poder tener a su disposición la documentación de la comunidad, cuando la ley impone que el administrador tenga esa documentación a disposición de los comuneros, siendo su función la de un profesional que trabaja a disposición de la comunidad, y, por tanto, apoyando y asesorando al presidente, no obstaculizando la labor de éste. El hecho cierto de que el administrador Señor David no atendió las peticiones del presidente en este sentido queda corroborado además por la declaración del Señor Cristóbal, que manifestó que le constaba la falta de comunicación entre el presidente y el administrador, ante la negativa de este último de atender al presidente. Del interrogatorio de las partes se deducen

además los intentos del presidente de ponerse en contacto con el administrador en agosto de 2002, concretamente por vía telefónica a la oficina del administrador, para la entrega de la documentación de la comunidad, informándosele que estaba de vacaciones, respuesta no lógica, pues la documentación, conforme al artículo 20 LPH citado, ha de estar siempre a disposición de los comuneros y, si el administrador está de vacaciones, a lo que, lógicamente, tiene derecho, el mismo ha de procurar los mecanismos necesarios para asegurar que durante el disfrute de las mismas cualquier comunero que lo solicite, más aún el presidente, pueda examinar cualquiera o toda la documentación perteneciente a la comunidad. Frente a este incumplimiento de su obligación por parte del actor, alega éste que el presidente, desde su nombramiento como tal, le tenía animadversión, incluso que condicionó su nombramiento al cese como administrador del hoy actor, lo que no aparece acreditado por prueba alguna obrante en los autos.

CUARTO.- Que lo anteriormente expuesto deterioró las relaciones ente administrador y presidente, hasta el punto de no ser posible la comunicación entre ambos, lo que repercutió en la gestión eficaz de los intereses de la comunidad, resulta además acreditado por el testimonio del Señor Cristóbal que, a preguntas de ambos letrados, manifestó la inexistencia de comunicación alguna entre ambos, resaltando que el administrador en las juntas era agresivo y obcecado y el testigo Sr. Carlos Miguel apostilló en su testimonio que las reuniones acababan en descalificaciones del administrador contra el presidente, lo que, en definitiva, y puesto que el presidente representa a la comunidad en juicio y fuera de él, equivale a enfrentamientos del administrador con la propia junta de propietarios.

QUINTO.- Se alegó, igualmente, por la parte demandada que el contenido del acta de la junta celebrada en 15 de diciembre de 2002 no se ajustaba a la realidad de lo acontecido, y por ello, cuando el acta presentada se sometió a aprobación en la junta celebrada en fecha 15 de marzo de 2003, se votaron para aprobación dos actas, la presentada por el Señor David y la firmada por la mayoría de los comuneros asistentes. El acta que resultó finalmente aprobada fue la segunda, firmada por el presidente y otros propietarios. Frente a ello el apelante opone que, en realidad, lo ocurrido es que en la misma se hacían alusiones personales al presidente que al mismo no le interesaba que figurasen en el acta. La prueba practicada en este sentido acredita, concretamente el testimonio del Señor Carlos Miguel, que había actas que reflejaban cosas muy distintas a lo que pasaba en las reuniones y en concreto y por lo que se refiere al acta de la junta de 5 de diciembre de 2002, manifestó que él firmó un acta distinta de la redactada por el administrador y el Señor Cristóbal afirmó que le llegó un acta de la junta de diciembre de 2002 que no reflejaba para nada lo sucedido y para ello, en la prueba correspondiente, el Señor Francisco explicó que el administrador elaboró un borrador de la junta de diciembre de 2002 y los propios comuneros fueron los que le pidieron, ante su malestar por dicho borrador alejado de la realidad de lo acontecido, que elaborara un nuevo borrador del acta y sometiera esta nueva redacción del acta a votación en junta. El cotejo de ambos documentos permite concluir que, aunque su contenido es muy similar, en el borrador elaborado por el administrador se introdujeron una serie de comentarios y valoraciones de índole personal que se suprimieron en el acta aprobada, por impertinentes y por iniciativa de los propios comuneros, supresión que el propio actor reconoció en el acto del juicio, lo cual permite colegir una negligente actuación del administrador en el desempeño de sus funciones, reguladas en el artículo 20 LPH…

SEXTO.- En el borrador del acta de 5 de diciembre de 2002 que elaboró el actor consta cómo el propio Señor David no fue la persona que convocó y organizó la celebración de la junta de propietarios que se celebró el día indicado, sino que fue el presidente el que se encargó de todo ello, lo cual indica que el mismo se negó a convocar dicha junta, pese a los requerimientos del presidente tendentes a que se convocara una junta para finales del año 2002.

SÉPTIMO.- En el acta de la junta celebrada en 5 de diciembre de 2002, que finalmente fue aprobada y que consta incorporada al acta notarial que como documento nº 2 se acompaña al escrito de contestación a la demanda, se acordó aperturar una cuenta corriente a nombre de la comunidad, a través de la cual habrían de realizarse todos los pagos e ingresos relacionados con la misma, en la que tendrían firma mancomunada el presidente, el administrador y los propietarios Sra. Erica y Sr. Cristóbal, bastando la firma de dos de ellos para disponer de fondos, debiendo ser una de ellas la del presidente. En ejecución de dicho acuerdo se aperturó en Unicaja una cuenta a nombre de la comunidad, apertura y número de cuenta que fueron comunicados al administrador Señor David (documentos nº 6 y 7 de la contestación), al cual, además, se le rogaba que transfiriera a la misma todos los fondos de la comunidad, y que pasara por la oficina bancaria para firmar como autorizado en su condición de administrador. Varios comuneros, entre ellos los Señores Cristóbal y Carlos Miguel, y así lo reconocieron ambos en sus respectivos interrogatorios, firmaron, además, una solicitud que enviaron por fax al administrador (documentos 8 y 9 de la contestación) para que hiciera la transferencia de fondos de la comunidad tal y como se había acordado en la junta, si bien ello, pese a que así se había acordado y para lo cual había sido requerido, no se consiguió hasta el día 8 de mayo de 2003, es decir, seis meses después de haberlo acordado así la junta de propietarios. Las explicaciones dadas al respecto por el Señor David para justificar esta conducta no son acogibles, desde el punto y hora que él no puede, contra el acuerdo de la comunidad, retener los fondos de la misma indefinidamente, so pretexto de que la cuenta aperturada no aparecía como mancomunada, sino indistinta, pues aún cuando así hubiera sido, lo que tendría que haber efectuado es poner de manifiesto dicha circunstancia al presidente y manifestarle sus reparos al respecto, pero es que, además, lo que no resulta lógico es que tenga reparos en transferir los fondos de la comunidad a una cuenta de la misma, porque ésta sea indistinta y, sin embargo, no tenga reparos en mantenerlos en una cuenta aperturada a nombre de Francisco García Prieto, S.L., en la que él sólo tenía capacidad de disposición, lo que indudablemente entrañaba dificultades de funcionamiento del acontecer comunitario y, además, iba en contra de lo acordado por la junta. Además de todo lo expuesto, del documento nº 12 de los acompañados con la contestación se colige y acredita que el Señor David faltó a la verdad a la hora de tratar de justificar su conducta, pues, según resulta de dicho documento, certificado de Unicaja, la cuenta corriente a nombre de la comunidad se aperturó en fecha 3 de febrero de 2003 y lo fue en forma mancomunada. Todo lo expuesto permite concluir que el Señor David se negó, sin causa alguna que lo justificase, a realizar la transferencia de fondos ordenada por la junta de propietarios, máximo órgano rector de la comunidad, comportamiento éste del mismo que, por transgredir el contenido del artículo 20 LPH, por sí solo es bastante como para justificar el cese del mismo como administrador de la comunidad.

OCTAVO.- Del documento nº 10 del escrito de contestación a la demanda resulta que el presidente de la mancomunidad en la que está integrada la comunidad demandada compelió al Señor David, como administrador de la misma, para que ingresara en la cuenta de la mancomunidad 3.779,20 euros, que es lo que le correspondía a la comunidad, para solucionar los problemas de las zonas comunes, en cumplimiento de los acuerdos alcanzados por la mancomunidad en la reunión de 11 de febrero de 2003, comunicación ésta que remitió al Sr. David el presidente de la mancomunidad, tras manifestarle el administrador de la mancomunidad que había llamado al Señor David para que verificase dicho abono, sin conseguirlo. Dicho pago no pudo ser efectuado por la comunidad a la mancomunidad sino con posterioridad al día 8 de mayo de 2003, que fue cuando el Señor David transfirió los fondos de la cuenta, de la que él solo podía disponer, a la cuenta aperturada en Unicaja a nombre de la comunidad, pues antes de esa fecha y pese a los requerimientos efectuados, el Señor David no tuvo a bien verificar dicho pago al que venía obligada la comunidad por él administrada.

Por último, los hechos acaecidos en la junta de 15 de marzo de 2003, a la que acudió un notario, y la actitud del administrador tras su cese, reticente a la entrega de la documentación de la comunidad e incluso de los fondos de la misma, demuestran cuál había venido siendo la actitud del administrador para con la comunidad por el administrada y por tanto el carácter absolutamente justificado de su cese acordado por la junta de propietarios, compartiendo así esta Sala el criterio valorativo del juzgador a quo, que ha resultado lógico y racional y que, por tanto, ha de ser respetado al no haberse acreditado su carencia de lógica o su irracionalidad, lo que conlleva la desestimación del recurso de apelación en cuanto a este particular…».

3.5. Funciones

Las funciones del Administrador, viene recogidas en el art. 20 LPH y son las siguientes:

a) *Velar por el buen régimen de la casa, sus instalaciones y servicios, y hacer a estos efectos las oportunas advertencias y apercibimientos a los titulares.*

b) *Preparar con la debida antelación y someter a la Junta el plan de gastos previsibles, proponiendo los medios necesarios para hacer frente a los mismos.*

c) *Atender a la conservación y entretenimiento de la casa, disponiendo las reparaciones y medidas que resulten urgentes, dando inmediata cuenta de ellas al Presidente, o, en su caso, a los propietarios.*

d) *Ejecutar los acuerdos adoptados en materia de obras y efectuar los pagos y realizar los cobros que sean procedentes.*

e) *Actuar, en su caso, como secretario de la Junta y custodiar a disposición de los titulares la documentación de la comunidad.*

f) *Todas las demás atribuciones que se confieran por la Junta.*

El art. 21.1 LPH, le otorga la posibilidad, en el supuesto de incumplimiento por parte de algún propietario de las obligaciones recogidas en el art. 9 apartados e) y f), de exigirlas por vía judicial, aunque necesitando el acuerdo de la junta para estar legitimado en juicio, representando a la Comunidad a través del procedimiento establecido en el art. 21.4) y apartados siguientes LPH.

3.5.1. Protección de datos

El artículo 9.1 LPH prevé, entre las obligaciones que tienen los propietarios de la Comunidad, las siguientes:

«h) Comunicar a quien ejerza las funciones de secretario de la comunidad, por cualquier medio que permita tener constancia de su recepción, el domicilio en España a efectos de citaciones y notificaciones de toda índole relacionadas con la comunidad. En defecto de esta comunicación se tendrá por domicilio para citaciones y notificaciones el piso o local perteneciente a la comunidad, surtiendo plenos efectos jurídicos las entregadas al ocupante del mismo.

Si intentada una citación o notificación al propietario fuese imposible practicarla en el lugar prevenido en el párrafo anterior, se entenderá realizada mediante la colocación de la comunicación correspondiente en el tablón de anuncios de la comunidad, o en lugar visible de uso general habilitado al efecto, con diligencia expresiva de la fecha y motivos por los que se procede a esta forma de notificación, firmada por quien ejerza las funciones de secretario de la comunidad, con el visto bueno del presidente. La notificación practicada de esta forma producirá plenos efectos jurídicos en el plazo de tres días naturales.

i) Comunicar a quien ejerza las funciones de secretario de la comunidad, por cualquier medio que permita tener constancia de su recepción, el cambio de titularidad de la vivienda o local.

Quien incumpliere esta obligación seguirá respondiendo de las deudas con la comunidad devengadas con posterioridad a la transmisión de forma solidaria con el nuevo titular, sin perjuicio del derecho de aquél, a repetir sobre éste.

Lo dispuesto en el párrafo anterior no será de aplicación cuando, cualquiera de los órganos de gobierno establecidos en el artículo 13 haya tenido conocimiento del cambio de titularidad de la vivienda o local por cualquier otro medio o por actos concluyentes del nuevo propietario, o bien cuando dicha transmisión resulte notoria.»

Estas obligaciones de comunicación generan un fichero de datos que gestiona el Administrador. Se trata de datos de carácter personal, por lo que están amparados por la LO 15/1999 de 13 diciembre 199, de Protección de Datos (en adelante LOPD). Se trata de unos datos que debe facilitar el propietario del inmueble sujeto a régimen de propiedad horizontal, puesto que viene así exigido por una norma con rango de Ley, como es la propia LPH, por lo que no entraría aquí a aplicarse el artículo 5 de la LOPD, en cuanto al derecho de información que tiene el interesado, ni tampoco el artículo 6 de ese mismo texto legal, en lo referente al consentimiento del afectado. En tal sentido se pronuncia el artículo 11 LOPD:

«El consentimiento exigido en el apartado anterior no será preciso:
a. Cuando la cesión está autorizada en una ley».

Estos datos de los titulares de los inmuebles, de carácter personal, sólo deben estar a disposición de los órganos rectores de la Comunidad, esto es: Presidente, Secretario y Administrador, en su caso, y únicamente se podrán utilizar para realizar las notificaciones y citaciones que prevé la LPH. Por ello, cualquier utilización de los datos personales que se realizase con otra finalidad de la prevista por la LPH infringiría lo dispuesto en la LOPD y podría ser objeto de sanción.

Los datos de carácter personal de los copropietarios que quedan a disposición del Administrador se gestionan mediante ficheros, generalmente en soporte informático, aunque también pueden estar en soporte físico (papel). Estos ficheros, tanto en un tipo de soporte como en otro, son objeto de protección de la LOPD y el responsable del fichero, que en este caso es el Administrador o el Presidente, deberán adoptar cuantas medicas de índole técnica y organizativas sean precisas para garantizar la seguridad de estos datos y evitar su pérdida, tratamiento o acceso no autorizado, tal y como dispone el artículo 9.1° LOPD.

El art. 10 LOPD establece que

> *«El responsable del fichero y quienes intervengan en cualquier fase del tratamiento de los datos de carácter personal estén obligados al secreto profesional respecto de los mismos y al deber de guardarlos, obligaciones que subsistirán aun después de finalizar sus relaciones con el titular del fichero o, en su caso, con el responsable del mismo».*

El art. 26 LOPD dispone, en su primer apartado que: *«Toda persona o entidad que proceda a la creación de ficheros de datos de carácter personal lo notificará previamente a la Agencia Española de Protección de Datos»*. El propio art. 26 LOPD prevé que *«Deberán comunicarse a la Agencia Española de Protección de Datos los cambios que se produzcan en la finalidad del fichero automatizado, en su responsable y en la dirección de su ubicación.»*.

Finalmente, en el supuesto de que el Administrador finalice su relación contractual con la comunidad de copropietarios, deberá ceder los datos de carácter personal de éstos al Presidente de la Comunidad o al nuevo Administrador, si hubiera sido nombrado por ésta, cumpliendo con el deber de comunicación de cesión de datos a los interesados, previsto en el art. 27 LOPD.

Cuestiones útiles

57. ¿Qué obligaciones tiene un Administrador con respecto a los datos y ficheros que tenga de una comunidad de propietarios?

La Ley Orgánica de Protección de Datos (LO 15/1999) establece en sus arts. 26 y siguientes la obligatoriedad de registrar los ficheros de las comunidades de propietarios que gestione un Administrador, así como redactar e implementar un documento de seguridad para cada comunidad que se gestione. En esta materia, además de lo dispuesto en la LOPD, hay que tener presente el Real Decreto 1720/2007, de 21 de diciembre, por el que se aprueba el Reglamento de desarrollo de la Ley Orgánica 15/1999, de 13 de diciembre, de protección de datos de carácter personal.

58. ¿Qué incidencia tiene el Reglamento de Protección de Datos de carácter personal en el desempeño de la profesión de Administrador de fincas?

El Real Decreto 1720/2007, de 21 de diciembre, por el que se aprueba el Reglamento de desarrollo de la Ley Orgánica 15/1999, de 13 de diciembre, de protección de datos de carácter personal, tiene una notable incidencia en cuanto al desempeño de la profesión de Administrador de Fincas. Este texto legal regula, dentro del ámbito de aplicación de esta norma, los datos de carácter personal registrados en soporte físico, bien sea en soporte electrónico o en cualquier otro formato, y afecta a todas aquellas bases de datos, aplicaciones informáticas o ficheros que contengan datos personales de personas físicas o jurídicas (nombres, direcciones, teléfonos, números de cuenta bancaria, etc.).

El Administrador de Fincas, como profesional que trabaja con datos personales de las comunidades de propietarios y de los vecinos de estos inmuebles, debe cumplir con las exigencias de la LOPD y del RD 1720/2007, puesto que esta ley le afecta como profesional y también como órgano de gobierno de la propia comunidad que administre.

El Administrador deberá informar a sus clientes de los datos personales que tenga en su poder o los datos que solicite de ellos para desempeñar su labor de administración de la comunidad. También informará del tratamiento que vaya a dar a esos datos personales, especificando que nadie podrá hacer uso de los datos que tenga en su poder sin el consentimiento expreso de los interesados. Asimismo, el Administrador deberá comunicar a la Agencia Española de Protección de Datos la posesión de estos ficheros (lo cual no quiere decir que tengan que enviarse éstos a dicho organismo) y, además, deberán tener un sistema de seguridad para garantizar la protección frente al acceso de terceros: contraseña en los ordenadores, cajas fuertes, armarios con llave, etc.

3.6. Responsabilidades del administrador

3.6.1. Responsabilidad Civil del Administrador

Si tomamos como base de la relación contractual que vincula a la comunidad de vecinos con el Administrador, la figura del mandato retribuido (arts. 1709 y ss. Código Civil), el Administrador, como mandatario será responsable «*...no solamente del dolo, sino también de la culpa, que deberá estimarse con más o menos rigor por los Tribunales según que el mandato haya sido o no retribuido*» (art. 1726 CC). Es decir, el Administrador, dentro del ejercicio de su cargo, asume una responsabilidad de carácter contractual frente a la Comunidad de copropietarios, tanto por los perjuicios ocasionados a sabiendas (acciones u omisiones dolosas) como por la simple negligencia (acciones u omisiones culposas). Dicha responsabilidad es exigible en los términos previstos en los arts. 1709 y siguientes del Código Civil, que regulan el mandato y los arts. 1098 y siguientes del mismo texto legal, donde se regula el régimen de las obligaciones.

El Código Civil regula también la responsabilidad extracontractual en el artículo 1902, la cual únicamente sería exigible al Administrador por aquellas acciones u omisiones que pudiera llevar a cabo fuera de la figura jurídica del mandato, esto es, fuera de sus obligaciones contractuales con la Comunidad de copropietarios.

El hecho de que el Administrador ostente una cualificación profesional suficiente (artículo 13.6 LPH), añade un plus a la diligencia de un buen padre de familia que, con carácter general, se presume de todo mandatario (art. 1719 CC). En este sentido resulta interesante, entre otras, la **SAP de Girona de 27-5-2005** *(Tol 680490)*, en relación con la STS de 28-10-2004 *(Tol 514248)*, *«...el mandatario está obligado a realizar la actividad, objeto del mandato, diligentemente y en interés del mandante: es el llamado deber de fidelidad. La extensión de la actividad que realiza el mandatario deriva de tal deber de fidelidad, que constituye el factor jurídico personal de la relación de mandato y que tiene su fundamentación legal en el artículo 1719 del Código civil y que constituye asimismo la exigibilidad de la buena fe, cuya base legal es el artículo 1258 del mismo cuerpo legal...»*.

Finalmente debemos plantearnos la posible responsabilidad del Administrador frente a terceros. Llegados aquí hay que puntualizar que si el administrador cumple fielmente todas sus obligaciones, según lo dispuesto en los arts. 1727.1 y 1731 CC, y pese a ello se produjera un daño o perjuicio, la comunidad quedará directamente obligada. Si, por el contrario, el Administrador actuase negligente o dolosamente y, como consecuencia de su actuación, se ocasionase un perjuicio a terceros, la responsabilidad frente a éstos recaería directamente en la Comunidad (art. 10.1º LPH), lo cual no sería óbice para que la Junta de Propietarios pudiera reclamar esta responsabilidad al Administrador doloso o negligente.

Jurisprudencia relevante

Así se expresa, entre otras, la **STS de 14-5-1993** *(Tol 179232)*

> *«...el motivo quinto, al amparo del art. 1692.5º LEC, acusa infracción de la doctrina jurisprudencial del litisconsorcio pasivo necesario en relación con el art. 18 de la Ley sobre Propiedad Horizontal de 21 de julio de 1960 y art. 24 de la Constitución. Se defiende en su justificación la tesis de que la Comunidad de Propietarios no es responsable de la rotura de la tubería de conducción del agua, causa de la inundación del local de la actora-recurrida sino su Administrador, por ser éste quién ha de velar por la conservación y entretenimiento de los elementos comunes. Si no es traído a este pleito, podría la Comunidad repercutir contra él la cantidad a que ha sido condenada por negligencia sin que pudiese ya discutir su actuación.*
>
> *El motivo se desestima, porque el art. 1908-1º del Código civil, aplicable por analogía, hace responsable de daños al propietario. Es una responsabilidad directa la que se establece a cargo del mismo, y, en consecuencia, no ha de traerse a nadie al proceso en el que se ventila esa responsabilidad, bajo el pretexto de que era el encargado de la conservación y vigilancia del objeto causante del daño. Fuese quien fuese, es la cualidad de propietario la que obliga a responder.»*.

Lo expuesto anteriormente es muy distinto al supuesto que se puede plantear cuando el Administrador se extralimita en su actuación frente a terceros, puesto que aquí el Administrador podría traspasar los límites del contrato de mandato (art. 1714 CC). En este caso, el Administrador podría resultar responsable en nombre propio y sólo respondería la comunidad si esta ratificase expresa o tácitamente la conducta del Administrador (art. 1727 CC). Ahora bien, si a pesar de la conducta del Administrador, el resultado de su actuación fuera en términos más beneficiosos para la misma, no podría hablarse, en puridad, de extralimitación puesto que en este caso *«no se consideran traspasados los límites del mandato»* (art. 1715 CC), y sería la Comunidad quien resultase obligada por los actos del Administrador.

Consideramos de interés la lectura de la **SAP de Pontevedra de 30-7-2009** *(Tol 1630944)*, dado que analiza la responsabilidad de un Administrador por incumplimiento de funciones, así como porque la Audiencia considera que el contrato que lo unía a la comunidad era de servicio, reabriendo la antigua discusión doctrinal respecto a la aplicación contractual que une la figura del Administrador con la comunidad, si el arrendamiento de servicios o el mandato:

> *«...no hay duda que entre las partes había un contrato de arrendamiento de servicios, regulado en el art. 1.544 CC, en el sentido de que el demandado se obligó a prestar sus servicios como administrador de la Comunidad de Propietarios demandante a cambio de precio. Por lo que la acción de responsabilidad contractual ejercitada, basada en los art. 1.101 y 1.104 CC, exige que los daños y perjuicios que se reclamen estén probados y que, además, sean derivados del incumplimiento, aunque cabe establecerlos por presunciones si el enlace es lógico (STS 17 de septiembre 1987, 22 de julio 1995 y 1 de abril 1996)...»*

Añadiendo esta misma sentencia que

> *«...debemos recordar que en la relación contractual que liga al Administrador, con la Comunidad de Propietarios, su deber primario deberá consistir en llevar a cabo la gestión encomendada, esto es, prestar los servicios o realizar las operaciones que se le han encargado; ahora bien, si se produce, por su parte, algún tipo de infracción en el acometimiento de sus obligaciones por cumplimiento defectuoso o incorrecto, se puede hablar de una responsabilidad dimanante de una actuación inadecuada e impropia en orden a la ejecución de lo encomendado, lo que haría merecedor al agente del reproche culpabilístico que del mismo se deriva, generándose una responsabilidad por daños, emanada de la probada realidad de unos determinados perjuicios. En consecuencia, aplicando la doctrina expuesta al caso enjuiciado, la cuestión a resolver está en resolver si de la actuación del Administrador se ha derivado perjuicio a la Comunidad y si aquel no actuó en el ejercicio de su cometido con la diligencia que requiere las circunstancias del caso, extremos que, a juicio de la Sala, han quedado acreditados. En efecto, aparece incuestionado que el demandado en su condición de administrador estaba encargado de todos los tramites contables y de gestión de la Comunidad de propietarios, también se ha acreditado que recibido por la esposa del presidente de la Comunidad el burofax en el mes de julio 2004, el mismo es puesto en conocimiento del Sr. Julián, que éste se comprometió y se encargó de solventar la cuestión, trasciendo tranquilidad a los miembros de la Junta de Gobierno a quienes indico que se pondría en contacto con personal de la compañía Cepsa. No obstante los compromisos anteriores, no consta que realizase gestión alguna (no se acredita una efectiva puesta en contacto con Cepsa, no insta al presidente para la convocatoria de una reunión a los efectos de rendir cuentas y recabar la necesaria derrama extraordinaria, etc.) por lo que es su absoluta pasividad y no la de la Comunidad de Propietarios, como tal, la que merece reproche culpabilístico al no llevar a cabo gestión alguna y no informar a los comuneros de la verdadera situación contable por la que atravesaba la comunidad y las causas productoras de ello; omisión, de la que se deriva, en una clara relación de causalidad con el perjuicio irrogado*

a la comunidad en el sentido del abono de intereses y costas que hubo de pagar. Por todo ello y no cuestionándose la cuantía reclamada es porque lo se impone la desestimación del recurso de apelación y se admite la impugnación a la sentencia, pues en el caso están acreditados los requisitos previstos legalmente en orden a la reparación del daño causado...»

3.6.2. Responsabilidad Penal del Administrador

Los ilícitos penales en que puede incurrir un Administrador en el ejercicio de su cargo, vienen tipificados en los artículos 252 y 623.4º del Código Penal. Se trataría del delito o la falta de apropiación indebida *cuando el Administrador se apropiase de dinero, valores, efectos o cualquier otra cosas mueble que hubiera recibido en depósito o administración de la comunidad.*

Otro ilícito penal en el que podría incurrir un Administrador en el ejercicio de su cargo es el delito o falta de estafa (arts. 248 a 251 y 623 CP).

No hay que olvidar que, si del ejercicio de su cargo se derivase cualquier conducta que resultase tipificada como delito o falta, responderá personalmente el Administrador. Aquí cobra especial relevancia la actuación del Administrador en aquellas comunidades de propietarios que tienen contratado personal a su servicio. En este punto merece destacarse que el vigente Código Penal dedica su Título XV (arts. 311 y siguientes) a los delitos contra los derechos de los trabajadores, donde cobra especial relevancia el artículo 316 que establece que *«los que con infracción de las normas de prevención de riesgos laborales y estando legalmente obligados, no faciliten los medios necesarios para que los trabajadores desempeñen su actividad con las medidas de seguridad e higiene adecuadas, de forma que pongan así en peligro grave su vida, salud o integridad física, serán castigados con las penas de prisión de seis meses a tres años y multa de seis a doce meses».*

Cuestiones útiles

59. ¿Puede un propietario resultar obligado a aceptar el cargo de administrador?

A diferencia de lo que preceptúa el art. 13.2 de la LPH respecto a la obligación de aceptar el cargo de presidente, ningún propietario puede ser obligado a desempeñar esta función.

60. ¿Qué tipo de contrato es el que une al Administrador con la Comunidad de Propietarios?

Aunque existe discusión doctrinal sobre si considerar dicho contrato como un mandato o un arrendamiento de servicios, la mayoría de la doctrina entiende que es un mandato, en base al criterio de la sustituibilidad.

En los arrendamientos de servicios, quien contrata el servicio no lo puede realizar por sí mismo, es algo que no pertenece a la esfera de su propia actividad.
En el contrato de mandato, el mandante puede realizar la gestión, pero decide encomendarla a otra persona. Este es el caso del administrador. Según el artículo 1709 CC: *«Por el contrato de mandato se obliga una persona a prestar algún servicio o hacer alguna cosa, por cuenta o encargo de otra»*.
La contratación del administrador necesariamente habrá de pasar por el nombramiento mayoritario de la Junta. Al respecto es muy interesante la SAP de Zaragoza de 23 de mayo de 2000 permitiendo la revocación del Administrador, sin indemnización, al haber sido nombrado por la promotora con carácter previo a la constitución de la Comunidad.

61. ¿Puede una persona que no es propietaria actuar como Administrador sin poseer el título oficial correspondiente?

No puede actuar como administrador una persona que no es propietaria actuar como Administrador sin poseer el título oficial correspondiente y en este sentido se pronuncia la sentencia de 23 de junio de 1997 del Juzgado de lo Penal nº 3 de Zaragoza. Sería un caso de intrusismo profesional tipificado en el artículo 403 del Código Penal consistente en el desempeño de actos propios de una profesión para la que se exige un título oficial que acredite la capacitación necesaria y habilite legalmente para su ejercicio.
Esta sentencia fue recurrida ante la Sección Primera de la Audiencia Provincial de Zaragoza y la sentencia que resolvió el recurso se pronunció en los siguientes términos:
«...cuando una profesión legalmente reconocida requiere una titulación para habilitar para una determinada actividad, como la de administración de fincas, no pueden los particulares crear otras profesiones al margen de la regulación legal, equiparables a las que precisen un título oficial, porque es competencia exclusiva del Estado... En el apartado 2º del artículo 403 del Código Penal, se hace alusión a la exigencia de título oficial que acredita la capacitación necesaria y habilita legalmente para su ejercicio. La doctrina entiende que esta segunda modalidad de intrusismo, partiendo de la misma actividad profesional que recoge el apartado 1º, contempla aquellos supuestos en los que, aún contando con el correspondiente título académico, es preciso, además, disponer de un título oficial que expresa la capacitación específica para aquella tarea».
Sobre la necesidad de titulación se pronuncia la **STS 14-10-2002** *(Tol 225495) «La* —condición no ajena a la Comunidad— *del administrador removido de su cargo, valorada por el tribunal de apelación para declarar nulo el acuerdo impugnado, avala más bien la decisión contraria, pues por más que aquél hubiera sido presidente de la comunidad de propietarios durante varios años antes, resulta que no era propietario ni tenía título ni habilitación alguna de administrador de fincas, de suerte que el pronunciamiento de la sentencia impugnada supondría restablecer una situación ilegal»*.

62. En el supuesto de que alguien actúe como administrador sin dicho título, ¿es necesario que se produzca un daño para considerarlo un delito?

No es necesario que se produzca un daño porque se trata de un delito de peligro de actividad, que se consuma con el ejercicio de actos propios de la profesión sin poseer el título correspondiente, con independencia del resultado de la acción.

63. ¿Pueden administrase fincas con un título distinto al de Administrador de fincas?

Al respecto es interesante citar la **SAP de Madrid de 5-5-99**, condenando a una persona como responsable criminalmente de un delito de intrusismo. Dicha sentencia, entre otros extremos, establecía que los únicos títulos profesionales relacionados con el sector inmobiliario son los relativos a las profesiones de Agentes de la Propiedad Inmobiliaria y Administradores de Fincas, añadiendo que la mera posesión de una titulación, o la pertenencia a asociaciones distintas de los Colegios Oficiales de Agentes de la Propiedad inmobiliaria y Administradores de Fincas, no habilitan legalmente para el ejercicio de la intermediación en la compra o arrendamiento de inmuebles, ni tampoco para la administración profesional de fincas de terceros, por ser esta función exclusiva del Administrador de fincas.

64. ¿Es obligatorio estar colegiado para Administrar fincas?

Sí. En este sentido se pronunciaron tanto la **STC de 14-3-94** *(Tol 82482)* como la **STS de 1-12-98**. En esta última sentencia el TS considera insuficiente el pertenecer a un Colegio de Abogados para administrar fincas, exigiendo para ello estar incorporado al Colegio de Administradores de Fincas que corresponda, en base al D. 693/1968 por el que se creó el Colegio Nacional, disposición modificada por el RD 393/77.

La **STC de 14-3-94** *(Tol 82482)* estableció que *«La Ley de Colegios Profesionales, su marco único, permite la exigencia de titulación para el ejercicio de cada actividad (además de otras "condiciones"), cuya posesión hace automático el ingreso o admisión y configura como requisito indispensable para el ejercicio de las profesiones colegiadas la incorporación al Colegio en cuyo ámbito territorial se pretenda ejercerla (art. 3.1 y 2 LCP). A su vez el Derecho comunitario europeo, ha asumido este mismo criterio y en la Directiva 67/43/CEE (LCEur 1967/1), para la efectividad de la libertad de establecimiento y de la libre prestación de servicios en las actividades no asalariadas del sector de los negocios inmobiliarios, insiste en que el ejercicio de la profesión de Administradores de fincas requiere la incorporación al Colegio en cuyo ámbito pretenda ejercerse. Así lo ratifica el Real Decreto 1464/1988, de 2 diciembre (RCL 1988/2435), que desarrolla la antedicha Ley marco europea (...) el ejercicio de la actividad de Administrador de fincas sin haber obtenido el ingreso en el Colegio correspondiente resulta así circunstancia suficiente por sí misma para considerarlo incurso en el tipo configurado en el art. 572 CP».*

65. ¿Puede un propietario que no dispone de título administrar su finca?

Sí, aunque pueda resultar un tanto incongruente.

Acertadamente, a nuestro juicio, alguna voz doctrinal ha manifestado lo paradójico que puede resultar exigir una cualificación profesional para ejercer las funciones de Administración, salvo si se es propietario. Al respecto, el artículo 13.6 párrafo segundo de la Ley establece que el cargo de Administrador y, en su caso, de Secretario-Administrador podrá ser ejercido por cualquier propietario.

66. ¿Puede el administrador delegar la asistencia a Juntas y la firma de actas en un ayudante debidamente autorizado?

Si consideramos que la relación que une al administrador con la comunidad es un mandato, podemos aceptar que pueda asistir a las juntas un ayudante, debidamente autorizado, e incluso pueda firmar las actas, ya que el artículo 1.721 CC, respecto al mandato, establece que el mandatario puede nombrar sustituto, si el mandante no se lo ha prohibido.

67. ¿Puede el promotor nombrar Administrador con carácter previo a la entrega de los pisos?

No, no puede hacerlo. El artículo 14 de la LPH dispone que corresponde a la Junta de Propietarios el nombramiento de los cargos a los que se refiere el artículo 13, entre ellos, el de Administrador. Por tanto es una facultad exclusiva de la Junta.

Cuando se celebre la primera Junta de la comunidad habrá de elegirse administrador, o decidir la provisión de dicho cargo de acuerdo con el art. 13.5 LPH, realizando una selección y un posterior nombramiento que ha de devenir del acuerdo de la Junta por decisión mayoritaria.

68. Si una Comunidad hace público que el anterior Administrador realizó una mala gestión de la misma, ¿podría entenderse que se está lesionando su honor?

La **STC de 11-10-99** *(Tol 81221)*, se pronunció al respecto y estableció que *«El "honor", como objeto del derecho consagrado en el art. 18.1 CE, es un concepto jurídico normativo cuya precisión depende de las normas, valores e ideas sociales vigentes en cada momento, de ahí que los órganos judiciales dispongan de un cierto margen de apreciación a la hora de concretar en cada caso qué deba tenerse por lesivo del derecho fundamental que lo protege.*

(...) el carácter molesto o hiriente de una opinión o una información, o la crítica evaluación de la conducta personal o profesional de una persona o el juicio sobre su idoneidad profesional no constituyen de suyo una ilegítima intromisión en su derecho al honor, siempre, claro está, que lo dicho, escrito o divulgado no sean expresiones o mensajes insultantes, insidias infamantes o vejaciones que provoquen objetivamente el descrédito de la persona a quien se refieran...

(...) Dado que el derecho al honor posee un objeto determinado (el "honor"), y no se reduce a un simple derecho de reacción frente al incumplimiento de una prohibición constitucional de revelar o divulgar información sobre alguien, no se lesiona por el simple hecho de que un tercero, sea un particular o el Estado, realice determinadas conductas como las que consisten, justamente, en divulgar información u opinar sobre esa persona. Es más, esa conducta puede ser ilícita (caso de consistir en una publicidad comercial prohibida o una forma de competencia desleal) o no estar protegida por el art. 20.1 CE (por ejemplo, la divulgación de meros rumores o invenciones), y, sin embargo, no lesionar el derecho al honor ajeno porque simplemente no han mancillado su "honor" en los términos en los que éste viene definido constitucionalmente.

(...) Dentro de lo que constitucionalmente debe tenerse por "honor" de la persona, tan íntimamente ligado a su dignidad individual (art. 10.1 CE), este Tribunal ha incluido también, ciertamente, el denominado prestigio profesional; pero no con el alcance que ha querido darle a nuestra jurisprudencia el recurrente del presente amparo.

(...) la actividad profesional suele ser una de las formas más destacadas de manifestación externa de la personalidad y de la relación del individuo con el resto de la colectividad, de forma que la descalificación injuriosa o innecesaria de ese comportamiento tiene un especial e intenso efecto sobre dicha relación y sobre lo que los demás puedan pensar de una persona, repercutiendo tanto en los resultados patrimoniales de su actividad como en la imagen personal que de ella se tenga (...) Sin embargo, no toda crítica o información sobre la actividad laboral o profesional de un individuo constituye una afrenta a su honor personal. La simple crítica a la pericia profesional en el desempeño de una actividad no debe confundirse sin más con un atentado al honor (STC 40/1992, fundamento jurídico 3°); sin perjuicio de que esa crítica, o la difusión de hechos directamente relacionados con el desarrollo o ejercicio de una actividad profesional, pueda lesionar el derecho al honor cuando exceda de la libre evaluación y calificación de una labor profesional ajena, para encubrir, con arreglo a su naturaleza, características y forma, una descalificación de la persona misma (SSTC 223/1992, fundamento jurídico 3°; 46/1998, fundamento jurídico 4°), lo que, en modo alguno debe confundirse con el daño patrimonial que pueda ocasionar la censura de la actividad profesional. En suma, el no ser en la consideración de un tercero un buen profesional o el idóneo para realizar determinada actividad no siempre es un ataque contra el honor del así considerado.

(...) El derecho al honor personal prohíbe que nadie se refiera a una persona de forma insultante o injuriosa, o atentando injustificadamente contra su reputación haciéndola desmerecer ante la opinión ajena (...) Pero, por eso mismo, también la hace susceptible de ser sometida a la crítica y evaluación ajenas, únicas formas, en ocasiones, de calibrar la valía de esa actividad, sin que tal cosa suponga el enjuiciamiento de la persona que la desempeña y, en consecuencia, de su honorabilidad (AATC 544/1989 y 321/1993). La

protección del art. 18.1 CE sólo alcanzaría a aquellas críticas que, pese a estar formalmente dirigidas a la actividad profesional de un individuo, constituyen en el fondo una descalificación personal, al repercutir directamente en su consideración y dignidad individuales, poseyendo un especial relieve aquellas infamias que pongan en duda o menosprecien su probidad o su ética en el desempeño de aquella actividad; lo que, obviamente, dependerá de las circunstancias del caso, de quién, cómo, cuándo y de qué forma se ha cuestionado la valía profesional del ofendido».

69. ¿El Administrador debe devolver la documentación que obre en su poder una vez cesado o removido en el cargo?

Sobre la obligación de devolución documentación una vez cesado se pronuncia la **SAP de Alicante de 6-10-2004** *(Tol 524426) «El demandado cesado en la Junta ya mencionada, tenía obligación de devolver a la Comunidad esa documentación, pues como indica la norma citada debe conservarla 'a disposición de los titulares', y no puede desconocer el administrador que los acuerdos de la Comunidad son ejecutivos, según dispone expresamente el artículo 18.4 de la Ley de Propiedad Horizontal, aún en el caso de que sean impugnados salvo que el Juzgado acuerde la suspensión cautelar. El Administrador es un profesional encargado por la Comunidad de determinadas prestaciones, conforme establece el ya citado artículo 20, pero no es titular de ninguna documentación de la finca, y en consecuencia, cuando es destituido de su cargo, debe entregar toda la que obra en su poder tanto la general como la particular, entre la que se incluyen los datos de los propietarios y la domiciliación bancaria».*

70. En materia de responsabilidad por daños ¿a quién corresponde la carga de la prueba?

Sobre tal extremo, se pronuncia la **SAP de Zaragoza de 8-2-2007** *(Tol 1066628):*

«...TERCERO.– Otra cabe decir, por el contrario, del segundo de los motivos de apelación, que lo que en realidad discute es la aplicabilidad de dicha doctrina de la inversión de la carga de la prueba al presente caso, y sostiene que era al actor al que correspondía acreditar las razones del incendio, y que al no hacerlo debió ver rechazada su demanda. Es doctrina jurisprudencial sentada que incumbe acreditar el cómo y por qué se produjo el daño a quien pretende su resarcimiento, pues la inversión de la carga de la prueba a la que se ha dado entrada por la tendencia objetivadora de la responsabilidad civil extracontractual no alcanza a tales extremos (SSTS de 3-5-1995, 5-12-1994 y 14-2-1994)», y asimismo, la más moderna doctrina jurisprudencial viene señalando que la responsabilidad por riesgo sólo puede ser título de reclamación cuando se desarrolla una actividad que lo produce, o cuando el designio de una actividad económica instaura o crea una actividad tendente a una finalidad de agiotaje o especulación con todo el aparato de intendencia correspondiente (STS nº 677/1994, nº 688/2001, STS nº 69/2003),

nada de lo cual es de apreciar en el presente supuesto, en que de lo actuado resulta que se trata del garaje de una comunidad de propietarios en el que se produce un incendio por causas desconocidas en el que resulta dañado uno de los vehículos estacionados en él con carácter habitual».

71. ¿Responde el Administrador por el mal estado de los elementos comunes?

La posible responsabilidad del Administrador por daños causados por el mal estado en los elementos comunes vendrá determinada por la negligencia causada por su no actuación si tenía conocimiento del deterioro de los mismos.

En este sentido y sobre la falta de responsabilidad de un Administrador sobre daños producidos por elementos comunes, cuyo deterioro no era perceptible se pronuncia la **STS 5-11-2001** *(Tol 147619) «...el segundo motivo (artículo 1.692-4° de la Ley de Enjuiciamiento Civil citada) denuncia la inaplicación a la 'conducta omisiva del Sr. administrador de la finca siniestrada' de los artículos 1902 y 1796 del Código civil 'que consistió en la dejación de su deber de cuidado respecto a los elementos comunes de la finca'. Mas faltan los elementos fácticos precisos para imputar culpa al administrador. En este sentido la sentencia, objeto de recurso, se remite en su fundamento primero, tras una revisión de la prueba practicada, a lo ya establecido por la sentencia de primera instancia: 'no existen en autos datos o elementos que avalen la tesis de una conducta negligente o descuidada por parte del administrador en la obligación de conservación y vigilancia de los elementos comunes. Así, no consta que en momento alguno en junta de propietarios o por algún vecino se manifestara al administrador alguna queja sobre el estado de las cañerías, averías anteriores que hubieran de ponerle sobre alerta, ni tampoco que se aprobara en junta la necesidad de revisar el estado de las acometidas; y siendo así que su actuación tras la producción del siniestro estuvo provista de la debida diligencia, pues avisó inmediatamente a los servicios de reparación (así lo admite el presidente de la comunidad en acto de confesión a preguntas de la actora), los cuales acudieron en el acto, no puede decirse que incurriera en actuación negligente alguna, habida cuenta, por otra parte, que la rotura se produjo en un tramo de la cañería que no estaba a la vista'. Por ende el motivo decae...».*

72. Un Administrador de Fincas no es ratificado en su cargo en la junta de propietarios. ¿Puede abandonar la junta en ese momento o sigue realizando las funciones de Secretario hasta el final de la reunión? ¿Está obligado a redactar la totalidad del acta?

Si, como ocurre en la mayoría de comunidades de propietarios, no existe persona distinta al Administrador que desempeñe el cargo de Secretario dentro de la junta de propietarios, el Administrador estará obligado a redactar y firmar el acta completa de la reunión en la que se produce su cese. Debemos entender que, salvo que exista un nombramiento independiente de Secretario (art. 13.6° LPH) el Administrador asume las funciones propias del Secretario, entre las que se encuentra la de tomar nota de los acuerdos tomados durante la junta de propietarios y del resultado de las votaciones, extendiendo el acta correspondiente, en la que deberá reflejar fielmente lo acontecido en la junta, y firmándola, junto con el Presidente, al terminar la reunión o dentro de los diez días siguientes a su celebración (art. 19 LPH).

73. ¿Existe obligación por parte del Administrador de rendir cuentas a la comunidad de propietarios?

La relación jurídica que vincula al Administrador con la comunidad de propietarios se basa en el contrato de mandato, regulado en los arts. 1709 y siguientes del Código Civil. La rendición de cuentas es la operación que está obligada a realizar toda persona que desempeñe la función de administrar bienes ajenos. Esta operación consiste en la exposición del estado del patrimonio administrado y las gestiones realizadas para su conservación, con indicación de lo que ha realizado en el desempeño de su cometido, de todos los ingresos y gastos habidos, así como de aquellas obligaciones que se hayan asumido frente a terceros y de las que éstos asumiesen frente al administrador o el propio mandante. El art. 1720 CC dispone que *«todo mandatario está obligado a dar cuenta de sus operaciones»*. La jurisprudencia añade que la obligación de rendir cuentas es inherente al contrato de mandato [STS de 8-10-1986 *(Tol 1735823)*], debiendo el mandatario rendir cuentas detalladas y justificadas, expresando los ingresos y los gastos, basándose en documentos y comprobantes (SSTS de 25-5-1950, 22-1-1957, 8-2-1960, 26-5-1966 y 24-5-1975). En este punto resulta muy interesante la STS de 25-1-2008 *(Tol 1245332)* cuando, refiriéndose a la obligación contenida en el art. 1720 CC, afirma que «...*la doctrina que se refiere a dicha norma como un precepto que obliga a todo mandatario a 'dar cuenta de sus operaciones y a abonar al mandante cuanto haya recibido en virtud del mandato, aún cuando lo recibido no se debiera al poderdante'. El deber impuesto al mandatario es un deber fundado en principios de moralidad y justicia, que no encuentra dispensa ni siquiera por el mero hecho de la existencia de relaciones familiares entre mandante y mandatario, como es el caso, ni aún cuando hubiera convivencia entre ellos (en este sentido, Sentencias de 18 de marzo de 1953, 28 de octubre de 1969 y 13 de abril de 1995) y que, por tanto, sólo excepcionalmente puede desaparecer para el mandatario si media pacto expreso que le libere expresamente de su cumplimiento. Este criterio es mantenido por la jurisprudencia, entre otras muchas, en la de 26 de enero de 2004 que afirma que su "sanción sólo cede si se pacta 'ad hoc' esa no obligación de dar cuenta" y del mismo se hace eco la propia sentencia recurrida, al razonar en el fundamento Primero que la obligación de rendir cuentas es inherente a 'todo tipo de operaciones verificadas al amparo de un apoderamiento', principio general que 'sólo quiebra en determinados supuestos en los que, de forma clara, se exime al mandatario, renunciando el mandante a esa rendición'*».

Hechas estas consideraciones en cuanto a la figura genérica del mandatario, debemos acudir al art. 20 LPH que enumera, entre las funciones propias del Administrador, la de *«preparar con la debida antelación y someter a la Junta el plan de gastos previsibles, proponiendo los medios necesarios para hacer frente a los mismos.»* Conforme a este artículo, el Administrador debe elaborar y someter a la Junta el presupuesto anual de gastos y las previsiones de ingresos, es decir, el estado general de cuentas de la comunidad. Igualmente es función del Administrador, según el art. 20 LPH, *«efectuar los pagos y realizar los cobros que sean procedentes»*, por lo que acudiendo a la obligación general de rendición de cuentas que impone el art. 1720 CC al mandatario, el Administrador también deberá rendir cuentas de los pagos y cobros realizados durante el ejercicio presupuestario.

En cuanto a las posibles consecuencias jurídicas del incumplimiento de este deber de rendición de cuentas, existe una responsabilidad civil por el incumplimiento total de los deberes de gestión (art. 1718 CC) y una responsabilidad (también civil) por el cumplimiento defectuoso o incorrecto de las obligaciones propias del mandato, exigible a tenor de lo dispuesto en el art. 1726 CC: *«el mandatario es responsable, no solamente del dolo, sino también de la culpa, que deberá estimarse con más o menos rigor por los Tribunales según que el mandato haya sido o no retribuido»*.

74. ¿Es válida la representación en la junta de propietarios otorgada por uno o varios propietarios en favor del Administrador?

Analizando lo dispuesto en los arts. 1709 y siguientes del Código Civil, donde se encuentra recogida la figura del mandato, así como el artículo 15.1° LPH que dispone que *«la asistencia a la Junta de propietarios será personal o por representación legal o voluntaria, bastando para acreditar ésta un escrito firmado por el propietario»*, entendemos que no existe impedimento legal alguno para que uno o varios propietarios puedan ser representados por el Administrador en la junta de propietarios, siempre y cuando estos propietarios cumplan con los requisitos de estar al corriente de cuotas (art. 15.2° LPH) y el representante presente la pertinente autorización por escrito de su representado (art. 15.1° LPH).

75. ¿Quién tiene la competencia para nombrar y cesar al Administrador?

La **STS de 4-2-2008** *(Tol 1256792)* resulta muy clarificadora en esta cuestión cuando afirma que *«...como señala destacada doctrina científica conforme a las previsiones legales, aceptada por esta Sala, la Junta de Propietarios es el órgano superior, que decide todas las cuestiones comunitarias y goza plenamente de las facultades para las actuaciones en el inmueble y, de hecho, nadie puede suplir sus competencias; la aprobación de cuentas, los presupuestos ordinarios y extraordinarios, las normas de funcionamiento, la autorización de obras, el nombramiento y cese de cargos y, en definitiva, cualquier decisión pasa por el previo acuerdo de la Junta; no es posible su*

sustitución por otros órganos intermedios, por lo que sería nulo un Estatuto que determinara la no existencia o cualquier disminución de sus prerrogativas, ya que estamos ante conceptos de carácter imperativo y fuera de la autonomía de la voluntad.
A estos efectos, sólo se necesitará el acuerdo de la mayoría de los asistentes, tanto para los cargos denominados 'directivos' (presidente, vicepresidente, vocales, etc.), como para los dedicados a funciones 'administrativas' (secretario y administrador); de modo que el único sistema de nombramiento y cese es la decisión de la Junta de Propietarios, y cualquier designación o remoción por cualquier otra fórmula estaría sujeta a nulidad, incluso aunque hubiera una previsión estatutaria...».

4. EL SECRETARIO

4.1. Naturaleza jurídica

Al igual que el Administrador, tiene naturaleza contractual, bastando el acuerdo de la mayoría para su nombramiento y podría también no pertenecer a la comunidad de propietarios y recaer o no el cargo en la persona del Presidente.

4.2. Características

Este cargo puede recaer en la figura del Presidente o del Administrador. No tiene carácter obligatorio, y puede no ser un copropietario.

Puede ser Secretario:

- Cualquier Propietario.
- Una persona ajena a la Comunidad. «*Cualquier propietario, así como persona física con cualificación profesional suficiente y legalmente reconocida para ejercer dichas funciones...*» según recoge el art. 13.6 LPH. En este caso, se suele sumar la función de Secretario a la de Administrador de Fincas Colegiado, aunque cualquier propietario pueda ser, igualmente, Secretario-Administrador, según recoge el artículo referido.

4.3. Nombramiento y cese

4.3.1. Nombramiento

El cargo de Administrador y, en su caso, el de Secretario-Administrador podrá ser ejercido por cualquier propietario, así como por personas físicas con cualificación profesional suficiente y legalmente reconocida para ejercer dichas funciones. También podrá recaer en personas jurídicas, corporaciones u organizaciones profesionales en los términos establecidos en el ordenamiento jurídico.

Para su nombramiento bastará el acuerdo mayoritario de la Junta.

4.3.2. Cese

El Secretario puede renunciar a su cargo, y puede ser destituido por acuerdo de la Junta al igual que ocurre con el Presidente, cumpliéndose los mismos requisitos legales.

4.4. Funciones

Las propias de su cargo, cuales son:

a) Citar a los propietarios cuando se decida la convocatoria a Junta.

b) Efectuar las notificaciones de los acuerdos, conforme al art. 9 LPH.

c) Custodiar la documentación de la Comunidad.

d) Levantar acta de las sesiones de la Junta.

e) Dar cuenta al Presidente de todo lo relativo a la Comunidad.

f) Expedir certificación de las actas.

g) Realizar certificaciones de los acuerdos adoptados en Junta a los propietarios que no hubieran acudido a la misma.

h) Expedir certificaciones de los acuerdos adoptados, o del contenido de los actos.

En relación con la conservación de la documentación, el art. 19.4 LPH establece que *«El Secretario custodiará los libros de actas de la Junta de propietarios. Asimismo deberá conservar, durante el plazo de cinco años, las convocatorias, comunicaciones, apoderamientos y demás documentos relevantes de las reuniones»*.

Formularios de interés

Modelo de convocatoria de Junta Anual Ordinaria. *(Tol 4563254)*

Modelo de nueva convocatoria de Junta Anual Ordinaria, no celebrada en las dos convocatorias anteriores... *(Tol 4563255)*

Modelo de convocatoria de Junta Anual Ordinaria, efectuada por parte de los copropietarios de la comunidad, en defecto del Presidente. *(Tol 4563256)*

Modelo de convocatoria de Junta General Extraordinaria. *(Tol 4563257)*

Modelo de convocatoria de una Junta Extraordinaria, efectuada por parte de los copropietarios de la comunidad, en defecto del Presidente. *(Tol 4563258)*
Modelo de carta dirigida al Presidente de la comunidad para incluir algún tema de interés general en el orden del día de la Junta. *(Tol 4575169)*
Modelo de autorización para ser representado en la Junta de copropietarios. *(Tol 4577016)*
Autorización usufructuario. *(Tol 4577017)*
Modelo de acta de Junta celebrada por la Comunidad de Propietarios. *(Tol 4562159)*
Subsanación de error o defecto en acta de la Junta de Propietarios (art. 19.3 LPH). *(Tol 4575092)*
Modelo de notificación fehaciente al propietario que no asiste a una Junta. *(Tol 4575154)*
Notificación en tablón de anuncios al propietarios ausente. *(Tol 4575155)*
Comunicación del propietario disidente ausente, para manifestar su disconformidad. *(Tol 4575156)*
Modelo por el que el propietario notificado manifiesta sus discrepancias por un determinado acuerdo contenido en el art. 17.1ª LPH. *(Tol 4575157)*
Comunicación al Administrador del propietario que advierte la necesidad de efectuar reparaciones urgentes. *(Tol 4575161)*
Notificación del Administrador al Presidente de reparación urgente. *(Tol 4575162)*
Comunicación del domicilio al Secretario a efectos de notificaciones. *(Tol 4575163)*
Comunicación al Secretario del cambio de domicilio del propietario en España. *(Tol 4575164)*
Modelo de comunicación de renuncia al cargo directivo que se ostenta. *(Tol 4575165)*
Contrato de mandato de gestión para la administración de una finca urbana sujeta al régimen de propiedad horizontal. *(Tol 4577018)*

Esquema del capítulo

JUNTA DE PROPIETARIOS:

- Órgano supremo de la comunidad.
- Compuesta por los propietarios.
- Le corresponde:
  - a) Nombrar y remover al resto de órganos de gobierno.
  - b) Aprobar el plan de gastos e ingresos previsibles y las cuentas correspondientes.
  - c) Aprobar los presupuestos y la ejecución de todas las obras de reparación de la finca, sean ordinarias o extraordinarias, y ser informada de las medidas urgentes adoptadas por el administrador.
  - d) Aprobar o reformar los estatutos y determinar las normas de régimen interior.
  - e) Conocer y decidir en los demás asuntos de interés general para la comunidad, acordando las medidas necesarias o convenientes para el mejor servicio común.
- Reuniones ordinarias y extraordinarias.
- Convocatoria: Debe expresar si es ordinaria o extraordinaria. Orden del día. Lugar, día y hora (en primera y segunda convocatoria). Relación de propietarios privados del derecho de voto (morosos).
- Citación: De acuerdo con el art. 9.1º h) LPH. Fehaciencia.

- ❑ Plazo citaciones: Ordinarias: 6 días de antelación. Extraordinarias: con la que sea posible para que llegue a conocimiento de todos los interesados.
- ❑ Documentación: Libro de actas y libro del edificio.
- ❑ Acuerdos: Tipos de mayorías.
- ❑ Impugnación de acuerdos: Legitimación y plazos.

PRESIDENTE:

- ❑ Nombrado por y entre los propietarios, mediante elección, por sorteo o turno rotatorio.
- ❑ Ejercicio del cargo: Un año, salvo estatutos o acuerdo de la junta.
- ❑ Nombramiento obligatorio.
- ❑ Cese: Fin de mandato o por acuerdo de la Junta.
- ❑ Representa a la comunidad.
- ❑ Convoca y preside las juntas.
- ❑ Firma las actas, junto con el Secretario.

VICEPRESIDENTE:

- ❑ No es obligatorio que exista en todas las comunidades (estatutos y acuerdos) aunque sí conveniente.
- ❑ Sustituye al Presidente en casos de vacante, ausencia o enfermedad.

ADMINISTRADOR:

- ❑ No es necesario que sea un propietario.
- ❑ Naturaleza contractual: mandato retribuido.
- ❑ Si no existe administrador, sus funciones las realiza el Presidente.
- ❑ Nombrado y cesado por la junta de propietarios.
- ❑ Funciones: art. 20 LPH.
- ❑ Responsabilidad civil y penal.

SECRETARIO

- ❑ Este cargo puede recaer en la figura del Presidente o del Administrador.
- ❑ No tiene carácter obligatorio, y puede no ser un copropietario.
- ❑ Si no existe un secretario, el Administrador o el Presidente ejercen sus funciones.
- ❑ Nombrado y cesado por acuerdo de la Junta.
- ❑ Redacta las actas, custodia el libro de actas, expide certificaciones, realiza los actos de comunicación con los propietarios, entre otras funciones.

ACUERDOS JUNTA (RÉGIMEN DE MAYORÍAS)

- ❑ **Mayoría de 1/3 de los propietarios que, a su vez, representen 1/3 de las cuotas de participación:** Instalación de las infraestructuras comunes para el acceso a los servicios de telecomunicación o la adaptación de los existentes, así como la instalación de sistemas comunes o privativos, de aprovechamiento de energías renovables, o bien de las infraestructuras necesarias para acceder a nuevos suministros energéticos colectivos (art. 17.1º LPH).

Establecimiento o supresión de equipos o sistemas, no recogidos en el apartado 1º del art. 17 LPH, que tengan por finalidad mejorar la eficiencia energética o hídrica del inmueble y tengan un aprovechamiento privativo (art. 17.3º LPH).

- **Mayoría de 3/5 de los propietarios que, a su vez, representen 3/5 de las cuotas de participación:**

  – Con la exigencia de autorización administrativa y el consentimiento de los titulares afectados (art. 10.3º LPH):

  a) La división material de los pisos o locales y sus anejos, para formar otros más reducidos e independientes.

  b) El aumento de su superficie por agregación de otros colindantes del mismo edificio o su disminución por segregación de alguna parte.

  c) La construcción de nuevas plantas.

  d) Cualquier otra alteración de la estructura o fábrica del edificio, incluyendo el cerramiento de las terrazas y la modificación de la envolvente para mejorar la eficiencia energética, o de las cosas comunes, cuando concurran los requisitos a que alude el artículo 17.6 del texto refundido de la Ley de Suelo, aprobado por el Real Decreto Legislativo 2/2008, de 20 de junio.

  – Sin exigencia de autorización administrativa:

  a) Establecimiento o supresión de los servicios de portería, conserjería, vigilancia u otros servicios comunes de interés general, supongan o no modificación del título constitutivo o de los estatutos.

  b) Arrendamiento de elementos comunes que no tengan asignado un uso específico en el inmueble y el establecimiento o supresión de equipos o sistemas, no recogidos en el art. 17.1º, que tengan por finalidad mejorar la eficiencia energética o hídrica del inmueble y no tengan un aprovechamiento privativo (art. 17.3º LPH).

- **Unanimidad:** Acuerdos no regulados expresamente en el art. 17 LPH, que impliquen la aprobación o modificación de las reglas contenidas en el título constitutivo de la propiedad horizontal o en los estatutos de la comunidad.

- **Mayoría de propietarios y cuotas:** Resto de acuerdos, mayoría de propietarios y cuotas en primera convocatoria. En segunda convocatoria mayoría de los asistentes, siempre que ésta represente, a su vez, más de la mitad del valor de las cuotas de los presentes (art. 17.7º LPH).

  Sin perjuicio de lo establecido en el artículo 10.1 b), la realización de obras o el establecimiento de nuevos servicios comunes que tengan por finalidad la supresión de barreras arquitectónicas que dificulten el acceso o movilidad de personas con discapacidad y, en todo caso, el establecimiento de los servicios de ascensor, incluso cuando impliquen la modificación del título constitutivo, o de los estatutos.

- **Mera comunicación previa a la comunidad:** La instalación de un punto de recarga de vehículos eléctricos para uso privado en el aparcamiento del edificio, siempre que éste se ubique en una plaza individual de garaje, sólo requerirá la comunicación previa a la comunidad. El coste de dicha instalación y el consumo de electricidad correspondiente serán asumidos íntegramente por el o los interesados directos en la misma (art. 17.5º LPH).

- **Régimen especial de acuerdos del art. 10 LPH:** Ciertas actuaciones tendrán carácter obligatorio y no requerirán de acuerdo previo de la Junta de propietarios, impliquen o no modificación del título constitutivo o de los estatutos, y vengan impuestas por las Administraciones Públicas o solicitadas a instancia de los propietarios:

  a) Los trabajos y las obras que resulten necesarias para el adecuado mantenimiento y cumplimiento del deber de conservación del inmueble y de sus servicios e instalaciones comunes, incluyendo en todo caso, las necesarias para satisfacer los requisitos básicos de seguridad, habitabilidad y accesibilidad universal, así como las condiciones de ornato y cualesquiera otras derivadas de la imposición, por parte de la Administración, del deber legal de conservación.

  b) Las obras y actuaciones que resulten necesarias para garantizar los ajustes razonables en materia de accesibilidad universal y, en todo caso, las requeridas a instancia de los propietarios en cuya vivienda o local vivan, trabajen o presten servicios voluntarios, personas con discapacidad, o mayores de setenta años, con el objeto de asegurarles un uso adecuado a sus necesidades de los elementos comunes, así como la instalación de rampas, ascensores u otros dispositivos mecánicos y electrónicos que favorezcan la orientación o su comunicación con el exterior, siempre que el importe repercutido anualmente de las mismas, una vez descontadas las subvenciones o ayudas públicas, no exceda de doce mensualidades ordinarias de gastos comunes. No eliminará el carácter obligatorio de estas obras el hecho de que el resto de su coste, más allá de las citadas mensualidades, sea asumido por quienes las hayan requerido.

  c) La ocupación de elementos comunes del edificio o del complejo inmobiliario privado durante el tiempo que duren las obras a las que se refieren las letras anteriores.

  d) La construcción de nuevas plantas y cualquier otra alteración de la estructura o fábrica del edificio o de las cosas comunes, así como la constitución de un complejo inmobiliario, tal y como prevé el artículo 17.4 del texto refundido de la Ley de Suelo, aprobado por el Real Decreto Legislativo 2/2008, de 20 de junio, que resulten preceptivos a consecuencia de la inclusión del inmueble en un ámbito de actuación de rehabilitación o de regeneración y renovación urbana.

  e) Los actos de división material de pisos o locales y sus anejos para formar otros más reducidos e independientes, el aumento de su superficie por agregación de otros colindantes del mismo edificio, o su disminución por segregación de alguna parte, realizados por voluntad y a instancia de sus propietarios, cuando tales actuaciones sean posibles a consecuencia de la inclusión del inmueble en un ámbito de actuación de rehabilitación o de regeneración y renovación urbanas.

V
Elementos comunes y privativos

1. LOS ELEMENTOS COMUNES EN GENERAL

1.1. Definición

Tal como establece la redacción del art. 396 del CC son todos los necesarios para el adecuado uso y disfrute del inmueble, tales como el suelo, vuelo, cimentaciones, cubiertas; elementos estructurales y entre ellos los pilares, vigas, forjados y muros de carga; las fachadas, con los revestimientos exteriores de terrazas, balcones y ventanas, incluyendo su imagen o configuración, los elementos de cierre que las conforman y sus revestimientos exteriores; el portal, las escaleras, porterías, corredores, pasos, muros, fosos, patios, pozos y los recintos destinados a ascensores, depósitos, contadores, telefonías, o a otros servicios o instalaciones comunes, incluso aquellos que fueren de uso privativo; los ascensores y las instalaciones, conducciones y canalizaciones para el desagüe y para el suministro de agua, gas o electricidad, incluso las de aprovechamiento de energía solar; las de agua caliente sanitaria, calefacción, aire acondicionado, ventilación o evacuación de humos; las de detección y prevención de incendios; las de portero electrónico y otras de seguridad del edificio, así como las de antenas colectivas y demás instalaciones para los servicios audiovisuales o de telecomunicación, todas ellas hasta la entrada al espacio privativo; las servidumbres y cualesquiera otros elementos materiales o jurídicos que por su naturaleza o destino resulten indivisibles.

Según indicó la **STS de 28-4-97** *(Tol 216576)*,

> *«La calificación de un elemento, como común o privativo, de un edificio en régimen de propiedad horizontal, además de su componente fáctico, tiene también una connotación de "quaestio iuris"... Además de los elementos comunes por naturaleza, que son los que, con carácter meramente enunciativo y no excluyente o de "numerus clausus", relaciona el artículo 396 del Código civil, existen los llamados elementos comunes por destino o accesorios que, sin serlo por naturaleza o esenciales, han de estar sometidos, en cuanto a su alteración o supresión, al mismo régimen jurídico que aquéllos».*

Tras la modificación de la LPH en el año 1999, el art. 396 del CC ratificó esta postura jurisprudencial al establecer en su primer párrafo y tras enumerar determinados elementos comunes *«y cualesquiera otros elementos materiales o jurídicos que por su naturaleza o destino resulten indivisibles»*. Vemos pues que la ley no delimita los elementos comunes a los meramente enunciados en el art. 396, al no constituir esa enumeración un «numerus clausus», considerando de tal naturaleza todos aquellos que por su naturaleza o destino resulten indivisibles.

1.2. Características

- **Enumeración abierta.** No existe un *«numerus clausus»* para determinar cuales son los elementos comunes y ello en función de la diversidad de los destinos y de los avances técnicos en la construcción de edificios. En términos similares de expresa la **STS 22-6-2009** *(Tol 1560767)*:

  «...sin que ello implique imposibilidad de que los mismos puedan merecer la consideración de 'elemento común', dado que ni el artículo 396 del Código Civil ni el 3 de la Ley de Propiedad Horizontal hacen una descripción cerrada y por lo tanto exclusiva de ellos en este régimen y sí meramente enunciativa, por lo cual puede perfectamente ser modificada por la voluntad de los propietarios de cada inmueble, siempre que el acuerdo se adopte por unanimidad (SSTS 15 de marzo 1985; 30 de junio 2003, y las que cita).»

- **Son indivisibles.** El art. 396 CC establece que:

  «Las partes en copropiedad no son en ningún caso susceptibles de división y sólo podrán ser enajenadas, gravadas o embargadas juntamente con la parte determinada privativa de la que son anejo inseparable».

Es posible desafectar los elementos comunes mediante acuerdo unánime cuyo procedimiento establece el art. 17 de la LPH, siempre y cuando no tengan el carácter de *«esenciales»* entendemos que para ello se sigue precisando la unanimidad de la Junta de propietarios.

Jurisprudencia relevante

Con anterioridad a la reforma de la LPH de 1999, la Sentencia del Tribunal Supremo de 16-7-92 establecía que

«El motivo ha de acogerse, dada la veracidad, probada sin asomo de duda, de las subdivisiones en elementos comunes con las antecedentes obras destinadas a este fin. Hay una afectación al título constitutivo que debe someterse al régimen legal de modificación del mismo, de acuerdo con el art. 11 de la Ley de Propiedad Horizontal, lo que exige el acuerdo unánime de la Junta, por imperativo de la regla 1ª del art. 16 de la misma Ley, y en el caso de autos no se obtuvo según el resultado probatorio no impugnado en este trámite».

La **STS de 20-11-2007** *(Tol 1213842)* se pronunció sobre el posible conocimiento tácito relativo a la desafectación de un elemento común, entendiendo el alto tribunal que no debe confundirse dicho consentimiento tácito con el mero conocimiento de la ejecución de unas obras.

La citada sentencia también reseña la necesidad de acuerdo para poder conseguir la desafectación:

> *«...Finalmente, el tercer elemento fundamental del que el tribunal sentenciador deduce la existencia de un acuerdo de desafectación es el acta de la junta de propietarios celebrada el 4 de marzo de 1993, acta nº 7. Pero de nuevo lo que resulta de tal documento no es la adopción de acuerdo alguno de desafectación ni, mucho menos aún, la ratificación de la escritura de enero de 1992, pues lo único que se sometió a debate y aprobación fueron los 'Nuevos coeficientes pisos' del inmueble 'con el fin de compensar la cesión de las viviendas al piso quinto de sus cuartos trasteros', sin ninguna otra especificación, esto es, sin indicar mínimamente la naturaleza y condiciones de esa cesión, la cual incidía en la condición de anexos de los cuartos trasteros y, desde luego, sin mención alguna de la terraza ni del cuarto de depósitos de agua.*
>
> *De ahí que, como de esa misma junta fueron totalmente marginados algunos propietarios, según declara probado la propia sentencia recurrida, y como todo lo que sucedió a continuación no fue sino una cadena de desacuerdos, nunca de acuerdos, claramente reflejada tanto en la desaprobación del acta nº 13 como en la de la nº 15 que pretendía hacer una refundición de las anteriores, siempre según declara probado también la propia sentencia impugnada, así como las continuas muestras de oposición de algunos propietarios a que la demandada ocupara la terraza, fácil será comprender que el tribunal sentenciador faltó a la lógica deductiva al apreciar un acuerdo comunitario en virtud de unos hechos probados que, según las reglas del criterio humano, conducían a la conclusión totalmente opuesta, es decir, a la de inexistencia de acuerdo alguno de desafectación de los elementos comunes, tal y como entendió el juzgador del primer grado; y de ahí, por consiguiente, que este motivo deba ser estimado».*

- **Son inseparables de la parte privativa:** Sólo pueden ser enajenados, gravados, o embargados juntamente con la parte determinada privativa de la que son anejo inseparable (art. 396 CC).
- **Presunción de elemento común:** si pertenecen a la entidad registral y no están atribuidos a pisos o locales determinados y no existiendo título en contra, se presumen como elemento común.

Jurisprudencia relevante

Al respecto la **STS 10-10-2007** *(Tol 1221262)* estableció

> *«...pues la determinación de si un elemento es común o privativo o reúne simultáneamente ambos caracteres, y con qué alcance, debe hacerse mediante la aplicación, por vía interpretativa de los conceptos utilizados por la ley para definir los elementos comunes (o los fijados en las disposiciones contenidas en los estatutos respecto de los elementos comunes que no tienen carácter esencial: STS de 22 de enero de 2007)».*

- **Imposibilidad de modificación:** aunque no cause perjuicio al resto de copropietarios, es necesario para modificar un elemento común que se adopte el respectivo acuerdo en la junta de copropietarios.

La LPH requería unanimidad para la modificación de un elemento común. Al respecto resulta interesante la STS de 24-7-1992 al entender que dicha alteración estructural, aunque ello no repercutiera en la seguridad del edificio, afectaba al título constitutivo y por ello precisaba de acuerdo unánime.

No obstante lo dispuesto en estas sentencias, la actual redacción de los artículos 10 y 17 LPH, da un vuelco importante a la exigencia de la unanimidad. Al respecto el art. 17 establece que los acuerdos de la Junta de propietarios se sujetarán a las siguientes reglas:

- La instalación de las infraestructuras comunes para el acceso a los servicios de telecomunicación regulados en el Real Decreto-ley 1/1998, de 27 de febrero, sobre infraestructuras comunes en los edificios para el acceso a los servicios de telecomunicación, o la adaptación de los existentes, así como la instalación de sistemas comunes o privativos, de aprovechamiento de energías renovables, o bien de las infraestructuras necesarias para acceder a nuevos suministros energéticos colectivos: <u>***Un tercio de los integrantes de la comunidad que representen, a su vez, un tercio de las cuotas de participación.***</u>

La comunidad no podrá repercutir el coste de la instalación o adaptación de dichas infraestructuras comunes, ni los derivados de su conservación y mantenimiento posterior, sobre aquellos propietarios que no hubieren votado expresamente en la Junta a favor del acuerdo. No obstante, si con posterioridad solicitasen el acceso a los servicios de telecomunicaciones o a los suministros energéticos, y ello requiera aprovechar las nuevas infraestructuras o las adaptaciones realizadas en las preexistentes, podrá autorizárseles siempre que abonen el importe que les hubiera correspondido, debidamente actualizado, aplicando el correspondiente interés legal.

No obstante lo dispuesto en el párrafo anterior respecto a los gastos de conservación y mantenimiento, la nueva infraestructura instalada tendrá la consideración, a los efectos establecidos en esta Ley, de elemento común.

- Realización de obras o el establecimiento de nuevos servicios comunes que tengan por finalidad la supresión de barreras arquitectónicas que dificulten el acceso o movilidad de personas con discapacidad y, en todo caso, el establecimiento de los servicios de ascensor, <u>incluso cuando impliquen la modificación del título constitutivo</u>, o de los estatutos: <u>***mayoría de los propietarios, que, a su vez, representen la mayoría de las cuotas de participación.***</u>
- El establecimiento o supresión de los servicios de portería, conserjería, vigilancia u otros servicios comunes de interés general, <u>**supongan o no modificación del título constitutivo o de los estatutos: *tres quintas partes del total de los***</u>

propietarios que, a su vez, representen las tres quintas partes de las cuotas de participación.

Idéntico régimen se aplicará a:

- Arrendamiento de elementos comunes que no tengan asignado un uso específico en el inmueble.
- Establecimiento o supresión de equipos o sistemas, no recogidos en el apartado 1, que tengan por finalidad mejorar la eficiencia energética o hídrica del inmueble. En éste último caso, los acuerdos válidamente adoptados con arreglo a esta norma obligan a todos los propietarios.

No obstante, si los equipos o sistemas tienen un aprovechamiento privativo, para la adopción del acuerdo bastará el voto favorable de un tercio de los integrantes de la comunidad que representen, a su vez, un tercio de las cuotas de participación, aplicándose, en este caso, el sistema de repercusión de costes establecido en dicho apartado.

- Los acuerdos no regulados expresamente en el artículo 17, que impliquen la aprobación o modificación de las reglas contenidas en el título constitutivo de la propiedad horizontal o en los estatutos de la comunidad: requerirán para su validez la ***unanimidad del total de los propietarios que, a su vez, representen el total de las cuotas de participación.***

El art. 10.1º LPH establece que

> *«Tendrán carácter obligatorio y no requerirán de acuerdo previo de la Junta de propietarios, impliquen o no modificación del título constitutivo o de los estatutos, y vengan impuestas por las Administraciones Públicas o solicitadas a instancia de los propietarios, las siguientes actuaciones:*
>
> *a) Los trabajos y las obras que resulten necesarias para el adecuado mantenimiento y cumplimiento del deber de conservación del inmueble y de sus servicios e instalaciones comunes, incluyendo en todo caso, las necesarias para satisfacer los requisitos básicos de seguridad, habitabilidad y accesibilidad universal, así como las condiciones de ornato y cualesquiera otras derivadas de la imposición, por parte de la Administración, del deber legal de conservación.*
>
> *b) Las obras y actuaciones que resulten necesarias para garantizar los ajustes razonables en materia de accesibilidad universal y, en todo caso, las requeridas a instancia de los propietarios en cuya vivienda o local vivan, trabajen o presten servicios voluntarios, personas con discapacidad, o mayores de setenta años, con el objeto de asegurarles un uso adecuado a sus necesidades de los elementos comunes, así como la instalación de rampas, ascensores u otros dispositivos mecánicos y electrónicos que favorezcan la orientación o su comunicación con el exterior, siempre que el importe repercutido anualmente de las mismas, una vez descontadas las subvenciones o ayudas públicas, no exceda de doce mensualidades ordinarias de gastos comunes. No eliminará el carácter obligatorio de estas obras el hecho de que el resto de su coste, más allá de las citadas mensualidades, sea asumido por quienes las hayan requerido.*
>
> *c) La ocupación de elementos comunes del edificio o del complejo inmobiliario privado durante el tiempo que duren las obras a las que se refieren las letras anteriores.*

d) La construcción de nuevas plantas y cualquier otra alteración de la estructura o fábrica del edificio o de las cosas comunes, así como la constitución de un complejo inmobiliario, tal y como prevé el artículo 17.4 del texto refundido de la Ley de Suelo, aprobado por el Real Decreto Legislativo 2/2008, de 20 de junio, que resulten preceptivos a consecuencia de la inclusión del inmueble en un ámbito de actuación de rehabilitación o de regeneración y renovación urbana.
e) Los actos de división material de pisos o locales y sus anejos para formar otros más reducidos e independientes, el aumento de su superficie por agregación de otros colindantes del mismo edificio, o su disminución por segregación de alguna parte, realizados por voluntad y a instancia de sus propietarios, cuando tales actuaciones sean posibles a consecuencia de la inclusión del inmueble en un ámbito de actuación de rehabilitación o de regeneración y renovación urbanas.»

Por su parte el artículo 10.3, al indicar aquellas actuaciones que requerirán autorización administrativa, en todo caso, «cuando así se haya solicitado, **previa aprobación por las tres quintas partes del total de los propietarios que, a su vez, representen las tres quintas partes de las cuotas de participación**, la división material de los pisos o locales y sus anejos, para formar otros más reducidos e independientes; el aumento de su superficie por agregación de otros colindantes del mismo edificio o su disminución por segregación de alguna parte; la construcción de nuevas plantas **y cualquier otra alteración de la estructura o fábrica del edificio,** incluyendo el cerramiento de las terrazas y la modificación de la envolvente para mejorar la eficiencia energética, o de las cosas comunes, cuando concurran los requisitos a que alude el artículo 17.6 del texto refundido de la Ley de Suelo, aprobado por el Real Decreto Legislativo 2/2008, de 20 de junio».

El citado artículo 17.6 de la Ley del Suelo establece que:

«La constitución y modificación del complejo inmobiliario deberá ser autorizada por la Administración competente donde se ubique la finca o fincas sobre las que se constituya tal régimen, siendo requisito indispensable para su inscripción, que al título correspondiente se acompañe la autorización administrativa concedida o el testimonio notarial de la misma. No será necesaria dicha autorización en los supuestos siguientes:

a) Cuando el número y características de los elementos privativos resultantes del complejo inmobiliario sean los que resulten de la licencia de obras que autorice la construcción de las edificaciones que integren aquel.

b) Cuando la modificación del complejo no provoque un incremento del número de sus elementos privativos.

A los efectos previstos en este número se considera complejo inmobiliario todo régimen de organización unitaria de la propiedad inmobiliaria en el que se distingan elementos privativos, sujetos a una titularidad exclusiva, y elementos comunes, cuya titularidad corresponda, con carácter instrumental y por cuotas porcentuales, a quienes en cada momento sean titulares de los elementos privativos».

Con la inclusión de la expresión ***«y cualquier otra alteración de la estructura o fábrica del edificio»*** entendemos que el legislador refuerza el doble quorum de tres quintas partes de propietarios y cuotas, para la mayor parte de las acciones que implican la modificación de un elemento común. Sin perjuicio de la autorización administrativa y del consentimiento de los posibles propietarios afectados.

No obstante y vista la, a nuestro juicio, algo confusa redacción la Ley, aconsejamos a la hora de proceder a la modificación de un elemento común, que se trate de buscar la unanimidad en las votaciones (empresa ciertamente compleja en numerosas comunidades de propietarios) y que, en todo caso, en la correspondiente acta se refleje de forma clara, el interés general de la medida, no limitándose a invocar el precepto y todo ello porque, al obtener la unanimidad no habrá duda que se consigue el consentimiento de cualquier propietario afectado.

1.3. Clasificación

Básicamente los podemos clasificar:

A) Atendiendo a su finalidad arquitectónica:

1. Elementos físicos, estructurales y constructivos comunes; ejemplo de los mismos podrían ser: el suelo, cimentaciones, pasos, pilares, vigas, muros, terrazas, etc.
2. Instalaciones, conducciones y canalizaciones generales: desagües generales, instalación eléctrica general, instalación de detección y prevención de incendios, antenas colectivas, etc.
3. Locales y espacios comunitarios: recintos destinados a ascensores, depósitos, contadores, telefonías o a otros servicios o instalaciones comunes. Locales sociales, espacios deportivos comunitarios, etc.
4. Servidumbres.

B) Atendiendo a si son o no esenciales:

Jurisprudencia relevante

Al respecto es muy significativa la **STS 30-3-2007** *(Tol 1053717)*:

«Por otra parte, también ha señalado esta Sala que, dentro de los elementos comunes, cabe distinguir entre elementos comunes por naturaleza o esenciales, imprescindibles para asegurar el uso y disfrute de los diferentes pisos o locales; y por destino, o no esenciales, admitiéndose que estos últimos, entre los que se encuentran las terrazas comunitarias, pueden ser, por esta razón,

'desafectados' de su destino común y dedicados a un uso privado o exclusivo, en favor de uno o varios de los propietarios de pisos o locales, excluyendo en ese uso al resto. La desafectación de elementos comunes no esenciales es posible en la medida que el art. 396 no es en su totalidad de 'ius cogens', sino de 'ius dispositivum' (sentencias de esta Sala de 23 de mayo de 1984, 17 de junio de 1988, entre otras), 'lo que permite que bien en el originario título constitutivo del edificio en régimen de propiedad horizontal, bien por acuerdo posterior de la Comunidad de propietarios (siempre que dicho acuerdo se adopte por unanimidad: regla 1ª del art. 16 de la Ley de 21 de julio de 1960) pueda atribuirse carácter de privativos (desafectación) a ciertos elementos comunes que no siéndolo por naturaleza o esenciales, como el suelo, las cimentaciones, los muros, las escaleras, etc., lo sean sólo por destino o accesorios, como los patios interiores, las terrazas a nivel o cubiertas de parte del edificio, etc.' (sentencias de 31 de enero y 15 de marzo de 1985, 27 de febrero de 1987, 5 de junio y 18 de julio de 1989, entre otras)».

La **STS de 8-4-2011** *(Tol 2183086)* diferencia entre elementos comunes por destino y por naturaleza, al abordar el caso de una terraza que puede entenderse de uso privativo, si bien la cubierta del edificio siempre tendrá naturaleza común:

«...Ciertamente, como señala el recurrente, la enumeración que de los elementos comunes contiene el artículo 396 CC, es meramente enunciativa y dentro de los elementos que allí se citan, algunos tienen la consideración de comunes por naturaleza y otros por destino. En todo caso los denominados elementos comunes por naturaleza serían imprescindibles para asegurar el uso y disfrute de los diferentes pisos o locales y no podrían quedar desafectados, mientras que en los denominados elementos comunes por destino, a través del título constitutivo del edificio en régimen de propiedad horizontal, o por acuerdo unánime de la comunidad de propietarios, podrían ser objeto de desafectación.

De las sentencias que se citan por el recurrente, cabe concluir que, sin duda, las terrazas los edificios constituidos en el régimen de propiedad horizontal son elementos comunes por destino, lo que permite atribuir el uso privativo de las mismas a uno de los propietarios sin embargo ninguna de las resoluciones que aporta refieren la posibilidad de atribuir la propiedad exclusiva en favor de algún propietario, de las cubiertas de los edificios configurados en régimen de propiedad horizontal donde se sitúan las cámaras de aire, debajo del tejado y encima del techo, con objeto de aislar del frío y del calor.

(...)

La recurrente defiende en todo caso, que la terraza del actor, incluyendo la cubierta del edificio es un elemento de naturaleza privativa, tal y como prevén los estatutos de la comunidad. Lo cierto es que los estatutos se limitan a señalar el carácter privativo de la terraza del actor, pese a ser cubierta del edificio, pero no se dota de tal naturaleza privativa a la cubierta, que resulta ser uno de los elementos esenciales de la comunidad de propietarios tal como los cimientos o la fachada del edificio por ser el elemento común que limita el edificio por la parte superior. En definitiva, esta Sala no comparte el criterio de la Audiencia Provincial cuando afirma que la terraza litigiosa es, en todo caso, un elemento común por naturaleza ya que, como se ha indicado las terrazas de los edificios pueden ser objeto de desafección, por lo que en este punto el recurso de casación podría ser estimado. Sin embargo, el recurrente defiende en realidad el carácter privativo no sólo de la terraza sino también de la cubierta del edificio, en la que se han realizado las obras por el actor. La cubierta del edificio no puede perder su naturaleza de elemento común debido a la función que cumple en el ámbito de la propiedad horizontal, y ello pese a que la terraza situada en la última planta del edificio, se configure como privativa, como se expone en los estatutos de la comunidad de propietarios del supuesto que se examina».

1.4. Los anejos

No hay que confundirlos con los elementos comunes. Los cita el art. 3. a) de la LPH y son espacios arquitectónicos tales como buhardillas, sótanos y, en algunos casos, trasteros y garajes, separados de un piso o local y que, aunque se pueden aprovechar de forma independiente, pertenecen al mismo propietario formando parte del mismo título constitutivo.

2. ELEMENTOS COMUNES EN PARTICULAR

2.1. Suelo

Enumerado en el artículo 396 CC como uno de los elementos comunes, viene definiéndose como la superficie inferior del edificio.

La segregación del mismo, como elemento común, requería el acuerdo unánime de todos los propietarios de los pisos o locales en que se ha dividido el edifico construido, adoptado en la forma pertinente. Entendemos según lo ya dicho, con todas las prudencias, que dicho requisito se ha flexibilizado a tenor de lo establecido en el art. 10.3.

> *«3. Requerirán autorización administrativa, en todo caso (el subrayado es nuestro):*
> *b) Cuando así se haya solicitado, previa aprobación por las tres quintas partes del total de los propietarios que, a su vez, representen las tres quintas partes de las cuotas de participación, la división material de los pisos o locales y sus anejos, para formar otros más reducidos e independientes; el aumento de su superficie por agregación de otros colindantes del mismo edificio o su disminución por segregación de alguna parte; la construcción de nuevas plantas y cualquier otra alteración de la estructura o fábrica del edificio, incluyendo el cerramiento de las terrazas y la modificación de la envolvente para mejorar la eficiencia energética, o de las cosas comunes, cuando concurran los requisitos a que alude el artículo 17.6 del texto refundido de la Ley de Suelo, aprobado por el Real Decreto Legislativo 2/2008, de 20 de junio.*
> *En estos supuestos deberá constar el consentimiento de los titulares afectados y corresponderá a la Junta de Propietarios, de común acuerdo con aquéllos, y por mayoría de tres quintas partes del total de los propietarios, la determinación de la indemnización por daños y perjuicios que corresponda. La fijación de las nuevas cuotas de participación, así como la determinación de la naturaleza de las obras que se vayan a realizar, en caso de discrepancia sobre las mismas, requerirá la adopción del oportuno acuerdo de la Junta de Propietarios, por idéntica mayoría. A este respecto también podrán los interesados solicitar arbitraje o dictamen técnico en los términos establecidos en la Ley».*

En términos similares hay que expresarse respecto a la elevación del nivel del suelo, modificación que, antes de la reforma, siempre requería el consentimiento unánime de todos los copropietarios, como expresaban, entre otras la **STS de 29-7-96** *(Tol 1658982)* relativa a la necesidad de unanimidad para elevar el nivel del suelo:

«las obras ejecutadas por la entidad demandada, aquí recurrente, consistentes (aparte de otras) en cubrir con paneles o mármol el tabique en el que se halla ubicada (aunque tapiada) la puerta que, a través del vestíbulo general del edificio, da entrada al local comercial de los demandantes y la elevación del nivel del suelo, han alterado esencialmente un elemento común del edificio (el repetido vestíbulo general), sin que, para la ejecución de tales obras, la entidad demandada hubiera obtenido el consentimiento unánime de todos los integrantes de la respectiva Comunidad de Propietarios, como exige la regla 1ª del artículo 16 de la Ley de Propiedad Horizontal de 21 julio 1960».

Respecto a la reserva del suelo, la **STS 27-05-2009** *(Tol 1547673)* entiende que dicha reserva, en el título constitutivo o en los estatutos de ciertos elementos en principio comunes de la finca para su construcción posterior, como es el suelo, por el propietario originario o promotor, ha de cumplir diversos requisitos, para tener eficacia frente a terceros, que deben tener conocimiento de la exacta determinación de su naturaleza y extensión para lo cual ha de inscribirse en el Registro de la Propiedad, cumplidos los requisitos dimanantes de los principios de especialidad, cuya eficacia resulta determinante en todo el ámbito de los derechos reales. El incumplimiento de este requisito de publicidad provoca la nulidad de la atribución de suelo realizada en la escritura de división horizontal al promotor.

No obstante la reforma establece la necesidad de que, por Junta, se establezcan las nuevas cuotas, lo que probablemente cierra el problema de la validez de las reservas de sobreelevación reflejadas en el título, al seguir las consideraciones de la DGRN, que consideró que en estos casos, en relación a las nuevas cuotas, su establecimiento requería el consentimiento de todos los propietarios o resolución judicial (RRDGRN de 24-3-2000 RJ 2101 o de 28-3-2007 RJ 2008, 1486).

Respecto a la licencia para construir en régimen de propiedad horizontal, la construcción de las obras aun cuando cuenten con licencia obtenida al amparo de las normas urbanísticas, pueden ser impedidas por los tribunales del orden civil a instancia de los titulares de un derecho, como el de propiedad.

Jurisprudencia relevante

En ese sentido expresa la **STS 28-5-2009** *(Tol 1564659)*:

«TERCERO.- Los dos siguientes motivos refieren la infracción de los numerosos artículos que cita tanto de la Ley 6/98 del Suelo y Valoraciones, como de la Ley 9/2001 del Suelo de la Comunidad de Madrid y del Plan General de Ordenación Urbana de Madrid de 17 de abril de 1997 'por ser ese el régimen de limitaciones legales referido en el artículo 348 del Código Civil' y 'por cuanto dichas disposiciones establecen las facultades del derecho de propiedad, el ejercicio de esos derechos y los deberes derivados del mismo, siempre en referencia al artículo 348 del Código Civil'. Se desestiman. En ningún caso existe contradicción entre ambos regímenes jurídicos, administrativo y civil, ni se cuestiona la competencia para regular los usos del suelo. Las limitaciones legales del dominio en la esfera civil son perfectamente compatibles con la plena

vigencia de la planificación urbanística y con las previsiones constitucionales y civiles sobre la regulación de usos de suelo y del derecho a la vivienda, vinculada al régimen propio de la Comunidad de Propietarios regida por la Ley de Propiedad Horizontal. La necesidad de compaginar los derechos e intereses concurrentes de una pluralidad de propietarios y ocupantes de los pisos, justifica, sin duda, la fijación, legal o estatutaria, de específicas restricciones o límites a los derechos de uso y disfrute de los inmuebles por parte de sus respectivos titulares (SSTC 21 de octubre 1993; 8 de marzo 1999), al margen del carácter restrictivo a que deba sujetarse cualquier interpretación que suponga un menoscabo del derecho de propiedad, de tal forma que el hecho de que la actuación que se impugna se haya adecuado escrupulosamente a la normativa urbanística, de la que deriva una concreta licencia administrativa, no supone sin más su acomodación a la normativa civil, ni sirve para dirimir conflictos de esta naturaleza (STS 14 de julio 1992). El orden administrativo regula aspectos diferentes del civil siendo ambos compatibles, de tal manera que la construcción de las obras aun cuando cuenten con licencia obtenida al amparo de las normas urbanísticas, pueden ser impedidas por los tribunales del orden civil a instancia de los titulares de un derecho, como el de propiedad, a los que eventualmente puedan afectar, como sucede en el presente caso (STS 18 de julio 1997)».

2.1.1. Subsuelo

Aunque en el artículo 396 no se menciona el subsuelo, podemos decir que éste sigue la condición jurídica del suelo. Se puede establecer una propiedad separada sobre las edificaciones existentes en el subsuelo.

Jurisprudencia relevante

Al respecto resulta muy significativa la **STS 22-2-2005** *(Tol 598370)*:

«Bien claramente se advierte, pues, que el título constitutivo, referido a todo el solar, no contenía mención alguna de ningún espacio como subsótano al que se pudiera acceder desde el sótano, y por ello no cabe legitimar como elemento privativo de hecho lo que con arreglo a Derecho había de conceptuarse como elemento común, predicable asimismo de todo el resto del terreno situado al nivel del sótano pero sin excavar. De otro modo se llegaría al absurdo de que los propietarios de un edificio constituido en régimen de propiedad horizontal pudieran, después del otorgamiento del título correspondiente pero antes de haber vendido uno solo de los elementos privativos, practicar cualesquiera alteraciones en los elementos comunes no expresamente mencionados con tal carácter en el título para, así, apropiárselos irrevocablemente por vías de hecho, tal y como sucedió en el caso examinado mediante la excavación por debajo del nivel del sótano y la apertura de dos huecos que facilitaban el acceso desde éste pero a través de un muro o pared común.

En consecuencia han de considerarse infringidas las normas citadas en ambos motivos según su interpretación por la jurisprudencia de esta Sala que reiteradamente declara el carácter de elemento común del suelo y el subsuelo y, lógicamente, de los muros (SSTS 27-5-93 en recurso nº 3132/90, 31-10-96 en recurso nº 104/93, con cita a su vez de otras muchas, y 10-5-99 en recurso nº 2761/94)».

La **STS de 28-11-2008** *(Tol 1408445)* aborda la imposibilidad de modificar el subsuelo, instalando tubos para el acceso de cableado, en beneficio de un único propietario, sin contar con el permiso de la comunidad, haciendo suya, el alto tribunal, parte de la sentencia de la Audiencia:

> *«...1ª) Se trata de una obra que afecta a elementos comunes, puesto que invade el subsuelo de la finca, que tiene la cualidad de elemento común, previa excavación para las conducciones en el mismo. 2º) Estas obras, aún cuando no modifican la apariencia externa de la fachada del inmueble ni la estabilidad o seguridad del mismo, precisa en todo caso el cumplimiento de las mayorías precisas, no pudiendo olvidar a este respecto que la instalación en ningún caso ha quedado acreditado se establezca en beneficio de la Comunidad. No se trata de una instalación para dotar a la Comunidad a la que pertenece la lonja del servicio que ofrece Euskatel sino de una instalación dirigida a posibles usuarios de la zona pero sin que en ningún caso se haya acreditado que la Comunidad haya optado por la contratación con dicha entidad para la dotación de tal servicio. 3º) La instalación pretendida con el soterramiento en el subsuelo del edificio de seis tubos de 125 mm. cada uno, supone la creación de una servidumbre que la Comunidad deviene obligada a soportar y precisamente sin beneficio alguno para la misma, sino para el beneficio exclusivo de un comunero».*

2.1.2. Sótanos

Jurisprudencia relevante

Sobre como determinar el carácter común o privativo del sótano se pronuncia la **STS 22-6-2009** *(Tol 1560767)*:

> *«Para determinar el carácter común o privativo del sótano habrá de estarse en primer y preferente lugar a lo establecido en el título constitutivo, que en este concreto supuesto se encuentra integrado en la escritura de división y constitución del edificio en régimen de propiedad horizontal. En la primitiva redacción del Código Civil en el artículo 396 se incluía a los sótanos como elemento común, pero ha sido objeto de supresión por la modificación operada por la Ley de 21 de julio de 1960, sobre Propiedad Horizontal, que los excluyó, y su calificación conceptual como elemento del edificio es privativa cuando no figura en el título constitutivo del régimen de propiedad horizontal; es decir, los sótanos no tienen la consideración de elemento común por si mismos y sí la de anejo de las partes privativas, mas sin que ello implique imposibilidad de que los mismos puedan merecer la consideración de 'elemento común', dado que ni el artículo 396 del Código Civil ni el 3 de la Ley de Propiedad Horizontal hacen una descripción cerrada y por lo tanto exclusiva de ellos en este régimen y sí meramente enunciativa, por lo cual puede perfectamente ser modificada por la voluntad de los propietarios de cada inmueble, siempre que el acuerdo se adopte por unanimidad (SSTS 15 de marzo 1985; 30 de junio 2003, y las que cita). Esta posibilidad de que un elemento en principio común pueda ser desafectado de tal calificación comunitaria convirtiéndose en privado, puede operarse en la Ley de Propiedad Horizontal cuando así se ha constatado en el título constitutivo (STS 22 de diciembre 1994), y frente a cualquier otra circunstancia que pudiera ser tenida en cuenta a la hora de determinar si cierto departamento de un inmueble constituye o no un elemento común, o, por el contrario, debe ser entendido como un bien privativo, prevalece, por encima de todas ellas, aquello que*

queda reflejado en el título constitutivo de la Propiedad Horizontal de una forma completa y suficiente (STS 17 de diciembre 1997)».

Semisótanos: véase la **STS 3-10-2007** *(Tol 1153262)*:

«...Los locales o dependencias de que se trata no figuran en el Título constitutivo y para cualquier modificación del mismo, como realiza la decisión comunitaria impugnada, se precisa el requisito de la unanimidad de todos los propietarios, mediante acuerdo en Junta, según exige el artículo 16.1 de la Ley de Propiedad Horizontal de 1960 y determina la doctrina jurisprudencial contenida, entre otras, en las sentencias de esta Sala de 25 de julio de 1991, 22 de diciembre de 1994, 16 de julio de 1996, 19 de julio de 2000 y 30 de abril de 2002, lo que no ha sido observado».

«...QUINTO.- El motivo cuarto del recurso —al amparo del artículo 1692.4 de la Ley de Enjuiciamiento Civil por violación de la doctrina jurisprudencial de los actos propios, debido a que, según censura, la sentencia de apelación no ha valorado que, en el acta que documenta la primera Junta de la 'COMUNIDAD DE PROPIETARIOS DEL EDIFICIO 000', se describen sus componentes (10 por cada bloque), y se expresan sus coeficientes de participación, que sumados arrojan un resultado del 100 por 100, sin la inclusión, como privativos, de ninguno de los dos semisótanos, extremo aceptado por la totalidad de los propietarios, y, asimismo, por la demandante, que lo reconoció expresamente cuando absolvió la posición tercera del pliego de confesión, al aceptar como suya una de las firmas obrantes en el documento, y, en ese momento, estaba conforme, junto con los demás copropietarios, en el hecho de que los semisótanos tenían el carácter de elementos comunes, por lo que no es válido que posteriormente les niegue dicha naturaleza— se desestima porque se han introducido cuestiones nuevas, que, según reiterada doctrina jurisprudencial, no son susceptibles de conocimiento en casación (por todas, STS de 27 de noviembre de 2000)».

2.2. Vuelo

2.2.1. Definición

Se trata del derecho a edificar sobre lo ya construido, perteneciente a distintos titulares y en régimen de propiedad horizontal.

2.2.2. Legislación aplicable

1. Aparece mencionado en el artículo 396 del CC como un elemento común.

Como venimos citando, a lo largo del capítulo, el requisito para su modificación, que era la unanimidad, se ha flexibilizado tras la reforma de la LPH siempre que dicha modificación sea incardinable en los apartados 2 o 3 del artículo 17LPH, o en el art. 10.3 LPH *«...construcción de nuevas plantas»*, acuerdos que exige la doble mayoría de tres quintos, si no fuera así su modificación implicaría la aprobación o modificación de las reglas contenidas en el título constitutivo de la propiedad horizontal o en los estatutos de la comunidad, por lo que se requeriría, para su validez, la unanimidad del total de los propietarios que, a su vez, representen el total de las cuotas de participación.

2. El vuelo se incluyó como elemento común por la reforma de 1960, pero puede ser desafectado conforme al art. 17 LPH., dado que dicha modificación modifica la estructura y esencia del inmueble, entendemos que se requerirá para efectuar la misma un acuerdo unánime (art. 397 CC), por cuanto esta acción no se encuentra expresamente contenida en el artículo 10.3 LPH.

Jurisprudencia relevante

Con anterioridad a la última reforma de la Ley, sobre la necesidad del acuerdo unánime para aquellas actuaciones que puedan afectar al vuelo del edificio se pronunció la **STS 17-7-2009** *(Tol 1577945)*:

> *«Las obras ejecutadas por los propietarios del piso NÚM. 001 en la cubierta del edificio nunca pudieron ser aprobadas por mayoría. Su instalación no comporta una simple manifestación de la posesión de la vivienda o local de negocio y un uso inocuo de un elemento común autorizado por el artículo 394 del CC, antes al contrario, son obras que afectan a un elemento común básico, como es la cubierta del edificio, que ocasionan la modificación del Título Constitutivo y que exceden del derecho de uso y disfrute que todo propietario tiene respecto a los elementos comunes en la propiedad horizontal, porque a partir de la construcción de los lucernarios, no solo se altera la cubierta, sino que pasa esta a ser privativa en parte de unos propietarios en perjuicio de los demás, a los que se priva de su parte proporcional en la misma y se les ocasiona la sustracción de su derecho patrimonial de vuelo, por lo que la prohibición y el perjuicio resulta evidente, necesitando para su aprobación el acuerdo unánime de los propietarios, sin que sea suficiente la mayoría».*

2.2.3. Derecho de reserva en la construcción de nuevas plantas

Es posible establecer un derecho de reserva en la construcción de nuevas plantas, con ciertas matizaciones, siempre y cuando se constituya con anterioridad a la enajenación de los diferentes pisos o locales, pues de realizarlo con posterioridad será necesario contar con el correspondiente acuerdo del resto de copropietarios.

El art. 16.2 del Reglamento Hipotecario establece que:

> *«2. El derecho de elevar una o más plantas sobre un edificio o el de realizar construcciones bajo su suelo, haciendo suyas las edificaciones resultantes, que, sin constituir derecho de superficie, se reserve el propietario en caso de enajenación de todo o parte de la finca o transmita a un tercero, será inscribible conforme a las normas del apartado 3º del artículo 8 de la Ley y sus concordantes.*
> *En la inscripción se hará constar:*
> *a) Las cuotas que hayan de corresponder a las nuevas plantas en los elementos y gastos comunes o las normas para su establecimiento.*

b) Anulado por Sentencia del Tribunal Supremo de la Sala 3ª de 31 enero 2001.
c) Anulado por Sentencia del Tribunal Supremo de la Sala 3ª de 24 febrero 2000.
d) Las normas de régimen de comunidad, si se señalaren, para el caso de hacer la construcción».

Jurisprudencia relevante

Sobre la posibilidad de reservarse el derecho de vuelo, por parte del promotor, se expresa la **STS 27/05/2009** *(Tol 1547673)*:

> *«La posibilidad de que en el momento de la formación de la propiedad horizontal el Promotor o el propietario inicial del edificio se reserven en el título constitutivo o en los Estatutos del mismo ciertos elementos en principio comunes de la finca para su construcción posterior, como es el suelo y el vuelo, es algo admitido en la doctrina y en la jurisprudencia, con alguna excepción, como la contenida en la sentencia de 10 de mayo de 1999. Su regulación aparece en el artículo 16.2 del Reglamento Hipotecario, única norma dedicada al derecho de sobreelevación (si bien tiene como finalidad la fijación de su contenido a efectos de su publicidad en el Registro de la Propiedad), junto con la Ley 5/2006, de 10 de mayo, del Libro Quinto del Código Civil de Cataluña, relativo a derechos reales, cuyo artículo 553-13 reconoce la validez de la constitución o la reserva expresa del derecho a sobreelevar, subedificar o edificar en el mismo solar del edificio a favor de los promotores o de terceras personas siempre que se establezca en el título de constitución en cláusula separada y específica de acuerdo con el artículo 567.2 (número máximo de plantas; cuotas de participación; plazo para su ejercicio; precio o contraprestación, si procede...). Su inclusión en el título constitutivo o en los Estatutos hace innecesario adoptar acuerdo alguno de la Comunidad de Propietarios que facilite su ejercicio posterior por parte del titular del derecho puesto que no se modifica el Título, desde el momento en que la facultad de llevarla a término —por sí solo— está claramente atribuida en el mismo.*
>
> *Ahora bien, este no es realmente el problema que plantea la reserva (al margen de la conveniencia de su limitación o, en su caso, de una adecuada regulación). Lo esencial de este derecho radica en los requisitos que impone su especial naturaleza para que produzca el efecto jurídico real pues una cosa es que la voluntad del Promotor o propietario único sirva para organizar el régimen jurídico propio de un inmueble sujeto al régimen de la Propiedad Horizontal, y otra distinta la creación de un derecho real de características propias, como es el que resulta de la reserva, que trasciende a quienes, con la compra posterior, van a ser a ser sus nuevos propietarios. La naturaleza misma del derecho, limitativo del dominio, consistente en la facultad de levantar nuevas construcciones en el edificio, excluye que pueda configurarse con absoluta generalidad. La actuación unilateral del Promotor o del propietario único o los pactos acerca del modo de construir, duración y demás requisitos que impone el artículo 16.2 del Reglamento Hipotecario forman el contenido real del derecho, por lo que tienen eficacia frente a terceros, que deben tener conocimiento de la exacta determinación de su naturaleza y extensión que, por otra parte, se inscribe en el Registro de la Propiedad, cumplidos los requisitos dimanantes de los principios de especialidad, cuya eficacia resulta determinante en todo el ámbito de los derechos reales. Y es evidente que la incorporación de la reserva al Título y su posterior inscripción no han conformado de manera adecuada un derecho que no ha llegado en términos tales de poder identificar hasta que extremo se extiende en lo que hace al número de construcciones y al tiempo de su ejercicio, lo que no solo ha impedido a los futuros adquirentes tomar conocimiento preciso de las condiciones en que se va a llevar a cabo la obra y disponer en su vista lo que a su derecho pudiera convenir en orden a la adquisición de la casa, sino que ha dejado a la*

comunidad en una situación de absoluta provisionalidad en cuanto a la futura configuración del inmueble, o en aspectos tan sustanciales para quienes la integran como son las cuotas de participación, el mantenimiento de los servicios o el ejercicio de sus derechos dominicales; todo lo cual la hace incompatible con el régimen jurídico de la propiedad horizontal».

Respecto a la limitación a la construcción de nuevas plantas, hemos de tener asimismo en cuenta las posibles servidumbres y las ordenanzas municipales (plan de ordenación urbana).

2.3. Cimentaciones

Se mencionan de manera expresa en el art. 396 CC como elementos comunes, entendiéndose como tales, todos los elementos constructivos colocados bajo el edificio para su sostén y consolidación, constituyendo la base de apoyo del edificio. Las cimentaciones son elemento común en cuanto constituyen una parte esencial y básica del inmueble, para uso y servicio de todos los condueños, por ello en caso de construcción de nuevas plantas, si es necesario reforzarlas será necesaria la adopción de acuerdos tal como establecen los arts. 10.3 y 17 LPH.

2.4. Cubiertas/terrazas

2.4.1. Introducción

Las cubiertas aparecen mencionadas en la redacción del artículo 396 CC como elementos comunes. Son uno de los elementos estructurales del edificio, junto con el suelo y los muros laterales y delimitan el inmueble por la parte superior.

Cuando son pisables, a nivel popular, también son denominadas terrazas, hecho que ha provocado confusión siendo de forma habitual confundidos elementos comunes con privativos.

Jurisprudencia relevante

La cubierta o *«terraza»* tiene el carácter de elemento común salvo que en el título constitutivo tenga atribuida el carácter de privativo. **STS de 17-12-1997** *(Tol 214986)*. En términos similares la **STS 6-7-2006** *(Tol 964425)* entiende que la terraza puede ser privativa por establecerlo el título constitutivo o por acuerdo unánime de los propietarios.

La **STS de 10-5-1993** *(Tol 178490)*, estableció que una terraza no siempre debía ser considerada común, pudiendo tener naturaleza privativa si así se ha determinado en el título constitutivo de la propiedad horizontal.

Sobre el carácter privativo de una terraza al estar descrita en el título constitutivo se pronuncia la **SAP de Madrid de 4-1-2006** *(Tol 829509)*, la cual entendió que un elemento común por destino, puede adscribirse en el concepto de anejo a alguno o a algunos de los propietarios singulares (SSTS de 10-5-1965 y 12 de febrero de 1981) y tal adscripción la puede realizar el promotor antes de proceder a la venta.

2.4.2. Tipos y denominaciones

- Pisables
- No pisables

Popularmente, las no pisables, se conocen como tejados. Respecto a las pisables, suelen conocerse como terrazas y en algunas comunidades autónomas, como es el caso de la Valenciana, reciben el nombre de terrados.

2.4.3. Terrazas

2.4.3.1. Definición

Las terrazas *«A nivel»* son definidas por la **STS 3-3-2010** *(Tol 1793044)*:

> *«Según destacada doctrina científica, como manifiesta la sentencia de apelación, se llaman 'terrazas a nivel' aquellas que son continuación de los pisos y locales, especialmente de los primeros, y que forman parte de la vivienda.*
>
> *En general, tales terrazas son consideradas como de propiedad privada y su superficie consta en las escrituras individuales, pero ello no supone que sus titulares tengan capacidad de disposición sobre las mismas en cuanto a su configuración exterior, y, en este sentido, no caben obras que modifiquen su aspecto, ni su cierre con entera libertad.*
>
> *Otra cosa es la normalidad de observar las terrazas cerradas, con la ampliación de su espacio para la vivienda, pero su realización siempre ha de ser con el consentimiento expreso o tácito de la Comunidad».*

En términos similares se expresa la **STS 11-11-2009** *(Tol 1748173)*.

Jurisprudencia relevante

Al respecto también resulta de interés la **STS 15-2-2006** *(Tol 843368)* que entendió por terrazas *«a nivel»* las que son continuación de la vivienda:

«Y así es, desde el instante mismo, en que en la terraza de la parte recurrente que es una de las denominadas 'a nivel', es decir que son continuación de la vivienda y que es contigua a la de la parte actora y ahora recurrida; pues bien, en dicha terraza se han efectuado unas obras que han transformado la misma. Dichas obras se han realizado con oposición de la Comunidad de Propietarios, que hizo saber que las mismas eran ilegales. También las mismas fueron objeto de un expediente administrativo por parte del Ayuntamiento de Madrid que lo resolvió con una orden de suspensión de obras. Dicho todo lo anterior, es preciso constatar que aquí surge lo que casi puede denominarse unas 'vías de hecho' inaceptables, puesto que una correcta actuación de la parte recurrente en casación, tenía que haber consistido en recurrir ante la justicia el acuerdo negativo a su petición de la Comunidad de Propietarios, así como el acuerdo de suspensión de obras administrativo. Y en su caso fuere cual fuere el resultado, se hubiera actuado en el área de lo legal. Por ello, hay que afirmar que en el presente caso se puede hablar de unas obras inconsentidas, en las que las mismas son el caso típico de obras de adaptación realizadas en perjuicio de terceros, y sobre todo, como se dice en la sentencia recurrida, que dichas obras —que perjudican la panorámica de la terraza de los actores y que se ha destinado a un servicio que provoca humos y molestias— no se puede equiparar al cerramiento, a veces lógico y normal, del resto de las terrazas del edificio en cuestión».

2.4.3.2. Adscripción

Debe reflejarse en el título constitutivo que tienen naturaleza privada.

2.4.3.3. Reparación

Las terrazas, como cubierta del edificio, tal como recoge el art. 396 del CC, constituyen un elemento común, por lo que en nuestro ordenamiento, es obligación de todo comunero contribuir al mantenimiento de las mismas, aunque sean de disfrute privado.

Caso distinto sería que los desperfectos de la cubierta hubieran sido causados por mal uso o negligencia del propietario que la disfruta (grietas producidas al haber perforado indebidamente el suelo de la cubierta, humedades generadas por acumulación de macetas, etc.) en cuyo caso y a tenor del art. 9 de la LPH, el propietario en cuestión deberá correr con la totalidad de los gastos de la reparación.

> Con carácter general si las terrazas son el techo de otros pisos o locales, el mantenimiento o reparación, salvo uso negligente, si afecta a su parte estructural corresponde a la comunidad.

Jurisprudencia relevante

En este sentido es interesante la **STS de 17-2-1993** *(Tol 1662747)* que pone de manifiesto que, aunque únicamente la terraza sea disfrutada por unos determinados propietarios, ésta sigue siendo un elemento común y por tanto han de seguir contribuyendo todos los copropietarios al mantenimiento y a las reparaciones pues se consideran gastos comunes:

«...CUARTO.- Punto de partida para resolución del tema planteado es que las terrazas de los pisos de que se trata merecen la calificación de elemento común del inmueble pues aún cuando su uso y disfrute corresponda en exclusividad al titular del piso a que pertenezcan, está fuera de duda que sirven, al propio tiempo, de cubierta del edificio, con lo que, en el aspecto estructural, tienden a la consecución del bien general o común de los partícipes en la Comunidad, y de aquí, que, sin necesidad de abordar el problema de si las terrazas permitieran ser incluidas dentro de los conceptos de instalaciones y servicios a que alude el segundo párrafo de la regla estatutaria descrita, el matiz diferenciador que importa, por su relevancia, es el concerniente a la naturaleza de los gastos a satisfacer, lo cual, está en relación, a su vez, con la índole de la reparación a efectuar. En éste orden de cosas, resulta evidente que como las obras de reparación tendían a suprimir filtraciones de agua y humedades derivadas de determinados vicios constructivos, las mismas excedían de las naturalmente debidas al uso y conservación de la cosa, con lo que, los gastos que comportaban no podían estimarse de 'ordinarios y normales' del régimen prevenido en el segundo párrafo de la regla de referencia, determinándose así su falta de aplicación al caso concreto de autos, especialmente, cuando, por lo razonado, tales gastos habrían de conceptuarse comprendidos en el párrafo primero de aquella, en coincidencia con la obligación 5ª establecida en el artículo 9 de la Ley de Propiedad Horizontal».

La **SAP de Alicante de 4-5-2005** *(Tol 663397)*, respecto a una terraza privativa, entendió, cara a los gastos de reparación y conservación, que tenía naturaleza común pues la misma hacía las veces de tejado y que una cosa era el dominio que sobre la terraza se detentase y otra muy distinta la naturaleza común del elemento.

2.4.3.4. Alteraciones

1) Quórum necesario:

La modificación de las terrazas como elemento común, precisaba del acuerdo unánime de la Junta, no obstante la nueva redacción del artículo 10.3 minimiza en parte esta exigencia al establecer, junto al requisito de la autorización administrativa y del consentimiento de los posibles afectados, que (el subrayado es nuestro):

«b) Cuando así se haya solicitado, previa aprobación por las tres quintas partes del total de los propietarios que, a su vez, representen las tres quintas partes de las cuotas de participación, la división material de los pisos o locales y sus anejos, para formar otros más reducidos e independientes; el aumento de su superficie por agregación de otros colindantes del mismo edificio o su disminución por segregación de alguna parte; la construcción de nuevas plantas y cualquier otra alteración de la estructura o fábrica del edificio, incluyendo el cerramiento de las terrazas y la modificación de la envolvente para mejorar la eficiencia energética, o de las cosas comunes, cuando concurran los requisitos a que alude el artículo 17.6 del texto refundido de la Ley de Suelo, aprobado por el Real Decreto Legislativo 2/2008, de 20 de junio.»

2) Órgano autorizado:

Exclusivamente la Junta de Copropietarios

La junta directiva de la comunidad no puede conceder una autorización unánime sustituyendo el consentimiento de la comunidad. **SAP de Santa Cruz de Tenerife 15-7-2002.** Tampoco el presidente está facultado para conceder tal autorización: **SAP de Madrid 13-12-2004** *(Tol 545944).*

3) Autorización de modificación por consentimiento expreso y tácito:

Jurisprudencia relevante

a) Por haberse realizado tiempo atrás, con el conocimiento de los comuneros y no habiendo efectuado reclamación: Existe consentimiento de obras ejecutadas hace diez años a la vista de los comuneros, siendo la reclamación extemporánea, tal y como señala la **STS 23-7-2004** *(Tol 483389).*

SAP de Alicante 19-10-2005 *(Tol 757099)*:

> *«En definitiva concurre un consentimiento tácito de la comunidad de propietarios, derivado de su aquiesciencia a la situación del hecho existente durante varios años, sin que actuara en defensa de lo que ahora reclama, lo cual se traduce en un retraso desleal en el ejercicio de sus derechos que pugna con la buena fe que debe presidir el ejercicio de los mismos, conforme al artículo 7 de Código Civil».*

En términos similares se expresa la **SAP de Alicante de 21-7-2005** *(Tol 689867)*, entendiendo que para la resolución del litigio carece de trascendencia el plazo de prescripción, pues lo importante es determinar si la Comunidad de Propietarios, por el transcurso del plazo sin ejecutar las acciones correspondientes ha consentido de forma tácita las obras, cuya demolición se pretende en este procedimiento.

b) Por existir actuaciones similares precedentes autorizadas:

SAP de Madrid 4-1-2006 *(Tol 829509)*, **SAP de Barcelona 3-11-2005** *(Tol 806758).*

4) Autorización Administrativa:

La modificación de las terrazas precisa de la licencia administrativa, pero la concesión de ésta no sustituye en modo alguno el permiso necesario de la comunidad **STS 14-7-1992** *(Tol 178355).*

5) Modificaciones/Cerramientos:

Se permiten ciertas modificaciones pero con carácter restrictivo, entendiendo que las mismas no pueden afectar a la configuración del edificio o de elementos comunes de la comunidad, no simplemente a nivel constructivo sino también estético.

Jurisprudencia relevante

En ese sentido se pronuncia la **STS de 20-4-1993** declarando ilegales las obras de cubrimiento de una terraza privativa —pero cubierta del piso inmediato inferior— y que, aunque de los materiales sólo una pequeña parte utilizada eran de albañilería y el resto desmontable, la obra modificaba la configuración externa del edificio. En el mismo sentido se expresan las **SAP de Cuenca de 20-10-2005** *(Tol 738092)*.

Sobre prohibición de acristalamiento de terraza común de uso privativo se pronuncia la **STS de 15-6-2005** *(Tol 667509)*. La **SAP de Madrid de 27-1-2005** *(Tol 562743)*, prohibiendo un cerramiento desmontable por alterar la configuración exterior de la fachada.

La **STS de 12-12-2012** *(Tol 2710072)*, se expresó en términos similares, respecto a la instalación de una estructura de aluminio y cristal:

> *«Pues bien, las obras que se hicieron, pese a no afectar a la estructura y seguridad del edificio, alteran la configuración exterior de este y causan un perjuicio visual o estético calificado en la sentencia como trascendente e importante. Partiendo de tales hechos, y con aplicación de la doctrina jurisprudencial expuesta, la instalación litigiosa, al alterar la configuración exterior del edificio y causar un perjuicio estético precisa, por imperativo legal, de la autorización de la comunidad de propietarios adoptada mediante acuerdo unánime.»*

Sobre validez de cerramiento de terraza en elemento privativo al no alterar el aspecto de la fachada se pronuncia la **STS de 5-3-1998** *(Tol 171649)*.

La **SAP de Alicante de 4-3-2005** *(Tol 628416)*, permitió un cerramiento con materiales o elementos desmontables, al considerar que dicha obra no alteraba ni la seguridad ni la configuración o estado exterior.

2.4.4. Uso

Es posible que en el título constitutivo se establezca su uso exclusivo por parte del propietario de un piso o local. No obstante, hay que tener en cuenta que este uso nunca puede perjudicar los intereses de la comunidad.

Jurisprudencia relevante

Sobre este respecto es muy interesante la **Resolución de la Dirección General del Registro y del Notariado de 17-3-1986:**

> *«Aunque ésta (la cubierta) sea elemento común de los propietarios de los 13 departamentos del edificio, no cabe duda que el uso de dichos elementos comunes puede circunscribirse en el título*

constitutivo a determinados propietarios, al no ser de los de necesaria utilización por todos ellos para el ejercicio de su derecho de propiedad».

En términos similares se pronuncia la **Resolución de la Dirección General del Registro y del Notariado 20-7-2007** *(Tol 1115857)*:

«6. Toca ahora enjuiciar si la cubierta el edificio puede configurarse como elemento privativo dentro de la propiedad horizontal o por el contrario, en el caso objeto de recurso, sólo sería posible —como sostiene el Registrador— conformar como tales los trasteros ubicados en aquélla. Como ya sostuviera la Resolución de este Centro Directivo de 1 de septiembre de 1981, dentro del conjunto de elementos comunes existentes en un edificio constituido en régimen de propiedad horizontal, hay unos elementos comunes esenciales que constituyen el soporte de la propiedad individual del piso o local, y otros que cumplen una finalidad comunitaria al estar al servicio de todos los propietarios individuales en su aprovechamiento y utilización, y estos últimos debido precisamente a este carácter contingente o mudable de su destino pueden —a través del correspondiente acto de especial desafectación—, dejar de formar parte de esa copropiedad, de la misma manera que en sentido inverso cualquier elemento privativo puede ser transformado en elemento común, mediante el obligado acto de afectación, y tanto en uno como en otro caso se trata de una rectificación del título constitutivo de propiedad que exigirá el acuerdo unánime de la Junta de propietarios conforme al artículo 17 de la Ley de Propiedad Horizontal.

Esa doctrina aplicable al caso objeto de recurso, determina que aunque la cubierta del edificio, sea por definición legal un elemento común de los propietarios del edificio (cfr. art. 396 del Código Civil y 3º de la Ley de Propiedad Horizontal), no cabe duda que el uso (Resolución de 17 de abril de 1986) o incluso la titularidad dominical de dicho elemento común (piénsese en la posibilidad reconocida por el artículo 16.2 del Reglamento Hipotecario de configurar un derecho de sobrelevación sobre el edificio) puede atribuirse en el título constitutivo a determinados propietarios, al no ser de los de necesaria utilización por todos ellos para el ejercicio de su derecho de propiedad (Vid. Resolución de 23 de noviembre de 1999).

Todo ello, sin prejuzgar si el Albacea Contador tiene entre sus facultades la constitución de un régimen de propiedad horizontal como el instituido (con configuración como elemento privativo de la cubierta el edificio), por no haber sido planteado por el Registrador en su nota (cfr. Resolución de 26 de noviembre de 2004)».

2.4.5. Uso exclusivo

Con carácter general, de la Jurisprudencia se desprende que se permite una utilización *«limitada»* estando prohibida cualquier modificación o alteración, salvo permiso unánime de la comunidad. Su mantenimiento o reparación, salvo uso negligente, corresponde a la comunidad.

Jurisprudencia relevante

Resulta particularmente interesante la **STS de 14-10-1991** la cual, en relación a la terraza común inmediata a un piso —dado que el título constitutivo no atribuía el carácter de privativa, pero su ubicación se infería el uso exclusivo a un propietario— el alto Tribunal consideró que, de este uso exclusivo, no podía pretenderse un dominio privado ni atentar contra su carácter de elemento común.

Por su parte la **SAP de Asturias de 1-7-2004** *(Tol 489356)*, respecto a una terraza que tenía atribuido su uso exclusivo en el título constitutivo, entendió que dicha terraza seguía siendo un elemento común pero que su utilización correspondía, exclusivamente, a quien era el propietario de la vivienda desde la que se accedía a la citada terraza.

A favor de efectuar construcciones provisionales en terraza común de uso exclusivo se pronuncia la **SAP de Valencia de fecha 18-9-2001**:

> *«...si la característica fundamental del derecho de uso es la ocupación del bien y por ser exclusivo, con absoluta limitación para el resto de propietarios, es evidente que a dichos interpelados no se les puede impedir la realización de construcciones temporales o provisionales».*

Por su parte la **STS 5-12-2008** *(Tol 1401727)*, entendió que un cerramiento en una terraza común de uso exclusivo, precisaba el permiso unánime de la comunidad, si bien según el alto tribunal, había existido un consentimiento tácito de la comunidad, por el tiempo transcurrido desde las obras hasta que se iniciaron acciones legales:

> *«La sentencia recurrida ha considerado probados los siguientes hechos: 1º, los demandados procedieron a cerrar parte de la terraza, propiedad de la Comunidad pero de uso exclusivo de aquéllos, entre siete y trece años antes de la presentación de la demanda; 2º, estas obras eran conocidas por todos los copropietarios, pues, incluso, se pueden observar desde la vía pública; 3º, las obras no afectan a la seguridad del edificio; y 4º, la Comunidad hasta el año 2000 (acta de 13 de junio) no ha tomado conocimiento 'oficial' de las obras efectuadas por los demandados. Aunque se han verificado por los litigantes pasivos obras en las terrazas de los áticos del edificio, las cuales, por su naturaleza, constituyen elementos comunes, para lo cual era requerido el acuerdo unánime de los propietarios manifestado en Junta (artículos 5, 7.1, 12 y 17 de la Ley de Propiedad Horizontal), es evidente, en este caso y según la declaración de hechos probados obrante en la instancia, que ello fue advertido y tolerado por la Comunidad y, por consiguiente, admitido, pues como el consentimiento puede ser tácito cuando del comportamiento de las partes resulta implícita su aquiescencia a una determinada situación, como precisan las SSTS de 26 de mayo de 1986, 12 de octubre de 1992 y 3 de octubre de 1998, cuya reseña se ha efectuado en este fundamento de derecho, al haber aceptado desde su inicio las labores de cerramiento de las terrazas y su plasmación posterior, sin que durante un largo período de tiempo se hubiera verificado impugnación alguna pese a su notoriedad».*

2.4.6. Desafectación tácita

Jurisprudencia relevante

Sobre la imposibilidad de atribuir un uso particular de las terrazas de forma tácita sin que haya existido el oportuno acuerdo o el mismo figure en el título constitutivo, se expresa la **STS 30-3-2007** *(Tol 1053717)*:

«...Ha de recordarse, que la calificación de las terrazas como elemento común es clara (STS 1-7-2006 entre las mas recientes). El artículo 396 del Código Civil, que se cita como infringido, en su redacción anterior a la disposición adicional única de la Ley 8/ 1999 de 6 de abril, de reforma de la Ley de Propiedad Horizontal, pese a no mencionar expresamente las terrazas al enumerar los elementos comunes, determina la inclusión entre ellos habida cuenta del carácter meramente indicativo y abierto, y no de 'numerus clausus' que tiene ese listado, y así lo ha entendido esta Sala, entre otras, en Sentencia de 14 de octubre de 1991, en que manifiesta que 'si bien es cierto que el Código Civil no menciona expresamente en su art. 396 las terrazas como constitutivas de elementos comunes, haciendo referencia únicamente al vuelo y cubiertas, no es menos cierto que según doctrina reiterada de esta Sala (Sentencia de 6 de mayo de 1991, entre otras), en correspondiente interpretación lógica-práctica del precepto, la enumeración del mismo no es ni puede entenderse como cerrada, fija y radical, sino que, por contrario, sólo es indicativa y abierta a las necesidades varias que impone la propiedad horizontal, que, al ser especial, exige un cuidadoso tratamiento, no sólo por la función social que cumple, sino también atendiendo a las dificultades y complejidades que produce su desarrollo dinámico en los presentes tiempos'. Tratándose de terrazas que sirven de cubierta al edificio, como es el caso, la sentencia de 25 de julio de 1995, con apoyo una anterior de 10 de febrero de 1992, afirma que 'las terrazas que sean la cubierta de todo o parte del inmueble (estas últimas llamadas "terrazas a nivel") tienen, en principio, la conceptuación legal de elementos comunes del edificio, pues así lo establece el art. 396 del Código Civil (al mencionar entre ellos a las "cubiertas") "reiterando que 'la descripción, no es de 'numerus clausus', sino enunciativa"". Por otra parte, también ha señalado esta Sala que, dentro de los elementos comunes, cabe distinguir entre elementos comunes por naturaleza o esenciales, imprescindibles para asegurar el uso y disfrute de los diferentes pisos o locales; y por destino, o no esenciales, admitiéndose que estos últimos, entre los que se encuentran las terrazas comunitarias, pueden ser, por esta razón, 'desafectados' de su destino común y dedicados a un uso privado o exclusivo, en favor de uno o varios de los propietarios de pisos o locales, excluyendo en ese uso al resto. La desafectación de elementos comunes no esenciales es posible en la medida que el art. 396 no es en su totalidad de 'ius cogens', sino de 'ius dispositivum' (sentencias de esta Sala de 23 de mayo de 1984, 17 de junio de 1988, entre otras), 'lo que permite que bien en el originario título constitutivo del edificio en régimen de propiedad horizontal, bien por acuerdo posterior de la Comunidad de propietarios (siempre que dicho acuerdo se adopte por unanimidad: regla 1ª del art. 16 de la Ley de 21 de julio de 1960) pueda atribuirse carácter de privativos (desafectación) a ciertos elementos comunes que no siéndolo por naturaleza o esenciales, como el suelo, las cimentaciones, los muros, las escaleras, etc., lo sean sólo por destino o accesorios, como los patios interiores, las terrazas a nivel o cubiertas de parte del edificio, etc.' (sentencias de 31 de enero y 15 de marzo de 1985, 27 de febrero de 1987, 5 de junio y 18 de julio de 1989, entre otras). La desafectación de un elemento común no esencial, como las terrazas, no implica que el bien deje de tener tal consideración; tan sólo supone una variación respecto del uso del mismo que cabrían hacer todos los copropietarios con arreglo a su cuota, configurándose el uso privado o exclusivo como una excepción a lo que constituye regla general en el régimen de propiedad horizontal. En efecto, la Ley de Propiedad Horizontal, establece un peculiar régimen dominical, en virtud del cual, la propiedad singular y exclusiva de cada propietario sobre su piso o local se completa con la 'copropiedad con los demás dueños de pisos o locales, de los restantes elementos, pertenencias y servicios comunes' (Art. 3 LPH), entre los que se encuentran las terrazas que sirven de cubierta al edificio, y que en consecuencia, dicho régimen faculta a todo copropietario a servirse de los mismos en la forma que sancionan los arts. 394 CC y 9.6 LPH, esto es, conforme a su destino, y de manera que no perjudique a los intereses de la Comunidad ni impida a los copartícipes usarlas según su derecho. Pero, siendo aquella la regla general; si atendemos a que el art. 5

LPH otorga al título constitutivo, entre otras, la función de disponer las 'reglas de constitución y ejercicio del derecho y disposiciones no prohibidas por la Ley en orden al uso o destino del edificio, sus diferentes pisos o locales, instalaciones y servicios (...)', y que el art. 13 LPH concede a la junta de propietarios la facultad de '4º. Aprobar o reformar los estatutos y determinar las normas de régimen interior', en principio nada se opone a que, bien por medio de lo dispuesto originariamente en el título constitutivo, bien por razón de decisión de la junta de propietarios, pueda otorgarse el uso exclusivo de un elemento común a alguno o alguno de los comuneros y restringir el mismo en cuanto a otros.

No es esto lo que ha ocurrido en el caso de autos. La sentencia de segunda instancia razona que, pese a tener la consideración de elemento común, y aunque es un hecho acreditado que ni en el título constitutivo ni en los estatutos, ni por acuerdo unánime de los copropietarios, tuvo lugar su expresa desafectación, no obstante, entiende que dicha desafectación ha sido tácitamente 'producida, con toda certeza, antes de la constitución del edificio en régimen de propiedad horizontal', por la propia configuración física del inmueble, que fue efectuada por la propietaria única del edificio, situación fáctica prolongada que tuvo que ser conocida necesariamente por el adquirente de la vivienda ubicada en la planta baja. Esta Sala no comparte tales razonamientos, en la medida que la distinción entre elementos privativos y comunes no tiene razón de ser más que a partir de la constitución del inmueble en régimen de propiedad horizontal, precisamente porque esta forma especial de propiedad hace compatible la singular y exclusiva de los pisos o locales con el condominio sobre los elementos comunitarios; y examinando el título constitutivo, escritura de obra nueva, constitución de propiedad horizontal y división, resulta un hecho indiscutible que la terraza del edificio de la Calle de DIRECCIÓN 000 numero NÚM. 000 es un elemento común a todo el edificio por cuanto, pese a no estar expresamente mencionado como tal en el título, tampoco fue incluido como privativo, es decir, tampoco fue integrado en alguno de los cuatro elementos independientes en que se dividió el edificio, rigiendo por tanto la presunción a la que la propia Audiencia hace referencia. Partiendo de su naturaleza comunitaria, y centrándonos en la verdadera cuestión controvertida, que afecta al uso, es incuestionable que, ni se mencionó expresamente en dicho título un uso privado de la terraza a favor de los pisos superiores, ni posteriormente fue adoptado por la Junta de Propietarios acuerdo unánime en tal sentido, permaneciendo así el referido elemento afectado al uso común que le es propio, sin que deba otorgarse relevancia a una hipotética voluntad de la dueña anterior, imposible de contrastar en autos, ya que sólo su plasmación en el título o en los estatutos hubiera vinculado a futuros adquirentes. Sostener, como hacen los demandados, que la voluntad de su causante fue inicialmente vincular el uso exclusivo de la terraza a la propiedad de los pisos superiores, apoyándose en que el acceso a la misma tiene lugar desde ellos, no se concilia, en primer lugar, con el hecho al que el acceso no se produce desde el interior de las viviendas sino desde la escalera común, ni tampoco con el extremo igualmente acreditado, de que los herederos, al practicar la división horizontal del edificio, no plasmaran aquella intención en el título constitutivo, ya fuera otorgando carácter privativo a la terraza, mediante su inclusión en la descripción de los elementos susceptibles de aprovechamiento independiente, asegurándose con ello un uso también exclusivo, o, al menos, que la consideraran comunitaria, pero haciendo la observación en el título de que el uso exclusivo de dicho elemento correspondía privadamente a los dueños de las viviendas de la primera planta, con exclusión de los actuales y futuros adquirentes del local y del piso situados en la planta baja. Consecuentemente, lo relevante a la hora de estimar producida una desafectación, que destine a un uso privativo lo que, en principio, permitía un uso común, no es la realidad física, sino la jurídica que existía en el momento en que el recurrente adquirió la vivienda de la primera planta; y partiendo de esa realidad jurídica, no era posible atisbar ningún límite o restricción, ni en el título ni en los estatutos comunitarios, que privara a todo copropietario, y por ende, también al adquirente, de su derecho a usar, con arreglo a su cuota, todos y cada uno de los elementos comunitarios al servicio del inmueble, incluyendo, obviamente, la terraza. Los argumentos de la sentencia impugnada, que vienen a otorgar validez a la desafectación tácitamente producida, atendiendo a la situación del inmueble y al consentimiento del adquirente, carecen de cobertura legal y de fundamento en la doctrina de esta Sala: la única sentencia de fecha 7 de abril de 1998 (sic), se refiere a un supuesto diferente en el que este Tribunal admitió la afectación al uso privado de determinados elementos comunes (camarotes) por constar expresamente, y con carácter previo, en el título constitutivo como anejo asignado a una vivienda, siendo esta la razón por la que los nuevos adquirentes si debían respetar esa situación, que era conocida en el momento de comprar su vivienda. En todo caso, queda dicho que esta Sala sólo admite la desafectación ajustada a los procedimientos legalmente previstos, ninguno de los cuales ha tenido lugar, sin que, tampoco quepa hablar de un acuerdo posterior unánime interpretando la conducta del adquirente ya que, como señala la STS de 10 de junio de 2002, la inactividad del actor desde la adquisición de la vivienda hasta la fecha de iniciación del litigio no supone un consentimiento tácito sanador de la falta del consentimiento unánime de los copropietarios exigido por el citado artículo 11 de la Ley de Propiedad».

2.5. Elementos estructurales

2.5.1. Pilares

Los pilares, aunque siempre han tenido la consideración de elementos comunes, no se encontraban enunciados como tal en la antigua redacción del 396 CC. Tras la reforma de 1999, la Ley ya los introduce en su texto. Arquitectónicamente hablando son columnas para servir de sostén, o pilastras sin proporción entre su grueso y su altura.

Jurisprudencia relevante

Resulta interesante la **STS 22-3-2002** *(Tol 213796)* que declara no ajustadas a derecho unas obras por las que se efectuó un cerramiento de una plaza de garaje, entre otros motivos por afectar a elementos comunes como los pilares:

«Analizada las obras necesariamente ha considerarse que los demandados incurrieron en la prohibición relativa que contiene el artículo 7-1 de la Ley de Propiedad Horizontal, no en la absoluta que contempla el apartado segundo del mencionado artículo, por cuanto se realizaron obras sobre elementos privativos pero afectando a comunes, como son los pilares, provocando una evidente alteración de la configuración del inmueble, ya que según el título constitutivo, la planta destinada a cocheras situada en la planta semisótano se configura como una planta abierta y despejada, en donde las distintas plazas de cocheras exclusivamente están delimitada por señales en el suelo, por tanto han realizado con el cierre de su espacio privativo un acto que no está permitido en un régimen de propiedad horizontal, ya que dicha alteración produce un cambio del espacio general tal como fue concebido originariamente e incluso perjudica el derecho de los demás comuneros, de modo que se atenta al interés general que se encarna en la conservación del edificio, sin olvidar los perjuicios a las necesarias medidas de seguridad que

en aplicación de las normas urbanísticas se exigen a las plantas de los inmuebles destinadas a cocheras de vehículos, especialmente sobre evacuación de humos y ante un posible incendio».

2.5.2. Vigas

Al igual que los pilares y forjados son introducidos como elementos comunes por la redacción del 396 del CC del año 1999.

2.5.3. Forjados

Son aquellos elementos arquitectónicos destinados a tapar los huecos o espacios de un entramado o, en el caso del suelo, de su entrevigado.

Jurisprudencia relevante

Sobre su naturaleza común y la posibilidad de abrir huecos en el forjado separador de plantas del edificio, se pronuncia la **STS 15-06-2005** *(Tol 667509)*:

> *«...Este primer submotivo ha de ser rechazado, pues, como acertadamente se señala en la sentencia impugnada, dentro del vocablo 'muros' (que expresamente mencionaba el artículo 396 del Código Civil en su redacción vigente en el momento en que se interpuso la demanda) han de entenderse comprendidos no solo las paredes maestras, sino también los paramentos horizontales que forman parte de la estructura y esqueleto, metálico o de cemento, que sustenta la edificación. El carácter de elemento común de los forjados (que actualmente se hace constar en el precepto mencionado, según la reforma introducida por Ley 8/1999, de 6 de abril), nunca ha sido puesto en duda y, de hecho los estatutos de la Comunidad en litigio lo daban por supuesto, 'a contrario sensu', al incluir en su artículo 5º como elementos pertenecientes en exclusiva al propietario de cada finca los cielos rasos y pavimentos de los pisos, es decir, únicamente el revestimiento inferior y superior de los forjados en la superficie que corresponde a cada vivienda, pero no, naturalmente, los forjados mismos. De ahí, que la destrucción parcial en mayor o menor medida, de estos paramentos no pueda llevarse a cabo sin autorización de los demás copropietarios.»*

2.5.4. Muros

Se citan en el art. 396 CC como elementos comunes al formar parte de la estructura del edificio, ya se trate de muros o paredes maestras de carga y sustentación o aquellos que delimitan espacios comunes u otros privativos.

Jurisprudencia relevante

Al respecto es clarificadora la **STS 16-02-2006**:

«...Los 'muros' son siempre elementos comunes según el art. 396 del propio Código sustantivo, se trate de paredes maestras o de sustentación, o sean paredes divisorias o de separación, en cuanto la función de las segundas es la delimitadora del espacio correspondiente al edificio, marcando el perímetro con relación a otro distinto, por lo cual aunque el muro demolido por el recurrente para poner en comunicación los locales de negocio de su propiedad integrados en dos fincas urbanas bien diferenciadas no era verdaderamente una pared de carga, sí constituía un elemento de cierre y delimitación con la casa vecina, por lo que no podía ser derruido sin la indispensable concurrencia de la unánime voluntad de los propietarios.»

2.5.4.1. Tipos de muros

a) De carga: como muro maestro ha de entenderse a la pared de fuerte construcción destinada a sostener los distintos pisos o locales de un edificio. Son elementos comunes tal y como ha puesto de manifiesto la ya citada STS de 16-02-2006

«...En efecto la sentencia recurrida, aparte de afirmar que 'los tabiques de carga' son elementos comunes, tesis absolutamente correcta desde un punto de vista legal y jurisprudencial, y que ha sido recogida en la modificación de la Ley de Propiedad Horizontal de 6 de abril de 1999».

Jurisprudencia relevante

Anterior a la reforma de 2013, sobre la necesidad del permiso unánime para su modificación se expresa la **STS 23-2-2005** *(Tol 648619)*:

«En efecto, de lo actuado y así reconocido en la sentencia de primera instancia y en la recurrida, en la planta baja del edificio Polígono de la Peña del Cura, sito en la calle San Juan de Dios de Cáceres, la parte demandada y ahora recurrida la firma 'Cense S.A.' realizó obras de adaptación de la misma para un servicio de tanatorio. Consistiendo dichas obras en modificaciones en huecos haciendo dos nuevos en la fachada de la Plaza de Gante y otros dos en la calle Lisboa, así como en la demolición de un muro de carga.

Pues bien, dichas obras constituyen sin duda una alteración de elementos comunes de la edificación, para cuya realización se necesita un permiso adoptado por unanimidad de la junta de comuneros, actuación que no ha existido en el presente caso; es más, ni siquiera se solicitó permiso alguno. Todo lo cual significa lisa y llanamente una infracción de los artículos 7 y 11 de la Ley de Propiedad Horizontal, que prohíben la realización de obras de modificación en los elementos comunes —muro de carga y fachadas, entre otros— sin un permiso dado a través de un acuerdo unánime del resto de comuneros.

Es más, jurisprudencia consolidada emanada de sentencias de esta Sala, tiene dicho que la alteración en la configuración de la fachada de un edificio así como del estado exterior de la finca, suponen la necesidad de previa autorización de los copropietarios, y también en tal situación se encuentra la alteración de un muro de carga —SS de 5 de marzo de 1998 y 30 de julio de 1999, entre otras—».

En este apartado sirven las reflexiones efectuadas ut supra sobre los trámites para la modificación de elementos comunes.

b) Que delimitan espacios comunes u otros privativos: para determinar la propiedad de los tabiques hay que atender a su finalidad. Si separan apartamentos se pueden considerar paredes medianeras, si separan compartimentos, pertenecen al dueño del piso o local.

2.5.4.2. Diferenciación en comunes o privativos

Los muros de sustentación o maestros son comunes:

1. Los que sostienen el edificio, sirven de apoyo a las vigas.
2. Las fachadas:
   - Molduras
   - Cornisas
   - Balcones

Paredes medianeras hay que distinguir si son o no comunes dependiendo de su naturaleza:

1. Las que delimitan el perímetro del edificio: son comunes.
2. Tabiques:
   - Los que separan locales o apartamentos: son comunes a los dos departamentos que divide.
   - Los que separan habitaciones o son de índole decorativa: son elementos privativos del dueño del piso o local.

2.6. Fachadas y elementos de cierre que las conforman

2.6.1. Legislación aplicable

Antes de la modificación del art. 396 en el año 1999, tenían la configuración de muros y, en consecuencia se consideraban elementos comunes. La redacción del citado artículo las incluyó en su enumeración, ratificando su consideración de elementos comunes. Como venimos reiterando, a lo largo del capítulo, el requisito de la unanimidad para su modificación se ha flexibilizado tras la última reforma de la LPH de 2013.

Asimismo la reforma de 1999 introdujo otras innovaciones con respecto a la antigua redacción al incluir en el citado artículo los revestimientos exteriores de terrazas, balcones y ventanas, incluyendo su imagen o configuración, los elementos de cierre que las conforman y sus revestimientos exteriores.

Jurisprudencia relevante

Al respecto y con el fin de clarificar si los mencionados elementos tienen la consideración de comunes, la **STS de 10-10-2007** *(Tol 1221262)* estableció que

> *«...Con arreglo estos criterios el concepto de fachada, que el art. 395 CC incluye entre los elementos comunes, «con los revestimientos exteriores de terrazas, balcones y ventanas, incluyendo su imagen o configuración los elementos de cierre que las conforman y sus revestimientos exteriores» no puede aplicarse con un criterio puramente arquitectónico, sino que la determinación de cuáles son los elementos de la fachada que tienen este carácter común debe hacerse ponderando si son necesarios para el adecuado uso y disfrute del edificio (STS de 18 de enero de 2007), examinando si forman parte de la estructura del edificio o valorando si afectan a su configuración externa determinante de su apariencia, tomando en consideración el uso a que están destinados cada uno de estos elementos y los locales a que afectan».*

Debemos tener en cuenta la normativa urbanística y municipal respecto a temas como la conservación, posible uso de la fachada o rehabilitación de la misma, aspectos que pueden variar en el caso de que el inmueble esté clasificado como histórico o artístico, debiendo, en este caso, consultar la normativa especial que regula la materia.

Respecto a la naturaleza común de los balcones, también es significativa la **STS 18-01-2007** *(Tol 1040238)* al establecer que:

> *«teniendo en cuenta que las obras que autoriza la de la Comunidad afectan a los balcones del inmueble y estos balcones, como las galerías y miradores, además de formar parte inseparable de su fachada hacen la función de muro delimitador de los pisos al exterior, y son, obviamente, elementos necesarios para el uso y disfrute del edificio, de conformidad con lo dispuesto en el artículo 396 del Código Civil, razón por la cual gozan de igual protección que ésta en cuanto a sus posibles modificaciones y alteraciones, por más que el espacio que delimitan sea privativo, lo que determina la responsabilidad directa de la Comunidad sobre este elemento común de cierre del edificio, en lo que hace a su conservación y, en su caso, reparación o sustitución, y la de quien lo disfruta en lo demás, en la forma que establezca el título constitutivo o resuelvan en forma legal los comuneros sobre el uso y disfrute de los mismos».*

Resulta particularmente interesante la **STS 23-10-2008** *(Tol 1389541)* en la que el alto tribunal considera que ha habido consentimiento tácito de la comunidad, por el transcurso del tiempo, en el cerramiento de un balcón que se efectuó sin el preceptivo permiso de la junta de copropietarios:

> *«...aunque se han verificado por la demandada obras en la fachada del edificio, la cual, por su naturaleza, constituye uno de sus elementos comunes, para lo cual era requerido el acuerdo unánime de los propietarios manifestado en Junta (artículos 5, 7.1, 12 y 17 de la Ley de Propiedad Horizontal), es evidente, en este caso y según la declaración de hechos probados obrante en la instancia, que ello fue advertido y tolerado por la Comunidad y, por consiguiente, tácita-*

mente consentido, pues como el consentimiento puede ser tácito cuando del comportamiento de las partes resulta implícita su aquiescencia a una determinada situación, como precisan las SSTS de 24 de enero de 1965, 24 de mayo de 1975 y 26 de mayo de 1986, cuya reseña se ha efectuado en el párrafo tercero de este fundamento de derecho, al haber aceptado desde su inicio las labores de cerramiento del balcón de la vivienda de la demandada y su plasmación posterior, sin que durante un largo período de tiempo se hubiera verificado impugnación alguna».

2.6.2. Modificación de las fachadas

2.6.2.1. Problemática general

La problemática más común suele venir dada por las modificaciones que varían tanto la configuración originaria de la fachada como la estética y, entre las más comunes, podemos citar:

- Acristalamiento de balcones e instalación de galerías metálicas, ya que suponen una alteración estética de importancia.
- Apertura de nuevas ventanas o traslado de las existentes.
- Perforación del muro de la fachada para la instalación de aparatos de aire acondicionado.
- Colocación de anuncios o carteles.
- Cualesquiera otros que modifiquen los revestimientos exteriores de terrazas, balcones y ventanas, incluyendo su imagen o configuración, los elementos de cierre que las conforman y sus revestimientos exteriores.

2.6.2.2. Tipos de modificaciones

• ***Alteraciones:***

La alteración de la fachada, como elemento común que es y tras la nueva redacción del artículo 10.3 LPH requiere las mayorías ya especificadas a lo largo del capítulo para la modificación de elementos comunes.

Jurisprudencia relevante

Sobre la necesidad de unanimidad para su alteración, con anterioridad a la reforma de la Ley 8/2013 se pronunció la **STS 26-11-2007** *(Tol 1213869)*:

«...por ello, partiendo de que las obras afectaron a la configuración exterior, en virtud del artículo 11 LPH, se trata de una alteración de un elemento común, sujeta al régimen de unanimidad impuesto por el artículo 16.1º de la Ley especial, que fue correctamente aplicado por la sentencia recurrida para declarar contrarias a derecho las obras ejecutadas sin autorización

unánime de la Comunidad, teniendo reiterado esta Sala que la alteración en la configuración de la fachada de un edificio, así como del estado exterior de la finca, exige una previa autorización de los copropietarios (Sentencias de 23 de febrero de 2005, 30 de julio y 8 de marzo de 1999 y 5 de marzo de 1998, entre otras).

...en cambio, en el presente caso, las obras se realizan en el muro frontal que integra la estructura misma de la fachada del inmueble, elemento común por naturaleza que la propia sentencia de 10 de octubre del presente año, califica como 'unidad arquitectónica casi rígida, que no puede alterarse sin romper la armonía del conjunto', en especial, tratándose de un edificio de casi 60 años y con una ubicación singular —casco histórico Santiago de Compostela—; y además, las obras no buscan abrir una puerta de acceso indispensable para dotar al local del indispensable aprovechamiento independiente, ni se cuestiona que el local pueda seguir utilizándose de forma independiente como se había venido haciendo, aunque se restituya la fachada al estado original».

Dicha sentencia aborda el concepto de fachada, en relación a su carácter como elemento común:

«...con arreglo estos criterios el concepto de fachada, que el art. 395 CC incluye entre los elementos comunes, "con los revestimientos exteriores de terrazas, balcones y ventanas, incluyendo su imagen o configuración los elementos de cierre que las conforman y sus revestimientos exteriores" no puede aplicarse con un criterio puramente arquitectónico, sino que la determinación de cuáles son los elementos de la fachada que tienen este carácter común debe hacerse ponderando si son necesarios para el adecuado uso y disfrute del edificio (STS de 18 de enero de 2007), examinando si forman parte de la estructura del edificio o valorando si afectan a su configuración externa determinante de su apariencia, tomando en consideración el uso a que están destinados cada uno de estos elementos y los locales a que afectan».

- ***Obras intrascendentes:***

Jurisprudencia relevante

El Tribunal Supremo ha considerado como obras intrascendentes que no afectan a los elementos comunes aquellos cerramientos que no son perjudiciales para los restantes propietarios ni menoscaban o alteran la seguridad del edificio ni su configuración hacia el exterior **SSTS de 6 de abril de 2006, 25 de mayo de 2007** y de **10-10-2007** *(Tol 1221262).*

- ***Otras actuaciones que implican la alteración de la fachada:***

Sin ánimo de exhaustividad, pero por ser las actuaciones que mas frecuentemente alteran la fachada, vamos a abordar las siguientes:

a) Instalación de aire acondicionado

b) Cerramientos

c) Colocación de rejas

d) Instalación de chimeneas por los bajos comerciales

e) Colocación de carteles publicitarios

a) Instalación de aire acondicionado:

El principal problema que plantea la instalación de aparatos de aire acondicionado en las comunidades de copropietarios es su ubicación, sobre todo la de los compresores, que necesitan estar ubicados en el exterior de las viviendas. En obras nuevas y, sobre todo, con sistemas de aire acondicionado por conductos, el diseño del edificio solventa la problemática, ya que se destina espacio físico para la ubicación de estos compresores, sin que se altere la estética del inmueble.

El problema surge cuando los propietarios de viviendas que, originariamente no han sido diseñadas para albergar estos aparatos, deciden instalarlos. A tenor de lo regulado por el art. 396 del CC, los muros y fachadas tienen la condición de elementos comunes y no pueden entenderse en forma alguna como de propiedad privada, por lo que las aperturas de huecos alterarán un elemento común y, por lo tanto se requerirá el correspondiente permiso.

Jurisprudencia relevante

En estos términos se pronunció la **STS de 6 de noviembre de 1995** *(Tol 211065)*:

> *«...las obras realizadas en el muro que separa el patio de luces del edificio consistentes en la ejecución de una apertura para instalar un aparato de aire acondicionado produjeron la alteración de un elemento que es común y son contrarias a lo dispuesto en los artículos 7.2 y 11 de la Ley, si no están respaldadas por el consentimiento unánime de todos los propietarios...».*

No obstante, en los últimos años, el avance tecnológico ha permitido que ya no sea necesario la perforación de las fachadas para la instalación de este tipo de aparatos y, en este sentido, la jurisprudencia proveniente de las Audiencias ha flexibilizado algo el tema.

En ese sentido la **SAP Madrid 6-11-2007** *(Tol 1255503)* recoge los criterios fijados por diversas Audiencias en los últimos ejercicios:

> *«CUARTO.- Además de lo alegado en los apartados anteriores, debe traerse a colación la jurisprudencia actual, pacífica y reiterada que señala que ante la realidad de que el aire acondicionado en un país tan caluroso y con el nivel socio-económico de España no es un lujo, sino una necesidad que se va convirtiendo en elemental, la Audiencia Provincial de Zaragoza en numerosas sentencias, entre ellas y como ejemplo la de 28 de junio de 1999 (Sección 5a, nº 674/1999) sostiene que la instalación de aparatos exteriores de refrigeración ni siquiera requiere acuerdo de la junta de propietarios.*
> *Este criterio, extendido a otras Audiencias, como se ve en la Sentencia de la de Baleares, de 11 de octubre de 2002, y que podríamos calificar como de avanzado, convive con el más frecuente de que, no conllevando la instalación más que simples anclajes a elementos de la fachada del*

inmueble, la obra es menor y no modifica la configuración ni la estructura del edificio, por lo que su autorización quedaría sujeta, no al acuerdo unánime, sino al de la mayoría de los copropietarios.
Las sentencias del Tribunal Supremo de 17 de abril de 1998 (Ref. AJ 2493), Audiencia Provincial de Zaragoza de 1 de julio de 1996, Audiencia Provincial de Madrid de 11 de junio de 2001 y Audiencia Provincial de Barcelona de 17 de septiembre de 2004.
Son rasgos comunes a todas ellas:
** Que, según hemos señalado, los compresores de refrigeración constituyen un avance tecnológico que mejora la calidad de vida humana, cuya prohibición iría contra el principio establecido en el artículo 3.1. del Código Civil, por el que las normas han de interpretarse conforme a la realidad social del tiempo en que deben aplicarse.*
** Que la instalación de estos instrumentos por medio de anclajes es una obra menor.*
** Que, como tal, no altera la configuración, estructura y seguridad del edificio».*

Por su parte, la jurisprudencia del Tribunal Supremo de los últimos ejercicios, a este respecto, también ha flexibilizado, con matices, la posibilidad de instalación. Es significativa la **STS de 15-12-2008** *(Tol 1413606)*:

«...La instalación de aparatos de aire acondicionado en viviendas o locales sujetos al régimen de la Propiedad Horizontal, incluso afectando a elementos comunes, ha sido enjuiciada con un cierto margen de flexibilidad para permitir la puesta al día de viviendas que en el momento de su construcción no pudieron adaptarse a las mejoras tecnológicas más beneficiosas para sus ocupantes, y ello ha dado lugar sin duda a una valoración de cada concreto caso y a un indudable casuismo jurisprudencial tratando de armonizar el alcance de la exigencia legal que limita las facultades del propietario para ejecutar obras en elementos privados y comunes del edificio, con la posibilidad de facilitar el acceso de los comuneros a estas innovaciones, de existencia habitual y normal en viviendas y locales de negocio, que se han hecho particularmente significativas en determinadas sentencias de Audiencias Provinciales para dar cobertura a una actuación generalizada de los propietarios a partir de una interpretación amplia de la normativa aplicable, y de la consideración de que su instalación comporta una simple manifestación de la posesión de la vivienda o local de negocio y un uso inocuo de elemento común autorizado por el artículo 394 del CC...».

Todo ello sin olvidar, como reconoce esta sentencia, que

«...el artículo 7 de la Ley de Propiedad Horizontal limita las facultades del propietario, el cual, si bien usará de su piso o local según le convenga, carece de capacidad para alterar cualquier parte del resto del inmueble, distinguiendo entre la propiedad privada y los elementos comunes del edificio: para la primera, el titular tiene plena libertad de realizar modificaciones, pero no en los servicios generales de la Comunidad, pues sus derechos dominicales terminan allí donde su propia superficie se acaba, conforme al artículo 3 a) de la Ley de Propiedad Horizontal, siendo doctrina reiterada (SSTS de 17 de abril de 1998; 16 de mayo y 22 de octubre de 2008), respecto a la colocación de estos aparatos, que cuando no necesitan de obras de perforación, no se considera como alteración de elementos comunes, pues, en el supuesto contrario, se impediría el uso y disfrute de los adelantos técnicos en todos los edificios no preparados para dicho particular, que no es la interpretación correcta que acepta la sociedad, habida cuenta de la actuación generalizada de los comuneros sobre esta materia en nuestro país, por lo que corresponde acudir a la realidad social impuesta en el artículo 3.1 del Código Civil; realidad que no significa que el propietario pueda en elementos comunes del inmueble, como son las fachadas

> *de los patios interiores, realizar obras que afecten a estos los elementos o que perjudiquen o molesten a otros propietarios, en los que la prohibición es manifiesta (SSTS de 26 de noviembre de 1990 y 24 de febrero de 1996), como sucede en el caso objeto de recurso en el que la Comunidad de Propietarios actúa frente a tres comuneros para que se restituya el patio interior a su estado original puesto que las obras ejecutadas en el muro que separa los locales de su propiedad de los patios interiores del edificio afectan a este elemento común y han sido realizadas sin su preceptiva autorización, contraviniendo los artículos 7.1 y 12 de la Ley de Propiedad Horizontal, en la interpretación dada por reiterada jurisprudencia de esta Sala, por cuanto se han abierto huecos de las dimensiones dichas mediante el rompimiento de la fachada o muro común, con la consiguiente alteración del mismo, y cambio del uso no previsto inicialmente, para cuya verificación debieron haber cumplido los requisitos legalmente establecido...».*

En relación a la instalación de aire acondicionado, resulta particularmente interesante la **STS 23-3-2010** *(Tol 1813830)*, relativa al interés casacional por oposición a la jurisprudencia del Tribunal Supremo y por jurisprudencia contradictoria de Audiencias Provinciales.

b) Cerramientos

La exigencia de la unanimidad, se ha suavizado, con la redacción del art. 10.3 LPH, tras la reforma de la Ley 8/2013, de 26 de junio al referirse al cerramiento de terrazas.

Jurisprudencia relevante

No obstante, respecto al cerramiento de una fachada y en algún caso muy concreto, el Tribunal Supremo consideró como obras intrascendentes que no afectaban a los elementos comunes aquellos cerramientos que no son perjudiciales para los restantes propietarios ni menoscaban o alteran la seguridad del edificio ni su configuración hacia el exterior (SSTS de 6 de abril de 2006 y 25 de mayo de 2007).

Sobre la *eliminación de un cerramiento* la **STS de 10-10-2007** *(Tol 1221262)* estableció que

> *«Las limitaciones a que se sujeta la realización de obras de los elementos comunes son de un doble carácter. El hecho de que la obra no afecte a la seguridad o estructura del edificio no es obstáculo para que pueda estimarse, como ocurre en el presente caso, que afecta a la fachada como elemento común, en cuanto supone eliminar un cerramiento que forma parte de la configuración de la misma».*

En la citada sentencia se enjuiciaban las obras efectuadas en un local comercial para abrir un acceso a la calle, modificando la fachada, afectando a un cerramiento configurador de la misma, sin autorización de la Junta de Propietarios y obligando a los infractores a restituir el citado elemento común a su estado anterior.

Sobre la necesidad de *permiso para realizar cerramientos o instalar marquesinas* se pronunció la **STS 26-01-2010** *(Tol 1781428)*:

> *«4.- Por lo que respecta al interés casacional por oposición a la jurisprudencia del Tribunal Supremo el recurso incurre en la causa de inadmisión prevista en el art. 483.2, 3º, inciso segundo, de la LEC 2000, esto es, de inexistencia de interés casacional, pues basta examinar la Sentencia recurrida para comprobar como la misma no se opone a la doctrina del Tribunal Supremo alegada como infringida, en concreto la que establece la posibilidad de un consentimiento tácito que posteriormente no puede quedar desvirtuado por voluntad contraria expresada de forma unilateral, ya que la parte recurrente en todo momento parte de la existencia de ese consentimiento tácito de la Comunidad de Propietarios, eludiendo que la resolución recurrida, precisamente en aplicación de la doctrina que ahora se dice infringida, y tras la valoración de la prueba, concluye la inexistencia de un consentimiento o autorización tácita de la Comunidad de Propietarios, por cuanto nada hay en las actuaciones que acredita la existencia en el edificio de marquesinas del tipo singular de la que ha originado la presente controversia, aunque si se han acreditado otro tipo de cerramientos para nada comparables con la de los recurrente, no constando acreditada la autorización expresa de la Comunidad de propietarios a estos últimos cerramientos, no constando tampoco si dichas construcciones son o no anteriores a la de los demandados, de suerte que la marquesina colocada por los citados demandados altera la configuración exterior del edificio y no cuenta con el respaldo de un acuerdo válidamente adoptado, sin que la falta de ejercicio de las acciones pertinentes determine la existencia de ese consentimiento tácito, habida cuenta que dichas acciones no han prescrito y ya se ha requerido a los demandados a fin de que retiraran dicha instalación».*

c) Colocación de rejas

Como ya hemos manifestado, la fachada es un elemento común que no puede alterarse, aún alegando cuestiones de seguridad, sin el permiso del resto de la Comunidad. Cosa distinta sería la colocación de rejas en el interior de la vivienda, o local, como elementos privativos que son, acto para el cual no se requeriría la citada autorización.

Al respecto se recomienda estudiar en cada caso las repercusiones que dichas instalaciones pueden suponer, pues la casuística es muy extensa y, en algunos casos nos encontramos, por parte de las Audiencias con Sentencias encontradas.

Jurisprudencia relevante

Las sentencias de la Audiencia Provincial de Vitoria de 9 de octubre de 1979 y la Sentencia de la Audiencia Provincial de Valencia de 14 de septiembre de 1992, en términos similares, establecieron que siendo la fachada un elemento común del inmueble por excelencia, la colocación de rejas en la fachada y su ostensible sujeción a la misma debe someterse al régimen jurídico de la unanimidad. La SAP Salamanca de 14 septiembre 1998 entendió que si bien la fachada donde se realizaron las modificaciones es un elemento común y dichas obras requieren el consentimiento de los copropietarios, en el presente caso las rejas llevaban diez años instaladas lo que presume acuerdo tácito de la comunidad.

No obstante existe alguna sentencia posterior en contra de estas tesis, como la SAP de Sevilla de 19-11-99, que entiende innecesaria la unanimidad para colocación de rejas. En el caso estudiado se trataba de colocar rejas en las ventanas en el primer piso, prácticamente idénticas a las que ya se encontraban situadas en la planta baja, considerando la sentencia que eran necesarias para la protección de las vivienda y para su habitabilidad y que no alteraban la seguridad del edificio, la estructura general ni su configuración o estado exteriores.

La **SAP de León 27-2-2009** *(Tol 1491023)* respecto a la colocación de rejas y ventanas entendió que:

> *«Por otra parte, hay que tener en cuenta que es unánime la jurisprudencia que considera las obras modificativas de la fachada del edificio y del aspecto estético exterior como afectantes a elementos comunes, que exceden de las permitidas al propietario en el art. 7 LPH, y que requieren, conforme al art. 12, la autorización por acuerdo de la comunidad. Pues bien, no cabe duda de que las obras llevadas a cabo por el demandado implican una alteración de la configuración del edificio, que afectan a su estructura, así como a elementos comunes del inmueble (en este caso a la fachada del edificio), por lo que su realización lícita exigía, de conformidad con el art. 12 LPH, bien expresa autorización en el título constitutivo (autorización que evidentemente no existe), bien acuerdo unánime de la junta de propietarios (art. 17, regla 1ª), acuerdo éste que nunca se produjo. Por ello, tales obras no se ajustan a la legalidad exigida en la citada normativa legal».*

La **SAP de Valencia de 8-2-2008** *(Tol 1308671)*:

> *«SEGUNDO.- Analizadas las actuaciones estimamos que la colocación de las rejas en las ventanas del inmueble, si bien puede considerarse una alteración de la fachada, viene justificada por razones de seguridad, como la propia Comunidad de Propietarios ha admitido y por eso ha optado por consentir su instalación si bien regulando su forma para mantener una uniformidad estética, por lo que no podemos estimar que la demandada venga obligada a retirarlas bajo el amparo de alteración de un elemento común, sino porque la forma en la que lo ha realizado no se ajusta a las previsiones estéticas fijadas por la Comunidad de Propietarios en las normas de régimen interior».*

A nuestro juicio y máxime si la Junta de propietarios considerara que la instalación de rejas, por motivos de seguridad, puede ser un servicio de interés general, entendemos que el requisito de la unanimidad también debe de ceder en este caso a favor de la mayoría de tres quintos de propietarios y cuotas establecido en el art. 17.3 LPH.

d) Instalación de chimenea por parte de los bajos comerciales:

Jurisprudencia relevante

Respecto al permiso para instalar o cambiar una chimenea modificando elementos comunes se pronunció la **STS de 12-11-2007** *(Tol 1221254)*:

> *«De ordinario, los titulares de locales, a causa de la explotación de negocios de hostelería, como bares o restaurantes, necesitan reglamentariamente de una salida de humos, por lo que proceden a la colocación de una chimenea que pasa por elementos comunes, como fachadas o patios de luces, o a la sustitución por otra de la existente deteriorada. Aunque los propietarios de estos locales tienen la facultad de dedicar los mismos a una actividad lícita, salvo cláusula estatutaria expresa en contrario, cuando para ello necesitan verificar obras en elementos comunes, sólo la aprobación unánime de la Comunidad les permitirá la instalación o la mutación de dichas chimeneas de salidas de humos».*

En este punto resulta particularmente interesante la **STS de 17-1-2012** *(Tol 2411960)*, cuando en su fundamento de derecho segundo reconoce:

> *«...La existencia de discrepancias entre las Audiencias Provinciales en cuanto a la necesidad o no de unanimidad en el acuerdo relativo a la instalación, en locales comerciales, de chimeneas para la evacuación de humos y gases así como de aparatos de climatización y aire acondicionado. De un lado cita sentencias de la Audiencia Provincial de Barcelona, de 25 de noviembre de 1998 y 23 de septiembre de 2004, o de la Audiencia Provincial de Valencia, de 25 de enero de 2001 y 11 de noviembre de 2002, según las cuales entiende la parte recurrente no autorizan la instalación de chimeneas y aparatos de aire acondicionado por considerar que supone una alteración de un elemento común para el que no se cuenta con la autorización unánime de la comunidad de propietarios. Frente a estas enumera las sentencias de la Audiencia Provincial de Salamanca, de 19 de octubre de 1999 y 18 de febrero de 2002, que mantienen que la instalación de chimeneas y sistemas de ventilación constituyen un derecho de los propietarios de locales comerciales para el ejercicio de su actividad que no suponen alteración sustancial de los elementos comunes cuando dichas instalaciones son exigidas por la Administración competente y no causan a los demás copropietarios graves perjuicios que éstos no están obligados a soportar. El motivo ha de desestimarse...».*

Sobre la necesidad de que la comunidad, necesariamente, autorice una salida de humos privativa de un local comercial, se ha pronunciado la **STS de 29-5-2014** *(Tol 4364952)* indicando que el acuerdo deberá ser adoptado por la comunidad, con independencia de que dicha chimenea sea necesaria para el desarrollo del negocio.

No obstante la comunidad siempre habrá de evaluar y ponderar la trascendencia de la alteración, pues una negativa, ante una la obra de poca relevancia y sin repercusión en elementos comunes o privativos, podría ser calificada como un abuso de derecho. También entendemos, como ya hemos venido comentando, que el requisito de la unanimidad, se ha flexibilizado tras la última reforma de la LPH con la redacción del art. 10.3 b.

e) Colocación de carteles publicitarios:

Jurisprudencia relevante

La **STS de 6-4-2006** *(Tol 890416)* respecto a los locales de negocio, ha declarado que la instalación de anuncios o carteles es inherente a cualquier actividad negocial y constituye un uso lícito de los elementos comunes en cuanto no se perjudiquen los derechos de los demás propietarios ni alteren el decoro arquitectónico del inmueble.

«...La instalación de anuncios o carteles es inherente a cualquier actividad negocial y constituye un uso lícito de los elementos comunes en cuanto no se perjudiquen los derechos de los demás propietarios ni alteren el decoro arquitectónico del inmueble; en tanto no se produzca ese perjuicio a los demás copropietarios o se altere el aspecto arquitectónico del edificio, no se pude prohibir a los propietarios de los locales de negocio, bien sea a ellos mismos o a sus arrendatarios, el uso de los elementos comunes, siempre que la colocación de rótulos o carteles no exceda de los parámetros exteriores del local; la imposición del pago de un canon por el uso de esta forma de los elementos comunes, supone una limitación injustificada de los derechos del copropietario de locales comerciales adecuados a los usos sociales y del comercio».

Al respecto la **STS 15-10-2009** *(Tol 1635082)* ha entendido que:

«...Con indicación a los números 2º, 3º y 4º del artículo 11 de los Estatutos, esta Sala entiende que, en la aplicación del artículo 7 de la Ley de Propiedad Horizontal, no cabe idéntica interpretación entre locales de negocio y pisos, con fundamento en que los primeros se ubican generalmente en las plantas bajas y los segundos en las siguientes, y aunque la fachada es todo lo correspondiente al exterior del inmueble en su completa superficie, la zona relativa a los pisos constituye una situación arquitectónica más rígida, donde cualquier modificación puede romper la armonía del conjunto, mientras que en las plantas bajas existe una mayor flexibilidad, tanto en su inicial construcción y acabado, a veces elemental, rudimentario y sin división alguna, como en cualquier cambio de su configuración o aspecto externo, en atención a la naturaleza de la actividad a desarrollar en los locales, siempre mudable, y susceptible de notables transformaciones de destino surgidas por iniciativa de los iniciales titulares, o de sus sucesores, pues, como ejemplo, es distinta su conformación, entre otras, para una cafetería, un supermercado o una oficina bancaria, de manera que la realidad operativa exige alteraciones esenciales para el fin perseguido, que a veces afectarán a la fachada, siempre que no perjudique a otros copropietarios y que la porción utilizada de la misma no sea susceptible de uso o aprovechamiento por el resto de los comuneros.

Por otra parte, es lógica la pretensión de que los locales guarden relación con el edificio en que se ubican, pero no es posible impedir sin más por la comunidad que los dueños coloquen letreros o carteles en su propio negocio.

Es evidente la necesidad de emplazar letreros en los establecimientos comerciales; si se instalan en la parte del propio local, en los huecos de los escaparates, en las ventanas, etc., no cabe la prohibición, pues la explotación comercial, con el consiguiente reclamo, llamamiento al público y publicidad, es inherente al propio negocio; la salvedad a esta posición puede tener lugar cuando los letreros atenten contra la estética del edificio o perjudiquen a otro propietario, así sucede, por ejemplo, en el supuesto de que en un inmueble clásico se coloque un letrero voluminoso con signos orientales u otros similares, lo que, en definitiva, supondría un cambio significativo.

En el caso, no ha sido efectuada ninguna obra de esta naturaleza, ya que sólo se persigue por la actora la nulidad de una regla estatutaria, que, por su redacción, consideramos correcta en esta sede y sin incidencia en la violación de precepto legal alguno».

Por su parte la **STS de 11-11-2009** *(Tol 1748173)* estableció lo siguiente:

«Por otra parte, como sentaron las SSTS de 15 y 21 de octubre de 2009, en la aplicación del artículo 7 de la Ley de Propiedad Horizontal, no cabe idéntica interpretación entre locales de negocio y pisos, con fundamento en que los primeros se ubican generalmente en las plantas bajas y los segundos en las siguientes, y aunque la fachada es todo lo correspondiente al exterior del inmueble en su completa superficie, la zona relativa a los pisos constituye una situación arquitectónica más rígida, donde cualquier modificación puede romper la armonía del conjunto, mientras que en las plantas bajas existe una mayor flexibilidad, tanto en su inicial construcción y acabado, a veces elemental, rudimentario y sin división alguna, como en cualquier cambio de su configuración o aspecto externo, en atención a la naturaleza de la actividad a desarrollar en los locales, siempre mudable, y susceptible de notables transformaciones de destino surgidas por iniciativa de los iniciales titulares, o de sus sucesores, pues, como ejemplo, es distinta su conformación, entre otras, para una cafetería, un supermercado o una oficina bancaria, de manera que la realidad operativa exige alteraciones esenciales para el fin perseguido, que a veces afectarán a la fachada, siempre que no perjudique a otros copropietarios y que la porción utilizada de la misma no sea susceptible de uso o aprovechamiento por el resto de los comuneros».

Más recientemente la **STS de 15-11-2010** *(Tol 2008976)* hizo mención a la Jurisprudencia de la Sala en materia de obras en locales comerciales derivadas de autorización del título constitutivo:

«...A) La STS de 11 de febrero de 2010 (RC nº 1957/2005), haciéndose eco de las SSTS de 15 de octubre de 2009 (RC nº 188/2005), de 28 de octubre de 2009 (RC nº 316/2005) y de 11 de noviembre de 2009 (RC nº 625/2005) ha establecido que "Esta Sala tiene declarado que, en la aplicación del artículo 7 de la Ley de Propiedad Horizontal, no cabe idéntica interpretación entre locales de negocio y pisos, con fundamento en que los primeros se ubican generalmente en las plantas bajas y los segundos en las siguientes, y aunque la fachada es todo lo correspondiente al exterior del inmueble en su completa superficie, la zona relativa a los pisos constituye una situación arquitectónica más rígida, donde cualquier modificación puede romper la armonía del conjunto, mientras que en las plantas bajas existe una mayor flexibilidad, tanto en su inicial construcción y acabado, a veces elemental, rudimentario y sin división alguna, como en cualquier cambio de su configuración o aspecto externo, en atención a la naturaleza de la actividad a desarrollar en los locales, siempre mudable, y susceptible de notables transformaciones de destino surgidas por iniciativa de los iniciales titulares, o de sus sucesores, pues, como ejemplo, es distinta su conformación, entre otras, para una cafetería, un supermercado o una oficina bancaria, de manera que la realidad operativa exige alteraciones esenciales para el fin perseguido, que a veces afectarán a la fachada, siempre que no perjudique a otros copropietarios y que la porción utilizada de la misma no sea susceptible de uso o aprovechamiento por el resto de los comuneros (SSTS de 15 y 28 de octubre y 11 de noviembre de 2009)"...».

Sobre la posibilidad de realización de obras en elementos comunes por parte de los propietarios de bajos y locales comerciales, la **STS de 17-1-2012** *(Tol 2411960)*, ha resuelto que:

«Las facultades del propietario de un piso o local para modificar los elementos arquitectónicos, las instalaciones o los servicios de aquel está sujeta a un doble requisito: a) la obligación de los propietarios de respetar los elementos comunes (artículo 9 LPH) y la consiguiente imposibilidad de realizar obras que comporten su modificación sin obtener el acuerdo unánime de la Junta de Propietarios exigida para la validez de los acuerdos que impliquen aprobación o modificación de las reglas contenidas en el título constitutivo de la propiedad o en los estatutos (artículo 16 LPH, en relación con el artículo 11 LPH aplicable en estos autos, y el artículo 12 LPH); b) como exige expresamente el artículo 7 LPH, que no se menoscabe o altere la seguridad del edificio, su estructura general, su configuración o estado exteriores o se perjudiquen los derechos de otro propietario.

Asimismo, y con carácter general se debe tener en cuenta que el artículo 12 LPH en relación con la regla primera del artículo 17 LPH exige la unanimidad de la Junta de propietarios para adoptar acuerdos que impliquen una modificación de los elementos comunes, por constituir una modificación del título constitutivo (SSTS de 22 de octubre de 2008 [RC n.º 245/2003], de 15 de diciembre de 2008 [RC n.º 861/2004] y de 17 de febrero de 2010 [RC n.º 1958/2005]).

Esta doctrina general ha de ser matizada por la jurisprudencia de esta Sala, que considera que las exigencias normativas en materia de mayorías deben ser interpretadas de modo flexible cuando se trata de locales comerciales situados en edificios en régimen de propiedad horizontal. Tratándose de locales comerciales la posibilidad de realización de obras debe ser más amplia, bien porque la finalidad comercial de los locales comporte la necesidad de presentar una configuración exterior adecuada a su carácter y a la necesidad de facilitar el conocimiento de su existencia y de publicitar y hacer atractiva su actividad para los clientes y dicha modificación debe considerarse implícita en la finalidad comercial de los locales.

Esta Jurisprudencia pretende evitar que la aplicación rigurosa de la Ley de Propiedad Horizontal impida a los titulares y arrendatarios de locales de negocio explotar su empresa. Al amparo de la falta de unanimidad de la comunidad de propietarios, se pretendía en muchos casos impedir la aplicación de la norma que autorizaba la realización de determinadas obras recogida en el Título Constitutivo o en los Estatutos, por considerar que la exigencia del consentimiento unánime es una norma de derecho necesario que, como tal, no puede ser modificada por la voluntad de los particulares. La reciente Jurisprudencia ha fijado como únicos límites a la citada autonomía de la voluntad, los recogidos en el artículo 7.1 de la Ley de Propiedad Horizontal, esto es, que las obras en los locales genéricamente autorizadas en el Título no menoscaben o alteren la seguridad del edificio, su estructura general, su configuración exterior o perjudique los derechos de otro propietario [RC n.º 1010/2006 de 15 de noviembre de 2010].»

Cuestiones útiles

1. ¿Pueden instalarse antenas parabólicas en la fachada de los edificios por los respectivos copropietarios?

Al respecto será necesario consultar la respectiva ordenanza municipal, si la hubiere, dado que en algunos de esos textos se prohíbe de forma expresa esa instalación. Si dicha normativa no dijera nada, habrá que acudir a lo establecido en el Real Decreto Ley 1/1998, sobre Infraestructuras Comunes en los Edificios para el Acceso a los Servicios de Telecomunicación. En resumen, la citada norma establece que el interesado deberá comunicar su intención, al Presidente de la comunidad, el cual deberá contestarle antes de 15 días. En cualquier caso, en el supuesto de que no existiese infraestructura común, no fuera hábil para la prestación del servicio o no se instalase una nueva ni se adaptase la preexistente, en el plazo de 3 meses, el comunicante podrá realizar la obra que le permita la recepción de los servicios de telecomunicaciones correspondientes, pudiendo, dado que la comunidad no le ha ofrecido ninguna solución, instalar la citada antena parabólica en la cubierta del edificio.

A nuestro juicio colocar la antena en la fachada o balcón, infringiría la Ley, por atentar contra la configuración y estética del edificio.

Vemos pues que es posible la instalación de las antenas parabólicas en determinados lugares y siguiendo una serie de requisitos, pues una negativa infundada, por parte de la comunidad, atentaría contra el derecho fundamental a la información recogido en el artículo 20 de la Constitución Española.

2. Si en un edificio no hay contraventanas y un propietario decide ponerlas, ¿debe autorizarlo la Junta?

Entendemos que será necesario, pues las mismas pueden llegar a modificar la configuración estética de la fachada. No obstante la casuística puede ser muy diversa, por ello consideramos interesante la lectura de la **SAP de Las Palmas 5-6-2009** *(Tol 1572732)* en la que el juzgador analiza la posible repercusión de las mismas, respecto a la fachada y las actuaciones similares realizadas, con anterioridad, por otros copropietarios.

«Sin embargo, esta Sala, en la apreciación de las fotografías aportadas por las partes, estima que dada la gran diferenciación que presentan las ventanas existentes en el edificio en varios lugares, las colocadas por los demandados no pueden considerarse diferentes de tal entidad como para considerarla absolutamente divergentes con los diferentes y numerosos tipos de ventana que ya de por sí existen en el edificio. En toda la extensión del mismo existen ventanas de diferentes colores, que pueden ser tanto marrones como blancas. Por otro lado, sobre la cubierta de estas ventanas, se aprecian persianas de las que, en algunos casos, los cajetines superiores que guardan la persiana cuando está subido son ciertamente grandes y se extienden sobre la fachada con un volumen significativo. Otras viviendas han colocado persianas blancas pero que difieren de las que existían con anterioridad. Respecto a la visión global del edificio, también podemos señalar que en las rejas que existen en los primeros pisos, a pesar de ser desde luego necesarias por seguridad, en ningún momento se ha tenido en cuenta guardar una uniformidad, siendo unas blancas, otras marrones y otras verdes, con lo que la visión general de la fachada en estos primeros pisos es claramente variada con una inexistente uniformidad.

En comparación a esta divergencia, cierto es que el tipo de contraventanas que pusieron los demandados en su ventana es único en el edificio, o al menos esto se aprecia en las fotografías, pero no ha quedado acreditado cómo se abren, por no aportarse fotografías al respecto, y porque el instalador afirmó que quedaban sujetas a la pared, evidentemente más abiertas que cerradas, por lo que dicha diferencia recogida en la resolución a quo no se pudo considerar acreditada. Por otro lado, dadas las fotografías existentes en autos, no parece, con el blanco que presentan, que tengan una divergencia o diferencia muchísimo mayor que el resto de las ventanas que presenta el edificio, por lo que una vez perdida la homogeneidad, esta variación no es tan significativa como para considerar que las ventanas deben ser retiradas sin que ello suponga un agravio comparativo de los prohibidos por la ya asentada línea jurisprudencial anteriormente señalada. Además de todo ello, el hecho de que las ventanas de los demandados estén en el piso NÚM. 000 hace que no sean especialmente llamativas ni estridentes a los viandantes, que salvo fijarse expresamente, difícilmente repararán en ellas, al menos en comparación con los diferentes colores que existen en las rejas de las viviendas del piso primero».

3. ¿Puede un propietario, que tiene el uso exclusivo de un patio de luces, almacenar objetos en el mismo?

A nuestro juicio podría hacerlo, siempre que dicho almacenamiento tenga un carácter menor, esto es: no perjudique ningún elemento común del inmueble y no provoque molestias ni derive en actividades prohibidas por la ley. En términos similares se expresa la **SAP de Valencia de 17-1-2008** *(Tol 130851)*, que estableció, partiendo de la calificación no discutida de que el patio de luces es un elemento común cuyo uso privativo tenía atribuido la vivienda objeto del litigio, que el propietario no podía efectuar instalaciones fijas, sin el permiso de la comunidad, dado que afectaban al citado elemento común, pero permitía el almacenamiento de determinados elementos movibles (cortina, escobas etc.), por entender que en dicho almacenamiento debían observarse las normas de buena vecindad y no alteraban la estructura del edificio pues podían ser cambiados sin menoscabo de la esencia del inmueble en general: *«...Y, finalmente, la retirada de enseres ha de extenderse a la armariada que hoy todavía tiene instalada la parte demandada, que queda probado con idénticos medios probatorios que colocó ésta siendo propietaria del inmueble y sin recabar el permiso de la comunidad, siendo así que precisaba de tal autorización al tratarse de una instalación fija que afecta a un elemento común, cual es el patio de luces del edificio (artículo 12 de la Ley), sin que proceda entender que la cortina, las escobas y demás enseres alteren la fábrica del edificio, por tratarse de elementos movibles que pueden ser cambiados de lugar sin menoscabo de la esencia del inmueble en general. Por todo ello, procede con estimación parcial del motivo de recurso, extender la condena a la retirada de elementos también a la totalidad de la armariada, y no así a los elementos movibles dichos, en cuyo almacenamiento habrán de observarse normas de buena vecindad, obligación que no se declara por no haber sido objeto de petición en la demanda, si bien no por ello deja de existir, pues se trata de una obligación legal».*

4. ¿Se puede actuar contra un comunero que ha efectuado modificaciones en el patio de luces?

Indudablemente, pues el mismo es un elemento común para cuya modificación se requiere el permiso de la comunidad. No obstante, habrá que estudiar cada caso, pues el propio Tribunal Supremo ha entendido que no era atacable una actuación realizada mucho tiempo atrás, en un patio de luces y de la que la comunidad tenía pleno conocimiento. En ese sentido se expresa la **STS 16-07-2009** *(Tol 1577968)*: *«Y así es ya que en tales Sentencias, si bien se pone de manifiesto que el conocimiento no equivale, sin más, a un consentimiento, se determina que cabe interpretar como tal la inactividad de la Comunidad de Propietarios y de los propios integrantes de la Comunidad cuando, conocedores de la realización de obras que hubieran requerido el consentimiento unánime de todos ellos, se han mantenido en silencio durante un largo periodo de tiempo.*

La Sentencia recurrida ha considerado probado que la demandada llevó a cabo unas obras consistentes en el cerramiento de un patio interior, siendo que, refiriéndose únicamente a la ampliación de la cocina, ésta ha podido ejecutarse en un periodo inferior a 15 años, aunque sin fijar con precisión su antigüedad. No contradice la Audiencia el hecho de que el cierre del patio tuviera la antigüedad indicada por el Juzgado de Primera Instancia, que la fijaba en torno a unos 20 años.

De esta manera, a pesar de que no quepa duda alguna de que las obras realizadas por la parte demandada afectan a un elemento común del edificio, por lo que exigían para su ejecución el consentimiento unánime de los propietarios manifestado en la correspondiente Junta (artículos 12 y 17 de la Ley de Propiedad Horizontal), resulta claro en este caso que ello fue advertido y tolerado por la parte actora y por la Comunidad de Propietarios y, por consiguiente, tácitamente consentido, pues el consentimiento puede ser tácito cuando del comportamiento de las partes resulta implícita su aquiescencia a una determinada situación, como precisan, entre otras, las Sentencias de esta Sala de fecha 23 de octubre y 5 de noviembre de 2008. En el caso de autos, se aceptó desde su inicio el cerramiento del patio ejecutado por el demandado, sin que durante un largo período de tiempo se hubiera verificado impugnación alguna, lo que permite considerar la existencia de un consentimiento tácito y, por ende, conduce a la estimación del recurso de casación.

TERCERO.– Por lo expuesto, al estimarse fundado el recurso, conforme a lo establecido en el artículo 487.3 de la Ley de Enjuiciamiento Civil, se casará la resolución impugnada y resolverá sobre el caso, declarando lo que corresponda según los términos en que se hubiera producido la oposición a la doctrina jurisprudencial o la contradicción o divergencia de jurisprudencia, sin hacer pronunciamiento en costas de conformidad con el artículo 398.2 de dicha Ley.

Así, aún cuando se haya determinado en la Sentencia recurrida que, 'dado el plazo de ejercicio de acción real' y la inexistencia de actos concluyentes e inequívocos, así como que la obra de ampliación de la cocina pudo ejecutarse en tiempo inferior a 15 años, no es posible hablar de 'consentimiento tácito unánime de la comunidad', lo cierto es que, en verdad, el consentimiento puede ser tácito cuando del comportamiento de las partes resulta implícita su aquiescencia a una determinada situación, en este caso el cerramiento del patio por parte del demandado, sin que durante un largo periodo de tiempo se hubiera manifestado impugnación alguna pese a su notoriedad, como efectivamente así ha sucedido en el caso que se examina, ya que, como se dijo en el anterior fundamento, no ha sido contradicho por la Audiencia el hecho de que el cierre del patio tuviera la antigüedad indicada por el Juzgado de Primera Instancia, que la fijaba en torno a unos 20 años».

5. ¿Se puede considerar el patio de luces como una terraza de los primeros pisos o locales?

No, es una confusión muy generalizada. La **STS 11-02-2009** (*Tol 1459620)* clarificó el tema al establecer que: *«Con frecuencia, se permite tácitamente por la Comunidad la utilización privativa de los patios, aunque son comunes según el artículo 396 del Código Civil, a los dueños de pisos bajos o locales, que, de ordinario, son los únicos que tienen acceso a los mismos; inclusive, en determinadas ocasiones, algunos de sus titulares se aprovechan de su posición y realizan obras para ampliar el propio piso, sin el permiso de la Junta de Propietarios, las que, singularmente si fueran de fábrica, están prohibidas y la Comunidad tiene facultades para solicitar su derribo y el retorno a su primitivo estado (entre otras, SSTS de 3 de abril de 1990 y 24 de mayo de 1991)».*

6. ¿Puede instalarse un ascensor en un patio de luces común del inmueble?

Hay que estudiar cada caso concreto y las posibles repercusiones negativas para los copropietarios que la citada instalación podría tener, aparte de las limitaciones estructurales y arquitectónicas, pero, en principio, legalmente es posible, respetado el necesario acuerdo de la junta, y según ha tenido ocasión de manifestar el Tribunal Supremo en la **STS 11-02-2009** *(Tol 1459620)*: *«...En el caso que nos ocupa, la escritura de propiedad de la planta baja de los demandados expresa que consta de recibidor, pasillo, comedor, tres dormitorios, cocina, cuarto de aseo y un patio descubierto, pero esta exposición no coincide con el Título Constitutivo de la Propiedad Horizontal, que no contiene ningún dato para alcanzar esa calificación sobre el patio de luces.*

Según destacada doctrina científica, el artículo 5 de la Ley de Propiedad Horizontal, con el artículo 396 del Código Civil, constituyen los fundamentos de la propiedad horizontal, y el precepto primeramente citado se refiere al Título, los Estatutos y la cuota de participación, esto es, determina los presupuestos principales para conocer los detalles del inmueble y las normas de funcionamiento, de modo que concreta el espacio jurídico para el funcionamiento de las Comunidades de Propietarios, sin perjuicio de los acuerdos de la Junta adoptados posteriormente con el 'quórum' exigido en el artículo 17.1 de la Ley. Por consiguiente, serán parte del inmueble todos los servicios y elementos comunes con que cuente realmente el edificio, no designados como privativos, se mencionen o no específicamente en el artículo 396 del Código Civil, y no cabe negar su existencia, pues bastará con probar que los mismos aparecen así desde el principio, o posteriormente por acuerdo válido de la Junta de Propietarios.

Esta Sala acepta el razonamiento de la sentencia recurrida sobre la consideración de elemento común del patio de luces en virtud del Título Constitutivo. La presencia como vecinos del edificio comunitario de varias personas de avanzada edad, otras con un importante grado de minusvalía o con declaración administrativa de incapacidad permanente absoluta, se ha justificado con la documentación acompañada al escrito inicial y reconocido por la parte demandada.

Por último, esta Sala acepta la argumentación de la sentencia de instancia sobre que la Comunidad pretende sólo limitar el uso del patio de luces en lo estrictamente necesario para la instalación del ascensor, sin suprimir a los demandados la totalidad de su utilización, lo que supone una razón más para entender ajustada a derecho la pretensión de la parte actora.

TERCERO.– Por consiguiente, se desestima el recurso de casación, sin hacer expresa imposición de las costas causadas en el mismo al apreciarse serias dudas de derecho al tiempo de su interposición (artículos 394 y 398 de la Ley de Enjuiciamiento Civil).

Desde la perspectiva de la inadmisión del recurso, y en atención a las peculiaridades concurrentes en el caso, procede declarar la posibilidad de instalación de un ascensor en el patio de luces de un edificio regido por la Ley de Propiedad Horizontal, toda vez que el sitio de su ubicación es un elemento común, donde cabe la colocación de un elevador en beneficio de la Comunidad de Propietarios».

7. ¿Podría considerarse permitido un cerramiento de un patio común, que se efectuó sin permiso alguno, por consentimiento tácito de la comunidad?

La **STS de 16-07-2009** *(Tol 1577968)*, se expresó favorablemente en esos términos al considerar que: «*...La Sentencia recurrida ha considerado probado que la demandada llevó a cabo unas obras consistentes en el cerramiento de un patio interior, siendo que, refiriéndose únicamente a la ampliación de la cocina, ésta ha podido ejecutarse en un periodo inferior a 15 años, aunque sin fijar con precisión su antigüedad. No contradice la Audiencia el hecho de que el cierre del patio tuviera la antigüedad indicada por el Juzgado de Primera Instancia, que la fijaba en torno a unos 20 años.*

De esta manera, a pesar de que no quepa duda alguna de que las obras realizadas por la parte demandada afectan a un elemento común del edificio, por lo que exigían para su ejecución el consentimiento unánime de los propietarios manifestado en la correspondiente Junta (artículos 12 y 17 de la

Ley de Propiedad Horizontal), resulta claro en este caso que ello fue advertido y tolerado por la parte actora y por la Comunidad de Propietarios y, por consiguiente, tácitamente consentido, pues el consentimiento puede ser tácito cuando del comportamiento de las partes resulta implícita su aquiescencia a una determinada situación, como precisan, entre otras, las Sentencias de esta Sala de fecha 23 de octubre y 5 de noviembre de 2008. En el caso de autos, se aceptó desde su inicio el cerramiento del patio ejecutado por el demandado, sin que durante un largo período de tiempo se hubiera verificado impugnación alguna, lo que permite considerar la existencia de un consentimiento tácito y, por ende, conduce a la estimación del recurso de casación».

No obstante, el criterio sentado jurisprudencialmente por el Tribunal Supremo en la sentencia anteriormente reproducida, debe interpretarse conforme a la revisión que ha hecho la **STS de 9-1-2012** *(Tol 2406566)* sobre la doctrina del principio de igualdad y el abuso de derecho *«...se debe reiterar como doctrina jurisprudencial que el principio de igualdad prohíbe las desigualdades que resulten artificiosas o injustificadas por no venir fundadas en criterios objetivos y razonables, según criterios o juicios de valor generalmente aceptados. Igualmente se debe reiterar como doctrina jurisprudencial que en materia de propiedad horizontal, el abuso de derecho, se traduce en el uso de una norma, por parte de la comunidad o de un propietario, con mala fe, en perjuicio de otro u otros copropietarios, sin que por ello se obtenga un beneficio amparado por la norma...».*

8. El hecho de haber consentido tácitamente la comunidad la realización de obras por un comunero en un muro o pared medianera que es elemento común ¿permite al comunero seguir haciendo obras en ese elemento común?

La **STS de 29-2-2012** *(Tol 2494329)* resuelve esta cuestión afirmando que: *«...El consentimiento que debe ser otorgado para considerar lícitamente realizadas obras que afectan a elementos comunes en edificios sometidos al régimen de propiedad horizontal puede ser tácito, tal y como esta Sala tiene declarado. No obstante el conocimiento no equivale a consentimiento como exteriorización de una voluntad, ni el silencio supone una declaración genérica en la que se pueda encontrar justificación para no obtener los consentimientos legalmente exigidos. En definitiva, con valor de doctrina jurisprudencial, se ha declarado por esta Sala que ha de estarse a los hechos concretos para decidir si el silencio cabe ser apreciado como consentimiento tácito o manifestación de una determinada voluntad. De este modo, la resolución del conflicto radica en determinar bajo qué condiciones debe interpretarse el silencio como una tácita manifestación de ese consentimiento. Por ello deben valorarse las relaciones preexistentes entre las partes, la conducta o comportamiento de estas y las circunstancias que preceden y acompañan al silencio susceptible de ser interpretado como asentimiento (SSTS de 23 de octubre de 2008 [RC n.° 1332/2003] y 5 de noviembre de 2008 [RC n.° 1971/2003] 26 de noviembre de 2010 [RC n.° 2401/2005]).*

La aplicación de esta doctrina relativa al consentimiento tácito, no permite, como defiende el recurrente, estimar el recurso. La Audiencia Provincial ha declarado que tanto las obras realizadas en el año 1989 como en el año 1991, que supusieron, tras la apertura de un hueco en la pared medianera del edificio a la altura de la planta primera, una comunicación física entre el inmueble donde se sitúa la vivienda del actor y el hotel colindante, han sido tácitamente consentidas. Tras analizar la prueba practicada, ha concluido que verbalmente se autorizó al hotel a llevar las obras, y que desde su realización, ningún copropietario ha manifestado su oposición a las mismas. Este largo periodo de tolerancia permiten declarar que estas obras no pueden, ya, ser objeto de impugnación, como en ningún momento ha negado la parte recurrida. Sin embargo, esta actitud comunitaria frente a tales obras, no puede traducirse en un consentimiento irrevocable y de futuro para que el hotel pueda realizar todas aquellas que considere oportunas, afecten o no a un elemento común, tan esencial, como es la pared de cierre del edificio. Las obras que ahora se impugnan, suponen una nueva comunicación a la altura de otra planta del edificio, que desde su origen, han contado con la firme oposición del actor. No puede, por tanto, en este caso, considerar autorizadas unas obras, que exigiendo para su validez el consentimiento unánime de los copropietarios, no cuentan, al menos, con el de la parte demandante. En definitiva el consentimiento tácito comprobado por la Audiencia Provincial en relación a obras realizadas en el pasado, no equivale a un consentimiento tácito genérico para obras de futuro que afecten a elementos comunes, aunque el elemento común sea el mismo. Ningún tratamiento discriminatorio puede apreciarse de la solución dada por la Audiencia Provincial, porque la recurrente es la misma entidad que ejecutó las anteriores obras y además porque lo que pretende, aún afectando igualmente a la pared de cierre del edificio, es abrir un nuevo hueco en otra de las plantas para llevar a efecto una nueva comunicación entre su hotel y los nuevos inmuebles adquiridos en el edificio colindante...».

9. ¿Tiene naturaleza real la acción ejercitada en el ámbito de la Propiedad Horizontal para denegar el cerramiento de una terraza de naturaleza común con uso privativo?

Al respecto la **STS de 6-2-2012** *(Tol 2488480)* entendió que: «...*Tal y como se declara, entre otras, en la sentencia de esta Sala citada por la parte recurrente en apoyo del interés casacional que sostiene su recurso, tienen una naturaleza real las acciones ejercitadas en el ámbito de la propiedad horizontal que se dirigen a obtener el reintegro de espacios comunes de titularidad comunitaria que son o han sido ocupados por algún copropietario. Se trata de acciones reivindicatorias tendentes a recuperar el dominio de un concreto espacio, que teniendo naturaleza común, ha sido objeto de apropiación por parte de un copropietario.*

Sin embargo esta doctrina no es aplicable al supuesto que se ahora se analiza, ya que la parte recurrente, en su día demandante, no ha ejercitado ninguna acción de naturaleza real por la que se pretendiera la recuperación del dominio de un espacio común invadido ilegítimamente por algún copropietario. La demandada es propietaria de una vivienda que tiene atribuido, para su uso privativo, una terraza de naturaleza común. Ninguna de estas circunstancias ha sido objeto de debate ni, por tanto negada por la parte recurrida: el espacio donde está situada la terraza de cuyo uso disfruta es un elemento común de uso privativo. La parte demandante ha formalizado una demanda mediante la que únicamente pretendía que se retirara por parte de los demandados la construcción realizada en la terraza de cuyo uso privativo disfrutaban porque, afectando a un elemento común, había sido ejecutada sin el consentimiento unánime de la comunidad de propietarios.

La Audiencia Provincial tras considerar plenamente acreditado que la obra de cerramiento ejecutada en la terraza de la vivienda del demandado tiene una antigüedad muy superior a los 15 años, aplica la jurisprudencia fijada por esta Sala, conforme a la cual, acciones como la ejercitada por los demandantes, centrada en una obligación de hacer es una consecuencia de las relaciones obligacionales que surgen por la pertenencia del demandado a una comunidad de propietarios sometida al régimen de la LPH, por lo que está sometida a un régimen de prescripción de 15 años, conforme a lo dispuesto en el artículo 1964 CC…».

10. Cuando se ha realizado por un comunero obras en elementos comunes que no han sido autorizadas por la Junta de Propietarios ¿puede alegar el comunero ejemplos precedentes cuando se trata de obras distintas?

Sobre esta cuestión se ha pronunciado el Tribunal Supremo [STS de 9-1-2012 *(Tol 2710072)*, de 27-10-2011 *(Tol 2282376)*, de 24-10-2011 *(Tol 2274841)*, de 20-6-2011 *(Tol 2186319)*, de 26-11-2010 *(Tol 2022145)*, de 8-5-2008 *(Tol 1343798)*, por citar algunas], en el sentido de desestimar el argumento alegado por el propietario infractor, consistente en que ya se habían realizado obras en elementos comunes que habían sido consentidas por la comunidad y que ello suponía una discriminación o desigualdad de trato. El Tribunal Supremo desestima esta alegación, dado que entiende que el criterio aplicable depende de las circunstancias fácticas del supuesto concreto, de tal modo que debe tratarse de obras idénticas, o bien que, habiéndose admitido obras distintas, se haya alterado ya la configuración que se pretende mantener.

La STS de 12 de diciembre de 2012 *(Tol 2710072)* señala al respecto que «*…El motivo se fundamenta en una discriminación o desigualdad de trato que en ningún caso contradice la jurisprudencia de esta Sala para atribuir interés casacional a un supuesto en el que el criterio aplicable depende de las circunstancias fácticas del caso. La sentencia recurrida niega que exista esa pretendida desigualdad de trato a que se refiere la sentencia que se invoca*

de 31 de octubre de 1990, dictada en un supuesto en el que las obras efectuadas no suponían una alteración o modificación de la fachada del inmueble, ya modificada por anteriores obras, y lo que se procuraba no era más que una igualación de la fachada. Lo que dice la sentencia, valorando los hechos, es que no se ha producido esta situación de desequilibrio que señala la recurrente, pues, aun reconociendo cierta permisibilidad de la comunidad respecto de la fachada interior del edificio que da a un patio y no a la vía pública, lo cierto es que la fachada principal no ha 'sufrido alteraciones hasta el punto de considerar inútil la pretensión de conservarla sin la alteración que pretende la recurrente o que constituya abuso de derecho el ejercicio de la acción tendente a restituir la fachada al estado que tenía'.
La vulneración de esta doctrina no se sustenta, por tanto, en la existencia de un supuesto similar, porque, como expone la Audiencia Provincial, el hecho de que otras obras hayan sido consentidas por la comunidad de propietarios, obedece sin duda a la distinta trascendencia e importancia de unas y otras en la estética del edificio. La interposición de la demanda objeto de este procedimiento persigue un fin claro amparado por la norma, como es que no se lleven a cabo alteraciones importantes en elementos comunes de un inmueble sometido al régimen de propiedad horizontal, si no es con la autorización unánime de los copropietarios. La actuación de la demandante se funda en una justa causa y su finalidad es legítima, por lo que no puede ser calificada su pretensión como abusiva...».

Finalmente, debemos precisar que, a efectos procesales y en congruencia con la jurisprudencia anteriormente citada, el hecho de haber interpuesto una demanda y obtenido una sentencia contra una obra concreta no impide que no se pueda accionar contra otras obras existentes en elementos comunes de la comunidad, aunque dichas obras se hayan realizado con anterioridad.

2.7. *Portal*

2.7.1. Generalidades

Según el diccionario de la Real Academia de la Lengua Española, portal es el zaguán o primera pieza de la casa, por donde se entra a las demás, y en la cual está la puerta principal.

Esta definición, circunscrita al ámbito de la propiedad horizontal, es utilizada por nuestros tribunales y así, entre otras, la **SAP de Madrid de 16-4-1999** *(Tol 245608)*, estima que

> *«...sólo merece la calificación de portal en el sentido de parte de un edificio que linda con la vía pública y a través del cual se entra y sale del edificio por todas las personas, tanto los que van a subir por los portales de las viviendas como los que va a bajar al garaje...».*

El portal es un elemento común, ya que es necesario para el adecuado uso y disfrute del inmueble y como tal aparece mencionado en el artículo 396 CC y por ello la modificación del mismo, por parte de cualquier copropietario requerirá las mayorías establecidas en los apartados 2° y 3° del art. 17 de la LPH así como en el 10.3 LPH, donde el requisito de la unanimidad se flexibiliza.

La **STS de 11-10-95** *(Tol 1668053)*, en sus fundamentos de derecho recoge que

> *«...arquitectónica y reglamentariamente cada cuerpo del edificio tiene legalmente establecido su acceso a través del portal correspondiente, y a la entidad recurrente no le es lícito, sin contar con el consentimiento unánime de los propietarios de los dos bloques, variar el acceso de la mitad de las plantas de uno de ellos a través de las escaleras del otro, abriendo una puerta de comunicación que ha sido impugnada por los dueños de las plantas afectadas...».*

Una cuestión que genera no pocas controversias es la reforma de los portales. En cuanto al régimen de mayorías y, en este punto, deberá distinguirse el tipo de obra o reforma que se realice en este elemento común.

Si se trata de obras necesarias para la adecuada conservación del inmueble, se estará a lo dispuesto en el art. 10.1 LPH:

> *«1. Tendrán carácter obligatorio y no requerirán de acuerdo previo de la Junta de propietarios, impliquen o no modificación del título constitutivo o de los estatutos, y vengan impuestas por las Administraciones Públicas o solicitadas a instancia de los propietarios, las siguientes actuaciones:*
>
> *a) Los trabajos y las obras que resulten necesarias para el adecuado mantenimiento y cumplimiento del deber de conservación del inmueble y de sus servicios e instalaciones comunes, incluyendo en todo caso, las necesarias para satisfacer los requisitos básicos de seguridad, habitabilidad y accesibilidad universal, así como las condiciones de ornato y cualesquiera otras derivadas de la imposición, por parte de la Administración, del deber legal de conservación».*

Si, por el contrario, se trata de obras o reformas de mero ornato o no necesarias, éstas no supondrán una obligación de la comunidad de abordarlas, ya que las mismas no son esenciales ni necesarias para *«la adecuada conservación, habitabilidad, seguridad y accesibilidad del inmueble, no exigibles»*.

No obstante, estas reformas o mejoras no necesarias para la adecuada conservación del inmueble, tal como establece el art. 17.4 LPH, cuando **por el voto favorable de las tres quintas partes del total de los propietarios que, a su vez, representen las tres quintas partes de las cuotas de participación,** se adopten válidamente acuerdos, para realizar innovaciones, nuevas instalaciones, servicios o mejoras no requeridos para la adecuada conservación, habitabilidad, seguridad y accesibilidad del inmueble, no exigibles **y cuya cuota de instalación exceda del importe de tres mensualidades ordinarias de gastos comunes, el disidente no resultará obligado,** ni se modificará su cuota, incluso en el caso de que no pueda privársele de la mejora o ventaja. Si el disidente desea, en cualquier tiempo, participar de las ventajas de la innovación, habrá de abonar su cuota en los gastos de realización y mantenimiento, debidamente actualizados mediante la aplicación del correspondiente interés legal.

Jurisprudencia relevante

Los gastos de reparación del portal tienen la consideración de gastos comunes y, con carácter general, los propietarios de bajos y garajes estarán obligados a contribuir al pago de estos gastos. Respecto de estos últimos se pronuncia la **SAP de Madrid de 16-4-1999** *(Tol 245608)*:

> *«...sólo cabe resolver si el acuerdo impugnado es contrario o no al artículo 5 de los estatutos, ciertamente oscuro, de no muy clara interpretación, pero lo cierto es que dicho precepto solo imputa a los garajes los gastos de reparación y conservación del portal que usen, así como la luz que gastan y su limpieza; como se desprende del plano obrante en el folio 83, tanto los portales por los que se sube a las viviendas como el acceso a los garajes se encuentran en una zona ajardinada pero a esas cinco entradas solo se puede llegar por lo que se dice que es un túnel, que evidentemente tiene que ser elemento común, de utilización por todos ellos, y dado lo que se dice en los estatutos ese túnel solo merece la calificación de portal en el sentido de parte de un edificio que linda con la vía pública y a través del cual se entra y sale del edificio por todas las personas, tanto los que van a subir por los portales de las viviendas como los que va a bajar al garaje; siendo esto así, la estimación de la demanda resulta obligada por aplicación del artículo 9-5º de la Ley de Propiedad Horizontal aunque cabe deducir que el reparto de cuotas será de muy escasa cuantía para cada comunero...».*

La **STS de 21-10-2008** *(Tol 1401721)* es clara en este punto:

> *«...Así lo corrobora también... la obligación de contribuir a los gastos generales para el adecuado sostenimiento de los servicios del inmueble, 'sin que la no utilización de un servicio exima del cumplimiento de las obligaciones correspondientes, sin perjuicio de lo establecido en el art. 11.2 de esta Ley' (apdo. 1. e. y apdo. 2 del art. 9 LPH según su redacción por la Ley 8/99...)».*

No obstante, deberá examinarse lo dispuesto en el título constitutivo de propiedad horizontal y en los estatutos de la Comunidad y deberá estarse a lo que en ellos se prevea respecto a la imputación de los gastos comunes de conservación y reparación del inmueble y a posibles exoneraciones.

Es frecuente que en el título constitutivo o en los estatutos se exonere a los propietarios de bajos del pago de determinados gastos generales de la comunidad por no tener éstos acceso a esas zonas comunes del inmueble.

Jurisprudencia relevante

La **STS de 14-3-2000** *(Tol 2214)* señala que

> *«...el concepto de gastos resulta amplio y comprende tanto los ordinarios que se presentan como fijos, como periódicos no fijos, y los que su cuantía varía en función al consumo y uso (agua, electricidad, calefacción), así como también los extraordinarios ocasionados por algún acontecimiento que determina su procedencia (reparaciones y similares). Para el abono de los referidos gastos queda afectado el piso o local correspondiente, tratándose de una titularidad ob rem, que obliga al propietario a su pago, al ostentar la denominada titularidad deudora subjetivamente real. No obstante el artículo 9-5º permite que determinados gastos puedan tener consideración de individualizables, y actúa como excepción a la regla general, ya que permite al propietario de un piso o local determinado a no abonar concretos gastos. Para que se produzca esta especie de privilegio contributivo, es preciso que en el título constitutivo aparezca la exclusión o, en su caso, en los estatutos comunitarios y también cabe que se decida en Junta de propietarios mediante acuerdo tomado por unanimidad, en razón a la concordancia del artículo 5 con el 16 de la Ley de Propiedad Horizontal. La jurisprudencia de esta Sala así lo ha entendido, al tener en cuenta que prevalece el principio de autonomía contractual (SS de 16-2-1971, 7-10-1978, 12-12-1979, 21-7-1988, 2-3-1989, 6-7-1991, 30-12-1993 y 16-11-1996, entre otras)...».*

2.7.2. Casilleros Postales

Dentro de este epígrafe dedicado al portal como elemento común de los inmuebles en régimen de propiedad horizontal, merece un apartado especial todo lo relativo a los casilleros postales que, habitualmente, se encuentran instalados en los portales de los edificios.

El Decreto de 18 de enero de 1962, junto con la Orden de 22 de febrero del mismo año de la Dirección General de Correos y por la Circular de 14 de septiembre también del mismo año establecieron, con carácter general, la obligación de instalar estos elementos en los portales de los edificios.

Es ya en la Ley 38/1999 de 5 noviembre 1999 de Ordenación de la Edificación, cuando se establece como requisito básico de la edificación, relativo a la funcionalidad, la facilitación para el acceso de los servicios postales, mediante la dotación de las instalaciones apropiadas para la entrega de los envíos postales, según lo dispuesto en su normativa específica.

La instalación de casilleros postales en los portales o zaguanes de los edificios está contemplada en el RD 1829/1999 de 3 diciembre 1999, de 13 de julio, del Servicio Postal Universal y de Liberalización de los Servicios Postales.

El artículo 34 del citado Real Decreto 1829/1999, establece lo siguiente:

> *«1. La entrega de envíos postales de carácter ordinario podrá realizarse en los casilleros domiciliarios instalados al efecto cuando sus dimensiones lo permitan.*

Los casilleros deberán reunir las características necesarias que garanticen la propiedad, el secreto y la inviolabilidad de los envíos postales y deberán ajustarse a las características normalizadas que establezca en cada momento las normas técnicas aplicables al sector postal, de acuerdo con lo establecido en la Directiva 97/67/CE.

2. En aquellos inmuebles sujetos al régimen de propiedad horizontal se podrá hacer la entrega en los casilleros domiciliarios siempre que su número sea igual al de locales y viviendas susceptibles de aprovechamiento independiente, con otro más señalizado con el número 1 y reservado para las devoluciones de envíos postales.

Los casilleros domiciliarios deberán estar numerados, a partir del número 2, debiendo situarse correlativamente a contar de izquierda a derecha y de arriba abajo, ordenados por pisos y puertas. Estos datos se indicarán obligatoriamente en el casillero, pudiendo también figurar los nombres y apellidos de los residentes en la vivienda o la denominación social en caso de ser una persona jurídica el titular del local o vivienda.

El bloque o bloques de casilleros domiciliarios se instalarán en un lugar de fácil acceso que esté bien iluminado y que tenga suficientes garantías de protección contra manipulaciones ilícitas, debiendo empotrarse o fijarse en la pared de modo que no puedan ser trasladados de lugar y estén colocados a una altura que permita su cómoda utilización.

Si el operador al que se ha encomendado la prestación del servicio postal universal, o cualquier otro de los operadores postales, tuviesen conocimiento de la existencia de inmuebles que no dispusiesen de casilleros domiciliarios, se comunicará esta circunstancia a la comunidad de vecinos correspondiente, a fin de que tomen las medidas oportunas para su instalación, advirtiéndoles que, mientras tanto, la entrega de los envíos dirigidos a sus vecinos se realizará en la oficina postal que corresponda.

3. En los inmuebles que sean viviendas unifamiliares o locales comerciales o industriales independientes, la entrega podrá hacerse en un casillero domiciliario situado cerca de la primera puerta de entrada o sobre ella, de forma que permita el depósito de los envíos desde el vial público, y en el que figurarán obligatoriamente el nombre de la calle y el número, u otros datos identificativos de la dirección postal como el nombre de la urbanización o polígono y el número de parcela, pudiendo también figurar los nombres y apellidos de los residentes en la vivienda o la denominación social, en caso de ser una persona jurídica el titular del local o de la vivienda».

En cuanto a los daños que pudieran sufrir estos casilleros, debemos distinguir entre los elementos privativos, que serían los casilleros individuales, y los elementos comunes, esto es, la estructura del bloque común y el buzón de uso general. En caso de daños sobre los casilleros postales, a nuestro juicio y salvo acuerdo de la Comunidad al respecto, los gastos de reparación sobre los casilleros individuales, correrán a cargo de los propietarios que hayan sufrido el daño, mientras que los gastos por los daños ocasionados en el bloque común o buzón de uso general serán a cargo de la Comunidad.

2.7.3. Limitación del uso del portal

Las limitaciones al uso del portal suelen estar relacionadas por ser este el posible acceso al garaje del inmueble y **será necesario estudiar con detenimiento el título constitutivo, cara a delimitar la posible existencia de limitaciones al uso.**

Jurisprudencia relevante

Al respecto y por su interés, reproducimos, algunos párrafos de dos interesantes sentencias del Tribunal Supremo relativas a este aspecto:

La **STS de 4-10-1994** *(Tol 1657469)*, entendió que:

«...La motivación segunda denuncia con base en el ordinal 5º del art. 1692 de la Ley Rituaria civil, la infracción por inaplicación de los arts. 5 y 6 de la Ley de PH de 21 de julio de 1960 en relación con el 396 Cc, al estimar que quien adquiere en un inmueble sujeto al régimen de PH un piso o local —en este caso una plaza de garaje— manifestando conocer los Estatutos de la Comunidad, esta aceptando el contenido de las cláusulas contenidas en el contrato de adquisición de referida plaza y de los estatutos, a tenor de los cuales el local de garaje 'tiene su entrada a través de la rampa del garaje del edificio señalado en el núm. NÚM. 003'. Esta motivación es de estimar por las siguientes consideraciones; a) Como queda claramente probado, los actores, al adquirir sus respectivas plazas de garaje, lo hicieron con pleno conocimiento de que el acceso a las mismas se había de operar 'a través de la rampa del garaje del edificio señalado con el núm. NÚM. 003', que no es el correspondiente a la Comunidad demandada, cual se ha precisado, sino a la del edificio sito en el núm. NÚM. 001 de la misma calle DIRECCIÓN 000; b) Que la servidumbre establecida en la escritura pública de obra nueva y Régimen de propiedad horizontal, viene impuesta sobre referida Comunidad del núm. NÚM. 001 y no respecto de la aquí demandada, que por lo tanto tiene a tales efectos la consideración de predio dominante y no sirviente; c) Que en la referida rampa de acceso al garaje existen dos puertas, una para la entrada de vehículos y otra para peatones. A mayor abundamiento es de señalar, que se encuentra debidamente acreditado que el garaje en cuestión tiene cuatro accesos: dos hacia el portal del edificio núm. NÚM. 001 y otros dos hacia el del núm. NÚM. 000, ambos de la citada calle DIRECCIÓN 000, dotados de sus correspondientes establecimientos estancos. Igualmente es de indicar, que la consideración que sirve de apoyo principal a los actores en el ejercicio de su acción es, que el contrato de adquisición de la plaza de garaje les atribuye 'una cuota porcentual de participación en el valor atribuido al inmueble en su totalidad', lo que conduce a que tengan derecho al uso del portal del edificio núm. NÚM. 000 de la tantas veces citada calle DIRECCIÓN 000, alegación que no puede estimarse, dado que ello a la vista de lo hasta ahora expuesto y del contenido del título constitutivo de las dos Comunidades en él integradas, determinan con la suficiente claridad cual es la entrada al garaje por parte de los propietarios de plazas del mismo que aparecen en este proceso como actores, máxime si se tiene en cuenta que en referido título se contempla la posibilidad de que las dos plantas de las Comunidades de los edificios núms. NÚM. 001 y NÚM. 000 de referida calle destinadas a garaje puedan constituirse en una a manera de subcomunidad de garaje, posibilidad que en la actualidad se encuentra plenamente reconocida tanto jurídica como prácticamente por la doctrina tanto científica como jurisprudencial. Pero es que, además y cual ha quedado probado (apartado 2º del Fundamento primero), los actores y hoy recurridos al adquirir sus plazas de garaje aceptaron que la entrada a las misma tendría lugar a través de la rampa existente en el inmueble de la otra Comunidad...».

Por su parte la **STS de 17-7-2009** *(Tol 1580535)*, en relación a esta misma sentencia, efectuó puntualizaciones al respecto:

«...El motivo primero del recurso se articula en dos submotivos.

A) Identidad sustancial de contenidos entre lo declarado en la sentencia recurrida y las SSTS que cita. Se plantea que la sentencia impugnada ha infringido la doctrina jurisprudencial derivada de las SSTS de 4 de octubre de 1994 y 29 de mayo de 2003, al declarar nulo el acuerdo por el que se privaba del derecho de acceso por los patios y ascensores, que se efectuará mediante la rampa que arranca desde la calle, y se determinan las cuotas de participación de los propietarios de plazas de garaje sin vivienda, por cuanto que el Título constitutivo señala que la entrada a las plazas de garaje se realizará por la referida rampa y se constituyen las cuotas de participación de forma diferenciada para garajes y para el resto del edificio.
Tras examinar comparativamente la decisión de la Audiencia y las sentencias de esta Sala, procede señalar que sólo coinciden en la pretensión de los actores respecto al acceso a las plazas de aparcamiento.
La STS de 4 de octubre de 1994, en su fundamento de derecho segundo, precisa 'c) Que en la referida rampa de acceso al garaje existen dos puertas, una para la entrada de vehículos y otra para peatones'.
La STS de 9 de mayo de 2003, en su fundamento de derecho segundo, indica que '(...) se accede a este local (sótano en donde están las mismas), por una rampa que lo comunica con el local número 2 situada en la primera planta del sótano; y en el número 2 se indica que se accede a este último local por la puerta y rampa situados en el extremo noreste del mismo'.
De manera que la forma de acceso al garaje no es coincidente en las resoluciones comparadas, pues en el caso de autos la única forma de entrada es a través de la rampa, que se debe utilizar exclusivamente para vehículos, siendo el único modo de llegada para los peatones a través del zaguán, mientras que en las SSTS aducidas existen dos formas al margen del acceso por el zaguán, ya que en ambos supuestos existe una puerta al garaje exclusivamente para peatones.
B) y C) Con relación a la trasgresión por la sentencia recurrida de la STS de 29 de mayo de 2003, en la misma que se ha indicado que 'El Título constitutivo tantas veces aludido está constituido por al Escritura de Obra Nueva y División Horizontal otorgada por "Suralti, S.A." ante el Notario de Murcia, José Prieto García, el día 3 de julio de 1992 (número 2.944 de protocolo). En la escritura se divide el edificio horizontalmente como integrado por departamentos independientes (...)', por ello distingue entre propietarios de las viviendas y los de las plazas de garaje, que se traduce en el diferente régimen de contribución a gastos de mantenimiento.
En verdad, en el párrafo precedente no se trata del mismo supuesto, como pretende la recurrente, que el de la sentencia de apelación, de lo que se deriva la inexistencia de la vulneración pretendida, pues como ha quedado acreditado en las actuaciones, y así se refleja en el fundamento de derecho segundo de la sentencia objeto de casación: 'El examen del recurso se centra en las alegaciones sostenidas por la parte apelante y en el contenido del Título constitutivo, por cuanto el demandante ha acreditado con el documento de compraventa (f. 9), la titularidad dominical de la plaza de aparcamiento identificada con el número NÚM. 002, sito en la planta sótano inferior perteneciente al inmueble ubicado en los números NÚM. 000 y NÚM. 001 de la CALLE 000. En esta escritura y en la aportada por la demandada (f. 47), declaración de obra nueva y constitución en régimen de propiedad horizontal, constatamos que dicha plaza de garaje forma parte de la propiedad horizontal en que se constituyó el edificio y por ello se le atribuyó una cuota de participación del 0,13% sobre los elementos comunes. Se efectúa esta primera precisión por cuanto, contrariamente a lo sostenido por el recurrente, el demandante sí forma parte de la comunidad de propietarios de todo el edificio, en la medida en que es partícipe en la cuota antes indicada de la copropiedad de los elementos comunes, entre los que se encuentran lógicamente el patio, zaguán, etc., (artículo 396 del Código Civil), la que le atribuye unos derechos inseparables sobre unos y otros, dándole sobre los elementos comunes un derecho de uso compartido con el resto y no sólo por lo que establece el Título constitutivo sino la Ley (artículo 5 de la Ley de Propiedad Horizontal)'.

Por lo explicado, el motivo se desestima...».

Entendemos, con todas las prudencias, que cualquier acuerdo que modifique el título constitutivo o los estatutos, estableciendo prohibiciones al uso del portal respecto a cualquier propietario, debe ser adoptado por unanimidad, de acuerdo con lo establecido en el art. 17.6 de la LPH

> ***«Los acuerdos no regulados expresamente en este artículo, que impliquen la aprobación o modificación de las reglas contenidas en el título constitutivo de la propiedad horizontal o en los estatutos de la comunidad, requerirán para su validez la unanimidad del total de los propietarios que, a su vez, representen el total de las cuotas de participación».***

Cuestiones útiles

11. ¿Puede permanecer cerrado con llave el portal del edificio?

Esta es una cuestión que se plantea en no pocas comunidades de propietarios, en las que los propietarios piensan en mantener la seguridad contra robos o vandalismo en el edificio, anteponiendo este criterio al de la propia seguridad del edificio ante un incendio o emergencia que precisen su rápida y efectiva evacuación.

El Real Decreto 314/2006, de 17 de marzo, aprueba el Código Técnico de la Edificación y en el mismo se establece en el Documento Básico SI Seguridad en caso de incendio (tras la modificación introducida por el número 2 de la disposición final segunda de R.D. 1371/2007, de 19 de octubre) que las puertas previstas como salida de planta o de edificio y las previstas para la evacuación de más de 50 personas serán abatibles con eje de giro vertical y su sistema de cierre, o bien no actuará mientras haya actividad en las zonas a evacuar, o bien consistirá en un dispositivo de fácil y rápida apertura desde el lado del cual provenga dicha evacuación, sin tener que utilizar una llave y sin tener que actuar sobre más de un mecanismo. Las anteriores condiciones no son aplicables cuando se trate de puertas automáticas. En general, esto impide que las puertas que deban de ser utilizadas en la evacuación, mientras los edificios y establecimientos permanezcan ocupados, puedan estar cerradas con llave por el lado desde el cual esté prevista dicha evacuación.

12. ¿Pueden permanecer bloqueadas por una cerradura eléctrica de seguridad las puertas de salida de un edificio o local?

La obligatoriedad de que toda puerta de evacuación sea fácilmente operable excluye cualquier posibilidad de que las puertas de salida estén bloqueadas durante la ocupación del edificio o local en cuestión, con independencia de los dispositivos de que pueda disponer para liberar dicho bloqueo en caso de emergencia.

2.8. Escaleras

Las escaleras son consideradas por el artículo 396 CC como elementos comunes del edificio. Su función es permitir el acceso a los diferentes pisos. El diccionario de la Real Academia de la Lengua Española define la escalera como una serie de escalones que sirven para subir a los pisos de un edificio o a un plano más elevado, o para bajar de ellos. No obstante, dentro del ámbito de la propiedad horizontal también entran en el concepto genérico de escalera los rellanos o descansillos, el pasamanos, las barandillas, los pretiles de protección frente a caídas, etc.

Jurisprudencia relevante

Asimismo **es elemento común el hueco de la escalera**, como indica la **STS de 31-1-2007** *(Tol 1040241)* cuando dispone que

> *«...la sentencia impugnada no ha valorado que el patio es un elemento común por naturaleza, que, en el caso, además consta así en los propios Estatutos, y sin una autorización unánime de la Junta de la Comunidad no puede cerrarse y adscribirse en exclusiva al local comercial, de modo que las obras llevadas a cabo por los demandados en esta parte del edificio, que fue cubierta y anexionada a su local, como en el hueco de la escalera, también integrado al mismo, han alterado los indicados elementos comunes; y otro, por transgresión de la doctrina jurisprudencial contenida en las sentencias de 10 de julio de 1991, 24 de febrero y 27 de junio de 1996, respecto a que no pueden realizarse alteraciones en los elementos comunes sin la autorización de todos los propietarios, y a que el mero conocimiento de las obras en modo alguno supone su aprobación...».*

La **SAP de Alicante de 29-1-2007** *(Tol 1274755)*, haciendo mención al carácter de elemento común del hueco de la escalera consideró que

> *«...el objeto litigioso versa sobre la petición de derribo de la obra consistente en un cuarto trastero ejecutada debajo de la escalera, y por tanto, en zona común, siendo irrelevante cual sea la superficie ocupada, 20 m² como sostiene el actor con base al documento número 5 de la demanda emitido por el Ayuntamiento de Torrevieja, o 2,39 m² como se deriva del informe pericial adjuntado en la contestación a la demanda, por cuanto que, en todo caso toda la superficie construida (sea cual sea la superficie ocupada) afecta a un elemento común, que precisa para su modificación del consentimiento unánime de la comunidad de propietarios...», añadiendo a continuación que «...el que la obra ejecutada no cause perjuicio alguno al demandante es irrelevante a los efectos de la acción ejercitada, pues lo determinante es que se trata de un elemento común que no puede ser modificado por los comuneros sino cuentan con la autorización de la comunidad...».*

La **SAP de Murcia de 8-7-2005** *(Tol 736632)* también se pronunció en términos similares cuando señala que

> *«...el hipotético reconocimiento del carácter privativo del parte del hueco de la escalera, definido como elemento común en el título constitutivo de la propiedad horizontal, supone una*

modificación de éste y una suplantación de la voluntad de la comunidad de propietarios, pues la desafectación de elementos comunes, atribuyéndoles carácter privativo, requiere acuerdo de la comunidad adoptado por unanimidad...».

Tanto la escalera principal y la de servicios son elementos comunes, dado su carácter esencial. Solo hay una excepción, en el caso de que el título constitutivo atribuya su propiedad a un dueño o dueños de determinado o determinados pisos, para cuyo acceso sirva.

En este punto resulta interesante la **SAP de La Coruña de 3-7-2009** *(Tol 1603040)*, cuando, en su fundamentación jurídica recoge que

«...es cierto que el artículo 396 del Código Civil menciona que las escaleras son un elemento común de los edificios. Algo que es lógico, aunque pueden darse situaciones de escaleras privativas (por ejemplo las exteriores con que se dota en algunos casos a las primeras plantas comerciales, para su exclusivo uso).»

En cuanto a las obras de reforma que se puedan llevar a cabo por parte de la comunidad de copropietarios en las escaleras, debemos distinguir según éstas sean necesarias para la «*conservación, habitabilidad, seguridad y accesibilidad del inmueble*» o bien éstas sean de mero embellecimiento u ornato. El régimen aplicable será el contenido en los artículos 10 y 17.4 de la LPH.

Respecto a la utilización de la escalera como elemento común del inmueble debemos tener en cuenta el artículo 6 LPH cuando establece que «Para regular los detalles de la convivencia y la adecuada utilización de los servicios y cosas comunes, y dentro de los límites establecidos por la Ley y los estatutos, el conjunto de propietarios podrá fijar normas de régimen interior que obligarán también a todo titular mientras no sean modificadas en la forma prevista para tomar acuerdos sobre la administración». Es decir, que cuantas cuestiones pudieran surgir en cuanto al correcto uso por parte de los vecinos de este elemento común, así como las cuestiones relativas a la limpieza de la escalera (fuente de numerosos conflictos), quedarán dentro de las competencias que el artículo 6 LPH reconoce a la junta de propietarios para establecer normas de régimen interior.

En cuanto a las obligaciones de los copropietarios respecto del sostenimiento de los gastos de la escalera, no debemos olvidar que la escalera es un elemento común del edificio, por lo que los gastos de reparación y conservación serán proporcionales a la cuota de participación de cada copropietario, con la salvedad de lo que hubiera podido establecerse en el título constitutivo o en la junta de propietarios por unanimidad (art. 9 LPH).

Como establece la **STS de 4-10-1999** *(Tol 7576)*:

«...el título constitutivo de propiedad horizontal puede prever que determinados pisos o locales, por sus especiales circunstancias, estén exentos de contribuir al pago de determinados gastos de la comunidad, lo cual no infringe ninguno de los artículos mencionados y, por otra

parte, no puede ser alterada o eliminada dicha exención, más que por acuerdo unánime de todos los copropietarios...».

2.9. Porterías

La palabra portería viene definida en el diccionario de la Real Academia de la Lengua de la siguiente manera:

1. *Pabellón, garita o pieza del zaguán de los edificios o establecimientos públicos o particulares, desde donde el portero vigila la entrada y salida de las personas, vehículos, etc.*
2. *Empleo u oficio de portero.*
3. *Habitación del portero.*

Como vemos, **se distinguen tres conceptos**: el espacio físico del inmueble destinado a las funciones de portería, las funciones de portería propias de la profesión de portero y la vivienda destinada al uso del portero.

El artículo 396 del Código Civil considera a la portería como un elemento común del inmueble, al igual que las instalaciones de portero electrónico.

En este sentido, a nuestro juicio, el Código Civil al enumerar los elementos comunes del inmueble en régimen de propiedad horizontal, entiende la portería como el espacio físico destinado al servicio de portería.

Jurisprudencia relevante

Así se expresa, entre otras, la **STS de 26-2-1996** *(Tol 217715)*, cuando dice en sus fundamentos jurídicos que

> *«...en su sentido prístino el término "portería" que incluye el artículo 396 del Código civil entre los "elementos comunes" claramente se refiere a los elementos físicos del inmueble aptos para destinarse o dedicarse al expresad servicio, como denota la enumeración que realiza (suelo, vuelo, cimentaciones..., escaleras porterías) en función del concepto principal "elementos del edificio"...».*

Sin embargo, también puede entrar en esta definición la acepción de portería como vivienda destinada al portero, tal y como recoge la sentencia citada anteriormente cuando puntualiza que

> *«...la interpretación que dio al término 'porterías' la sentencia del Tribunal Supremo de 3 de junio de 1984, al considerar que integrada tal expresión dentro de los llamados 'elementos comunes' del artículo 396 del Código Civil, su alcance no se restringe al estricto concepto de pieza, habitáculo o garita 'sino que constituye un concepto genérico dentro del cual se comprende en*

principio y a salvo de que en los estatutos o en el título constitutivo del régimen de la propiedad horizontal se disponga otra cosa tanto dichas piezas, como la vivienda donde habite el portero e incluso a este mismo y sus servicios'…».

Respecto a la vivienda que es utilizada por el portero, normalmente suele ser calificada como elemento común aunque debe tenerse en cuenta que puede ser elemento privativo. Por lo tanto, deberá acudirse al título constitutivo y a lo que al respecto dispongan los estatutos de la comunidad. En este sentido resulta muy ilustrativa la **STS de 15-6-2007** *(Tol 1106784)*, cuando afirma que

«…se discutió en la instancia si la Comunidad de Propietarios demandante es propietaria del piso NÚM. 004 o tipo NÚM. 005 de la casa nº NÚM. 000 de la CALLE 000, de Bilbao, sobre la que ejercita acción reivindicatoria, al ser elemento común destinado a vivienda del portero. Las sentencias de primera y segunda instancia coinciden en señalar el carácter común del inmueble a partir de los siguientes hechos probados que, en lo que aquí interesa, son los siguientes: 1º) La escritura de declaración de obra nueva y constitución del régimen de propiedad horizontal, de fecha 21 de diciembre de 1973, de las casas con los números NÚM. 007, NÚM. 000 y NÚM. 006 de la calle, hoy CALLE 000, describió el Departamento número nueve como vivienda primera izquierda o Tipo B, con una cuota de participación en elementos comunes del 6,50%. 2º) En escritura posterior, de fecha 4 de abril de 1994, aclaratoria de la anterior, se vuelve a describir el bloque construido con las mencionadas casas y a modificar el porcentaje de los distintos departamentos y viviendas que constan en la misma, señalando, entre otros particulares, que 'la vivienda del piso primero izquierda, tipo NÚM. 005, se destina a vivienda del portero y es elemento común', dándole una cuota de participación en los gastos del 0%, figurando así inscrita en el Registro de la Propiedad de Bilbao. 3º) En escritura pública de 26 de mayo de 1978, aclaratoria como la anterior de la de 21 de diciembre de 1973, el constructor del edificio establece que las viviendas de la mano izquierda o tipo NÚM. 005, las números NÚM. 008, NÚM. 009, NÚM. 010 y NÚM. 011, de las plantas NÚM. 012, NÚM. 013, NÚM. 014 y NÚM. 015, respectivamente, del edificio nº NÚM. 000, han sido convertidas en locales destinados a oficinas por imposición municipal, quedando al margen la que es objeto de la acción reivindicatoria formulada por la comunidad, destinada a vivienda del portero.

Con estos hechos, declara que el Título Constitutivo de la comunidad, que se contiene en la escritura de diciembre de 1973, con las modificaciones posteriores, contempla como elemento común la vivienda litigiosa, señalando que 'la ley de Propiedad Horizontal establece un órgano específico, la junta de propietarios, y exige, en todo caso, la adopción de los acuerdos necesarios, sometiéndolos al régimen de unanimidad o de mayoría, según se trata de acuerdos que afecten a la disposición o afectación de dichos elementos o a la simple administración, precisando, en el caso de desafectación de la vivienda del portero como elemento común tanto una expresa declaración de desafectación como la mayoría absoluta prevista en el artículo 16.1 de la LPH', sin que ninguna actividad probatoria se halla llevado a cabo 'para acreditar la existencia de acuerdo comunitario expreso sobre la desafectación del elemento común de la vivienda del portero'. Al tiempo, la sentencia rechaza que la ocupación de la vivienda por los recurrentes desde la construcción de la vivienda, con giro de recibos y pago de derramas, constituya acto propio vinculante puesto que vino provocado 'por la conducta de los recurrentes', notoriamente incompatible con la exigida 'intención manifiesta' exigida en estos casos. Rechaza, asimismo, que los demandados hayan adquirido la vivienda por prescripción. Por cuanto 'no ostentan título alguno que legitime su posesión, salvo la mera tolerancia' y la presunción del artículo 38 de la LH, no ha quedado desvirtuada…»

Podría darse el caso de no se dijera nada al respecto de la calificación como elemento común o privativo de la vivienda para uso del portero en los estatutos de la comunidad. Aquí debemos acudir a la **STS de 30-1-2004** *(Tol 348579)* que dice lo siguiente:

> *«...lo sucedido no es más que una indebida omisión del hoy recurrente al otorgar la escritura de constitución del edificio en régimen de propiedad horizontal, y el no menos indebido intento del propio recurrente de aprovecharse de esa omisión: primero, proponiendo a los adquirentes de pisos o locales una fórmula de adquisición por partes alícuotas indivisas tan lucrativa para él como perniciosa para éstos y desde luego para la comunidad, ya que en régimen de copropiedad ordinaria no habría regido el artículo 4 de la Ley de Propiedad Horizontal y entonces cualquier comunero habría podido pedir la venta de la vivienda del portero y el reparto de su precio al amparo del art. 404 en relación con el 400, ambos del CC, cargando así a los disconformes con la prueba del servicio o utilidad común; y luego, al socaire de las desafortunadas demandas de algunos adquirentes de elementos privativos que daban por sentado ese condominio ordinario sobre la vivienda destinada al portero del edificio, intentando recuperarla el recurrente sin más que devolver algunas cantidades por un importe total ya insignificante, comportamientos ambos conducentes a un doble lucro carente de justificación y a los que la sentencia impugnada da una respuesta (rectificación de la escritura pública constitutiva y del correspondiente asiento registral) coherente con la de esta Sala para un caso con ciertas semejanzas en su reciente sentencia de 23 de mayo de 2003 (recurso nº 3167/97)...»*

Sobre la posibilidad e la que la portería sea un elemento privativo se pronuncia la **STS de 4-12-2007** *(Tol 1227440)* cuando afirma que

> *«...a tal efecto debe significarse que los recurrentes parten de una premisa (la naturaleza común del inmueble destinado a portería), soslayando por completo el sustrato fáctico tomado en consideración en ambas instancias, en virtud del cual se concluyó que "el local en ningún momento estuvo destinado a ser vivienda del portero, y nunca fue materialmente un elemento común, siendo propiedad de los hoy actores, entre otras razones (fundamento tercero) porque nunca fue considerado, formalmente, como elemento común del edificio, siendo claros los asientos del Registro de la Propiedad al respecto, dado que aparece inscrito a nombre de los demandados (ahora actores) propietarios del inmueble"...».*

> En el caso de que la vivienda del portero sea un elemento común y así conste expresamente en el título constitutivo, no tendrá cuota de participación ni provocará inscripción independiente.

En cuanto al establecimiento y supresión del servicio de portería, la LPH, en su art. 17. 3º dispone que:

> *«El establecimiento o supresión de los servicios de portería, conserjería, vigilancia u otros servicios comunes de interés general, supongan o no modificación del título constitutivo o de los estatutos, requerirán el voto favorable de las tres quintas partes del total de los propietarios que, a su vez, representen las tres quintas partes de las cuotas de participación».*

Para los **gastos que genera la vivienda que ocupa el portero** (luz, agua, gas, etc.), se estará a lo que al efecto prevea el convenio colectivo aplicable y el contrato suscrito entre la comunidad de copropietarios y el portero.

Reproducimos a continuación, a título de ejemplo, el IV Convenio Colectivo Sector Empleados Fincas Urbanas Cantabria 2013 - 2016, que establece lo siguiente:

«Artículo 18. VIVIENDA DEL PORTERO DE OCUPACIÓN OBLIGATORIA EN LA FINCA A SU CARGO POR RAZONES DE SEGURIDAD Y DISPONIBILIDAD.- La utilización por el Portero de una vivienda en la finca a su cargo, cuya ocupación no venga determinada por fines particulares, sino por la condición de disponibilidad plena para atender cualquier incidencia en la propia finca, conlleva obligaciones reciprocas: por parte del Portero, ocuparla obligatoriamente por razones de seguridad, y por parte de la Propiedad, facilitar una vivienda, que debe reunir las mínimas condiciones de habitabilidad, no suponer coste alguno para el Portero (exceptuando la tributación de la misma como retribución en especie) y estar vinculada a la especial trascendencia de sus funciones.

Durante la vigencia del contrato de trabajo, la vivienda, facilitada por la propiedad al portero en la finca a su cargo, tendrá la consideración de domicilio del portero, al sólo objeto de no poder ser utilizada por la propiedad o la comunidad de propietarios para reuniones de la misma u otros fines distintos.

Artículo 19. REPARACIONES.- Las pequeñas reparaciones que exija el desgaste por el uso ordinario de la vivienda ocupada por el Portero serán a cargo del mismo.

Artículo 20. DESALOJO DE LA VIVIENDA DEL PORTERO.- El Portero desalojará obligatoriamente la vivienda ocupada por él en la finca, dejándola libre, vacua y expedita en el plazo máximo de 15 días naturales, contados a partir del día de la fecha en que se extinga su contrato de trabajo.

Artículo 21. SUPRESIÓN DEL SERVICIO DE PORTERÍA.- Para el supuesto de supresión del servicio de portería, el empleado tendrá, en su caso, derecho a cobrar la indemnización que legalmente proceda. Igualmente, se establece para el supuesto de amortización del puesto de trabajo del portero por causas objetivas, previsto en el artículo 52 del Texto Refundido de la Ley del Estatuto de los Trabajadores. (Real Decreto Legislativo 1/1995, de 24 de marzo).

Artículo 22. AGUA Y LUZ.- Los empleados de fincas urbanas que tengan vivienda a cargo de la comunidad recibirán el importe equivalente al mínimo de agua y luz siempre que el pago de los mencionados servicios sea por cuenta del empleado.

Artículo 23. CALEFACCIÓN CENTRAL DEL EDIFICIO.- En aquellos casos en que exista calefacción central del edificio y el portero disponga de tal servicio en su vivienda, estará exento de cualquier clase de pago por tal servicio, siendo el mismo a título gratuito.

Artículo 24. ROPA DE TRABAJO, ÚTILES DE LIMPIEZA Y HERRAMIENTAS.- La propiedad podrá decidir sobre uniformar o no al Portero o Conserje, siendo a cargo de la misma, en su caso, el coste del uniforme. La propiedad ha de proveer al Portero o Conserje con dos entregas anuales de: mono, buzo o prenda similar, apta para los servicios que habrá de efectuar, estando el empleado obligado a utilizar las prendas que se le entreguen.

Los Porteros y Conserjes deberán ser provistos por la Propiedad de los útiles de limpieza y herramientas precisos para el cuidado y conservación de los edificios encomendados.»

En cuanto a los **gastos generados por el servicio de portería** (seguridad social, nóminas, IRPF, vestuario, artículos de limpieza, herramientas, etc.) se repartirán entre los propietarios del edificio en proporción a su cuota de participación, en tanto no exista un acuerdo unánime al respecto que los distribuya de forma distinta (por ejemplo, a partes iguales) o bien, como hemos visto cuando hemos analizado otros elementos comunes, venga así especificado en el título constitutivo o en los estatutos.

La cuestión puede surgir en lo tocante a las **exclusiones** de los propietarios de locales o plazas de garaje de la contribución a determinados gastos generales de la comunidad.

Jurisprudencia relevante

El Tribunal Supremo interpreta las cláusulas de exención de contribución a gastos generales en sentido restrictivo, atendiendo a la naturaleza de dichos gastos, distinguiendo entre los gastos ordinarios de conservación del inmueble y los gastos extraordinarios de mantenimiento del inmueble. La doctrina del alto tribunal entiende que los gastos de mantenimiento y conservación serán asumidos por todos los copropietarios en función de lo que establezca a tal efecto el título constitutivo y los estatutos, aunque esto debe interpretarse en un sentido restrictivo, por cuanto los locales de negocio y los garajes que no tengan acceso a determinados elementos y servicios comunes del inmueble, podrán estar exentos de estos gastos, como por ejemplo el gasto del servicio de portería.

En esos términos se expresa la **STS de 13-1-2009** *(Tol 1644078)*:

«...el órgano de segunda instancia infringe la línea jurisprudencial suprema que diferencia el servicio de portería del elemento común portería, lo que aboca en una interpretación errónea tanto de los preceptos legales citados como de los estatutos de a Comunidad de propietarios afectada, concurre en la causa inadmisoria prevista en el art. 483.2, 3º, inciso segundo, de la LEC 2000, esto es, de inexistencia de interés casacional, porque si bien se mencionan una serie de Sentencias con un criterio jurídico, que se dice, coincidente, las mismas establecen una doctrina de carácter meramente genérico, especialmente relativas a la distinción entre servicio de portería y el elemento común portería, cuestión que, es afrontada desde diversos —sino contradictorios, incluso opuestos— puntos de vista fácticos que, no guardan relación alguna con los hechos enjuiciados en la presente causa, pues en la misma, la sentencia tras interpretar las cláusulas contenidas en los estatutos que rigen la vida de la comunidad horizontal ahora recurrente —atribución que recordemos, es propia del juzgador de instancia, que ha de ser mantenida en casación, salvo que la misma sea arbitraria, absurda o ilegal— concluye reiterando la inexigibilidad a los propietarios de los locales comerciales sitos en la planta baja del edificio y los propietarios de los garajes situados en las plantas primera y segunda de los sótanos de contribuir a los gastos de portería, deducción acorde con el tenor literal de los referidos estatutos, lo que dista mucho de ser un supuesto coincidente al menos fácticamente, con aquéllos que a través de cita de resoluciones de esta Sala esgrime la recurrente... la interpretación literal se ve avalada por el examen de otras circunstancias y por la valoración de la prueba practicada, tal ajuste al tenor de lo estipulado por la Junta de Propietarios, es precisamente lo que acontece al supuesto de autos, dado que los propietarios tanto de los locales como de los garajes exonerados de pago del servicio de portería, tienen entrada independiente a los mismos por lo que tal servicio no se predica respecto de los mismo, circunstancia que es acorde, nuevamente con la doctrina de esta Sala evacuada en un supuesto sumamente parecido, Sentencia de 3 de mayo de 2007, dictada en recurso 2377/2000, cuya parte dispositiva reza en lo atinente al presente recurso extraordinario, lo siguiente. "Por otra parte, el artículo 9.5 de la Ley, respecto a la contribución a los gastos generales para el adecuado sostenimiento del inmueble, admitía las cláusulas de exoneración, al mencionar que los desembolsos de los comuneros se efectuarán con arreglo a la cuota de participación fijada por el título o 'a lo especialmente establecido'; cuya

última pauta responde a la lógica de no satisfacer nada por servicios en los que los titulares de algunos locales carecen de la posibilidad de su disfrute, y, aunque es cierto que la doctrina jurisprudencial ha interpretado restrictivamente esta cláusula y obliga a compartir los gastos extraordinarios de sustitución de elementos comunes, para conservar el edificio en buen estado y con todas las instalaciones, aunque los propietarios estén exonerados de su mantenimiento (SSTS de 25 de junio y 3 de julio de 1984), en este caso no existe coincidencia entre la cuestión debatida y lo sentado por esta Sala"...».

La **STS de 3-5-2007** *(Tol 1075935)*, citada en la resolución anterior, indica que

«...el motivo primero del recurso —al amparo del artículo 1692.4 de la Ley de Enjuiciamiento Civil por infracción de los artículos 6 y 9.5 de la Ley 49/1960, de 21 de julio, de Propiedad Horizontal, por cuanto que, según acusa, la sentencia impugnada resolvió la cuestión debatida con base en la exclusión de los locales de ciertos gastos por parte de los Estatutos de la Comunidad, sin embargo no ha valorado que aquellos cuya partida se pretende imputar a los mismos, es decir, los derivados de la vigilancia externa e interna del inmueble, no están exceptuados y, por consiguiente, en virtud de los preceptos citados como vulnerados, la parte actora está obligada a contribuir a su sostenimiento— se desestima porque el Reglamento de Régimen Interior, a que se refiere el citado artículo 6, constituye un documento para fijar unas normas de mero funcionamiento de los servicios y elementos comunes, cuya rectificación o reforma es posible verificarla por cada Junta de la Comunidad, mediante su determinación en el Orden del Día, para concretar o modificar los sistemas de prestación de los mismos y los comportamientos exigidos a los propietarios, pero dicho instrumento no puede modificar la Ley ni los Estatutos, y carece de valor para regular la forma de contribución a los gastos comunes o sus exoneraciones, pues estas cuestiones están fuera del Reglamento y solo pueden ser reguladas en los Estatutos. Por otra parte, el artículo 9.5 de la Ley, respecto a la contribución a los gastos generales para el adecuado sostenimiento del inmueble, admitía las cláusulas de exoneración, al mencionar que los desembolsos de los comuneros se efectuarán con arreglo a la cuota de participación fijada por el título o 'a lo especialmente establecido'; cuya última pauta responde a la lógica de no satisfacer nada por servicios en los que los titulares de algunos locales carecen de la posibilidad de su disfrute, y, aunque es cierto que la doctrina jurisprudencial ha interpretado restrictivamente esta cláusula y obliga a compartir los gastos extraordinarios de sustitución de elementos comunes, para conservar el edificio en buen estado y con todas las instalaciones, aunque los propietarios estén exonerados de su mantenimiento (SSTS de 25 de junio y 3 de julio de 1984), en este caso no existe coincidencia entre la cuestión debatida y lo sentado por esta Sala...».

Finalmente, debemos analizar los supuestos que puedan plantearse entorno a la venta o el arrendamiento de la vivienda destinada al portero.

Para la **venta de la vivienda del portero** se necesitaría el acuerdo unánime de condóminos, al tratarse de un acto de disposición sobre elementos comunes. Este acto sería un acto de desafectación del carácter común de un elemento sujeto a régimen de propiedad horizontal y se regiría por lo establecido en el artículo 17. 6º LPH.

Debemos precisar que, al igual que se puede desafectar un elemento común de tal carácter y ser objeto de un negocio jurídico como es la compraventa, también se puede proceder a realizar el proceso inverso, es decir, cualquier elemento privativo puede convertirse en elemento común a través de un acto de afectación. En el acto de afectación, la comunidad de propietarios puede acordar la constitución de un servicio de portería, pudiendo adquirir uno de los pisos del inmueble para ser destinado a vivienda del portero, constituyendo dicho piso como un elemento común del inmueble.

En caso de que la comunidad decidiera arrendar dicha vivienda, sería suficiente el voto favorable de tres quintas partes de propietarios que, a su vez, representen las tres quintas partes de las cuotas de participación, tal como dispone el art. 17. 3º. 2 LPH.

2.10. Corredores y pasillos

Son espacios enumerados en el art. 396 CC que tienen como finalidad el permitir el acceso a los diferentes pisos o locales.

Jurisprudencia relevante

La **SAP de Les Illes Balears de 24-2-2004** *(Tol 364285)* indica que

> *«...los corredores son un término que designa los pasillos internos o partes del edificio destinadas a comunicar los pisos o locales entre sí y éstos con los elementos comunes...», añadiendo a continuación que «...la doctrina considera que los corredores no sólo son los pasillos interiores del edificio, sino también las galerías exteriores que rodean el patio común y que todavía existen en algunos inmuebles, dando lugar a lo que se conocen como "patios de vecindad"...».*

Los corredores, como elementos comunes de los inmuebles sujetos a régimen de propiedad horizontal, se ceñirán al sistema de acuerdos previsto en el artículo 10.3 y 17 LPH.

Respecto a la calificación de los corredores como elementos comunes de inmuebles sujetos a régimen de propiedad horizontal, resulta interesante la **STS de 30-10-1987** *(Tol 1737843)* cuando afirma que

> *«...los motivos 6.º y 7.º, se apoyan en el artículo 1.692. 4.º de la Ley de Enjuiciamiento Civil y se alega error en la apreciación de la prueba demostrado por la Escritura Pública en la que se constituyó la propiedad horizontal y escritura en la que se adquirió el piso primero, corroboradas por la prueba pericial. Según el recurrente se deduce palmariamente que ese piso primero era una nave diáfana, sin que, en su parte posterior, existieren corredores de acceso para otras viviendas, ni patios de luces, por lo cual, las obras de cobertura de todo el espacio adquirido, están realizadas en el propio objeto de la adquisición cerrando así la nave y no afectan a elementos comunes de la Comunidad de Propietarios. De ello deduce que las restituciones a las que ha sido condenado, en favor de la Comunidad, son infundadas. Su deducción no resulta de los documentos aportados, por su simple lectura, pues de ellos aparece que, si bien la planta primera por él adquirida, además de la baja, constituía una nave diáfana, también contiene la previsión de un corredor, en función de posible división de la planta y la existencia de dos patios de luces desde el techo de la planta baja, no de la primera. La prueba pericial no hace sino confirmar la situación actual de todo el espacio techado y por ello, ambas pruebas, fueron contrastadas con la testifical, confesión y reconocimiento judicial, para concluir, en apreciación*

conjunta, que el demandado ocupa el espacio de un corredor comunitario y de dos patios de luces de la misma índole e impide acceso a terraza alegado en la reconvención y que por lo tanto, estos elementos estructurales del edificio, cuyo uso común se impide, por las obras del actor, han sido modificados sin consentimiento unánime de los copropietarios, conclusión razonable que, por otra parte, la naturaleza del recurso de casación impide criticar en sus factores aislados, recomenzando, con ello, el proceso (Sentencias de esta Sala 3-XII-1986. 18-XII-1986, 19-1-1987, 22rl-1987 y 23-1-1987, entre otras). Ambos motivos deben ser, por tanto, rechazados y, como consecuencia de este rechazo, debe proclamarse el derecho de la Comunidad a reivindicar los elementos comunes, con las obras necesarias a la restitución...».

La **SAP de Les Illes Balears de 24-2-2004** *(Tol 364285)*, citada anteriormente, indica que

> *«...el pasillo-corredor es elemento común por naturaleza, y consiguientemente que no es propiedad de la demandada... ya que es un corredor con fines de emergencia y de comunicación entre las distintas escaleras y ascensores del edificio, en beneficio de todos los comuneros... y aquella asignación unilateral requería de acuerdo unánime de los copropietarios para poder modificar el título constitutivo (art. 5 LPH)...».*

Como vemos en la anterior sentencia, dentro del concepto de corredores entran los pasillos, por lo que es aplicable todo lo expuesto anteriormente para este elemento común y por lo tanto serán elementos comunes del inmueble, salvo que se disponga otra cosa en el título constitutivo o en los estatutos.

2.11. Pasos

Dentro de la enumeración de los elementos comunes de los inmuebles sujetos a régimen de propiedad horizontal que hace el art. 396 del CC se encuentran los pasos. Un paso es un espacio por donde se pasa de un sitio a otro. Se diferencian de los corredores en que su espacio de tránsito es mas breve y su fin es facilitar el acceso a una parte común del edificio como el cuarto de calderas, la escalera de acceso al garaje, los trasteros, etc.

Por lo tanto, todo lo dicho en relación a los corredores y pasillos es plenamente aplicable a la figura de los pasos.

Jurisprudencia relevante

Pese a que existe poca jurisprudencia respecto de los pasos como elementos comunes de los inmuebles sujetos a propiedad horizontal, merece destacarse la **STS de 25-5-2006** *(Tol 952755)*, que, en sus fundamentos jurídicos, hace constar que

> *«...consta pues que en la planta 0 en la zona que sirve de cubierta a los locales y pasos peatonales de acceso a éstos fue sustituido su pavimento original y tapados los lucernarios que daban luz a esos pasos, que fue colocado un muro de ladrillo en el patio de luces, el cual fue además*

cerrado con una cubierta de chapa, que en ese patio se instaló la maquinaria de extracción de humos de los locales, que se ha cerrado el paso que existía para entrar en esa cubierta peatonal, que se ha colocado un anuncio de bingo, que en la planta -1 han sido anexionados a los locales los pasillos peatonales, que se han colocado puertas de acceso en esos pasillos, que se ha procedido a abrir una puerta en la fachada para acceso al bingo, que se ha procedido a abrir otras dos puertas en otra fachada como salidas de emergencia y que la rampa de acceso, entre otros, a los garajes se utiliza para acceder a un estacionamiento para los clientes del citado negocio... pretender como pretende la parte recurrente que el mencionado precepto le autoriza a anexionar los pasos peatonales a los locales de su propiedad es un empeño inútil, y ello porque dicho artículo 109 del Decreto de 24 de julio de 1968, sólo permite y sirve para fijar la superficie útil de cada vivienda o local y así establecer un precio adecuado, pero nunca serviría para cegar los pasos peatonales que comunican los distintos locales...».

2.12. Muros

Véase el epígrafe 2.5 elementos estructurales.

2.13. Fosos

El artículo 396 del CC menciona entre los elementos comunes a los fosos. Son cavidades subterráneas que engloban otros elementos comunes, tales como instalaciones eléctricas o montacargas.

Hemos de tener en cuenta lo establecido en el artículo 350 CC: *«El propietario de un terreno es dueño de su superficie y de lo que está debajo de ella; y pueden hacer en él las obras, plantaciones y excavaciones que le convengan, salvas las servidumbres, y con sujeción a lo dispuesto en las leyes sobre Minas y Aguas y en los reglamentos de policía»*. De este artículo se desprende que el sótano y los fosos tienen naturaleza común puesto que participan de la misma naturaleza jurídica que su superficie.

2.14. Patios

Los patios son espacios cerrados por paredes o galerías y que tienen como finalidad proporcionar aireación, luz y vista a los pisos o locales confluyentes a los mismos.

Jurisprudencia relevante

Véase al respecto la **STS de 5-4-1993** *(Tol 1662858)*:

«...la construcción del patio lo fue para aireación y luces de los pisos confluyentes al mismo, sirviendo, así mismo, de cobertura superior de los sótanos y de cierre de la parte del edificio

> *correspondiente, por lo que cumple de esta manera una clara utilidad comunal y sin perjuicio de que el acceso a dicha cubierta se practique por los locales arrendados. Tal estado refuerza el carácter comunitario de dicho elemento...».*

Se enumeran en el art. 396 CC como elementos comunes, pero en ocasiones es posible que en el título constitutivo vengan reflejados como elementos privativos cuya función no es suministrar luz y aire a los pisos o locales sino servir exclusivamente a alguno de los locales del edificio. Para que los patios sean considerados como elementos privativos debe expresarse así en el título constitutivo o en los estatutos ya que, de lo contrario, opera la presunción *«iuris tantum»* que los considera como elementos comunes. Así se ha pronunciado el Tribunal Supremo, entre otras, en la **STS de 11-5-2006** *(Tol 934877)*:

> *«...Es cierto que sólo a través de los pisos de las partes recurrentes, se puede acceder a los patios cuya naturaleza dominical ahora se discute. Pero ello, aparte de ser una situación muy común en la moderna edificación, no supone óbice alguno para calificar de elemento comunero dichos patios.*
>
> *Así es desde el instante mismo que en la declaración de obra nueva de la finca se incluye el patio o jardín como elemento común, sin que posteriormente haya habido segregaciones de sentido privativo en relación a los mismos, como ha ocurrido con otros elementos —así los sótanos—. Y en esta dirección han ido los informes del Ayuntamiento —a través de la Gerencia Territorial del Catastro—, y del Gobierno de la Rioja —a través de la Dirección de Urbanismo y Vivienda—. Sin olvidar que también de la prueba pericial y testifical, se desprende lo acertado de la antedicha afirmación.*
>
> *Si a todo se une el dato derivado de lo dicho por la jurisprudencia de esta Sala, que establece la presunción de elemento común de los patios, presunción desde luego 'iuris tantum', y que es aplicable al presente caso que como hemos visto no ha sido destruida por la prueba practicada, sino todo lo contrario.*
>
> *Y así es, y hay que decir que cuando surja antinomia entre las dos realidades jurídicas, registral y extrarregistral y aún cuando haya de partirse de que la primera tiene a un favor el indicado principio de exactitud, ello no puede concluir a su triunfo jurídico dado que si la realidad extrarregistral se acredita en debida forma es esta la que ha de predominar sobre aquella al reposar sobre algo real y positivo que la norma ha de proteger —sentencias de 14 de febrero, 9 de mayo, 17 de octubre, 31 de octubre y 28 de noviembre de 1989, 18 de julio de 1990, 12 de marzo, 2 de abril y 11 de junio de 1991, entre otras—. Y esto es lo que ha acaecido en el presente caso...».*

Por lo tanto, respecto a los patios, **si el título de constitución no dice nada al respecto, con carácter general hay que considerarlos elementos comunes**, acogiéndonos al criterio que el Tribunal Supremo ha manifestado en reiteradas ocasiones basándose en la misión arquitectónica y funcional de los patios interiores y por la presunción legal que establece el art. 396 del CC. Si una vez realizadas las correspondientes consultas y comprobaciones del título constitutivo resultara que el patio en cuestión no figurara como privativo, como anejo a una propiedad privativa, ha de considerarse como elemento común, por lo que, para cualquier actuación que modificara el mismo, se precisaría del permiso de la Comunidad.

Los patios, al igual que el resto de elementos comunes, pueden perder dicho carácter de elemento común si se produce el acuerdo unánime de los copropietarios de desafectación. Así se recoge, entre otras, en la **STS de 22-12-1994** *(Tol 1657483)*:

> *«...En el presente supuesto y como la Sentencia impugnada declara se ofrece '...la singularidad de que el patio según se establece en la descripción de la finca núm. NÚM. 000 de dicha comunidad es propiedad del propietario de la planta NÚM. 001, en este caso los demandados'. La posibilidad de que un elemento en principio común pueda ser desafectado de tal calificación comunitaria convirtiéndose en privado, puede operarse en la LPH de dos formas la que pudiera denominarse inicial o atributiva 'ab initio', que surge cuando así se ha constatado en el título constitutivo dando lugar a lo que en realidad y con un sentido técnico puede calificarse de 'reserva de titularidad'; y la 'a posteriori', que se opera a virtud de acuerdo adoptado después de constituido dicho régimen de propiedad por acuerdo unánime (art. 16. Primera LPH), dando lugar a la técnicamente auténtica desafectación, manifestaciones una y otra que cuentan en su favor con el apoyo de la doctrina científica y una abundantísima jurisprudencial, representada entre otras por las sentencias de 6 de junio de 1979, de carácter general; la de 14 de febrero de 1979 referida a la vivienda del portero, lo mismo que la de 6 de julio de 1992; la de 2 de enero de 1980 sobre desafectación de parte del terrado del inmueble en cuestión; la de 30 de junio de 1986 sobre necesidad de acuerdo unánime para convertir un patio en elemento privativo, etc., siendo igualmente de mencionar en orden a l mantenimiento de tal tesis las Ress. DGRN de 7 de abril de 1970, 10 de junio de 1973, 25 de septiembre de 1991 y la de 17 de marzo de 1993...».*

Debe quedar muy claro que el Tribunal Supremo es tajante en este punto e indica que, salvo que no exista el acuerdo expreso de desafectación, los patios conservarán la calificación de elemento común tal y como se puede estudiar en la fundamentación jurídica de la **STS de 4-11-1994** *(Tol 1666360)*:

> *«...La decisión del Tribunal de la instancia resulta la adecuada y procedente por las siguientes razones: a) El Código Civil con carácter genérico, en su art. 396, menciona expresamente a los patios de las edificaciones como elementos comunes, lo que tiene correlación en el art. 1.º de la Ley de Propiedad Horizontal, b) En el originario título constitutivo no se contempla servidumbre de luces y vistas de los propietarios de viviendas que dan al patio de referencia, así como tampoco que al mismo se le hubiera dado condición de elemento privativo y no comunal, como por su naturaleza y conceptuación legal le pertenece. Por ello tales patios siguen manteniendo la calificación legal que como elementos comunes les corresponde, pues no ha tenido lugar ni la necesaria desafección inicial ni la posterior que puede proyectarse sobre aquellas partes del edificio que no siendo por su propia estructura y destino esenciales, lo son por destino o accesoriedad, como ocurre con los patios interiores. Tal desafección debe de ser acordada en Junta de Propietarios y por unanimidad conforme el art. 16.1 de la Ley de Propiedad Horizontal 19/1960, lo que no se ha producido en el presente caso (Sentencias de 20 de abril de 1991 y 10 de febrero de 1992); y c) La propia realidad conformada por la disposición de las cosas también así lo determina pues la construcción del patio lo fue para aireación y luces de los pisos confluyentes al mismo, sirviendo asimismo de cobertura superior de los sótanos y de cierre de la parte del edificio correspondiente, por lo que cumple de esta manera una clara utilidad comunal y sin perjuicio de que el acceso a dicha cubierta se practique por los locales arrendados...».*

Aunque los patios son elementos comunes, es posible que su uso y disfrute corresponda a algún copropietario en exclusiva. Tal posibilidad puede estar recogida en el título constitutivo o acordarse posteriormente. Se podrá usar el patio respetando siempre los derechos de los demás y el interés de la comunidad.

Así lo entiende la **SAP de Valencia de 31-7-2007** *(Tol 1233381)*:

> *«...En la propia escritura y en la descripción de las servidumbres, en le apartado C se hace constar que esa mitad del patio tiene una servidumbre de uso y disfrute, lo que supone que el patio sigue siendo en su integridad elemento común. Y este carácter se define en el art. 6º de los estatutos en el que se atribuye el uso del patio, puesto que el mismo se encabeza con la siguiente cita: 'El patio de luces del edificio, sin perder su consideración de elemento común...', lo que define claramente el carácter del patio. Y constatado que se trata de un elemento común, el uso exclusivo del mismo estará limitado por los usos propios del patio de luces, esto es que estará afecto a dar a los copropietarios los servicios que como tal elemento común tenga. De esta forma deberá permitir la existencia de ventanas, que se instalen tendederos o que al mismo se abran las salidas de ventilación que sean precisas. Es cierto que dicho uso comunitario deberá conjugarse con el uso exclusivo atribuido a la actora, de forma que el primero no deje sin sentido el derecho al segundo...».*

De todo ello se deduce que, para disfrutar del uso de un patio de forma privativa por alguno de los comuneros, será necesario:

a) Que su posible derecho de uso figure en el título constitutivo o disponer del permiso de la comunidad.

b) Preservar el fin arquitectónico para no perjudicar el interés común.

Jurisprudencia relevante

El Tribunal Supremo, en **STS de 11-2-2009** *(Tol 1459620)* afirma que:

> *«...con frecuencia, se permite tácitamente por la Comunidad la utilización privativa de los patios, aunque son comunes según el artículo 396 del Código Civil, a los dueños de pisos bajos o locales, que, de ordinario, son los únicos que tienen acceso a los mismos; inclusive, en determinadas ocasiones, algunos de sus titulares se aprovechan de su posición y realizan obras para ampliar el propio piso, sin el permiso de la Junta de Propietarios, las que, singularmente si fueran de fábrica, están prohibidas y la Comunidad tiene facultades para solicitar su derribo y el retorno a su primitivo estado (entre otras, SSTS de 3 de abril de 1990 y 24 de mayo de 1991)...».*

También resulta interesante la **STS de 30-1-2002** *(Tol 135012)* que, en relación con la atribución del uso exclusivo del patio a favor de uno o varios de los copropietarios y el cubrimiento del patio que se hace por parte de éstos, establece que:

> *«...lo que ha sido objeto de debate, es el derecho del titular del local de cerrar el patio hasta la altura de la primera planta, y el uso exclusivo de la superficie en lo que a esa planta se refiere,*

sin privar a los demás propietarios de las luces y vistas que den al citado patio, reconociendo el carácter de elemento común del mismo, esto es obligar a la Comunidad a atenerse a lo acordado en la junta de propietarios de 16 de marzo de 1982, a lo que se avino previa la percepción de una cantidad de dinero, a reconocer a los titulares del local colindante al patio, el uso exclusivo del mismo en la forma indicada, y en este sentido, no existe la incongruencia denunciada...».

Añadiendo a continuación que

«...está acreditado que la concesión de la facultad de cubrir el patio, y atribuir el uso exclusivo del mismo al titular de local colindante y que pertenecía en esas fechas al demandado Sr. M. A., lo fue en virtud de acuerdo de la Junta de Propietarios, que se adoptó por unanimidad de todos los propietarios, según consta en el certificado del acta de la junta en la que se convino tal acuerdo, patio que además fue cubierto por la entidad promotora de la construcción del edificio, la Cooperativa Industrial Obrera de Soladores, cuyos socios serían después los titulares de las distintas viviendas, locales o plazas de garaje, y que además la Comunidad de Propietarios recibió en cambio del acuerdo adoptado una cantidad importante de dinero, que lo empleó en beneficio del inmueble, por lo que venir a estas alturas impugnando el acuerdo, implica una mala fe, que no puede tener protección en este recurso...».

En cuanto a los **gastos necesarios para la conservación y reparación del patio**, corresponderán a todos los copropietarios, en función de su cuota de participación, independientemente de que uno o varios copropietarios tengan atribuido su uso exclusivo, dado que sigue siendo un elemento común, si bien deberá acudirse a lo que al respecto disponga el título constitutivo, estatutos o acuerdos de la junta de copropietarios, requiriéndose para la modificación de estas reglas idénticos requisitos que para su constitución. Según la **STS 19-5-1996** *(Tol 952761)*,

«...las reglas contenidas en el título de constitución de la propiedad horizontal pueden abarcar aspectos relacionados con el uso o destino del edificio y sus diferentes pisos o locales, instalaciones, servicios, gastos, administración y gobierno, entre otros (artículo 5 III LPH), y su modificación está sujeta a los mismos requisitos para su constitución (artículo 5 IV LPH)...».

Prescripción de obras ilegales realizadas en los patios:

Podría llegar consolidarse una modificación no autorizada si se demostrase que, por parte de la comunidad, ha existido un consentimiento tácito en el transcurso de los años.

Jurisprudencia relevante

A este respecto se pronuncia la **STS de 16-7-2009** *(Tol 1577968)*:

«El único motivo en el que se funda el presente recurso, al amparo del ordinal 3º del artículo 477.2 de la Ley de Enjuiciamiento Civil, alega que la sentencia recurrida se opone a la jurisprudencia del Tribunal Supremo que enuncia, invocando como vulnerado el artículo 7 del Código Civil.

Razona la parte recurrente que es doctrina de esta Sala, contenida, entre otras, en las Sentencias de 23 de julio de 2004, 13 de julio de 1995 y 16 de octubre de 1992, la que expresa que equivale a un consentimiento tácito de la Comunidad de Propietarios el conocimiento de la realización de obras en el ámbito de la Propiedad Horizontal que hubieren precisado una autorización unánime cuando estas han sido conocidas y toleradas durante largo tiempo.

El motivo debe estimarse con las consecuencias que más tarde se dirán.

Y así es ya que en tales Sentencias, si bien se pone de manifiesto que el conocimiento no equivale, sin más, a un consentimiento, se determina que cabe interpretar como tal la inactividad de la Comunidad de Propietarios y de los propios integrantes de la Comunidad cuando, conocedores de la realización de obras que hubieran requerido el consentimiento unánime de todos ellos, se han mantenido en silencio durante un largo periodo de tiempo.

La Sentencia recurrida ha considerado probado que la demandada llevó a cabo unas obras consistentes en el cerramiento de un patio interior, siendo que, refiriéndose únicamente a la ampliación de la cocina, ésta ha podido ejecutarse en un periodo inferior a 15 años, aunque sin fijar con precisión su antigüedad. No contradice la Audiencia el hecho de que el cierre del patio tuviera la antigüedad indicada por el Juzgado de Primera Instancia, que la fijaba en torno a unos 20 años.

De esta manera, a pesar de que no quepa duda alguna de que las obras realizadas por la parte demandada afectan a un elemento común del edificio, por lo que exigían para su ejecución el consentimiento unánime de los propietarios manifestado en la correspondiente Junta (artículos 12 y 17 de la Ley de Propiedad Horizontal), resulta claro en este caso que ello fue advertido y tolerado por la parte actora y por la Comunidad de Propietarios y, por consiguiente, tácitamente consentido, pues el consentimiento puede ser tácito cuando del comportamiento de las partes resulta implícita su aquiescencia a una determinada situación, como precisan, entre otras, las Sentencias de esta Sala de fecha 23 de octubre y 5 de noviembre de 2008. En el caso de autos, se aceptó desde su inicio el cerramiento del patio ejecutado por el demandado, sin que durante un largo período de tiempo se hubiera verificado impugnación alguna, lo que permite considerar la existencia de un consentimiento tácito y, por ende, conduce a la estimación del recurso de casación».

Instalación de tendederos en los patios:

Los patios de luces que no tengan tendederos instalados de origen por el constructor, podrán utilizarse para tendederos de ropa siempre y cuando exista autorización por parte de la Junta de Propietarios.

Jurisprudencia relevante

Esta autorización puede ser expresa o tácita y, en este sentido, cabe citar la **SAP de Alicante de 26-1-2009** *(Tol 1289891)*, cuando afirma que:

«...En este caso, la resolución de instancia se ajusta a derecho en la solución que adopta en cuanto a la desestimación de la nulidad de la junta de propietarios pretendida y al tendedero de ropa, remitiéndonos a los razonamientos de instancia sin necesidad de mayores repeticiones. Máxime cuando se trata de una alteración menor consistente en un tendedero colocado hace unos ocho o diez años, por lo que pretender ahora su retirada infringe incluso el principio de buena fe pues así sucede con quien ejercita su derecho tan tardíamente que la otra parte

pudo efectivamente pensar que no iba a ejercitarlo, incurriendo en retraso desleal y vulnerando con ello las normas éticas que deben informar el ejercicio del derecho las que, lejos de carecer de trascendencia, determinan que el ejercicio del derecho se torne inadmisible, con la consiguiente posibilidad de impugnarlo por antijurídico…».

Pueden surgir conflictos entre el uso exclusivo de utilización de los patios que pueden tener algunos copropietarios frente al derecho de instalación de tendederos que puedan hacer valer otros. Aquí la **SAP de Valencia de 9-11-2007** *(Tol 1280002)* es clara cuando afirma que:

«…no deja de ser consustancial al aprovechamiento de forma exclusiva por la actora un bien de titularidad común cual es la superficie del patio de luces, al que no se le puede privar de su funcionalidad por aquella utilización. Siendo más bien una cuestión de orden interno el regular su utilización de los elementos comunes de forma que no se perjudique a ningún vecino, pero sin privarles del derecho a su uso. A lo que cabe añadir que la Comunidad de propietarios dio consentimiento verbal a los comuneros para instalar tenderos, el que resulta apto 'a priori', puesto que si resulta factible el consentimiento prestado de manera tácita ante la realización de obras que puedan afectar a elementos comunes, como señala la S. del T. S. de 28 de abril de 1992, más aún, si cabe el expreso, aunque lo haya sido de forma verbal —no obstante los inconvenientes, que ello puede suponer, sobre todo en orden a su constancia—, como se deduce de la testifical de los miembros de la Comunidad y se indica en el acta de la Junta de fecha 14 de octubre de 2005, la que, a su vez, da reflejo escrito a lo que fue una decisión anterior, si bien con posterioridad a la instalación del tendedero y la propia presentación de la demanda origen de las actuaciones, lo que no obsta para considerar su preexistencia. Y siendo también exponente de dicha decisión la colocación de otros tendederos en la finca…».

Esta misma sentencia afirma que

«…como señala la S. de la A. P. de Madrid, Sección 11ª, de fecha 11 de diciembre de 2006, la instalación en la fachada interior del edificio de un tendedero que permita tender la ropa, a los efectos de poder realizar dicha actividad esencial sin tener que salir de la vivienda, constituye un uso de elemento común consecuente con el artículo 9.1 de la LPH, sin que lleve implícito modificación o alteración del título constitutivo o de los estatutos de la comunidad, para lo que sí se exigiría la unanimidad a que se refiere el artículo 17 de la LPH. Máxime en el presente caso, dadas las reducidas dimensiones y mínima entidad de la instalación por el simple atornillamiento que se observa en las fotografías que se acompañan (folio 24 de las actuaciones), que en todo caso, aunque inciden sobre un elemento común, cual es una pared que da al patio interior del inmueble, no consta que menoscabe ni altere la seguridad del edificio, su estructura general o su configuración o estado exteriores, ni tampoco que perjudique los derechos de otro propietario, a lo que alude el artículo 7-1 de la LPH…».

La **SAP de Madrid de 21-7-2009** *(Tol 1626582)* entendió que

«…no creemos que puede sustituirse la decisión adoptada por la Comunidad de Propietarios sobre un elemento común, es decir la necesidad de que exista acuerdo entre los implicados para instalar el tendedero en las ventanas por el patio interior, por la voluntad de uno de los propietarios sino se demuestra que aquella decisión lesiona indebidamente sus derechos o es exponente de un trato discriminatorio respecto al resto de los propietarios, y en este caso, no debe olvidarse que, a la vez que se acordó que era necesario la existencia del acuerdo entre los

propietarios implicados para instalar los tendederos, se tomó la decisión de bajar el tejadillo de la construcción existente en el patio que entorpecía que el actor pudiera instalar un tendedero en diagonal entre sus ventanas, quedando, tras esa obra desde la cuerda para el tendido de la ropa a la cubierta del tejadillo una distancia de 1,57 metros, que lo consideramos suficiente para la ropa que es habitualmente utilizada por los ocupantes de una vivienda y es la misma que existe desde el lugar donde tienden otros propietarios que pueden cruzar el tendedero por el patio interior hasta el inicio de la ventana del vecino de la planta de baja, que debe ser el límite para no perjudicar el derecho a luces y vistas del propietario del piso inferior, con lo que se le ha facilitado una solución semejante a la que disfrutan el resto de los vecinos. En definitiva este acuerdo, con el que se pretende conciliar los intereses de los vecinos, no puede ser declarado nulo ya que no apreciamos que sea contrario a la ley ni a los estatutos [artículo 18 a) LPH], ni que sea discriminatorio, por suponer un grave perjuicio para el apelante, ni constitutivo de una abuso de derecho [artículo 18 c) LPH], que son los motivos alegados por el actor para solicitar su nulidad…».

Respecto al permiso para colocar tendederos se pronuncia la **SAP de Valencia de 13-10-2006** *(Tol 1461634)*:

«…frente a la afirmación de que se trata de un uso antisocial del derecho pues se limita el derecho de los demandados sin obtener con ello provecho alguno, resulta más cierto que los demandados no se ven privados de su derecho a tender pues disponen de una terraza común en la que tienen asignado un lugar específico para tales menesteres cada uno de los propietarios del inmueble incluidos los demandados. Originariamente y según resulta de las pruebas testificales el patio de luces, elemento común del edificio, no estaba destinado a permitir a los copropietarios tender sus coladas, sino que a tal fin se destino la azotea. La colocación de los tendederos ha sido reciente en el tiempo según se desprende del testimonio de Dª Juana e incluso alguno vecinos no disponen de ellos como sucede con el testigo D. Santiago. Si bien existen otros tendederos en el patio de luces, ha quedado acreditado que el único que recae sobre la terraza de uso privativo del actor es el de los demandados, siendo este el único que le puede originar alguna molestia provocada por los accidentes propios de la tarea doméstica litigioso, esto es tender (caída accidental de prendas, caída de pinzas). Siendo la colocación del tendedero una alteración de un elemento común requiere el consentimiento unánime de los copropietarios, unanimidad que no se alcanzó el 22-12-04, como recoge la propia acta, en la que se hace constar que se han emitido 11 votos a favor y uno en contra. Por todo ello no comparte esta Sala los fundamentos de la sentencia impugnada…».

Obviamente entendemos, a raíz de las últimas reformas experimentadas por la LPH, que el requisito de la unanimidad para su instalación, también se ha flexibilizado en el caso de los tendederos, si dicha instalación puede incardinarse en el artículo 17.3 como un servicio común de interés general.

2.15. Pozos

El art. 396 CC considera los pozos como un elemento común en los inmuebles sujetos a régimen de propiedad horizontal.

La utilización de los pozos en edificios sujetos a propiedad horizontal actualmente está prácticamente en desuso, utilizándose, sobre todo, para suministro de agua, pozos absorbentes y fosas sépticas.

Jurisprudencia relevante

La **STS de 6-5-1991** *(Tol 1726800)* estableció que

> *«...dicho sótano en la actualidad alberga unos pozos para uso de la Comunidad de Propietarios y claro es, a ello habrá que añadirse que, por la propia ubicación de tal sótano en el subsuelo del edificio, en principio, en tanto en cuanto no se acredite la expresa inclusión en el título correspondiente del mismo como tal elemento privativo, habrá de seguir el decurso general de que es un elemento al servicio de la comunidad y, que, por tanto, cualquier postura, como la del recurrente, que pretenda excluirlo de tal carácter comunal y adscribirlo a un uso privativo precisará el ejercicio de las acciones adecuadas a la modificación del título constitutivo...».*

Como elemento común del inmueble, al pozo le será de aplicación todo lo que hemos visto anteriormente, en otros apartados de elementos comunes, respecto a los acuerdos necesarios para su modificación y al régimen de contribución de gastos.

Además del régimen general aplicable a los pozos como elementos comunes en propiedad horizontal, derivado de la aplicación del art. 396 CC, deberá observarse, en cuanto a su construcción, lo dispuesto en el art. 590 CC, que establece que:

> *«Nadie podrá construir cerca de una pared ajena o medianera pozos, cloacas, acueductos, hornos, fraguas, chimeneas, establos, depósitos de materias corrosivas, artefactos que se muevan por el vapor, o fábricas que por sí mismas o por sus productos sean peligrosas o nocivas, sin guardar las distancias prescritas por los reglamentos y usos del lugar, y sin ejecutar las obras de resguardo necesarias, con sujeción, en el modo, a las condiciones que los mismos reglamentos prescriban.*
>
> *A falta de reglamento se tomarán las precauciones que se juzguen necesarias, previo dictamen pericial, a fin de evitar todo daño a las heredades o edificios vecinos».*

2.16. Recintos destinados a ascensores, depósitos, contadores, telefonías o a otros servicios o instalaciones

Son introducidos como elementos comunes con la reforma del art. 396 CC y, tal como se desprende del mismo, el destino de dichos recintos suele ser variado y en general, destinado a contener equipamiento diverso de instalaciones comunitarias o, incluso tal como puntualiza la ley, aquellos servicios o instalaciones que fueren de uso privativo.

2.17. Ascensores y las instalaciones

Es elemento común en cuanto cumple la misma función de la escalera, tiene la consideración de un servicio común fundamental, y está enumerado en el art. 396 CC.

También la Ley de Propiedad Horizontal los menciona expresamente en el artículo 17, al rebajar el requisito de la unanimidad en la adopción de acuerdos incluso cuando se modifica el título constitutivo o los estatutos.

Desde que se modificó la LPH en el año 1999, el establecimiento o supresión del servicio de ascensor debía de ser aprobado por tres quintas partes de propietarios que, a su vez, representen tres quintas partes de las cuotas de participación.

Antes de la mencionada reforma de 1999, el acuerdo de instalación de ascensor debía tomarse por unanimidad. No obstante, la Jurisprudencia ya se inclinaba por autorizar el acuerdo adoptado por mayoría, atendiendo a la interpretación de un *«criterio sociológico»* propio del momento en que, tanto la aplicación de la norma, como la función hermenéutica de los Tribunales, tiene lugar.

La reforma de la LPH, mediante la Ley 8/2013, de 26 de junio, vuelve a reducir el quórum para dicha estalación. En ese sentido el art. 17.2. establece (el subrayado es nuestro, que *«Sin perjuicio de lo establecido en el artículo 10.1 b), la realización de obras o el establecimiento de nuevos servicios comunes que tengan por finalidad la supresión de barreras arquitectónicas que dificulten el acceso o movilidad de personas con discapacidad y, en todo caso, el establecimiento de los servicios de ascensor, incluso cuando impliquen la modificación del título constitutivo, o de los estatutos, requerirá el voto favorable de la mayoría de los propietarios, que, a su vez, representen la mayoría de las cuotas de participación»*.

Jurisprudencia relevante

Como recoge la **STS de 11-2-09** *(Tol 1459620)*, actualmente las normas sobre la construcción exigen la presencia del ascensor cuando en un edificio se elevan tres o más plantas, aunque también el mercado inmobiliario lo demanda en fincas antiguas, ya que aparte de satisfacer las referidas necesidades de personas minusválidas, es un elemento esencial para la utilización de un edificio, que redunda en beneficio, sin excepción, de los propietarios de un inmueble, no sólo a los efectos de las mentadas atenciones y del bienestar material, sino también porque incrementa el valor de los pisos o apartamentos y revaloriza la finca en su conjunto.

En esta sentencia se resuelve sobre un patio de luces al que tiene acceso un propietario, que consta en la escritura privada como elemento privativo y en el título constitutivo aparece como elemento común. En dicho patio de luces se pretende instalar el ascensor y el Tribunal Supremo declara que prevalece la consideración de elemento común:

«Con frecuencia, se permite tácitamente por la Comunidad la utilización privativa de los patios, aunque son comunes según el artículo 396 del Código Civil, a los dueños de pisos bajos o locales, que, de ordinario, son los únicos que tienen acceso a los mismos; inclusive, en determinadas ocasiones, algunos de sus titulares se aprovechan de su posición y realizan obras para ampliar el propio piso, sin el permiso de la Junta de Propietarios, las que, singularmente si fueran de fábrica, están prohibidas y la Comunidad tiene facultades para solicitar su derribo y el retorno a su primitivo estado (entre otras, SSTS de 3 de abril de 1990 y 24 de mayo de 1991).
(...) Por lo que hace mención a la instalación de un ascensor en el edificio comunitario, amén del derecho de que gozan para ello los minusválidos según lo dispuesto en la Ley 15/1995, sin olvidar que esta cualificación la tienen quienes hayan cumplido setenta años de edad por el artículo 1.3 de la referida Ley, dicha cuestión ha sido objeto del artículo 17.1, párrafo 2º, en virtud de la Ley 8/1999, a fin de que se pueda acordar, con la obligación de todos los comuneros de participación y pago, cuando se alcance el 'quórum' determinado en ese precepto, lo que ha ocurrido en el caso debatido.
(...) En el caso que nos ocupa, la escritura de propiedad de la planta baja de los demandados expresa que consta de recibidor, pasillo, comedor, tres dormitorios, cocina, cuarto de aseo y un patio descubierto, pero esta exposición no coincide con el Título Constitutivo de la Propiedad Horizontal, que no contiene ningún dato para alcanzar esa calificación sobre el patio de luces. Según destacada doctrina científica, el artículo 5 de la Ley de Propiedad Horizontal, con el artículo 396 del Código Civil, constituyen los fundamentos de la propiedad horizontal, y el precepto primeramente citado se refiere al Título, los Estatutos y la cuota de participación, esto es, determina los presupuestos principales para conocer los detalles del inmueble y las normas de funcionamiento, de modo que concreta el espacio jurídico para el funcionamiento de las Comunidades de Propietarios, sin perjuicio de los acuerdos de la Junta adoptados posteriormente con el 'quórum' exigido en el artículo 17.1 de la Ley.
Por consiguiente, serán parte del inmueble todos los servicios y elementos comunes con que cuente realmente el edificio, no designados como privativos, se mencionen o no específicamente en el artículo 396 del Código Civil, y no cabe negar su existencia, pues bastará con probar que los mismos aparecen así desde el principio, o posteriormente por acuerdo válido de la Junta de Propietarios.
Esta Sala acepta el razonamiento de la sentencia recurrida sobre la consideración de elemento común del patio de luces en virtud del Título Constitutivo.
(...) Por último, esta Sala acepta la argumentación de la sentencia de instancia sobre que la Comunidad pretende sólo limitar el uso del patio de luces en lo estrictamente necesario para la instalación del ascensor, sin suprimir a los demandados la totalidad de su utilización, lo que supone una razón más para entender ajustada a derecho la pretensión de la parte actora».

Por tanto, la instalación del ascensor requerirá acuerdo mayoritario y el coste de la instalación se abonará por todos los propietarios en proporción a su cuota de participación.

La **STS de 18-12-2008** *(Tol 1413613)*, sobre el pago de un ascensor, acuerda en su fallo:

«2º.- La declaración como doctrina jurisprudencial de que el acuerdo de la Junta de Propietarios válidamente adoptado obliga a todos los comuneros desde la óptica de que existe una

norma específica que regula la instalación del servicio de ascensor, con la añadidura de que su interpretación se efectuará de acuerdo con la realidad social del tiempo en que ha de ser aplicada».

Las **STS de 20-10-2010** *(Tol 1978071)* y la **STS 13-11-2012** *(Tol 2693078)*, clarifican que los gastos de instalación son a cargo de todos los propietarios, incluidos los bajos y aunque puedan existir cláusulas estatutarias de que los eximan de determinados gastos ordinarios y extraordinarios.

La primera de ellas la **STS de 20-10-2010** *(Tol 1978071)*, fue emitida por el Alto Tribunal en relación con la jurisprudencia contradictoria de las Audiencias Provinciales ***(Gastos de «conservación», vs. gastos de «instalación» del servicio de ascensor)*** y pronunciándose respecto a dilucidar si las cláusulas contenidas en los Estatutos de una Comunidad que eximen del deber de contribuir a *«gastos de conservación, limpieza, alumbrado de portales y escaleras»* a los propietarios locales que no tienen acceso por dichos portales, deben entenderse en el sentido de que, además, les libera del deber de contribuir a sufragar los gastos de instalación del ascensor:

«...4.2. Gastos de 'conservación', vs. gastos de 'instalación' del servicio de ascensor.
31. La respuesta a la cuestión así planteada debe partir de las siguientes premisas:
1) A tenor del apartado e) del artículo 9 de la Ley 49/1960, de 21 de julio, de Propiedad Horizontal, constituye una de las obligaciones de los propietarios sometidos al régimen de la propiedad horizontal 'Contribuir, con arreglo a la cuota de participación fijada en el título o a lo especialmente establecido, a los gastos generales para el adecuado sostenimiento del inmueble, sus servicios, cargas y responsabilidades que no sean susceptibles de individualización', lo que concuerda con la previsión contenida en el artículo 3, a cuyo tenor 'A cada piso o local se atribuirá una cuota de participación con relación al total del valor del inmueble y referida a centésimas del mismo. Dicha cuota servirá de módulo para determinar la participación en las cargas y beneficios por razón de la comunidad. Las mejoras o menoscabos de cada piso o local no alterarán la cuota atribuida, que sólo podrá variarse por acuerdo unánime.'
2) Los acuerdos adoptados regularmente y por las mayorías previstas por la norma, vinculan a los disidentes ya que, como precisa la sentencia número 795/2009, de 17 de diciembre 'El funcionamiento de una Comunidad de Propietarios está basado en dos premisas: la primera, que la mayoría impone su criterio, y la segunda, que la minoría disponga de medios de defensa para evitar abusos, de modo que para hacer valer su postura, los disidentes deben obtener el correspondiente respaldo judicial, mediante la impugnación del acuerdo ante los Tribunales y el logro de una sentencia favorable, pues en otro supuesto estarán obligados al pago de los gastos acordados en la Junta'.
3) Es cierto que en caso de innovaciones innecesarias el artículo 11 de la propia Ley de Propiedad Horizontal bajo ciertas condiciones exime a los disidentes de contribuir a los gastos, pese a que los acuerdos hayan sido válidamente adoptados, precisando la Sentencia número 1151/2008, de 18 de diciembre, el carácter necesario o no de las innovaciones debe entenderse 'de acuerdo con la realidad social del tiempo en que ha de ser aplicada (artículo 3 del Código Civil), y las normas sobre la construcción exigen su existencia cuando en un edificio se elevan tres o más plantas, cuyo presupuesto viene también impuesto por el mercado inmobiliario, y con referencia a fincas antiguas, aparte de satisfacer las referidas necesidades de personas minusválidas, es un elemento esencial para la utilización de un edificio, que redunda en be-

neficio, sin excepción, de los propietarios de un inmueble, no solo a los efectos de las mentadas atenciones y del bienestar material, sino también porque incrementa el valor de los pisos o apartamentos y revaloriza la finca en su conjunto, y resultaría abusivo que la contribución a su pago no tuviera que ser asumida por todos los condueños'.
4) El principio de autonomía de la voluntad imperante en las relaciones privadas expresamente recogido en el artículo 396, último párrafo, del Código Civil, autoriza las normas estatutarias que en determinadas circunstancias fijan el régimen de contribución a algunos gastos comunitarios de forma diferente a la cuota de participación fijada en el título, pudiendo en determinadas circunstancias incluso eximir de la obligación de contribuir a determinados gastos a algunas viviendas o locales (en este sentido, sentencia número 720/2009, de 18 de noviembre).
5) Tratándose de acuerdos de instalación de un ascensor en el edificio comunitario, la sentencia núm. 1181/2008 de 18 diciembre fija la regla de que: 'el acuerdo obliga a todos los comuneros, tanto a los que hayan votado favorablemente, como a los que han disentido, y eso supone que deben permitir que se lleve a efecto y abonar lo que corresponda, sin perjuicio de la impugnación judicial si concurren las circunstancias del artículo 18 de la Ley'.
6) Finalmente, la sentencia número 927/2008, de 21 de octubre, reiterada en la 720/2009, de 18 de noviembre, tras el análisis de la línea jurisprudencial mantenida en las sentencias 702/1994, de 13 de julio, 695/1995, de 5 de julio, 22 de septiembre de 1997 y 929/2006, 28 de septiembre de 2006, concluye que en aquellos casos en los que la instalación de un ascensor en un edificio que carecía del mismo y que es necesario para la habitabilidad del inmueble, constituye un servicio o mejora exigible y que todos los comuneros tienen la obligación de contribuir a los mismos, sin que las cláusulas de exención del deber de participar en las reparaciones ordinarias y extraordinarias correspondientes al portal, escalera y ascensor, permitan considerar a los propietarios de los locales afectados liberados también del deber de contribuir los gastos de la instalación de ascensor.
32. Haciendo aplicación de la doctrina expuesta, hay que concluir que las cláusulas que eximen del deber de contribuir a 'gastos de conservación, limpieza, alumbrado de portales y escaleras' a los propietarios locales que no tienen acceso por dichos portales, deben entenderse en el sentido de que no les libera del deber de contribuir a sufragar los gastos de instalación de los mismos, en aquellos casos en los que es necesaria para la adecuada habitabilidad del inmueble, ya que, como afirma la referida sentencia 1151/2008, redunda en beneficio, sin excepción, de los propietarios del inmueble e incrementa no solo el valor de los pisos o apartamentos, sino de la finca en su conjunto, por lo que resultaría abusivo que la contribución a su pago no tuviera que ser asumida por todos los condueños.
33. Al no haberse cuestionado en este caso que la instalación del ascensor constituye un elemento necesario para el adecuado uso del inmueble (de la documentación aportada aparece que consta de bajos y cuatro plantas altas), debe rechazarse la interpretación que de la cláusula estatutaria realiza la sentencia recurrida que, en su consecuencia, procede casar y, dejándola sin efecto, confirmar la sentencia de la primera instancia».

Por último, por su interés citamos la **STS de 15-12-2010** *(Tol 2009316)* la cual se pronuncia favorablemente, en un caso muy concreto, o también la **STS de 24-3-2011** *(Tol 2074791)* matiza los límites de la servidumbre en favor de la comunidad, al establecer:

«...La instalación de un ascensor en una comunidad de vecinos que carece de este servicio, considerado como de interés general, permite la constitución de una servidumbre para tal fin, incluso cuando suponga la ocupación de parte de un espacio privativo, siempre que concurran las mayorías exigidas legalmente para la adopción de tal acuerdo. ***La ocupación de un espa-***

***cio privativo**, en el que difícilmente concurrirá el consentimiento del vecino afectado, que por tanto no se constituye en presupuesto ineludible en casos como el que se examina, **encuentra su límite en el supuesto de que la privación del derecho de propiedad se lleve al extremo de suponer una pérdida de habitabilidad y funcionalidad del espacio privativo**, circunstancias que no se han probado en el presente caso».*

No obstante por su interés y la problemática que suele generar en la praxis la instalación del ascensor, se le dedica un epígrafe especial en el capítulo VII de esta obra.

Cuestiones útiles

13. Los bajos comerciales de un edificio sin ascensor están exentos por los Estatutos del pago de «gastos de conservación, limpieza y alumbrado de portales y escaleras». Si se acuerda instalar un ascensor, ¿deben abonar la instalación? ¿Podría considerarse una obra de innovación?

La **STS de 20-10-2010** *(Tol 1978071)* establece que la instalación de un ascensor en un edificio que carece de él ha de ser asumida por todos los propietarios, no estaría incluida dentro de la cláusula de exoneración referente a «conservación»:

*«Haciendo aplicación de la doctrina expuesta, hay que concluir que las cláusulas que eximen del deber de contribuir a 'gastos de conservación, limpieza, alumbrado de portales y escaleras' a los propietarios locales que no tienen acceso por dichos portales, deben entenderse en el sentido de que **no les libera del deber de contribuir a sufragar los gastos de instalación de los mismos, en aquellos casos en los que es necesaria para la adecuada habitabilidad del inmueble**, ya que, como afirma la referida sentencia 1151/2008, redunda en beneficio, sin excepción, de los propietarios del inmueble e incrementa no solo el valor de los pisos o apartamentos, sino de la finca en su conjunto, por lo que resultaría abusivo que la contribución a su pago no tuviera que ser asumida por todos los condueños».*

Por otra parte, esta sentencia considera que la instalación del ascensor se considera necesaria para la adecuada habitabilidad del inmueble, por tanto, no se trataría de una innovación innecesaria y habría de ser abonada por todos los propietarios:

*«...Es cierto que en caso de innovaciones innecesarias el artículo 11 de la propia Ley de Propiedad Horizontal bajo ciertas condiciones exime a los disidentes de contribuir a los gastos, pese a que los acuerdos hayan sido válidamente adoptados, precisando la Sentencia número 1151/2008, de 18 de diciembre, **el carácter necesario o no de las innovaciones debe entenderse 'de acuerdo con la realidad social del tiempo en que***

> *__ha de ser aplicada'__ (artículo 3 del Código Civil), y las normas sobre la construcción exigen su existencia cuando en un edificio se elevan tres o más plantas, cuyo presupuesto viene también impuesto por el mercado inmobiliario, y con referencia a fincas antiguas, aparte de satisfacer las referidas necesidades de personas minusválidas, es un elemento esencial para la utilización de un edificio, que redunda en beneficio, sin excepción, de los propietarios de un inmueble, no solo a los efectos de las mentadas atenciones y del bienestar material, sino también porque incrementa el valor de los pisos o apartamentos y revaloriza la finca en su conjunto, y resultaría abusivo que la contribución a su pago no tuviera que ser asumida por todos los condueños. (...) Tratándose de acuerdos de instalación de un ascensor en el edificio comunitario, la sentencia núm. 1181/2008 de 18 diciembre fija la regla de que: 'el acuerdo obliga a todos los comuneros, tanto a los que hayan votado favorablemente, como a los que han disentido, y eso supone que deben permitir que se lleve a efecto y abonar lo que corresponda...'».*

2.18. Conducciones y canalizaciones

2.18.1. Definición

Las conducciones y canalizaciones son conductos destinados a transportar en su interior sólidos, líquidos, gases, así como para servir de uso al suministro de energía eléctrica, solar y como soporte para sistemas tecnológicos diversos, como los de detección y prevención de incendios, porteros electrónicos, sistemas de seguridad, antenas colectivas y demás instalaciones para los servicios audiovisuales o de telecomunicación.

2.18.2. Tipos

Tal como recoge el art. 396 CC son:

- Conducciones y canalizaciones para el desagüe y para el suministro de agua, gas o electricidad, incluso las de aprovechamiento de energía solar.
- Las de agua caliente sanitaria, calefacción, aire acondicionado, ventilación o evacuación de humos.
- Las de detección y prevención de incendios.
- Las de portero electrónico y otras de seguridad del edificio, así como las antenas colectivas y demás instalaciones para los servicios audiovisuales o de telecomunicación.

2.18.3. Delimitación: su transformación en privativos

El art. 396 CC dispone que todos estos elementos tendrán naturaleza común *«hasta la entrada al espacio privativo»*.

Con anterioridad a la reforma de la LPH de 1999, la mayoría de las sentencias existentes consideraban que los empalmes o codos, eran un elemento común cuya reparación correría a cargo de la Comunidad, salvo que la causa de la avería fuera causada por negligencia del propietario en cuestión, por ejemplo, al haber arrojado objetos que hayan motivado el desperfecto.

Cuestiones útiles

14. ¿Son todas las cañerías de suministro de agua un elemento común?

A tenor de lo regulado por el art. 396 del CC, las condiciones tienen la condición de elemento común, hasta que penetran en los distintos pisos y locales y se transforman en privativas.

No obstante dado que existen instalaciones de agua potable que, partiendo de la acometida general atraviesan su correspondiente contador y suministran agua de forma individualizada a los distintos pisos y locales, habría que consultar el título constitutivo para saber la naturaleza de tales elementos.

15. Para instalar el gas ciudad ¿sigue siendo necesaria la unanimidad?

La LPH, en su art. 17.1 establece, entre otros extremos que la instalación de las infraestructuras comunes para la instalación de sistemas comunes o privativos, de aprovechamiento de energías renovables, o bien de las infraestructuras necesarias para acceder a nuevos suministros energéticos colectivos, podrá ser acordada, a petición de cualquier propietario, por un tercio de los integrantes de la comunidad que representen, a su vez, un tercio de las cuotas de participación. La comunidad no podrá repercutir el coste de la instalación o adaptación de dichas infraestructuras comunes, ni los derivados de su conservación y mantenimiento posterior, sobre aquellos propietarios que no hubieren votado expresamente en la Junta a favor del acuerdo. No obstante, si con posterioridad solicitasen el acceso a los servicios de telecomunicaciones o a los suministros energéticos, y ello requiera aprovechar las nuevas infraestructuras o las adaptaciones realizadas en las preexistentes, podrá autorizárseles siempre que abonen el importe que les hubiera correspondido, debidamente actualizado, aplicando el correspondiente interés legal. No obstante lo dispuesto en el párrafo anterior respecto a los gastos de conservación y mantenimiento, la nueva infraestructura instalada tendrá la consideración, a los efectos establecidos en esta Ley, de elemento común.

16. ¿Son los contadores de agua un elemento común?

Como norma general son elementos privativos, ya que son contratados por cada propietario de forma privada e individual con la compañía suministradora.

Un caso contrario se produciría en aquellas ocasiones en que la Comunidad necesita abastecimiento de agua en algún local común, como la portería o los locales sociales y contrata, a través de su Presidente o representante, la correspondiente instalación.

17. ¿Puede negársele al propietario de los bajos la instalación de una chimenea para salida de humos?

Entendemos que la instalación de una tubería de salida de gases o evacuación de humos que atravesara un elemento común del inmueble, siendo una obra de trascendencia, a raíz de la nueva reforma de la LPH, necesitaría la doble mayoría de tres quintos de propietarios y cuotas, a tenor del art. 10.3 LPH

La STS de 29-5-2014 *(Tol 4364952)* ha establecido la necesidad de acuerdo comunitario para autorizar a un propietario la realización de obras para la instalación de una chimenea, aunque sea obligatoria para su negocio.

No obstante, antes de denegar cualquier solicitud hay que estudiar muy bien si la eventual modificación va a causar algún tipo de perjuicios a la Comunidad, pues si no es así y nuestra negativa carece de fundamento, podemos estar incurriendo en un abuso de derecho, ya que tal como establece el art. 7 del CC, *«Los derechos deberán ejercitarse conforme a las exigencias de la buena fe»*.

La **STS de 10-6-2008** *(Tol 1343827)* señala los presupuestos para la aplicación del abuso del derecho en materia de propiedad horizontal: *«Destacada doctrina científica tiene señalado que el artículo 7.2 del Código Civil reconoce la figura del abuso del derecho, que contempla como sinónimo de conducta antisocial e, implícitamente, afirma la existencia de un ejercicio normal y otro anormal de los derechos subjetivos, y constituye este último el que debe reprimirse al traspasar los límites normales, cuya concreción es obra de la jurisprudencia, en la que, posiblemente, han de tenerse presentes, para calificar una actuación social extralimitada, las fronteras del propio derecho subjetivo que nazcan de su verdadero espíritu y finalidad, o de las exigencias de orden moral y social...*

Esta Sala ha declarado reiteradamente (...) que para que el indicado argumento pueda ser atendido y proceder su aplicación en el ámbito de la propiedad horizontal, es preciso, aunque la frase 'abuso del derecho' conforma expresión jurídica, que se den hechos probados que pongan de manifiesto las circunstancias objetivas (anormalidad en el ejercicio) o subjetivas (voluntad de perjudicar o ausencia de intereses legítimos); e, igualmente, ha manifestado que no se dan los requisitos necesarios para la apreciación del abuso de derecho cuando lo que se hace no es con la intención de dañar o mediante la utilización de un modo anormal y previamente contrario a la convivencia ordenada (SSTS de 5 de abril de 1993 y de 11 de abril de 1995, y las citadas en ellas)».

También es interesante la **Sentencia del Tribunal Supremo de 26 de marzo de 1990** *(Tol 1729197)*, que se refiere a la petición del dueño de un restaurante ubicado en un local comercial, por la cual se solicita permiso a la comunidad para instalar una chimenea. El permiso se lo conceden parte de los copropietarios en un documento privado y el Tribunal Supremo establece que *«ha de ser a nivel comunitario como ha de establecerse la relación que implica alterar, con servidumbre, un elemento común del edificio poseído en comunidad sin perjuicio de la responsabilidad en que hayan podido contraer, si la contrajeron, algunos copropietarios con el ocupante precarista supuestamente autorizado a realizar las obras y establecer la servidumbre».*

18. ¿Puede utilizarse un conducto de ventilación como un extractor de humos?

En la **STS de 3-7-2008** *(Tol 1366368)* se aborda esta cuestión y se establece que aunque no se varía el elemento común, sí que lo hace su destino, por lo cual ha de contar con el consentimiento de la comunidad:

«De conformidad con el art. 394 del Código Civil, "cada partícipe podrá servirse de las cosas comunes conforme a su destino y de manera que no perjudique el interés de la comunidad, ni impida a los copartícipes utilizarlas según su derecho". Del mismo modo, el artículo 9.1 de la Ley de Propiedad Horizontal, en la redacción anterior a 1999, obliga a los propietarios a respetar las instalaciones generales. Al amparar la resolución recurrida un uso distinto al propio de los sistemas de evacuación de gases naturales, permitiendo la salida de gases calientes a través de ellos, hecho probado mediante la pericial, se está produciendo una vulneración de la normativa antes citada, pues, ***aunque no existe alteración física, sí la hay de destino, al utilizar el elemento común para un fin distinto para el que es propio****, utilización que sí es imputable a los arrendatarios, pues son los que utilizan los sistemas de ventilación para este uso, como ha quedado acreditado a través de la pericial practicada en segunda instancia.* ***Para esa modificación de uso habría de exigirse el acuerdo de la comunidad, que habría de alcanzar también a las modificaciones que se realizaran para la adaptación técnica al nuevo uso****. Por tanto, se ha producido una infracción normativa al permitir que se lleve a cabo en un elemento común un uso distinto al propio, aunque este uso no conlleve alteración de los elementos comunes, por lo que debe acogerse el pedimento de la demanda controvertido, es decir, condenar a los demandados a que no hagan uso de las chimeneas de salida de gases naturales para uso distinto al propio hasta que esta instalación no reúna los requisitos exigidos para ser usada como se viene haciendo y todo ello de conformidad con el suplico de la demanda, revocando así la sentencia de la Audiencia Provincial que permitía este uso».*

2.19. Servidumbres

En la propiedad horizontal cabe la existencia de gravámenes sobre distintos pisos o locales en beneficio de otros.

En el artículo 396 CC encontramos una mención a las servidumbres, como elementos comunes. En la LPH también hay otra referencia a las mismas en el artículo 9.1.c), según el cual es obligación de cada propietario consentir en su vivienda o local las reparaciones que exija el servicio del inmueble y permitir en él las servidumbres imprescindibles requeridas para la realización de obras, actuaciones o la creación de servicios comunes llevadas a cabo o acordadas conforme a lo establecido en la presente Ley, teniendo derecho a que la comunidad le resarza de los daños y perjuicios ocasionados.

Jurisprudencia relevante

La **STS de 28 de octubre de 2005** *(Tol 765861)* dispone que:

«El referido artículo 9.3 obliga al titular a admitir las reparaciones que sean necesarias de los servicios o elementos comunes que se encuentren dentro de su propio piso o local; sobre este particular, autorizada doctrina científica entiende que, en el fondo, cada propietario tiene una o varias servidumbres, como predio sirviente, en relación a la Comunidad, predio dominante, aunque en el régimen de la propiedad horizontal se han venido denominando como 'relaciones de vecindad'; se trata de una interdependencia, que es la esencia del régimen de la propiedad horizontal, pues precisamente para cumplir su cometido los pisos y locales gozan de elementos privados y comunes, los primeros muchas veces sujetos a los comunes, y además, los últimos, que están instalados o pasan por espacios privativos; en definitiva, su existencia es una realidad y deben ser admitidos y respetados por todos lo comuneros.
Desde la óptica indicada en el párrafo precedente, es evidente que la obligación establecida en el artículo 9.3, similar a la indicada en el artículo 9 c) tras la reforma de la Ley de Propiedad Horizontal que introdujo la Ley 8/1999, de 6 de abril, es clara y debe cumplirse en bien de los servicios generales, de tal manera que cuando el propietario se niegue a facilitar la entrada para poder llevar a cabo las reparaciones necesarias, el artículo 9.4 de la Ley de Propiedad Horizontal, con idéntica redacción que el actual artículo 9 d) de este ordenamiento, regulaba la posibilidad de que la Comunidad imponga la entrada en el domicilio, aún en contra de la postura del titular del piso o local correspondiente (STS de 13 de diciembre de 2001).
El artículo 3.1 del Código Civil dispone que el interprete atienda al sentido propio de las palabras, y, seguidamente, manda que lo relacione con el 'contexto'; desde esta perspectiva, la interpretación aconseja poner en conexión los preceptos legislativos que tratan de una determinada cuestión, por presuponerse que entre ellos hay una coherencia y una interdependencia, las cuales esta Sala entiende que están presentes en la aplicación verificada en la instancia».

La **STS de 18-12-2008** *(Tol 1413614)* se pronuncia sobre una servidumbre por la instalación de un ascensor, en este caso, como supresión de barreras arquitectónicas para personas con minusvalía:

«…Por lo que hace mención a la constitución de una nueva servidumbre, a tenor del artículo 17 será suficiente la simple mayoría, para la supresión de las 'barreras arquitectónicas', que dificulten el acceso y la movilidad de las personas con minusvalía; esta regla permite a la Comunidad imponer esa servidumbre para la creación de servicios de interés general y cuando el acuerdo de la Junta reúna los presupuestos legales, con el oportuno resarcimiento de daños y perjuicios.

El local del actor tiene 264,47 metros cuadrados y la ocupación necesaria del ascensor sería de la superficie de 3,07 metros cuadrados, lo que no ocasionaría un perjuicio irreparable al local, ni al negocio de bar instalado en el mismo; desde el valor de tasación incluido en los informes técnicos integrados en las actuaciones, la sentencia recurrida ha fijado prudencialmente en la cantidad de 10.000 euros los daños y perjuicios derivados de la servidumbre, lo que es aceptado por esta Sala».

Con todas las prudencias y atendiendo a la inexistencia de jurisprudencia al respecto tras la última reforma de la LPH, entendemos en base al art. 17.6 LPH que la constitución de una servidumbre en beneficio de elementos privativos debería requerir, si afecta a elementos comunes, el consentimiento unánime de la comunidad de propietarios. Con anterioridad a la última reforma de la LPH se pronunciaba en esos términos la **STS de 28-3-2012** *(Tol 2505401)*:

«…se reitera como doctrina jurisprudencial que la ejecución de obras en elementos comunes, tales como los forjados, los cuales conforman la estructura del edificio, requieren del consentimiento unánime de la comunidad, sin que la permisividad de tales obras se encuentre condicionada a la existencia o no de perjuicio para los propietarios o afecten o no a la estructura, seguridad o configuración exterior del edificio comunitario, así como que la constitución de servidumbres en beneficio de elementos privativos requiere no sólo del consentimiento de los respectivos dueños de los predios dominante y sirviente sino también, cuando afecte a elementos comunes, del consentimiento unánime de la comunidad de propietarios…».

Hay que tener en cuenta lo dispuesto en la **STS de 10-10-2011** *(Tol 2261261)*:

«A) La posibilidad de actualizar las edificaciones de uso predominantemente residencial mediante la incorporación de nuevos servicios e instalaciones para hacer efectiva la accesibilidad y movilidad de los inquilinos constituye un hecho incuestionable. Lo que se cuestiona es si esa necesidad de ascensor que tienen los propietarios de viviendas es un derecho de la comunidad sin limitaciones por el cual, sin más requisitos que la obtención del quórum necesario, que con la nueva redacción del art. 17.1 de la LPH, es el de las 3/5 partes de total de los propietarios que a su vez representen las 3/5 partes de las cuotas de participación, se puede obligar a un copropietario a ceder su parte de la propiedad de su local para la instalación del ascensor, en lo que se ha calificado de verdadera acción expropiatoria. La respuesta ha de ser afirmativa aunque con matices.

De esta forma, el problema tiene respuesta a partir de la ponderación que se haga de los bienes jurídicos protegidos: el del propietario a no ver alterado o perturbado su derecho de propiedad y el de la comunidad a instalar un ascensor, en la que se tenga en cuenta el alcance de esa afección sobre el elemento privativo que pueda impedir o mermar sustancialmente su aprovechamiento, más allá de lo que constituye el verdadero contenido y alcance de la servidumbre como limitación o gravamen impuesto sobre un inmueble en beneficio de otro perteneciente a distinto dueño, según el artículo 530 del CC, y no como una posible anulación de los derechos

del predio sirviente que conlleve una desaparición de la posibilidad de aprovechamiento que resulta a su favor en el art. 3 a) de la Ley (STS de 15 de diciembre de 2010 [RCEIP 506/2007]).
Partiendo de lo anterior, y pese a que tal y como fundamenta la parte recurrente, sobre la cuestión jurídica planteada en el recurso de casación existía jurisprudencia contradictoria de Audiencias Provinciales, esta ha sido superada por la doctrina de esta Sala, que ya ha tenido oportunidad de pronunciarse respecto a la compatibilidad del derecho de servidumbre con la ocupación de una parte de un bien privativo a fin de instalar un ascensor. La STS de 18 de diciembre de 2008 [RC 880/04], califica como servidumbre esta ocupación y declara que: "Por lo que hace mención a la constitución de una nueva servidumbre a tenor del artículo 17 será suficiente la simple mayoría para la supresión de las 'barreras arquitectónicas', que dificulten el acceso y la movilidad de las personas con minusvalía; esta regla permite a la Comunidad imponer esa servidumbre para la creación de servicios de interés general y cuando el acuerdo de la Junta reúna los presupuestos legales, con el oportuno resarcimiento de daños y perjuicios." Asimismo, la STS de 22 de diciembre de 2010 [RC 1574/2006] declara que "la instalación de un ascensor en una comunidad de vecinos que carece de este servicio, considerado como de interés general, permite la constitución de una servidumbre para tal fin, incluso cuando suponga la ocupación de parte de un espacio privativo, siempre que concurran las mayorías exigidas legalmente para la adopción de tal acuerdo [...]. La ocupación de un espacio privativo, en el que difícilmente concurrirá el consentimiento del vecino afectado, no puede suponer una privación del derecho de propiedad al extremo de suponer una pérdida de habitabilidad y funcionalidad de su espacio privativo".
B) Por lo expuesto, se fija como doctrina jurisprudencial que la instalación de un ascensor en una comunidad de vecinos que carece de este servicio, considerado como de interés general, permite la constitución de una servidumbre con el oportuno resarcimiento de daños y perjuicios, incluso cuando suponga la ocupación de parte de un espacio privativo, siempre que concurran las mayorías exigidas legalmente para la adopción de tal acuerdo, sin que resulte preceptivo el consentimiento del copropietario directamente afectado, y que el gravamen impuesto no suponga una pérdida de habitabilidad y funcionalidad del espacio privativo.
C) La aplicación de la doctrina jurisprudencial al caso examinado exige su estimación. En el presente supuesto figuran como hechos debidamente acreditados que el acuerdo, objeto de impugnación, fue adoptado válidamente según las mayorías exigidas legalmente, así como la necesidad de instalar el ascensor atendiendo tanto a la avanzada edad de muchos de los copropietarios de la comunidad recurrente como a problemas concretos de movilidad de algunos de aquellos, hechos que legitimarían la necesidad de instalar el servicio de ascensor. Asimismo, de la prueba practicada y valorada adecuadamente en la sentencia dictada en Primera Instancia, se concluye tanto sobre la imposibilidad técnica de la instalación del ascensor por otra vía menos gravosa como sobre el escaso grado de afectación de la propiedad de la demandada y el escaso menoscabo de las posibilidades de aprovechamiento del elemento privativo del cual es propietaria, no en vano la parte de la cual se vería privada la parte recurrida se reduce a 0,825 metros cuadrados. Atendiendo a dicho dato, es evidente que con la instalación del ascensor no se inutiliza ni funcional ni económicamente la habitación propiedad de la recurrida.
Por lo anterior, ha de estimarse el recurso de casación ya que lo interesado por la comunidad se puede entender, por tanto, incluido en el ámbito de las servidumbres que debe soportar el propietario porque si bien es cierto que la obra de instalación de ascensor supone una carga importante, también loes que no es arbitraria ni innecesaria para la Comunidad».

2.20. Otros elementos comunes

El listado de los elementos comunes del art. 396 CC no es un *«numerus clausus»*, dado que tras enumerar los distintos tipos o clases existentes, deja abierta la posibilidad de nuevas inclusiones, al establecer *«...y cualesquiera otros que por su naturaleza o destino resulten indivisibles»*.

2.20.1. Desvanes/buhardillas

Según establece el artículo 5 de la LPH, las buhardillas son anejos de los pisos o locales. Dicho artículo se refiere a la descripción de los pisos o locales que ha de contener el título constitutivo, por tanto, en el caso de que se mencionen tales elementos, el propietario podrá hacer un uso privativo de ellos.

Jurisprudencia relevante

No se pueden modificar sin permiso al poder afectar a elementos comunes; en ese sentido la **SAP 2-2-2010 Madrid:** *(Tol 1818860)* declaró ilegal la apertura de un nuevo acceso, en una buhardilla aún cuando los estatutos lo permitían.

Deben de reflejarse en el título constitutivo. Así se expresa la **SAP de Málaga 29-1-2009** *(Tol 1557714)*:

> *«El artículo 5 de la Ley de Propiedad Horizontal de 21 de julio de 1960, hoy artículo 5 de la Ley reformada, por Ley 8/1999 de 6 de abril, regula el título constitutivo de la propiedad horizontal, es decir el acto o negocio jurídico en virtud del cual sobre una edificación existente en construcción proyectada, se crea una situación jurídica consistente en que cada piso o entidad en el inmueble se subdivide, susceptible de aprovechamiento separado, se independiza de los demás, manteniendo no obstante una comunidad sobre los elementos comunes, siendo preceptivo, según su párrafo primero, la descripción, además del inmueble en su conjunto, de cada uno de aquellos, a los que se asignará número correlativo; debiendo expresarse en la descripción del inmueble las circunstancias exigidas en la legislación hipotecaria y los servicios e instalaciones con que cuente el mismo; y en la de cada piso o local su extensión, linderos, planta en la que se hallare y los anejos, tales como garaje, buhardilla o sótano».*

Una cuestión que se plantea en estos elementos, es si la transformación de una planta de desvanes en vivienda supone la modificación del título constitutivo y en tal sentido responde la **STS de 15-3-2000** al entender que las modificaciones establecidas unilateralmente en un trastero por su propietario, transformando su destino en vivienda, trascienden a los derechos de los demás copropietarios en cuotas de participación y modificación de las establecidas y requieren el asentimiento de los demás.

2.20.2. Elementos destinados a esparcimiento

- Jardines
- Zonas deportivas
- Otros: departamento procomunal

El departamento procomunal es un elemento susceptible de aprovechamiento independiente por tener salida propia a un elemento común o a la vía pública, que pertenece a los propietarios de los pisos o locales en copropiedad.

Generalmente están presentes en los edificios de apartamentos de zonas turísticas. Son lugares donde se practican juegos de sobremesa, tertulias y otras actividades. Reciben distintas denominaciones, tales como *«Club Social»*. En términos similares de expresa la **SAP Santander de 03-06-2009** *(Tol 1581547)*:

> *«Según el Título Constitutivo y Escrituras individuales nos hallamos con Una única Comunidad integrada por un hotel, una subcomunidad de 68 apartamentos y otra parte —Departamento Procomunal— en que se ubican los servicios para las otras dos relativos a comedor, salón de recreo, recepción, cafetería etc.».*

Características:

- Es un departamento de un edificio en propiedad horizontal susceptible de aprovechamiento independiente.
- Pertenece a los condueños del inmueble en prodivisión.
- Se establece para el intento de servicio común de todos los copropietarios.
- No es viable ejercer la acción de división.
- Es un elemento común accidental.
- Su modificación precisa el correspondiente acuerdo de la junta de copropietarios.

2.20.3. Calles privadas

Es un elemento común que sirve para el mejor uso y disfrute de los elementos privativos. Permite el acceso, desde la vía pública, al inmueble.

Jurisprudencia relevante

La **STS de 6-4-2006** *(Tol 890416)* dispuso que el cerramiento de una calle particular podía ser acordado por mayoría, *porque no alteraba la finalidad de dicho elemento común*:

«...Ante el acuerdo de cierre de una calle particular mediante la colocación de dos portillas metálicas, la sentencia de 14 de noviembre de 1985 señala: 'porque aun cuando como dicen los recurrentes, "el bloqueo de la calle —no previsto en el título constitutivo— supone una limitación en el uso de la misma", su influencia en el mayor o menor uso y disfrute de dicha calle particular por los titulares dominicales de los locales (hoy recurrente), además de ser a lo sumo mediata o indirecta al venir referida a una presunción de disminución de clientela, no puede ser tenida en cuenta dado que, cual queda ya dicho, referida calle aun cuando particular puede ser utilizada por los posibles clientes de dichos locales'; en el caso ahora enjuiciado, las razones aducidas por los demandantes recurridos, titulares de locales comerciales, se basa, precisamente, en la dificultad de acceso a sus locales por sus clientes, siendo así que la colocación de las puertas acordadas no impide el acceso peatonal a esos locales, como consta en el acta de la prueba de reconocimiento judicial».

Dicha sentencia menciona también a la **STS de 14-11-1985** *(Tol 1737065)*:

«Ante el cierre al público y vehículos no pertenecientes a la Comunidad de la calle interior que separa los dos bloques de edificación, dice la sentencia de 15 de febrero de 1988 que 'como bien se razona en la sentencia recurrida abundando en lo argumentado en la primera instancia "la simple colocación de una verja o puerta móvil en el pasaje o calle particular con la única finalidad de impedir a los extraños su indebida utilización, en nada viene a alterar la naturaleza de elemento común que indudablemente ostenta el paso, ni le hace inservible para su adecuada utilización general que continúa sirviendo de acceso y comunicación, ni impide su normal uso por los comuneros"; se declara no ser necesaria la unanimidad para adoptar el acuerdo sobre colocación del indicado cerramiento'. Criterio que es reiterado en las sentencias de 5 de diciembre de 1989, con cita de las dos anteriores, de 31 de marzo de 1995 y 19 de noviembre de 1996, y que lleva a la estimación de los dos primeros motivos del recurso. No se da una alteración del título constitutivo por la colocación del cerramiento acordado ni se causa perjuicio a los titulares de los negocios instalados en los locales; lo que se pretende es regular el uso de las zonas de aparcamiento de la comunidad por quienes tienen derecho al uso del mismo, los copropietarios, no los potenciales clientes de los negocios allí instalados, teniendo en cuenta además la existencia de accesos peatonales a éstos».

2.21. Infraestructuras de telecomunicaciones

2.21.1. Elementos introducidos por la redacción del art. 396 CC conforme a la Ley 8/1999, de 6 de abril

El art. 396 CC se refiere a las *«antenas colectivas y demás instalaciones para los servicios audiovisuales o de telecomunicación»*, términos que comprenden diversas instalaciones tales como las destinadas para la recepción de los servicios de TV terrestre, por satélite y por cable, así como las emisiones de radio y la telefonía.

Al respecto, y sin ánimo de exhaustividad es esencial, asimismo, tener en cuenta la siguiente normativa:

- Real Decreto Ley 1/1998, de 27 de febrero *(Tol 160454)*.

- Real Decreto 346/2011 de 11 de marzo *(Tol 2060103)*, por el que se aprueba el Reglamento regulador de las infraestructuras comunes de telecomunicaciones para el acceso a los servicios de telecomunicación en el interior de las edificaciones *(Tol 2060103)*. La introducción de la citada norma, entre otros aspectos, establece que *«...Finalmente, el reglamento aprobado por el presente real decreto, con el fin de evitar la proliferación de sistemas individuales, establece una serie de obligaciones sobre el uso común de infraestructuras, limitando la instalación de aquéllos a los casos en que no exista infraestructura común de acceso a los servicios de telecomunicación, no se instale una nueva o no se adapte la preexistente, en los términos establecidos en el Real Decreto-ley 1/1998, de 27 de febrero, sobre infraestructuras comunes en los edificios para el acceso a los servicios de telecomunicación»*.

2.21.2. Acuerdo para su instalación

Tal como establece el art. 17.1ª LPH:

> *«La instalación de las infraestructuras comunes para el acceso a los servicios de telecomunicación regulados en el Real Decreto-ley 1/1998, de 27 de febrero, sobre infraestructuras comunes en los edificios para el acceso a los servicios de telecomunicación, o la adaptación de los existentes, así como la instalación de sistemas comunes o privativos, de aprovechamiento de energías renovables, o bien de las infraestructuras necesarias para acceder a nuevos suministros energéticos colectivos, podrá ser acordada, a petición de cualquier propietario, por un tercio de los integrantes de la comunidad que representen, a su vez, un tercio de las cuotas de participación.*
> *La comunidad no podrá repercutir el coste de la instalación o adaptación de dichas infraestructuras comunes, ni los derivados de su conservación y mantenimiento posterior, sobre aquellos propietarios que no hubieren votado expresamente en la Junta a favor del acuerdo. No obstante, si con posterioridad solicitasen el acceso a los servicios de telecomunicaciones o a los suministros energéticos, y ello requiera aprovechar las nuevas infraestructuras o las adaptaciones realizadas en las preexistentes, podrá autorizárseles siempre que abonen el importe que les hubiera correspondido, debidamente actualizado, aplicando el correspondiente interés legal.*
> *No obstante lo dispuesto en el párrafo anterior respecto a los gastos de conservación y mantenimiento, la nueva infraestructura instalada tendrá la consideración, a los efectos establecidos en esta Ley, de elemento común».*

Este precepto parece contradecirse con el RD 346/2011 de 11 de marzo, concretamente su artículo 5.5 —Obligaciones y facultades de los operadores y de la propiedad— establece que:

> *«5. De acuerdo con lo dispuesto en el artículo 9.1 del Real Decreto-ley 1/1998, de 27 de febrero, sobre infraestructuras comunes en los edificios para el acceso a los servicios de telecomunicación, los copropietarios de un edificio en régimen de propiedad horizontal o, en su caso, los arrendatarios tendrán derecho a acceder, a su costa, a los servicios de telecomunicaciones distintos de los indicados en el artículo 2.1 de este reglamento a través de sistemas individuales de acceso a los servicios de telecomunicación cuando no exista infraestructura común de acceso a los servicios de telecomunicaciones, no se instale una nueva o no se adapte la preexistente, todo*

ello con arreglo al procedimiento dispuesto en el artículo 9.2 del mencionado Real Decreto-ley 1/1998».

Esa aparente contradicción radica entre la obligación mantenida por la LPH, para acceder a estos servicios, de un tercio de propietarios y cuotas y el artículo mencionado que permite el acceso individual, por cuenta de cualquier propietario, cuando, entre otros aspectos, no exista infraestructura común, debiendo tener en cuenta que esta normativa es plenamente aplicable a las comunidades de propietarios pues como indica su propio artículo 3. Ámbito de aplicación:

«Las normas contenidas en este reglamento, relativas a las infraestructuras comunes de telecomunicaciones, se aplicarán:
1. A todos los edificios y conjuntos inmobiliarios en los que exista continuidad en la edificación, de uso residencial o no, y sean o no de nueva construcción, que estén acogidos, o deban acogerse, al régimen de propiedad horizontal regulado por la Ley 49/1960, de 21 de julio, sobre Propiedad Horizontal.
2. A los edificios que, en todo o en parte, hayan sido o sean objeto de arrendamiento por plazo superior a un año, salvo los que alberguen una sola vivienda».

Una parte de la doctrina ofreció la solución a esta dicotomía que ya se planteaba con el RD 401/2003 (que en este sentido se expresaba en términos casi idénticos al RD 346/2011), al entender que, en primer lugar, habrá que estar al acuerdo mayoritario a adoptar en la correspondiente Junta de la comunidad regulado por la LPH, para tratar de instalar una nueva infraestructura común de acceso a los servicios de telecomunicaciones o adaptar la preexistente y, en caso de falta de acuerdo, podrá optarse por su instalación individual.

Respecto a las mayoría necesaria para la instalación de antenas parabólicas colectivas, aunque anterior a la última reforma de la LPH, resulta interesante la **SAP Islas Baleares 12-1-2009** *(Tol 1530527)*:

«...La Sala no comparte la anterior argumentación, pues nos hallamos ante el supuesto del artículo 17.2 de la LPH, tal como acertadamente se señala en la sentencia de instancia, de instalación de las infraestructuras comunes para el acceso de los servicios de telecomunicación regulados en el Real Decreto Ley 1/ 1998 de 27 de febrero, o, la adaptación de los existentes, para los que exige una doble mayoría, de un tercio de los integrantes de la comunidad, que representen, a su vez, un tercio de las cuotas de participación. Esa doble mayoría se cumple tras la subsanación operada en el acta, y supone una excepción al criterio general de unanimidad que para ello regía en la LPH antes de su reforma por la Ley de 6 de abril de 1989, y en su exposición de motivos se dice que se considera que la regla de la unanimidad es en exceso rigurosa, en cuanto obstaculiza la realización de determinadas actuaciones que son convenientes para la comunidad de propietarios».

2.21.3. Propietarios disconformes con su instalación

Tal como establece el art. 17.1 LPH, la comunidad no podrá repercutir el coste de la instalación o adaptación de dichas infraestructuras comunes, ni los derivados de su conservación y mantenimiento posterior, sobre aquellos propietarios que no hubieren votado expresamente en la Junta a favor del acuerdo. No obstante, si con posterioridad solicitasen el acceso a los servicios de telecomunicaciones o a los suministros energéticos, y ello requiera aprovechar las nuevas infraestructuras o las adaptaciones realizadas en las preexistentes, podrá autorizárseles siempre que abonen el importe que les hubiera correspondido, debidamente actualizado, aplicando el correspondiente interés legal.

Cuestiones útiles

19. ¿Qué mayoría exige la Ley para el arrendamiento de la terraza para la instalación de antenas de telefonía?

La jurisprudencia, anterior a la reforma de la LPH de 2013, venía entendiendo que era suficiente el acuerdo de tres quintas partes de propietarios y cuotas, salvo que para su instalación sea necesario modificar un elemento común, en cuyo caso será necesaria la unanimidad.

Por su interés al respecto reproducimos parte de la **SAP Madrid 20-1-2009** *(Tol 148370)*: *«...La Ley 49/1960 de 21 de julio, sobre Propiedad Horizontal en su redacción proveniente de la Ley 8/1999, de 6 de abril (que entró en vigor el día 28 de abril de 1999) y del número 3 de la disposición adicional tercera de la Ley 51/2003 de 2 de diciembre (que entró en vigor el día 4 de diciembre de 2003), prevé el supuesto específico del acuerdo de la Junta de Propietarios de 'arrendamiento de elementos comunes que no tengan asignado un uso específico en el inmueble' y requiere para su validez, en la segunda frase del párrafo segundo de la norma 1ª del artículo 17, 'el voto favorable de las tres quintas partes del total de los propietarios que, a su vez, representen las tres quintas partes de las cuotas de participación así como el consentimiento del propietario directamente afectado, si lo hubiere' (mayoría cualificada).*

En consecuencia, el acuerdo de la Junta de Propietarios por el que se decide arrendar a una empresa de telefonía una zona de la azotea para la explotación de su negocio no requiere, para su validez, de unanimidad, bastando con que cuente con el voto favorable de las tres quintas partes del total de los propietarios que, a su vez, representen las tres quintas partes de las cuotas de participación y el consentimiento del propietario directamente afectado, si lo hubiere. Pero si el acuerdo arrendaticio de la Junta de Propietarios relativo a un elemento común conlleva la ejecución de una obra que altere ese elemento común arrendado el régimen jurídico es distinto. En este caso debe acudirse al párrafo primero de la norma 1ª del artículo 17 de la Ley 49/1960 de 21 de julio, sobre Propiedad Horizontal (en su redacción proveniente de la Ley 8/1999, de 6 de abril y del número 3 de la disposición adicional tercera de la Ley 51/2003, de 2 de diciembre) en el que se dice que: 'La unanimidad solo será exigible para la validez de los acuerdos que impliquen la aprobación o modificación de las reglas contenidas en el título constitutivo de la propiedad horizontal o en los estatutos de la comunidad'. Añadiéndose en el artículo 12 que: '...cualquier... alteración... de las cosas comunes afectan al título constitutivo y deben someterse al régimen establecido para las modificaciones del mismo...'. De tal manera que, cualquier acuerdo de la Junta de Propietarios que conlleve una alteración de los elementos comunes afecta al título constitutivo y requiere unanimidad.

En la primera frase del párrafo segundo de la norma 1ª del artículo 17 se consagra una excepción a la regla de la unanimidad. En base a la cual, aunque el acuerdo supongo una modificación del título constitutivo o de los estatutos, bastará con el voto favorable de las tres quintas partes del total de los propietarios que, a su vez, representen las tres quintas partes de las cuotas de participación, si el acuerdo tiene por objeto el establecimiento o la supresión de servicios comunes de interés general, como lo son por ejemplo los servicios de ascensor, portería, consejería o vigilancia. La redacción del precepto es ciertamente desafortunada. Así al decirse: '...incluso cuando supongan la modificación del título constitutivo o de los estatutos...' suscita la duda de si nos encontramos ante una excepción a la regla de la unanimidad, que se disipa de inmediato si acudimos a la exposición de motivos de la Ley 8/1999, en cuyo párrafo segundo se lee: 'Se considera así hoy en día que la regla de la unanimidad es en exceso rigurosa... Se ha considerado así conveniente flexibilizar el régimen de mayorías para el establecimiento de determinados servicios (porterías, ascensores...)'. Por lo demás tampoco parece muy lógico que la redacción se inicie por los ejemplos para concluir con el concepto general. En el presente caso es evidente que no nos encontramos ante un 'servicio común de interés general', y, por ello, las partes demandadas ni siquiera lo han invocado. La azotea es la cubierta del edificio, y, por ende, un elemento común de la casa, reseñado, como tal, en el artículo 396 del Código Civil.

En consecuencia, la cuestión queda reducida a determinar si la instalación de la caseta en la azotea constituye una alteración de este elemento común (en este caso el acuerdo de la Junta de Propietarios requería unanimidad para su validez) o no lo altera (en este caso bastaba para la validez del acuerdo arrendaticio de la Junta de Propietarios el voto favorable de las tres quintas partes del total de los propietarios que, a su vez, representen las tres quintas partes de las cuotas de participación; no constando la existencia de propietario alguno afectado directamente por el arriendo).

Se trata de una caseta prefabricada de 3,50 metros de largo, 2,15 metros de ancho y 2,45 metros de alto con un peso de 4.790 kilogramos que tiene que apoyarse sobre una base metálica o bancada de reparto de cargas la cual debe anclarse en la estructura del edificio en cuatro de sus pilares a través de tornillos de alta resistencia, para lo cual tienen que separarse la grave de la azotea, romper la impermeabilización y acondicionar las cabezas de los pilares para introducir los tornillos, tras el previo taladro. Además de hacer llegar a la caseta los oportunos cables coaxiales. Consideramos que la instalación de esta caseta en la azotea constituye una alteración del elemento común de la cubierta de la casa. Y así lo han venido entendiendo, en, casos similares de instalación de una caseta de telefonía en la azotea de la casa, por diversas sentencias de esta Audiencia Provincial de Madrid (la 526/2007 de 23 de noviembre de 2007 de la Sección 9ª, 547/2007 de 16 de octubre de 2007 de la Sección 10ª; 25 de enero de 2006 de la Sección 14 y 17 de mayo de 2004 de la Sección 10). Sin que se puedan invocar en contra otras sentencias de esta misma Audiencia Provincial de Madrid (la 230/2008 de 13 de marzo de 2008 de la Sección 10; 675/2005 de 17 de octubre de 2005 de la Sección 10; 51/2005 de 27 de octubre de 2005 de la Sección 21 bis y 228/2004 de 12 de abril de 2004 de la Sección 9) en las que no se hace referencia a la alteración de la cubierta de la casa por la instalación de la caseta en la azotea, limitándose a constatar que se trata de un arrendamiento de una parte de la azotea y, para ello, la Ley de Propiedad Horizontal después de la reforma de 1999 solo exige la mayoría cualificada de 3/5 y no la unanimidad. Dentro de este último grupo de sentencias es muy esclarecedor el contenido de la de 9 de mayo de 2006 de la Sección 11 al precisar que —con carácter previo al examen del presente recurso es necesario hacer unas consideraciones sobre los límites de esta alzada... En ningún momento se ha planteado con substantividad propia que el contenedor que se instala en la azotea hubiera alterado el elemento común—.

Por último, a los efectos de la alteración de la cubierta de la casa como elemento común de la misma, no son equiparables la instalación de la caseta de telefonía con la de un aparato de aire acondicionado».

No obstante, tras la última reforma de la LPH y como hemos venido reseñando en este capítulo, la exigencia de la unanimidad queda prácticamente testimonial con arreglo a lo dispuesto en el artículo 10.3 en relación con el 17.6 LPH.

20. En relación con las antenas, ¿es necesario instalar una infraestructura común de telecomunicaciones en el caso de un edificio que ya lleva años construido?

Sí porque el artículo 2 del RDL de 1/1998 establece que se aplica el mismo a los edificios de uso residencial que estén acogidos o deban acogerse al régimen de propiedad horizontal, sean o no de nueva construcción y siempre y cuando el número de antenas instaladas, individuales o colectivas, sea superior a un tercio del número de viviendas o locales.

21. ¿Es necesario comunicar a los arrendatarios la decisión de incorporarse a la infraestructura común por parte del arrendador? ¿Quién soporta el gasto?

Según el artículo 4 del RDL 1/1998 se habrá de comunicar a los arrendatarios la decisión de incorporarse a la infraestructura común, al menos con dos meses de antelación a la fecha del comienzo de las obras encaminadas a la instalación o adaptación.

El apartado 3° de dicho artículo establece que si son los arrendatarios los que solicitaren la instalación o adaptación de la infraestructura al propietario, el gasto será a su cuenta. Al concluir el arrendamiento, la infraestructura instalada o adaptada quedará en el edificio a disposición de su propietario.

22. ¿Qué ocurre si alguno de los copropietarios en propiedad horizontal no desea obtener los servicios de la instalación común? ¿Qué pasa si después cambia de opinión?

De acuerdo con lo establecido en el artículo 4.2 del RDL 1/1998 y ratificado por art. 17.1 de la LPH, si el propietario de un piso o local no da su consentimiento para la instalación de la infraestructura común, la comunidad de propietarios no podrá repercutir en él su coste.

Asimismo, si el arrendatario de un piso no da su consentimiento para dicha instalación, el propietario de dicho piso no va a poder repercutir en él su coste.

Si con posterioridad solicitan el acceso a los servicios cuyo suministro requiera aprovechar las nuevas infraestructuras o las adaptaciones realizadas en las preexistentes, podrá autorizárseles, siempre que abonen el importe que les hubiere correspondido, debidamente actualizado, aplicando el correspondiente interés legal.

23. ¿A partir de qué número de antenas individuales instaladas es necesario establecer una infraestructura común? ¿Quién deberá soportar el coste de la instalación?

El artículo 6 del RDL 1/1998 dispone que se deberá establecer una infraestructura común en el caso de que el número de antenas instaladas, individuales o colectivas, sea superior a un tercio del número de viviendas y locales. El coste de la infraestructura será a cargo de quienes tengan instaladas las antenas.

24. ¿Qué ocurre cuando el número de antenas es inferior pero resulta peligroso o antiestético?

El artículo 6.1.b del RDL 1/1998 regula que la Administración competente, de acuerdo con la normativa vigente que resulte aplicable, puede decidir la retirada de las antenas individuales que existan en el edificio cuando sean peligrosas o antiestéticas.

Quienes deseen la recepción de los servicios deberán sufragar el coste de la instalación de la infraestructura.

25. ¿Qué sucede cuando el edificio no reúne las condiciones para soportar la nueva infraestructura común?

En este caso no se tendrá que instalar la infraestructura. Hará falta un informe emitido por la administración competente (artículo 6.2 RDL).

26. ¿Qué ocurre con las antenas individuales existentes con anterioridad cuando se instala una infraestructura posterior?
De acuerdo con lo dispuesto e el artículo 7.2 del RDL una vez finalizada la instalación de la infraestructura común y comprobado que permite la recepción de los servicios para los que ha sido instalada, la comunidad de propietarios habrá de retirar los sistemas individuales de telecomunicación. Se hará en presencia de los propietarios si lo solicitan.

27. ¿Qué derecho tienen los usuarios mientras que la obra se lleva a cabo, en relación con los servicios de telecomunicaciones?
El artículo 8 del citado RDL establece que la comunidad de propietarios o, en su caso, el propietario del edificio, tomarán las medidas para asegurar a los que tengan instalaciones individuales, la normal utilización de las mismas durante la construcción de la nueva infraestructura y mientras que la misma no esté en perfecto estado de funcionamiento.

28. La nueva estructura, ¿es un elemento común o privativo del edificio?
Formará parte del edificio como un elemento común del mismo (art. 7.1 RDL de 27-2-98 y 17.1 LPH).

29. ¿Qué consideración tiene la obra para los arrendatarios?
La instalación o la adaptación de una infraestructura se considerara como obra de mejora, a los efectos del art. 22 de la ley 29/94, de 24 de noviembre, de Arrendamientos Urbanos (art. 10 RDL 1/1998).

3. LOS ELEMENTOS PRIVATIVOS

3.1. Definición

Siguiendo la dicción del art. 396 del CC podíamos definirlos como «*Los diferentes pisos o locales de un edificio o las partes de ellos susceptibles de aprovechamiento independiente por tener salida propia a un elemento común de aquél o a la vía pública...*».

Cada propietario dispone de un derecho sobre su parte privativa, derecho limitado por la obligación que tiene de mantenerla en buen estado de conservación y de permitir la entrada en la misma al objeto de efectuar las reparaciones y obras de conservación en los elementos comunes y en el resto de las privativas.

3.2. Derechos relacionados con los elementos privativos

El propietario de cada piso o local podrá modificar los elementos arquitectónicos, instalaciones o servicios de aquél, cuando no menoscabe o altere la seguridad del edificio, su estructura general, su configuración o estado exteriores, o perjudique los derechos de otro propietario, debiendo dar cuenta de tales obras previamente a quien represente a la comunidad. (Artículo 7º LPH).

3.3. Obligaciones inherentes a los elementos privativos

Aunque en el presente manual se dedica un capítulo entero a los derechos y obligaciones de los propietarios, vamos a citar, de forma generalizada, algunas de las obligaciones inherentes a los elementos privativos:

- En el resto del inmueble, que no sea su elemento privativo, el propietario no podrá realizar alteración alguna, y si advierte la necesidad de reparaciones urgentes deberá comunicarlo sin dilación al administrador. (Artículo 7º LPH).
- Al propietario y al ocupante del piso o local no les está permitido desarrollar en él, o en el resto del inmueble, actividades prohibidas en los estatutos, que resulten dañosas para la finca, o que contravengan las disposiciones generales sobre actividades molestas, insalubres, nocivas, peligrosas o ilícitas.
- El artículo 9 de la LPH cita las obligaciones del propietario, entre las que se encuentran algunas directamente relacionadas con el uso del piso o local:

«Son obligaciones de cada propietario:
a) Respetar las instalaciones generales de la comunidad y demás elementos comunes, ya sean de uso general o privativo de cualquiera de los propietarios, estén o no incluidos en su piso o local, haciendo un uso adecuado de los mismos y evitando en todo momento que se causen daños o desperfectos.
b) Mantener en buen estado de conservación su propio piso o local e instalaciones privativas, en términos que no perjudiquen a la comunidad o a los otros propietarios, resarciendo los daños que ocasione por su descuido o el de las personas por quienes deba responder.
c) Consentir en su vivienda o local las reparaciones que exija el servicio del inmueble y permitir en él las servidumbres imprescindibles requeridas para la realización de obras, actuaciones o la creación de servicios comunes llevadas a cabo o acordadas conforme a lo establecido en la presente Ley, teniendo derecho a que la comunidad le resarza de los daños y perjuicios ocasionados.
d) Permitir la entrada en su piso o local a los efectos prevenidos en los tres apartados anteriores.
e) Contribuir, con arreglo a la cuota de participación fijada en el título o a lo especialmente establecido, a los gastos generales para el adecuado sostenimiento del inmueble, sus servicios, cargas y responsabilidades que no sean susceptibles de individualización.
Los créditos a favor de la comunidad derivados de la obligación de contribuir al sostenimiento de los gastos generales correspondientes a las cuotas imputables a la parte vencida de la anualidad en curso y los tres años anteriores tienen la condición de preferentes a efectos del artículo 1923 del Código Civil y preceden, para su satisfacción, a los citados en los números 3.º, 4.º y 5.º de dicho precepto, sin perjuicio de la preferencia establecida a favor de los créditos salariales en el texto refundido de la Ley del Estatuto de los Trabajadores, aprobado por el Real Decreto Legislativo 1/1995, de 24 de marzo.

El adquirente de una vivienda o local en régimen de propiedad horizontal, incluso con título inscrito en el Registro de la Propiedad, responde con el propio inmueble adquirido de las cantidades adeudadas a la comunidad de propietarios para el sostenimiento de los gastos generales por los anteriores titulares hasta el límite de los que resulten imputables a la parte vencida de la anualidad en la cual tenga lugar la adquisición y a los tres años naturales anteriores. El piso o local estará legalmente afecto al cumplimiento de esta obligación.

En el instrumento público mediante el que se transmita, por cualquier título, la vivienda o local el transmitente, deberá declarar hallarse al corriente en el pago de los gastos generales de la comunidad de propietarios o expresar los que adeude. El transmitente deberá aportar en este momento certificación sobre el estado de deudas con la comunidad coincidente con su declaración, sin la cual no podrá autorizarse el otorgamiento del documento público, salvo que fuese expresamente exonerado de esta obligación por el adquirente. La certificación será emitida en el plazo máximo de siete días naturales desde su solicitud por quien ejerza las funciones de secretario, con el visto bueno del presidente, quienes responderán, en caso de culpa o negligencia, de la exactitud de los datos consignados en la misma y de los perjuicios causados por el retraso en su emisión.

f) Contribuir, con arreglo a su respectiva cuota de participación, a la dotación del fondo de reserva que existirá en la comunidad de propietarios para atender las obras de conservación y reparación de la finca y, en su caso, para las obras de rehabilitación.

El fondo de reserva, cuya titularidad corresponde a todos los efectos a la comunidad, estará dotado con una cantidad que en ningún caso podrá ser inferior al 5 por ciento de su último presupuesto ordinario.

Con cargo al fondo de reserva la comunidad podrá suscribir un contrato de seguro que cubra los daños causados en la finca o bien concluir un contrato de mantenimiento permanente del inmueble y sus instalaciones generales.

g) Observar la diligencia debida en el uso del inmueble y en sus relaciones con los demás titulares y responder ante éstos de las infracciones cometidas y de los daños causados.

h) Comunicar a quien ejerza las funciones de secretario de la comunidad, por cualquier medio que permita tener constancia de su recepción, el domicilio en España a efectos de citaciones y notificaciones de toda índole relacionadas con la comunidad. En defecto de esta comunicación se tendrá por domicilio para citaciones y notificaciones el piso o local perteneciente a la comunidad, surtiendo plenos efectos jurídicos las entregadas al ocupante del mismo.

Si intentada una citación o notificación al propietario fuese imposible practicarla en el lugar prevenido en el párrafo anterior, se entenderá realizada mediante la colocación de la comunicación correspondiente en el tablón de anuncios de la comunidad, o en lugar visible de uso general habilitado al efecto, con diligencia expresiva de la fecha y motivos por los que se procede a esta forma de notificación, firmada por quien ejerza las funciones de secretario de la comunidad, con el visto bueno del presidente. La notificación practicada de esta forma producirá plenos efectos jurídicos en el plazo de tres días naturales.

i) Comunicar a quien ejerza las funciones de secretario de la comunidad, por cualquier medio que permita tener constancia de su recepción, el cambio de titularidad de la vivienda o local.

Quien incumpliere esta obligación seguirá respondiendo de las deudas con la comunidad devengadas con posterioridad a la transmisión de forma solidaria con el nuevo titular, sin perjuicio del derecho de aquél, a repetir sobre éste.

Lo dispuesto en el párrafo anterior no será de aplicación cuando, cualquiera de los órganos de gobierno establecidos en el artículo 13 haya tenido conocimiento del cambio de titularidad de la vivienda o local por cualquier otro medio o por actos concluyentes del nuevo propietario, o bien cuando dicha transmisión resulte notoria».

Jurisprudencia relevante

Respecto a la imposibilidad de modificar elementos que no sean privativos, sin el oportuno permiso y/o acuerdo se pronunció la **STS 17-2-2010** *(Tol 1793036)*:

> *«...la Ley de Propiedad Horizontal ha prohibido cualquier obra, alteración o modificación de elementos comunes, es decir, de aquellos no privativos, los cuales se determinan en el artículo 396 del Código Civil, a los que corresponde añadir otros, no citados en dicho precepto, dentro de las características de cada Comunidad, que pueden afectar, según la doctrina jurisprudencial, pero dentro de singulares requisitos, entre otros, a los accesos, la colocación de aparatos de aire acondicionado o la instalación de antenas de radioaficionados. Como principio, es válida la afirmación de que nadie puede hacer obras fuera de su superficie interna, ni modificar servicios generales, aunque estén dentro de su propiedad privada, sin la autorización unánime de la Junta de Propietarios.*
>
> *Dentro de lo que se denomina 'estructura' del inmueble se incluye todo lo que forma parte de la armadura de fábrica del edificio, como los forjados; la posibilidad de que cualquier propietario pueda verificar modificaciones en ella es contraria no sólo a la Ley de Propiedad Horizontal (artículos 7.1 y 12), sino también al principio básico de la copropiedad, pues si hay algo que realmente ostenta la consideración de común es la estructura de la finca.*
>
> *...la Ley de Propiedad Horizontal establece la prohibición de llevar a cabo cualquier obra, que suponga la alteración o modificación de elementos comunes, es decir, todos los que no son privados, para cuya determinación sirve de orientación el artículo 396 del Código Civil, a los que cabe añadir otros que puedan existir, aun no citados en dicho precepto, dentro de las características de cada Comunidad.*
>
> *Según principio general, es válida la regla de que nadie puede efectuar obras fuera de su superficie interna, ni modificar servicios generales, aunque estén dentro de la superficie de su propiedad, sin la autorización unánime de la Junta de Propietarios».*

La **STS de 16 de julio de 2009** *(Tol 1577945)* diferencia, a la hora del uso, la propiedad privada del resto del inmueble:

> *«El artículo 7 de la Ley de Propiedad Horizontal limita las facultades del propietario de una vivienda o local sujeta al régimen de la propiedad horizontal el cual, si bien usará de su piso o local según le convenga, carece de capacidad para alterar cualquier parte del resto del inmueble; distinguiendo entre la propiedad privada y los elementos comunes del edificio: para la primera, el titular tiene plena libertad de realizar modificaciones, pero no en los servicios generales de la Comunidad, pues sus derechos dominicales terminan allí donde su propia superficie se acaba, conforme al artículo 3 a) de la Ley (SSTS 12 de octubre y 15 de diciembre de 2008). A su vez, dispone el artículo 12 que 'La construcción de nuevas plantas y cualquier otra alteración de la estructura o fábrica del edificio o de las cosas comunes afectan al título constitutivo y deben someterse al régimen establecido para las modificaciones del mismo...', añadiendo el artículo 17 (el 16 citado en el recurso se refiere a la convocatoria de las Juntas), que los acuerdos deberán adoptarse por unanimidad cuando impliquen la aprobación o modificación de las reglas contenidas en el título constitutivo de la propiedad horizontal o en los estatutos de la comunidad, con algunas excepciones, que no son del caso, relativas al establecimiento o supresión de determinados servicios.»*

Cuestiones útiles

30. ¿Puede llegar a convertirse un elemento común en privativo por el uso continuado?

Al respecto se pronuncia la **SAP de Barcelona de 26-03-2009** *(Tol 1590179)* que, a su vez, cita la STS 11 mayo 2006, en un caso en que se pretendía haber adquirido por usucapión la propiedad de un elemento común, indicando la sentencia citada que «...*—la posesión en concepto de dueño—, no es un concepto puramente subjetivo o intencional, ya que el poseedor por mera tolerancia —que es lo que ha ocurrido en el presente caso—, no puede adquirir por prescripción aunque quiera dejar de poseer en un concepto y luego pasar al 'animus domini' —por todas las sentencias de 9 de junio de 1984 y 16 de noviembre de 1999—*».

31. ¿Es posible que un patio de luces tenga la consideración de elemento privado?

Como norma general los patios de luces son elementos comunes. No obstante habría que consultar el título constitutivo por si, en el mismo, se hubiera configurado como un elemento privativo.

Véase al respecto la **SAP de Barcelona de 26-03-2009** *(Tol 1590179)* «...*Cierto es que los elementos que por su naturaleza son comunes pueden configurarse como elementos privativos en el propio título constitutivo, o pasar a tener tal carácter por acuerdo de la Junta, pero el patio de autos no tiene tal carácter, como se verá.*

En primer lugar, al describirse en la escritura de propiedad horizontal el local de los actores, Tienda Primera, se lo describe como lindante '...parte también con entidad número dos, en un patio de luces al que tiene salida practicable...', lo que es muestra inequívoca que el patio no forma parte privativa del local, pues de lo contrario no se le mencionaría como uno de sus lindes. Lo mismo ocurre con la Tienda Segunda, que también linda, en una parte con la entidad número uno (la de los actores), en un patio de luces al que tiene salida practicable, y es que ese patio de luces, dividido por la mitad está en medio de los dos locales.

Por otra parte, al describirse los pisos, también se dice que lindan al frente parte 'con patio de luces', por el que discurren además los bajantes comunitarios, según constató el perito de la demandada, lo que no hace sino corroborar su carácter de elemento común».

Formularios de interés

Modelo de acta por la cual la Junta concede el uso y disfrute de un elemento común a un propietario. *(Tol 4575098)*

Modelo de acta por la que la Junta aprueba la reparación del aire acondicionado. *(Tol 4575099)*
Modelo de acta por la cual la Junta acuerda arrendar la vivienda del portero. *(Tol 4575134)*
Modelo de acta por la cual la Junta rechaza la supresión del servicio de portería. *(Tol 4575135)*
Modelo de acta por la cual la Junta aprueba el establecimiento del servicio de vigilancia. *(Tol 4575136)*
Modelo de acta por la que se aprueba la alteración de un elemento común por parte de un propietario. *(Tol 4575137)*
Modelo de acta por la cual la Junta aprueba la creación de servicios de interés general. *(Tol 4575138)*

Esquema del capítulo

ELEMENTOS COMUNES

Definición: Art. 396 CC.

Características:

- *Numerus apertus.*
- Son indivisibles. Se pueden desafectar, siempre y cuando no tengan el carácter de «esenciales»
- Son inseparables de la parte privativa.
- En caso de duda: presunción de elemento común.
- Imposibilidad de modificación sin acuerdo de la Junta de Propietarios (excepción art. 10.1º LPH).

Clasificación:

a) Por su finalidad arquitectónica:
   1. Elementos físicos, estructurales y constructivos comunes.
   2. Instalaciones, conducciones y canalizaciones generales.
   3. Locales y espacios comunitarios.
   4. Servidumbres.

b) Por su naturaleza:
   1. Esenciales.
   2. No esenciales.

Elementos comunes el particular:

a) Suelo, subsuelo y sótanos.
b) Vuelo.
c) Cimentaciones.
d) Cubiertas y terrazas.
e) Elementos estructurales:
   1. Pilares.
   2. Vigas.
   3. Forjados.
   4. Muros: de carga y delimitadores de espacios.
f) Fachadas y elementos de cierre que las conforman (problemática instalación aire acondicionado, rejas, cerramientos, sistemas de extracción de humos y carteles publicitarios).
g) Portal.
h) Escaleras.
i) Porterías.
j) Corredores y pasillos.
k) Pasos.
l) Fosos.
m) Patios.
n) Pozos.
o) Recintos destinados a ascensores, depósitos, contadores, telefonías o a otros servicios o instalaciones.
p) Ascensores y sus instalaciones.
q) Conducciones y canalizaciones.
r) Servidumbres.
s) Otros elementos comunes:
   1. Desvanes y buhardillas.
   2. Elementos destinados al esparcimiento.
   3. Calles privadas.
   4. Infraestructuras de telecomunicaciones.

ELEMENTOS PRIVATIVOS

Definición: Los diferentes pisos o locales de un edificio o las partes de ellos susceptibles de aprovechamiento independiente por tener salida propia a un elemento común de aquél o a la vía pública.

Derechos y obligaciones: arts. 7 y 9 LPH.

VI Derechos y obligaciones en la propiedad horizontal

1. DERECHOS Y OBLIGACIONES DE LOS PROPIETARIOS

1.1. Derechos

1.1.1. Relativos a elementos privativos

El artículo 3 de la LPH establece que al dueño de cada piso o local le corresponde un dominio exclusivo sobre unos elementos privativos y una copropiedad sobre otros elementos, pertenencias y servicios comunes. El derecho de propiedad que se constituye sobre los pisos o locales comprende todas las facultades inherentes al dominio, pero por el carácter especial de estas comunidades, el propietario verá condicionado el ejercicio de su derecho a unas limitaciones.

La Ley de Propiedad Horizontal encauza los derechos y obligaciones que corresponden a los distintos copropietarios de un inmueble, estableciendo el régimen jurídico aplicable, tal y como señala la **STS de 1-2-2007** *(Tol 1033391)*:

> *«...La Propiedad Horizontal constituye una figura jurídica en la que, junto a una propiedad exclusiva sobre un espacio concreto, coexiste una copropiedad obligada, necesaria e indivisible sobre unos elementos comunes, y su Ley reguladora pretende configurar o ajustar esa forma de goce mediante determinadas reglas, para conseguir una pacífica coexistencia entre copropietarios cuyas relaciones de vecindad son susceptibles de conflicto por la interconexión existente por razón de la cosa, como ha declarado la STS 19 de febrero de 1971.*
> *La Ley referida no persigue sino el encauzamiento de los derechos que corresponden a los distintos copropietarios de un inmueble, dotándoles de una ordenación completa y eficaz, y proporciona unas normas de derecho necesario (propiedad singular, elementos comunes, título, cuota, estructura o seguridad del edificio, obligaciones y derechos, etc.)...».*

Los derechos de los propietarios que recoge la Ley de Propiedad Horizontal en relación con los pisos o locales son los siguientes:

1.1.1.1. Modificación de elementos arquitectónicos

Según establece el artículo 7.1 de la LPH:

> *«El propietario de cada piso o local podrá modificar los elementos arquitectónicos, instalaciones o servicios de aquél cuando no menoscabe o altere la seguridad del edificio, su estructura*

general, su configuración o estado exteriores, o perjudique los derechos de otro propietario, debiendo dar cuenta de tales obras previamente a quien represente a la comunidad.»

En el texto del artículo 7.1 LPH se limitan las facultades del dueño ya que su actuación puede perjudicar a otras personas, dada la especial configuración de esta forma de propiedad.

Jurisprudencia relevante

En relación con este derecho del propietario encontramos la **STS de 6-11-95** *(Tol 1668080)*, estableciendo que:

«...el propietario sólo puede modificar los elementos arquitectónicos, instalaciones o servicios de su piso o local si no menoscaba o altera la seguridad del edificio, su estructura general, configuración o estado exteriores ni perjudica los derechos de otros propietarios, mientras que, en el resto del inmueble no puede efectuar alteración alguna, salvo que lo consientan todos los demás dueños, dado que se entiende que ello afecta al título constitutivo y debe someterse al régimen establecido para las modificaciones del mismo, que no es otro que el de exigencia de unanimidad...».

Más recientemente, la **STS de 10-10-07** *(Tol 1221262)*, se expresa en términos similares cuando señala que:

«...Tampoco es de ignorar la reiterada doctrina jurisprudencial —sostenida, entre otras, en STS 31 de octubre de 1996 y que ha sido seguida por esta Sala desde la S. 21 de julio de 1997 (Rollo 535/96)— a cuyo tenor 'las limitaciones de cada comunero en cuanto al ejercicio de su facultad de realizar obras, conjugando la concesión de las máximas posibilidades de utilización con el ejercicio de los derechos de igual clase de los demás y el interés general, que se encarna —como dice la Exposición de Motivos de la Ley 21 de julio de 1960— en la conservación del edificio y en la subsistencia del régimen de propiedad horizontal. Límites en cuanto a la referida facultad de realizar obras que se infieren de lo dispuesto en los arts. 7, 11 y 16.1 de dicho Cuerpo Legal en concordancia con el art. 397 CC, de los que resulta que el propietario sólo puede modificar los elementos arquitectónicos, instalaciones o servicios de su piso o local si no menoscaba o altera la seguridad del edificio, su estructura general, configuración o estado exteriores ni perjudica los derechos de otros propietarios, mientras que, en el resto del inmueble no puede efectuar alteración alguna, salvo que lo consientan los demás dueños, dado que se entiende que ello afecta al título constitutivo y debe someterse al régimen establecido para las modificaciones del mismo, que no es otro que el de exigencia de unanimidad'...».

La **STS de 16-7-2009** *(Tol 1577945)* afirma que:

«...El artículo 7 de la Ley de Propiedad Horizontal limita las facultades del propietario de una vivienda o local sujeta al régimen de la propiedad horizontal el cual, si bien usará de su piso o local según le convenga, carece de capacidad para alterar cualquier parte del resto del inmueble; distinguiendo entre la propiedad privada y los elementos comunes del edificio: para la primera, el titular tiene plena libertad de realizar modificaciones, pero no en los servicios generales de la Comunidad, pues sus derechos dominicales terminan allí donde su propia su-

perficie se acaba, conforme al artículo 3 a) de la Ley (SSTS 12 de octubre y 15 de diciembre de 2008). A su vez, dispone el artículo 12 que 'La construcción de nuevas plantas y cualquier otra alteración de la estructura o fábrica del edificio o de las cosas comunes afectan al título constitutivo y deben someterse al régimen establecido para las modificaciones del mismo...', añadiendo el artículo 17 (el 16 citado en el recurso se refiere a la convocatoria de las Juntas), que los acuerdos deberán adoptarse por unanimidad cuando impliquen la aprobación o modificación de las reglas contenidas en el título constitutivo de la propiedad horizontal o en los estatutos de la comunidad, con algunas excepciones, que no son del caso, relativas al establecimiento o supresión de determinados servicios...».

Sobre este aspecto es asimismo interesante la **STS de 24-2-96** *(Tol 1669253)*, cuyos fundamentos legales en encuentran en la LPH, que establece la prohibición que tienen los propietarios de realizar obras

«...en el resto del inmueble que impliquen su alteración —art. 7.2º—, o bien las que recaigan en las 'cosas comunes', art. 11 o incluso las reparaciones urgentes en el edificio —art. 7.2.2—, sobre las que, además tiene el propietario 'deber de comunicarlo sin dilación al administrador'; tampoco puede, ni siquiera 'exigir', y cuando menos, ejecutar por su cuenta, obras consistentes en nuevas instalaciones, servicios o mejoras no requeridos por la adecuada conservación y habitabilidad del inmueble 'según su rango'; luego si le cabe 'exigir' esas innovaciones cuando lo requieran esas conservación o habitabilidad...».

Vemos que el Tribunal Supremo, en esta sentencia reconoce el derecho del propietario a exigir innovaciones en el resto del inmueble, siempre que sean necesarias para la conservación y habitabilidad.

Al respecto, como ejemplo de la jurisprudencia del Tribunal Supremo, podemos citar la **STS de 15-11-2010** *(Tol 2008976)*:

«A) El artículo 7 de la Ley de Propiedad Horizontal limita las facultades del propietario de una vivienda o local sujeta al régimen de la propiedad horizontal. El propietario usará su piso o local según le convenga, pero carece de capacidad para alterar cualquier parte del resto del inmueble. De hecho, para realizar obras que afecten a algún elemento común es precisa la unanimidad del resto de comuneros (SSTS de 20 de mayo de 2009 [RC nº 829/2004] y de 16 de julio de 2009 [RC nº 63/2005]). El encaje legislativo se produce porque la alteración de cualquier elemento común produce de hecho una modificación del título constitutivo que debe ser necesariamente modificada por acuerdo unánime de los copropietarios.
B) Tratándose de locales comerciales la posibilidad de realización de obras debe ser más amplia, pues la finalidad comercial de los locales comporta la necesidad de presentar una configuración exterior adecuada a su carácter y a la necesidad de facilitar el conocimiento de su existencia y de publicitar y hacer atractiva su actividad para los clientes y dicha modificación debe considerarse implícita en la finalidad comercial de los locales, salvo prohibición o limitación estatutaria establecida expresamente (STS de 10 de octubre de 2007 [RC nº 4116/2000])».

Por último sobre la posibilidad del propietario de acondicionar su propiedad al uso que estime conveniente, se pronuncia la **STS de 27-11-2008** *(Tol 1408437)*

«...en un sistema en el que la propiedad privada está reconocida constitucionalmente (art. 33 CE) y en el que los derechos de disfrute tienden a atribuir al titular las máximas posibili-

dades de utilización sobre su inmueble, las restricciones a las facultades dominicales han de interpretarse limitadamente, de tal forma que su titular puede acondicionar su propiedad al uso que tenga por conveniente, siempre y cuando no quebrante alguna prohibición legal, y ello aunque suponga un cambio de destino respecto del previsto en el título constitutivo (SSTS 20 de septiembre y 10 de octubre de 2007). Tal conclusión determina que la mera descripción del uso y destino del edificio en los Estatutos o en el Título, no supone por sí misma limitación del uso o de las facultades dominicales, pues para ello es necesaria una cláusula o regla precisa y concreta, con obligación para los comuneros de su cumplimiento, pero la descripción del edificio y de sus partes contenida en los estatutos o en el título de propiedad constituye un elemento relevante en la labor interpretativa que debe llevarse a cabo para determinar el alcance de la aplicación a la realidad concreta de un determinado edificio en régimen de comunidad de los conceptos que la ley utiliza para acotar los elementos comunes llamados esenciales (SSTS de 23 de febrero 2006; 10 de octubre de 2007)…».

Añadiendo a continuación esta misma sentencia que

«…la jurisprudencia de esta Sala ha declarado con absoluta reiteración la libertad de los derechos dominicales y la posibilidad que cada uno de los propietarios bajo el régimen de la Propiedad Horizontal pueda realizar cuantas actividades parezcan adecuadas sobre su inmueble, otorgándole las máximas posibilidades de utilización, por lo que ningún interés casacional justifica un pronunciamiento que siente la doctrina adecuada. Esta es y ha sido la línea constante seguida por esta Sala, como recuerda la sentencia de 23 de febrero de 2006, respecto a la facultad de decisión de cada titular: así, la STS de 6 de febrero de 1989 (debe referirse al día 7 y no al 6) permitió el cambio de cine a discoteca; la STS de 24 de julio de 1992 ha acogido la modificación del destino de una vivienda a consulta radiológica; la STS de 21 de abril de 1997 admitió la instalación en un piso para vivienda de una oficina; la de 29 de febrero de 2000, en similar circunstancia, ha consentido el ejercicio de la profesión de médico; y la STS de 30 de mayo de 2001 lo declaró también para la práctica profesional de quiromasaje. Ahora bien, una cosa es que lo excepcional sea la prohibición o límite al ejercicio de los derechos y otra que no se actúen aquellas prohibiciones de cambio por voluntad unilateral de su propietario en situaciones como la enjuiciada en las que se instala en el inmueble una industria hotelera contigua a un Hotel a la que se dedican dieciocho departamentos. No estamos, por tanto, ante un supuesto en el que puede conjugarse un uso diferente del que resulta de la propia configuración de la vivienda, 'sin alterar su sustancia, con otras actividades accesorias', sino ante un cambio sustancial y prohibido en sí mismo de destino, que esta Sala ha negado en otros casos: Sentencia de 9 de mayo de 2002 (almacén, a que estaba destinado, en garaje para guarda y circulación de vehículos), o la más reciente de 20 de septiembre de 2007 (locales industriales o almacenes en garaje: la modificación interesada —dice— conllevaría no solo 'la realización de importantes obras que afectarían a los elementos comunes', sino que alteraría la naturaleza del local, pues tal destino, 'pues tal destino se deriva de la propia configuración de los mismos')…».

1.1.1.2. Cargo de Presidente; imposibilidad de aceptación

Los propietarios que se encuentren imposibilitados para aceptar el cargo de Presidente, podrán solicitar su relevo al juez dentro del mes siguiente a su acceso al cargo, invocando las razones que le asistan para ello, según regula el art. 13.2 LPH:

«El nombramiento será obligatorio, si bien el propietario designado podrá solicitar su relevo al Juez dentro del mes siguiente a su acceso al cargo, invocando las razones que le asistan para ello. El Juez, a través del procedimiento establecido en el art. 17.4, resolverá de plano lo procedente, designando en la misma resolución al propietario que hubiera de sustituir al Presidente en el cargo hasta que se proceda a una nueva designación en el plazo que se determine en la resolución judicial».

Por tanto, la ley concede el derecho a no desempeñar el cargo de Presidente, pero configura la obligación inicial de aceptar el cargo, pues únicamente podrán negarse alegando causa justa que, en todo caso, habrá de ser valorada por el juez.

Jurisprudencia relevante

La **SAP de León de 18-9-2008** *(Tol 1441349)* analiza esta cuestión, afirmando que:

«...Según establece el artículo 13.2 LPH 'El presidente será nombrado, entre los propietarios, mediante elección o, subsidiariamente, mediante turno rotatorio o sorteo. El nombramiento será obligatorio, si bien el propietario designado podrá solicitar su relevo al juez dentro del mes siguiente a su acceso al cargo, invocando las razones que le asistan para ello. El juez, a través del procedimiento establecido en el art. 17.3ª, resolverá de plano lo procedente, designando en la misma resolución al propietario que hubiera de sustituir, en su caso, al presidente en el cargo hasta que se proceda a nueva designación en el plazo que se determine en la resolución judicial'.

Igualmente podrá acudirse al juez cuando, por cualquier causa, fuese imposible para la Junta designar presidente de la comunidad.

Así, respecto a la obligatoriedad del cargo de presidente, el precepto trascrito es terminante: 'su nombramiento será obligatorio'. Efectivamente, durante la vigencia de la anterior redacción del entonces art. 12 LPH, se suscitó una cuestión (no esperada por el legislador de 1960), cual era la de si el cargo de presidente era una obligación para el propietario nombrado por la junta de propietarios. A primera vista, el tenor literal del precepto parecería ser imperativo y concluyente, al afirmar que 'la persona elegida por la junta ostentará la presidencia de la comunidad'; no dejando resquicio a la duda. Ahora bien, la práctica mostró una realidad totalmente diferente: copropietarios elegidos presidentes de sus respectivas comunidades que rechazaban sistemáticamente dicha responsabilidad, quizá, porque como en su día se afirmó, el desempeño del mismo 'más que un cargo es una carga'. Y la tesis de la no obligatoriedad del cargo de presidente se basaba en la inexistencia de precepto alguno que así lo dispusiera resultando una cierta inseguridad respecto a esta cuestión.

Expuestos los antecedentes, la Ley de reforma de 1999 se marcó como objetivo el poner fin a la expuesta inseguridad, instaurando —ahora de forma expresa— en su nueva redacción del art. 13,2 LPH, el desempeño del cargo de presidente como un auténtico derecho-deber inherente a la condición de copropietario. De lo expuesto se colige que una vez producido el nombramiento, la aceptación del cargo tiene lugar 'ope legis', sin necesidad de que el copropietario nombrado lleve a cabo ningún acto positivo (ni expreso ni tácito). Es decir, el cargo de presidente es un derecho ejercitable por aquellos propietarios en los que no concurra motivo que lo impida y su desempeño es un deber para quienes no estén incursos en causa de excusión. Pese a la ro-

tundidad inicial con la que se expresa el legislador, acto seguido introduce previsiones que la suavizan disponiendo que el propietario designado podrá solicitar su relevo al Juez invocando las razones que le asistan para ello.

Por tanto, partiendo de que efectivamente, como argumenta la parte actora, la aceptación del cargo de Presidente es obligatoria, según establece el art. 13.2 LPH, no puede olvidarse que dicha obligación no es inamovible, pues puede haber casos en que la negativa a su asunción, por razones de imposibilidad física u otras, más allá de la mera conveniencia, estén justificadas, y es por ello por lo que la propia ley prevé que el propietario designado podrá solicitar el relevo al Juez, invocando las razones que le asistan para ello, y el Juez resolverá de plano lo procedente.

El demandado entonces tenía la posibilidad de pedir su relevo a través del juicio de equidad a que antes nos hemos referido, por lo que tendría que haber sido en ese procedimiento donde se hubiera analizado si esa negativa estaba o no justificada. En consecuencia las alegaciones formuladas en la contestación a la demanda sobre las causas de imposibilidad para el ejercicio del cargo son efectuadas de forma extemporánea y al margen del procedimiento previsto para ello en el plazo de un mes desde el nombramiento y el resultado será que no podrán examinarse en esta litis pues no puede entenderse justificada una negativa que no se hace valer en forma adecuada...».

1.1.1.3. Representación en la Junta

La LPH, en su artículo 15, configura el derecho de los dueños a asistir a la junta de propietarios, bien personalmente o mediante *«representación legal o voluntaria, bastando para acreditar ésta un escrito firmado por el propietario»*. Si el piso o local pertenece pro indiviso a varias personas, éstas designarán un representante para la asistencia y votación en la Junta, a tenor de dicho artículo. Asimismo, se determina que en caso de existir usufructo, es el nudo propietario el que goza de estos derechos, si bien *«se entenderá representado por el usufructuario, debiendo ser expresa la delegación cuando se trate de los acuerdos a que se refiere la regla primera del artículo 17 o de obras extraordinarias y de mejora»*. Se ha respetado la regulación que establecía la ley de 1960 en su artículo 14.

No obstante, debemos precisar, en este punto, que en nuestra opinión parece que el legislador ha incurrido en un error material de redacción en el actual artículo 15, dado que se hace referencia a la regla 1ª del art. 17 LPH, que anteriormente recogía los supuestos en los que se precisaba unanimidad de la junta de propietarios y, en la actualidad, dichos supuestos están contemplados en la regla 6ª del propio art. 17.

Jurisprudencia relevante

Para acudir a la Junta mediante representación voluntaria, basta aportar un escrito firmado por el propietario. Este es un criterio sentado por la doctrina jurisprudencial del Tribunal Supremo, tal y como establece **la STS de 5 de febrero de 1992** *(Tol 179319)*:

> *«...Es doctrina jurisprudencial que 'el apoderamiento no viene sujeto a forma ad solemnitatem tal como establece el art. 1710, párr. 2º, de dicho Código, e incluso puede nacer de una declaración de voluntad tácita, sin que a ello se oponga la exigencia formal señalada en el núm. 5º del art. 1280' (S. de 6 de marzo de 1978); por tanto, han de reputarse suficientes y formalmente válidas las autorizaciones conferidas al Sr. H. para que solicitara del Notario que requiriese al Presidente de la Comunidad con el fin de que convocara Junta General Extraordinaria, según previene el art. 15-1º de la Ley sobre Propiedad Horizontal, tanto más cuando esta Ley, en su art. 14-1º, admite que para acreditar la representación voluntaria, al efecto de asistencia a la Junta, basta un escrito firmado por el propietario y no existe razón alguna para una más rigurosa exigencia formal si la representación tiene sólo por finalidad pedir la celebración de aquélla; de todo lo cual se sigue la desestimación del motivo estudiado, con sólo añadir que el Reglamento Notarial, por su naturaleza, no puede amparar el recurso de casación, conforme a una constante doctrina jurisprudencial (SS de 6 de octubre y 26 de noviembre de 1990 y 25 de enero de 1991)...».*

En este punto resulta, asimismo, interesante la **SAP de Barcelona de 19-9-2007** *(Tol 1174550)*, que afirma, en relación con el artículo 15 LPH, que

> *«...Es cierto que este precepto dispone que 'basta' para acreditar la representación voluntaria un escrito firmado por el propietario, pero esto no impide que la representación pueda acreditarse de otro modo o, dicho de otra manera, el que no se acompañara un escrito en tal sentido no comporta que no haya existido en este caso la representación, que sí concurrió, como así lo reconocen las copropietarias y se desprende de los propios actos de la Comunidad que, pese a poder apreciar que quienes acudían no eran ellas, consideró y reseñó a éstas como asistentes a la junta, lo que no habría hecho de no estimar concurrente y válida dicha representación.*
> *Por otra parte, el que se pudiera haber acudido a la Junta sin un escrito en tal sentido no implica que no hubiera representación válida en derecho porque tal escrito se contempla en la norma como un medio de acreditar la representación pero no como un requisito necesario e imprescindible para que se admita la representación en la Junta, máxime en el caso de que la representación se encuentre reconocida y aceptada previamente, que es lo que aquí acontecía ya que una de esas copropietarias declaró que de las reuniones de la Comunidad se encarga su hijo, que era el que asistía cuando ella no podía ir, lo que evidencia que esa era una forma de actuar en el seno de la Comunidad, que admitía y no cuestionaba esa concreta representación, como tampoco lo hacían los demandantes.*
> *Por consiguiente no procede considerar que existiera un 'vicio en la formación de la voluntad' por parte de la comunidad porque la asistencia de esas personas ha quedado acreditada así como el sentido de sus votos, emitidos a través de las personas que las representaban...».*

En la **SAP de Valencia de 10-11-2009** *(Tol 1785155)* se analiza la cuestión la capacidad de la junta de propietarios de una comunidad de vecinos de limitar el número de representaciones que pueda llevar un propietario a esa junta:

> *«...Se centra el debate en la hipotética facultad que asiste a la demandada apelante de restringir el derecho que contempla el artículo 15 de la Ley de Propiedad Horizontal limitando el número de representaciones que cada copropietario puede acumular en la Junta de Propietarios. Fundamenta su postura a favor de esta posibilidad la comunidad recurrente de un lado en la circunstancia de que el referido precepto no impone prohibición alguna en cuanto a la posibilidad de delimitar este derecho, y de otra, en la situación de abuso creada durante el periodo en que Don Luis asumió el puesto de Secretario administrador, lo que llevo precisamente a la*

adopción de esta medida. No comparte el Tribunal la opinión de la apelante, por cuanto lo que resulta indiscutible es que el acuerdo adoptado, limita claramente los derechos de los copropietarios, dificultando el otorgamiento y el propio ejercicio de la representación, y excediendo por tanto de los límites de decisión que en los temas de interés general y normativa de régimen interior, otorga el artículo 14 a la Junta de Propietarios. Que la voluntad del legislador es contraria a tal modificación puede deducirse de la propia exposición de motivos de la LPH cuando señala que: 'la ley brinda una regulación que, por un lado, es suficiente por sí —con las salvedades dejadas a la iniciativa privada— para constituir, en lo esencial, el sistema jurídico que presida y gobierne esta clase de relaciones, y, por otro lado, admite que, por obra de la voluntad, se especifiquen, completen y hasta modifiquen ciertos derechos y deberes, siempre que no se contravengan las normas de derecho necesario, claramente deducibles de los mismos términos de la ley'. Y este inciso final, es desde luego aplicable al caso que nos ocupa, pues lo bien cierto es que la asistencia a la Junta de Propietarios tiene importancia por la posibilidad que ofrece de debatir y dar a conocer la opinión de cada uno, sin embargo, la verdadera finalidad de la misma se alcanza cuando se deposita el voto que permite la adopción o el rechazo de acuerdos en función del resultado de la votación. De ello se colige necesariamente que la Ley ha optado por facilitar al máximo la práctica de esta facultad privándola de cualquier exigencia formalista y permitiendo que se ejercite sin restricción alguna en cuanto a la cantidad de representaciones que cada copropietario pueda ostentar, pues dado que ninguna salvedad realiza el precepto analizado, así debe entenderse. Pero es que a mayor abundamiento, uno de los argumentos utilizados por la recurrente en orden a su defensa, sirve de abono a la tesis postulada por la Sala, pues precisamente el hecho de que la mayor parte de los propietarios del complejo residan en Comunidades Autónomas diferentes, exige un mayor rigor en orden a la aplicación del artículo 15 pues está claro que gran número de ellos, llegado el momento de la convocatoria de Junta, valoraran la posibilidad de otorgar su representación a otro copropietario con mayores posibilidades de asistir a la misma por la cercanía de su residencia. De todo ello se concluye sin duda en la prosperabilidad de la impugnación formulada.

En cualquier caso, de adoptarse el criterio contrario, la solución final al caso planteado habría de ser idéntica, por cuanto el acuerdo impugnado de fecha 28 de julio de 2007 ha sido adoptado únicamente por mayoría, ya que el posterior de 24 de agosto de 2007 como de su propio tenor literal aparece, aprueba por unanimidad de un lado, la modificación de algunos párrafos de la propuesta contenida en el punto 8° del orden del día de la anterior Junta, y de otro, el acta de la sesión anterior, sin embargo, no el propio acuerdo de referencia, pues este hecho hubiera requerido un pronunciamiento expreso en tal sentido dada su trascendencia, de lo que se infiere que queda de este modo privado del respaldo necesario para su viabilidad, toda vez que conforme a lo establecido en el artículo 17 de la Ley de Propiedad Horizontal, tratándose de un acuerdo que limita claramente los derechos de los copropietarios, la valida aprobación del mismo, hubiera exigido a juicio del Tribunal un acuerdo unánimemente adoptado sin posibilidad de dudas acerca de la interpretación de las sucesivas actas…».

1.1.2. Relativos a elementos comunes

1.1.2.1. Reparaciones

Los propietarios han de *«consentir en su vivienda o local las reparaciones que exija el servicio del inmueble y permitir en él las servidumbres imprescindibles requeridas para la creación de servicios comunes de interés general acordados conforme a lo establecido en el artículo 17, teniendo derecho a que la comunidad le resarza de los daños y perjuicios ocasionados»*, de acuerdo con el art. 9.1 c) de la LPH.

Jurisprudencia relevante

Esta cuestión es tratada en abundante jurisprudencia, entre la cual podemos destacar, entre otras, la **SAP de La Coruña de 3-3-2006** *(Tol 862559)*, **SAP de les Illes Balears de 20-9-2005** *(Tol 722017)*, **SAP de Madrid de 19-6-2009** *(Tol 1575640)*, **SAP de Valencia de 9-7-2009** *(Tol 1162056)* y la **SAP de Les Illes Balears de 12-1-2009** *(Tol 1530527)*, señalando esta última que:

> *«...Es obvio que dada la configuración del ático y de la terraza solarium, para la instalación de la antena y para el acceso de técnicos para cualquier obra de conservación o reparación, se precisará del paso por el piso de la actora, en concreto su sala de entrada, salón, acceso al balcón y subida por una escalera de caracol hasta la terraza superior, y ello supone un gravamen para el piso de las actoras y sus poseedoras, no como un derecho de paso en sentido propio, sino con carácter accesorio a la ubicación de la antena. Esta situación se halla expresamente recogida en el artículo 9.1 c) de la LPH, al reseñar que cada propietario 'debe consentir en su vivienda o local las reparaciones que exija el servicio del inmueble y permitir en él las servidumbres imprescindibles requeridas para la creación de los servicios comunes de interés general acordados conforme a lo establecido en el artículo 17, teniendo derecho a que la comunidad le resarza de los daños y perjuicios ocasionados.' Por tanto, ni es de aplicación el artículo 539 del Código Civil, ni la comunidad debe interponer una acción específica de constitución de servidumbre. Se alega que, de haberlo sabido, no hubiera comprado el piso, pero tal situación no es óbice a la aplicación de las normas antes citadas, sin olvidar el derecho a ser indemnizado en el contexto de una contraposición de intereses entre la mayoría de la comunidad y el comunero especialmente afectado por el acuerdo tomado, y ello sin olvidar que, como antes se ha reseñado, cuando otorgó la escritura pública conocía la instalación de la antena colectiva y podía presumir que el sistema de cableado de las telecomunicaciones se hallaba preparado para la conexión a la citada antena. La actora tiene el temor a que en el futuro su terraza privativa puede convertirse en un conjunto de antenas y disminuir sensiblemente su valor económico, pero en este momento no podemos predecir el futuro, sin olvidar que debe evitarse el abuso del derecho en la materia, y que, en último extremo puede solicitar ser indemnizada conforme prevé el artículo antes citado...».*

1.1.2.2. Innovaciones

En el supuesto de que se acuerde la realización de innovaciones no exigibles para la adecuada conservación, habitabilidad y seguridad del inmueble y cuya cuota de instalación exceda del importe de tres mensualidades ordinarias de gastos comunes, el propietario disidente con dicho acuerdo *«no resultará obligado, ni se modificará su cuota, incluso en el caso de que no pueda privársele de la mejora o ventaja»*, según el art. 17.4 LPH.

No obstante, dicho artículo le concede otro derecho al propietario al establecer que *«si el disidente desea, en cualquier tiempo, participar de las ventajas de la innovación, habrá de abonar su cuota en los gastos de realización y mantenimiento, debidamente actualizados aplicando el correspondiente interés legal».*

Jurisprudencia relevante

Es importante la clasificación que efectuó la **STS de 14-7-92** *(Tol 1660910)* sobre las innovaciones:

> *«...entre las "innovaciones" y a efectos de su mejor delimitación y aplicación en el desenvolvimiento de este especial régimen de propiedad, sea conveniente apuntar a título de posibles manifestaciones o formas de las mismas y con carácter enumerativo, entre innovaciones simplemente convenientes o necesarias, que originan alteración o cambio en los elementos comunes; e innovaciones del lujo, calificaciones estas cuya delimitación depende en cada caso concreto de las circunstancias concurrentes...».*

Asimismo, el Tribunal Supremo, en dicha sentencia, establece lo que debemos entender por innovaciones

> *«...merecen el calificativo de "innovaciones" las producidas por aquellas obras que alterando bien de hecho o de derecho la situación preexistente del inmueble a que estos autos se refieren, van dirigidas a lograr su mejora como tal a la vez que a proporcionar un más cómodo uso y disfrute del mismo por parte de todos los propietarios de sus pisos y locales...».*

Como hemos visto anteriormente en el punto de modificación de elementos arquitectónicos, la **STS de 24-2-96** *(Tol 1669253)*, analiza la prohibición que tienen los propietarios de realizar obras

> *«...en el resto del inmueble que impliquen su alteración —art. 7.2º—, o bien las que recaigan en las 'cosas comunes', art. 11 o incluso las reparaciones urgentes en el edificio —art. 7.2.2—, sobre las que, además tiene el propietario 'deber de comunicarlo sin dilación al administrador'; tampoco puede, ni siquiera 'exigir', y cuando menos, ejecutar por su cuenta, obras consistentes en nuevas instalaciones, servicios o mejoras no requeridos por la adecuada conservación y habitabilidad del inmueble 'según su rango'; luego si le cabe 'exigir' esas innovaciones cuando lo requieran esas conservación o habitabilidad...».*

1.1.2.3. Instalación de infraestructuras comunes de telecomunicación o equipos de mejora de la eficiencia energética o hídrica del inmueble

El art. 17.1 LPH, sobre instalación de las infraestructuras comunes para el acceso a los servicios de telecomunicación, dispone que:

> *«La instalación de las infraestructuras comunes para el acceso a los servicios de telecomunicación regulados en el Real Decreto-ley 1/1998, de 27 de febrero, sobre infraestructuras comunes en los edificios para el acceso a los servicios de telecomunicación, o la adaptación de los existentes, así como la instalación de sistemas comunes o privativos, de aprovechamiento de energías renovables, o bien de las infraestructuras necesarias para acceder a nuevos suministros energéticos colectivos, podrá ser acordada, a petición de cualquier propietario, por un tercio de los integrantes de la comunidad que representen, a su vez, un tercio de las cuotas de participación.*

> *La comunidad no podrá repercutir el coste de la instalación o adaptación de dichas infraestructuras comunes, ni los derivados de su conservación y mantenimiento posterior, sobre aquellos propietarios que no hubieren votado expresamente en la Junta a favor del acuerdo. No obstante, si con posterioridad solicitasen el acceso a los servicios de telecomunicaciones o a los suministros energéticos, y ello requiera aprovechar las nuevas infraestructuras o las adaptaciones realizadas en las preexistentes, podrá autorizárseles siempre que abonen el importe que les hubiera correspondido, debidamente actualizado, aplicando el correspondiente interés legal.*
> *No obstante lo dispuesto en el párrafo anterior respecto a los gastos de conservación y mantenimiento, la nueva infraestructura instalada tendrá la consideración, a los efectos establecidos en esta Ley, de elemento común.»*

Además, la LPH recoge, tras la reforma introducida por la Ley 19/2009, de 23 de noviembre, de medidas de fomento y agilización procesal del alquiler y de la eficiencia energética de los edificios y la modificación de la LPH operada en virtud de la Ley 8/2013, de 26 de junio, de rehabilitación, regeneración y renovación urbanas, un punto tercero en este mismo artículo 17, que dispone que:

> *«El establecimiento o supresión de los servicios de portería, conserjería, vigilancia u otros servicios comunes de interés general, supongan o no modificación del título constitutivo o de los estatutos, requerirán el voto favorable de las tres quintas partes del total de los propietarios que, a su vez, representen las tres quintas partes de las cuotas de participación.*
> *Idéntico régimen se aplicará al arrendamiento de elementos comunes que no tengan asignado un uso específico en el inmueble y el establecimiento o supresión de equipos o sistemas, no recogidos en el apartado 1, que tengan por finalidad mejorar la eficiencia energética o hídrica del inmueble. En éste último caso, los acuerdos válidamente adoptados con arreglo a esta norma obligan a todos los propietarios. No obstante, si los equipos o sistemas tienen un aprovechamiento privativo, para la adopción del acuerdo bastará el voto favorable de un tercio de los integrantes de la comunidad que representen, a su vez, un tercio de las cuotas de participación, aplicándose, en este caso, el sistema de repercusión de costes establecido en dicho apartado.»*

1.1.2.4. Innovaciones perjudiciales para el propietario

Los propietarios tienen derecho a oponerse a aquellas innovaciones que hagan inservible alguna parte del edificio para el uso y disfrute de su propiedad, de conformidad con lo dispuesto en el art. 17.4 LPH: *«No podrán realizarse innovaciones que hagan inservible alguna parte del edificio para el uso y disfrute de un propietario, si no consta su consentimiento expreso.»*

Además, tras la reforma de la LPH operada en virtud de la Ley 8/2013, el artículo 10.3, que rebaja el requisito de unanimidad exigido antes de la reforma para la realización de determinadas obras o actuaciones en los elementos comunes, dispone:

> *«en estos supuestos deberá constar el consentimiento de los titulares afectados y corresponderá a la Junta de Propietarios, de común acuerdo con aquéllos, y por mayoría de tres quintas partes del total de los propietarios, la determinación de la indemnización por daños y perjuicios que corresponda.»*

Jurisprudencia relevante

Esta exigencia del consentimiento del propietario afectado también se contenía antes de la reforma de la LPH y, en relación a la misma, es interesante la **STS de 23-3-91** *(Tol 1727308)*, que dispone que:

> *«...no puede en modo alguno desconocerse que en el último párrafo del citado art. 10 de la Ley de Propiedad Horizontal exige imperativamente ("en todo caso", dice) el consentimiento expreso del propietario de alguna parte del edificio cuyo uso o disfrute resulten afectados o perjudicados por la innovación u obra de que se trate...».*

Por otra parte, conviene recordar que el art. 10.1 LPH establece una serie de actuaciones en que tendrán carácter obligatorio y no requerirán de acuerdo previo de la Junta de propietarios, impliquen o no modificación del título constitutivo o de los estatutos, y vengan impuestas por las Administraciones Públicas o solicitadas a instancia de los propietarios. Estas actuaciones son las siguientes:

a) Los trabajos y las obras que resulten necesarias para el adecuado mantenimiento y cumplimiento del deber de conservación del inmueble y de sus servicios e instalaciones comunes, incluyendo en todo caso, las necesarias para satisfacer los requisitos básicos de seguridad, habitabilidad y accesibilidad universal, así como las condiciones de ornato y cualesquiera otras derivadas de la imposición, por parte de la Administración, del deber legal de conservación.

b) Las obras y actuaciones que resulten necesarias para garantizar los ajustes razonables en materia de accesibilidad universal y, en todo caso, las requeridas a instancia de los propietarios en cuya vivienda o local vivan, trabajen o presten servicios voluntarios, personas con discapacidad, o mayores de setenta años, con el objeto de asegurarles un uso adecuado a sus necesidades de los elementos comunes, así como la instalación de rampas, ascensores u otros dispositivos mecánicos y electrónicos que favorezcan la orientación o su comunicación con el exterior, siempre que el importe repercutido anualmente de las mismas, una vez descontadas las subvenciones o ayudas públicas, no exceda de doce mensualidades ordinarias de gastos comunes. No eliminará el carácter obligatorio de estas obras el hecho de que el resto de su coste, más allá de las citadas mensualidades, sea asumido por quienes las hayan requerido.

c) La ocupación de elementos comunes del edificio o del complejo inmobiliario privado durante el tiempo que duren las obras a las que se refieren las letras anteriores.

d) La construcción de nuevas plantas y cualquier otra alteración de la estructura o fábrica del edificio o de las cosas comunes, así como la constitución de un complejo inmobiliario, tal y como prevé el artículo 17.4 del texto refundido de la Ley de Suelo, aprobado por el Real Decreto Legislativo 2/2008, de 20 de junio, que resulten preceptivos a consecuencia de la inclusión del inmueble en un ámbito de actuación de rehabilitación o de regeneración y renovación urbana.

e) Los actos de división material de pisos o locales y sus anejos para formar otros más reducidos e independientes, el aumento de su superficie por agregación de otros colindantes del mismo edificio, o su disminución por segregación de alguna parte, realizados por voluntad y a instancia de sus propietarios, cuando tales actuaciones sean posibles a consecuencia de la inclusión del inmueble en un ámbito de actuación de rehabilitación o de regeneración y renovación urbanas.

1.1.2.5. Impugnación de los acuerdos de la Junta

El art. 18.1 LPH dispone:

«Los acuerdos de la Junta de propietarios serán impugnables ante los Tribunales, de conformidad con lo establecido en la legislación procesal general, en los siguientes supuestos:
a) Cuando sean contrarios a la Ley o a los estatutos de la comunidad de propietarios.
b) Cuando resulten gravemente lesivos para los intereses de la propia comunidad en beneficio de uno o varios propietarios.
c) Cuando supongan un grave perjuicio para algún propietario que no tenga obligación jurídica de soportarlo o se hayan adoptado con abuso de derecho.»

Jurisprudencia relevante

Dentro de los acuerdos contrarios a la ley, incluimos los contrarios a la LPH, así se pronunció la **STS de 2-3-92** *(Tol 1661610)*, basándose en la antigua redacción:

«...La norma 4ª del art. 16 LPH autoriza la impugnación de los "acuerdos contrarios a la Ley o a los estatutos", y la doctrina de esta Sala tiene declarado que entre los primeros se han de incluir los acuerdos contrarios a la Ley de Propiedad Horizontal...».

Sobre la impugnación de los acuerdos de la Junta, véase el capítulo

«Órganos de gobierno de la comunidad de propietarios. Régimen de acuerdos. Impugnación».

Cuestiones útiles

1. ¿Puede un propietario, por su sola voluntad, cambiar la distribución del interior de un piso o local, aunque no menoscabe la seguridad del edificio ni perjudique los derechos de otros propietarios?

No podría hacerlo sin antes dar cuenta de tales obras al Presidente de la comunidad, en base al art. 7.1 LPH, que establece que *«El propietario de cada piso o local podrá modificar los elementos arquitectónicos, instalaciones o servicios de aquél cuando no menoscabe... debiendo dar cuenta de tales obras previamente a quien represente a la comunidad».* No obstante, la obligación que tiene el propietario es comunicar la realización de las obras, pero no tiene que pedir permiso para realizarlas, ya que no suponen un perjuicio para la comunidad o para otro propietario.

2. ¿Puede un propietario realizar obras en un elemento común, si los Estatutos de la comunidad lo permiten?

La **SAP 2-2-2010 Madrid** *(Tol 1818860)* declaró ilegal la apertura de un nuevo acceso, en una buhardilla, realizada por un propietario al amparo de que los Estatutos de la comunidad permitían la libertad de obras en los inmuebles del edificio: *«...Pese a ello, en el mes de julio o agosto de ese año, la demandada procedió a la apertura de ese acceso en un elemento común, tal y como las partes reconocen; si bien, esa sociedad aduce que su ejecución se encuentra amparada por los Estatutos de la Comunidad cuando en su cláusula segunda, norma A, se establece 'Libertad de obras en los veintidós inmuebles resultantes de la división horizontal de la casa, siempre y cuando dichas obras sean dirigidas por técnicos competentes y con licencia municipal'. Aportando el correspondiente informe y estudio la sociedad demandada para la ejecución de la obra redactado por un Arquitecto Técnico. La sentencia apelada, en base a esa supuesta libertad de obras y a las declaraciones del actual presidente de la Comunidad y de quién en su día ocupó ese cargo al reconocer la realización en toda la comunidad de 'numerosas obras que han afectado a los elementos comunes del inmueble sin que las ejecutadas por la demandada sean más gravosas...', y sin que afecten a la estructura del edificio.*

CUARTO.– Próximo el cincuenta aniversario de la publicación de la Ley de Propiedad Horizontal, sorprende tener que insistir en una de sus principales características como es la imperatividad de sus normas.

Así, como nos recuerda la Sentencia del Tribunal Supremo de 1 de febrero de 2007, recogida por la de 1 de abril de 2009, que 'la Propiedad Horizontal constituye una figura jurídica en la que, junto a una propiedad exclusiva sobre un espacio concreto, coexiste una copropiedad obligada, necesaria e indivisible sobre unos elementos comunes, y su Ley reguladora pretende configurar o ajustar esa forma de goce mediante determinadas reglas, para conseguir una pacífica coexistencia entre copropietarios cuyas relaciones de vecindad son susceptibles de conflicto por la interconexión existente por razón de la cosa, como ha declarado la STS 19 de febrero de 1971'.

La Ley referida no persigue sino el encauzamiento de los derechos que corresponden a los distintos copropietarios de un inmueble, dotándoles de una ordenación completa y eficaz, y proporciona unas normas de derecho necesario (propiedad singular, elementos comunes, título, cuota, estructura o seguridad del edificio, obligaciones y derechos, etc.). Esta Sala ha señalado en multitud de oportunidades que 'la Ley que regula la propiedad horizontal es eminentemente imperativa' (Sentencia de 7 de febrero de 1976), como también se deduce de la propia Exposición de Motivos, que expresamente alude al carácter de derecho cogente de sus normas. En palabras de la sentencia de 7 de julio de 1997, ello es así porque se trata de una ley en que 'su voluntad es respetar la voluntad de los comuneros, salvo que contradiga preceptos de derecho necesario'.

Asimismo la Sentencia de 22 de diciembre de 1994 se refiere expresamente al sistema de fuentes aplicable al régimen de Propiedad Horizontal, diciendo que 'el CC, por aplicación de lo dispuesto en su artículo 13.2 tiene carácter suplementario del que regule el instituto en cuestión, que para la Propiedad Horizontal será, cual se ha indicado en alguna ocasión por esta Sala, el siguiente artículo 396 del CC a título de regla general; Ley 49/1960; y voluntad de los interesados manifestada en debida forma —artículos 5°.III y 16.Primera y Segunda de la misma—, siempre que no contradiga los principios fundamentales de dicho régimen de propiedad, por ser su normativa de derecho minuscuamperfectamente necesario, cual la doctrina de esta Sala ha declarado también con reiteración'. Igualmente, la Sentencia de 19 de julio de 1993, refiriéndose en particular a la naturaleza de ius cogens de los artículos 11 y 16.1 LPH que, aplicados por la Audiencia, manifiesta que se trata de 'preceptos de derecho necesario, como se recoge en la jurisprudencia citada, que, por ello, no pueden quedar, en su aplicación, al arbitrio de las partes en ejercicio de su autónoma voluntad y que han de ser aplicados inexcusablemente por el juzgador...'».

3. Dado que el propietario que ha de ser Presidente es de avanzada edad y no puede cumplir con las obligaciones del cargo, ¿podría su hijo ser nombrado Presidente?

No podría acceder al cargo de Presidente el hijo de un propietario ya que el art. 13.2 de la LPH es claro al establecer que el Presidente ha de ser propietario. Sin embargo, dicho artículo reconoce el derecho de los propietarios a *«solicitar su relevo al juez dentro del mes siguiente a su acceso al cargo, invocando las razones que le asistan para ello»*. Por tanto, este propietario puede solicitar al juez su relevo y seguramente será atendida su petición, por las razones que expone.

4. En una Junta de propietarios se consigue la mayoría exigida por la ley para la realización de una innovación, pero ello supone inutilizar parte de un piso. ¿Es obligatorio para el propietario del piso afectado consentirlo?

No es obligatorio consentir la innovación en este caso, puesto que el art. 17.4 LPH establece que *«no podrán realizarse innovaciones que hagan inservible alguna parte del edificio para el uso y disfrute de un propietario, si no consta su consentimiento expreso.»*

Además, tras la reforma de la LPH operada en virtud de la Ley 8/2013, el artículo 10.3, que rebaja el requisito de unanimidad exigido antes de la reforma para la realización de determinadas obras o actuaciones en los elementos comunes, dispone que «en estos supuestos deberá constar el consentimiento de los titulares afectados y corresponderá a la Junta de Propietarios, de común acuerdo con aquéllos, y por mayoría de tres quintas partes del total de los propietarios, la determinación de la indemnización por daños y perjuicios que corresponda.»

Por otra parte, conviene recordar que el art. 10.1 LPH establece una serie de actuaciones, que hemos visto anteriormente, que tendrán carácter obligatorio y no requerirán de acuerdo previo de la Junta de propietarios, impliquen o no modificación del título constitutivo o de los estatutos, y vengan impuestas por las Administraciones Públicas o solicitadas a instancia de los propietarios.

5. La dueña de un bajo comercial se niega a permitir el paso por su propiedad para poder reparar las tuberías de la finca, dado que por las características de su negocio, habrá de cerrar su tienda dos días. ¿Es correcta su actuación?

No es correcta su actuación. Debe permitir el paso por su local, aunque sí tiene derecho a la compensación por los daños y perjuicios que se le pueda ocasionar, según dispone el art. 9.1 c) LPH, por el que los propietarios *«han de consentir en su vivienda o local las reparaciones que exija el servicio del inmueble y permitir en él las servidumbres imprescindibles..., teniendo derecho a que la comunidad le resarza de los daños y perjuicios ocasionados.»*

6. ¿Qué se entiende por «abuso de derecho»?

La **SAP de Murcia de 27-10-2009** *(Tol 1747467)* plantea la cuestión de qué se entiende por abuso de derecho dentro del régimen de propiedad horizontal: *«...En el ámbito de la propiedad horizontal es relativamente frecuente la alegación del abuso del derecho en el ejercicio de las acciones bien por la propia comunidad o bien por los diferentes propietarios, lo que ha dado lugar a un cuerpo de doctrina consolidado sobre esta figura legal prevista en el artículo 7.2 del Código Civil. Como señala la STS de 2 de julio de 2002, son elementos esenciales para poder apreciar el abuso del derecho: '1º) Uso de un derecho objetivo y externamente legal. 2º) Daño a un interés no protegido por una específica prerrogativa jurídica. 3º) Inmoralidad o antisocialidad de este daño, manifestada en forma subjetiva o en forma objetiva...', de forma que como señala la STS de 6 de febrero de 2003 '...son circunstancias que configuran el abuso de derecho, las subjetivas, de intención de perjudicar o de falta de interés serio y legítimo y las objetivas, de exceso o anormalidad en el ejercicio de un derecho y producción de un perjuicio injustificado...'. Igualmente la jurisprudencia ha configurado de forma negativa el abuso del derecho de forma que considera que el mismo no puede invocarse cuando la sanción del exceso pernicioso en el ejercicio del derecho está garantizada por precepto legal (sentencias de 28 de abril de 1976 y 14 de julio de 1992), así como es difícil su apreciación cuando el mismo se ampara en un precepto estatutario, que legitima, en este caso, a una Comunidad de Propietarios para usar de una facultad con validez y eficacia jurídica (STS 20 de febrero de 1997), añadiendo la de 21 de abril del mismo año 1997,* *'que el ejercicio de una acción que la Ley atribuye explícitamente no implica abuso de derecho...'. Dicha doctrina es reiterada en la reciente STS de 28 de noviembre de 2008 que señala que 'Son circunstancias que configuran el abuso de derecho, las subjetivas, de intención de perjudicar o de falta de interés serio y legítimo, y las objetivas, de exceso o anormalidad en el ejercicio de un derecho y producción de un perjuicio injustificado (STS 8 de mayo de 2008), y es plenamente legítimo y serio y en ningún modo excesivo o anormal, el interés de la Comunidad de que no se alteren los elementos comunes en beneficio exclusivo de uno de los comuneros, haciendo uso del derecho que le concede la normativa de la propiedad horizontal para impedirlo. De lo contrario, se vería abocada a soportar no solo una modificación de sus elementos comunes, sino la servidumbre originada a su amparo'.*

Partiendo de este planteamiento general no cabe duda a esta Sala de que no ha existido en modo alguno abuso de derecho por parte de la comunidad en el ejercicio de la acción que ha dado origen a esta causa. Ni concurren las circunstancias subjetivas ni las objetivas. Comenzando por estas últimas, es evidente que es perfectamente aplicable a este caso lo señalado en la citada STS de 28 de noviembre de 2008, pues no cabe duda alguna de que no hay anormalidad en el ejercicio del derecho por parte de la comunidad de propietarios, pues es evidente el interés de toda comunidad en evitar que se alteren los elementos comunes en beneficio propio y exclusivo de uno de los propietarios y correlativamente en perjuicio del resto de los comuneros que se ven afectados en sus derechos dominicales sobre un elemento común. Tampoco concurren circunstancias subjetivas, entendidas en el sentido de intentar producir un perjuicio a un comunero sin beneficio propio, pues siendo evidente que el derribo de la obra ilegalmente realizada sin duda causa un perjuicio a la apelante, también es evidente que existe un beneficio de la propia comunidad, pues mantiene la estética y estructura externa del edificio y garantiza el respeto a los elementos comunes, pues con independencia de que el uso de dicha terraza sea privativo de la propietaria del ático, la propiedad de la terraza es de la comunidad y ésta no puede consentir la transformación de un elemento común en privativo. Igualmente impide que un propietario tenga una mayor superficie de vivienda, sin haber alterado las cuotas de participación, de tal manera que este propietario estará pagando menos de lo que hubiera correspondido de haber obtenido la autorización de la comunidad para las obras, que sin duda hubiera llevado aparejada una modificación de las cuotas de participación y adecuación a la nueva realidad física derivada de las obras ejecutadas. Igualmente existe el interés de evitar que los propietarios de los áticos se animen a realizar obras como las ejecutadas por la apelante. En definitiva, mal puede alegar abuso de derecho en la reacción de la comunidad al demandar aquella persona que, acudiendo a vías de hecho, no ha respetado la norma legal que le obligaba a solicitar autorización a la comunidad y pretende obtener una ampliación de su propiedad a costa de elementos comunes que no le pertenecen. No obstante, dentro de este elemento subjetivo incide la alegada vulneración del principio de igualdad, de forma que si se estimase podría considerarse la existencia del abuso de derecho pretendido...».

Dentro de esta cuestión aparece el concepto de vulneración del principio de igualdad que, como hemos visto en la sentencia anterior, es un presupuesto que justifica la existencia del abuso de derecho.

Sobre esta cuestión se pronuncia la **SAP de Murcia de 27-10-2009** *(Tol 1747467)*: *«...Se insiste mucho en el recurso en la vulneración de este principio en relación a la actuación de la comunidad. Básicamente el principio de igualdad está reconocido en el artículo 14 CE y el tratamiento jurisprudencial del mismo suele centrarse en la vulneración del mismo bien por el tratamiento legal de situaciones semejantes o bien por la existencia de resoluciones judiciales contradictorias sobre supuestos de hecho que guardan semejanza. En las relaciones entre particulares, y como tales se deben considerar la comunidad de propietarios apelada y la apelante, el principio de igualdad incide más sobre aspectos subjetivos, esto es un ejercicio antisocial del derecho que pueda llevar a cabo una persona sobre otra y de ahí que tenga su cobertura más específica dentro del ámbito del abuso del derecho, como se anticipó. En todo caso, como señala la STS de 18 de enero de 2007: '...lo que prohíbe el principio de igualdad, como dice la sentencia de ésta Sala de 26 de mayo de 2006, son las desigualdades que resulten artificiosas o injustificadas por no venir fundadas en criterios objetivos y razonables, según criterios o juicios de valor generalmente aceptados. También es necesario, para que sea constitucionalmente lícita la diferencia de trato, que las consecuencias jurídicas que se deriven de tal distinción sean proporcionadas a la finalidad perseguida, de suerte que se eviten resultados excesivamente gravosos o desmedidos (SSTC entre las más recientes, Sala 1ª 104/2004, de 28 de junio y Sala 1ª 88/2005, de 18 de abril)'.*

No es un hecho discutido en este proceso, y así se puede apreciar en las fotografías unidas a las actuaciones, que en la comunidad de propietarios existen una serie de alteraciones de la fachada que, aparentemente, han sido consentidas por la comunidad. En la contestación inicialmente se señalaron como tales el cerramiento de los lavaderos, el cerramiento no uniforme de los balcones, la instalación de aparatos de aire acondicionado y la existencia de antenas parabólicas. En el recurso de apelación se hace referencia exclusivamente y con mayor intensidad al cerramiento de los lavaderos del bloque del portal nº 55, así como la presencia en fachada de aparatos de aire acondicionado colocados fuera de los lugares autorizados y finalmente la presencia de una antena parabólica no autorizada y que no ha sido retirada, destacando el recurrente la pasividad de la comunidad al no ejercitar acciones contra los propietarios. Pues bien, partiendo de estos datos no entiende esta Sala que se haya vulnerado el principio de igualdad a los efectos de justificar la aplicación de la teoría del abuso de derecho».

7. ¿Existe responsabilidad de la comunidad de propietarios por los daños derivados de la rotura de una tubería en un tramo ubicado en el interior de un piso y antes de la llave de paso correspondiente a la vivienda?

La **SAP de Segovia de 25-2-2010** *(Tol 1829389)* analiza este supuesto fáctico y reconoce expresamente que *«...ciertamente, la cuestión no es pacífica dentro de la doctrina establecida por las Audiencias Provinciales, como se desprende de la existencia de Sentencias contradictorias entre sí, como pueden resultar ser, por un lado, la dictada por la Sección 11ª de la AP de Madrid de fecha 8 de mayo de 2008, que avala la tesis de la recurrente; y por otro, la referida en la Sentencia de instancia dictada por la Sección 13ª de la misma Audiencia Provincial de fecha 8 de junio de 2007, que avala la reclamación de la actora; pero ante ambas tesis, este Tribunal se decanta por esta última, en base a la interpretación conjunta que se realiza de lo establecido en los arts. 3 de la LPH y 396 del CC.*

Como expone la recurrente, no existe duda o se discute sobre el punto de la tubería en el que se produjo la rotura: fue en el tramo posterior del enlace de la tubería general con la tubería privativa del propietario de la vivienda del piso 1ª y antes de la llave de paso correspondiente a dicha vivienda.

Para la solución de la cuestión, en definitiva, para determinar si el tramo de tubería donde se produjo la rotura es común o privativo, como se ha dicho, no ha de atenderse sólo a la literalidad de lo establecido en el art. 396 del CC, sino que ha de ser interpretado a la luz del art. 3 de la LPH.

Según este último precepto, en el régimen de propiedad establecido en el artículo 396 del Código Civil corresponde al dueño de cada piso o local el derecho singular y exclusivo de propiedad sobre un espacio suficientemente delimitado y susceptible de aprovechamiento independiente, con los elementos arquitectónicos e instalaciones de todas clases, aparentes o no, que estén comprendidos dentro de sus límites y sirvan exclusivamente al propietario, así como el de los anejos que expresamente hayan sido señalados en el título aunque se hallen situados fuera del espacio delimitado. Por tanto, y por lo que se refiere al elemento en el que se produjo la rotura causante de daño, para deslindar lo común de lo privativo, se establecen dos criterios diferentes y que a su vez son acumulativos, cuales son el hallarse o no comprendida la instalación averiada dentro del espacio suficientemente delimitado y susceptible de aprovechamiento independiente; y, además, el de servir o no exclusivamente al propietario.

Desde luego tales requisitos sólo pueden predicarse con precisión, por lo que se refiere a las canalizaciones o tuberías para el suministro de agua a los diferentes pisos o locales, desde el punto concreto en el que las mismas superan la llave de paso o corte para el abastecimiento de agua de cada uno de ellos. El concepto de servicio que se maneja en el precepto debe ponerse en relación con el de utilidad, lo que a su vez conecta con el de la plena disposición del bien de consumo o elemento que es suministrado a través de tales conducciones; y desde luego no cabe duda de que al titular de una vivienda o local sólo le es útil y tiene plena disponibilidad sobre el agua que supera ese límite de la llave de paso que le permite el acceso a su inmueble, que es la única que puede efectivamente utilizar. Mientras no se traspase esa 'frontera' no puede disponer del agua que trascurra por las canalizaciones que faciliten el suministros a otros pisos o locales; en nada le aprovecha, aunque se pueda encontrar situada en un ramal que conecte la tubería general de abastecimiento con la de entrada a su vivienda. Y si ello es así, ninguna obligación puede imponérsele de mantener en perfecto estado la tubería hasta su entronque con la llave de paso, pues hasta ese momento no puede hacer suya ni dispone del agua que por ella transcurre, debiendo ser considerado ese tramo como común por ser necesario para el adecuado uso y disfrute del inmueble.

Y esta interpretación no se considera contraria a lo dispuesto por el art. 396 del CC. Ciertamente dicho precepto establece que serán comunes las instalaciones, conducciones y canalizaciones para el desagüe y para el suministro de agua, gas o electricidad, incluso las de aprovechamiento de energía solar; las de agua caliente sanitaria, calefacción, aire acondicionado, ventilación o evacuación de humos, todas ellas hasta la entrada al espacio privativo. Pero en atención a lo establecido en el art. 3 del LPH, esta última expresión no puede ser entendida en su sentido más literal o exclusivamente físico. Debe darse una interpretación más finalística y jurídica a la expresión espacio privativo, equivalente al de la esfera de exclusividad o de plena disponibilidad del propietario del inmueble al que le sirve, con exclusión del resto, lo que evidentemente no ocurre hasta que el agua supera el límite de la llave de paso que le da entrada a su vivienda. Hasta ese punto carece de dominio o del más mínimo derecho sobre el agua que pudiere discurrir por las diferentes conducciones o tuberías que facilitan el suministro a los diferentes pisos y locales del inmueble...».

1.2. Obligaciones

1.2.1. Relativas a elementos privativos

1.2.1.1. Respeto a otros propietarios y a la Comunidad

Los propietarios no pueden perjudicar los derechos de otros condominios, ni de la comunidad en general, al modificar los elementos arquitectónicos, instalaciones o servicios de su piso o local, tal como determina el artículo 7.1 LPH.

Como se ha indicado en el apartado de derechos de los propietarios, en relación a su piso o local, el Tribunal Supremo se pronunció al respecto, estableciendo las actividades que no pueden realizar.

1.2.1.2. *Actividades prohibidas*

En este punto resulta imprescindible acudir al Decreto 2414/1961, de 30 de noviembre, por el que se aprueba el Reglamento de actividades molestas, insalubres, nocivas y peligrosas. Debe advertirse que este Reglamento ha sido derogado por la Ley 34/2007, de 15 de noviembre, de calidad del aire y protección de la atmósfera, aunque, como dice la propia Disposición Derogatoria Única de este texto legal, *«el citado Reglamento mantendrá su vigencia en aquellas comunidades y ciudades autónomas que no tengan normativa aprobada en la materia, en tanto no se dicte dicha normativa.»* Este Decreto (en adelante RAMINP), en su art. 3, daba una definición precisa de cada tipo de actividad.

Actividades molestas: «Serán calificadas como molestas las actividades que constituyan una incomodidad por los ruidos o vibraciones que produzcan o por los humos, gases, olores, nieblas, polvos en suspensión o sustancias que eliminen.»

Actividades insalubres: «Se clasificarán como insalubres las que den lugar a desprendimiento o evacuación de productos que puedan resultar directa o indirectamente perjudiciales para la salud humana.»

Actividades nocivas: *«Se aplicará la calificación de nocivas a las que, por las mismas causas, puedan ocasionar daños a la riqueza agrícola, forestal, pecuaria o piscícola.»*

Actividades peligrosas: *«Se consideran peligrosas las que tengan por objeto fabricar, manipular, expender o almacenar productos susceptibles de originar riesgos graves por explosivos, radiaciones u otros de análoga importancia para las personas o los bienes.»*

Respecto de la realización de actividades calificadas, esto es, actividades molestas, insalubres, nocivas y peligrosas, la LPH alude a la existencia de disposiciones generales sobre las mismas, por lo que debemos acudir al Decreto 2414/1961, de 30 de noviembre, RAMINP, que va a ser el texto legal que regulará la realización de este tipo de actividades.

Respecto de la realización de actividades calificadas, esto es, actividades molestas, insalubres, nocivas y peligrosas, la LPH alude a la existencia de disposiciones generales sobre las mismas, por lo que debemos acudir a la normativa autonómica dictada al respecto y, en su defecto, al Decreto 2414/1961, de 30 de noviembre, RAMINP, que va a ser el texto legal que regulará la realización de este tipo de actividades en aquellas comunidades autónomas que no tengan normativa específica aprobada, tal y como recoge la Ley 34/2007, de 15 de noviembre.

Hecha esta precisión las definiciones que contiene el art. 3 del RAMINP respecto de qué se entiende en cada caso por actividad molesta, insalubre, nociva o peligrosa nos pueden servir para valorar, de modo genérico, si la conducta que se pretende juzgar es insertable en alguna de dichas categorías, aunque debemos descender a cada caso concreto y, examinando previamente la normativa autonómica que pueda estar vigente en cada comunidad autónoma, valorar si realmente

Las definiciones que contiene el art. 3 del RAMINP respecto de qué se entiende en cada caso por actividad molesta, insalubre, nociva o peligrosa van a servir para valorar, de modo genérico, si la conducta que se pretende juzgar es insertable en alguna de dichas categorías, aunque debemos descender a cada caso concreto y valorar si realmente la conducta en cuestión es molesta, insalubre, nociva o peligrosa. De entrada, dicha valoración corresponde al vecino o vecinos que se sienten perjudicados. Pero en último término corresponderá al órgano jurisdiccional determinar si lo es o no, y obrar en consecuencia.

Debemos tener en cuenta que será la casuística la que nos permitirá calificar una actividad o no: una actividad puede ser molesta en un caso y en otro muy parecido no serlo, dependiendo del grado de intensidad y de que supere o no los límites de la normal razonabilidad o tolerabilidad. Así, la mera instalación de una cafetería, una peluquería, una papelería, un quiosco, sin más, no será actividad molesta, insalubre, nociva o peligrosa, sino que habrá que valorar la conducta que siga en el caso concreto y comprobar si realmente lo es. En nuestra jurisprudencia es normal encontrar supuestos relativamente parecidos donde en un caso se entiende que es actividad molesta y en otro no. En definitiva, serán los tribunales, en última instancia, quienes delimiten si una actividad concreta es considerada como molesta, insalubre, nociva o peligrosa.

El artículo 9 de la Ley de Propiedad Horizontal establece los deberes de cada propietario de un piso o local en régimen de propiedad horizontal. Como hemos visto anteriormente, el artículo 7 LPH establece, a su vez, ciertos derechos del mismo, en lo tocante a su elemento privativo y a los elementos comunes. Nos interesa aquí analizar la posible realización de actividades molestas, insalubres, nocivas o peligrosas en el inmueble, con las posibles consecuencias que de ello se deriven. Para ello debemos acudir al párrafo 2º de este artículo 7, el cual dispone que:

> *«Al propietario y al ocupante del piso o local no les está permitido desarrollar en el o en el resto del inmueble actividades prohibidas en los estatutos, que resulten dañosas para la finca o que contravengan las disposiciones generales sobre actividades molestas, insalubres, nocivas, peligrosas o ilícitas.*
> *El presidente de la comunidad, a iniciativa propia o de cualquiera de los propietarios u ocupantes, requerirá a quien realice las actividades prohibidas por este apartado la inmediata cesación de las mismas, bajo apercibimiento de iniciar las acciones judiciales procedentes.»*

La justificación de esta regulación reside claramente en mantener un buen clima en las relaciones de vecindad existentes en el inmueble, es decir, lograr que cada individuo ejercite su derecho de propiedad sin perjudicar los derechos de los demás. Para ello, no sólo se prohíben estas actividades a los propietarios, sino también a cualquier otro ocupante, pues son las relaciones de vecindad las que deben salvaguardarse, y pueden ser perjudicadas por la acción de cualquier persona, sea o no propietario del inmueble.

Jurisprudencia relevante

Con anterioridad al actual texto de la LPH, los Tribunales se pronunciaron sobre estas actividades prohibidas para los propietarios y ocupantes de los pisos o locales. Así, la **STS de 8-9-93** *(Tol 1663277)* estableció que

> *«...en el local de autos se desarrolla una actividad que implica la cocina de platos calientes, sin la autorización correspondiente, con la consiguiente producción de olores y humos que no deberían producirse a consecuencia de la actividad a desarrollar en el local conforme a la licencia de "Hostelería mixta menor" que el arrendatario tiene concedida, por lo que siendo esa salida de humos y olores incómoda o molesta para la comunidad actora... y habiendo sido requerido el ocupante del local a fin de que cesara en la actividad sin efecto alguno, debe estimarse la demanda en la fórmula solicitada...».*

En el supuesto de que un propietario deseara realizar actividades consideradas peligrosas, incómodas o insalubres y para ello fuese necesario realizar obras, las mismas se considerarían prohibidas, aunque fuesen ejecutadas dentro del piso o local y no afectasen al resto del inmueble o vecinos, ya que la **STS de 24-2-96** *(Tol 1659556)*, en relación a la regulación anterior disponía que

> *«...tampoco, por supuesto, puede ejecutar obras en su propio piso cuya finalidad sea la de "desarrollar en él o en el resto del inmueble, actividades no permitidas en los estatutos" dañosas para la finca, inmorales, peligrosas, incómodas o insalubres...».*

Asimismo, con la anterior redacción de la LPH, para determinar si una actividad estaba comprendida entre las prohibidas a los ocupantes de pisos o locales, debía atenderse a lo establecido por los Tribunales. Así la **STS de 16-7-93** dispuso que:

> *«...la determinación de si una actividad es molesta, incómoda, insalubre o peligrosa corresponde a los Tribunales en cada caso (esto sí lo sabe el recurrente) sin que sea preciso para la resolución contractual que tales circunstancias concurran conjuntamente, lo que constituye una situación de hecho proveniente del uso de la cosa, que el cumplimiento de formalidades administrativas para la instalación no puede paliar en cuanto afecte al orden civil, siendo notoriamente incómodo lo que perturba aquello que es corriente en las relaciones sociales...».*

Nuestra jurisprudencia es rica en ejemplos que recogen la aplicación práctica del art. 7.2 de la LPH y del RAMINP. Siempre hemos de tener claro que, pese a que algunas sentencias hayan considerado como molesta, insalubre, nociva o peligrosa una determinada actividad, en todo caso hemos de valorarla en cada caso concreto, para determinar si lo es o no y si supera los límites de tolerabilidad normales.

Comenzando por las actividades molestas, suelen ser típicas las sentencias donde se califica como tales, por ejemplo, las desarrolladas por bares de copas, academias o consultas médicas, siempre debiendo descender al caso concreto y determinar si realmente es lo suficientemente incómoda para considerarse molesta. El hospedaje ha sido en ocasiones calificado como actividad molesta, aunque la **SAP de Barcelona de 8-10-2003** *(Tol 324542)* entiende que

> *«...la explotación como apartamentos turísticos de hasta 18 pisos de un edificio sometido al régimen de propiedad horizontal cuyos restantes departamentos son destinados a la estricta función de vivienda (morada habitual de personas físicas), no es por sí misma una actividad molesta a los efectos del artículo 7.2 LPH interpretado a la luz de las normas vigentes...»*

La **SAP de Madrid de 11-4-2007** *(Tol 1255481)*, es ilustrativa en este punto, puesto que recopila una casuística jurisprudencial muy significativa:

> *«...actividades molestas son los actos ejercidos por un titular dentro de su esfera dominical, que proyectan sus consecuencias en la propiedad ajena, causando incomodidades, y las que impiden el adecuado uso y disfrute de la propiedad ajena. El Reglamento, en su artículo 3 las define como aquellas que "constituyan una incomodidad por los ruidos o vibraciones que produzcan o por los humos, gases, olores, nieblas, polvos en suspensión o sustancias que eliminen". Así han sido consideradas como actividades incómodas o molestas —si bien, siempre dependiendo de las circunstancias de ejercicio— la música y ruidos a altas horas, v. gr. la instalación de un café-bar, en la STS de 14 de febrero de 1989 (RJ 1989, 834) y en la SAP de Huesca de 5 de marzo de 1993 (AC 1993, 426). También consideró el ruido como actividad molesta la STS de 18 de mayo de 1994 (RJ 1994, 4090), SAP de Albacete de 2 de febrero de 1996 (AC 1996, 280), la SAP de Asturias de 21 de noviembre de 1996 (AC 1996, 2098) SAP de Salamanca de 16 de octubre de 1997 (AC 1997, 2029) y SAP de La Coruña de 9 de julio de 1998 (AC 1998, 1397). En relación con hornos, vapores u olores, la STS de 22 de noviembre de 1960 (RJ 1960, 3755), estimó molesta e insalubre la elaboración y cocción de embutidos por la emanación de vapores y olores; y la STS de 16 de julio de 1993 (RJ 1993, 6155), por emanación de vapores procedentes de una perfumería-droguería. Vide también la STS de 13 de junio de 1972 (RJ 1972, 3623) y STS de 28 de septiembre de 1993 (RJ 1993, 6750)...».*

Finalmente, esta misma sentencia concluye que

> *«...Unánimemente la jurisprudencia declara con reiteración que para que proceda la causa resolutoria citada es necesario (SAP Barcelona 25-2-1998, TS 22-12-1970 [RJ 1970/5625], 8-4-1965 [RJ 1965/2152], entre otras): 1) Que se dé una actividad en la realización de los actos singulares; 2) Que la actividad sea incómoda, es decir molesta para terceras personas que habiten o hayan de permanecer en algún lugar del inmueble en el que se desarrolla la actividad, esto es, que exista un sujeto pasivo determinado al que la actividad incómoda pueda afectar, siendo éste las personas que habitan o hayan de permanecer en la misma finca y no personas indeterminadas o inconcretas. 3) Que la molestia sea notoria y ostensible, esto es, no basta una pequeña dificultad o trastorno, sino que exige un daño de gravedad, una afectación de entidad a la pacífica convivencia jurídica lo que obliga a la ponderación en cada caso concreto, teniendo sentado el Tribunal Supremo que la base de la notoriedad está constituida por la evidencia y permanencia en el peligro o en la incomodidad, entendiendo asimismo, que en el concepto de actividad notoriamente incómoda debe incluirse aquella actividad cuyo funcionamiento en un orden de convivencia, excede y perturbe aquel régimen de estado.»*

Asimismo, en este punto resulta muy interesante la **STS de 20-10-2008** *(Tol 1389549)*, donde el alto tribunal se expresa de la siguiente manera:

«...La doctrina constitucional entiende que el Art. 33 CE reconoce al derecho a la propiedad privada un núcleo esencial, de manera que el régimen de los bienes, es decir, las facultades del propietario, no puede privarle de la efectiva utilidad económica, ni de la autonomía de la voluntad para usar, gozar y disponer de ellos. Si bien es cierto que los estatutos de una determinada comunidad constituida en régimen de propiedad horizontal pueden contener cláusulas prohibitivas o limitativas de determinadas actividades, éstas deben estar establecidas en atención al interés general de la propia comunidad. Para garantizar su eficacia frente a terceros y a posteriores adquirentes, estas limitaciones deben constar inscritas en el Registro de la Propiedad. Por esta razón, en las ocasiones en que esta Sala ha debido pronunciarse sobre problemas iguales o semejantes a los que se suscitan en el actual recurso de casación, ha advertido que las limitaciones a las facultades del propietario deben constar de forma expresa en el título constitutivo. Así, la sentencia de 20 septiembre 2007, señala que 'la concepción del derecho de propiedad en nuestro ordenamiento jurídico, no sujeta a otras limitaciones que las expresamente previstas en las leyes y las que convencionalmente se establezcan, así como la inexistencia en el título constitutivo de una prohibición expresa del cambio de uso o destino de los locales comerciales del edificio [...] implica que las restricciones a las facultades dominicales han de interpretarse limitadamente, de tal forma que su titular puede acondicionar su propiedad al uso que tenga por conveniente, siempre y cuando no quebrante alguna prohibición legal, y ello aunque suponga un cambio de destino respecto del previsto en el título constitutivo' (asimismo, SSTS de 17-11-1993, 21-12-1993 y 23-2-2006)...».

Esta misma sentencia concluye afirmando que:

«...Teniendo en cuenta lo dicho, debe ahora interpretarse el valor de la simple descripción del destino de los pisos. La doctrina de esta Sala es prácticamente unánime (con la sola excepción de la STS de 23 noviembre 1995, aunque en este caso el propietario ejercitaba también una actividad molesta), en considerar que 'la mera descripción no supone limitación del uso o de las facultades dominicales, pues para ello deviene necesaria una cláusula o regla precisa y concreta, con obligación para los comuneros de su cumplimiento [...] y a ninguno de ellos se le puede privar de la utilización de su derecho de propiedad como considere oportuno, siempre que el destino elegido no esté prohibido singularmente en aquellos documentos' (STS de 23 febrero 2006, que sigue la doctrina sentada en las de 21-12-1993, 5-3-1998 y que resulta confirmada por las de 19-5-2006 y 20-9-2007). Más concretamente y en relación al caso concreto planteado en este litigio, esto es, el ejercicio en un piso-vivienda de una actividad médica, la sentencia de 17 noviembre 1993 ya había dicho que 'lo que afirma la sentencia recurrida es que "dentro" de la vivienda puede hacerse la instalación, coexistiendo los dos destinos, interpretación acertada pues, en la división horizontal, que es, repetimos, donde únicamente consta el destino de los pisos, no se dice "exclusivamente", u otra expresión análoga, se dedicarán a viviendas, sino sólo se describen lo que se denominan "pisos-viviendas". Deducir de ello la exclusividad implicaría una limitación de facultades dominicales, que ni puede presumirse ni interpretar las que existan de modo extensivo'. Esta doctrina debe aplicarse al presente recurso de casación porque: a) el destino de las unidades era el de 'piso-vivienda', y b) no existía ninguna limitación de uso ni una declaración de exclusividad de este destino en los estatutos. En conclusión, el propietario recurrente pudo usar el piso adquirido como consultorio médico, porque ello pertenece al ámbito exclusivo de sus facultades dominicales...».

Otra actividad que puede resultar molesta, por el ruido que ocasiona, es la instalación de aparatos de aire acondicionado. El ruido de los aparatos de aire acondicionado es una de las fuentes de conflicto entre copropietarios y que la jurisprudencia todavía no ha solucionado de forma clara y taxativa.

En este caso el vecino o los vecinos afectados podrán acudir al Ayuntamiento de la población donde esté ubicado el edificio y denunciar este hecho por infracción de las Ordenanzas Municipales sobre ruido e instalación de aires acondicionados (si las hubiere). Todo ello sin perjuicio de acudir a la jurisdicción ordinaria (Juzgado de Primera Instancia), si lo estimasen conveniente. Para la aplicación del art. 7.2 LPH que dice que *al propietario y al ocupante del piso o local no les está permitido desarrollar en él o en el resto del inmueble actividades prohibidas en los estatutos, que resulten dañosas para la finca o que contravengan las disposiciones generales sobre* actividades molestas, *insalubres, nocivas, peligrosas o ilícitas,* y deberá probarse fehacientemente, con mediciones efectuadas por el personal municipal competente, que dicho aparato produce un ruido en la vivienda superior al permitido en las Ordenanzas Municipales del Ayuntamiento respectivo.

Jurisprudencia relevante

En este sentido vemos la **SAP de Alicante de 3 de abril de 2003** *(Tol 274974)*

> *«...el ruido, considerado como un sonido indeseado por el receptor o como una sensación auditiva desagradable y molesta, es causa de preocupación en la actualidad por sus efectos sobre la salud, sobre el comportamiento humano individual y grupal, debido a las consecuencias físicas, psíquicas y sociales que conlleva. Las consecuencias del impacto acústico ambiental tanto en el orden fisiológico como psicológico afectan cada vez a un mayor número de personas y en particular a los habitantes de las grandes ciudades. Y este problema es, por su propia naturaleza, un problema local, de ahí que la respuesta pública deba venir fundamentalmente del ámbito de actuación de las administraciones municipales.»*

También puede citarse la **SAP de Les Illes Balears de 19-12-2005** *(Tol 835107)* cuando dice

> *«...En el caso concreto, la Sala no comparte los argumentos de las recurrentes, y ratifica los de la sentencia de instancia, dado que el aparato precisamente se ha ubicado por encima del pretil, es visible para el vecino, a quien estéticamente es comprensible que no pueda gustarle; al hallarse ubicado colindante con una terraza trasera provoca ruido (aunque no sea superior al reglamentariamente establecido), molesto para quienes permanezcan en la misma, aparte de recibir en determinadas circunstancias el aire caliente procedente del mismo. Asimismo no consta motivo que impida la colocación del aparato en otro lugar del jardín, más lejano de dicha terraza posterior del vecino, aunque ello suponga un mayor coste. En conclusión con tal ubicación del aire acondicionado, se provoca una innecesaria molestia al vecino, quien ve turbada la tranquilidad de una terraza trasera por el impacto visual del aparato aunque sea pequeño, por su ruido y por el calor emitido...».*

Según la jurisprudencia, se define como molestas aquellas actividades que inciden seriamente por su signo excesivo, en el natural sosiego de la vecindad. Así la **SAP de Castellón de 9-2-2007** *(Tol 1102779)* dice que

> *«...el concepto de molestia afecta a diversas normas de carácter civil y naturaleza unipersonal por vecindad o proximidad locativa, habiéndose llegado a definir jurisprudencialmente como molestas aquellas actividades que inciden seriamente por su signo excesivo, en el natural sosiego de la vecindad.»*

El Tribunal Supremo se ha pronunciado sobre el derecho fundamental a la intimidad del domicilio, que no puede verse perturbado por el ruido, en la **STS de 5-3-2012** *(Tol 2493349)*:

> *«...En atención a todo lo razonado hasta ahora, debe concluirse que los hechos probados sí constituyen una intromisión ilegítima en el derecho fundamental de los demandantes a la intimidad personal y familiar en el ámbito domiciliario, según una interpretación del art. 18 de la Constitución ajustada al art. 8 del Convenio de Roma conforme a su interpretación por el Tribunal Europeo de Derechos Humanos, que no exige que la lesión sea imputable directamente a los poderes públicos.*
>
> *Ante todo debe tenerse presente que la propia doctrina del Tribunal Europeo de Derechos Humanos y el hecho notorio de que España es uno de los países más ruidosos del mundo revelan las dificultades que encuentran los ciudadanos para lograr una protección efectiva, no meramente teórica, contra el ruido. De hecho los aquí recurrentes intentaron sin éxito, antes de interponer su demanda, que fuese la comunidad de propietarios la que emprendiera la vía judicial.*
>
> *Dentro del proceso los demandantes han logrado probar que durante años, y a cualquier hora comprendida entre las 15.00 y las 21.30 horas, vienen soportando el sonido del piano procedente de la vivienda que habitan los demandados en unos niveles que sobrepasan los límites legales en horario diurno, sin que el grado de superación de estos niveles pueda en modo alguno considerarse insignificante. Esto supone una intromisión que necesariamente perturba gravemente la vida de los demandantes en su propio domicilio, pues no solo les impide descansar, estudiar o leer con una mínima concentración durante el día sino que también les dificulta sobremanera el disfrute de su propio hogar al imponérseles un ruido que solo puede paliarse generando otro mayor en el propio domicilio.*
>
> *Si a todo ello se une que en la actualidad existen medios suficientes (como la sordina en el piano mecánico o los auriculares en el piano eléctrico) para hacer compatible el derecho a estudiar piano con el respeto a la intimidad domiciliaria de los vecinos, de modo que los ruidos son evitables, y que de la prueba practicada se desprende una actitud de los demandados muy poco colaboradora en orden a lograr dicha compatibilidad, la vulneración del derecho fundamental de los demandantes ha de considerarse patente, pues las actuaciones de la Policía Local continuaron después incluso de la sentencia de primera instancia, como resulta de los documentos acompañados y admitidos por el tribunal de apelación. Lo antedicho no queda desvirtuado por las alegaciones de la parte recurrida, en su escrito de oposición al recurso, sobre la actual desaparición del problema al haberse independizado la estudiante de piano y sobre el carácter no estridente ni malsonante o insoportable del sonido transmitido: lo primero, porque se trata de un hecho carente de prueba y, además, contradicho por las últimas actuaciones de la Policía Local; y lo segundo, porque a esta Sala no le corresponde pronunciarse sobre gustos musicales y sí, en cambio, sobre la ilicitud de imponer los propios gustos, preferencias o conveniencias musicales al vecino. Baste pensar que una constante reiteración de la mejor pieza musical por*

el más afamado intérprete también puede convertirse, si el sonido se transmite intensamente a la vivienda del vecino, en una grave intromisión en su intimidad domiciliaria.
Finalmente, tampoco desvirtúan lo razonado hasta ahora por esta Sala otras alegaciones de la parte recurrida, como la baja intensidad con que el sonido del piano era percibido por otros vecinos, ya que solo la vivienda del demandante coincidía en todas sus dependencias con la de los demandados, situada justamente debajo; ni las alegaciones relativas al trabajo del codemandante D. Jose Ángel en la industria siderometalúrgica, lo que según la parte recurrida le hacía soportar ruidos mucho más molestos e insoportables que los que pudiera producir el piano, argumento evidentemente reversible porque quien soporta graves ruidos por razón de su trabajo no puede perder ni ver disminuido su derecho a disfrutar de sosiego, paz y tranquilidad en su hogar...».

Algunas Comunidades Autónomas han dictado, en los últimos tiempos, normas reguladoras de control de ruido máximo tolerable. A título de ejemplo podemos citar la Ley 7/2002, de 3 de diciembre, de la Comunidad Valenciana, de Protección de la Contaminación Acústica *(Tol 223999).*

Respecto de las actividades insalubres, pueden citarse casos, como el que recoge la **SAP de Barcelona, de 4-2-2004** *(Tol 364444),* en el que el tribunal se pronuncia respecto a la actividad que se lleva a cabo en un local y que produce malos olores que, en todo caso, no deben ser soportados por los vecinos del inmueble:

«...El segundo tema que se plantea es el de la chimenea de evacuación de humos de los locales del apelante, en la que deberá realizar las obras de reparación necesarias para impedir que se desprendan malos olores. Alega éste que no se ha probado que los olores procedan de su cocina; que no es cierto ni siquiera que existan tales malos olores; que la capacidad de su extractor es correcta; y, que en cualquier caso, de existir alguna fuga, sería responsabilidad del constructor del edificio. La prueba practicada en autos ha acreditado la existencia de malos olores procedentes de la cocina del Restaurante del apelante. Así lo pone de manifiesto el dictamen pericial de la actora, en el que se constató que dichos malos olores se notaban, tanto en el vestíbulo y la escalera del edificio, como en las diferentes viviendas que ventilan en el conducto por donde pasa el tubo de extracción de los humos de la cocina del restaurante, procedentes de este tubo, los cuales se transmiten al interior de las viviendas a través de la reja de ventilación de los servicios, y al vestíbulo a través del falso techo. Lo ha confirmado también el propio Administrador de la finca, que pudo comprobarlos, según manifestó en prueba testifical, y la Policía Municipal que realizó una inspección del Restaurante. Incluso el propio apelante lo comprobó, trasladándose a la vivienda NÚM. 001 NÚM. 002, que es una de las afectadas, a cuyo propietario, Sr. Alfredo, le dijo que arreglaría el problema, según declaró aquél en el juicio. Por el conducto vertical de obra de fábrica por donde discurre el tubo de chapa de acero galvanizado perteneciente a la cocina del demandado ventilan los servicios de diversas viviendas, no las cocinas, por lo que el olor a comida procedente del mismo, sólo puede venir de la referida cocina. En cuanto al origen del problema, la propia Comunidad admite que es de difícil averiguación, dado el pequeño diámetro del conducto de obra, aunque el Informe de los Servicios Técnicos del Ayuntamiento emitido como consecuencia de la Inspección antes referida apuntó la posibilidad de que fuese el diámetro de la extracción de humos de la cocina, que era superior al de la chimenea instalada, lo que podría producir un calentamiento de la tubería debido a la presión de los gases expulsados y producir olores por efecto de los aceites quemados. El perito del demandado negó que ésa fuese la causa, pero admitió que podía haber fugas a lo largo del

tubo, que no se pueden comprobar, dadas las dimensiones del mismo. En cualquier caso, lo que resulta incuestionable es que las molestias las produce la actividad llevada a cabo por el apelante, con infracción de lo establecido en el art. 7.2 LPH, por lo que es él quien tiene que adoptar las medidas necesarias para que dejen de producirse…».

No siempre es fácil encuadrar, a tenor de la definición del art. 3 RAMINP, la realización de actividades nocivas en un piso o local. Las actividades realizadas en un inmueble normalmente serán calificadas como molestas, insalubres o peligrosas, dado que el daño ambiental que se exige en el RAMINP no suele tener buen encaje en un inmueble urbano.

Por último, las actividades peligrosas entrañan un riesgo superior al que normalmente se asume para satisfacer las necesidades de los propietarios u ocupantes de inmuebles. Obviamente, hay que estar al caso concreto, pues los pronunciamientos al respecto han cambiado, en algunas ocasiones por el transcurso de los años: así, no se ha considerado peligrosa la mera tenencia de bombonas de butano, pese a que se hayan causado daños en bastantes ocasiones, así como tampoco la instalación de una industria de recauchutado, pese a que por caso fortuito se causase un incendio (STS 28-2-1961).

Jurisprudencia relevante

Respecto de una consulta médica con instalación de aparatos de rayos X, la **STS de 17-11-1993** *(Tol 189780)* se pronuncia de la siguiente manera:

«…El motivo cuarto, al amparo del art. 1692.5º LEC, vuelve a citar como infringido el párrafo 3º del art. 7 de la Ley de Propiedad Horizontal, refiriendo ahora la infracción a que la actividad que pretende desarrollar por el demandado en el piso es dañosa y peligrosa, nociva e insalubre, pues se trata de una clínica radiológica con varios aparatos de rayos X. Combate la Comunidad la declaración de la sentencia recurrida de que la actividad estaría incursa en la prohibición legal si se realizara o pretendiera realizarse al margen de la regulación reglamentaria a que la misma viene sujeta; en su sentir, por muchas medidas o prevenciones que se adopten, el riesgo de la radiactividad siempre existirá. El motivo se desestima porque es acertado el criterio de la Sala de Apelación. Si la actividad está sujeta a un control de la autoridad administrativa, si ésta da la autorización para que se emprenda una vez tomadas las medidas prevenidas legalmente para evitar daños, no se ve cómo la Comunidad puede sentirse perjudicada alegando una nocividad y un peligro que aquellas medidas quieren evitar. Tampoco en autos existe la prueba de la 'incomodidad' de la clínica que pretende instalar el recurrido…».

Cuando se produce por parte de un vecino una actividad o conducta que resulta molesta, insalubre o peligrosa para otro u otros vecinos de la comunidad, el trámite a seguir por parte de los vecinos perjudicados será el previsto en el art. 7.2 LPH:

«El presidente de la comunidad, a iniciativa propia o de cualquiera de los propietarios u ocupantes, requerirá a quien realice las actividades prohibidas por este apartado la inmediata cesación de las mismas, bajo apercibimiento de iniciar las acciones judiciales procedentes.

Si el infractor persistiere en su conducta el Presidente, previa autorización de la Junta de propietarios, debidamente convocada al efecto, podrá entablar contra él acción de cesación que, en lo no previsto expresamente por este artículo, se sustanciará a través del juicio ordinario. Presentada la demanda, acompañada de la acreditación del requerimiento fehaciente al infractor y de la certificación del acuerdo adoptado por la Junta de propietarios, el juez podrá acordar con carácter cautelar la cesación inmediata de la actividad prohibida, bajo apercibimiento de incurrir en delito de desobediencia. Podrá adoptar asimismo cuantas medidas cautelares fueran precisas para asegurar la efectividad de la orden de cesación. La demanda habrá de dirigirse contra el propietario y, en su caso, contra el ocupante de la vivienda o local. Si la sentencia fuese estimatoria podrá disponer, además de la cesación definitiva de la actividad, prohibida y la indemnización de daños y perjuicios que proceda, la privación del derecho al uso de la vivienda o local por tiempo no superior a tres años, en función de la gravedad de la infracción y de los perjuicios ocasionados a la comunidad. Si el infractor no fuese el propietario, la sentencia podrá declarar extinguidos definitivamente todos sus derechos relativos a la vivienda o local, así como su inmediato lanzamiento.»

Visto lo dispuesto en este artículo, será el Presidente de la comunidad el que inste al vecino dañoso a cesar en la actividad, bajo apercibimiento de iniciar las acciones oportunas. En bastantes casos suele ser el administrador el que se dirija al vecino dañoso en vez del presidente, pese a que la ley nada señala expresamente al respecto. Nada se señala sobre la forma, pero debe constar fehacientemente la realización de dicho apercibimiento.

Pero el infractor puede persistir en la conducta, y seguir realizando la conducta dañosa. En este caso se deberá acudir a la vía judicial: fracasada la vía extrajudicial, se insta la acción de cesación por parte del presidente, contando con la autorización de la Junta de Propietarios. Ya no cabe que sea el administrador, pues es el presidente el que ostenta legalmente la representación de la comunidad, en juicio y fuera de él, en todos los asuntos que la afecten, conforme al artículo 13.3 LPH. El sujeto pasivo es el infractor, sea propietario o mero ocupante.

El órgano jurisdiccional puede, de entrada, adoptar las medidas cautelares que estime oportunas. Y existirá finalmente sentencia judicial que ponga fin al pleito y califique la actividad desarrollada como molesta, insalubre, nociva o peligrosa, o no. Pero también cabe que se pronuncie el juez considerando que la actividad no sea molesta, nociva, insalubre o peligrosa, y pueda seguir desarrollándose adecuadamente. Si se considera que entra dentro de alguna de dichas categorías, se puede disponer la cesación definitiva de la actividad, así como la reparación de los daños oportunos, in natura en la medida de lo posible, o mediante indemnización de daños y perjuicios, así como, en casos especialmente graves, se puede privar del derecho de uso del local o vivienda por tiempo no superior a tres años.

Para una mayor información véase en esta misma guía el capítulo relativo a los procedimientos judiciales.

1.2.1.3. Conservación del piso o local

Según establece el art. 9.1 b), los propietarios han de *«mantener en buen estado de conservación su propio piso o local e instalaciones privativas, en términos que no perjudiquen a la comunidad o a los otros propietarios, resarciendo los daños que ocasione por su descuido o el de las personas por quienes deba responder»*.

Para poder cumplir con esta obligación impuesta a los propietarios, es necesario contemplar un derecho correlativo de los mismos a realizar las obras necesarias.

Jurisprudencia relevante

Al respecto, encontramos la **STS de 24-2-96** *(Tol 1659556)*, la cual establece, en relación a las obras que pueden llevar a cabo los propietarios:

> *«...Las obras realizadas para "mantener en buen estado de conservación su propio piso e instalaciones privativas...", en los términos que habla el art. 9.2º de la Ley, o sea las clásicas obras de conservación o de actualización de buen estado del propio piso o aptas siempre que no perjudiquen a los demás ni a la propia Comunidad; y en las que, en una versión de tolerancia, por razones explicables, es posible incluir aquellas que, sin perjudicar a los otros o a la comunidad, supongan un beneficio o satisfagan alguna necesidad al propietario ejecutor, o sea, se realicen por causa justificada y no por mera arbitrariedad...».*

1.2.1.4. Domicilio

De acuerdo con lo determinado en el art. 9.1 h), el dueño ha de

> *«comunicar a quien ejerza las funciones de Secretario de la comunidad, por cualquier medio que permita tener constancia de su recepción, el domicilio en España a efectos de citaciones y notificaciones de toda índole relacionadas con la comunidad.»*

En el supuesto de que incumpla dicho deber, el mismo artículo establece que el domicilio para citaciones y notificaciones será el piso o local perteneciente a la comunidad,

> *«surtiendo plenos efectos jurídicos las entregadas al ocupante del mismo. Si intentada una citación o notificación al propietario fuese imposible practicarla en el lugar prevenido en el párrafo anterior, se entenderá realizada mediante la colocación de la comunicación correspondiente en el tablón de anuncios de la comunidad, o en lugar visible de uso general habilitado al efecto, con diligencia expresiva de la fecha y motivos por los que se procede a esta forma de notificación, firmada por quien ejerza las funciones de Secretario de la comunidad, con el visto bueno del Presidente. La notificación practicada de esta forma producirá plenos efectos jurídicos en el plazo de tres días naturales.»*

Jurisprudencia relevante

El Tribunal Supremo, se pronunció ya sobre esta cuestión en la **STS de 12-7-94** *(Tol 1656853)*, al disponer que

> *«...el referido artículo 15 de la Ley de Propiedad Horizontal, tantas veces citado, al no haber domicilio designado en España para citaciones y el actor no ha probado que lo hubiera, determina que el lugar para ello será el piso o local a él perteneciente, con lo cual queda acreditado la validez de las citaciones realizadas...».*

Asimismo, resulta de interés la **SAP de Les Illes Balears de 24-7-2006** *(Tol 1034267)*, la cual, en sus fundamentos de derecho, afirma que:

> *«...la Ley parte de que el domicilio ordinario para realizar citaciones y notificaciones con la Comunidad es el que a tales efectos haya designado el propietario en España, comunicándolo al secretario, en cumplimiento de la obligación que le impone en el en el artículo 9.1 h) de la Ley de Propiedad Horizontal. Para el caso de que el propietario no hubiese designado domicilio, se considera como tal el propio piso o local, produciendo plenos efectos la entrega de la notificación al ocupante de la finca, sin exigir la Ley de Propiedad Horizontal que se trate de alguien que guarde una cierta relación con el destinatario final de la citación, por lo que bien pudiera ser que se tratase de un arrendatario cuyo contacto con el propietario, limitado a la celebración del contrato al pagado de la renta no le permitiese conocer su paradero. Pese a ello la Ley entiende que la citación ha de producir todos los efectos, sin duda porque la posible frustración del acto de comunicación sería sólo imputable al propietario que no ha cumplido con su primera obligación legal de designar domicilio en España.*
>
> *No exige la Ley que la citación se haga por escrito (como prescribía el artículo 15, párrafo segundo de la Ley de Propiedad Horizontal antes de la reforma), pero la necesidad de que revista esta forma se deduce del propio tenor de la Ley que habla de citación 'entregada', lo que presupone que ha de constar en documento escrito excluyendo la validez del mero aviso oral.*
>
> *Como medio subsidiario de comunicación, y sólo para el caso de que los anteriores hayan fracasado, la Ley incorpora la novedad de una especie de 'citación edictal' no procesal, circunscrita al ámbito de las relaciones de derecho material entre la Comunidad y el propietario del piso o local, mediante colocación en el tablón de anuncios de la Comunidad, en el lugar visible de uso general habilitado al efecto, de una diligencia expresiva de la fecha y motivos por lo que se procede a esta forma de notificación, firmada por quien ejerza las funciones de secretario de la Comunidad, con el visto bueno del presidente.*
>
> *En definitiva, en el nuevo sistema diseñado por la Ley, se atribuyen al propietario incumplidor de su deber de comunicar al secretario un domicilio a efectos de citaciones y notificaciones o que se ausenta del mismo, las consecuencias adversas que para él pudieran derivarse de la falta de efectivo conocimiento de la citación en cuanto que su incumplimiento abre la vía a modos de comunicación (en piso o local o por anuncios) que dan por supuesta la notificación del acto comunitario aunque la notificación de éste no haya llegado materialmente a su destinatario.*
>
> *Esta carga de demostrar la notificación del acto comunitario queda facilitada mediante la publicación en el tablón de anuncios o lugar equivalente, que genera una presunción 'iuris tantum', a favor de la Comunidad, de que la notificación se ha verificado, pues así se desprende del propio texto de la Ley que dispone que la citación 'se entenderá realizada...'.*
>
> *La citación para la Junta ordinaria anual se hará, cuando menos, con seis días de antelación, y para las extraordinarias, con la que sea posible para que puedan llegar a conocimiento de todos*

los interesados, La Junta podrá reunirse válidamente aun sin la convocatoria del presidente, siempre que concurran la totalidad de los propietarios y así lo decidan.
El artículo 16.2 se remite, en cuanto a la citación para la Junta, a lo dispuesto en el artículo 9. En consecuencia, deberá practicarse en el domicilio señalado paro el propietario en España, en su defecto en el propio piso o local y, en caso de resultado negativo de una u otra citación, mediante diligencia colocada en el tablón de anuncios de la Comunidad, o lugar equivalente. La citación incube al presidente o a los copropietarios promotores de la Junta…».

1.2.1.5. Cambio de titularidad del piso o local

Igualmente, el propietario ha de *«comunicar a quien ejerza las funciones de Secretario de la comunidad, por cualquier medio que permita tener constancia de su recepción, el cambio de titularidad de la vivienda o local»*, según el art. 9.1 i) LPH.

Es importante para el propietario cumplir con dicha obligación, ya que el citado artículo dispone que en caso contrario, *«seguirá respondiendo de las deudas con la comunidad devengadas con posterioridad a la transmisión de forma solidaria con el nuevo titular, sin perjuicio del derecho de aquél a repetir sobre éste»*. No obstante, no será de aplicación lo anteriormente expuesto cuando *«cualquiera de los órganos de gobierno establecidos en el artículo 13 haya tenido conocimiento del cambio de titularidad de la vivienda o local por cualquier otro medio o por actos concluyentes del nuevo propietario, o bien cuando dicha transmisión resulte notoria.»*

En la práctica, es difícil la aplicación de dicho artículo, ya que para ello el cambio de titularidad no ha de resultar notorio para los órganos de la comunidad, o conocido por actos concluyentes del propietario o por cualquier otro medio.

Si el anterior titular del piso o local era, además, ocupante del mismo, el cambio de titularidad conllevará, con toda probabilidad, el traslado de mobiliario, lo cual puede englobarse entre los actos concluyentes del propietario.

En el supuesto de que el anterior propietario no fuera ocupante, sí es más factible el poder aplicar este artículo, ya que es menor la dificultad de que tal transmisión llegue a conocimiento de los órganos de la comunidad.

En todo caso, el art. 9.1 i) LPH pone de manifiesto la voluntad del legislador de proteger los intereses de la comunidad, imponiendo para ello nuevas obligaciones a los propietarios. Así, de las deudas devengadas con anterioridad al conocimiento de la transmisión responde el anterior titular, de forma solidaria con el nuevo; de manera que se va a poder demandar indistintamente al anterior o al nuevo propietario.

El hecho de que la ley establezca la responsabilidad solidaria es una garantía frente a la comunidad. No obstante, el anterior propietario podrá repetir contra el nuevo titular, si justifica la transmisión por los medios admitidos en derecho y la fecha de la misma.

En este apartado, merece especial mención la problemática que se suscita en comunidades de vecinos en las que viven personas de edad avanzada sin familiares que con ellos convivan y sin que hayan comunicado a la administración de fincas quiénes son los parientes con los que debería ponerse en contacto la comunidad en caso de ausencia o fallecimiento. Esta situación se agrava para la comunidad cuando existen deudas pendientes por parte del causante sin que se tenga constancia de quiénes son sus herederos.

En primer lugar no tenemos ningún fundamento jurídico en nuestro derecho positivo que faculte a la comunidad de propietarios a solicitar (mucho menos a obligar) a cualquiera de los copropietarios a identificar quiénes son sus familiares, o los futuros herederos de la vivienda o local en el caso de fallecimiento del propietario. Podríamos pensar que el problema quedaría resuelto presentando una simple reclamación ante el Juzgado por parte de la comunidad contra la herencia yacente o los herederos desconocidos, con el objeto de trabar el inmueble que es la garantía real que para el pago de las cuotas reconoce a favor de la comunidad la propia LPH.

Pero esto no es tan sencillo como puede parecer a simple vista, puesto que la herencia yacente debe tener representación en el curso del proceso declarativo correspondiente para que pueda acceder al Registro la traba del inmueble. Esta representación se traduce en la figura del administrador judicial de la herencia.

En los casos en que no se conozca quién puede ser heredero del propietario fallecido debe buscarse alguien que represente a la herencia del fallecido. Para ello, deberá averiguarse a través del Registro de Actos de Última Voluntad, si el propietario otorgó o no testamento. En caso de que el testamento no hubiera sido otorgado, deberemos acudir a la LEC, en concreto a las normas previas a la división de patrimonio hereditario, y solicitar, conforme al art. 791.2º LEC, que se proceda al nombramiento de un administrador, por encontrarse la comunidad acreedora en el supuesto contemplado por el art. 792.3º LEC.

Cuando exista un desconocimiento absoluto sobre la persona o personas que pueda tener algún derecho a la herencia, nos encontraríamos ante el supuesto previsto en el artículo 6.1º.4 de la LEC, puesto que con anterioridad a la LEC 1/2000 la jurisprudencia venía admitiendo que si bien la herencia yacente es una mera unidad patrimonial sin sujeto determinado y por tanto, sin personalidad jurídica propia [**STS 31 de enero 1994** *(Tol 1665844)*] sí debe ser llamada a la causa, como patrimonio del causante, en las personas que tiene encomendada su administración.

Jurisprudencia relevante

Así se pronuncia, entre otras la **STS de 12-3-1987** *(Tol 1736189)* cuando afirma que:

«...Lo que principalmente debe cuestionarse, sin embargo, es la distinción, en que él se apoya, entre 'herencia yacente' de una parte y 'los herederos de la otra'. La apertura de la sucesión de una persona se abre justamente en el momento de su muerte en el cual su patrimonio se transmuta en herencia yacente que no es sino aquel patrimonio relicto mientras se mantiene interinamente sin titular, por lo que carece de personalidad jurídica, aunque, para determinados fines, se le otorga transitoriamente una consideración y tratamiento unitarios, siendo su destino el de ser adquirida por los herederos voluntarios o legales, admitiendo el que, bien por medio de albaceas o administradores testamentarios o judiciales pueda ser demandada y esté habilitada para excepcionar y ahora para recurrir. No es, sin embargo, distinguible y separable de los herederos destinatarios y antes bien debe afirmarse que la entidad a que se hace referencia es la misma hablando de la 'herencia yacente' o de 'los herederos' (desconocidos, ignorados, inciertos) de una persona determinada, el demandado fallecido, en el caso...».

Según este argumento, la demanda deberá dirigirse frente a la herencia yacente, debiendo citarse a la misma en la persona que administre los bienes, en base a los artículos 7.5 y 798 de la LEC, aunque, una vez aceptada la herencia, las diligencias se practicarán con los herederos.

En todo caso, la obligación de contribuir a la atención de los gastos y cuotas de la comunidad prevista en la LPH es una obligación *«propter rem», esto es,* una obligación que tiene su origen en un bien y del cual una persona está ligada mientras se es titular de dicha cosa y precisamente por serlo. Por ello, en ningún caso la comunidad queda indefensa como acreedora y por los conceptos económicos correspondientes frente al bien inmueble de que hubiere sido titular el propietario fallecido.

No obstante todo lo expuesto anteriormente, si se tuviera noticia acerca de la existencia de algún pariente, a fin de completar la legitimación pasiva, siempre se puede acudir a las diligencias preliminares previstas en el art. 256.1.1º LEC.

1.2.2. Relativas a elementos comunes

1.2.2.1. Respeto a las instalaciones generales de la Comunidad

Los propietarios han de *«respetar las instalaciones generales de la comunidad y demás elementos comunes, ya sean de uso general o privativo de cualquiera de los propietarios, haciendo un uso adecuado de los mismos y evitando en todo momento que se causen daños o desperfectos».* Así lo establece el art. 9.1 a) de LPH.

Entre las actividades que no se pueden realizar por parte de los propietarios están las obras realizadas en elementos comunes, que no cuentan con la autorización del resto de propietarios.

Jurisprudencia relevante

En este sentido se pronuncia la **STS de 24-2-96** *(Tol 1659556)*, al prohibir las obras que se ejecutan

> *«...en el resto del inmueble que impliquen su alteración... o bien las que recaigan en las "cosas comunes"... o incluso las reparaciones urgentes en el edificio... sobre las que, además tiene el propietario "deber de comunicarlo sin dilación al administrador"; tampoco puede, ni siquiera "exigir", y cuando menos, ejecutar por su cuenta, obras consistentes en nuevas instalaciones, servicios o mejoras no requeridos por la adecuada conservación y habitabilidad del inmueble "según su rango"...».*

Resulta asimismo de interés, entre otras, la **SAP de Sevilla de 22-3-2002** *(Tol 213796)*, afirmando en sus fundamentos jurídicos que:

> *«...La propiedad horizontal en cuanto propiedad especial supone la división de un edificio por pisos, locales y cocheras, susceptibles de aprovechamiento independiente, se atribuye a cada titular un derecho exclusivo sobre los mismos, y un derecho de copropiedad conjunto e indivisible sobre los restantes elementos comunes del inmueble, ante lo cual y dada las características especiales de este derecho de propiedad es objeto de regulación específica, en la Ley de Propiedad Horizontal, sobre todo en cuanto a los órganos comunes y a los derechos obligaciones que le corresponde a cada propietario, porque han de compaginarse los intereses particulares de cada uno de ellos con los de la comunidad, dado que junto al derecho exclusivo, existe un derecho de copropiedad sobre elementos comunes, es decir, el derecho de cada propietario sobre su piso o local tiene la configuración de un derecho de propiedad individual, el artículo tercero de la mencionada ley lo califica como derecho singular y exclusivo sobre un espacio suficientemente delimitado y susceptible de aprovechamiento independiente, estamos por tanto ante un derecho con idéntica facultades de aprovechamiento y libre disposición que cualquier otro, sin embargo su ejercicio está sometido a concreta y determinadas limitaciones dada las singularidades de la propiedad horizontal, de modo que el uso ha de hacerse teniendo en cuenta lo establecido en la Ley, en el título constitutivo, estatutos de la comunidad, y acuerdos de la Junta de Propietario. Por ello el artículo 7 de la mencionada Ley establece limitaciones a la facultad de aprovechamiento que es inherente a todo derecho de propiedad exclusivo, de modo que le permite modificar los elementos arquitectónicos, instalaciones o servicios de aquél cuando no menoscabe o altere la seguridad del edificio, su estructura general, su configuración o estado exteriores, o perjudique los derechos de otro propietario, y junto a ello una prohibición genérica de que no puede realizar alteración alguna en el resto del inmueble, de ahí que el artículo noveno le obligue a respetar las instalaciones generales de la comunidad y demás elementos comunes, ya sean de uso general o privativo de cualquiera de los propietarios, estén o no incluidos en su piso o local, haciendo un uso adecuado de los mismos y evitando en todo momento que se causen daños o desperfectos, en tal sentido la Sentencia de la Sala 1ª del Tribunal Supremo de 6-11-95 nos dice: 'En efecto, conformada la propiedad horizontal como un dominio separado sobre cada piso o local y un condominio especial sobre los elementos comunes, las facultades del propietario, tanto las que recaen de manera singular y exclusiva sobre el espacio privativo, delimitado y susceptible de aprovechamiento independiente, como las que lo hacen sobre los elementos comunes, están sometidas a ciertos límites, para conjugar la concesión a cada titular de las máximas posibilidades de utilización, con el ejercicio de los derechos de igual clase de los demás y el interés general, que se encarna, como dice la exposición de motivos de la Ley de 21 de julio de 1960, en la conservación del edificio y en la subsistencia del régimen de propiedad*

horizontal. Esos límites, en cuanto a la facultad de realizar obras, aparecen reguladas en los artículos 7, 11 y 16-1, de los que resulta que el propietario sólo puede modificar los elementos arquitectónicos, instalaciones o servicios de su piso o local si no menoscaba o altera la seguridad del edificio, su estructura general, configuración o estado exteriores ni perjudica los derechos de otros propietarios, mientras que, en el resto del inmueble no puede efectuar alteración alguna, salvo que lo consientan todos los demás dueños, dado que se entiende que ello afecta al título constitutivo y debe someterse al régimen establecido para las modificaciones del mismo, que no es otro que el de exigencia de unanimidad (al respecto, sentencias de 7 de mayo de 974, 15 de abril de 1978, 23 de diciembre de 1982, 3 de febrero de 1983, 10 de marzo de 1983, 9 de mayo de 1983, 3 de octubre de 1983, 3 de abril de 1990, 26 de noviembre de 1990, 10 de diciembre de 1990...)'...».

1.2.2.2. Reparaciones del inmueble

De acuerdo con el art. 9.1 c) LPH, han de

«consentir en su vivienda o local las reparaciones que exija el servicio del inmueble y permitir en él las servidumbres imprescindibles requeridas para la realización de obras, actuaciones o la creación de servicios comunes llevadas a cabo o acordadas conforme a lo establecido en la presente Ley, teniendo derecho a que la comunidad le resarza de los daños y perjuicios ocasionados.»

Nuevamente es notoria la intención de la ley de proteger los intereses de la comunidad, imponiendo a los propietarios limitaciones al ejercicio de su derecho. Sin embargo, también es consciente de los problemas que puede ocasionar a los propietarios, por lo que igualmente dispone que habrán de ser resarcidos por los daños y perjuicios ocasionados.

1.2.2.3. Entrada por el piso o local

El art. 9.1 d) dispone la obligación de *«permitir la entrada en su piso o local a los efectos prevenidos en los tres apartados anteriores»*, ya que en caso contrario, las obligaciones establecidas en los apartados a), b) y c) del art. 9 quedarían vacías de contenido.

1.2.2.4. Contribución a los gastos generales

Se ha de *«contribuir, con arreglo a la cuota de participación fijada en el título o a lo especialmente establecido, a los gastos generales para el adecuado sostenimiento del inmueble, sus servicios, cargas y responsabilidades que no sean susceptibles de individualización»*. Así lo dispone el art. 9.1 e) LPH.

Es muy importante la disposición que establece que en el supuesto de transmisión del piso o local *«el adquirente de una vivienda o local en régimen de propiedad horizontal, incluso con título inscrito en el Registro de la Propiedad, responde con el propio inmueble adquirido de las cantidades adeudadas a la comunidad de propietarios para el sostenimiento de los gastos generales por los anteriores titulares hasta el límite de los que resulten imputables a la parte vencida de la anualidad en la cual tenga lugar la adquisición y a los tres años naturales anteriores. El piso o local estará legalmente afecto al cumplimiento de esta obligación.»* [Art. 9.1.e) LPH].

La LPH configura una serie de garantías para la comunidad respecto al cobro de las cantidades adeudadas por los propietarios al establecer, en el art. 9.1.e) que

> *«Los créditos a favor de la comunidad derivados de la obligación de contribuir al sostenimiento de los gastos generales correspondientes a las cuotas imputables a la parte vencida de la anualidad en curso y los tres años anteriores tienen la condición de preferentes a efectos del artículo 1.923 del Código Civil y preceden, para su satisfacción, a los citados en los números 3.º, 4.º y 5.º de dicho precepto, sin perjuicio de la preferencia establecida a favor de los créditos salariales en el texto refundido de la Ley del Estatuto de los Trabajadores, aprobado por el Real Decreto Legislativo 1/1995, de 24 de marzo.»*

A fin de reforzar las garantías de cobro de la deuda, el art. 9 de la LPH hace referencia al instrumento mediante el que se transmite la propiedad, contemplando que

> *«en el instrumento público mediante el que se transmita, por cualquier título, la vivienda o local el transmitente, deberá declarar hallarse al corriente en el pago de los gastos generales de la comunidad de propietarios o expresar los que adeude. El transmitente deberá aportar en este momento certificación sobre el estado de deudas con la comunidad coincidente con su declaración, sin la cual no podrá autorizarse el otorgamiento del documento público, salvo que fuese expresamente exonerado de esta obligación por el adquirente. La certificación será emitida en el plazo máximo de siete días naturales desde su solicitud por quien ejerza las funciones de secretario, con el visto bueno del presidente, quienes responderán, en caso de culpa o negligencia, de la exactitud de los datos consignados en la misma y de los perjuicios causados por el retraso en su emisión.»*

Esta es, sin duda, una medida que facilita el cobro de las deudas por la Comunidad, pero únicamente contempla el supuesto de que la propiedad se transmita por documento público. En España, la propiedad se transmite tanto por documento público como por documento privado, requiriendo sólo título y modo. Por tanto, este artículo no podrá aplicarse a los supuestos de transmisión del dominio mediante el segundo de ellos.

Jurisprudencia relevante

Es interesante apuntar la diferenciación que realizó el Tribunal Supremo, sobre los gastos que podemos encontrarnos en las comunidades de propietarios, ya que si hablamos de gastos generales hemos de tener en cuenta lo dispuesto en el título constitutivo y en los estatutos, para determinar cómo se distribuyen. El acuerdo para variar dicha distribución requiere unanimidad, por tanto, un propietario no puede modificarlo por su sola voluntad y está obligado a contribuir de acuerdo con la cuota de participación que corresponde a su piso o local. La **STS de 30-5-97** *(Tol 216425)* establece que

> *«...la Ley de Propiedad Horizontal contempla gastos particulares, que corresponden a cada propietario y gastos generales, que son los comunes (artículo 9.5°) que se deciden y presupuestan por la Junta de propietarios (artículo 13.2°) por mayoría (artículo 16.2°) y cuya distribución del pago se hace según la cuota de participación (artículos 5.2° y 9.5°) fijada en el título constitutivo o en los estatutos, que sólo pueden modificarse por unanimidad (artículo 16.1°). En conclusión, la Ley de Propiedad Horizontal no contempla gastos atípicos, ni permite distribución atípica de pago de gastos, a no ser que ésta se halle prevista en el título constitutivo o en los Estatutos; y si no está prevista, es inevitable la unanimidad...».*

1.2.2.5. Contribución al fondo de reserva

Asimismo, se ha de *«contribuir, con arreglo a su respectiva cuota de participación, a la dotación del fondo de reserva que existirá en la comunidad de propietarios para atender las obras de conservación y reparación de la finca y, en su caso, para las obras de rehabilitación»*, tal y como dispone el art. 9.1 f) de la LPH.

Dicho fondo, cuya titularidad corresponde a todos los efectos a la comunidad, en ningún caso podrá ser inferior del cinco por ciento del presupuesto ordinario de la Comunidad. La propia LPH prevé que *«con cargo al fondo de reserva la comunidad podrá suscribir un contrato de seguro que cubra los daños causados en la finca o bien concluir un contrato de mantenimiento permanente del inmueble y sus instalaciones generales.»*

La constitución de este fondo de reserva fue una de las novedades introducidas por la reforma de la ley de propiedad horizontal en el año 1999 y posteriormente retomada por la reforma operada en la LPH en virtud de la Ley 8/2013, pretendía suponer una mayor celeridad en la resolución de problemas, aunque, a nuestro juicio, los citados mínimos legales en la mayoría de los casos son insuficientes para atender a los gastos reales de la comunidad.

Jurisprudencia relevante

Sobre esta cuestión merece destacarse la **SAP de León, de 23-6-2008** *(Tol 1386144)*:

> *«...el fondo de reserva viene pues impuesto por ley, el hecho que se apruebe por la comunidad el prepuesto del año 2005, sin que figure contemplado dentro del mismo, hace que el acuerdo pueda ser considerado contrario a la ley, sin que la circunstancia reconocida en el recurso, de que en el ejercicio siguiente tampoco se contemplara, convalide tal práctica, ni impida afirmar que la misma es contraria a la ley, de modo que impugnado conforme al art. 18. 1 de la Ley de Propiedad Horizontal el acuerdo que omite tal previsión para el ejercicio contable de 2005, la*

declaración de nulidad que de dicho acuerdo contiene la sentencia de instancia no puede por menos que ser mantenida en sus términos...».

1.2.2.6. Cumplimiento de las obligaciones relativas a la contribución a gastos generales y fondo de reserva

Respecto a las obligaciones establecidas en los apartados e) y f) del artículo 9, el artículo 21.1 LPH determina que

> *«deberán cumplirse por el propietario de la vivienda o local en el tiempo y forma determinados por la Junta. En caso contrario, el Presidente o el Administrador, si así lo acordase la Junta de propietarios, podrá exigirlo judicialmente a través del procedimiento establecido en este artículo».*

De esta forma, el artículo 21.1 LPH confiere a la Junta la potestad para decidir cómo se han de realizar las aportaciones a los gastos generales y al fondo de reserva, así como la decisión de exigir dicha obligación por vía jurisdiccional.

1.2.2.7. Uso del inmueble y relaciones con los demás propietarios

El propietario debe *«observar la diligencia debida en el uso del inmueble y en sus relaciones con los demás titulares y responder ante éstos de las infracciones cometidas y daños causados»*, según el art. 9.1 g) LPH.

1.2.2.8. No utilización de un servicio

De la regulación del artículo 9.2 LPH se desprende que existe la obligación de contribuir a los gastos generales de un servicio común aunque no se utilice, ya que establece que

> *«...se reputarán generales los gastos que no sean imputables a uno o a varios pisos o locales, sin que la no utilización de un servicio exima del cumplimiento de las obligaciones correspondientes...».*

Sí es posible, en cambio, que en los Estatutos de la Comunidad se exima de la contribución a los gastos generales a determinados propietarios, en relación con servicios o instalaciones que no disfruten. Sin embargo, a falta de este acuerdo, que ha de ser tomado por la unanimidad de los propietarios, todos han de contribuir al sostenimiento de los elementos comunes.

Jurisprudencia relevante

Véase la interesantísima sentencia **STS de 20-10-2010** *(Tol 1978071)* en la que declara, en relación a un acuerdo para la instalación de ascensor y a los estatutos de la comunidad en el que existen cláusulas que eximen del deber de contribuir a gastos de conservación, limpieza, alumbrado de portales y escaleras a los propietarios de los locales que no tienen acceso a los portales, debe entenderse en el sentido que *no les libera del deber de contribuir a sufragar los gastos de instalación* del citado ascensor.

1.2.2.9. Órdenes de la autoridad

Los dueños de pisos o locales han de ejecutar lo más rápido posible las órdenes de la autoridad competente, ya que el art. 10.2 b) LPH dispone que *«los propietarios que se opongan o demoren injustificadamente la ejecución de las órdenes dictadas por la Autoridad competente, responderán individualmente de las sanciones que puedan imponerse en vía administrativa»*.

Se trata de evitar que actos de algún propietario puedan perjudicar a la comunidad en su conjunto, frente a la autoridad competente. El legislador es consciente de que aunque la obligación de actuar sea de la comunidad, ésta se constituye por distintos propietarios que, en definitiva, son quienes han de cumplir con las órdenes dadas.

Jurisprudencia relevante

Sobre esta cuestión, analizando los daños y perjuicios que se puedan ocasionar como consecuencia de la demora en el cumplimiento de una sentencia, la **SAP de Cáceres de 6-9-2001** *(Tol 124960)* señala que:

> *«...la propia Ley de Propiedad Horizontal en su art. 10.2 establece que los propietarios que se opongan o demoren injustificadamente la ejecución de órdenes dictadas por la autoridad competente, responderán individualmente de las sanciones que pudieran causar. En todo caso, sólo en el período de ejecución de sentencia, se podrá determinar si los demandados han incurrido en demora respecto de la condena principal y si esta demora ha producido daños y perjuicios de los que deban de responder...».*

1.2.2.10. Privación del voto en la Junta

El artículo 15.2 LPH contempla una de las mayores novedades introducidas por la reforma de la LPH en el año 1999: los propietarios están obligados a encontrarse al corriente de los pagos referentes a gastos de la comunidad si desean tener derecho a voto en la Junta, porque dicho artículo establece que *«los propietarios que en el momento de iniciarse la junta no se encontrasen al corriente en el pago de todas las deudas vencidas con la comunidad y no hubiesen impugnado judicialmente las mismas o procedido a la consignación judicial o notarial de la suma adeudada, podrán participar en sus deliberaciones si bien no tendrán derecho de voto. El acta de la*

> *junta reflejará los propietarios privados del derecho de voto, cuya persona y cuota de participación en la comunidad no será computada a efectos de alcanzar las mayorías exigidas en esta ley».*

Se ha de relacionar esta prohibición con el art. 18.2 LPH, referente a la impugnación de los acuerdos de la Junta. La prohibición de votar conlleva la no legitimación para impugnar el acuerdo tomado por la Junta de propietarios, ya que dicho art. 18.2 establece que *«estarán legitimados para la impugnación de estos acuerdos los propietarios que hubiesen salvado su voto en la junta, los ausentes por cualquier causa y los que indebidamente hubiesen sido privados de su derecho de voto»*. En este supuesto, los propietarios que tienen deudas pendientes con la comunidad han sido privados de voto legalmente, en base a una disposición establecida en la misma LPH.

1.2.2.11. Disconformidad con los acuerdos de la Junta; ausencia de la misma

Según el art. 17.1.8º pfo. LPH *«salvo en los supuestos expresamente previstos en los que no se pueda repercutir el coste de los servicios a aquellos propietarios que no hubieren votado expresamente en la Junta a favor del acuerdo, o en los casos en los que la modificación o reforma se haga para aprovechamiento privativo, se computarán como votos favorables los de aquellos propietarios ausentes de la Junta, debidamente citados, quienes una vez informados del acuerdo adoptado por los presentes, conforme al procedimiento establecido en el artículo 9, no manifiesten su discrepancia mediante comunicación a quien ejerza las funciones de secretario de la comunidad en el plazo de 30 días naturales, por cualquier medio que permita tener constancia de la recepción.»*

Jurisprudencia relevante

Así se pronuncia la **SAP de La Coruña, de 3-7-2009** *(Tol 1603040)*:

> *«...para posibilitar la obtención de esa mayoría, la Ley contiene una solución novedosa: contar como votos favorables los correspondientes a los propietarios ausentes que, una vez notificada el acta de la Junta de Propietarios, no muestren expresamente su oposición dentro de los treinta días naturales siguientes a la notificación. Son votos favorables presuntos.*
> *Pero, lógicamente, para poder saber cuándo se pueden tener esos votos como favorables al acuerdo, es preciso, como expresa el párrafo cuarto "in fine", que la notificación se haga fehacientemente, para así poder conocer cuándo se notificó, y cuándo han transcurrido los treinta días...».*

Cuestiones útiles

8. El propietario de un piso que no habita en él desde hace años lo tiene totalmente descuidado, aunque sí contribuye a los gastos generales de la comunidad, razón por la cual alega que ya no tiene ninguna otra responsabilidad con la misma. Por el estado de abandono en que se encuentra, se están produciendo filtraciones en el piso inferior. ¿Está este propietario contraviniendo la Ley de Propiedad Horizontal?

Sí, ya que el art. 9.1 b) LPH dispone que los propietarios han de «*mantener en buen estado de conservación su propio piso o local de negocio e instalaciones privativas, en términos que no perjudiquen a la comunidad o a los otros propietarios, resarciendo los daños que ocasione por su descuido o el de las personas por quienes deba responder*». Por tanto, el hecho de que esté al corriente de los pagos referentes a gastos generales no significa que no tenga otras obligaciones concretas respecto a su piso o local.

9. El dueño de un piso transmite su derecho de propiedad, pero no lo comunica a los órganos de gobierno de la finca. Como en los últimos meses no se han satisfecho las mensualidades por gastos generales, el Presidente de la comunidad le reclama el pago. ¿Puede negarse a pagar el antiguo propietario al no haber comunicado la venta de su piso?

No puede negarse a pagar, en base al art. 9.1.i) LPH. Ya que los órganos de la comunidad no han tenido conocimiento de la transmisión del piso, dicho artículo establece que el antiguo titular «*seguirá respondiendo de las deudas con la comunidad devengadas con posterioridad a la transmisión de forma solidaria con el nuevo titular, sin perjuicio del derecho de aquél a repetir sobre éste*». De esta forma, dado que parece que el nuevo propietario no ha pagado las mensualidades que le correspondían, la comunidad se va a poder dirigir contra el anterior o contra el nuevo propietario, indistintamente, para cobrar el importe de los gastos devengados hasta que ha tenido conocimiento de la transmisión.

10. ¿Han de contribuir a los gastos generales del inmueble los bajos comerciales que no tienen acceso al portal del mismo?

El hecho de no tener acceso al portal del edificio no es motivo para no contribuir a los gastos del inmueble, porque el art. 9.1 e) LPH dispone que se ha de «*contribuir, con arreglo a la cuota de participación fijada en el título o a lo especialmente establecido, a los gastos generales para el adecuado sostenimiento del inmueble, sus servicios, cargas y responsabilidades que no sean susceptibles de individualización*». Los bajos han de contribuir según su cuota de participación, aunque es posible que en el título constitutivo o en los estatutos, se les exima de pago respecto a los gastos generados por elementos que no utilizan. Sólo así podrán ser exonerados de dicho pago.

Esta cuestión es analizada, entre otras, por la **SAP de Barcelona de 2-2-2009** *(Tol 1487098)*, que se remite a la doctrina sentada por el Tribunal Supremo en STS de 14-3-2000 *(Tol 2214)*: «*...En línea con lo argumentado por el recurrente es de afirmar que dicha regla no contiene ningún tipo de exención de gastos. El Tribunal Supremo, en sentencia de 14 de marzo de 2000, en la que se examinó la cuestión relativa a un local con entrada propia e independiente declaro que lo que resulta decisivo es la imperatividad genérica del art. 9-5 de la Ley de Propiedad Horizontal, que obliga a los copropietarios a contribuir, según la cuota de participación que les corresponde, a los gastos generales para el adecuado funcionamiento del inmueble, sus servicios y demás que el precepto señala, generando su impago crédito preferencial a favor de la comunidad...*».

En otro de sus fundamentos jurídicos la citada SAP afirma: «*...No obstante el art. 9-5° permite que determinados gastos puedan tener consideración de individualizables, y actúa como excepción a la regla general, ya que permite al propietario de un piso o local determinado a no abonar concretos gastos. Para que se produzca esta especie de privilegio contributivo, es preciso que en el título constitutivo aparezca la exclusión o, en su caso, en los estatutos comunitarios y también cabe que se decida en Junta de propietarios mediante acuerdo tomado por unanimidad, en razón a la concordancia del art. 5 con el 16 de la Ley de Propiedad Horizontal...*».

Por su parte la **STS de 14-3-2000** antes citada añade que: «*...El concepto de gastos resulta amplio y comprende tanto los ordinarios que se presentan como fijos, como periódicos no fijos, y los que su cuantía varía en función al consumo y uso (agua, electricidad, calefacción), así como también los extraordinarios ocasionados por algún acontecimiento que determina su procedencia (reparaciones y similares). Para el abono de los referidos gastos queda afectado el piso o local correspondiente, tratándose de una titularidad ob rem, que obliga al propietario a su pago, al ostentar la denominada titularidad deudora subjetivamente real. No obstante el artículo 9-5° permite que determinados gastos puedan tener consideración de individualizables, y actúa como excepción a la regla general, ya que permite al propietario de un piso o local determinado a no abonar concretos gastos. Para que se produzca esta especie de privilegio contributivo, es preciso que en el título constitutivo aparezca la exclusión o, en su caso, en los estatutos comunitarios y también cabe que se decida en Junta de propietarios mediante acuerdo tomado por unanimidad, en razón a la concordancia del artículo 5 con el 16 de la Ley de Propiedad Horizontal. La jurisprudencia de esta Sala así lo ha entendido, al tener en cuenta que prevalece el principio de autonomía contractual (SS de 16-2-1971, 7-10-1978, 12-12-1979, 21-7-1988, 2-3-1989, 6-7-1991, 30-12-1993 y 16-11-1996, entre otras)...*».

11. Los propietarios de una comunidad en régimen de propiedad horizontal han acordado no constituir un fondo de reserva y continuar actuando como hasta ahora. ¿Pueden hacerlo?

No pueden hacerlo ya que la ley exige la constitución de dicho fondo de reserva en el art. 9.1 f) LPH, por tanto, es una disposición imperativa contra la que no cabe pacto en contra. Recordemos que este artículo dispone, tras la reforma operada en virtud de la Ley 8/2013, que entre las obligaciones del propietario está la de *«contribuir, con arreglo a su respectiva cuota de participación, a la dotación del fondo de reserva que existirá en la comunidad de propietarios para atender las obras de conservación y reparación de la finca y, en su caso, para las obras de rehabilitación.*

El fondo de reserva, cuya titularidad corresponde a todos los efectos a la comunidad, estará dotado con una cantidad que en ningún caso podrá ser inferior al 5 por ciento de su último presupuesto ordinario.

Con cargo al fondo de reserva la comunidad podrá suscribir un contrato de seguro que cubra los daños causados en la finca o bien concluir un contrato de mantenimiento permanente del inmueble y sus instalaciones generales.»

12. ¿Están obligados los propietarios de plazas de garaje a contribuir a los gastos generales, aunque sólo tengan en propiedad la plaza de garaje?

Como propietarios de elementos privativos del inmueble sujeto a régimen de propiedad horizontal deberán contribuir a los gastos generales de la comunidad en proporción a su cuota de participación, salvo que en los Estatutos o por la propia junta de propietarios (por unanimidad) se fije otra forma de participación. Esta postura se sigue en nuestra jurisprudencia y así, entre otras, la **SAP de Madrid de 30-6-2009** *(Tol 1574986)*, se pronuncia de la siguiente forma: *«...El planteamiento de la parte apelante arranca de un error de base, ya evidenciado en la primera instancia, pues considera que el título constitutivo del régimen de propiedad horizontal del edificio está condicionado por la situación física de la finca, y que es susceptible de modificación a través de acuerdos internos adoptados por un grupo de copropietarios. Por el contrario, la situación es la siguiente:*

- El art. 5 LPH se refiere al título constitutivo del régimen de propiedad horizontal como estatuto privativo que perjudica a terceros por razón de su inscripción en el Registro de la Propiedad, cuyo contenido sólo puede ser modificado mediante acuerdos adoptados por unanimidad, en los términos del art. 17 del mismo texto, con las excepciones contempladas en la propia Ley.

En el presente caso, el título constitutivo está recogido en la escritura de declaración de obra nueva en construcción y constitución en régimen de propiedad horizontal y división por pisos de la casa en DIRECCIÓN 000, número NÚM. 000, otorgada en 30 de julio de 2002, y describe el inmueble compuesto por una planta semisótano distribuida en cinco plazas de garaje dotacionales con acceso desde el garaje de la finca colindante de la DIRECCIÓN 000 número NÚM. 001 (predio sirviente), una planta baja distribuida en portal, caja de escalera, otros elementos comunes y una vivienda, plantas primera y segunda distribuidas en dos viviendas por planta, planta ático distribuida en dos viviendas y planta bajo cubierta destinada a elementos comunes. Seguidamente explica la división de la finca en doce elementos privativos, de los que cinco son plazas de garaje y siete son viviendas, cada uno de ellos con la asignación de cuota correspondiente en la comunidad. Así, las cinco plazas de garaje tienen asignadas, respectivamente, cuotas del 2%, 1'85%, 2%, 3'5% y 2'65% en el conjunto del edificio; en concreto, la plaza del demandado tiene una cuota de participación del 3'5%.

Esas circunstancias, inscritas en el Registro de la Propiedad, fueron conocidas por los adquirentes de las viviendas y plazas de garaje al tiempo de las respectivas compras, y no pueden sustraerse a su contenido.

– La situación física de la finca es irrelevante en orden a definir los derechos y deberes que corresponden a cada propietario individual. Es cierto que las cinco plazas de garaje de la casa número NÚM. 000 carecen de acceso directo al resto del edificio, y que sólo tienen salida a través de la casa número NÚM. 001. La conformación jurídica de esa situación de hecho está contemplada en el título constitutivo, que describe la existencia de un derecho de servidumbre de paso a favor de la finca NÚM. 000 como predio dominante, y sobre la finca NÚM. 001 como predio sirviente.

Esa situación de hecho no impide que el demandado, como propietario de la plaza de garaje número NÚM. 000, ostente una cuota del 3'5% en el condominio de los elementos comunes, y correlativamente esté obligado a contribuir en esa proporción al levantamiento de los gastos comunes, tal como además impone el art. 9.1.e) LPH.

– La modificación del título constitutivo del régimen de propiedad horizontal sólo puede llevarse a efecto con sujeción a los requisitos previstos en los Estatutos y en la propia Ley de Propiedad Horizontal. Por tanto, carecen de eficacia cualesquiera pactos internos alcanzados entre los propietarios de las plazas de garaje, y especialmente carece de eficacia cualquier declaración de voluntad de aquéllos dirigida a excluirse de su deber de contribuir al sostenimiento de los elementos comunes cuya propiedad les corresponde a tenor del título constitutivo inscrito en el Registro de la Propiedad.

Tal como declara la sentencia apelada, nunca se ha constituido válidamente una comunidad de propietarios de plazas de garaje independiente de la comunidad del edificio, y no produjeron ese efecto los acuerdos adoptados en el año 2003 por los dueños de las plazas de garaje...».

13. ¿Deben soportar los propietarios de los pisos los gastos generales originados por las plazas de garaje que forman parte de la comunidad?

Al respecto habrá que estar a lo establecido en el título constitutivo del inmueble y a lo que puedan decir los estatutos si los hubiere. Resulta especialmente clarificadora la **SAP de Las Palmas de 20-11-2008** *(Tol 1479067)*, que reproducimos en gran parte y que recoge este supuesto cuando en su fundamento jurídico cuarto afirma que: «*...Debe por tanto examinarse si en el acuerdo impugnado, de mayo de 2002, se violaba lo dispuesto en los arts. 3, 9 y 17, todos de la Ley de Propiedad Horizontal, sin que quepa otra conclusión que la que se sostiene en la sentencia recurrida de que se produce dicha violación al no preverse en los Estatutos norma alguna distinta para el reparto de los gastos comunes que la cuota de participación en elementos comunes.*

La parte demandada y recurrente pretende ser más equitativa una distribución de los gastos de arreglo del garaje sólo entre las plazas de garaje, excluyendo el resto de los comuneros en régimen de propiedad horizontal (en particular, viviendas), llegando incluso a afirmar que la demanda formulada supone un ejercicio abusivo del derecho por parte de los actores.

Olvida sin embargo la recurrente la libertad del único dueño disponente o de pacto si fueren varios (1091 CC; 1255 CC) para establecer las normas de administración y uso de las cosas comunes, que se traduce en las normas establecidas en el momento de la constitución de la comunidad de propiedad horizontal. Olvida igualmente que dicha libertad permite innumerables posibilidades a quienes otorgan la escritura de división horizontal en cuanto al régimen de dominio sobre las plantas de garaje y las plazas de garaje o locales de garaje que en dichas plantas existan, siendo precisamente la configuración de condominios sobre garajes una de las materias en las que mayor riqueza y diversidad de posibilidades se presenta como manifestación viva y palpitante del principio de númerus apertus que rige la creación de derechos reales en nuestro ordenamiento jurídico. Y así, se presentan, al menos (y entre otras, porque no puede olvidarse el complejo sistema de servidumbres que puede establecerse entre diversas fincas para el uso de un garaje), las siguientes posibilidades:

1) Que exista un garaje (normalmente una o varias plantas de garaje) en un edificio no dividido horizontalmente, ya sea: a) propiedad de un solo dueño; b) propiedad de diversos dueños en régimen de comunidad de bienes ordinaria de los arts. 392 y ss. del CC; c) los dos anteriores supuestos con concurrencia, en ambos casos, de otros derechos reales limitativos del dominio (usufructo, concesión administrativa, superficie...).

2) Que exista un garaje (un local-garaje o una o varias plantas) en un edificio dividido en régimen de propiedad horizontal, que a su vez admite otras muchas posibilidades:

a) Planta o local de garaje que sea a su vez una unidad de aprovechamiento independiente de propiedad horizontal (por tanto, elemento privativo y no común), en la que las cuotas pueden estar o no vinculadas 'ob rem' a la titularidad de otras unidades de aprovechamiento independiente (es decir, ser anejos o no de otros elementos como viviendas o locales —art. 5 LPH—) constituyéndose sobre esa unidad de aprovechamiento independiente una comunidad de bienes ordinaria o proindiviso. En este caso, lo usual es que todos los pasos del garaje y los accesos al mismo formen parte de la comunidad —es decir, del elemento privativo en régimen de condominio— y no se consideren elementos comunes, por lo que: 1) La participación en los elementos comunes de propiedad horizontal no se tiene como titular de la cuota o plaza sino como condómino del garaje, que en su totalidad tiene una única cuota de participación en elementos comunes; 2) Cada titular de una cuota o plaza no tiene voto en la Junta de Propiedad horizontal, siendo obligado el nombramiento de un representante de la comunidad del garaje ante la Junta (art. 15,1 Ley de Propiedad Horizontal); 3) Los copartícipes en el garaje son los únicos obligados a la conservación y mantenimiento de los elementos y componentes de este elemento privativo, en proporción a su cuota de participación en el garaje mismo, sin que contribuyan a estos gastos quienes lo sean de otros elementos privativos de propiedad horizontal que no sean partícipes en la comunidad sobre el garaje.

b) Planta o local de garaje que sea a su vez una unidad de aprovechamiento independiente de propiedad horizontal (por tanto, elemento privativo y no común), en la que las cuotas representen a su vez una plaza concreta y pueden estar o no vinculadas 'ob rem' a la titularidad de otras unidades de aprovechamiento independiente (es decir, ser anejos o no de otros elementos como viviendas o locales —art. 5 LPH—) constituyéndose sobre esa unidad de aprovechamiento independiente una comunidad de bienes prodiviso. Se trata del supuesto contemplado por el art. 68 del Reglamento Hipotecario que excepcionalmente permite el establecimiento de cuotas de propiedad en principio en régimen de comunidad de bienes ordinaria admitiendo, además, la singular posibilidad de 'dividirse' el dominio con atribución de una concreta superficie de uso exclusivo y excluyente (la plaza de garaje que se describa y delimite) al titular de esa concreta cuota de participación. En cuanto al régimen de acuerdos y contribución a gastos, se rige por las mismas normas que el supuesto anterior.

c) La consideración de cada plaza de garaje como una unidad de aprovechamiento privativo directamente en régimen de propiedad horizontal (supuesto en que la plaza de garaje tiene atribuida una cuota de participación en los elementos comunes de la propiedad horizontal, y cada propietario de una plaza tiene voz y voto —con el peso de su propia cuota— en la Junta General de Propiedad Horizontal sin que exista obligación de nombrar un representante común ante dicha Junta). En este caso elementos como los pasos comunes de vehículos y los accesos a la planta o local de garaje suelen ser elementos comunes de propiedad horizontal y se sufragan, salvo disposición estatutaria expresa en contrario, por todos los comuneros de la comunidad e Propiedad Horizontal conforme a sus cuotas de participación (el supuesto contemplado por el acuerdo de noviembre de 2001, en el caso que se examina).

d) La consideración de la planta o local de garaje como una subcomunidad de propiedad horizontal dentro del edificio de propiedad horizontal, constituyendo normalmente los pasos y accesos del garaje elementos comunes propios de esta subcomunidad a cuyo sostenimiento y conservación no contribuyen los restantes comuneros de la comunidad principal del edificio, representando a la subcomunidad en las juntas de la comunidad principal de propiedad horizontal el Presidente.

e) La consideración de la planta o local de garaje como lo que la doctrina a denominado 'departamento procomunal', especie particular de elemento común por destino e indivisible en régimen de comunidad ordinario (aunque con exclusión de la actio común dividendo) entre propietarios de la comunidad de propiedad horizontal (pero no necesariamente propiedad de todos ellos ni con la misma cuota de participación en el departamento procomunal que la que ostentan en la comunidad de propietarios), caracterizada por la indivisibilidad (art. 4 LPH).

En todos los supuestos de edificio en régimen de propiedad horizontal, todas o parte de las cuotas del garaje (con adscripción de uso exclusivo y excluyente sobre una determinada plaza o como simple cuota abstracta), o de las plazas de garaje descritas como fincas independientes, pueden estar vinculadas 'ob rem' a la titularidad de otras fincas independientes, sin que pueda prescindirse de dicha vinculación y separarse el dominio de ambas fincas sin acuerdo unánime de la comunidad de propietarios, por suponer modificación del título constitutivo de la propiedad horizontal (de los estatutos), de modo que toda enajenación habrá de serlo de las dos fincas simultáneamente. Lo normal es que el anejo se describa como finca independiente y vinculada y que al anejo se atribuya una concreta cuota de participación en elementos comunes, pero es posible y también frecuente —como en el caso objeto de autos— que se prescinda de la atribución independiente de cuota al anejo y la finca principal y que se fije una única cuota de participación en elementos comunes de propiedad horizontal conjuntamente para ambas fincas.

Ejemplos de esta riqueza de posibilidades de configuración jurídica de la titularidad de los garajes se encuentran, sobre todo, en las resoluciones de la Dirección General de los Registros y el Notariado, siendo Notarios y Registradores de la Propiedad (SAPENA, ARNAIZ... entre otros) quienes han abordado con mayor profundidad el estudio de las múltiples posibilidades que la realidad jurídica ofrece. Así pueden citarse, entre otras: la resolución de la DGRN de 7 de enero de 1998 y la de 8 de mayo de 1995 que contemplaban supuestos de garaje, finca independiente en edificio en régimen de propiedad horizontal, sobre la que los titulares eran condóminos en régimen de comunidad pro indiviso de sus cuotas sin definición de un concreto espacio físico de uso exclusivo y excluyente; la resolución de la DGRN de 7 de abril de 2000 que contempló un supuesto de dos garajes unidos físicamente, cada uno en los sótanos de distintas fincas registrales colindantes (cada una de ellas en régimen de propiedad horizontal), con constitución de servidumbres recíprocas entre una y otra finca; la resolución de la DGRN de 19 de abril de 2004, que contempló una planta de garaje en la que las plazas se consideraban anejos, fincas independientes vinculadas ob rem a la titularidad de pisos o locales, con adscripción de cuotas propias en la comunidad del edificio de propiedad horizontal, siendo los pasos y accesos del garaje elementos comunes del régimen general de propiedad horizontal del edificio;

resolución de la DGRN de 14 de mayo de 1984, que contempló la extensión de un garaje de una finca en régimen de propiedad horizontal al subsuelo de la finca colindante, describiendo los derechos existentes sobre la finca colindante como servidumbre; resolución de la DGRN de 25 de abril de 1996 y la de 26 de mayo de 2006 que contemplaban plazas de garaje anejas a viviendas; resolución de la DGRN de de 26 de abril de 1996 que consideró un supuesto de comunidad ordinaria sobre el local de garaje, describiéndose las plazas como cuotas de dicha comunidad sin determinación precisa del espacio que daban derecho a utilizar;...

Pues bien, examinada la escritura de división horizontal del edificio objeto de los presentes autos, obrante a los folios 151 y siguientes, de la misma resulta que las plazas de garaje se describen como fincas privativas e independientes de la única comunidad de propiedad horizontal constituida sobre el edificio (unas de ellas como anejo de viviendas o locales, en cuyo caso se atribuye conjuntamente la cuota de participación en elementos comunes de la propiedad horizontal a ambas fincas vinculadas, otras como fincas independientes y no vinculadas a otras, en cuyo caso se les atribuye un 0,1% de participación en elementos comunes). No se constituye, por otra parte, ni departamento procomunal alguno ni subcomunidad alguna que permita concluir que alguna de los elementos privativos de propiedad horizontal puedan eximirse de contribuir a los gastos necesarios para la conservación y mantenimiento de los elementos comunes, sin que pueda atribuirse la condición de norma de distribución de gastos distinta a la cuota de participación en los elementos comunes de la propiedad horizontal a la simple previsión de que 'el uso de las rampas de acceso a las plazas de garajes así como las vías de circulación interior tienen el carácter de comunes para los propietarios de fincas situadas en las plantas de sótanos', norma reguladora del simple uso de dichos elementos, no de su dominio ni de su sostenimiento.

Así las cosas no cabe duda de que el acuerdo que respeta lo establecido en el título constitutivo de la comunidad de propiedad horizontal, y, por ende, lo dispuesto en los arts. 3, 9 y 17 de la LPH, es el adoptado en noviembre de 2001 y que el infractor del título y las normas citadas de la Ley de Propiedad Horizontal es el adoptado en mayo de 2002 e impugnado por los aquí actores, sin que ante este ejercicio de libertad de establecimiento del régimen jurídico adoptado por los dueños que constituyeron el régimen de propiedad horizontal pueda calificarse de no equitativo ni, mucho menos, de abusivo el limitarse a reclamar su cumplimiento —sin que el hecho de pretender su aplicación pueda constituir por si solo un abuso de derecho—, como se pretende por la comunidad demandada. Al igual que los propietarios de las plazas de garaje que no lo son de viviendas tendrán que contribuir a las obras necesarias para la conservación, por ejemplo, del portal, de la fachada, del ascensor o de las bajantes del edificio, que normalmente no usarán o sobre las que tendrán un limitado uso, los propietarios de las viviendas habrán de contribuir, en la proporción establecida para su participación en elementos comunes, a las obras necesarias para el mantenimiento en condiciones normales de uso de los elementos comunes de existentes en las plantas subterráneas de garajes, que se han configurado como elementos comunes del régimen de propiedad horizontal de todo el edificio por lo que a su conservación deben contribuir todos los comuneros del edificio...».

14. ¿Puede un copropietario oponerse a un acuerdo alegando imposibilidad de pago por motivos económicos?

Al respecto reproducimos la conclusión séptima alcanzada en el Congreso *«Poder Judicial-Administradores de Fincas de la Comunidad Valenciana»*, celebrado en 2010 y publicada por la Editorial Tirant lo Blanch, que consideraba que, si un comunero tiene problemas económicos para afrontar las consecuencias derivadas de la adopción de un acuerdo no puede ampararse en su situación personal para oponerse, vía impugnación del acuerdo a lo fijado en la junta con el *«quórum»* exigido. El contenido del art. 18.1 c) LPH está previsto para supuestos de situaciones que el comunero no está obligado a soportar jurídicamente, pero sin que este caso le pueda amparar.

15. El adquirente de un piso ¿debe pagar la derrama que se acordó antes de la venta del inmueble o ha de ser el antiguo propietario?

Al respecto la conclusión vigésima alcanzada en el Congreso *«Poder Judicial-Administradores de Fincas de la Comunidad Valenciana»*, celebrado en 2010 y publicada por la Editorial Tirant lo Blanch, ha considerado lo siguiente:

I. El momento que determina quién es el obligado al pago es el del devengo o de exigibilidad de la deuda (art. 17.11° LPH), y no el de surgimiento de la obligación en el correspondiente acuerdo de la Junta de Propietarios. (SAP de Madrid Sec. 19 de 16-11-2006, entre otras).

II. Se deriva de la anterior afirmación que en el supuesto de transmisión de un local o vivienda integrante de un edificio en régimen de propiedad horizontal en el que se hubiesen acordado mejoras, vendrá obligado al pago del recibo o recibos correspondientes aquel que fuese propietario de la finca en el momento de pasarse al cobro el correspondiente recibo, y ello aunque en el momento de aprobarse el acuerdo de mejora aún no hubiese adquirido la propiedad.

III. La certificación sobre el estado de deudas con la Comunidad de Propietarios que exige el art. 9.1 e) in fine de la LPH no tiene que hacer mención a las derramas aprobadas y aún no pasadas al cobro, sin perjuicio claro está del derecho de información del adquirente que deberá ser atendido por el administrador conforme a los criterios de la buena fe.

IV. En las relaciones internas entre el propietario vendedor y el comprador, si aquel hubiese ocultado al adquirente la existencia de un acuerdo de la Junta de Propietarios que diese lugar a futuras derramas, dispondría el comprador de las acciones por vicios del consentimiento (Error y dolo) contenidas en los arts. 1266 y 1269 del CC si la derrama resultase gravosa o rompiese el justo equilibrio de contraprestaciones contractuales.

Atendido todo lo anterior, en nuestra opinión y aunque ello no viene expresamente exigido por la actual LPH, sería conveniente que el adquirente de una vivienda solicitara al vendedor de la misma una certificación sobre las derramas aprobadas por la Junta de Propietarios y pendientes de abono, a fin de evitar posibles conflictos derivados del negocio jurídico de la compraventa.

16. ¿Debe pagar un comunero los servicios que no recibe y no utiliza porque no se le prestan o está obligado al pago íntegro de la cuota?

Merece en este punto reproducir la **STS de 20-2-2012** *(Tol 2455038)*, cuando afirma que «*...La parte recurrente alega, en síntesis, que existe una jurisprudencia contradictoria de Audiencias Provinciales. Argumenta que algunas de las sentencias dictadas por la Audiencia Provincial de Granada, Sección 3.ª, (SSAP Granada, Sección 3.º de 6 de octubre de 2004 y 8 de abril de 2000) consideran en supuestos planteados entre las mismas partes y en relación a la misma cuestión, que el demandado no está obligado al pago de aquellos servicios que no recibe y no utiliza porque no se le prestan. Otras sentencias de la misma Audiencia Provincial de Granada, Sección 3ª, como las de 21 de abril de 2004, 15 de septiembre de 2000 y la que ahora se recurre, consideran que es preciso acudir a un procedimiento en el que se altere la cuota para resolver la controversia planteada, pues mientras no se lleve a cabo tal modificación la parte recurrente estará obligada al pago íntegro de las cuotas. Indica la parte recurrente que además la sentencia recurrida contradice lo declarado en la STS de 22 de julio de 1999. Plantea también que respecto de las obligaciones derivadas de la propiedad de uno de los locales, existe ya una sentencia firme que le exime del pago de parte de los gastos cuyo pago ahora se le exige, por lo que respecto de esta cuestión se habría producido ya el efecto de cosa juzgada.*

El motivo debe ser desestimado...».

Añadiendo esta misma resolución que: «*...La cuestión planteada por el recurrente, respecto a si existen determinados gastos comunes a los que el comunero que no se beneficia de ellos no está obligado a hacer frente, es una cuestión ya resuelta por esta Sala, que ha puesto fin a la contradicción jurisprudencial denunciada por el recurrente. La STS de 29 de mayo de 2009 [RC nº 720/2004] ha declarado como doctrina jurisprudencial que* ***"para la procedencia de la consideración legal como individualizables de determinados gastos comunes de una comunidad de propietarios, es necesaria la determinación de su exclusión en el Título Constitutivo, o, en su caso, en los Estatutos comunitarios, y, asimismo, mediante acuerdo de la Junta de Propietarios adoptado por unanimidad".***

La aplicación de esta doctrina al supuesto que ahora se analiza conduce a la desestimación del recurso de casación. Desde los hechos que se declaran probados por la Audiencia Provincial, resulta que los gastos, cuya exención pretende la parte recurrente, son considerados como gastos comunes por más que el recurrente insista en que él no disfruta de algunos de los servicios que se prestan por esta razón la contribución de cada uno de los copropietarios deba fijarse en atención a su cuota de participación. ***La afirmación del recurrente de que no recibe estos servicios no es suficiente, en aplicación de la doctrina fijada por esta Sala, para determinar la exención de su pago, del que solo justificando que no son comunes, tal y como declara la STS de 22 de julio de 1999 citada por el recurrente, o en su caso, estableciendo su exclusión en los estatutos, el título comunitario o mediante acuerdo unánime de los propietarios podría haberse llegado a una conclusión diferente...».***

2. DERECHOS Y OBLIGACIONES DE LA COMUNIDAD

Las comunidades de propietarios no tienen personalidad jurídica, por tanto no pueden ser titulares de derechos y obligaciones. Pero en la práctica, realizan actuaciones de las que se derivan responsabilidades con terceras personas o, incluso, con los propios miembros de la comunidad individualmente considerados, sin que quepa inferir de dichas actuaciones la existencia de personalidad jurídica en las comunidades de propietarios [**STS de 3-5-2012** *(Tol 2525310)*].

De igual modo, la comunidad se puede convertir en acreedora de prestaciones y, por tanto, tendrá la oportunidad de exigirlas jurídicamente.

El encargado de representar la voluntad de la comunidad, dentro y fuera de juicio, es el Presidente.

Jurisprudencia relevante

En este sentido, la **STS de 19-11-93** *(Tol 1664154)* reconocía la

> *«...carencia de personalidad jurídica de la comunidad de propietarios, siendo el Presidente un representante, en juicio y fuera de él, de los copropietarios en cuanto partícipes en la propiedad horizontal y sus relaciones con terceros tienen efecto a través de tal órgano —y la junta—, mientras que las domésticas o internas entre la comunidad y sus partícipes ofrecen la naturaleza jurídica de actos de conjunto...».*

Del mismo modo, en dicha sentencia se indica que

> *«...la LPH, precisamente para evitar cuestiones de legitimación, arbitró la fórmula de otorgar al Presidente de tales comunidades, carentes de personalidad jurídica, la representación de ellas en juicio y fuera de él, que lleva implícita la de todos los titulares y que no es la ordinaria*

que se establece entre representante y representado, sino la orgánica, en cuya virtud la voluntad del Presidente vale, frente al exterior, como voluntad de la Comunidad...».

En la Ley de Propiedad Horizontal nos encontramos distintos supuestos que sitúan a la comunidad de propietarios muy cerca de un ente con personalidad jurídica, como es el caso de la obligación de la comunidad de realizar las obras necesarias para la adecuada conservación del inmueble.

2.1. Conservación del inmueble

El art. 10 LPH establece, tras la reforma introducida por la ley 8/2013, que:

«1. Tendrán carácter obligatorio y no requerirán de acuerdo previo de la Junta de propietarios, impliquen o no modificación del título constitutivo o de los estatutos, y vengan impuestas por las Administraciones Públicas o solicitadas a instancia de los propietarios, las siguientes actuaciones:

a) Los trabajos y las obras que resulten necesarias para el adecuado mantenimiento y cumplimiento del deber de conservación del inmueble y de sus servicios e instalaciones comunes, incluyendo en todo caso, las necesarias para satisfacer los requisitos básicos de seguridad, habitabilidad y accesibilidad universal, así como las condiciones de ornato y cualesquiera otras derivadas de la imposición, por parte de la Administración, del deber legal de conservación.

b) Las obras y actuaciones que resulten necesarias para garantizar los ajustes razonables en materia de accesibilidad universal y, en todo caso, las requeridas a instancia de los propietarios en cuya vivienda o local vivan, trabajen o presten servicios voluntarios, personas con discapacidad, o mayores de setenta años, con el objeto de asegurarles un uso adecuado a sus necesidades de los elementos comunes, así como la instalación de rampas, ascensores u otros dispositivos mecánicos y electrónicos que favorezcan la orientación o su comunicación con el exterior, siempre que el importe repercutido anualmente de las mismas, una vez descontadas las subvenciones o ayudas públicas, no exceda de doce mensualidades ordinarias de gastos comunes. No eliminará el carácter obligatorio de estas obras el hecho de que el resto de su coste, más allá de las citadas mensualidades, sea asumido por quienes las hayan requerido.

c) La ocupación de elementos comunes del edificio o del complejo inmobiliario privado durante el tiempo que duren las obras a las que se refieren las letras anteriores.

d) La construcción de nuevas plantas y cualquier otra alteración de la estructura o fábrica del edificio o de las cosas comunes, así como la constitución de un complejo inmobiliario, tal y como prevé el artículo 17.4 del texto refundido de la Ley de Suelo, aprobado por el Real Decreto Legislativo 2/2008, de 20 de junio, que resulten preceptivos a consecuencia de la inclusión del inmueble en un ámbito de actuación de rehabilitación o de regeneración y renovación urbana.

e) Los actos de división material de pisos o locales y sus anejos para formar otros más reducidos e independientes, el aumento de su superficie por agregación de otros colindantes del mismo edificio, o su disminución por segregación de alguna parte, realizados por voluntad y a instancia de sus propietarios, cuando tales actuaciones sean posibles a consecuencia de la inclusión del inmueble en un ámbito de actuación de rehabilitación o de regeneración y renovación urbanas.

2. Teniendo en cuenta el carácter de necesarias u obligatorias de las actuaciones referidas en las letras a) a d) del apartado anterior, procederá lo siguiente:

a) Serán costeadas por los propietarios de la correspondiente comunidad o agrupación de comunidades, limitándose el acuerdo de la Junta a la distribución de la derrama pertinente y a la determinación de los términos de su abono.

b) Los propietarios que se opongan o demoren injustificadamente la ejecución de las órdenes dictadas por la autoridad competente responderán individualmente de las sanciones que puedan imponerse en vía administrativa.

c) Los pisos o locales quedarán afectos al pago de los gastos derivados de la realización de dichas obras o actuaciones en los mismos términos y condiciones que los establecidos en el artículo 9 para los gastos generales.»

Aquí, el titular de la obligación es la comunidad en su conjunto, de modo que en caso de incumplimiento, será ella la demandada.

Este artículo protege no sólo los derechos de los habitantes del inmueble sino también de terceras personas que pueden verse afectadas por el mal estado del mismo. Además, el art. 10 contempla como necesarias y obligatorias no sólo las actuaciones necesarias para mantener los requisitos básicos de seguridad, habitabilidad y accesibilidad universal, sino también las condiciones de ornato y cualesquiera otras derivadas de la imposición, por parte de la Administración, del deber legal de conservación.

Como se ha indicado anteriormente en el apartado de obligaciones de los propietarios respecto a los elementos comunes, el art. 10.2 b) dispone que

«los propietarios que se opongan o demoren injustificadamente la ejecución de las órdenes dictadas por la autoridad competente responderán individualmente de las sanciones que puedan imponerse en vía administrativa».

El art. 10.3º LPH soluciona el problema de la discrepancia sobre las obras a realizar en su último inciso, al establecer que

«en estos supuestos deberá constar el consentimiento de los titulares afectados y corresponderá a la Junta de Propietarios, de común acuerdo con aquéllos, y por mayoría de tres quintas partes del total de los propietarios, la determinación de la indemnización por daños y perjuicios que corresponda. La fijación de las nuevas cuotas de participación, así como la determinación de la naturaleza de las obras que se vayan a realizar, en caso de discrepancia sobre las mismas, requerirá la adopción del oportuno acuerdo de la Junta de Propietarios, por idéntica mayoría. A este respecto también podrán los interesados solicitar arbitraje o dictamen técnico en los términos establecidos en la Ley.»

Es muy importante la referencia que realiza el art. 10.2º c) a la afección del piso o local al cumplimiento de estas obligaciones: *«los pisos o locales quedarán afectos al pago de los gastos derivados de la realización de dichas obras o actuaciones en los mismos términos y condiciones que los establecidos en el artículo 9 para los gastos generales.»*

2.2. Responsabilidad de la comunidad frente a terceros

El artículo 22.1 LPH establece que

> *«la comunidad de propietarios responderá de sus deudas frente a terceros con todos los fondos y créditos a su favor. Subsidiariamente y previo requerimiento de pago al propietario respectivo, el acreedor podrá dirigirse contra cada propietario que hubiese sido parte en el correspondiente proceso por la cuota que le corresponda en el importe insatisfecho».*

Por tanto, el acreedor podrá accionar contra la comunidad, que será la legitimada pasivamente. Como podemos observar, la ley aproxima estas comunidades a entes con personalidad jurídica, ya que la titular de la deuda es la propia comunidad y es la que ha de responder.

Con respecto al requerimiento de pago al propietario correspondiente, la comunidad podrá dirigirse contra cada propietario que hubiese sido parte en el correspondiente proceso por la cuota respectiva. Aquí, es la comunidad la que tiene legitimidad activa para reclamar el pago de la deuda de cada propietario; luego el mencionado art. 22 LPH, contempla un derecho y una obligación que corresponde a la comunidad en su conjunto.

El citado art. 22.2 establece que

> *«cualquier propietario podrá oponerse a la ejecución si acredita que se encuentra al corriente en el pago de la totalidad de las deudas vencidas con la comunidad en el momento de formularse el requerimiento a que se refiere el apartado anterior. Si el deudor pagase en el acto de requerimiento, serán de su cargo las costas causadas hasta ese momento en la parte proporcional que le corresponda».*

Esta es una medida de protección de que disponen los propietarios que no tienen deudas pendientes con la comunidad, porque hay que tener en cuenta que, aunque la que aparece como deudora es la comunidad en su totalidad, ésta se compone por pisos o locales pertenecientes a distintos propietarios y unos estarán al corriente de sus obligaciones mientras que otros no.

Cuestiones útiles

17. Los pintores contratados para restaurar la fachada del edificio, una vez acabado su trabajo, reclaman el pago a la comunidad. Ésta no ha recaudado de los dueños todo el dinero, ya que algunos se niegan a pagar. ¿Qué pueden hacer los propietarios no deudores?

Para contestar a esta cuestión debemos acudir al art. 22 LPH:

«1.– La comunidad de propietarios responderá de sus deudas frente a terceros con todos los fondos y créditos a su favor. Subsidiariamente y previo requerimiento de pago al propietario respectivo, el acreedor podrá dirigirse contra cada propietario que hubiese sido parte en el correspondiente proceso por la cuota que le corresponda en el importe insatisfecho.
2.– Cualquier propietario podrá oponerse a la ejecución si acredita que se encuentra al corriente en el pago de la totalidad de las deudas vencidas con la comunidad en el momento de formularse el requerimiento a que se refiere el apartado anterior.»
Visto el tenor literal de este artículo, los pintores se dirigirán contra la comunidad para reclamar el importe no satisfecho, pudiéndose dirigir, subsidiariamente, contra cada propietario que debiera el importe de la cuota no satisfecha y que impide a la comunidad cumplir con su obligación del pago de la deuda. Si los pintores se dirigieran contra algún propietario que estuviera al corriente en el pago de sus cuotas con la comunidad, este propietario se podría oponer a la ejecución, en base al art. 22.2° LPH.

18. He tenido conocimiento por un vecino que se adoptó un acuerdo por Junta hace meses con el que no estoy de acuerdo y que no se me ha notificado ¿Se me ha pasado el plazo para reclamar?
Entendemos que no. El **Tribunal Supremo** en **Sentencia de 22-12-2008** *(Tol 1432565)* fijó como doctrina jurisprudencial que la comunicación al propietario ausente de los acuerdos de las juntas previstas en el artículo 18.3 LPH debe verificarse en la forma establecida en el artículo 9 LPH y sólo puede presumirse la práctica de la notificación si se demuestra, de acuerdo con las circunstancias, *el conocimiento detallado por el copropietario ausente del acuerdo adoptado por junta,* conocimiento que probablemente no se cumpla por la mera información suministrada por un vecino.

19. ¿Es obligatorio que una comunidad de propietarios cuente con un seguro de responsabilidad civil?
No, con carácter general. La LPH en su artículo 9.1 f) únicamente establece la obligatoriedad de un fondo de reserva con el que la comunidad *«podrá»* suscribir un contrato de seguro, siendo por tanto una opción y no una obligación. No obstante, hay que estudiar la normativa de las diversas Comunidades Autónomas por si las mismas tuvieran alguna resolución al respecto. Valga de ejemplo la Ley 8/2004 de Vivienda de la Comunidad Valenciana donde, en su artículo 30, establece la obligación de constituir un seguro de incendios y de daños a terceros. En términos similares se expresa el artículo 24 de la Ley 2/99 de Medidas para la Calidad de la Edificación de la Comunidad de Madrid.

20. ¿Tienen las comunidades y agrupaciones de comunidades de propietarios capacidad jurídica para realizar actuaciones y operaciones relativas al mercado inmobiliario?

Sí. El RDL 8/2011, reconoce, en aras de la conservación y mejora de los edificios plena capacidad jurídica a las comunidades y agrupaciones de comunidades de propietarios y cooperativas de rehabilitación para realizar actuaciones u operaciones relativas al mercado inmobiliario, incluidas las crediticias, constitución de fondos y demás beneficios y actuaciones que se contienen en el art. 20 del citado texto legal.

21. ¿Deben los comuneros permitir el acceso al inmueble de su propiedad, cuando se trate de la realización de obras que afectan a elementos comunes y que exigen la entrada a través de zonas de propiedad privada?

El art. 9.1° c) LPH establece que todo comunero tiene la obligación de consentir en su vivienda o local las reparaciones que exija el servicio del inmueble y permitir en el las servidumbres imprescindibles requeridas para la creación de servicios comunes de interés general acordados conforme a lo establecido en el artículo 17, teniendo derecho a que la comunidad le resarza de los daños y perjuicios ocasionados. Se entienden por tales reparaciones, conforme dispone el art. 10.1° LPH:

«a) Los trabajos y las obras que resulten necesarias para el adecuado mantenimiento y cumplimiento del deber de conservación del inmueble y de sus servicios e instalaciones comunes, incluyendo en todo caso, las necesarias para satisfacer los requisitos básicos de seguridad, habitabilidad y accesibilidad universal, así como las condiciones de ornato y cualesquiera otras derivadas de la imposición, por parte de la Administración, del deber legal de conservación.

b) Las obras y actuaciones que resulten necesarias para garantizar los ajustes razonables en materia de accesibilidad universal y, en todo caso, las requeridas a instancia de los propietarios en cuya vivienda o local vivan, trabajen o presten servicios voluntarios, personas con discapacidad, o mayores de setenta años, con el objeto de asegurarles un uso adecuado a sus necesidades de los elementos comunes, así como la instalación de rampas, ascensores u otros dispositivos mecánicos y electrónicos que favorezcan la orientación o su comunicación con el exterior, siempre que el importe repercutido anualmente de las mismas, una vez descontadas las subvenciones o ayudas públicas, no exceda de doce mensualidades ordinarias de gastos comunes. No eliminará el carácter obligatorio de estas obras el hecho de que el resto de su coste, más allá de las citadas mensualidades, sea asumido por quienes las hayan requerido.

c) La ocupación de elementos comunes del edificio o del complejo inmobiliario privado durante el tiempo que duren las obras a las que se refieren las letras anteriores.

d) La construcción de nuevas plantas y cualquier otra alteración de la estructura o fábrica del edificio o de las cosas comunes, así como la constitución de un complejo inmobiliario, tal y como prevé el artículo 17.4 del texto refundido de la Ley de Suelo, aprobado por el Real Decreto Legislativo 2/2008, de 20 de junio, que resulten preceptivos a consecuencia de la inclusión del inmueble en un ámbito de actuación de rehabilitación o de regeneración y renovación urbana.

e) Los actos de división material de pisos o locales y sus anejos para formar otros más reducidos e independientes, el aumento de su superficie por agregación de otros colindantes del mismo edificio, o su disminución por segregación de alguna parte, realizados por voluntad y a instancia de sus propietarios, cuando tales actuaciones sean posibles a consecuencia de la inclusión del inmueble en un ámbito de actuación de rehabilitación o de regeneración y renovación urbanas.»

En estos casos, tal y como prevé el último párrafo del art. 10 LPH: *«deberá constar el consentimiento de los titulares afectados y corresponderá a la Junta de Propietarios, de común acuerdo con aquéllos, y por mayoría de tres quintas partes del total de los propietarios, la determinación de la indemnización por daños y perjuicios que corresponda. La fijación de las nuevas cuotas de participación, así como la determinación de la naturaleza de las obras que se vayan a realizar, en caso de discrepancia sobre las mismas, requerirá la adopción del oportuno acuerdo de la Junta de Propietarios, por idéntica mayoría. A este respecto también podrán los interesados solicitar arbitraje o dictamen técnico en los términos establecidos en la Ley.»*

Al respecto resulta de interés la **SAP de La Coruña** de 3-3-2006 *(Tol 862559)* cuando afirma que *«...ahora bien, cuestión distinta es que la instalación del mentado servicio obligase a crear una servidumbre u ocupar parte del espacio de alguno de los pisos o locales privativos del inmueble. En el primer caso, creación de servidumbre, se podría imponer su constitución al copropietario afectado por mor de lo normado en el art. 9.1. c) de la LPH, según el cual es obligación legal del mismo 'consentir en su vivienda o local las reparaciones que exija el servicio del inmueble y permitir en él las servidumbres imprescindibles requeridas para la creación de servicios comunes de interés general acordados conforme a lo establecido en el art. 17, teniendo derecho a que la comunidad le resarza de los daños y perjuicios ocasionados'. En el segundo supuesto, se requeriría su consentimiento expreso, por mor de lo normado en el art. 11.4, que señala que 'las innovaciones que hagan inservible alguna parte del edificio para el uso y disfrute de un propietario requerirán, en todo caso, el consentimiento expreso de éste'».*

En caso de que el propietario se niegue a permitir la entrada en su vivienda o local, los pasos a seguir serían los siguientes:

1.– Requerimiento notarial en que se notifique al propietario la necesidad de acceder a su vivienda o local, advirtiéndole las posibles responsabilidades en que incurriría por los daños y perjuicios ocasionados a la comunidad de propietarios.

2.– Si, efectuado este requerimiento, el propietario sigue con su negativa, deberá acudir la comunidad de propietarios a la vía judicial, instando el pertinente juicio declarativo y obteniendo del juez la pertinente resolución judicial, puesto que, atendiendo al art. 18.2º CE, *«el domicilio es inviolable. Ninguna entrada o registro podrá hacerse en el sin consentimiento del titular o resolución judicial, salvo en caso de flagrante delito».*

Formularios de interés

Modelo de notificación al Presidente de la comunidad, por parte de un propietario, sobre la realización de obras en un elemento privativo. *(Tol 4575168)*
Modelo de acta por la cual la Junta aprueba la constitución del fondo de reserva. *(Tol 4575097)*
Certificación acuerdo Junta liquidación de deudas. *(Tol 4575151)*
Certificación de deuda positiva. *(Tol 4575153)*
Certificación de deuda negativa. *(Tol 4575152)*
Comunicación al Secretario de la comunidad del cambio de titularidad de la vivienda o local. *(Tol 4575158)*
Declaración del vendedor de una vivienda de estar al corriente (o no) en el pago de los gastos generales de la comunidad. *(Tol 4577019)*
Consentimiento expreso del propietario para instalación, que hace inservible alguna parte del edificio (art. 11.3 LPH). *(Tol 4577021)*

Esquema del capítulo

DERECHOS DE LOS PROPIETARIOS:

- Modificación de elementos arquitectónicos, dentro de los límites contemplados en la LPH (art. 7).
- Renuncia al cargo de Presidente cuando exista imposibilidad de desempeñarlo.
- A ser representado en la Junta de Propietarios.
- A ser resarcidos por los daños y perjuicios que deban soportar en sus inmuebles por la reparación de elementos comunes.
- A participar en las ventajas de las innovaciones no exigibles para la adecuada conservación, habitabilidad y seguridad del inmueble, siempre que pague la cuota correspondiente, con los intereses legales, en su caso.
- A la instalación de infraestructuras comunes de telecomunicación o equipos de mejora de la eficiencia energética o hídrica del inmueble (acuerdo de la Junta mayoría de 1/3).
- Al establecimiento o supresión de los servicios de portería, conserjería, vigilancia u otros servicios comunes de interés general (acuerdo de la Junta mayoría de 3/5).
- Al arrendamiento de elementos comunes que no tengan asignado un uso específico en el inmueble y el establecimiento o supresión de equipos o sistemas, no recogidos en el art. 17.1º, que tengan por finalidad mejorar la eficiencia energética o hídrica del inmueble (acuerdo de la Junta mayoría de 3/5).
- A oponerse a las innovaciones que hagan inservible alguna parte del edificio para el uso y disfrute de su propiedad.
- A impugnar los acuerdos de la Junta.

OBLIGACIONES DE LOS PROPIETARIOS:

- Respeto a los derechos del resto de los propietarios y los derechos de la propia Comunidad.
- Abstenerse de realizar actividades prohibidas: actividades molestas, insalubres, nocivas y peligrosas.
- Conservar el piso o local para no perjudicar a la comunidad ni al resto de los propietarios.
- Comunicación del domicilio a efectos de notificaciones al Secretario de la Comunidad.
- Comunicación del cambio de titularidad del inmueble del que sean titulares al Secretario de la Comunidad.
- Respeto a las instalaciones generales de la comunidad.
- Consentir en su vivienda o local las reparaciones que exija el servicio del inmueble y permitir en él las servidumbres imprescindibles requeridas para la realización de obras, actuaciones o la creación de servicios comunes.
- Permitir la entrada en su piso o local para reparaciones generales del inmueble.
- Contribución a gastos generales, en función de la cuota de participación.
- Contribución al fondo de reserva, en función de la cuota de participación.
- Observar la diligencia debida en el uso del inmueble y en sus relaciones con los demás titulares y responder ante éstos de las infracciones cometidas y daños causados.
- Cumplir las órdenes de la autoridad competente.
- Acatar los acuerdos de la junta de propietarios que no hayan sido impugnados.

VII Régimen jurídico de las obras en elementos comunes y privativos en las comunidades de vecinos

1. OBRAS EN ELEMENTOS COMUNES

1.1. Obras en elementos comunes: clases; necesarias y de innovación

Podemos distinguir entre dos grupos de obras:

1º Las que se pueden denominar obligatorias y que, en líneas generales, son las obras necesarias para el adecuado sostenimiento y conservación del inmueble.

2º Obras de innovación que no sean necesarias para la adecuada conservación, habitabilidad y seguridad del inmueble.

1.2. Obras necesarias: ordinarias, extraordinarias, urgentes o que no requieren acuerdo previo de la junta

1.2.1. Tipos

1.2.1.1. Obras de reparación ordinarias

Las obras de reparación ordinarias son aquellas necesarias para reparar los desperfectos causados por el uso habitual del inmueble.

El art. 14c) LPH establece que corresponde a la Junta de Propietarios

> *«aprobar los presupuestos y la ejecución de todas las obras de reparación de la finca, sean ordinarias o extraordinarias y ser informada de las medidas urgentes adoptadas por el Administrador de conformidad con lo dispuesto en el artículo 20 c)».*

Jurisprudencia relevante

Respecto a la obligación de la Comunidad de propietarios de llevar a cabo obras necesarias para la conservación del inmueble, se pronuncia la **STS de 3-1-2007** *(Tol 1033401)*, que refleja un supuesto de humedades en elementos privativos que únicamente pueden eliminarse acometiendo las obras pertinentes en elementos comunes del edificio (el subrayado es nuestro):

«La conclusión a que llega la sentencia de apelación ante los expresados hechos, en el sentido de que "los actores no tienen el deber jurídico de soportar las humedades, deficiencias e incomodidades que repercuten no sólo en su calidad de vida sino en su propio derecho a la salud", y la consiguiente imposición a la comunidad del deber de efectuar las oportunas reparaciones se muestra acorde con la obligación que el artículo 10.1 LPH, que se cita como infringido, impone a la comunidad de realizar las obras necesarias para el adecuado sostenimiento y conservación del inmueble y de sus servicios, de modo que reúna las debidas condiciones estructurales, de estanqueidad, habitabilidad, accesibilidad y seguridad. No es menester citar la pléyade de sentencias de esta Sala que consideran, a efectos de la calificación de la ruina como funcional, que la existencia de humedades por defectos de estanqueidad o impermeabilización afectan a la funcionalidad y habitabilidad del inmueble (por sólo citar las más recientes, SSTS de 26 de septiembre de 2005, 27 de septiembre de 2005, 17 de octubre de 2005, 22 de marzo de 2006). En consonancia con ello, la obligación de sostener y reparar los elementos comunes que corresponde a la comunidad no puede limitarse a una mera conservación de aquéllos cuando presenten defectos que afecten a la estructura, estanqueidad, habitabilidad, accesibilidad y seguridad del edificio, como ocurre en el caso de las humedades, sino que comporta la realización de las obras pertinentes para superar los expresados defectos con arreglos a las técnicas constructivas en cada momento vigentes, con independencia de las acciones que pudieran proceder respecto de los agentes de la construcción para exigir responsabilidad por los daños materiales sufridos por el inmueble. Las únicas obras que no pueden exigirse por los propietarios son las que constituyan nuevas instalaciones, servicios o mejoras que no se requieran para la adecuada conservación, habitabilidad, seguridad y accesibilidad del inmueble según su naturaleza y características (LPH 11.1)».

1.2.1.2. Obras de reparación extraordinarias

Las obras extraordinarias son aquellas necesarias para reparar desperfectos que no han sido provocados por un uso regular o habitual en las instalaciones. Como ejemplo cabe citar los daños causados por inundaciones, accidentes, reparaciones de daños en la estructura causados por defectos de construcción; la ejecución de las mismas debe aprobarse por la Junta (art. 14.c y 20.c LPH).

1.2.1.3. Obras de reparación urgentes

Aquellas que por su imperiosa necesidad de ser abordadas, serán ordenadas por el Administrador en el uso habitual de sus funciones y de acuerdo con el art. 20 c) LPH.

> El Administrador podrá ordenar la realización de cualquier reparación que considere urgente para la conservación y entretenimiento del inmueble, con el único condicionamiento de dar cuenta inmediata al Presidente, o, en su caso, a los propietarios.

1.2.1.4. Obras obligatorias que no requieren acuerdo previo de la junta

El nuevo artículo 10 de la LPH regula, junto a aspectos relativos a obras obligatorias para la comunidad, otros que suponen toma de acuerdos por la junta. Al respecto una parte importante de la doctrina, considera que dichos aspectos (en especial el apartado 3º) se tenían que haber incluido en el art. 17 LPH, pues la Ley incurre en una deficiencia sistemática ya que dicho artículo, en sus apartados 1 y 2, regulariza obras *«obligatorias»* y su apartado 3º determina quorums para la modificación y construcción de elementos privativos (que regulaba el derogado artículo 8 LPH) e incluso para la modificación de elementos comunes.

En ese sentido la nueva redacción del artículo 10 LPH introduce una serie de actuaciones sobre las cuales no será necesario el acuerdo de la Junta, en sus apartado 1 y 2:

> ***Artículo 10***
>
> *1. Tendrán carácter obligatorio y no requerirán de acuerdo previo de la Junta de propietarios, impliquen o no modificación del título constitutivo o de los estatutos, y vengan impuestas por las Administraciones Públicas o solicitadas a instancia de los propietarios, las siguientes actuaciones:*
>
> *a) Los trabajos y las obras que resulten necesarias para el adecuado mantenimiento y cumplimiento del deber de conservación del inmueble y de sus servicios e instalaciones comunes, incluyendo en todo caso, las necesarias para satisfacer los requisitos básicos de seguridad, habitabilidad y accesibilidad universal, así como las condiciones de ornato y cualesquiera otras derivadas de la imposición, por parte de la Administración, del deber legal de conservación.*
>
> *b) Las obras y actuaciones que resulten necesarias para garantizar los ajustes razonables en materia de accesibilidad universal y, en todo caso, las requeridas a instancia de los propietarios en cuya vivienda o local vivan, trabajen o presten servicios voluntarios, personas con discapacidad, o mayores de setenta años, con el objeto de asegurarles un uso adecuado a sus necesidades de los elementos comunes, así como la instalación de rampas, ascensores u otros dispositivos mecánicos y electrónicos que favorezcan la orientación o su comunicación con el exterior, siempre que el importe repercutido anualmente de las mismas, una vez descontadas las subvenciones o ayudas públicas, no exceda de doce mensualidades ordinarias de gastos comunes. No eliminará el carácter obligatorio de estas obras el hecho de que el resto de su coste, más allá de las citadas mensualidades, sea asumido por quienes las hayan requerido.*
>
> *c) La ocupación de elementos comunes del edificio o del complejo inmobiliario privado durante el tiempo que duren las obras a las que se refieren las letras anteriores.*
>
> *d) La construcción de nuevas plantas y cualquier otra alteración de la estructura o fábrica del edificio o de las cosas comunes, así como la constitución de un complejo inmobiliario, tal y como prevé el artículo 17.4 del texto refundido de la Ley de Suelo, aprobado por el Real Decreto Legislativo 2/2008, de 20 de junio, que resulten preceptivos a consecuencia de la inclusión del inmueble en un ámbito de actuación de rehabilitación o de regeneración y renovación urbana.*
>
> *e) Los actos de división material de pisos o locales y sus anejos para formar otros más reducidos e independientes, el aumento de su superficie por agregación de otros colindantes del mismo edificio, o su disminución por segregación de alguna parte, realizados por voluntad y a instancia de sus propietarios, cuando tales actuaciones sean posibles a consecuencia de la inclusión del inmueble en un ámbito de actuación de rehabilitación o de regeneración y renovación urbanas.*
>
> *2. Teniendo en cuenta el carácter de necesarias u obligatorias de las actuaciones referidas en las letras a) a d) del apartado anterior, procederá lo siguiente:*
>
> *a) Serán costeadas por los propietarios de la correspondiente comunidad o agrupación de comunidades, limitándose el acuerdo de la Junta a la distribución de la derrama pertinente y a la determinación de los términos de su abono.*

b) Los propietarios que se opongan o demoren injustificadamente la ejecución de las órdenes dictadas por la autoridad competente responderán individualmente de las sanciones que puedan imponerse en vía administrativa.

c) Los pisos o locales quedarán afectos al pago de los gastos derivados de la realización de dichas obras o actuaciones en los mismos términos y condiciones que los establecidos en el artículo 9 para los gastos generales.

- Los dos primeros puntos del art. 10 hablan de **obras obligatorias** y quién debe asumirlas
- El precepto establece que no se precisa la autorización de la junta (salvo los acuerdos de distribución de la derrama y la determinación de su abono).

No olvidemos que el artículo 14 C LPH sigue estando vigente y establece que: «*Corresponde a la Junta de propietarios: ...c) Aprobar los presupuestos y la ejecución de todas las obras de reparación de la finca, sean ordinarias o extraordinarias, y ser informada de las medidas urgentes adoptadas por el administrador de conformidad con lo dispuesto en el artículo 20.c*».

Por todo ello entendemos que, en todo caso, la junta debe de convocarse:

1) Para analizar la obligatoriedad o no de las obras y, si fuera necesario, solicitar dictamen en caso de duda.
2) Para acordar la distribución de la derrama y la determinación de los términos de su abono.

– Según los puntos 1 y 2 serán obras **obligatorias:**

1) Las impuestas por la Administración (rehabilitación, regeneración y renovación urbana).

2) Las solicitadas por los comuneros y que sean necesarias para el adecuado mantenimiento y cumplimiento del deber de conservación del inmueble (seguridad, habitabilidad, ornato).

En caso de duda sobre la naturaleza de las obras/obligatoriedad el artículo 17.10 establece que en caso de discrepancia sobre la naturaleza de las obras a realizar resolverá lo procedente la Junta de propietarios. También podrán los interesados solicitar arbitraje o dictamen técnico en los términos establecidos en la Ley.

3) Las obras de accesibilidad que no superen las doce mensualidades ordinarias «*repercutidas anualmente*» o si se superan, cuando el interesado soporte el exceso de las doce mensualidades. En este último caso no se requiere acuerdo, si el comunero solicitante asume el gasto que supera las doce mensualidades. Aspecto que, cuando menos puede resultar conflictivo y del que, a mi juicio debe quedar constancia documental fehaciente.

Las obras las ha de solicitar el propietario de la vivienda o local (antes de la reforma se excluía a los propietarios de locales).

1.2.2. Contribución a las obras de reparación

1.2.2.1. Contribución conforme a la cuota

Los gastos comunes, sean del tipo que sean, deben abonarse tal como regula el artículo 9.1e) de la LPH (salvo que los Estatutos especificaran otra cosa, o existiese acuerdo unánime en contrario), con arreglo a la cuota de participación fijada en el título y que no necesariamente tiene que ser igual para todos los copropietarios.

Al respecto, el art. 10.1.c LPH establece que los pisos o locales quedarán afectos al pago de los gastos derivados de la realización de dichas obras o actuaciones en los mismos términos y condiciones que los establecidos en el artículo 9 para los gastos generales.

1.2.2.2. Otras formas de contribución: acuerdo unánime

Es posible que se acuerde una distribución de los gastos que ocasionan las obras que no se corresponda con las respectivas cuotas de participación. Para ello sería necesario que la Junta, convocada de conformidad con el art. 16 LPH, lo aprobara por unanimidad y sin perjuicio de lo establecido en los arts. 17 y 18 LPH, por los cuales los propietarios ausentes, debidamente citados e informados posteriormente del acuerdo adoptado por los presentes, no manifiesten su discrepancia comunicándola, en el plazo de treinta días naturales, a quien ejerza las funciones de Secretario de la comunidad.

Además, el propietario disidente, en el supuesto de que, manifestada su disconformidad de forma fehaciente, no fuera atendido, debería impugnar ante los Tribunales, de conformidad con lo establecido por la legislación procesal general y el art. 18 de la presente ley, el citado acuerdo, disponiendo del plazo de un año para ejercitar la acción si la decisión adoptada por la Junta fuera un acto contrario a la ley o a los Estatutos.

1.2.2.3. La no utilización de elementos comunes y la obligatoriedad de contribuir al mantenimiento

La no utilización de un elemento común, no exime a ningún propietario de tener que contribuir al pago de las obras de reparación o mantenimiento. Por ello se deberá contribuir en la parte que se fije en la cuota de participación.

El art. 9.2 LPH establece que para la aplicación de las reglas relativas a la obligación de contribuir, se reputarán generales los gastos que no sean imputables a uno o varios pisos o locales, sin que la no utilización de un servicio exima del cumplimiento de las obligaciones correspondientes, sin perjuicio de lo establecido para la realización de innovaciones no exigibles, de acuerdo con el art. 17. 4 de la LPH.

Ahora bien, es básico conocer el título constitutivo de la finca y los Estatutos, si los hubiere, dado que en ellos sí que puede estar regulado que algún copropietario, como el dueño de los bajos, esté exento de este tipo de pagos. De esta manera se evitaría entrar en inútiles discusiones que rompen la armonía de la comunidad, se estudien detenidamente las escrituras y los Estatutos, si los hubiere, para determinar si existe algún tipo de exoneración o de reparto distinto para determinados pisos y/o locales.

En caso de inexistencia de este tipo de cláusulas, todos los copropietarios deberán abonar las obras de reparación de los elementos comunes, tanto si los usan como si no y, aunque no tengan acceso directo a los mismos, como podría resultar en el supuesto de unos bajos que no tengan acceso al portal.

1.2.2.4. Negativa de la Junta a aprobar la ejecución de obras

La nueva redacción de la LPH ha reforzado la obligación de las comunidades de hacer frente a las obras necesarias. No en vano el artículo 10.1 establece que: tendrán carácter obligatorio y no requerirán de acuerdo previo de la Junta de propietarios, impliquen o no modificación del título constitutivo o de los estatutos, y vengan impuestas por las Administraciones Públicas o solicitadas a instancia de los propietarios, determinadas actuaciones inherentes al buen mantenimiento del inmueble y sus instalaciones.

Cuestiones útiles

1. **¿Podría el administrador ejecutar una reparación sin el consentimiento de la Junta debido a una perentoria necesidad?**
   El art. 20 LPH establece, entre las funciones del Administrador, la de atender a la conservación y entretenimiento de la casa, disponiendo las reparaciones y medidas que resulten urgentes, dando inmediata cuenta de ellas al Presidente o, en su caso, a los propietarios.

2. **Si un elemento común está tan deteriorado que supone un peligro para la seguridad de personas o cosas y la Junta no aprueba su reparación ¿podría el propietario que acude al Juez para que resuelva sobre el asunto, exonerarse de responsabilidad en el supuesto de producirse un daño?**
   El acuerdo necesario para reparar el elemento deteriorado ha de ser tomado necesariamente por la Junta de Propietarios, por tanto, un propietario no puede por sí solo decidir arreglar los desperfectos.

El artículo 1902 CC establece que quien causa un daño a otro, interviniendo culpa o negligencia, está obligado a reparar el daño causado. Si el propietario acude al Juez para que resuelva ante la pasividad de la Junta y en ese período de tiempo se produce algún accidente, podría quedar exonerado de responsabilidad, puesto que en él no concurre la culpa o negligencia que exige el artículo 1902 CC para obligarle a resarcir los daños y perjuicios ocasionados.

3. ¿Han de consentir los propietarios de un piso que se depositen en su casa los materiales necesarios para reparar la fachada del edificio y que cuelguen los andamios desde su terraza?

La **STS de 28-10-2005** *(Tol 765861)* contempla esta cuestión. Se trataba de determinar si los propietarios de un ático estaban obligados a permitir el acceso a su vivienda, para el depósito de materiales y la instalación de andamios colgantes en su terraza, a fin de ejecutar unas obras extraordinarias aprobadas por la Comunidad, consistentes en la reparación de las fachadas del edificio y la sustitución de las barandillas de las viviendas.

«La sentencia recurrida ha argumentado que, de conformidad con el dictamen pericial, el sistema en la ejecución de esas obras, consistente en anclar los andamios desde la terraza de los áticos, era el más idóneo dadas las características del edificio y la ubicación y superficie de esas terrazas, pues su coste resultaba más económico, permitía ahorrar horas de trabajo en su montaje, ofrecía mayores garantías de seguridad para los operarios y era el que menores perjuicios causaba a la habitabilidad de las viviendas...

(...) Asimismo, la sentencia de apelación ha razonado que las obligaciones del artículo 9 de la Ley de Propiedad Horizontal, impuestas al propietario de un piso o local sujeto al régimen de propiedad horizontal, vienen a ser los límites específicos que sufren sus facultades dominicales al tener que conciliarse los intereses particulares de cada propietario con los generales de la Comunidad; que la obligación 3ª del precepto referido impone a los propietarios el deber de consentir en su piso las reparaciones que exija el servicio del inmueble y permitir en él la constitución de servidumbres requeridas para la creación de servicios comunes de interés general; que el caso del debate, si bien no coincide con el tenor literal del precepto (no se trata de efectuar reparaciones en la vivienda de los demandados, ni se pretende constituir una servidumbre para la creación de un servicio común), sí se ajusta con el espíritu y finalidad de la norma (artículo 3.1 del Código Civil), pues debe entenderse que existe una obligación de los propietarios de consentir que su piso pueda ser utilizado, al considerarse el medio más idóneo, para instalar los sistemas mediante los cuales se va a ejecutar una obra necesaria en beneficio de toda la Comunidad; que si existe la obligación de consentir la instalación de los andamios en la terraza, también se puede exigir el cumplimiento de la obligación 4ª del artículo 9, esto es, el deber de permitir la entrada la entrada en el piso o local con esa finalidad.

Esta Sala está de acuerdo con las posiciones de la resolución de la instancia, expresadas en el párrafo antecedente.

> *El referido artículo 9.3 obliga al titular a admitir las reparaciones que sean necesarias de los servicios o elementos comunes que se encuentren dentro de su propio piso o local; sobre este particular, autorizada doctrina científica entiende que, en el fondo, cada propietario tiene una o varias servidumbres, como predio sirviente, en relación a la Comunidad, predio dominante, aunque en el régimen de la propiedad horizontal se han venido denominando como 'relaciones de vecindad'; se trata de una interdependencia, que es la esencia del régimen de la propiedad horizontal, pues precisamente para cumplir su cometido los pisos y locales gozan de elementos privados y comunes, los primeros muchas veces sujetos a los comunes, y además, los últimos, que están instalados o pasan por espacios privativos; en definitiva, su existencia es una realidad y deben ser admitidos y respetados por todos los comuneros».*

1.3. Obras de innovación

1.3.1. Definición

Son aquellas obras a las que hacía mención la LPH en su art. 11 y que, tras la reforma de 2013 quedaron encuadradas en el art. 17.4:

> *«4. Ningún propietario podrá exigir nuevas instalaciones, servicios o mejoras no requeridos para la adecuada conservación, habitabilidad, seguridad y accesibilidad del inmueble, según su naturaleza y características.*
> *No obstante, cuando por el voto favorable de las tres quintas partes del total de los propietarios que, a su vez, representen las tres quintas partes de las cuotas de participación, se adopten válidamente acuerdos, para realizar innovaciones, nuevas instalaciones, servicios o mejoras no requeridos para la adecuada conservación, habitabilidad, seguridad y accesibilidad del inmueble, no exigibles y cuya cuota de instalación exceda del importe de tres mensualidades ordinarias de gastos comunes, el disidente no resultará obligado, ni se modificará su cuota, incluso en el caso de que no pueda privársele de la mejora o ventaja. Si el disidente desea, en cualquier tiempo, participar de las ventajas de la innovación, habrá de abonar su cuota en los gastos de realización y mantenimiento, debidamente actualizados mediante la aplicación del correspondiente interés legal.*
> *No podrán realizarse innovaciones que hagan inservible alguna parte del edificio para el uso y disfrute de un propietario, si no consta su consentimiento expreso».*

En un sentido amplio, las innovaciones se identifican con las mejoras.

1.3.2. Tipos

Pueden ser de dos tipos, dependiendo que sean o no necesarias para la adecuada conservación, habitabilidad y seguridad del inmueble.

a) Cuando son necesarias para la adecuada conservación, habitabilidad y seguridad del inmueble, pueden ser exigidas por cualquier propietario. Este tipo de obras se suelen dar en las fincas antiguas con instalaciones obsoletas. Un ejemplo podría ser la sustitución de las conducciones de suministros como agua, gas o electricidad cuando la actual haya quedado anticuada y no preste un servicio óptimo, o bien, cuando por disposición legal, tiene que adaptarse a las nuevas exigencias técnicas.

b) Las obras de innovación que no sean necesarias para la adecuada conservación, habitabilidad y seguridad del inmueble no pueden ser exigidas por ningún propietario, es más, si se aprobara por Junta la realización de las mismas y una parte de los propietarios no estuviese de acuerdo, podrían negarse a pagar su parte proporcional.

Excepción a lo expresado en el apartado anterior se daría en el caso de que la cuota de instalación de una obra de innovación no superara el importe de tres mensualidades ordinarias de gastos comunes, en cuyo caso sería obligatoria a tenor de lo regulado en el art. 17.4 de la LPH.

1.3.3. Contribución a las obras de innovación

1.3.3.1. Disconformidad

La LPH en su artículo 17.4 regula que no es obligatorio el pago de mejoras no requeridas para la adecuada conservación, habitabilidad y seguridad de inmueble, según su naturaleza y características, aún en el caso de que no pueda privarse de su uso o ventaja al propietario que no las ha abonado. Así, siguiendo la dicción literal del art. 17.4 LPH: Ningún propietario podrá exigir nuevas instalaciones, servicios o mejoras no requeridos para la adecuada conservación, habitabilidad, seguridad y accesibilidad del inmueble, según su naturaleza y características.

No obstante, cuando por el voto favorable de las tres quintas partes del total de los propietarios que, a su vez, representen las tres quintas partes de las cuotas de participación, se adopten válidamente acuerdos, para realizar innovaciones, nuevas instalaciones, servicios o mejoras no requeridos para la adecuada conservación, habitabilidad, seguridad y accesibilidad del inmueble, no exigibles y cuya cuota de instalación exceda del importe de tres mensualidades ordinarias de gastos comunes, el disidente no resultará obligado, ni se modificará su cuota, incluso en el caso de que no pueda privársele de la mejora o ventaja.

1.3.3.2. Voluntad de beneficiarse de una innovación a la que no se contribuyó

Si no se contribuyó a la instalación de una innovación y posteriormente se desea participar de sus ventajas, se podrá hacer, siempre y cuando se abone la cuota en los gastos de realización y mantenimiento actualizados a la fecha de su disfrute, con los intereses legalmente estipulados desde la fecha de instalación. El artículo 11.4 LPH establece: *«Si el disidente desea, en cualquier tiempo, participar de las ventajas de la innovación, habrá de abonar su cuota en los gastos de realización y mantenimiento, debidamente actualizados mediante la aplicación del correspondiente interés legal».*

1.3.4. Aprobación de mejoras que modifican un elemento común

La Ley 8/2013 ha tratado de flexibilizar el requisito de la unanimidad en la adopción de acuerdos, derogando, entre otros extremos, el artículo 12 LPH que disponía que

> *«la construcción de nuevas plantas y cualquier otra alteración de la estructura o fábrica del edificio o de las cosas comunes afectan al título constitutivo y deben someterse al régimen establecido para las modificaciones del mismo. El acuerdo que se adopte fijará la naturaleza de la modificación, las alteraciones que origine en la descripción de la finca y de los pisos o locales, la variación de cuotas y el titular o titulares de los nuevos locales o pisos».*

Con todas las prudencias, dado que existen dudas doctrinales, de la dicción del art. 17. 4 y atendiendo al citado espíritu flexibilizador de la norma, relativo a la unanimidad, entendemos que será suficiente el voto favorable de las tres quintas partes del total de los propietarios que, a su vez, representen las tres quintas partes de las cuotas de participación, para adoptar acuerdos para realizar innovaciones, nuevas instalaciones, servicios o mejoras no requeridos para la adecuada conservación, habitabilidad, seguridad y accesibilidad del inmueble, no exigibles, siempre y cuando, se cuente con el consentimiento de los posibles propietarios afectados, si dichas innovaciones hicieran inservible alguna parte del edificio para el uso y disfrute de un propietario.

Jurisprudencia relevante

Aunque anterior a la reforma introducida por la Ley 8/2013, consideramos de interés la **STS de 21-10-2008** *(Tol 1401721)* que exponía cómo había ido evolucionando la jurisprudencia y la misma Ley de Propiedad Horizontal en cuanto a la flexibilización de la unanimidad:

> *«...De lo antedicho se desprende que la reforma de 1999, sobre la que ahora debe pronunciarse esta Sala, no vino sino a plasmar normativamente con más claridad lo que ya venía anticipando la jurisprudencia mediante una interpretación de la LPH atenta a la realidad social y que se traducía, sustancialmente, en una flexibilización del rígido criterio de la unanimidad exigida para la modificación del título constitutivo o de los estatutos.*
> *El propio legislador declara en la Exposición de Motivos de la Ley 8/99 que 'la regla de la unanimidad es en exceso rigurosa, en cuanto obstaculiza la realización de determinadas actuaciones que son convenientes para la comunidad de propietarios e incluso, por razones medioam-*

bientales o de otra índole, para el resto de la colectividad. Se ha considerado así conveniente flexibilizar el régimen de la mayoría para el establecimiento de determinados servicios (porterías, ascensores, supresión de barreras arquitectónicas que dificulten la movilidad de las personas con minusvalías, servicios de telecomunicación, aprovechamiento de la energía solar, etc.)'.
Coherentemente con el propósito así declarado, el párrafo primero de la norma 1ª del art. 17 LPH ciertamente mantuvo el requisito de la unanimidad para la validez de los acuerdos que implicaran la aprobación o modificación de las reglas contenidas en el título constitutivo de la propiedad horizontal o en los estatutos de la comunidad, pero no menos cierto es que el requisito de la unanimidad para la validez de los acuerdos pasó a considerarse, mediante el adverbio 'sólo', legalmente excepcional.
En coherencia a su vez con esa excepcionalidad y con el reseñado propósito del legislador, los párrafos siguientes de la misma norma 1ª del art. 17 vinieron a regular casos en que, pese a implicar la modificación del título constitutivo o de los estatutos ('incluso cuando supongan...'), los acuerdos no requerirían la unanimidad. Y entre estos casos el párrafo segundo incluyó 'el establecimiento o supresión de los servicios de ascensor portería, conserjería, vigilancia u otros servicios comunes de interés general', sustituyendo entonces la unanimidad por 'el voto favorable de las tres quintas partes del total de los propietarios que, a su vez, representen las tres quintas partes de las cuotas de participación'.
De ahí que pueda entenderse que para esos servicios que la propia ley considera 'de interés general' la mayoría cualificada vino a sustituir a la unanimidad, en el sentido de que la eficacia de los acuerdos correspondientes era equivalente a la de los acuerdos unánimes. Y por eso el párrafo último de la misma norma 1ª vino a imponer la obligatoriedad de los acuerdos 'a todos los propietarios'.
Se introdujo así un régimen especial para el establecimiento o supresión del servicio de ascensor como servicio común de interés general, generalidad que se desprende de la mayoría cualificada exigida, que en la propia norma 1ª se distinguía del régimen aplicable a los servicios comunes orientados no al interés general sino a la supresión de barreras arquitectónicas que dificultaran el acceso o movilidad de personas con minusvalía, éste a su vez modificado otra vez en 2003,y que, por comparación con las normas 2ª y 3ª del mismo art. 17, se distinguía también del correspondiente a los servicios de telecomunicación, al aprovechamiento de la energía solar o a los nuevos suministros energéticos colectivos, para los cuales se disminuía considerablemente el número de votos precisos pero con la contrapartida de eximir del coste de instalación o adaptación a los propietarios que no hubieran votado expresamente a favor del acuerdo».

Cuestiones útiles

4. ¿Puede considerarse la instalación de un ascensor como una obra de innovación y, por tanto, quedar eximidos del pago los propietarios que no voten a favor de la misma?

La **STS de 20-10-2010** *(Tol 1978071)* consideró que la instalación del ascensor se considera necesaria para la adecuada habitabilidad del inmueble, por tanto, no se trataría de una innovación innecesaria y habría de ser abonada por todos los propietarios (el subrayado es nuestro):

«...Es cierto que en caso de innovaciones innecesarias el artículo 11 de la propia Ley de Propiedad Horizontal bajo ciertas condiciones exime a los disidentes de contribuir a los gastos, pese a que los acuerdos hayan sido válidamente adoptados, precisando la Sentencia número 1151/2008, de 18 de diciembre, el carácter necesario o no de las innovaciones debe entenderse 'de acuerdo con la realidad social del tiempo en que ha de ser aplicada' (artículo 3 del Código Civil), y las normas sobre la construcción exigen su existencia cuando en un edificio se elevan tres o más plantas, cuyo presupuesto viene también impuesto por el mercado inmobiliario, y con referencia a fincas antiguas, aparte de satisfacer las referidas necesidades de personas minusválidas, es un elemento esencial para la utilización de un edificio, que redunda en beneficio, sin excepción, de los propietarios de un inmueble, no solo a los efectos de las mentadas atenciones y del bienestar material, sino también porque incrementa el valor de los pisos o apartamentos y revaloriza la finca en su conjunto, y resultaría abusivo que la contribución a su pago no tuviera que ser asumida por todos los condueños.

(...) Tratándose de acuerdos de instalación de un ascensor en el edificio comunitario, la sentencia núm. 1181/2008 de 18 diciembre fija la regla de que: 'el acuerdo obliga a todos los comuneros, tanto a los que hayan votado favorablemente, como a los que han disentido, y eso supone que deben permitir que se lleve a efecto y abonar lo que corresponda...'».

En similares términos se pronunció la **STS de 21-10-2008** *(Tol 1401721)* (el subrayado es nuestro):

«...Debiendo ya pronunciarse esta Sala sobre la coordinación de la norma 1ª del art. 17 LPH con los apdos. 1 y 2 del art. 11 de la misma ley en materia de instalación del servicio común de ascensor, materia propia y específica de este recurso de casación, debe concluirse, en función de todo lo antedicho y ratificando la línea jurisprudencial interpretativa de la LPH antes de su reforma de 1999, que dicho servicio es de los requeridos para la adecuada habitabilidad del inmueble y que por tanto no es una innovación inexigible que exima al disidente de contribuir cuando la cuota de instalación exceda del importe de tres mensualidades, máxime cuando el edificio del presente caso consta de planta baja y cinco pisos con cinco viviendas en cada uno y el apartado 1 del art. 11 atiende a la 'naturaleza y características' del inmueble. En consecuencia el recurso ha de ser desestimado.

(...) Así lo corrobora también, de un lado, la obligación de contribuir a los gastos generales para el adecuado sostenimiento de los servicios del inmueble, 'sin que la no utilización de un servicio exima del cumplimiento de las obligaciones correspondientes, sin perjuicio de lo establecido en el art. 11.2 de esta Ley' (apdo. 1. e. y apdo. 2 del art. 9 LPH según su redacción por la Ley 8/99) y, de otro, la progresiva exigencia administrativa de servicio de ascensor para los nuevos edificios a partir de un determinado número de plantas, lo que a su vez no puede desligarse del constante aumento de la esperanza de vida en la población española».

5. ¿Pueden los locales comerciales disponer de carteles o rótulos en la fachada?

Así vienen reconociéndolo los Tribunales en los últimos años, aunque pueda suponer la modificación de elementos comunes. De este modo, **la STS de 9-12-10** *(Tol 2002909)* establece que:

«...la más reciente Jurisprudencia, al analizar situaciones relativas a locales comerciales que se encuentran ubicados en Comunidades de Propietarios, ha venido flexibilizando las exigencias normativas en materia de las mayorías necesarias para la aprobación de acuerdos con el objeto de posibilitar la actividad de los locales comerciales, que no es otra que servir de sede de diferentes negocios económicos, más o menos duraderos en el tiempo, con proyección comercial. En definitiva, para el desarrollo de las actividades comerciales que les son propias, puede resultar imprescindible la instalación de elementos que van a afectar a otros elementos comunes y cuya instalación no puede dejarse al arbitrio de que una minoría de copropietarios, sin razón legal que lo justifique, impidan su realización.

(...) En definitiva, aunque la Jurisprudencia señala que los estatutos de las Comunidades de Propietarios no pueden vulnerar normas imperativas, llegando a declarar la nulidad de aquellos estatutos que permiten, ex ante, la realización de obras que afectan a elementos comunes, esta doctrina se atempera cuando esta autorización previa y afectación de elementos comunes se lleva a cabo por titulares de locales comerciales ubicados en edificios sometidos al régimen de propiedad horizontal. En estos casos, las obras realizadas por el titular de locales comerciales que afecten a elementos comunes y que estén autorizadas por el Título o los Estatutos no se consideran contrarias a derecho, siempre que no afecten a la seguridad o estabilidad del edificio ni perjudiquen el derecho de otro propietario».

6. ¿Es diferente el concepto de «fachada de un local comercial» del de «fachada del edificio»?

La **STS de 22-12-10** *(Tol 2046479)* considera que la fachada de un local comercial es la fachada del edificio:

«La distinción que realiza la Audiencia Provincial entre el concepto de fachada del edificio y fachada del local, carece de virtualidad práctica, dado que, en todo caso la fachada del local, sigue manteniendo su carácter de elemento común. Esta Sala ya ha descrito que la fachada es todo lo correspondiente al exterior del inmueble en su completa superficie.

De este modo cuando los estatutos de la comunidad permiten a los propietarios de los locales comerciales "a) Modificar la fachada del local o locales mediante cierre, apertura, división, subdivisión de huecos y obras de ornamentación y embellecimiento u otras similares", sin duda se refieren a la fachada, considerada como elemento común».

7. Cuando los Estatutos de una comunidad autorizan a los propietarios de elementos privativos a hacer obras en elementos comunes, ¿tienen éstos algún tipo de limitación?

En efecto, en primer lugar sólo podrán realizar las obras que hayan sido autorizadas y no otras. En segundo lugar, nunca podrá menoscabarse la seguridad del edificio o su estructura general. En tal sentido se pronunció la **STS de 22-12-10** *(Tol 2046479)*:

«La parte recurrente, titular de un local comercial situado en la planta baja, ha abierto tres huecos en la fachada del edificio, amparada por la autorización que le ofrecía los estatutos de la comunidad, sin que durante el desarrollo del pleito, se haya aducido que tales obras hayan menoscabado o alterado la seguridad del edificio o su estructura general. Tampoco se ha acreditado en modo alguno que con la apertura de tales huecos se haya perjudicado los derechos de otro propietario.

Finalmente se debe reiterar como doctrina jurisprudencial que las obras realizadas por el titular de locales comerciales situados en las plantas bajas de los edificios que afecten a elementos comunes y que estén autorizadas por el título o los estatutos de la comunidad de propietarios no se consideran contrarias a derecho, siempre que no afecten a la seguridad o estabilidad del edificio ni perjudiquen el derecho de otro propietario».

8. La sustitución de un elemento común imprescindible para la habitabilidad del inmueble que ha quedado antiguo u obsoleto ¿requiere acuerdo unánime?

No requieren unanimidad y en base al nuevo art. 10.1.a LPH no requerirán ni siquiera la autorización de la junta: *«Tendrán carácter obligatorio y no requerirán de acuerdo previo de la Junta de propietarios, impliquen o no modificación del título constitutivo o de los estatutos, y vengan impuestas por las Administraciones Públicas o solicitadas a instancia de los propietarios, las siguientes actuaciones:*

a) Los trabajos y las obras que resulten necesarias para el adecuado mantenimiento y cumplimiento del deber de conservación del inmueble y de sus servicios e instalaciones comunes, incluyendo en todo caso, las necesarias para satisfacer los requisitos básicos de seguridad, habitabilidad y accesibilidad universal, así como las condiciones de ornato y cualesquiera otras derivadas de la imposición, por parte de la Administración, del deber legal de conservación.»

9. Si un propietario modifica elementos comunes pero la Comunidad no le demanda por ello hasta años después, ¿se considera que ha habido «consentimiento tácito por su parte»?

La **STS de 23-10-2008** *(Tol 1389541)*, expuso los requisitos para considerar que había existido consentimiento tácito. Esta sentencia aborda un supuesto de cerramiento de un balcón por un propietario, sin permiso de la comunidad, que no es denunciado hasta pasados 10 años. El Tribunal Supremo consideró, en el caso analizado, que hubo consentimiento tácito:

«...existirá declaración de voluntad tácita cuando el sujeto, aun sin exteriorizar de modo directo su querer mediante la palabra escrita u oral, adopta una determinada conducta que al presuponer el consentimiento por una deducción razonable basada en los usos sociales y del tráfico, ha de ser valorada como expresión de voluntad interna; en definitiva, se trata de los llamados hechos concluyentes "facta concludentia" y como tales inequívocos que sin ser medio directo de exteriorización del interno sentir lo dé a conocer sin asomos de duda, de suerte que 'el consentimiento puede ser tácito cuando del comportamiento de las partes resulta implícita su aquiescencia a una determinada situación' (STS de 24 de mayo de 1975 y la misma doctrina en la 24 de enero de 1965), (STS de 26 de mayo de 1986).

(...) Por las razones expuestas procede deducir que 'ha existido en el caso de autos un consentimiento tácito de todos los propietarios existentes cuando las modificaciones del elemento común se efectuaron, deduciendo esta voluntad del asentimiento que supone el haber consentido durante tan largo período de tiempo sin haber efectuado impugnación de clase alguna' (STS de 12 de octubre de 1992).

(...) Aunque se han verificado por la demandada obras en la fachada del edificio, la cual, por su naturaleza, constituye uno de sus elementos comunes, para lo cual era requerido el acuerdo unánime de los propietarios manifestado en Junta (artículos 5, 7.1, 12 y 17 de la Ley de Propiedad Horizontal), es evidente, en este caso y según la declaración de hechos probados obrante en la instancia, que ello fue advertido y tolerado por la Comunidad y, por consiguiente, tácitamente consentido, pues como el consentimiento puede ser tácito cuando del comportamiento de las partes resulta implícita su aquiescencia a una determinada situación, como precisan las SSTS de 24 de enero de 1965, 24 de mayo de 1975 y 26 de mayo de 1986, cuya reseña se ha efectuado en el párrafo tercero de este fundamento de derecho, al haber aceptado desde su inicio las labores de cerramiento del balcón de la vivienda de la demandada y su plasmación posterior, sin que durante un largo período de tiempo se hubiera verificado impugnación alguna».

El Tribunal Supremo, en esta sentencia, declaró en su Fallo «*como doctrina jurisprudencial la presencia de consentimiento tácito en las obras realizadas unilateralmente por el titular de la vivienda en la fachada del edificio de la Comunidad, habida cuenta de que del comportamiento de las partes resulta implícita su aquiescencia a tal situación, sin que durante un largo período de tiempo se hubiera efectuado impugnación alguna pese a su notoriedad*».

También la **STS de 26-11-10** *(Tol 2022145)* se pronunció en ese sentido (el subrayado es nuestro):

«En definitiva, las sentencias de esta Sala que identifica el recurrente mantienen un criterio doctrinal que ha sido completado por jurisprudencia más reciente, conforme se ha examinado, y ahora se reitera, respecto a que es posible la aprobación tácita de la Comunidad en la realización de obras como las que son objeto de este pleito, una vez analizados los hechos concretos, que en el presente caso han permitido a la Audiencia Provincial, tras valorar

la existencia de construcciones análogas permitidas por la Comunidad, así como la preexistencia de un cerramiento anterior llevado a cabo por quienes vendieron a los ahora propietarios el inmueble en cuestión, declarar la validez de la construcción ejecutada».

La **STS de 5-7-2011** *(Tol 2174174)* abordó también el consentimiento tácito respecto a unas obras ejecutadas diez años antes de la demanda:

«En esta sede se ha manifestado como posible que el consentimiento prestado por la comunidad pueda ser tácito; en concreto, con valor de doctrina jurisprudencial, se ha declarado que ha de estarse a los hechos concretos para decidir si el silencio puede ser apreciado como consentimiento tácito o manifestación de una determinada voluntad; de este modo, para poder establecer si en un determinado supuesto se ha producido un silencio por parte de la comunidad de propietarios capaz de ser interpretado como un consentimiento tácito, deberán valorarse las relaciones preexistentes entre las partes, la conducta o comportamiento de éstas y las circunstancias que preceden y acompañan al silencio susceptible de ser interpretado como asentimiento (SSTS de 26 de noviembre de 2010 [RC n° 2401/205] y 16 de julio de 2009 [RC n° 1007/2005], aparte de otras).

La sentencia recurrida declara expresamente, no sólo que la mayor parte de las obras denunciadas en nada afecta a elementos comunes, sino, lo que resulta más trascendente, se refiere a que la comunidad de propietarios había consentido tácitamente la realización de obras por el demandado; tal conclusión se asienta en el hecho de que la comunidad era conocedora de las obras realizadas; que incluso la demandada verificó obras en el edificio para compensar las molestias ocasionadas; que se había tratado en junta de propietarios, en punto del orden del día, las obras ejecutadas por la recurrida sin que se adoptara acuerdo alguno sobre prohibirlas o impugnarlas; y que las obras finalizaron en el año 1988; lo que permite, concluir que existió un consentimiento tácito otorgado por la comunidad de propietarios que impide estimar la demanda».

La **STS de 27-6-2011** *(Tol 2198174)* contempló un supuesto en el que se niega que haya habido consentimiento tácito (el subrayado es nuestro):

«La parte recurrente alega que la recurrida ha tolerado la colocación del toldo y el tejadillo durante tres y seis años hasta que finalmente ha presentado la demanda. Además califica de ficticios los perjuicios supuestamente sufridos por el actor. En conclusión considera el recurrente que existe un consentimiento tácito por parte de la comunidad de propietarios que avala la legalidad de las obras realizados, de modo que la sentencia recurrida es contraria a la doctrina que sobre el mismo se recoge, entre otras, en las sentencias de esta Sala de 11 de julio de 1994 y 5 de octubre de 2007.

El motivo debe ser desestimado.

TERCERO.–

Realización de obras que afectan a elementos comunes. El consentimiento tácito.

A) En cuanto al necesario consentimiento que debe ser otorgado para considerar lícitamente realizadas obras que afectan a elementos comunes en edificios sometidos al régimen de propiedad horizontal, esta Sala tiene declarado que el conocimiento no equivale a consentimiento como exteriorización de una voluntad, ni el silencio supone una declaración genérica en la que se pueda encontrar justificación para no obtener los consentimientos legalmente exigidos. También, como defiende la parte recurrente, se ha declarado con valor de doctrina jurisprudencial, que ha de estarse a los hechos concretos para decidir si el silencio cabe ser apreciado como consentimiento tácito o manifestación de una determinada voluntad. De este modo, la resolución del conflicto radica en determinar bajo qué condiciones debe interpretarse el silencio como una tácita manifestación de ese consentimiento. Por ello deben valorarse las relaciones preexistentes entre las partes, la conducta o comportamiento de éstas y las circunstancias que preceden y acompañan al silencio susceptible de ser interpretado como asentimiento (SSTS de 23 de octubre de 2008 [RC n.° 1332/2003] y 5 de noviembre de 2008 [RC n.° 1971/2003] 26 de noviembre de 2010 [RC n.° 2401/2005]).

B) La parte recurrente únicamente puede sostener la oposición de la sentencia recurrida a la jurisprudencia de esta Sala, desconociendo los hechos que para la Audiencia Provincial han quedado plenamente probados. La sentencia no solo valora que la parte recurrente está sufriendo una serie de perjuicios que no está obligada a soportar, daños que no pueden ser calificados como ficticios, sino que considera plenamente acreditado que el actor ha llevado a cabo una actividad previa a la interposición de la demanda que impiden considerar que existiera una aquiescencia por su parte capaz de ser calificada como un consentimiento tácito. Señala la sentencia que el actor, años antes de la interposición de la demanda, requirió al ahora recurrente a fin de que retirara las instalaciones colocadas en el patio común, requerimientos que fueron ignorados y que dieron lugar a que se iniciaran las actuaciones judiciales que han dado lugar al actual pleito. La valoración de las circunstancias que han quedado acreditadas para la Audiencia Provincial, le han servido para rechazar que la parte actora hubiera prestado tácitamente su consentimiento, y dado que las obras han sido llevadas a cabo en un elemento común y que además perjudican a otros copropietarios, para su validez se debió contar con el consentimiento de todos los copropietarios.»

10. ¿Puede considerarse la construcción de una piscina, en una zona común, un servicio de interés general?

Al respecto, la STS de 9-10-2008 *(Tol 1386102)*, entendió que una piscina es algo excepcional en una comunidad de vecinos, máxime si ésta es de reciente construcción, y pudo haberse dotado inicialmente del servicio, por lo que su instalación requería el consentimiento unánime de todos los propietarios en cuanto implica una alteración del título constitutivo.

2. OBRAS EN ELEMENTOS PRIVATIVOS

2.1. Obras permitidas

Comprenden:

a) Las realizadas sobre el piso o elemento privativo de que sea titular (7.1° de la LPH):

La procedencia de estas obras se supedita a que con las mismas *«no se menoscabe o altere la seguridad del edificio, su estructura general, su configuración, o estado anteriores, o perjudique los derechos de otro propietario»*.

> En cualquier caso, el propietario debe comunicar a quien represente a la comunidad que va a realizar dichas obras, aunque vayan a repercutir exclusivamente en su piso o local.

b) Las obras realizadas para mantener en buen estado de conservación su propio piso o local de negocio e instalaciones privativas

El art. 9.1.b LPH contempla la obligación de todo propietario de mantener en buen estado de conservación su piso o local, para no perjudicar a la comunidad o a otros propietarios. En caso contrario, habrá de resarcir los daños causados.

Jurisprudencia relevante

La **STS de 26-11-2007** *(Tol 1213869)* diferenció entre las reformas que puede hacer un propietario en elementos privativos y comunes:

«Por lo que respecta al segundo motivo debe significarse que no se advierte ningún problema para subsumir el caso de autos en el supuesto de hecho previsto por el artículo 11 de la LPH, pues mientras el artículo 7 LPH recoge la facultad del dueño de cada piso o local para hacer reformas en elementos privativos —siempre que además no afecten a la seguridad del edificio, su estructura, su configuración o estado exterior, y no perjudique los derechos de otro propietario, y, por consiguiente, dentro de su perímetro y no en el 'resto del inmueble' (párrafo 2.°)—, elementos sobre los que ostenta una propiedad singular y exclusiva, el artículo 11 LPH regula algo distinto: el régimen aplicable a toda alteración, no de los elementos privativos, sino de la estructura del edificio o 'de las cosas comunes', como la fachada (Sentencias de 23 de febrero de 2005, 30 de julio y 8 de marzo de 1999 y 5 de marzo de 1998, entre otras), —que según los hechos probados es lo que resultó afectado, por el carácter definitorio para su configuración exterior que tenían los elementos retirados a causa de las obras—, alteraciones que, por tanto, quedan sujetas al régimen de la unanimidad de los comuneros del art. 16 núm. 1 (SSTS 3 febrero 1987, 6 noviembre 1995, etc.)...

(...) En el presente caso, las obras se realizan en el muro frontal que integra la estructura misma de la fachada del inmueble, elemento común por naturaleza que la propia sentencia de 10 de octubre del presente año, califica como 'unidad arquitectónica casi rígida, que no puede alterarse sin

romper la armonía del conjunto', en especial, tratándose de un edificio de casi 60 años y con una ubicación singular —casco histórico Santiago de Compostela—; y además, las obras no buscan abrir una puerta de acceso indispensable para dotar al local del indispensable aprovechamiento independiente, ni se cuestiona que el local pueda seguir utilizándose de forma independiente como se había venido haciendo, aunque se restituya la fachada al estado original».

2.2. Obras no permitidas

Ningún propietario puede realizar en su piso o local obras que menoscaben o alteren a la seguridad del edificio, su estructura general, su configuración, o estado anteriores, o perjudiquen los derechos de otro propietario, en virtud de lo dispuesto en el artículo 7.1 LPH.

Tampoco se pueden ejecutar obras que deriven en actividades prohibidas en los estatutos o que resulten dañosas para la finca, o que contravengan las disposiciones generales sobre actividades molestas, insalubres, nocivas, peligrosas o ilícitas (art. 7.2 LPH).

Así mismo, un propietario no puede exigir ni ejecutar por su cuenta, obras consistentes en nuevas instalaciones, servicios o mejoras no requeridos para la adecuada conservación, habitabilidad y seguridad del inmueble según su naturaleza y características.

Por otra parte, es interesante la diferencia que señala la Jurisprudencia entre las obras en elementos privativos que alteran elementos comunes, como la fachada del edificio, en el caso de que las lleven a cabo los propietarios de pisos o los propietarios de los locales, ampliando la posibilidad de hacer obras para estos últimos. Así, la **STS de 15-11-2010** *(Tol 2008976)* estableció que:

«A) El artículo 7 de la Ley de Propiedad Horizontal limita las facultades del propietario de una vivienda o local sujeta al régimen de la propiedad horizontal. El propietario usará su piso o local según le convenga, pero carece de capacidad para alterar cualquier parte del resto del inmueble. De hecho, para realizar obras que afecten a algún elemento común es precisa la unanimidad del resto de comuneros (SSTS de 20 de mayo de 2009 [RC nº. 829/2004] y de 16 de julio de 2009 [RC nº. 63/2005]). El encaje legislativo se produce porque la alteración de cualquier elemento común produce de hecho una modificación del título constitutivo que debe ser necesariamente modificada por acuerdo unánime de los copropietarios.
B) Tratándose de locales comerciales la posibilidad de realización de obras debe ser más amplia, pues la finalidad comercial de los locales comporta la necesidad de presentar una configuración exterior adecuada a su carácter y a la necesidad de facilitar el conocimiento de su existencia y de publicitar y hacer atractiva su actividad para los clientes y dicha modificación debe considerarse implícita en la finalidad comercial de los locales, salvo prohibición o limitación estatutaria establecida expresamente (STS de 10 de octubre de 2007 [RC nº. 4116/2000]).
C) Por las singulares características de los locales comerciales, en la práctica, el título constitutivo suele reconocer la posibilidad de que los titulares de los citados locales efectúen obras que afectan a algunos elementos comunes. Es frecuente establecer la posibilidad de que los titulares de los locales efectúen obras de segregación, agrupación, división o unión con otros departamentos, con el fin de que así se pueda adaptar el local a las distintas actividades comerciales a desarrollar».

Cuestiones útiles

11. Los estatutos de una Comunidad permiten al propietario un local comercial formado por varias plantas, segregar una de ellas. Al hacerlo, la planta queda sin salida a la calle ni a un elemento común. ¿Puede el propietario obligar a la comunidad a abrir una puerta en el rellano de la escalera para que pueda tener un aprovechamiento independiente?

Efectivamente, tal y como recoge la **STS de 15 de noviembre de 2010** *(Tol 2008976)*: *«No es posible conjugar la autorización de segregación de una parte del local, que implica separación e independencia física, con la prohibición de facilitar el uso de la parte segregada con la lógica apertura de un acceso directo e independiente del local matriz.*

(...) La singular estructura del local, constituido por tres plantas con un único acceso al exterior a través de la planta baja, permite extraer la conclusión de que, para practicar la segregación a que autoriza el título constitutivo, es preciso facilitar un acceso diferente al ya existente. Necesariamente la salida que se construya debe afectar a elementos comunes, al no existir otra puerta que la de salida al exterior por la planta baja.

(...) El edificio en cuestión está ocupado en la primera planta íntegramente por el nivel superior del local comercial. En la primera planta existe un rellano de escalera y una puerta y parada de ascensor, aunque en la práctica no esté programada la posibilidad de hacer uso de tal servicio. Por tanto, dada la concreta configuración del edificio, conocida por quienes otorgaron la escritura de declaración de obra nueva, división en régimen de propiedad horizontal y disolución de la comunidad, es lógico concluir que es consecuencia natural de la segregación dar salida al nivel superior del local al rellano de la escalera del primer piso».

12. ¿Afecta por igual a la configuración estética de la fachada unas obras realizadas en la parte baja del edificio que a la altura de los pisos?

La **STS de 15 de noviembre de 2010** *(Tol 2008976)* consideró que la modificación del exterior del inmueble en la zona de los pisos puede afectar más a la configuración estética (el subrayado es nuestro):

«...La STS de 11 de febrero de 2010 (RC nº. 1957/2005), haciéndose eco de las SSTS de 15 de octubre de 2009 (RC nº. 188/2005), de 28 de octubre de 2009 (RC nº. 316/2005) y de 11 de noviembre de 2009 (RC nº. 625/2005) ha establecido que "Esta Sala tiene declarado que, en la aplicación del artículo 7 de la Ley de Propiedad Horizontal, no cabe idéntica interpretación entre locales de negocio y pisos, con fundamento en que los primeros se ubican generalmente en las plantas bajas y los segundos en las siguientes, y aunque la fachada es todo lo correspondiente al exterior del inmueble en su completa superficie, la zona relativa a los pisos constituye

una situación arquitectónica más rígida, donde cualquier modificación puede romper la armonía del conjunto, mientras que en las plantas bajas existe una mayor flexibilidad, tanto en su inicial construcción y acabado, a veces elemental, rudimentario y sin división alguna, como en cualquier cambio de su configuración o aspecto externo, en atención a la naturaleza de la actividad a desarrollar en los locales, siempre mudable, y susceptible de notables transformaciones de destino surgidas por iniciativa de los iniciales titulares, o de sus sucesores, pues, como ejemplo, es distinta su conformación, entre otras, para una cafetería, un supermercado o una oficina bancaria, de manera que la realidad operativa exige alteraciones esenciales para el fin perseguido, que a veces afectarán a la fachada, siempre que no perjudique a otros copropietarios y que la porción utilizada de la misma no sea susceptible de uso o aprovechamiento por el resto de los comuneros (SSTS de 15 y 28 de octubre y 11 de noviembre de 2009)"».

3. SUPUESTOS ESPECIALES

3.1. Obras que requieren, en todo caso, autorización administrativa

Por su complejo encuadre e importancia, hemos querido dedicar un apartado especial a aquellas obras y actuaciones que se derivan del apartado 3º del art. 10, el cual establece que: *3. Requerirán autorización administrativa, en todo caso:*

> *a) La constitución y modificación del complejo inmobiliario a que se refiere el artículo 17.6 del texto refundido de la Ley de Suelo, aprobado por el Real Decreto Legislativo 2/2008, de 20 de junio, en sus mismos términos.*
>
> *b) Cuando así se haya solicitado, previa aprobación por las tres quintas partes del total de los propietarios que, a su vez, representen las tres quintas partes de las cuotas de participación, la división material de los pisos o locales y sus anejos, para formar otros más reducidos e independientes; el aumento de su superficie por agregación de otros colindantes del mismo edificio o su disminución por segregación de alguna parte; la construcción de nuevas plantas y cualquier otra alteración de la estructura o fábrica del edificio, incluyendo el cerramiento de las terrazas y la modificación de la envolvente para mejorar la eficiencia energética, o de las cosas comunes, cuando concurran los requisitos a que alude el artículo 17.6 del texto refundido de la Ley de Suelo, aprobado por el Real Decreto Legislativo 2/2008, de 20 de junio.*
>
> *En estos supuestos deberá constar el consentimiento de los titulares afectados y corresponderá a la Junta de Propietarios, de común acuerdo con aquéllos, y por mayoría de tres quintas partes del total de los propietarios, la determinación de la indemnización por daños y perjuicios que corresponda. La fijación de las nuevas cuotas de participación, así como la determinación de la naturaleza de las obras que se vayan a realizar, en caso de discrepancia sobre las mismas, requerirá la adopción del oportuno acuerdo de la Junta de Propietarios, por idéntica mayoría. A este respecto también podrán los interesados solicitar arbitraje o dictamen técnico en los términos establecidos en la Ley.*

Puntualizaciones:

1) El precepto se refiere a una serie de obras:

- La constitución y modificación del complejo inmobiliario a que se refiere el artículo 17.6 del texto refundido de la Ley de Suelo.
- La división material de los pisos o locales y sus anejos, para formar otros más reducidos e independientes.
- El aumento de su superficie por agregación de otros colindantes del mismo edificio o su disminución por segregación de alguna parte.
- La construcción de nuevas plantas.
- Cualquier otra alteración de la estructura o fábrica del edificio, incluyendo el cerramiento de las terrazas y la modificación de la envolvente para mejorar la eficiencia energética, o de las cosas comunes, cuando concurran los requisitos a que alude el artículo 17.6 del texto refundido de la Ley de Suelo, aprobado por el Real Decreto Legislativo 2/2008, de 20 de junio.

Del presente precepto parece desprenderse que el mismo puede llegar a amparar la alteración de la fachada e incluso su alteración estética, para lo que antes de la reforma el derogado art. 12 exigía la unanimidad.

Sobre los términos ***envolvente y cerramiento***:
El DRAE define envolvente como: ***1.*** *adj. Que envuelve o rodea.*
El Código Técnico de la Edificación por su parte entiende que la Envolvente térmica se compone de los cerramientos del edificio que separan los recintos habitables del ambiente exterior y las particiones interiores que separan los recintos habitables de los no habitables que a su vez estén en contacto con el ambiente exterior.
El cerramiento es considerado como el elemento constructivo del edificio que lo separa del exterior, ya sea aire, terreno u otros edificios, lo que parece englobar la cubierta, los lucernarios, muros, suelos, ventanas, etc.

2) Las obras podrán realizarse cuando así se haya solicitado, **previa aprobación por las tres quintas partes del total de los propietarios que, a su vez, representen las tres quintas partes de las cuotas de participación.** (Se flexibiliza el régimen de la unanimidad).

3) **Se deberá contar con el consentimiento de los titulares afectados**. Ello implica que nos encontramos ante una mayoría «*engañosa*» pues al obligar la Ley a contar con dicho consentimiento, convierte la doble mayoría de 3/5 partes en una especie de «*unanimidad*», si realmente está justificado el perjuicio.

Para evitar conflictos innecesarios, entendemos que se debería incluir en las convocatorias de las juntas, para estos acuerdos, la petición de que los propietarios que se sintieran afectados lo comunicaran, con carácter previo a la junta, para poder debatir este pormenor en la misma.

A pesar de todo, nos vamos a encontrar en muchas ocasiones con el problema de tener que interpretar un concepto jurídico indeterminado (propietario afectado) al que puede acogerse cualquier condómino. Si se demuestra de forma clara un perjuicio, una posible solución sería llegar a un acuerdo con el afectado e indemnizarlo, con el fin de que el disidente votara a favor.

4) Corresponderá a la Junta de Propietarios:

- La fijación de las nuevas cuotas de participación (Por mayoría de 3/5).
- La determinación de la naturaleza de las obras que se vayan a realizar (Por mayoría de 3/5), en caso de discrepancia sobre las mismas, requerirá la adopción del oportuno acuerdo de la Junta de Propietarios, por idéntica mayoría. A este respecto también podrán los interesados solicitar arbitraje o dictamen técnico en los términos establecidos en la Ley.
- Determinación de daños y prejuicios (Por mayoría de 3/5).
- En ningún caso la adopción de la mayoría se puede hacer con abuso de derecho sobre un comunero.

Sobre el abuso de derecho la STS de 5-3-2014 *(Tol 4150543)* ha establecido (el subrayado es nuestro):

> *«La STS de 16 de julio de 2009 [RC n.º 2204/2004] fijó, como doctrina jurisprudencial que "para que sea válido un acuerdo adoptado por mayoría en la Junta de Propietarios de una Comunidad, consistente en el cierre de elementos comunes que sirven de acceso a locales comerciales ubicados en el interior de la urbanización, mediante puertas o cancelas, habrá que respetar los derechos que adquirieron los dueños de los locales de negocio legalmente establecidos, durante las horas en que estos locales tengan derecho a permanecer abiertos según las normas legales y reglamentarias que regulen esta materia." En el mismo sentido la STS de 13 de diciembre de 2011, recurso: 2175/2008.*
>
> *La doctrina del abuso de derecho, tal y como declara la sentencia de esta Sala de 1 de febrero de 2006 (RC n.º 1820/2000) se sustenta en la existencia de unos límites de orden moral, teleológico y social que pesan sobre el ejercicio de los derechos, y como institución de equidad, exige para poder ser apreciada, una actuación aparentemente correcta que, no obstante, representa en realidad una extralimitación a la que la ley no concede protección alguna, generando efectos negativos (los más corrientes daños y perjuicios), al resultar patente la circunstancia subjetiva de ausencia de finalidad seria y legítima, así como la objetiva de exceso en el ejercicio del derecho exigiendo su apreciación, una base fáctica que proclame las circunstancias objetivas (anormalidad en el ejercicio) y subjetivas (voluntad de perjudicar o ausencia de interés legítimo). En materia de propiedad horizontal, el abuso de derecho, se traduce en el uso de una norma, por parte de la comunidad o de un propietario, con mala fe, en perjuicio de otro u otros copropietarios, sin que por ello se obtenga un beneficio amparado por la norma. En definitiva la actuación calificada como abusiva no debe fundarse en una justa causa y su finalidad no será legítima. En el mismo sentido la STS de 9-1-2012, recurso 887/2009».*

5) Las obras pueden solicitarse:

- Por solicitud y en beneficio de la comunidad.
- En beneficio de los comuneros que lo soliciten de forma individual.

3.2. La instalación del ascensor

Es elemento común en cuanto cumple la misma función de la escalera, tiene la consideración de un servicio común fundamental, y está enumerado en el art. 396 CC.

También la Ley de Propiedad Horizontal lo menciona expresamente en el artículo 17, al rebajar el requisito de la unanimidad en la adopción de acuerdos incluso cuando se modifica el título constitutivo o los estatutos.

Por su importancia y la problemática que ha generado tradicionalmente en las comunidades su instalación y las obras que suele implicar, hemos creído conveniente dedicarle unas líneas

3.2.1. Sobre las mayorías necesarias

El ascensor es elemento común en cuanto también cumple la misma función de la escalera, tiene la consideración de un servicio común fundamental y está enumerado en el art. 396 CC.

Desde que se modificó la LPH en el año 1999, el establecimiento o supresión del servicio de ascensor debía ser aprobado por tres quintas partes de propietarios que, a su vez, representasen tres quintas partes de las cuotas de participación.

Antes de la mencionada reforma, el acuerdo de instalación de ascensor debía tomarse por unanimidad. No obstante, la Jurisprudencia ya se inclinaba por autorizar el acuerdo adoptado por mayoría, atendiendo a la interpretación de un *«criterio sociológico»* propio del momento en que, tanto la aplicación de la norma, como la función hermenéutica de los Tribunales, tiene lugar.

La reforma de la LPH, mediante la Ley 8/2013, de 26 de junio, vuelve a reducir el quórum para dicha estalación. En ese sentido el art. 17.2. establece (el subrayado es nuestro), que

> *«Sin perjuicio de lo establecido en el artículo 10.1 b), la realización de obras o el establecimiento de nuevos servicios comunes que tengan por finalidad la supresión de barreras arquitectónicas que dificulten el acceso o movilidad de personas con discapacidad* ***y, en todo caso, el establecimiento de los servicios de ascensor****, incluso cuando impliquen la modificación del título constitutivo, o de los estatutos, requerirá el voto favorable de* ***la mayoría de los propietarios, que, a su vez, representen la mayoría de las cuotas de participación****».*

Por tanto, la instalación del ascensor requerirá acuerdo mayoritario (sin que sea necesario vincularlo a la existencia de discapacitados o mayores de 70 años, como indicaba el art. 17. 1 LPH antes de la reforma) y el coste de la instalación se abonará por todos los propietarios en proporción a su cuota de participación.

3.2.2. Obligatoriedad de instalarlo

Existirá obligación de instalarlo:

1.– En cumplimiento del art. 10. b LPH (el subrayado es nuestro):

«b) Las obras y actuaciones que resulten necesarias para garantizar los ajustes razonables en materia de accesibilidad universal y, en todo caso, las requeridas a instancia de los propietarios en cuya vivienda o local vivan, trabajen o presten servicios voluntarios, personas con discapacidad, o mayores de setenta años, con el objeto de asegurarles un uso adecuado a sus necesidades de los elementos comunes, así como la instalación de rampas, ascensores u otros dispositivos mecánicos y electrónicos que favorezcan la orientación o su comunicación con el exterior, siempre que el importe repercutido anualmente de las mismas, una vez descontadas las subvenciones o ayudas públicas, no exceda de doce mensualidades ordinarias de gastos comunes. No eliminará el carácter obligatorio de estas obras el hecho de que el resto de su coste, más allá de las citadas mensualidades, sea asumido por quienes las hayan requerido.»

Entendemos que por la vía de este artículo, en la mayoría de comunidades, la instalación del ascensor no será obligatoria por su cuantía, pues normalmente dicho gasto suele ser bastante elevado y superar las doce mensualidades ordinarias de gastos comunes, todo ello sin perjuicio de que el resto de su coste, más allá de las citadas mensualidades, sea asumido por quienes las hayan requerido, en cuyo caso la instalación seguirá siendo obligatoria.

2.– En cumplimiento de la Ley 15/1995, como ocupante (Véase el apartado 3,3 *Obras de accesibilidad para personas con discapacidad*).

3.2.3. Sobre la interpretación de las cláusulas de exoneración y los ascensores

Al respecto se debe estudiar el título constitutivo con detenimiento y las posibles cláusulas de exoneración:

1.– Sobre la instalación: si existe cláusula que exime del deber de contribuir a *«gastos de conservación, limpieza, alumbrado de portales y escaleras»* o similar como gastos ordinarios o extraordinarios, la misma que no les libera del deber de contribuir a sufragar los gastos de instalación. En ese sentido se pronuncia la **STS de 20-10-2010** *(Tol 1978071)*, emitida por el Alto Tribunal en relación con la jurisprudencia contradictoria de las Audiencias Provinciales y en términos similares la **STS 13-11-2012** *(Tol 2693078)*,

2.- Existe la posibilidad de que los locales estén exentos de pago de gastos ordinarios pero no extraordinarios: en ese caso existirá obligación de sufragar las reparaciones de importancia: obsolescencia técnica, cambio de cables etc.

Si el título no distingue: el Tribunal Supremo ha considerado que si las cláusulas de exoneración excluyen del *«pago de ascensor»*, engloban todo tipo de gastos.

Jurisprudencia relevante

STS 10-2-2014 nº 38/2014 Rec nº 2336/2011 y STS 6-5-2013 Rec 2039/2009:

> *«Reiteramos como doctrina jurisprudencial que las exenciones genéricas de gastos que afectan a los locales contenidas en las cláusulas estatutarias, con apoyo en el no uso del servicio, comprenden tanto los gastos ordinarios como los extraordinarios».*

STS de 3-2-1994 *(Tol 199657)*:

> *«...Así mismo, el soporte fáctico referenciado y, más concretamente, el estudio de los Estatutos, en sus artículos de que se hizo mención explícita, lleva a reafirmarse en la realidad de un régimen peculiar para los locales del sótano y planta baja, basado en el 'no uso' del ascensor, y que se caracteriza en la exención de contribuir a los 'gastos y obligaciones que afecten a los servicios de ascensor', cuya exoneración, atendiendo al contenido de aquellos artículos, no cabe limitarle a los puros y simples de conservación y mantenimiento, pues debe hacerse extensiva a cuantos requieran el ascensor, con independencia de su naturaleza ordinaria o extraordinaria, y, por tanto, a los derivados del cambio o sustitución del ascensor, es decir, que, en definitiva y en expresión del juzgador de instancia, los actores se encuentran exonerados estatutariamente de contribuir a cualquier obligación que se refiera o traiga causa del ascensor...».*

Por su parte la **STS de 18 de noviembre de 2009** *(Tol 1748184)* puntualizó que

> *«...el Título utiliza el término genérico de 'gastos', y cabe concluir que hace referencia tanto a los ordinarios como a los extraordinarios, porque, donde la regla citada no distingue, no existe justificación para interpretar lo contrario».*

3.- Dudas sobre la obligatoriedad de contribuir a la sustitución: Las exenciones globales genéricas deben interpretarse sin distinción entre unos y otros, incluyendo el concepto gastos, tanto los ordinarios como los extraordinarios. STS de 18-11-2008 nº Rec. 956/2005

La STS de 18-11-2009 *(Tol 1748184)*, consideró que la cláusula de exoneración *«gastos»* incluiría tanto los ordinarios como los extraordinarios derivados de su sustitución.

4.- Sobre la posibilidad de acordar la exención de los gastos generales de mantenimiento de ascensor a los bajos.

Parte de la doctrina entiende que dicha exención deben catalogarse como una modificación estatutaria y por lo tanto, por la vía del artículo 17.6, exigirse para la misma la unanimidad. Sin embargo, la SAP de Madrid de 13-12-2014 *(Tol 4136870)* considera suficiente la mayoría: (el subrayado es nuestro):

> *«Y para la adopción de ese acuerdo de exención de los gastos generales o de mantenimiento de ascensor ya no es requerida, como hemos visto, la unanimidad, sino que basta que sea adoptado por la mayoría. Como ha ocurrido en el presente caso. Lo que está en correlación con la no exigencia ya de unanimidad para la validez del acuerdo de instalación del ascensor, como bien recuerda la STS, Civil sección 1 del 09 de octubre de 2008 (ROJ: STS 5233/2008): "La norma 1 ª del Ley 8/1999, dispone que 'el establecimiento o supresión de los servicios de ascensor, portería, conserjería, vigilancia u otros servicios comunes de interés general, incluso cuando supongan la modificación del título constitutivo o de los estatutos, requerirá el voto favorable de las tres quintas partes del total de los propietarios que, a su vez, representen las tres quintas partes de las cuotas de participación...'. Se trata de un precepto abierto que flexibiliza el régimen de mayorías para el establecimiento o supresión de determinados servicios comunes distintos de los que menciona siempre que ofrezcan un interés general a los comuneros, y que sin duda va a favorecer el progreso de las comunidades residenciadas en pisos o locales de vieja construcción desde el momento que escapan de la regla de la unanimidad y permiten que se puedan establecer con la mayoría de los tres quintos de propietarios"».*

3.2.4. Sobre la posibilidad de establecer servidumbres a favor de la comunidad en perjuicio de otro propietario

La **STS de 24-3-2011** *(Tol 2074791)* matiza los límites de la servidumbre en favor de la comunidad, al establecer (el subrayado es nuestro):

> *«...La instalación de un ascensor en una comunidad de vecinos que carece de este servicio, considerado como de interés general, permite la constitución de una servidumbre para tal fin, incluso cuando suponga la ocupación de parte de un espacio privativo, siempre que concurran las mayorías exigidas legalmente para la adopción de tal acuerdo. La ocupación de un espacio privativo, en el que difícilmente concurrirá el consentimiento del vecino afectado, que por tanto no se constituye en presupuesto ineludible en casos como el que se examina, encuentra su límite en el supuesto de que la privación del derecho de propiedad se lleve al extremo de suponer una pérdida de habitabilidad y funcionalidad del espacio privativo, circunstancias que no se han probado en el presente caso».*

Véase asimismo la **STS de 15-12-2010** *(Tol 2009316)* la cual se pronuncia favorablemente, en un caso muy concreto, por la ***validez de poder ocupar parte de la superficie del local de una planta baja para poder instalar un ascensor***:

> *«...Es evidente que con la instalación del ascensor no se inutiliza funcional ni económicamente el local ya que no se afecta la parte abierta al público y resta sin ocupar una zona importante de trastienda y servicios instalados en la misma (baño) que no se ven afectados en modo alguno por la ubicación del hueco del ascensor.*
>
> *Lo pedido por la comunidad se puede entender, por tanto, incluido en el ámbito de las servidumbres que debe soportar el propietario porque si bien es cierto que la obra de instalación de*

ascensor supone una carga importante, también lo es que no es arbitraria ni innecesaria para la Comunidad, de tal forma que más que una verdadera expropiación, lo que implica es una ocupación de carácter menor.

QUINTO.- Como contraprestación a la obligación impuesta al propietario, el artículo 9.1 letra c de la LPH le reconoce al propietario afectado el derecho a ser resarcido de los daños y perjuicios causados, los cuales vienen correctamente fijados en la sentencia de 1ª Instancia, a determinar en ejecución de sentencia, a salvo de los acuerdos a que pudieran llegar las partes, conforme a los siguientes criterios…».

Cuestiones útiles

13. Si los bajos comerciales están exentos del pago de «gastos de conservación, limpieza y alumbrado de portales y escaleras», ¿deben abonar la instalación de un ascensor en un edificio que carecía de él?

La **STS de 20-10-2010** *(Tol 1978071)* establece que la instalación de un ascensor en un edificio que carece de él ha de ser asumida por todos los propietarios, no estaría incluida dentro de la cláusula de exoneración referente a «conservación» (el subrayado es nuestro):

«Haciendo aplicación de la doctrina expuesta, hay que concluir que las cláusulas que eximen del deber de contribuir a 'gastos de conservación, limpieza, alumbrado de portales y escaleras' a los propietarios locales que no tienen acceso por dichos portales, deben entenderse en el sentido de que no les libera del deber de contribuir a sufragar los gastos de instalación de los mismos, en aquellos casos en los que es necesaria para la adecuada habitabilidad del inmueble, ya que, como afirma la referida sentencia 1151/2008, redunda en beneficio, sin excepción, de los propietarios del inmueble e incrementa no solo el valor de los pisos o apartamentos, sino de la finca en su conjunto, por lo que resultaría abusivo que la contribución a su pago no tuviera que ser asumida por todos los condueños».

14. Si el Título Constitutivo exime a los bajos comerciales de «gastos de ascensor», ¿han de pagar los propietarios de los mismos la sustitución del ascensor?

En este supuesto, aunque la instalación del ascensor se considera como una obra necesaria para la adecuada habitabilidad del inmueble, los bajos comerciales no tendrían que contribuir económicamente puesto que la cláusula de exoneración «gastos» incluiría tanto los ordinarios como los extraordinarios derivados de su sustitución y ante la imposibilidad de su uso. En estos términos se pronuncia la **STS de 18-11-2009** *(Tol 1748184)*:

«Por consiguiente, cabe concluir que la jurisprudencia de esta Sala sobre casos regidos por la Ley de Propiedad Horizontal en su redacción anterior a la reforma de 1999 ya se inclinaba claramente por considerar la instalación

del ascensor como un servicio o mejora exigible y, por lo tanto, requerido para la adecuada habitabilidad del inmueble, según terminología del párrafo primero del artículo 10 de dicha ley que con la reforma de 1999 pasó a integrar el apartado 1 del artículo 11, añadiéndose entonces 'seguridad' a 'conservación' y 'habitabilidad', conceptos a los que la reforma de 2003 agregó el de 'accesibilidad'.

(...) En el caso objeto del proceso, el Título Constitutivo excluye a las plantas bajas y entresuelos de los gastos de ascensor, con apoyo en su imposibilidad de uso; por demás, el Título utiliza el término genérico de 'gastos', y cabe concluir que hace referencia tanto a los ordinarios como a los extraordinarios, porque, donde la regla citada no distingue, no existe justificación para interpretar lo contrario».

15. ¿Podría aprobarse la instalación de un ascensor por mayoría por tratarse de una obra destinada a «supresión de barreras arquitectónicas» en un edificio con varios minusválidos?

Con anterioridad a la reforma de la LPH, existían dudas sobre dicho pormenor que la **STS de 18-12-2008** *(Tol 1413614)* abordó contemplando que, efectivamente, podría aprobarse por mayoría, si bien sería una mayoría cualificada, de personas y cuotas de participación:

«...Por lo que hace mención a la instalación de un ascensor en el edificio comunitario, amén del derecho de que gozan para ello los minusválidos según lo dispuesto en la Ley 15/1995, sin olvidar que esta cualificación la tienen quienes hayan cumplido setenta años de edad en virtud del artículo 1.3 de la referida Ley, dicha cuestión ha sido objeto del artículo 17.1ª, párrafo 2º, en virtud de la Ley 8/1999, a fin de que se pueda acordar, con las obligaciones de todos los comuneros de participación y pago, cuando se alcance el 'quórum' determinado en ese precepto, lo que no ha ocurrido en el caso debatido.

En la actualidad, las normas sobre la construcción exigen la presencia del ascensor cuando en un edificio se elevan tres o más plantas, cuyo presupuesto viene también requerido por el mercado inmobiliario, y con referencia a fincas antiguas, aparte de satisfacer las referidas necesidades de personas minusválidas, es un elemento esencial para la utilización de un edificio, que redunda en beneficio, sin excepción, de los propietarios de un inmueble, no sólo a los efectos de las mentadas atenciones y del bienestar material, sino también porque incrementa el valor de los pisos o apartamentos y revaloriza la finca en su conjunto, y resultaría abusivo que la contribución a su pago no tuviera que ser asumida por todos los condueños.

Con la reforma introducida mediante la Ley 51/2003, de igualdad de oportunidades, no discriminación y accesibilidad universal a las personas con discapacidad, se ha incluido una referencia con los artículos 10 y 11 de la Ley de Propiedad Horizontal, con la única diferencia de que en estos preceptos se menciona la 'accesibilidad' y en el artículo 17.1ª, párrafo 3º, se hace referencia a la 'supresión de barreras arquitectónicas'.

Sobre la normativa a favor de los minusválidos, desde la perspectiva del artículo 11, la Ley de Propiedad Horizontal la ha introducido en el artículo 17, 1ª, párrafo 3º, con la precisión de que no se trata de una mayoría simple, sino que ha de alcanzarse el acuerdo mayoritario sobre el total de los propietarios y de las cuotas de participación; cuando esto se consigue, todos están obligados a pagar, como determinan las SSAP de Murcia de 19 de abril de 2001 y Valencia de 11 de marzo de 2002; en efecto, el acuerdo obliga a todos los comuneros, tanto a los que hayan votado favorablemente, como a los que han disentido, y eso supone que deben permitir que se lleve a efecto y abonar lo que corresponda, sin perjuicio de la impugnación judicial si concurren las circunstancias del artículo 18 de la Ley.
Respecto a la posibilidad de instalación del ascensor con la utilización del concepto de 'supresión de barreras arquitectónicas', se han dictado varias sentencias por las Audiencias Provinciales, entre las que se encuentran las de Madrid, de 19 de febrero de 2002; Asturias, de 26 de febrero de 2002; Valencia, de 11 de marzo y 14 de septiembre de 2002; sin que otras resoluciones se pronunciaran en sentido negativo, salvo cuando se demuestre la incompatibilidad con la configuración del edificio (SAP de Málaga, de 8 de mayo de 2002), o se necesite la autorización del propietario afectado (SAP de Asturias, de 15 de abril de 2002).
En el caso que nos ocupa, se considera acreditada la existencia de once vecinos del edificio comunitario con alguna minusvalía, cuyo hecho no se ha discutido en el recurso».
Sin embargo con la nueva redacción del artículo 17.2 LPH, no existen dudas al respecto, pues el mismo ha establecido que (el subrayado es nuestro): *«Sin perjuicio de lo establecido en el artículo 10.1 b), la realización de obras o el establecimiento de nuevos servicios comunes que tengan por finalidad la supresión de barreras arquitectónicas que dificulten el acceso o movilidad de personas con discapacidad y, en todo caso, el establecimiento de los servicios de ascensor, incluso cuando impliquen la modificación del título constitutivo, o de los estatutos, requerirá el voto favorable de la mayoría de los propietarios, que, a su vez, representen la mayoría de las cuotas de participación.*
Cuando se adopten válidamente acuerdos para la realización de obras de accesibilidad, la comunidad quedará obligada al pago de los gastos, aun cuando su importe repercutido anualmente exceda de doce mensualidades ordinarias de gastos comunes».

3.3. Obras de accesibilidad para personas con discapacidad

3.3.1. Procedimiento

El procedimiento por el que una persona con discapacidad o mayor de setenta años puede promover una acción para suprimir barreras arquitectónicas en una comunidad de propietarios sujeta a la LPH, se puede concretar en tres vías distintas:

A) Instar a la comunidad a realizar y sufragar obras cuyo importe no exceda de doce mensualidades de gastos comunes (una vez descontadas las subvenciones o ayudas públicas):

El artículo 10.1.b establece que (el subrayado es nuestro):

> *1. Tendrán carácter obligatorio y no requerirán de acuerdo previo de la Junta de propietarios, impliquen o no modificación del título constitutivo o de los estatutos, y vengan impuestas por las Administraciones Públicas o solicitadas a instancia de los propietarios, las siguientes actuaciones:*
>
> *b) Las obras y actuaciones que resulten necesarias para garantizar los ajustes razonables en materia de accesibilidad universal y, en todo caso, las requeridas a instancia de los propietarios en cuya vivienda o local vivan, trabajen o presten servicios voluntarios, personas con discapacidad, o mayores de setenta años, con el objeto de asegurarles un uso adecuado a sus necesidades de los elementos comunes, así como la instalación de rampas, ascensores u otros dispositivos mecánicos y electrónicos que favorezcan la orientación o su comunicación con el exterior, siempre que el importe repercutido anualmente de las mismas, una vez descontadas las subvenciones o ayudas públicas, no exceda de doce mensualidades ordinarias de gastos comunes. No eliminará el carácter obligatorio de estas obras el hecho de que el resto de su coste, más allá de las citadas mensualidades, sea asumido por quienes las hayan requerido.*

Si las obras superan doce mensualidades ordinarias de gastos comunes, seguirán siendo obligatorias estas obras si el resto de su coste, más allá de las citadas mensualidades, se asume por quien las haya requerido.

B) Si las obras superan las doce mensualidades ordinarias de gastos comunes y quienes las instan, no asumen el resto de su coste, se puede intentar promover acuerdo de la junta de la comunidad, de al menos la mayoría de propietarios y cuotas de participación.

Si se adoptará dicho acuerdo vinculará a todos los propietarios, incluidos los disidentes.

En ese sentido el art. 17.2 establece que (el subrayado es nuestro):

> *«2. Sin perjuicio de lo establecido en el artículo 10.1 b), la realización de obras o el establecimiento de nuevos servicios comunes que tengan por finalidad la supresión de barreras arquitectónicas que dificulten el acceso o movilidad de personas con discapacidad y, en todo caso, el establecimiento de los servicios de ascensor, incluso cuando impliquen la modificación del título constitutivo, o de los estatutos, requerirá el voto favorable de la mayoría de los propietarios, que, a su vez, representen la mayoría de las cuotas de participación.*
>
> *Cuando se adopten válidamente acuerdos para la realización de obras de accesibilidad, la comunidad quedará obligada al pago de los gastos, aun cuando su importe repercutido anualmente exceda de doce mensualidades ordinarias de gastos comunes».*

C) El interesado puede obligar a la comunidad a consentir la realización de obras de accesibilidad a través del procedimiento previsto en la Ley 15/1995 sobre límites del dominio sobre inmuebles para eliminar barreras arquitectónicas a las personas con discapacidad.

Es este caso será el interesado el que asuma el coste de las mismas, debiendo notificar a la comunidad la necesidad de ejecutar las obras y si ésta comunica, en el plazo de 60 días su oposición, el interesado podrá acudir a la jurisdicción civil para defender su pretensión.

3.3.2. Consideración/acreditación de persona con discapacidad

La Ley 26/2011, de 1 de agosto, de adaptación normativa a la Convención Internacional sobre los Derechos de las Personas con Discapacidad, establece que en su artículo 2 que (el subrayado es nuestro):

> *«Son personas con discapacidad aquellas que presenten deficiencias físicas, mentales, intelectuales o sensoriales a largo plazo que, al interactuar con diversas barreras, puedan impedir su participación plena y efectiva en la sociedad, en igualdad de condiciones con los demás.*
> *Las medidas de defensa, de arbitraje y de carácter judicial, contempladas en esta Ley serán de aplicación a las personas con discapacidad, con independencia de la existencia de reconocimiento oficial de la situación de discapacidad o de su transitoriedad. En todo caso, las Administraciones públicas velarán por evitar cualquier forma de discriminación que afecte o pueda afectar a las personas con discapacidad.*
> *Ello no obstante, a los efectos de esta Ley, tendrán la consideración de personas con discapacidad aquellas a quienes se les haya reconocido un grado de discapacidad igual o superior al 33 por ciento. En todo caso, se considerarán que presentan una discapacidad en grado igual o superior al 33 por ciento los pensionistas de la Seguridad Social que tengan reconocida una pensión de incapacidad permanente en el grado de total, absoluta o gran invalidez, y a los pensionistas de clases pasivas que tengan reconocida una pensión de jubilación o de retiro por incapacidad permanente para el servicio o inutilidad.*
> *La acreditación del grado de discapacidad se realizará en los términos establecidos reglamentariamente y tendrá validez en todo el territorio nacional.»*

Las infracciones y sanciones en materia de igualdad de oportunidades, no discriminación y accesibilidad universal de las personas con discapacidad, vienen recogidas en el Título III, del Real Decreto Legislativo 1/2013, de 29 de noviembre, por el que se aprueba el Texto Refundido de la Ley General de derechos de las personas con discapacidad y de su inclusión social *(Tol 4020264)*.

Formularios de interés

Modelo de acta por el que la Junta autoriza la agrupación de dos pisos. *(Tol 4575093)*
Modelo de acta por la cual la Junta aprueba obras de innovación. *(Tol 4575100)*
Modelo de acta por la cual la Junta aprueba la modificación de elementos comunes en favor de personas con discapacidad. *(Tol 4575139)*
Modelo de acta por la cual la Junta aprueba la instalación del servicio de gas ciudad. *(Tol 4575140)*
Modelo de acta por la cual la Junta aprueba la instalación del ascensor. *(Tol 4575141)*

Modelo de acta por la cual la Junta aprueba la instalación de televisión por cable. *(Tol 4575142)*
Comunicación al propietario disidente, obligación de pago en obras innovación. *(Tol 4575160)*
Comunicación al Presidente, Secretario o Administrador para aumentar un local por agregación de otro colindante. *(Tol 4575166)*
Comunicación al Presidente, Secretario o Administrador para dividir una vivienda y formar otras más reducidas. *(Tol 4575167)*

Esquema del capítulo

OBRAS EN ELEMENTOS COMUNES:

❒ **OBRAS DE REPARACIÓN:**

- ORDINARIAS: necesarias para reparar los desperfectos causados por el uso habitual del inmueble.
- EXTRAORDINARIAS: necesarias para reparar los desperfectos no provocados por el uso regular o habitual en las instalaciones.
- URGENTES: ordenadas por el Administrador debido a su imperiosa necesidad.

❒ **OBRAS OBLIGATORIAS:**

- Impuestas por la Administración.
- Solicitadas por los comuneros si son necesarias para el adecuado mantenimiento y conservación del inmueble.
- Obras de accesibilidad que no superen las 12 mensualidades ordinarias de gastos comunes.

❒ **OBRAS DE INNOVACIÓN:**

No requeridas para la adecuada conservación, habitabilidad, seguridad y accesibilidad del inmueble, según su naturaleza y características.

OBRAS EN ELEMENTOS COMUNES:

❒ **OBLIGATORIAS:**

Tendentes a mantener en buen estado de conservación el piso o local.

❒ **VOLUNTARIAS:**

Las que el propietario estime conveniente siempre que no menoscaben o alteren la seguridad del edificio, su estructura general, configuración, estado anterior o se perjudique los derechos de otro propietario.

VIII Los procedimientos judiciales en la Ley de Propiedad Horizontal

1. CUESTIONES GENERALES

El derecho procesal en general se apoya en tres conceptos básicos: la jurisdicción (competencia), la acción y el proceso que podemos aplicar a los procedimientos de la LPH para comprenderlos mejor.

1.1. Competencia

La competencia, es el ámbito sobre el que un órgano judicial ejerce su jurisdicción, es decir su potestad para juzgar y hacer ejecutar lo juzgado, y se divide en tres clases: a) competencia objetiva (según la materia o la cuantía); b) competencia funcional (la fase procesal) y c) competencia territorial (el territorio en el que se ejerce).

En materia de propiedad horizontal conocen los Juzgados de Primera Instancia porque ostentan competencia: a) objetiva, al ser una materia civil no atribuida a otros tribunales expresamente (art. 45 LEC); b) funcional, pues conocen de la primera fase del proceso, ya que de la apelación conocen las Audiencias Provinciales y de los recursos de casación y extraordinario por infracción procesal el Tribunal Supremo; c) territorial, art. 52 se fija a favor del Juzgado del lugar en que radique la finca (art. 52.1.8º LEC) sin que sea posible la sumisión expresa o tácita a favor de otros Juzgados (art. 54.1 LEC) y es apreciable de oficio por el propio órgano jurisdiccional (art. 58 LEC).

En el proceso monitorio que se sigue para la reclamación de deudas a propietarios morosos, se recoge expresamente este fuero territorial junto con el domicilio o residencia del deudor a elección del demandante (art. 813 párrafo primero «in fine» de la LEC).

1.2. Acción

Se entiende por acción, el derecho de todos los ciudadanos a acceder bien a la jurisdicción, al proceso o a obtener una tutela judicial efectiva (art. 24.1 CE): *«Todas las personas tienen derecho a obtener la tutela efectiva de los jueces y tribunales en el ejercicio de sus derechos e intereses legítimos, sin que en ningún caso pueda producirse indefensión»*.

Las personas en cuanto ejercen su derecho de acción se convierten en partes, pero necesitan para ello ostentar capacidad para ser parte, capacidad procesal y legitimación; en ocasiones concurren varias partes (litisconsorcio) y generalmente actúan a través de profesionales (postulación).

1.2.1. Las partes

Parte es la persona que interpone la pretensión ante el órgano jurisdiccional (demandante o actor) y la persona frente a la que se interpone (demandado). Para poder constituirse en parte, las personas han de tener capacidad para ser parte y capacidad procesal.

1.2.2. La capacidad para ser parte

Se entiende que es la capacidad para pedir la tutela judicial, atribuida a quienes tienen la capacidad jurídica.

> La tienen las personas físicas y jurídicas. Pero la LEC también se la atribuye en su art. 6.5º a *«las entidades sin personalidad jurídica a las que la ley reconozca capacidad para ser parte»*. Aquí se incluye a las Comunidades de propietarios, tanto a las constituidas en régimen de propiedad horizontal, las no constituidas formalmente pero que cumplen los requisitos del 396 CC, así como los complejos inmobiliarios privados y las multipropiedades.

1.2.3. La capacidad procesal

Es la aptitud para comparecer en juicio y realizar válidamente actos procesales. Las personas físicas ostentan capacidad procesal como regla general, aunque por los menores, incapacitados, pródigos deben actuar sus representantes legales. Por las personas jurídicas los órganos que legalmente les representen.

Según el art. 7.6 LEC *«Por las entidades sin personalidad a que se refiere el nº 5 apartado 1, comparecerán en juicio por medio de las personas a quienes la ley, en cada caso, atribuya la representación en juicio de dichas entidades»*.

Así la LPH en su art. 13.3 la atribuye al presidente (*«el presidente ostentará legalmente la representación de la Comunidad en juicio y fuera de él, en todos los asuntos que la afecten»*) y al vicepresidente en defecto de aquel (*sustituye al presidente en casos de ausencia, vacante o imposibilidad*) (art. 13.4). La condición de presidente o vicepresidente se acredita mediante certificación del acuerdo de la Junta donde consta su nombramiento expedido por el Secretario (art. 264.2º LEC).

El art. 21.1 LPH, establece que en el supuesto de reclamación de cantidades adeudadas a la Comunidad por propietarios morosos, la comparecencia en juicio puede efectuarse a través del administrador si la junta de propietarios lo autoriza.

1.2.4. La legitimación

Es la posición que ocupa una persona en relación con el objeto del pleito y que le permite actuar como parte, bien por ser titular de un derecho subjetivo privado (legitimación activa) o bien ser titular de un deber u obligación (legitimación pasiva).

1.2.4.1. Legitimación activa

a) La tiene la Comunidad de Propietarios para actuar en defensa de sus intereses.

Jurisprudencia relevante

La Sentencia del Tribunal Supremo de 19 de febrero de 2014, perfila el ámbito de la representación procesal del Presidente y de su falta de legitimación activa para instar por si mismo acciones judiciales en defensa de la Comunidad. Así confirma la doctrina de la Sala apoyándose en sentencias anteriores:

«La STS de 10 de octubre de 2011 al estudiar la legitimación del Presidente para representar en juicio a la Comunidad de Propietarios, declaró: "Se trata de impedir que su voluntad personal sea la que deba vincular a la Comunidad, lo que se consigue sometiendo al conocimiento de la junta de propietarios la cuestión que se somete a la decisión judicial, habida cuenta el carácter necesario de las normas que rigen la propiedad horizontal, que impide dejarlas al arbitrio y consideración exclusiva del presidente". Aunque la Ley de Propiedad Horizontal únicamente exige de modo expreso el acuerdo previo para que el presidente pueda ejercitar acciones judiciales en defensa de la Comunidad de propietarios en los supuestos concretos de acción de cesación de actividades prohibidas por los estatutos que resulten dañosas para la finca (artículo 7.2 LPH) y de reclamación de cuotas impagadas (artículo 21LPH), no resulta razonable sostener que la facultad de representación que se atribuye de modo genérico al presidente le permita decidir unilateralmente sobre asuntos importantes para la Comunidad. (STS 10/10/11, 27/03/12)

En definitiva, es reiterada la jurisprudencia de esta Sala, que declara como doctrina jurisprudencial la necesidad de un previo acuerdo de la junta de propietarios que autorice expresamente al presidente de la Comunidad para ejercitar acciones judiciales en defensa de esta salvo que el presidente actúe en calidad de copropietario o los estatutos expresamente dispongan lo contrario. (SSTS 27/03/12, 12/12/12 entre otras)».

Esta exigencia se amplía a los supuestos en que siendo una Comunidad demandada por un propietario, el presidente sin estar autorizado por la junta aprovecha para, además de contestar presentar una demanda contra el copropietario (lo que se conoce como presentar una «reconvención»). La Sentencia de 10 de octubre de 2011 señala al respecto:

> *«...lo que no ocurre en el presente caso en el que se actúa contra uno de los propietarios que forma parte de la Comunidad, utilizando el procedimiento iniciado por este, no sólo para contestar y oponerse a la demanda, sino para reconvenir interesando la nulidad de una cláusula estatutaria huérfana de acuerdo previo de la junta».*

No obstante lo anterior, hay que tener en cuenta que el Tribunal Supremo ha admitido que cada propietario en caso de pasividad del Presidente y del resto de copropietarios, pueda ejercitar las acciones pertinentes en defensa del interés común, que viene dado por su participación indivisa en los elementos comunes.

Así lo expresa la **Sentencia de 8 de julio de 2005 de la Audiencia Provincial de Madrid (Sección 14ª)** *(Tol 699550)* resumiendo la jurisprudencia del Tribunal Supremo:

> *«Cualquiera de los comuneros está legitimado para actuar en beneficio de la Comunidad correspondiente sin que sea necesario un acuerdo expreso para ello puesto que como señala la STS 8-4-92 'es doctrina inconclusa y constante de esta Sala (SS 19 mayo 1984, 30 mayo 1986; 13 febrero, 21 septiembre, 26 noviembre y 7 diciembre 1987, 15 enero 1988; 17 abril 1990 y otras) que no se da la falta de legitimación en el actor cuando, aunque no se haya hecho constar en la demanda, de una manera expresa, que se actúa en nombre de la Comunidad y en interés de la misma, pues plantea una pretensión que de prosperar ha de redundar en provecho de la Comunidad. Por tanto, la legitimación activa del comunero, en cualquier clase de Comunidad incluso en la propiedad horizontal, viene determinada, como en este caso, por su fundamento en el derecho material ejercitado (acción en provecho común) y por el resultado provechoso pretendido siempre que no se demuestre una actuación en beneficio exclusivo del actor. Por consiguiente, es indiscutible que cualquiera de los comuneros puede comparecer en juicio en asuntos que afecten a la Comunidad.' Siguiendo esta misma doctrina los miembros de una mancomunidad, como son las Comunidades de vecinos y los propios vecinos comuneros tienen legitimación, sin necesidad de acuerdo alguno de la misma, para reclamar cuestiones que son indudablemente en beneficio de toda la Comunidad, como son en el caso de autos los defectos en la construcción de zonas comunes».*

b) También la posee cada propietario para impugnar acuerdos de la junta *«siempre que esté al corriente en el pago de la totalidad de las deudas vencidas con la Comunidad o proceder previamente a la consignación judicial de las mismas». (Art. 18.2 LPH).* Aunque *«esta regla no será de aplicación para la impugnación de los acuerdos relativos al establecimiento o alteración de las cuotas de participación.»*

Jurisprudencia relevante

En relación con esta excepción la Sentencia del Tribunal Supremo de 22 de octubre de 2013 puntualiza que:

«Cuando el art. 18.2 de la Ley de Propiedad Horizontal excepciona de la obligación de estar al corriente en el pago de la totalidad de las deudas vencidas con la Comunidad o proceder previamente a la consignación judicial de las mismas para "la impugnación de los acuerdos de la Junta relativos al establecimiento o alteración de las cuotas de participación a que se refiere el art. 9 entre los propietarios", se incluyen en el ámbito de la excepción no solo los acuerdos que modifiquen la cuota de participación fijada en el título y prevista en el párrafo segundo del art. 5 de la Ley de Propiedad Horizontal sino también los demás acuerdos que establezcan un sistema de distribución de gastos, bien sea de manera general, bien para algunos gastos en particular, y tanto cuando el referido sistema de distribución de gastos se acuerde con vocación de permanencia o para una determinada ocasión».

c) En caso de que un piso pertenezca en copropiedad a varias personas, cada uno de éstas puede ejercitar las acciones oportunas en beneficio de los demás sin que a éstos les perjudique en lo adverso.

Jurisprudencia relevante

La Sentencia del Tribunal Supremo de 14 marzo 1994 *(Tol 1665312)* es muy ilustrativa al efecto al estudiar el supuesto en que los compradores sean dos cónyuges en régimen de separación de bienes:

«Pues el hecho de que entre dos cónyuges exista régimen de separación de bienes, no impide en modo alguno que los mismos (como cualesquiera otras personas) puedan adquirir un bien "por mitad e iguales partes en proindiviso", en cuyo caso, con relación a dicho concreto bien, surge entre los esposos compradores, no una Comunidad conyugal (del tipo de la de gananciales), sino un condominio ordinario, como así lo dice expresamente el artículo 1414 del Código Civil para el régimen de participación (al que, durante la vigencia del mismo, se le aplican las normas relativas al de separación de bienes —artículo 1413 del mismo Cuerpo Legal—), cuyo precepto (el primero de los que acaban de citarse) es, obviamente, también aplicable al régimen de separación, y siendo ello así, y surgida entre los dos esposos, con relación al expresado piso, una Comunidad de bienes (condominio ordinario), regida por los artículos 392 y siguientes del Código Civil, es evidente que cualquiera de los comuneros puede ejercitar acciones en beneficio de la Comunidad, según reiterada y pacífica doctrina de esta Sala [Sentencias de 15 enero 1988 (RJ 1988\120), 21 junio y 18 diciembre 1989 (RJ 1989\4769 y RJ 1989\8841), 28 octubre y 13 diciembre 1991 (RJ 1991\7242 y RJ 1991\9005), 8 abril y 6 noviembre 1992 (RJ 1992\3023 y RJ 1992\9229), 6 abril y 22 mayo 1993 (RJ 1993\2792 y RJ 1993\3723), por citar algunas], que es lo que hizo la actora doña Cecilia M. C., al formular la demanda iniciadora de este proceso.»

d) Si la vivienda se está disfrutando en usufructo, la legitimación activa para el ejercicio de las acciones judiciales corresponde al nudo propietario y no al usufructuario.

Jurisprudencia relevante

Así lo establece la Sentencia de 13 de febrero de 2009 de la Audiencia Provincial de Madrid:

> *La jurisprudencia de las Audiencias estima que dicha obligación participativa recae sobre el nudo propietario y no sobre el usufructuario, sin perjuicio de la relación interna con el usufructuario, regida por los artículos 500 y siguientes del Código Civil. A tal respecto se recuerda que tanto el artículo 9 como el 20, ambos de la Ley de Propiedad Horizontal, en su redacción anterior a su reforma por Ley 8/1999, respecto a la obligación de contribuir a los gastos generales y derramas, se refieren sólo al propietario o al que tenga la titularidad del piso o local, condición que recae exclusivamente sobre el propietario y no sobre el usufructuario, titular sólo de un derecho real sobre cosa ajena —en su redacción vigente tanto el artículo 9 como el 21 también se refieren al propietario—. Reiterando que la única referencia al usufructuario es la contenida en el artículo 14.3 de dicha Ley —tras la referida reforma, artículo 15.1, apartado tercero—, concediéndole sólo un poder de representación, del que se desprende que los acuerdos aprobados vinculan al representado (nudo propietario) y no al representante (usufructuario); y que, por otro lado, la afectación real (artículo 9 de la Ley) grava el derecho real del propietario y no del usufructuario, quien, por tanto, frente a la Comunidad es ajeno al cumplimiento de las obligaciones dominantes del régimen de propiedad horizontal (Sentencias de la Audiencia Provincial de Barcelona de 18 de abril de 2000 EDJ2000/21935; y de Murcia de 12 de febrero de 2002).*

Sin embargo, lo cierto es que alguna Sentencia sí que concede legitimación activa al usufructuario, así la Sentencia de 22 de septiembre de 1997 de la Audiencia Provincial de Santa Cruz de Tenerife:

> *«Aunque históricamente los derechos dimanantes de la propiedad horizontal sólo se reconocían a los titulares dominicales, no puede ignorarse que el concepto de legitimación exclusivamente vinculado al derecho subjetivo no puede sostenerse en nuestro ordenamiento, tras la publicación de la Constitución que, en su artículo 24, reconoce el derecho a la tutela judicial efectiva de los derechos e intereses legítimos, lo que se ha traducido en reconocer legitimación a todos los titulares de un interés legítimo; y así, en el marco de la propiedad horizontal la Sentencia del Tribunal supremo de 16 febrero 1987 (RJ 1987\696), le reconoce legitimación al arrendatario para ejercer las acciones de impugnación, razones por las que de igual manera se debe reconocer la legitimación del usufructuario vitalicio para invocar esa normativa en defensa de su legítimo interés a que la vivienda que usa y disfruta no sufra perjuicios derivados de la actuación o construcción de un copropietario sobre elementos comunes, por lo que debe rechazarse la referida excepción».*

e) La atribución judicial del uso de la vivienda a uno de los cónyuges en caso de separación, no afecta a la legitimación activa que, siempre recaerá en el cónyuge que sea propietario del piso.

Jurisprudencia relevante

Esta es la línea que sigue la jurisprudencia menor de las Audiencias, como expone la Sentencia de 3 de febrero de 2009 de la Audiencia Provincial de Madrid:

«No se desconoce la doctrina reiterada no sólo por esta Audiencia Provincial (por todos, auto de 30 de noviembre de 2001 y auto de 3 de junio de 2003) sino por otras muchas Audiencias (Cantabria sentencia de 24 de junio de 2004, Barcelona sentencia de 23 de julio de 2004, Santa Cruz de Tenerife de fecha 26 de julio de 2004) que establece que en procedimientos como el que nos ocupa 'los gastos de Comunidad deben ser abonados por el usuario a quien se ha atribuido el uso de la vivienda familiar, no por el titular del inmueble, aunque la sentencia no contenga un pronunciamiento expreso al respecto'».

f) Los arrendatarios no tienen legitimación activa porque no son propietarios, sin embargo el Tribunal Supremo ha reconocido en alguna ocasión su legitimación para impugnar los acuerdos de la Junta General que pudieran afectar a la resolución de su contrato de arrendamiento.

Jurisprudencia relevante

La Sentencia de 16 de febrero de 1987 del Tribunal Supremo es muy clara al respecto:

«Aunque la norma cuarta del artículo 16 de la Ley de Propiedad Horizontal antes referida, únicamente legitima para el ejercicio de la acción de impugnación al propietario disidente, en el supuesto concreto contemplado por su artículo 19, con expresa remisión, además, al párrafo tercero del artículo 7.º, tal legitimación, dada la reiterada referencia al "ocupante del piso o local" que la norma (artículo 19) contiene, no puede menos de atribuirse, también, al arrendatario dado el indudable interés que le asiste a no ser privado del uso del piso o local, amén de que ello incluso podría significar para él la resolución del pacto locativo a instancia del arrendador por concurrencia de la causa 8.ª del artículo 114 de la Ley de Arrendamientos Urbanos».

1.2.4.2. Legitimación pasiva

La acción que se ejercite, según los casos, se puede dirigir contra la Comunidad de Propietarios o frente a un Propietario.

En el supuesto de que sobre la vivienda se haya constituido un usufructo, la mayoría de la doctrina considera que la acción se debe dirigir contra el propietario (denominado «nudo propietario») y no frente al usufructuario.

Jurisprudencia relevante

Esta es la posición que describe la Sentencia de 18 de abril de 2000 de la Audiencia Provincial de Barcelona *(Tol 2008824)*:

«La mayoría de la llamada pequeña jurisprudencia (de la que son muestra las sentencias de la Audiencia Provincial citadas por la apelante) estima que dicha obligación recae sobre el nudo propietario y no sobre el usufructuario, sin perjuicio de la relación interna con el usufructuario, regida por los artículos 500 y siguientes del Código Civil. En este sentido cabe citar la sentencia de 14 de julio de 1998 dictada por la Sección 13 de la Audiencia Provincial de Madrid con fundamento en los siguientes razonamientos —en relación a la Ley de Propiedad Horizontal de 21 de julio de 1960, aplicable al caso por razón de vigencia temporal—, que esta Sala comparte y asume: A) Tanto su artículo 9 como el 20 en cuanto a la obligación de contribuir a los gastos generales se refieren sólo al propietario o al que tenga la titularidad del piso o local, condición que recae exclusivamente sobre el propietario y no sobre el usufructuario, titular sólo de un derecho real sobre cosa ajena. B) Cuando el legislador ha querido imponer obligaciones al "ocupante" del piso o local, además de al propietario, así lo ha establecido expresamente como lo demuestran los artículos 7 y 19 de la misma Ley. C) La única referencia al usufructuario es la contenida en el artículo 14 párrafo tercero, concediéndole sólo un poder de representación, del que se desprende que los acuerdos aprobados vinculan al representado (nudo propietario) y no al representante (usufructuario). D) La afectación real establecida por el párrafo segundo de la regla 5ª del artículo 9 grava el derecho real del propietario y no el del usufructuario, quien, por tanto, frente a la Comunidad es ajeno al cumplimiento de las obligaciones dimanantes del régimen de propiedad horizontal».

No obstante, en alguna ocasión, se ha considerado que ese usufructuario goza de legitimación pasiva como explica la Sentencia de 23 de febrero de 1999 de la Audiencia Provincial de Asturias:

«Sin embargo, un sector doctrinal, de la que es exponente la señora Moreno-Torres Herrera, considera que ello no impide la transmisión de la deuda a otra persona cuando lo consientan el conjunto de los propietarios, y ello es lo que esta Sala entiende que se produjo en este supuesto en tanto que, como bien razona el juzgador de instancia, el aquí apelante se comportó en todo momento como deudor de los gastos comunes, los que hizo efectivos al portero del inmueble en varias ocasiones tal y como éste manifestó al comparecer como testigo. Esa conducta se explica, además, porque los nudos propietarios son dos hijos menores del usufructuario sobre los que éste tiene la patria potestad, por lo que resulta lógico que asumiera las obligaciones impuestas a éstos. En consecuencia en virtud de este acto propio de asumir el pago de las cuotas, admitido por la Comunidad en cuanto que lo tuvo siempre por deudor, debe responder de la suma reclamada».

Nos encontramos ante un «**litisconsorcio pasivo necesario**» cuando han sido demandados una pluralidad de partes y las normas conceden legitimación pasiva a varias personas conjuntamente y no de forma separada. Existe una única pretensión que exige un único pronunciamiento del juez que afectará a todos los demandados. Se da, por ejemplo, cuando se ejercita una acción reivindicando la propiedad de un bien que pertenece a varias personas.

En la LPH se plantea su existencia en dos supuestos:

a) Procedimiento de cesación de actividades prohibidas, art. 7.2 in fine *«La demanda habrá de dirigirse contra el propietario y, en su caso, contra el ocupante de la vivienda o local»*. La jurisprudencia aparece dividida, siendo mayoritaria la que entiende que no hay necesidad de demandar conjuntamente al propietario y al ocupante, (no habría litisconsorcio pasivo necesario) y puede dirigir la acción sólo contra éste.

Jurisprudencia relevante

La sentencia del Tribunal Supremo de 18 julio 1991 es muy clarificadora al respecto y resulta citada por otras posteriores como la Sentencia de 16 de julio de 1993:

> *«En cuyo supuesto, como ya tiene dicho esta Sala (Sentencia de 13 de junio de 1972), "la Ley faculta a la Junta para subrogarse en el lugar del propietario y, por tanto, con los mismos derechos y obligaciones", por lo que cuando, en uso de la facultad que le confiere dicho precepto, la Junta de Propietarios ejercita la acción correspondiente, por subrogación o sustitución —Sentencia de 24 de enero de 1975— del titular de la misma (arrendador), ante la negativa de éste a ejercitarla, es obvio que dicho titular de la acción no tiene que ser llamado al proceso, pues su posición procesal, que habría de ser la de demandante, no la de demandado (como aquí parece sostener el recurrente), ya está plenamente cubierta por el mecanismo de la legitimación por sustitución (que entraña el ejercicio, en nombre propio, de una acción por persona distinta del titular de la misma y por subrogación en la posición jurídica de éste), a través del cual la resolución que recaiga en el proceso (en el que su interés jurídico ha sido asumido por el sustituto o subrogado) le afectará del mismo modo que si él, personalmente, hubiera ejercitado la acción y que no ejercitó por su negativa a hacerlo».*

Sin embargo, otras resoluciones entienden que sí concurre esta figura. Este es el parecer de la Sentencia de 20 mayo 2002 dictada por la Audiencia Provincial de Tenerife:

> *«Es reiterada doctrina jurisprudencial, de aplicación a la litis, dentro de los supuestos de legitimación extraordinaria, la admisión por el TS que el comunero actúe en el proceso en nombre propio derechos de la Comunidad y en provecho de ésta si no hay oposición de los demás comuneros o coherederos, de modo que la sentencia dictada a favor de uno aprovechará a los demás, sin que les perjudique la adversa o contraria; lo que supone, que el comunero puede ejercitar las acciones que puedan favorecer a los demás, pero no puede ser demandado solo. De todo ello resulta, que debe de estimarse bien constituida la relación jurídico-procesal respecto de la demanda, y por tanto legitimada la actora; y mal constituida la relación jurídico procesal respecto de la reconvención por concurrir la excepción de falta de litisconsorcio pasivo necesario al haber sido demandados los demás comuneros, lo que ha sido adecuadamente resuelto por la sentencia apelada».*

b) Procedimiento reclamación de deudas para propietarios morosos, Art. 21.4 LPH. Tras la reforma del introducida por la LEC 7 enero 2000, no existe ya el litisconsorcio pasivo necesario puesto que no es necesario demandar conjuntamente al propietario actual y al titular registral, al contrario de lo que acontecía en el texto tras la Reforma de la LPH de 6 de abril de 1999.

1.2.5. Postulación procesal: Abogado y Procurador

La ley dispone que, las partes, en determinados procedimientos judiciales, han de actuar por medio de abogado y procurador. El primero asume la defensa técnica y, el segundo, la representación.

Los servicios de estos profesionales son necesarios en todos los procedimientos, se exceptúan, según establece los arts. 23 y 31 LEC:

a) Los juicios verbales cuya cuantía no exceda de 2.000 euros.
b) La presentación de la petición inicial de procedimiento monitorio (aunque sí que es necesario para contestarla si la cuantía que se reclama excede de 2.000 euros, según los arts. 818.2 y 250.2 LEC).
c) El juicio de equidad.

El poder para el nombramiento de procurador será otorgado por el propietario que haya sido designado presidente, como representante legal de la Comunidad (art. 13 LPH). Ese poder será válido aunque después ese presidente haya sido sustituido por otro, pues como afirma la Sentencia de 22 de abril de 2002 de la Audiencia Provincial de Sevilla:

> *«dado que n la fecha del otorgamiento del poder, la persona que lo otorga tenía la condición de Presidente de la Comunidad y por tanto estaba legitimado para lo, en ese momento, de conformidad con lo establecido en el artículo 13-3° de la Ley de Propiedad Horizontal, es decir, otorgar la representación procesal de la Comunidad, y mientras no se revoque por los nuevos rectores de la Comunidad dicho poder general para pleitos, tendrá plena vigencia».*

1.3. *El proceso*

Se entiende por **proceso** el conjunto de actos a través de los cuales se resuelve el derecho de acción ejercitado por los ciudadanos ante los Tribunales y por **procedimiento** la regla que determina la concreta secuencia en que se desarrollan en el tiempo esos actos. De esta forma es posible que en un procedimiento puedan tramitarse varios procesos (acumulación de acciones o de autos, reconvención).

1.3.1. Procedimientos

Los procedimientos previstos para solucionar las controversias que se produzcan en materia de propiedad horizontal son los siguientes:

a) Juicio ordinario (art. 399 y siguientes LEC); +
b) Procedimiento monitorio (art. 812 y siguientes LEC);
c) Juicio verbal (art. 437 y siguientes);
d) Juicio de equidad (art. 17 último párrafo LPH).

1.3.2. Acumulación de acciones y procesos

La LEC permite en un mismo procedimiento, tanto la acumulación de acciones (art. 71 a 73) como la acumulación de procesos (art. 74 y siguientes).

Sin embargo, la acumulación subjetiva de acciones (reclamaciones de la Comunidad contra varios propietarios de distintas viviendas), por regla general, no es aconsejable debido a la complejidad de la tramitación de un proceso en el que cada propietario puede adoptar su propia postura. Esta problemática se da especialmente en relación con el proceso monitorio como explicamos con posterioridad.

1.3.3. Cuantía

En la demanda se ha de justificar la cuantía del pleito por exigencia del art. 253.1 LEC que se calcula atendiendo al interés económico recogido en los criterios según el art. 251 LEC.

Cada pleito tiene su propia cuantía: en una reclamación de demolición de obras no consentidas del art. 7.1 LPH será el coste de dicha actuación; en una demanda exigiendo el cese de actividades molestas (art. 7.2 LPH) vendrá dado por los daños y perjuicios causados, lo que exigirá un informe técnico pericial; en una demanda de impugnación de acuerdos sociales (art. 18 LPH) normalmente su cuantía será indeterminada (art. 253.3 LEC) aunque si se trata de impugnar el presupuesto anual de la Comunidad, su importe constituirá la cuantía del pleito.

Se puede reclamar por el procedimiento monitorio una cuantía máxima que no exceda de 250.000 euros (art. 812.1 LEC), por lo que, dado esa cifra tan elevada, normalmente permitirá su utilización respecto a todas las deudas que surgen en el seno de una Comunidad de propietarios.

1.3.4. Diligencias preliminares

Un copropietario antes de presentar una demanda frente a la Comunidad, y como medio para prepararla, puede requerirle judicialmente para que le facilite los documentos y cuentas de la Comunidad, a través de lo que se denomina «diligencias preliminares» (art. 256.1.4º LEC).

Es competente el Juzgado del domicilio de la Comunidad y no será necesaria la intervención de procurador y abogado cuando se trate de «medidas urgentes con anterioridad al juicio» (art. 23.2.3º y 31.2.2º LEC). El procedimiento se recoge en los arts. 258 y siguientes LEC.

1.3.5. Ejecución

La ejecución de una sentencia que condena a la Comunidad plantea ciertas peculiaridades.

a) Si se trata de una ejecución de condena dineraria, hay que distinguir dos supuestos, tal y como ya recogía la resolución de la Dirección General de Registros y del Notariado de 5 de febrero de 1992:

1°.– Que se haya demandado sólo a la propia Comunidad, en cuyo caso se puede actuar contra los bienes comunes de ella. Así lo establece el art. 22.1 LPH: *«La Comunidad de propietarios responderá de sus deudas frente a terceros con todos los fondos y créditos a su favor»*. Por tanto, se puede embargar el saldo a favor que ostente la Comunidad en la cuenta bancaria abierta a su nombre (592 LEC).

2°.– Que se haya demandado no sólo a la Comunidad sino a cada uno de los copropietarios que la forma. En ese supuesto cada propietario responde en función a su cuota de participación tanto de la deuda como de la condena en costas: *«Subsidiariamente y previo requerimiento de pago al propietario respectivo, el acreedor podrá dirigirse contra cada propietario que hubiese sido parte en el correspondiente proceso por la cuota que le corresponda en el importe satisfecho»*. (art. 22.1 in fine y 22.2 párrafo segundo).

No obstante los copropietarios que no tengan deudas pendientes con la Comunidad se pueden oponer a la ejecución: *«Cualquier propietario podrá oponerse a la ejecución si acredita que se encuentra al corriente en el pago de la totalidad de las deudas vencidas con la Comunidad en el momento de formularse el requerimiento»*.

b) Si se trata de una ejecución de condena no dineraria, será de aplicación las normas generales del art. 699 y siguientes LEC.

Por otra parte, en caso de que la Comunidad haya obtenido una sentencia a su favor frente a un copropietario, puede embargar el piso o local, sacarlo a pública subasta, pero no puede adjudicárselo para inscribirlo a su nombre ya que no tiene personalidad jurídica por lo que la adjudicación habrá de hacerse a favor de cada copropietario en proporción a su cuota de participación. Como señala la Resolución de 3 de julio de 2013 de la Dirección General de Registros y del Notariado:

> *«la Comunidad de bienes es una entidad sin personalidad jurídica, por lo que la adquisición por aquélla de algún bien implica en realidad una adquisición por sus integrantes, proindiviso entre ellos. Esta afirmación no queda desvirtuada por la existencia de un número de identificación fiscal diferenciador entre la Comunidad y los comuneros, que produce sus efectos en el campo propio para el que fue establecido, esto es, el ámbito fiscal. Pero esto no significa que se alteren las normas sustantivas contenidas en el Código Civil. Sentada esta doctrina, el Centro Directivo ha entendido por ejemplo, que no hay doble trasmisión en el caso de adjudicación derivada de un procedimiento ejecutivo a favor de la Comunidad de Propietarios sino tan solo una a favor de los comuneros y en cuotas indivisas de acuerdo con su cuota de participación en la Comunidad. Así pues, la Comunidad de Propietarios carece de personalidad jurídica y por*

tanto no puede ostentar la titularidad registral de un bien. Ciertamente no se hubiera señalado el defecto por el registrador en el caso de que el decreto de adjudicación lo hiciese a favor de los copropietarios en proporción a sus cuotas de participación en la Comunidad de Propietarios de la propiedad horizontal, pero no se hizo así y es por esto que ha de confirmarse la nota de calificación.»

1.3.6. Recursos y ejecución provisional

Frente a las Sentencias dictadas en materia de propiedad horizontal caben tanto el recurso de apelación (arts. 455 y siguientes LEC) como el recurso extraordinario por infracción procesal (arts. 468 y siguientes LEC) o de casación (arts. 477 y siguientes LEC).

En los procesos en los que la Comunidad formula reclamación de deudas a copropietarios, el art. 449.4 LEC exige que, en el momento en que se presente el escrito de preparación (no el de interposición) de alguno de esos recursos se haya satisfecho o consignado la cantidad líquida a cuyo abono se condenó a la Comunidad. Por tanto no se incluyen ni las cuotas ni los intereses legales devengados desde la fecha de la Sentencia.

La consignación no impide la ejecución provisional de la resolución condenatoria (art. 449.4 LEC en relación con 526 y siguientes LEC).

1.3.7. Costas

Las costas son una porción de los gastos derivados del proceso que han de ser satisfechos por las partes. Se relacionan en el art. 241 párrafo segundo LEC.

La regla general en materia de costas viene constituida por el criterio del vencimiento establecido en el art. 394 LEC.1 para la primera instancia y en el art. 398.1 para el recurso de apelación: *«En los procesos declarativos, las costas... de la primera instancia se impondrán a la parte que haya visto rechazadas todas sus pretensiones, salvo que el tribunal aprecie, y así lo razone, que el caso presentaba serias dudas de hecho o de derecho».*

Ahora bien, se aplicará el límite previsto en el supuesto de hecho del 394.3 LEC, de modo que respecto a los honorarios de abogado no podrán exceder de la tercera parte de la cuantía de la reclamación.

Existen especialidades relativas a los supuestos en los que la intervención de abogado y procurador no sea obligatoria (art. 32.5 LEC) y al procedimiento monitorio recogido en el art. 21.6 LPH que abordaremos con posterioridad.

Si la Comunidad presenta una demanda frente a terceros y es vencida en el juicio con condena en costas, el montante de éstas será considerado un gasto general que deberá ser satisfecho conforme a su respectiva cuota de participación por todos los copropietarios.

En el supuesto que la Comunidad dirija su demanda frente a un copropietario y sea vencida en juicio con condena en costas, éste estará exonerado del pago de las costas.

Jurisprudencia relevante

A este supuesto se refiere la Sentencia de 25 de abril de 2008 de la Audiencia Provincial de Madrid:

> *«Si un comunero litiga contra la Comunidad no podrá cargarse a éste los gastos que la Comunidad tenga en el procedimiento pues de hacerlo así estaríamos cercenando el derecho a la tutela efectiva y la posibilidad de litigar, tergiversando el sistema que la Ley de Enjuiciamiento Civil establece en materia de costas, como es el del vencimiento objetivo cuando se desestime la pretensión de una de las partes».*

Lo mismo ocurrirá respecto a aquellos copropietarios que intentaron anular a través de su impugnación judicial (art. 18 LPH) el acuerdo social que aprobaba el ejercicio de la acción judicial del que deriva la sentencia condenatoria en costas.

1.3.8. Tasas judiciales

Ley 10/2012, de 20 de noviembre, por la que se regulan determinadas tasas en el ámbito de la Administración de Justicia y del Instituto Nacional de Toxicología y Ciencias Forenses ha introducido la obligación de abonar una tasa al interponer (en lo que aquí interesa): una demanda de juicio ordinario, una demanda de juicio verbal, una solicitud de procedimiento monitorio, un recurso de apelación y un recuso de casación o un recurso extraordinario por infracción procesal.
Quedan exentas la solicitud de procedimiento monitorio y la demanda de juicio verbal cuando la cuantía de las mismas no supere los 2.000 euros [art. 4.1.e) de dicha Ley].

2. LOS PROCEDIMIENTOS EN PARTICULAR

2.1. Juicio ordinario

2.1.1. Régimen legal y ámbito de actuación

Su régimen legal viene recogido en los arts. 399 y siguientes de la LEC. El ámbito de actuación se extiende a:

1.– Asuntos que según la Ley de Propiedad Horizontal se refieran tanto a las Juntas de Propietarios como a cada uno de éstos (art. 249.1.8º LEC). Estos incluyen:

a) Impugnación y modificación del título constitutivo y estatutos (Art. 5 LPH).

b) Obras no consentidas en la estructura general o elementos comunes (art. 7.1 y 12 LPH).

c) Actividades prohibidas en los estatutos, molestas, insalubres, nocivas, peligrosas o ilícitas (art. 7.2 LPH).

d) División material, agregación, segregación de pisos o locales y sus anejos (art. 8 LPH).

e) Constitución de servidumbres imprescindibles para la creación de servicios comunes de interés general (art. 9.1 c y 17 LPH).

f) Denegación del permiso de entrada en el piso o local a los efectos establecidos en la Ley (art. 9.1 d LPH).

g) Impugnación de acuerdos de la Junta (art. 18 LPH).

2.– Tercería de mejor derecho para dar efectividad a la preferencia del crédito a favor de la Comunidad derivado de la obligación de cada propietario de contribuir al sostenimiento de los gastos generales correspondientes a las cuotas imputables a la parte vencida de la anualidad corriente y al año natural inmediatamente anterior (art. 9.1 e, en relación con art. 617 LEC).

3.– Reclamaciones de cantidad instadas por un tercero contra la Comunidad o por ésta frente a aquél, cuyo importe sea superior a 6.000 euros (art. 249.2 LEC).

4.– Reclamaciones de cantidad frente a propietarios morosos por un importe superior a 6000 euros si no se utiliza el procedimiento monitorio (art. 249.2 LEC).

5.– Reclamaciones de cantidad frente a propietarios morosos por un importe que exceda de 6.000 euros iniciadas como procedimiento monitorio por la Comunidad a las que se haya opuesto el copropietario (art. 818.1 LEC).

2.1.2. Especialidades legales en algunos supuestos

De entre todos ellos merece la pena detenerse en los dos siguientes atendiendo a sus características específicas:

2.1.2.1. Cesación de actividades prohibidas del art. 7.2. LPH

Según el art. 7.2 LPH

«Al propietario y al ocupante del piso o local no les está permitido desarrollar en él o en el resto del inmueble actividades prohibidas en los estatutos, que resulten dañosas para la finca o que contravengan las disposiciones generales sobre actividades molestas, insalubres, nocivas, peligrosas o ilícitas».

2.1.2.1.1. Legitimación

La Comunidad ostenta la legitimación activa para el ejercicio de la acción de cesación mientras que la pasiva se atribuye al propietario y, en su caso, al ocupante de la vivienda o local. Se considera ocupante al precarista, arrendatario, y, con dudas, el usufructuario. La mayoría de la jurisprudencia niega la existencia de litisconsorcio pasivo necesario.

2.1.2.1.2. Actividades que pueden ser objeto de cese

Constituye requisito obligatorio que en el ejercicio de dicha actividad se haya infringido una norma (bien sea legal, reglamentaria, ordenanza local o estatutaria).

Su régimen de referencia se encuentra todavía en el D 2414/1961 de 30 de noviembre por el que se aprueba el Reglamento sobre actividades molestas, insalubres, nocivas y peligrosas, porque aunque ha sido derogado por la disp. derog. única.1 de Ley 34/2007, de 15 de noviembre de calidad del aire y protección de la atmósfera, ésa norma establece a continuación una excepción «salvo para aquellas Comunidades y ciudades autónomas que no tengan normativa aprobada en la materia».

En consecuencia, en la actualidad no es aplicable en las siguientes Comunidades autónomas que ya han dictado normas especiales sobre esta materia: Galicia (Decreto 133/2008, de 12 de junio), Cataluña (Ley 3/1998, de 27 de febrero), Andalucía (Decreto 297/1995, de 19 de diciembre) y Región de Murcia (Ley 1/1995, de 8 de marzo).

a) Son dañosas para la finca: las que alteren la seguridad o configuración edificio.

b) Molestas: las que causen incomodidad por los ruidos o vibraciones que produzcan o por los humos, gases, olores, nieblas, polvos en suspensión o sustancias que eliminen.

c) Insalubres: las que originan desprendimiento o evacuación de productos que puedan resultar directa o indirectamente perjudiciales para la salud humana.

d) Nocivas: ocasionen daños la riqueza agrícola, forestal, pecuaria o piscícola.

e) Peligrosas: su objeto sea la fabricación, manipulación, expendición o almacenamiento de productos que puedan causar riesgos graves derivados de explosiones, combustiones, radiaciones o similares.

2.1.2.1.3. Presupuestos para ejercicio acción de cesación

1º.- Requerimiento fehaciente del presidente o del administrador al propietario u ocupante para el cese inmediato en el plazo estipulado de las actividades advirtiéndole del posible inicio de acciones judiciales pertinentes.

La forma del requerimiento ha de ser por medio permita tener constancia del mismo: acta notarial, carta certificada con acuse de recibo, burofax, acto de conciliación o incluso mediante su colocación en el tablón de anuncios. En el caso que el presidente o administrador se negase a ello es necesario el acuerdo previo de la Junta aprobando la práctica del requerimiento.

2º.- Acuerdo de la junta autorizando al Presidente al ejercicio de la acción ante los Tribunales, si el infractor persistiera en su conducta.

Si no se obtuvieran ninguno de los dos requisitos cualquier propietario podría ejercitar una acción individual basada en el régimen de responsabilidad extracontractual del art. 1902 del Código Civil pidiendo la cesación de esas actividades y una indemnización por los daños y perjuicios causados.

Jurisprudencia relevante

Esta posibilidad se recoge en la Sentencia de 25 de junio de 2003 de la Audiencia Provincial de Burgos:

> *«Solamente en casos excepcionales, en los que el Presidente o la Junta de Propietarios demuestran una total pasividad, no requiriendo al propietario infractor ni convocando la Junta preceptiva, algunos autores sostienen que el propietario puede, si no ejercitar la acción de cesación por sí mismo, sí formular demanda en ejercicio de una acción de responsabilidad por culpa extracontractual».*

2.1.2.1.4. Medidas cautelares

La Comunidad puede solicitar del juez la adopción de medidas cautelares (arts. 721 y ss. LEC), en concreto, la cesación inmediata de la actividad prohibida y cuantas otras medidas sean precisas para asegurar la efectividad de la orden de cesación. Se efectuará mediante un escrito y ofreciendo prestar caución (732.3 y 728.3 LEC), incluso puede efectuarse con carácter urgente y sin dar traslado del escrito de solicitud al infractor (art. 732.2 párrafo segundo LEC).

2.1.2.1.5. Sentencia estimatoria de la demanda: contenido

Si la sentencia estimare la pretensión de la Comunidad podrá contener alguno de los pronunciamientos siguientes:

a) Cesación definitiva de la actividad prohibida.

b) Condena a indemnización de daños y perjuicios por las molestias o daños causados (materiales o incluso morales) si se acreditan su existencia y la relación de causalidad entre existencia y daño.

c) Privación al propietario del derecho al uso de la vivienda o local por tiempo no superior a tres años en función de la gravedad de la infracción y de los perjuicios ocasionados a la Comunidad. Subsisten sus demás derechos: constitución de hipoteca, disposición sobre la vivienda, arrendamiento, intervención en junta etc.

d) Si el infractor no es el propietario (por ejemplo arrendatario o precarista) la sentencia podrá declarar extinguidos definitivamente todos sus derechos y proceder a su inmediato lanzamiento.

2.1.2.2. Impugnación de acuerdos de Junta de Propietarios del art. 18 LPH

2.1.2.2.1. Legitimación

La Junta ostenta la legitimación pasiva, mientras que, según el art. 18.2 LPH, gozan de legitimación activa para impugnar sus acuerdos:

1º.- *Los propietarios que hubiesen salvado su voto en la junta*

Un sector de la jurisprudencia considera que son quienes asistiendo a la junta, hayan votado en contra en el momento de adopción del acuerdo, mientras otro sector considera que son quienes asistiendo a la junta han hecho constar expresamente en el acta su oposición al acuerdo.

Jurisprudencia relevante

La Sentencia de 15 de mayo de 2001 de la Audiencia Provincial de las Islas Baleares *(Tol 100790)* compara ambas posturas y se manifiesta a favor de la primera:

> *«La razón de ser de la expresión 'haber salvado el voto', debe ponerse en relación con la constancia de una voluntad manifiesta contraria al voto afirmativo al acuerdo, de tal forma que no quepa lugar a dudas del parecer del comunero 'disidente' del que hablaba la anterior regulación… Entender, tal como hace el Letrado de la Comunidad, que los actores deberían, además, haber hecho constar que impugnarían el acuerdo ante los tribunales, supone establecer un obstáculo desproporcionado con la finalidad perseguida por la ley, e implicaría una vulneración del derecho constitucional a la tutela judicial efectiva, al impedirse a los demandantes acudir a la jurisdicción en base a una interpretación rigorista y restrictiva de la norma que, por tanto, debe rechazarse».*

La segunda postura se recoge en la **Sentencia de 20 de noviembre de 2006 de la Audiencia Provincial de Valencia** *(Tol 1074140)*:

«La expresión 'los propietarios que hubiesen salvado su voto en la Junta' ha de interpretarse en el sentido de que es preciso que el comunero asistente manifieste claramente su voluntad contraria al acuerdo en cuestión, de tal forma que no quepan dudas de su parecer, debiéndose, por tanto, reflejar expresamente en el acta que votó en contra».

2º.- *Los ausentes por cualquier causa*

En este caso se les habrá de informar de los acuerdos adoptados mediante el procedimiento establecido en el art. 9.1.h. Por ello resulta conveniente la utilización de un medio fehaciente de notificación, es decir, que deje constancia tanto del contenido del acuerdo como de su recepción.

Si no manifiestan su disconformidad en el plazo de 30 días naturales desde la notificación se entienden que votan favorablemente (art. 17.1 LPH). Conviene, en este punto tener en cuenta la puntualización de la STS de 16 de diciembre de 2008 *(Tol 1432566)*:

«Procede, en consecuencia, fijar como doctrina jurisprudencial que el copropietario ausente de la junta a quien se comunica el acuerdo y no manifiesta su discrepancia en el plazo de 30 días establecido en el artículo 17.1 LPH, redactado por la Ley 8/1999, de 6 abril, no queda privado de su legitimación para impugnarlo con arreglo a los requisitos establecidos en el artículo 18 LPH, salvo si la impugnación se funda en no concurrir la mayoría cualificada exigida por la LPH fundándose en la ausencia de su voto».

La abstención no se equipara a la ausencia y por tanto no es suficiente para poder impugnar la junta. Así lo expresa la **Sentencia de 15 de abril de 2002 de la Audiencia Provincial de Salamanca** *(Tol 212720)* que se apoya en la doctrina científica:

«Claramente resulta del contenido del artículo 18.2, de la vigente Ley de Propiedad Horizontal que constituye requisito mínimo para poder impugnar un acuerdo adoptado en Junta de Propietarios que el comunero que lo impugna haya votado en contra del mismo, no siendo suficiente la mera abstención. Así se pronuncia de manera unánime la doctrina científica, cuando afirma que para los presentes se requiere haber votado en contra y que, si se abstuvo, no puede luego impugnar (VENTURA TRAVESET. Derecho de Propiedad Horizontal); que los asistentes sólo podrán impugnar siempre y cuando hagan constar su voto negativo en la Junta, no siendo posible ir contra sus propios actos, de tal manera que, si en la reunión el comunero, o su representante, ha votado a favor o se abstuvo, no tendrá las condiciones exigidas para acudir a la vía judicial (LOSCERTALES FUERTES. Propiedad Horizontal); y que, según la expresión legal, el acuerdo podrá ser impugnado por los propietarios disidentes que hubieran salvado su voto en la junta, por los que hubieran sido privados de modo ilegítimo de su derecho de voto y por los ausentes, pero no podrán impugnar los que hayan votado a favor del acuerdo ni los propietarios que se abstuvieron en la votación, a diferencia de lo que se propugnaba bajo el régimen anterior (BERCOVITZ. Comentarios a la Ley de Propiedad Horizontal)».

3º.- *Los que indebidamente han sido privados de su derecho de voto*

No se deben incluir aquí a quienes se les ha privado de su derecho de voto por tener deudas pendientes con la Comunidad, ya que en este caso la privación no es indebida sino correcta y ajustada a la ley. Sin embargo éstos pueden recurrir en tres casos:

a) Cuando hubieren impugnado judicialmente la privación de su derecho de voto.

b) Cuando hubieran consignado de forma incondicionada sus cuotas pendientes bien de forma judicial o notarial.

c) Cuando el acuerdo que se pretenda impugnar se refiera al establecimiento o alteración de las cuotas de participación no es necesario estar al corriente de dichos gastos.

2.1.2.2.2. Objeto del procedimiento: art. 18 LPH

Se pueden impugnar los siguientes acuerdos de la junta:

a) Los acuerdos contrarios a la Ley o a los estatutos.

Jurisprudencia relevante

En la actualidad, la clásica distinción que efectúa la LPH entre ambos acuerdos viene marcada por la jurisprudencia del Tribunal Supremo que sintetiza la **Sentencia del Tribunal Supremo de 17 de diciembre de 2009** *(Tol 1762182)*:

> *«Con igual posición, la STS de 18 de abril de 2007 (RJ 2007, 2073), en su fundamento de derecho tercero, en el párrafo segundo, dice lo que se expone acto continuo: 'La doctrina jurisprudencial que, con alguna excepción, cita la sentencia de la Audiencia [SSTS de 24 de septiembre de 1991 (RJ 1991, 6278), 26 de junio de 1993 (RJ 1993/4789), 7 de junio de 1997 (RJ 1997, 6147) y 26 de junio de 1998 (RJ 1998, 4282)] sobre la distinción entre nulidad radical y anulabilidad en materia de propiedad horizontal, es, como recuerda la sentencia de 5 de mayo de 2000 (RJ 2000/3990), la que se viene manteniendo como más acertada por la moderna doctrina de esta Sala. Más recientemente las sentencias de 7 de marzo de 2002 (RJ 2002/4152), 25 de enero de 2005 (RJ 2005/1200) y 30 de diciembre de 2005 (RJ 2006/1212) explican las diferencias entre nulidad y anulabilidad, sujeta a caducidad, y recuerdan que la jurisprudencia posterior a las sentencias que se invocan en el recurso, se definió claramente por considerar meramente anulables los acuerdos que entrañasen infracción de algún precepto de la Ley de Propiedad Horizontal o de los Estatutos de la respectiva Comunidad, quedando reservada la más grave calificación de nulidad radical o absoluta solamente para aquellos otros acuerdos que, por infringir cualquier otra Ley imperativa o prohibitiva que no tenga establecido un efecto distinto para el caso de contravención o por ser contrarios a la moral o el orden público o por implicar un fraude de Ley, hayan de ser conceptuados nulos de pleno derecho, conforme al párrafo 3º del artículo 6 del Código Civil, y por tanto insubsanables por el transcurso del tiempo (…)'»*

b) Los acuerdos gravemente lesivos para los intereses de la Comunidad en beneficio de uno o varios propietarios.

c) Los acuerdos perjudiciales para algún propietario que no tenga la obligación jurídica de soportarlo.

d) Los acuerdos que se hayan adoptado con abuso de derecho, prohibido en el art. 7.2 del Código Civil.

2.1.2.2.3. Plazo para ejercitar la acción: art. 18.3 LPH

El plazo para ejercitar la acción finaliza a los tres meses de adoptarse el acuerdo por la Junta, salvo que se trate de actos contrarios a la Ley o a los Estatutos, en cuyo caso finalizará al año. Se trata de un plazo civil y no procesal, por lo que se computa de fecha a fecha sin excluir los días inhábiles, como establece el art. 5 del Código Civil.

El día inicial del cómputo es distinto según el propietario haya asistido o no a la junta. En el primer caso, el plazo se computará desde ese momento. En el segundo, habrá de ser informado de dicho acuerdo siguiendo el procedimiento de notificaciones establecido en el art. 17.1ª párrafo cuarto LPH y el plazo se iniciará desde la recepción de la comunicación.

2.1.2.2.4. Medidas cautelares

Los acuerdos son provisionalmente ejecutivos y por tanto obligatorios para todos los copropietarios desde su adopción en Junta. No obstante, a tenor del art. 18.4 LPH, se puede pedir como medida cautelar la suspensión del acuerdo de conformidad con lo previsto en el régimen dispuesto en los arts. 721 y siguientes LEC. Se efectuará mediante un escrito y ofreciendo prestar caución (732.3 y 728.3 LEC).

2.2. Procedimiento monitorio

A través del procedimiento monitorio (art. 812 y ss. LEC) se pueden reclamar las deudas que los propietarios morosos tienen contraídas con la Comunidad según dispone el art. 21 LPH. Hay que tener en cuenta que si la reclamación no excede de 2.000 euros, no será necesaria la asistencia de abogado y procurador y además tampoco habrá que abonar la tasa judicial.

No obstante, ello no impide que también se puede optar por la vía del juicio ordinario o verbal según que la cuantía reclamada exceda o no de 6.000 euros respectivamente (art. 249.2 y 250.2 LEC).

2.2.1. Competencia

Resulta competente, a elección del demandante, el Juzgado de Primera Instancia del domicilio o residencia del deudor o, si no fueren conocidos, el del lugar donde radique la finca que, normalmente será el fuero más utilizado (art. 813 y 52.1.8º LEC).

2.2.2. Legitimación

La legitimación activa corresponde sólo a la Comunidad, de modo que si ésta no interpone la demanda, los comuneros no podrán efectuarlo en su lugar. La Comunidad actuará representada a través del presidente o del administrador, pero a éste último se le debe también autorizar para la interposición de la demanda.

La legitimación pasiva la ostenta el propietario actual de la vivienda y el propietario anterior en varios supuestos. De este modo la Comunidad se puede dirigir frente a:

a) El propietario actual que incurra en mora (art. 21.1 LPH) quien responderá, por tanto, de las cuotas vencidas posteriores a la adquisición de la vivienda.

b) El propietario actual y el propietario anterior, por las cuotas vencidas de la anualidad corriente en que tenga lugar la adquisición y de los tres años naturales anteriores (art. 9.1.e LPH).

c) El propietario anterior, por las cuotas que impagó durante el tiempo en que fue propietario.

d) Al propietario anterior, aunque no fuera deudor pero haya incumplido su obligación de notificar al Secretario el cambio de titularidad de vivienda o local bien expresamente o por actos concluyentes, en cuyo caso responderá solidariamente del pago de las deudas devengadas con posterioridad a la transmisión de la vivienda cuando (art. 9.i LPH).

e) Al propietario anterior si sigue siendo titular registral en ese mismo supuesto (art. 21.4 LPH).

2.2.3. Acumulación subjetiva de acciones

Jurisprudencia relevante

En el proceso monitorio, se recogen varias soluciones jurisprudenciales como bien resume la Sentencia de 7 octubre 2009 de la Audiencia Provincial de Guadalajara, que se manifiesta a favor de la última:

> *«I) La que sostiene que la demanda monitoria sólo puede dirigirse contra un solo deudor, y no contra varios deudores, sin que resulte de aplicación a dicho procedimiento especial la posibilidad de acumulación subjetiva de acciones a que se refiere el artículo 72 LEC… En este sentido, Autos de la AP Castellón 28-04-05, AP Huelva 25-03-03 y AP Baleares 22-09-03 (citado por la resolución impugnada, entre otros).*
>
> *II) La que sostiene que cabe la posibilidad de la acumulación subjetiva de acciones en el proceso monitorio, pero sólo cuando los deudores residan o puedan ser hallados en el mismo partido judicial… En este sentido, Autos de la AP Tenerife, Sección 3, de 11 de marzo de 2008 y de 16*

de abril de 2002; Auto de la AP Logroño de 27 de febrero de 2004 y Auto de la AP de Madrid de 7 de septiembre de 2004, entre otros.

III) La postura que sostiene que ante la falta de exclusión expresa por el legislador no hay motivo para negar la posibilidad de que la solicitud se dirija frente a varios deudores. En este sentido, TSJ Cataluña, Sec. 1.ª, A 19-4-2007 y Autos AP Tarragona Secc. 3.ª, de 24-9-2008 y 1-10-2008; AP Barcelona, Sección 13, Auto de 6 de julio de 2007 y Auto del 19 de octubre de 2007; AP de Valencia, sección 6.ª, de 25 de junio de 2001; AP Valencia, sección 11.ª, de 17 de enero de 2002; AP Guadalajara, número 79/2002, de 6 de noviembre; AP La Rioja, número 133/2003, de 30 de octubre y número 135/2003, de 30 de octubre; AP Almería, sección 1.ª, número 45/2004, de 4 mayo; AP Almería, sección 2.ª, número 37/2004, de 24 de mayo; AP La Rioja, sección 1.ª, número 85/2004, de 7 de junio; AP Almería, sección 2.ª, número 52/2004, de 20 de septiembre; AP Madrid, sección 12.ª, número 193/2004, de 10 de marzo y sección 10.ª, de 7 de junio de 2005, entre otras muchas».

2.2.4. Concepto de moroso

Se recoge en el art. 18.2 LPH, que entiende por moroso a quien no esté al corriente en el pago de la totalidad de las deudas vencidas con la Comunidad, salvo que proceda a la consignación judicial de las mismas.

En cuanto al momento en que se incurre en mora, el TS entiende que no es en el momento de la convocatoria (art. 16.2 LPH) sino en el momento inicial de la celebración de la Junta (art. 15.2 LPH):

Jurisprudencia relevante

«No porque un comunero conste como moroso en la citación de la Junta se encuentra en tal situación, toda vez que desde entonces hasta el día de la celebración ha podido abonar su débito con la Comunidad; el momento de concretar esta circunstancia ha de verificarse al inicio de la reunión, pues de seguir en dicha condición no podrá votar, salvo que antes haya pagado la deuda, hecha la correspondiente consignación, o acredite haberla impugnado judicialmente, ya que, en este último caso, la suspensión del derecho queda sin efecto hasta que se resuelva por los Tribunales». (SSTS 2 de julio de 2009) que cita otra de 27 de febrero de 2002 (RJ 2002/4146) y SS AP Burgos de 18 noviembre de 2009.

Por otra parte la consignación ha de ser incondicional, como explica la Sentencia de la AP Madrid 3 febrero de 2010 *(Tol 1824260)*:

«No cabe entender que la consignación que contempla el artículo 15 de la Ley de Propiedad Horizontal sea distinta a la prevista en el artículo 1176 y ss. del C. civil, en la medida que en todo caso para que la consignación pueda tener efectos liberatorios debe hacerse de forma incondicional, sin que se pueda entender como se alega por la parte actora como un mero requisito de procedibilidad».

Como sanción, el art. 18.2 LPH priva al moroso del derecho de voto para impugnar los acuerdos de la Junta salvo que se trate de los acuerdos de la Junta relativos al establecimiento o alteración de las cuotas de participación a que se refiere el art. 9 entre los propietarios. Esta excepción es de interpretación restrictiva según la SS AP Pontevedra de 15 de enero de 2010.

2.2.5. Objeto del procedimiento: deudas

2.2.5.1. Contenido de la reclamación

1º.- Se pueden reclamar, a tenor del art. 21.1 LPH, las deudas en que incurre el propietario de un piso o local (con arreglo a la cuota de participación que le corresponda según el título constitutivo) por no contribuir:

a) Al sostenimiento de los gastos generales, servicios, cargas y responsabilidades que no sean susceptibles de individualización (art. 9.1.e LPH).

b) A la dotación del fondo de reserva para atender las obras de conservación y reparación de la finca (art. 9.1.f LPH).

2º.- A esta cantidad se puede añadir los gastos del requerimiento previo de pago (burofax o vía notarial) siempre que conste documentalmente la realización de éste y se acompañe el documento en que consten justificados (21.3 LPH), pero no los honorarios del abogado que se correspondan a su actividad previa a interponer la solicitud inicial del monitorio.

2.2.5.2. No se incluyen las cuotas futuras

El actual art. 21 LPH no permite reclamar las cuotas que venzan con posterioridad, no sólo a la demanda sino incluso al propio acuerdo de la Junta aprobando la liquidación y aun cuando éste habilitara para la reclamación de sucesivos y posteriores incrementos de la deuda.

Jurisprudencia relevante

Así lo recuerda la **Sentencia 30/2010 de 22 de enero de la Audiencia Provincial de Madrid (Sección 25)** *(Tol 1813543)* porque:

> *«ese apartado (art. 21.11 LPH) corresponde a la antigua regulación conforme a la Ley 8/1999 de 6 de abril, actualmente reformado por la Disposición Final Primera de la LEC que le da nueva redacción eliminando aquella previsión y en virtud de la cláusula general de la Disposición derogatoria única 3 de la citada LEC».*

2.2.5.3. *Se incluyen los recargos por demora sin efecto retroactivo*

Jurisprudencia relevante

Se admiten los recargos por demora en el pago aprobados por la Comunidad para su aplicación a los morosos si bien no de una manera retroactiva, como establece la Sentencia nº 475/2008 de 19 de noviembre de 2008 de la AP de Alicante, Sección 5ª, (JUR 2008/60799) siguiendo lo dispuesto en el la Sentencia de la Audiencia Provincial de Guadalajara de 25 de abril de 2002 *(Tol 1800163)*:

> *«Respecto a los recargos por demora, esta Sección 5ª se ha manifestado en reiteradas resoluciones por su validez, y así, siendo la última en ese sentido la de 11 de Enero del corriente año, en la que se argumenta lo siguiente: 'El recargo no es contrario a la Ley ni a los Estatutos, por lo que los acuerdos que lo imponen no infringen lo establecido en el art. 18.1 de la Ley de Propiedad Horizontal'. Lo que no está admitido, como ya se indica en esa resolución, es que el recargo se aplique de manera retroactiva, esto es, a cuotas devengadas antes de la adopción del acuerdo estableciendo el recargo, y así lo argumentó esta Sección ya en sentencia de 14 de Abril de 1999, nº 674».*

2.2.5.4. *El plazo de prescripción de la deuda*

El plazo para la prescripción de la deuda es el de quince años que con carácter general establece el art. 1964 CC y no el de cinco años que establece el art. 1966 CC.

Jurisprudencia relevante

Esta es la postura dominante según refleja la Sentencia de la AP de Guadalajara de 25 de abril de 2002:

> *En este tema se han pronunciado la mayoría de las Audiencias Provinciales partiendo de la consideración de que no nos encontramos ante un pago periódico sino una prestación variable de liquidación de gastos efectuada, manteniendo de aplicación el plazo general del art. 1964 del C.C. y no quinquenal del 1966 (SS A.P. Granada 13-11-00, Madrid 10-10-00, Toledo 10-3-00, Barcelona 5-9-03). Se llega a esta conclusión a partir de una serie de argumentos entre los que cabe destacar la aplicabilidad del art. 1966.3, introducido como medida protectora frente a los intereses de los préstamos, a las obligaciones caracterizadas por las notas de periodicidad, mientras que en el supuesto de gastos de Comunidad, el hecho de que las desembolsos se dividen por años o plazos más breves no comporta que las obligaciones de los comuneros tengan ese carácter limitado temporalmente sino que obedece a razones prácticas de índole contable. También se ha invocado can frecuencia en apoyo de esta tesis la doctrina emanada del Tribunal Supremo relativa a las razones que justifican el instituto de la prescripción que no sea de estricta justicia sino de seguridad jurídica lo que implica una interpretación constitutiva de los supuestos dudosos.*

2.2.6. Requisitos para ejercicio de la acción

2.2.6.1. Acuerdo de la Junta General aprobando la liquidación de la deuda

La celebración de la Junta y la adopción del acuerdo son el punto de partida del procedimiento monitorio. Ahora bien, el acuerdo de la Junta debe contemplar que la deuda del comunero moroso es líquida y determinada (concepto, importe y periodo al que corresponde), no siendo posible un mero acuerdo de demandar a los propietarios morosos con carácter general.

Jurisprudencia relevante

Como señala la Sentencia de la Audiencia Provincial de Málaga de 19 de septiembre de 2011:

> *«...a la vista del contenido del acta de la referida Junta General Ordinaria se advierte que, contrariamente a lo alegado por la actora, en dicha reunión no se llevó a cabo una correcta liquidación de la deuda de los propietarios morosos, habida cuenta que tan solo consta el sometimiento a votación por los propietarios asistentes del punto tercero del orden del día, de forma abstracta, sin detallarse ni concretarse el importe de la deuda de cada uno de los propietarios morosos, ni la referencia temporal de la misma».*

2.2.6.2. Certificado del acuerdo

Que será emitido por el Secretario de la Junta (normalmente, el administrador), con el visto bueno del Presidente, por lo que se deduce que no es necesario aportar el acta de la Junta.

El certificado es un requisito imprescindible para poder reclamar la deuda porque constituye lo que, en técnica jurídica se conoce como un «requisito de procedibilidad».

Jurisprudencia relevante

Así lo define la Sentencia de 9 de noviembre de 2000 de la AP de Zaragoza (recurso 398/2000) con cita al Auto de la Audiencia Provincial de Barcelona (Sección 16) de 17 de febrero de 2000:

> *«La doctrina mayoritaria considera que estamos ante auténticos "requisitos de procedibilidad", cuya ausencia llevará consigo la inadmisión a trámite de la demanda. En efecto, la propia Exposición de Motivos de la Ley 8/1999 atribuye carácter ejecutivo a los acuerdos formalizados en el acta de la Junta de Propietarios, "estableciendo un procedimiento ágil y eficaz de ejecución judicial para el cobro de las deudas con la Comunidad". Por lo tanto, esa eficacia ejecutiva (matizada) tiene como contraprestación una exigibilidad documental a la Comunidad acree-*

dora. No en vano los procesos monitorios se fundan en la eficacia apriorística de determinada documentación».

Ahora bien, la certificación por sí misma no acredita la existencia de la realidad de la deuda ni los conceptos específicos que la sustentan, ni su cuantía concreta. Como pone de manifiesto la **Sentencia nº 613/2005 de 31 de octubre de la Audiencia Provincial de Madrid** *(Tol 750153)*:

«Es cierto el contenido del documento por el cual se certifica una deuda comunitaria: el documento como tal existe ya la Comunidad ha certificado esa deuda. Pero ello no implica que la deuda unilateralmente certificada corresponda a la verdad si, impugnada la certificación, no se aportan los documentos que sirven de causa y fundamento a la misma. Le deuda no surge de su certificación, que sólo la documenta a determinados efectos, sino de la realidad de unos acuerdos de la junta por la que se establezcan unos presupuestos, unas cuotas, una distribución de los gastos no susceptibles de individualización y el devengo de una derrama, para que, en virtud del juego del art. 9.1 e LPH y su concreción en tales acuerdos, en tanto que deuda real sea certificada, de manera que la sola certificación ayuna de tales soportes nada acredita salvo que el deudor no formule oposición, en cuyo caso se presume su veracidad a los efectos del proceso monitorio, pero nada más, por lo que ha de decaer tal motivo de apelación».

2.2.6.3. *Notificación del acuerdo de la Junta a los propietarios afectados en la forma del art. 9 LPH*

Jurisprudencia relevante

Es obligatorio notificar al propietario el acuerdo pero no el certificado como señala la Sentencia de 1 de abril de 2013 de la Audiencia Provincial de Santa Cruz de Tenerife:

«La Ley no exige para reclamar la deuda a través del juicio monitorio que la certificación que liquida la misma sea notificada al comunero, sólo se exige que se notifique al comunero el acuerdo de la junta, como en este caso se ha realizado, a tenor de los artículos 9 y 21 de la LPH, por lo que llegamos a la conclusión de que el demandado, en este caso, fue citado adecuadamente, mediante el anuncio de la Junta que se puso al efecto en el portal comunitario».

Se aconseja requerimiento notarial, burofax u otro medio fehaciente, porque, no es sólo necesaria la notificación sino también que se acredite su práctica efectiva para garantizar los derechos del comunero el de audiencia y el de formular oposición. Así lo impone el mencionado auto de la AP de Barcelona (Sección 16) de 17 de febrero de 2000:

«La notificación, por otra parte, deberá ser hecha por un medio que permita tener constancia de la recepción y del contenido de lo notificado, a cuyo efecto no será suficiente el correo certificado con acuse de recibo ordinario, pues dicha forma de comunicación permite tener constancia de que se remitió algo a cierta persona, pero no del contenido de lo remitido. El servicio de correos dispone de formas de comunicación que permiten dejar constancia oficial del contenido de la comunicación, lo que hace que no sea ya imprescindible a estos efectos acudir a la vía notarial».

Como indica la Sentencia de la Audiencia Provincial de Salamanca de 27 de febrero de 2013 este medio es adecuado aunque el destinatario no lo haya recogido:

> *«En el presente caso, ese ha sido el medio elegido, el burofax que además consta que se intentó entregar al deudor demandado. Ahora bien, hacer depender el cumplimiento de este requisito del previo requerimiento y notificación al comunero y la consiguiente validez del presente juicio, del hecho de que el deudor demandado haya recogido efectivamente dicho burofax y lo haya leído, no implica ni más ni menos que dejar al arbitrio y voluntad de dicho deudor la validez del procedimiento, lo cual además de ser absurdo, en modo alguno cuenta con fundamento legal».*

Esa norma señala que la notificación deberá dirigirse al domicilio en España que indique el propietario a estos efectos, en su defecto será el piso o local perteneciente a la Comunidad al ocupante del mismo, o subsidiariamente, en el tablón de anuncios de la Comunidad o lugar visible al uso. Porque como sigue afirmando la Sentencia anterior:

> *«Esto último vale igualmente cuando el propietario que reside en el extranjero tiene el piso cerrado y no ha dejado designado domicilio en España, como exige el citado art. 9,1,h). Pues bien, sin perjuicio de que también se le pueda remitir carta al país de residencia, por cortesía o cumpliendo acuerdos de junta, eso no evita tener que cumplir con los requisitos de la ley española en el sentido de que se coloque la notificación en el citado tablón de la finca».*

Por otra parte, la publicación en el tablón de anuncios de la Comunidad de propietarios de la diligencia de notificación no constituye por sí misma una vulneración del derecho al honor del notificado sino una actuación conforme a la legislación vigente. Este es el sentido de lo expuesto por el Tribunal Supremo en su Sentencia nº 1121/2008 de 11 de diciembre de 2008 *(Tol 1413602).*

2.2.7. Procedimiento monitorio: arts. 814 y siguientes de la LEC

2.2.7.1. Petición inicial

El procedimiento monitorio comienza por la petición de la Comunidad en la que se expresan la identidad de la Comunidad y del propietario deudor, el domicilio de uno y otro o el lugar en el que residan o pueden ser hallados, así como el origen y la cuantía de la deuda, y se adjuntan los documentos que acrediten la deuda (art. 814.1 LEC).

2.2.7.2. Admisión y requerimiento de pago

El Secretario Judicial dictará un decreto admitiendo la demanda si el Juzgado es competente y se cumplen los requisitos del art. 21.2 LPH que pueden ser subsanados. Si el Juzgado es incompetente o si no se subsanan esos requisitos en el plazo señalado para ello, el Secretario dará cuenta al Juez quien podrá dictar un auto de inadmisión susceptible de apelación.

A continuación el Secretario Judicial requerirá al deudor para que, en el plazo de veinte días, pague al peticionario con apercibimiento de que, de no pagar ni comparecer alegando razones de la negativa al pago, se despachará contra él ejecución. El requerimiento se notificará personalmente en la forma prevista en el artículo 161 LEC, en el domicilio previamente designado por el deudor para este fin en asuntos de la Comunidad de propietarios. Si no se hubiese designado tal domicilio, se intentará la comunicación en el piso o local. Si tampoco pudiere hacerse efectiva de este modo, se efectuará por edictos conforme prevé el art. 164 LEC. (Art. 815.2 LEC).

Si de la documentación aportada con la petición se desprende que la cantidad reclamada no es correcta, el Secretario Judicial dará traslado al Juez, quien, en su caso, mediante auto podrá plantear al peticionario aceptar o rechazar una propuesta de requerimiento de pago por el importe inferior al inicialmente solicitado que especifique. En la propuesta, se deberá informar al peticionario de que, si en un plazo no superior a diez días no envía la respuesta o la misma es de rechazo, se le tendrá por desistido (art. 815.3 LEC).

2.2.7.3. Posturas del deudor

Ante la demanda de la Comunidad, el deudor demandado puede optar por tres posibilidades: no comparecer y comparecer bien pagando o bien oponiéndose por escrito.

a) *Incomparecencia del deudor requerido*

Si no compareciere, y por tanto ni paga ni se opone, el Secretario Judicial dictará decreto dando por terminado el proceso monitorio y dando traslado a la Comunidad para que inste el despacho de la ejecución, sin necesidad de presentar demanda ejecutiva prevista en el art. 549 LEC pues basta la simple solicitud (Art. 816 LEC).

b) *Pago del deudor*

Si el deudor atendiere el requerimiento de pago, tan pronto como lo acredite el Secretario acordará el archivo de las actuaciones (art. 817 LEC).

c) *Oposición del deudor y posterior tramitación*

El deudor puede oponerse por medio de un escrito, que necesariamente vendrá firmado por abogado y procurador cuando la cuantía del asunto fuera superior a 2.000 euros. Ese escrito debe exponer un contenido específico según el art. 815.1 LEC: una sucinta alegación de las razones por las que, a su entender, no debe, en todo o en parte, la cantidad reclamada.

La posterior tramitación se seguirá según la cuantía del asunto, a tenor del art. 818.2 LEC:

1º.- Cuando la cuantía no excede de 6.000 euros se continuará por el juicio verbal. El Secretario judicial dictará decreto dando por terminado el proceso monitorio y convocando a las partes a la vista del art. 443 LEC.

2º.- Cuando la cuantía excede de dicha cantidad, se continuara por el juicio ordinario (399 y siguientes LEC). La Comunidad deberá interponer demanda en el plazo de un mes desde el traslado del escrito de oposición y puede darse la alternativa que recoge el art. 818.2 LEC:

a) Si no la presenta, el Secretario judicial dictará un decreto por el que se sobresee el procedimiento con expresa condena en costas.

b) Si presenta la demanda, el Secretario puede admitirla o no. En éste último caso, dará traslado al Juez para que resuelva lo que corresponda. Si la admite, aquél dictará un decreto en el que pondrá fin al proceso monitorio y dará traslado a la parte demandada para su contestación conforme establece el art. 404 y siguientes de la LEC.

La oposición del deudor puede ser por motivos de fondo (no ser deudor, o haberse extinguido total o parcialmente la deuda por pago o compensación o porque esté prescrita); en caso de que se alegara pluspetición se actuará respecto a la cantidad reconocida como debida según establece para el allanamiento parcial el art. 21 de la LEC. La oposición también puede basarse en motivos procesales (falta de los tres requisitos mencionados para el ejercicio de la acción por la Comunidad, falta de legitimación pasiva del presidente o del administrador u otro similar).

La mayoría de la doctrina considera que no se pueden alegar como motivos de oposición cuestiones no sólo contrarias o incompatibles sino también distintas, a las ya expresadas en el escrito de oposición a la demanda del procedimiento monitorio, salvo las que se deriven de aquellas manifestaciones de la Comunidad que sean nuevas respecto a las expuestas en su demanda inicial del procedimiento monitorio.

Sin embargo, sí parece haber coincidencia en que el deudor no puede invocar cuestiones (de fondo o procesales) relativas a la Junta en la que se adoptó el acuerdo de liquidación de su deuda, ya que para eso existe un procedimiento específico como es la impugnación de la junta a través del juicio ordinario según impone el art. 18 LPH.

2.2.8. Medida cautelar: embargo preventivo

En caso de que el propietario deudor se oponga, la Comunidad puede pedir el embargo preventivo de bienes del deudor para hacer frente a la cantidad reclamada, intereses y costas según dispone el art. 21.5 LPH. Por tanto, se puede embargar cualquier bien y no sólo la vivienda, lo que será preferible, ya que, según el art. 584 y siguientes de la LEC, ésta sólo podrá ser objeto de embargo si no existen otros bienes porque normalmente tendrá un valor que exceda en mucho la cantidad debida.

La Comunidad está exenta de prestar caución, lo que supone una especialidad respecto al régimen general de las medidas cautelares previstas en el art. 728.3 LEC. Sin embargo, y de conformidad con lo previsto en ese régimen general (art. 746 y 747 LEC) el demandado puede evitar el embargo si presenta un aval bancario por la cuantía decretada (art. 21.5 LPH).

2.2.9. Recursos y ejecución provisional

Como ya hemos mencionado con anterioridad, por imposición del art. 449.4 LEC, caben los recursos de apelación, extraordinario por infracción procesal y casación pero si el deudor condenado quiere recurrir, primero debe de satisfacer o consignar el importe de la cantidad a la que ha sido condenado en la sentencia. Esta consignación no impide la ejecución provisional de la sentencia.

2.2.10. Costas

En el procedimiento monitorio, se recoge algunas especialidades. En primer lugar recordemos la del art. 21.3 LPH en cuya virtud se pueden reclamar (es decir, se pueden incluir en las costas) los gastos de requerimiento previo de pago, siempre que conste documentalmente la realización de éste y se acompañe a la solicitud el justificante de esos gastos.

En segundo lugar, hay que tener presente el art. 21.6 LPH, que contempla varios supuestos:

1º.– Si el demandado no comparece o paga la deuda siempre se le impondrán las costas en el decreto que dicte el Secretario judicial dando por terminado el proceso monitorio o acordando el archivo de las actuaciones respectivamente.

Jurisprudencia relevante

Así lo impone el Auto núm. 97/2009 de 14 mayo de la Audiencia Provincial de Madrid (Sección 25):

> *«Los Autos de la A.P. Madrid de 7 Junio 2004 y 28 Julio 2004 mantenían el criterio acorde con la indiscutible imposición de esa obligación como consecuencia de la petición inicial del proceso monitorio. Así y con referencia a dichos términos en la redacción del nº. 6 del art. 21 LPH es de señalar que su claridad ofrece pocas dudas respecto a la procedencia del pago a cargo de quien debe las cantidades reclamadas por la Comunidad de Propietarios: "...tanto si atendiere el requerimiento de pago como si no compareciere...". Se trata por consiguiente de una norma específica aplicable al juicio monitorio en materia de Propiedad horizontal. El anterior principio ya se aplicó en Auto de esta misma Sección 25ª, de fecha 30 de Octubre*

de 2006, apreciándose ahora la identidad de razón estimatoria del recurso de apelación con revocación del Auto recurrido en el extremo relativo a las costas que han de ser impuestas al demandado D. Efrain».

2º.- Si el demandado se opone, se siguen las reglas generales en materia de costas (criterio de vencimiento) pero en el caso de que la Comunidad obtenga sentencia favorable con condena en costas al deudor moroso, se incluirá siempre los honorarios del abogado y procurador si hubiere utilizado sus servicios profesionales aunque su intervención no sea preceptiva a tenor de los arts. 23.2 y 31.2 LEC. Sin embargo no pueden incluirse los honorarios del Administrador.

Por último, hay que subrayar que ese mismo criterio se aplica para las costas derivadas del proceso de ejecución de una sentencia favorable a la Comunidad dictada en un previo procedimiento monitorio, como lo dispone Audiencia Provincial de Zaragoza (Sección 5ª) en su Sentencia núm. 280/2007 de 16 abril *(Tol 1140975)*:

«La solución a la aparente antinomia existente entre ambos preceptos, se solventará en atención al principio de especialidad. En efecto, el art. 539 está legislando las reglas generales en materia de costas de ejecución. Incluso, las reglas generales en cuanto a la ejecución dentro del proceso monitorio. Sin embargo, cuando el proceso monitorio se sustancia con arreglo a las especialidades del art. 21 L.P.H., la norma aplicable es ésta.

Y ello, precisamente, porque lo pretendido por el legislador es la protección de la economía de las Comunidades de propietarios sujetos a la L.P.H., las cuales quedaban maltrechas pese a conseguir el cobro judicial de la deuda, cuando la condena en costas del propietario moroso no recogía los derechos de los profesionales que asesoraban y dirigían a aquélla. Lo que no era infrecuente, en atención a las cuantías generalmente escasas de las cuotas impagadas. Por ello, claramente el inciso final del art. 21-6 señala que de haber obligación al pago de costas por parte del demandado se incluirán en ellas los honorarios de abogado y los derechos de procurador derivados de su intervención, 'aunque no hubiera sido preceptivo'. Esta frase entrecomillada deja sin efecto en este ámbito específico (propiedad horizontal) la exigencia de que la ejecución del monitorio se siga por cuantía superior a los 900 euros; aunque fuese por cuantía inferior, serán exigibles los honorarios y derechos de los profesionales».

2.3. Juicio verbal

2.3.1. Régimen legal y ámbito de actuación

Se encuentra regulado en los arts. 437 y siguientes de la LEC. Su ámbito de actuación en materia de propiedad horizontal se extiende a:

1.- Reclamaciones de cantidad instadas por un tercero contra la Comunidad o por ésta frente a aquél, cuyo importe no exceda de 6.000 euros (art. 250.2 LEC).

2.- Reclamaciones de cantidad frente a propietarios morosos por un importe que no exceda de 6.000 euros si no se utiliza el procedimiento monitorio (art. 250.2 LEC).

3.– Reclamaciones de cantidad frente a propietarios morosos por un importe que no exceda de 6.000 euros iniciadas como procedimiento monitorio por la Comunidad a las que el copropietario haya formulado oposición (art. 818.1 LEC).

2.3.2. Especialidad en materia de costas

La regla general es que un juicio verbal de cuantía inferior a 2.000 euros no hay condena en costas puesto que no es obligatoria la intervención de abogado y procurador a tenor del art. 32.5 en relación con el art. 23.2.1ª LEC.

Sin embargo, en materia de reclamación de cantidad derivada de cuotas comunitarias debe aplicarse con preferencia el art. 21.6 LPH que impone las costas en el procedimiento monitorio aunque no sea obligatoria aquélla intervención.

Jurisprudencia relevante

Explica la Sentencia de la Audiencia Provincial de Alicante de 26 de febrero de 2010 que:

> *«Entiende esta Sala que al presente caso le debe ser de aplicación lo dispuesto en el art. 21.6 de la LPH, puesto que si bien la demanda se presentó por la vía del juicio verbal y no del monitorio, no se puede hacer de peor posición a la Comunidad de Propietarios que acude a dicha vía y que obtiene una sentencia favorable, frente a las que acuden directamente, como en el presente caso, a la vía del juicio verbal; puesto que el citado precepto en su segundo párrafo se remite a los supuestos en que se siga ulterior declarativo (verbal u ordinario), incluyendo en las costas los honorarios del abogado y los derechos del procurador derivados de su intervención, aunque no hubiera sido preceptiva. Lo que evidencia que para el legislador prima la temeridad del demandado, obligado al pago de las cuotas y que incumple dicha obligación, pues dicho abono es lo que permite que las Comunidades de Propietarios puedan subsistir».*

2.4. Juicio de equidad

2.4.1. Régimen legal y ámbito de actuación

Se encuentra regulado en el art. 17 último párrafo de la LPH. Su ámbito de actuación en materia de propiedad horizontal se extiende a:

1.– Solicitud de relevo de cargo de Presidente Art. 13.2 párrafo 1º LPH.

2.– Designación del Presidente cuando fuere imposible designarlo por la Junta de propietarios, art. 13.2 párrafo 2º LPH.

3.– Suplir los acuerdos de la Junta que debiera adoptarse por la mayoría de los propietarios y que no pudieron adoptarse por falta de quórum, art. 17 último párrafo LPH.

Jurisprudencia relevante

Ahora bien, no puede utilizarse para impugnar un acuerdo aprobado en la junta de propietarios ni tampoco para adoptar aquellos acuerdos que exigen la unanimidad según la LPH como señala la Sentencia de 13 de marzo de 2003 del Tribunal Supremo *(Tol 265176)* citando la Resolución de 24 de septiembre de 1992 de la Dirección General de Registros y del Notariado:

> *«Esto lleva a considerar los supuestos de falta de unanimidad causada por la oposición sin fundamento de uno de los copropietarios y toda vez que el procedimiento de equidad no es exclusivo ni excluyente, y no impide que la cuestión se decida en juicio declarativo contradictorio con intervención del copropietario disidente, como aquí sucede y así la regla 3ª del referido artículo 16 se presenta previsora, al reconocer el derecho de las partes a promover judicialmente la acción que pudiera corresponderles. Entenderlo de otra manera equivaldría a autorizar que la vida de las Comunidades de propietarios pudiera quedar al manejo y antojo del que se presenta contradictor y disidente, amparándose situaciones abusivas contrarias a los intereses bien expresados de la mayoría cuasi absoluta, lo que, a su vez, vendría a contradecir el principio constitucional que proclama el artículo 14 de nuestra Constitución.»*

2.4.2. Concepto de equidad

La equidad se recoge en el art. 3.2 del Código Civil: *«La equidad habrá de ponderarse en la aplicación de las normas, si bien las resoluciones de los Tribunales sólo podrán descansar de manera exclusiva en ella cuando la ley expresamente lo permita»*.

Jurisprudencia relevante

El Auto de 9 de abril de 2002 de la Audiencia Provincial de Zaragoza resume con claridad su concepto:

> *«La doctrina científica señala que la equidad es la justicia del caso concreto; el punto de equilibrio entre los intereses y pretensiones en pugna según la apreciación del hombre concreto; la solución de un problema jurídico es equitativa cuando es humana y proporcionada a las circunstancias del problema y de las partes; es una derivación de la "epiqueia" griega, y supone ante todo una acomodación a las circunstancias propias y especiales del caso con una adecuada y justa flexibilidad de criterio».*

2.4.3. Naturaleza jurídica

Se trata de un proceso plenario encuadrado en la jurisdicción contenciosa y no es un arbitraje ni tampoco un expediente de jurisdicción voluntaria.

Jurisprudencia relevante

Este es la conclusión a la que llega la Audiencia Provincial de Madrid (Sección 18ª) en su Sentencia de 1 de junio de 1998 (AC 1998/1518) que transcribe la Sentencia de 24 de abril de 2003 de la Audiencia Provincial de Córdoba (Sección 3ª).

> *Así, no cabe sino estimar que es un proceso plenario de cognición especial, encuadrado en la jurisdicción contenciosa, pues hay contienda entre partes; que han de ser los propietarios solicitantes y los que sostuvieron lo contrario o se abstuvieron. La expresión «resolverá en equidad» del artículo 16 de la Ley de Propiedad Horizontal, no puede ser entendida como referida a un arbitraje, o como adscripción del procedimiento a la jurisdicción voluntaria, puesto que es claro, que el legislador, no se refirió al derecho procesal, sino al derecho sustantivo, es decir, la solución del pleito se determinará «en equidad». Para reforzar esta cuestión, debe tomarse en consideración, que la regulación del proceso, no hace referencia a la equidad, así las alegaciones (instancia o petición de unos propietarios y audiencia a los otros) el carácter contencioso (se utiliza la palabra contradictores para referirse a una de las partes), el plazo para dictar resolución (20 días desde la petición) y el contenido de la resolución (que debe contener pronunciamiento expreso sobre costas), mientras que la equidad viene referida a la expresión «resolverá lo que proceda», es decir, con ella se decidirá si procede o no adoptar el Acuerdo para el que no existe mayoría o revocar un acuerdo por ser gravemente perjudicial. Íntimamente unido a este punto, es que necesariamente, la resolución que resuelva sobre el fondo, en cuanto a su denominación y forma, deberá ser la de sentencia, aplicando la regla del artículo 245(1) letra c) de la Ley Orgánica del Poder Judicial, puesto que se da el caso de este precepto, ya que con la expresa resolución se resuelve definitivamente un pleito en una instancia.*

2.4.4. Procedimiento

2.4.4.1. Competencia

Le corresponde al Juzgado de Primera Instancia en el que radique la finca según la regla general del art. 52.1.8º LEC.

2.4.4.2. Postulación

No se requiere intervención de abogado ni de procurador.

2.4.4.3. Legitimación

a) *En el supuesto de relevo del presidente*, está legitimado activamente sólo el copropietario designado y pasivamente la Comunidad y en su caso, el propietario que haya de sustituirlo, según el art. 13.2 párrafo primero.

b) En el *supuesto de imposibilidad de nombramiento del presidente*, está legitimado cualquiera de los miembros de la Comunidad, y pasivamente la propia Comunidad.

c) En el *caso de suplencia de los acuerdos de la junta,* se encuentra legitimado activamente cualquiera de los miembros de la Comunidad de copropietarios tanto presentes como ausentes en la junta donde se suscite la cuestión y pasivamente aquellos copropietarios «contradictores» es decir que se opusieren al acuerdo.

2.4.4.4. Procedimiento

2.4.4.4.1. Regulación legal

a) En los supuestos *de relevo del presidente o de imposibilidad de su nombramiento*:

Resulta de aplicación lo dispuesto en el art. 13.2, párrafo primero LPH, «*El juez, a través del procedimiento establecido en el artículo 17.3ª, resolverá de plano lo procedente, designando en la misma resolución al propietario que hubiere de sustituir, en su caso, al presidente en el cargo hasta que se proceda a nueva designación en el plazo que se determine en la resolución judicial.*»

b) En el caso de *suplencia de los acuerdos de la junta:*

Se recoge en el art. 17 último párrafo LPH: «*El juez a instancia de parte deducida en el mes siguiente a la fecha de la segunda Junta y oyendo en comparecencia a los contradictores previamente citados, resolverá en equidad lo que proceda dentro de 20 días, contados desde la petición, haciendo pronunciamiento sobre el pago de costas.*»

2.4.4.4.2. Tramitación

2.4.4.4.2.1. Solicitud por escrito:

a) *En supuestos de relevo del presidente o de imposibilidad de su nombramiento*:

La solicitud deberá contener la identificación del propietario designado en el primer caso o de la imposibilidad de conseguir el nombramiento en el segundo. Resulta conveniente aportar copia del acta de la junta o certificación del secretario acreditativa de la convocatoria y celebración de la junta.

Se deberá presentar en el mes siguiente al nombramiento del copropietario como presidente o a la celebración de la junta en la que se constató que era imposible el acuerdo.

b) En el caso de *suplencia de los acuerdos de la junta:*

El escrito contendrá los datos de la Comunidad de Propietarios así como de los copropietarios que la solicitan y los de quienes se opongan junto con la indicación concreta del objeto de la solicitud. Resulta conveniente aportar copia del acta de la junta o certificación del secretario acreditativa de la convocatoria y celebración de la junta.

Deberá presentarse en el mes siguiente a la fecha de la celebración de la segunda junta o en caso de que no llegue a celebrarse, a la fecha de la segunda convocatoria de la junta.

2.4.4.4.2.2. Comparecencia:

Si se admite la solicitud por el Juez, éste convocará a una comparecencia a las partes legitimadas.

En el acto de la comparecencia las partes alegaran y probarán lo que interese a sus pretensiones. Puede servir de guía la tramitación dispuesta en la vista del juicio verbal en el art. 443 LEC.

2.4.4.4.2.3. Resolución:

El Juez resolverá en el plazo de los veinte días desde la presentación de la solicitud, y la resolución tomará la forma de sentencia por imposición del art. 245.1.c de la Ley Orgánica del Poder Judicial y se deberá pronunciar sobre las costas (aunque lo ordinario será que no exista condena en costas por no ser obligatoria la intervención de abogado y procurador).

2.4.4.4.2.4. Recursos:

Aunque nada señala la norma, en la práctica se ha admitido el recurso de apelación contra la sentencia de instancia.

Jurisprudencia relevante

Así se advierte en la Sentencia de 17 de marzo de 2004 de la Audiencia Provincial de Alicante, Auto de 9 de abril de 2002 de la Audiencia Provincial de Zaragoza o Audiencia Provincial de Madrid (Sección 18ª) en su Sentencia de 1 de junio de 1998, entre otras.

Formularios de interés

Notificación propietario moroso (art. 21.2 LPH). *(Tol 4575159)*
Acuerdo de Junta aprobando liquidación de deudas (art. 21.2 LPH)... *(Tol 4562160)*
Modelo de requerimiento a un propietario u ocupante de un piso o local que realiza actividades prohibidas por la ley. *(Tol 4577020)*
Modelo de acta de Junta aprobando medidas judiciales por actividades insalubres. *(Tol 4575143)*

Esquema del capítulo

LOS PROCEDIMIENTOS JUDICIALES:

- Los procedimientos judiciales en materia de propiedad horizontal se contemplan en la Ley de Propiedad Horizontal y en la Ley de Enjuiciamiento Civil y participan de los caracteres generales del derecho procesal que se compone de la competencia, de la acción y el proceso.
- La competencia se aplica en sus distintas clases (objetiva, funcional y territorial) de forma que son competentes con carácter general los Juzgados de primera instancia del lugar donde radique la finca, la Audiencia Provincial a la que pertenece ese Juzgado y el Tribunal Supremo.
- El derecho a obtener una tutela judicial efectiva o derecho de acción determina que tanto la Comunidad de Propietarios como cada propietario son partes, pues ostentan capacidad para ser parte, capacidad procesal, y según los casos, legitimación activa o pasiva (con la especialidad del litisconsorcio pasivo necesario) y requieren como norma general la postulación de abogados y procuradores.
- El proceso es el medio que resuelve ese derecho de acción ante los tribunales, y se efectúa a través de varias instituciones: los procedimientos, la acumulación de acciones, la cuantía, los recursos, la ejecución definitiva y provisional, las costas y las tasas judiciales.
- Los procedimientos en propiedad horizontal son cuatro: juicio ordinario, procedimiento monitorio, juicio verbal y juicio de equidad.
- El **JUICIO ORDINARIO** se regula en los artículos 399 y siguientes de la LEC y a través de él se resuelven una serie de asuntos que se indican a lo largo de la Ley de Propiedad Horizontal.
- El **PROCEDIMIENTO MONITORIO** se recoge en los artículos 812 y siguientes de la LEC y se utiliza para reclamar las deudas de los propietarios morosos como dispone el artículo 21 de la LPH.
- Es el que más particularidades ofrece en materia de propiedad horizontal: competencia, legitimación activa y pasiva, acumulación de acciones, concepto de moroso, contenido de las deudas a reclamar, requisitos para ejercitar la acción y especifidades en su tramitación, recursos y ejecución provisional y costas.
- El **JUICIO VERBAL** se regula en los artículos 437 y siguientes de la LEC en relación con reclamaciones inferiores a 6.000 euros y sigue la especialidad del monitorio en materia de costas.
- El **JUICIO DE EQUIDAD** es característico de esta materia, se contempla en el 17 último párrafo de la LPH y se extiende a un ámbito muy residual (el que indica ese mismo artículo y el artículo 13.2 la LPH).

IX La contabilidad en las Comunidades de Propietarios

1. INTRODUCCIÓN

La Comunidad de Propietarios, al tratarse de una modalidad de Comunidad de Bienes y estar constituida, por tanto, de acuerdo con normas civiles, no está sometida a la legislación mercantil. En consecuencia, no tiene que cumplir las obligaciones registrales ni contables que el Código de Comercio y el Plan General de Contabilidad (P.G.C.) establecen para las empresas.

No obstante, existen una serie de hechos que nos indican la necesidad de implantar un sistema contable de acuerdo con las Normas de Contabilidad Generalmente Aceptadas:

- La Comunidad de Propietarios es un ente que, aunque carente de personalidad jurídica, puede llegar a tener una complejidad, incluso superior a la de una pequeña o mediana empresa, principalmente en función de su dimensión.
- La existencia de un patrimonio, fuente de derechos y obligaciones, que afecta a las economías individuales de un conjunto de personas físicas y/o jurídicas.
- La propia normativa específica que indica la existencia de un presupuesto y unas cuentas anuales.
- La separación entre la propiedad y la gestión, con la consiguiente necesidad de control de la Junta de Propietarios sobre el Administrador.
- Aunque no es un sujeto pasivo del Impuesto sobre Sociedades ni del Impuesto sobre la Renta de las Personas Físicas, sí que es un ente en Régimen de atribución de rentas, y como indica el Reglamento del IRPF, llevará unos únicos libros obligatorios correspondientes a la actividad realizada. El artículo 65 del Reglamento del IRPF determina que cuando la actividad empresarial realizada no tenga carácter mercantil, las obligaciones contables se limitarán a la llevanza de tres libros registro: ventas e ingresos, compras y gastos, bienes de inversión.
- La necesidad del Administrador de tener un respaldo contable de su gestión.

En conclusión, dada la complejidad que puede alcanzar la gestión de una Comunidad de Propietarios y dada la existencia de un patrimonio común, es necesaria la implantación de un sistema contable. Por otra parte, la existencia de multitud de usuarios de esta información contable, implica que ésta debe estar normalizada para su comprensión. Por todo ello, a lo largo de éste capítulo vamos a indicar las líneas generales para adaptar el Plan General de Contabilidad para la gestión de una Comunidad de Propietarios.

2. HIPÓTESIS DE TRABAJO. UN MODELO BÁSICO DE COMUNIDAD DE PROPIETARIOS

Vamos a considerar la Comunidad de Propietarios como un ente que tiene las siguientes características económicas:

- No lleva a cabo una actividad mercantil, ni tiene ánimo de lucro.
- No invierte sus recursos propios ni recursos ajenos en elementos inmovilizados ni de circulante, con el fin de obtener una rentabilidad del capital propio.
- Su objeto es el mantenimiento y, en su caso, mejora o ampliación de un patrimonio formado normalmente por terrenos, construcciones, e instalaciones de uso y propiedad común.

  El tratamiento contable de estos últimos elementos de patrimonio es el más problemático a la hora de aplicar los Principios Contables Generalmente Aceptados a la gestión de una Comunidad de Propietarios ya que la práctica contable generalizada entre los Administradores es la de no integrar este patrimonio en la estructura económica de la Comunidad, y en el caso de producirse una ampliación o mejora de estos elementos, se consideran siempre como gasto del ejercicio. Se podría justificar este enfoque en el sentido de que no incumple los Principios Contables Generalmente Aceptados como pudiera pensarse y más concretamente el principio de devengo y el de correlación de ingresos y gastos, partiendo del hecho de que todos estos elementos tendrían la consideración de inmovilizaciones extrafuncionales, es decir, no tendrían relación alguna con procesos productivos o comerciales debido a la propia naturaleza de la Comunidad. No podríamos considerar estos elementos como inversiones de la Comunidad que se transforman en gasto a medida que se deprecian e incorporan al coste de los productos o servicios ya que la Comunidad ni fabrica, ni comercializa, ni presta servicios. Otro enfoque sería el considerar que estos elementos comunes prestan unos servicios a los copropietarios cuyo coste es la depreciación que sufren y las cuotas que pagan serían la contraprestación a los mismos. Para implantar este sistema deberíamos activar el inmovilizado común y generar anualmente unas reservas operativas a través de la amortización que supondrían una autofinanciación de mantenimiento. Esto supondría que los copropietarios deberían pagar mediante las cuotas periódicas el mantenimiento y la futura renovación de los elementos comunes. Estas reservas operativas complementarias de activo (amortizaciones) deberían aplicarse con total seguridad en inversiones financieras permanentes. Este enfoque adecuado para la práctica contable empresarial tiene una difícil justificación ante una Junta de Propietarios ya que sería inmiscuirse en las economías particulares de cada copropietario. Como el objetivo de este capítulo es el de resultar lo más práctico posible, vamos a considerar como hipótesis que la Comunidad sigue el primer enfoque y si el lector se decide por el segundo, y la Junta de Propietarios lo aprueba, no tiene más que aplicar la técnica contable para el inmovilizado que se puede encontrar en cualquier manual de contabilidad.

❒ La finalidad del Administrador, a nivel económico, va a ser la gestión correcta del capital circulante y para ello deberá llevar de forma eficaz y eficiente, entre otras, las siguientes políticas de gestión: Presupuestos, Tesorería, Deudores y Acreedores.

3. PLANIFICACIÓN CONTABLE

La contabilidad debe expresar la imagen fiel del patrimonio, de la situación financiera y de los resultados de las operaciones. El Administrador deberá pues emplear el marco normativo de información financiera aplicable a la comunidad de propietarios para lograr este fin. La elaboración de la contabilidad conforme a estas bases va a permitir la disposición de información suficiente para la toma de decisiones por parte de la Junta de Propietarios y asegurar la integridad del patrimonio de la Comunidad. Para el desarrollo de este capítulo se ha tomado como marco normativo el recogido en el Plan General de Contabilidad de las Pequeñas y Medianas Empresas (Aprobado con el Real Decreto 1515/2007, de 16 de noviembre).

Para conseguir estos objetivos se hace necesaria una correcta Planificación Contable previa que se puede desglosar en los siguientes puntos:

- Determinar las cuentas necesarias y su desglose.
- Contenido de las cuentas. Definiciones y relaciones contables.
- Hechos contables a anotar en las cuentas.
- Codificación.
- Determinar los Estados Contables o Cuentas Anuales.
- Especificar los criterios de valoración.

A continuación vamos a desarrollar, de forma genérica, el primero de estos puntos. El resto deberá desarrollarlos el propio administrador cada vez que se haga cargo de una nueva comunidad de propietarios. Al final de este capítulo nos valemos de un sencillo caso práctico que, entre otros temas, se ocupa de mostrar el aspecto que tendrían las Cuentas Anuales de una comunidad de acuerdo con los modelos del P.G.C.

4. DETERMINACIÓN DE LAS CUENTAS NECESARIAS Y SU DESGLOSE

El Plan de Cuentas está íntimamente relacionado con la entidad en la que se va a aplicar: su estructura económica, su estructura financiera, su objeto social, naturaleza de los gastos e ingresos...

El Administrador tendrá que conocer previamente la entidad, prever que hechos económicos se van a producir y elaborar finalmente el Plan de Cuentas de la Comunidad.

Vamos a llevar a cabo este proceso basándonos en la Comunidad de Propietarios hipotética que hemos definido y siguiendo la estructura del Plan General de Contabilidad de Pequeñas y Medianas Empresas.

GRUPO 1. FINANCIACIÓN BÁSICA

Este grupo recogerá los recursos propios de la Comunidad destinados a financiar el activo permanente y a cubrir un margen razonable del circulante.

10. CAPITAL

101. Fondo social

Está constituido por las aportaciones de los propietarios acordadas en la Junta. La cuantía de este fondo está en función de varios factores:

- La existencia de inversiones financieras para hacer frente a grandes reparaciones a largo plazo.
- La composición del activo corriente.
- El presupuesto de ingresos y gastos.

Este fondo pretende darnos un margen de seguridad para hacer frente a los gastos ordinarios presupuestados.

11. RESERVAS

113. Reservas voluntarias

Constituidas por beneficios que van a permanecer en la Comunidad como Fondos propios. Suelen tener su origen en superávits presupuestarios y pueden utilizarse para hacer frente a déficits posteriores o bien para incrementar el Fondo social o comunitario.

12. RESULTADOS PENDIENTES DE APLICACIÓN

120. Remanente

Beneficios no repartidos ni aplicados específicamente a ninguna otra cuenta, tras la aprobación de las cuentas anuales y de la distribución de resultados.

121. Resultados negativos de ejercicios anteriores

Pérdidas de ejercicios anteriores. Tiene su origen en un déficit presupuestario motivado normalmente por gastos extraordinarios. Si se dispone de reservas deben cancelarse con cargo a éstas y en caso contrario, los propietarios deberán realizar aportaciones extraordinarias para mantener el equilibrio financiero de la Comunidad.

129. Resultado del ejercicio

Beneficios o pérdidas del último ejercicio cerrado, pendientes de aplicación.

13. SUBVENCIONES, DONACIONES, LEGADOS Y OTROS AJUSTES EN PATRIMONIO NETO

130. Subvenciones oficiales de capital

131. Donaciones y legados de capital

Según el P.G.C., son las concedidas por las Administraciones Públicas o por particulares con el fin de financiar la estructura fija. Su traspaso a resultados debe realizarse en función de la depreciación de los activos que han financiado. En las hipótesis que hemos establecido, la Comunidad carece de inmovilizaciones materiales en su estructura económica ya que éstas se van a considerar como gasto del ejercicio. Por lo general serán ingreso del mismo ejercicio en el que se conceden y sólo permanecerán en el pasivo del Balance por la parte correspondiente al gasto no incurrido de los bienes que subvencionan.

14. PROVISIONES

142. Provisión para otras responsabilidades

Obligaciones expresas o tácitas a largo plazo indeterminadas en cuanto a su importe exacto o a la fecha en que se producirán procedentes de litigios en curso, indemnizaciones u obligaciones pendientes.

Para su constitución, siempre con el beneplácito de la Junta de Propietarios, deberá emitirse al menos una derrama extraordinaria a no ser que se prevea un superávit presupuestario.

143. Provisión por desmantelamiento, retiro o rehabilitación del inmovilizado.

Se crea para hacer frente a largo plazo a una gran reparación, revisión o ampliación extraordinaria de elementos comunes de la Comunidad. Cuando la Junta de Propietarios decide llevar a cabo una inversión de grandes dimensiones, suele aprobar la emisión periódica de derramas extraordinarias para constituir un fondo que pueda hacer frente a la misma y evitar que en el momento de llevarla a cabo suponga un desequilibrio financiero para las economías de los copropietarios y evitar problemas de impagados. Este fondo se concreta en el pasivo en esta provisión y se aplica en el activo en inversiones financieras permanentes.

17. DEUDAS A LARGO PLAZO POR PRÉSTAMOS RECIBIDOS Y OTROS CONCEPTOS

La parte de las deudas a largo plazo que tenga vencimiento a corto plazo deberá figurar en el pasivo corriente del balance en el epígrafe «Deudas a corto plazo»; a estos efectos se traspasará el importe que representen las deudas a largo plazo con vencimiento a corto a las cuentas correspondientes del subgrupo 52.

170. Deudas a largo plazo con entidades de crédito

Son las contraídas con entidades de crédito por préstamos recibidos y otros débitos, con vencimiento superior a un año.

175. Efectos a pagar a largo plazo

Deudas contraídas por préstamos recibidos y otros débitos con vencimiento superior a un año, instrumentadas mediante efectos de giro.

18. PASIVOS POR FIANZAS, GARANTÍAS Y OTROS CONCEPTOS A LARGO PLAZO

La parte de fianzas, anticipos y depósitos recibidos a largo plazo cuyo vencimiento o extinción se espere a corto plazo deberá figurar en el pasivo corriente del balance, en el epígrafe «Deudas a corto plazo» o «Periodificaciones a corto plazo», según corresponda; a estos efectos se traspasará el importe que representen las fianzas, anticipos y depósitos recibidos a largo plazo con vencimiento a corto a las cuentas correspondientes del subgrupo 48 o 56.

180. Fianzas recibidas a largo plazo

Efectivo recibido como garantía del cumplimiento de una obligación, a plazo superior a un año. Esta partida suele aparecer cuando la Comunidad posee algún local que destina a arrendamiento a terceros.

GRUPO 2. ACTIVO NO CORRIENTE

En base a las hipótesis que hemos establecido, este grupo comprenderá exclusivamente las inmovilizaciones financieras. El resto de epígrafes que detalla el P.G.C., como inmovilizaciones materiales e intangibles, inversiones inmobiliarias..., los vamos a considerar gasto del ejercicio en que se devenguen.

25. OTRAS INVERSIONES FINANCIERAS A LARGO PLAZO

Inversiones financieras a largo plazo cualquiera que sea su forma de instrumentación, incluyendo los intereses devengados, con vencimiento superior a un año.

La parte de las inversiones a largo plazo que tenga vencimiento a corto deberá figurar en el activo corriente del balance, en el epígrafe «Inversiones financieras a corto plazo»; a estos efectos se traspasará el importe que represente la inversión a largo plazo con vencimiento a corto, incluidos en su caso, los intereses devengados, a las cuentas correspondientes del subgrupo 54.

Estas inversiones financieras se constituyen en base a aportaciones extraordinarias con el fin de efectuar a largo plazo reparaciones de grandes dimensiones y para que durante el tiempo de su constitución puedan generar una rentabilidad superior a las disponibilidades líquidas.

258. Imposiciones a largo plazo

Saldos favorables en Bancos e Instituciones de Crédito formalizados por medio de «cuenta a plazo» o similares, con vencimiento superior a un año y de acuerdo con las condiciones que rigen para el sistema financiero.

26. FIANZAS Y DEPÓSITOS CONSTITUIDOS A LARGO PLAZO

Las cuentas de este subgrupo figurarán en el activo no corriente del balance.

La parte de las fianzas y depósitos a largo plazo que tenga vencimiento a corto deberá figurar en el activo corriente del balance, en el epígrafe «Inversiones financieras a corto plazo»; a estos efectos se traspasará el importe que representen las fianzas y depósitos constituidos a largo plazo con vencimiento a corto a las cuentas correspondientes del subgrupo 56.

260. Fianzas constituidas a largo plazo

Efectivo entregado como garantía del cumplimiento de una obligación, a plazo superior a un año. En nuestro caso se va a derivar generalmente de la contratación de arrendamientos.

265. Depósitos constituidos a largo plazo

Efectivo entregado en concepto de depósito irregular a plazo superior a un año.

GRUPO 3. EXISTENCIAS

Este grupo, de gran importancia en las empresas comerciales e industriales, en las Comunidades de Propietarios es residual o inexistente y estaría constituido por telemandos, llaves, repuestos, combustibles y, en general, todos aquellos aprovisionamientos almacenables e inventariables. Su saldo, al cierre del ejercicio, reflejaría el importe de estos elementos adquiridos durante el ejercicio o ejercicios anteriores y no consumidos.

La práctica habitual entre los administradores de fincas es su consideración como gasto del ejercicio hayan sido consumidos o no durante el mismo.

30. COMERCIALES

Materiales y productos adquiridos por la Comunidad y destinados a la venta a los comuneros.

301. Tarjetas de acceso

302. Llaves codificadas

303. Telemandos

32. OTROS APROVISIONAMIENTOS

321. Combustibles

Materias energéticas susceptibles de almacenamiento.

GRUPO 4. ACREEDORES Y DEUDORES POR OPERACIONES COMERCIALES

Cuentas personales y efectos comerciales activos y pasivos que tienen su origen en el tráfico de la Comunidad, así como las cuentas con las Administraciones Públicas.

40. PROVEEDORES

400. Proveedores

Deudas con suministradores de mercancías y de los demás bienes definidos en el grupo 3.

401. Proveedores, efectos comerciales a pagar

Deudas con proveedores, formalizadas en efectos de giro aceptados.

41. ACREEDORES VARIOS

410. Acreedores por prestaciones de servicios

Deudas con suministradores de servicios que no tienen la condición estricta de proveedores.

411. Acreedores, efectos comerciales a pagar

Deudas con suministradores de servicios que no tienen la condición estricta de proveedores, formalizadas en efectos de giro aceptados.

43. CLIENTES

430. Clientes

Créditos con compradores de los bienes definidos en el grupo 3, así como con los usuarios de los servicios prestados por la Comunidad, que son a la vez copropietarios.

4300. Propietarios deudores por cuotas ordinarias

4301. Propietarios deudores por cuotas extraordinarias

4302. Propietarios deudores por Fondo social

4303. Propietarios deudores por gastos privativos (gas, agua...)

431. Clientes efectos a cobrar

Créditos con clientes, formalizados en efectos (recibos). Se incluyen los entregados en gestión de cobro y los impagados; en este último caso, sólo cuando no deban reflejarse en la cuenta 436. No incluimos efectos descontados, ya que no es práctica habitual en las Comunidades de Propietarios recurrir a este tipo de financiación.

4310. Recibos al cobro en Bancos

4311. Recibos al cobro en Portería

4312. Recibos al cobro en Administración

4315. Recibos impagados

436. Clientes de dudoso cobro

Saldos de clientes, incluidos los formalizados en efectos, en los que concurran circunstancias que permitan razonablemente su calificación como de dudoso cobro.

44. DEUDORES VARIOS

Créditos con compradores de servicios que no tienen la condición de propietarios.

440. Deudores no propietarios

Es frecuente la existencia de ingresos procedentes de arrendamientos de locales y viviendas propiedad de la Comunidad, por cesión de espacios comunes para la exhibición de publicidad estática o por concesiones que se ubican en zonas recreativas de la Comunidad.

4401. Deudores por Arrendamientos

4402. Deudores por Publicidad Estática

441. Deudores, efectos comerciales a cobrar

Créditos con deudores, formalizados en efectos de giro aceptados.

446. Deudores de dudoso cobro

Saldos de deudores comprendidos en este subgrupo, incluidos los formalizados en efectos de giro, en los que concurran circunstancias que permitan razonablemente su calificación como de dudoso cobro.

46. PERSONAL

Saldos con personas que prestan sus servicios a la Comunidad mediante contrato laboral y cuyas remuneraciones se contabilizan en el grupo 64.

460. Anticipos de remuneraciones

Entregas a cuenta de remuneraciones al personal de la empresa.

465. Remuneraciones pendientes de pago

Débitos de la empresa al personal por los conceptos citados en las cuentas 640 y 641.

47. ADMINISTRACIONES PÚBLICAS

470. Hacienda Pública deudor por diversos conceptos

Subvenciones, compensaciones, desgravaciones, devoluciones de impuestos y, en general, cuantas percepciones sean debidas por motivos fiscales o de fomento realizadas por las Administraciones Públicas, excluida la Seguridad Social.

4700. Hacienda Pública, deudor por IVA

Exceso en cada periodo impositivo del IVA soportado deducible sobre el IVA repercutido.

La Comunidad de Propietarios será sujeto pasivo de este impuesto cuando existan locales de negocios de su propiedad, y estén arrendados a terceros.

4708. Hacienda Pública deudor por subvenciones concedidas

Créditos con la Hacienda Pública por razón de subvenciones concedidas.

471. Organismos de la Seguridad Social, deudores

Créditos a favor de la empresa, de los diversos Organismos de la Seguridad social, relacionados con las prestaciones sociales que ellos efectúan.

472. Hacienda Pública, IVA soportado

IVA devengado con motivo de la adquisición de bienes y servicios que tenga carácter de deducible. En el caso descrito en la cuenta 4700, la Comunidad sólo podrá deducirse el IVA de los gastos correspondientes a los locales de negocio arrendados, y calculado en función de la cuota de participación.

473. Hacienda Pública, retenciones y pagos a cuenta

Cantidades retenidas a la empresa y pagos realizados por la misma a cuenta de impuestos.

475. Hacienda Pública, acreedor por conceptos fiscales

Tributos a favor de las Administraciones Públicas, pendientes de pago, tanto si la empresa es contribuyente como si es sustituto del mismo o retenedor.

4750. Hacienda Pública, acreedor por IVA

Exceso, en cada período impositivo, del IVA repercutido sobre el IVA soportado deducible.

4751. Hacienda Pública, acreedor por retenciones practicadas

Importe de las retenciones tributarias efectuadas (empleados, profesionales), pendientes de pago a la Hacienda Pública.

476. Organismos de la Seguridad Social, acreedores

Deudas pendientes con Organismos de la Seguridad Social como consecuencia de las prestaciones que éstos realizan.

477. Hacienda Pública, IVA repercutido

IVA devengado con motivo de la entrega de bienes o de la prestación de servicios y de otras operaciones comprendidas en el texto legal.

48. AJUSTES POR PERIODIFICACIÓN

480. Gastos anticipados

Gastos contabilizados en el ejercicio que se cierra y que corresponden al siguiente.

485. Ingresos anticipados

Ingresos contabilizados en el ejercicio que se cierra y que corresponden al siguiente.

GRUPO 5. CUENTAS FINANCIERAS

Deudas y créditos por operaciones ajenas al tráfico, con vencimiento no superior a un año y medios líquidos disponibles.

52. DEUDAS A CORTO PLAZO POR PRÉSTAMOS RECIBIDOS Y OTROS CONCEPTOS

Este subgrupo refleja la financiación ajena a corto plazo.

520. Deudas a corto plazo con entidades de crédito

Las contraídas con entidades de crédito por préstamos recibidos, con vencimiento no superior a un año.

525. Efectos a pagar a corto plazo

Deudas contraídas por préstamos recibidos y otros débitos con vencimiento no superior al año, instrumentadas mediante efectos de giro.

527. Intereses a corto plazo de deudas con entidades de crédito

Intereses a pagar, con vencimiento a corto plazo, de deudas con entidades de crédito.

54. OTRAS INVERSIONES FINANCIERAS A CORTO PLAZO

Inversiones financieras temporales, cualquiera que sea su forma de instrumentación, incluidos los intereses devengados, con vencimiento no superior a un año.

541. Valores representativos de deuda a corto plazo

Inversiones a corto plazo, por suscripción o adquisición de obligaciones, bonos u otros valores de renta fija, incluidos aquellos que fijan su rendimiento en función de índices o sistemas análogos.

546. Intereses a corto plazo de valores representativos de deuda

Intereses a cobrar, con vencimiento no superior a un año, de valores representativos de deuda.

548. Imposiciones a corto plazo

Saldos favorables en Bancos e Instituciones de Crédito formalizados por medio de «cuenta a plazo» o similares, con vencimiento no superior a un año y de acuerdo con las condiciones que rigen para el sistema financiero. También se incluirán, con el debido desarrollo en cuentas de cuatro cifras, los intereses a cobrar, con vencimiento no superior a un año, de imposiciones a plazo.

55. OTRAS CUENTAS NO BANCARIAS

Son cuentas corrientes de efectivo con Mancomunidades de las que la Comunidad forma parte, Administradores y cualquier otra persona, natural o jurídica que no sea Banco, Banquero o Institución de Crédito ni cliente o acreedor de la Comunidad.

551. Cuentas corrientes con mancomunidades y administradores

Se cargará por el importe de las cuotas de aportación entregadas periódicamente y se abonará por el importe de los gastos que efectivamente hayan correspondido a la Comunidad según la liquidación anual de la Mancomunidad.

También en esta cuenta se reflejan las entregas al Administrador pendientes de justificar.

555. Partidas pendientes de aplicación

Remesas de fondos recibidas cuya causa no resulte, en principio, identificable y siempre que no correspondan a operaciones que por su naturaleza deban incluirse en otros subgrupos. Tales remesas permanecerán registradas en esta cuenta el tiempo estrictamente necesario para aclarar su causa.

56. FIANZAS Y DEPÓSITOS RECIBIDOS Y CONSTITUIDOS A CORTO PLAZO Y AJUSTES POR PERIODIFICACIÓN

560. Fianzas recibidas a corto plazo

Efectivo recibido como garantía del cumplimiento de una obligación, a plazo no superior a un año.

57. TESORERÍA

570. Caja, euros

Disponibilidades de medios líquidos en caja.

572/574. Bancos e instituciones de crédito cuenta corriente/cuenta de ahorro

Saldos a favor de la Comunidad, en cuentas corrientes a la vista y de ahorro de disponibilidad inmediata en Bancos e Instituciones de Crédito, entendiendo por tales Cajas de Ahorro, Cajas Rurales y Cooperativas de Crédito.

GRUPO 6. COMPRAS Y GASTOS

Comprende todos los gastos del ejercicio, incluidas las adquisiciones de servicios y de materiales consumibles, las compras de bienes adquiridos por la Comunidad para revenderlos, la variación de existencias y las pérdidas extraordinarias del ejercicio.

60. COMPRAS

Aprovisionamientos de la Comunidad, de bienes incluidos en los subgrupos 30 y 32.

600. Compras de mercaderías

6001. Compras de tarjetas de acceso

6002. Compras de llaves codificadas

6003. Compras de telemandos

602. Compras de aprovisionamientos

6021. Compras de combustibles

61. VARIACIÓN DE EXISTENCIAS

Cuentas destinadas a registrar, al cierre del ejercicio, las variaciones entre las Existencias finales y las iniciales, correspondientes a los subgrupos 30 y 32 (mercaderías y otros aprovisionamientos).

610. Variación de Existencias de Mercaderías

612. Variación de Existencias de otros aprovisionamientos

62. SERVICIOS EXTERIORES

621. Arrendamientos

Gastos devengados por el alquiler de bienes muebles e inmuebles en uso o a disposición de la Comunidad.

622. Reparaciones y conservación

Los de mantenimiento de los elementos comunes.

623. Servicios de profesionales independientes

Importe que se satisface a los profesionales por los servicios prestados a la empresa. Comprende los honorarios del administrador, de economistas, abogados, etcétera.

625. Primas de seguros

Cantidades satisfechas en concepto de primas de seguros (multirriesgo, incendios, Responsabilidad Civil...).

626. Servicios bancarios y similares

Cantidades satisfechas en concepto de servicios bancarios y similares, que no tengan la consideración de gastos financieros.

628. Suministros

Electricidad y cualquier otro abastecimiento que no tuviere la cualidad de almacenable.

629. Otros servicios

Los no comprendidos en las cuentas anteriores.

64. GASTOS DE PERSONAL

Retribuciones al personal de la Comunidad, cualquiera que sea la forma o el concepto por el que se satisfacen; cuotas de la Seguridad Social a cargo de la comunidad y los demás gastos de carácter social.

640. Sueldos y Salarios

Remuneraciones, fijas y eventuales, al personal de la Comunidad.

641. Indemnizaciones

Cantidades que se entregan al personal de la Comunidad para resarcirle de un daño o perjuicio. Se incluyen específicamente en esta cuenta las indemnizaciones por despido y jubilaciones anticipadas.

642. Seguridad Social a cargo de la comunidad

Cuotas de la comunidad a favor de los organismos de la Seguridad Social por las diversas prestaciones que éstos realizan.

649. Otros gastos sociales

Gastos de naturaleza social realizados en cumplimiento de una disposición legal o voluntariamente por la Comunidad.

66. GASTOS FINANCIEROS

662. Intereses de deudas

Importe de los intereses de los préstamos recibidos y otras deudas pendientes de amortizar.

666. Pérdidas en participaciones y valores representativos de deuda

669. Otros gastos financieros

67. PÉRDIDAS PROCEDENTES DE ACTIVOS NO CORRIENTES Y GASTOS EXCEPCIONALES

678. Gastos excepcionales

Pérdidas y gastos de carácter excepcional y cuantía significativa que atendiendo a su naturaleza no deban contabilizarse en otras cuentas del grupo 6.

GRUPO 7. VENTAS E INGRESOS

Las cuentas de este grupo reflejan la prestación de servicios a los comuneros, la enajenación de bienes de la Comunidad y los posibles ingresos atípicos (arrendamientos, utilización de instalaciones deportivas...), intereses y otros.

70. VENTAS

Transacciones, con salida o entrega de los bienes o servicios a los comuneros.

700. Ventas de mercaderías

7001. Ventas de tarjetas de acceso

7002. Ventas de llaves codificadas

7003. Ventas de telemandos

705. Prestaciones de servicios

7051. Ingresos por utilización de instalaciones (piscina, tenis...)

7052. Ingresos por consumos (gas, agua)

7053. Ingresos por cuotas ordinarias

7054. Ingresos por cuotas extraordinarias

75. OTROS INGRESOS DE GESTIÓN

Ingresos derivados de la gestión no comprendidos en otros subgrupos (arrendamientos, publicidad estática...)

752. Ingresos por arrendamientos

Los devengados por el alquiler de bienes muebles o inmuebles cedidos para el uso o la disposición por terceros.

759. Ingresos por servicios diversos

76. INGRESOS FINANCIEROS.

762. Ingresos de créditos

Intereses de valores de créditos concedidos por la Comunidad, devengados en el ejercicio.

769. Otros ingresos financieros (de imposiciones a plazo, cuentas corrientes...)

77. BENEFICIOS PROCEDENTES DE ACTIVOS NO CORRIENTES E INGRESOS EXCEPCIONALES

778. Ingresos excepcionales

Beneficios e ingresos de carácter excepcional y cuantía significativa que atendiendo a su naturaleza no deban contabilizarse en otras cuentas del grupo 7.

5. PRESUPUESTOS. DETERMINACIÓN DEL FONDO DE RESERVA

5.1. Funciones del presupuesto

La Ley 8/1999, de 6 de abril, en su artículo quinto, modifica la redacción del Artículo 9 de la Ley 49/1960, de 21 de julio, sobre Propiedad Horizontal, quedando de la siguiente forma:

> *«1. Son obligaciones de cada propietario:*
> *f) Contribuir, con arreglo a su respectiva cuota de participación, a la dotación del fondo de reserva que existirá en la comunidad de propietarios para atender las obras de conservación y reparación de la finca y, en su caso, para las obras de rehabilitación.*
> *El fondo de reserva, cuya titularidad corresponde a todos los efectos a la comunidad, estará dotado con una cantidad que en ningún caso podrá ser inferior al 5 por ciento de su último presupuesto ordinario.*
> *Con cargo al fondo de reserva la comunidad podrá suscribir un contrato de seguro que cubra los daños causados en la finca o bien concluir un contrato de mantenimiento permanente del inmueble y sus instalaciones generales».*

Como vemos el fondo de reserva está constituido por las aportaciones o provisiones de fondos de los copropietarios para que el administrador pueda atender el pago de los gastos con anterioridad a su liquidación mediante derrama ordinaria.

También nos indica que el Fondo de Reserva debe cumplir una serie de requisitos:

- ❒ Es obligatorio.
- ❒ Se constituye al aprobarse el presupuesto ordinario anual.
- ❒ No debe ser inferior al 5% del presupuesto ordinario.
- ❒ En ningún momento del ejercicio debe ser inferior al mínimo legal establecido.

En realidad, estos requisitos son de sentido común y solamente el tercer punto añade un dato cuantitativo que el legislador no ha querido y no ha sabido explicar y que nosotros, más adelante, trataremos de desarrollar.

Con independencia de las obligaciones que pueda establecer la ley, el presupuesto de la comunidad debe cumplir una serie de funciones básicas:

1. Por la parte del gasto
   - ❒ Presentar de manera detallada cual es el volumen de gasto necesario para mantener los elementos comunes en condiciones de funcionamiento y para disfrutar de los servicios básicos.
   - ❒ Establecer que partidas podemos añadir para mejorar la situación actual y determinar su coste.
2. Por la parte del ingreso
   - ❒ Determinar cuál es el volumen de ingreso necesario para hacer frente a esos gastos.
   - ❒ Permitir a los copropietarios conocer de manera aproximada el importe de las derramas ordinarias, lo cual tiene especial importancia a la hora de evitar retrasos en el pago de los recibos.
3. Desde el punto de vista de la tesorería
   - ❒ Debe incluir un presupuesto de tesorería equilibrado.

5.2. Determinación de las derramas ordinarias

Una vez aprobado el volumen de gasto para el ejercicio, queda automáticamente determinado el volumen de ingreso necesario y, si no disponemos de elementos comunes que generen ingresos, éstos deben proceder de derramas ordinarias. En esta situación ya solo nos quedarán dos puntos por aclarar: cuál va a ser la cuantía aproximada de cada derrama ordinaria y cuál será el fondo de reserva.

La determinación de las distintas derramas ordinarias va a ser fácil si aplicamos los principios de contabilidad generalmente aceptados y si partimos de la hipótesis de que la entidad no tiene ánimo de generar reservas, es decir, el objetivo es el beneficio cero.

Por lo tanto, a la hora de presupuestar los gastos deberemos aplicar el principio del devengo y si vamos a emitir las derramas ordinarias trimestralmente, tendremos que efectuar las oportunas periodificaciones de forma trimestral para conocer al cierre del trimestre cual es el gasto devengado. Al pretender un beneficio cero, una vez conozcamos el gasto también habremos determinado cual es el ingreso necesario ya que será del mismo importe.

Esta forma de actuar va a permitir que las sucesivas derramas sean más uniformes y padezcan menos oscilaciones, lo cual repercutirá de manera positiva en el cobro de recibos por parte del administrador.

5.3. Cálculo del Fondo de Reserva

La ley nos dice que el Fondo de Reserva no debe ser inferior al 5% del presupuesto ordinario y el análisis financiero nos indica que debe ser aquel con el que mantengamos una situación financiera equilibrada a lo largo del ejercicio. Si deseamos una situación óptima tendremos que llevar a cabo un análisis de los movimientos de tesorería que prevemos a lo largo del ejercicio:

- Por la parte del gasto, deberemos analizar las distintas partidas para determinar su plazo de pago.
- Por la parte del ingreso, tendremos que analizar el plazo de cobro incluyendo la posible morosidad en el cobro de recibos.

Con todos estos datos podremos calcular el margen de seguridad financiera que necesitamos que podemos llamar fondo de reserva.

5.4. Ejemplo

Al principio del capítulo, establecimos la hipótesis de que la Comunidad carece de activo fijo (evidentemente a nivel contable); para simplificar el análisis presupuestario vamos a establecer la hipótesis de que la composición del pasivo es únicamente de Fondos propios y de acreedores a corto plazo (es el caso más usual en la realidad).

Supongamos entonces que la comunidad ha cerrado el ejercicio anterior con el siguiente balance.

Activo corriente:		1.386
Propietarios deudores:	998	
Tesorería:	100	
Gastos anticipados:	288	
Pasivo corriente:		234
Acreedores a c/p:	234	
Fondos propios:		1.152
Fondo de Reserva:	1.152	

El fondo de Reserva se identifica entonces con el denominado Fondo de Maniobra, y representa el margen de seguridad financiera.

Agruparemos los gastos en 5 tipos según su plazo de pago:

Gastos A: Gastos que devengan todos los meses y son facturados por el acreedor de forma bimensual. Se pagan a los pocos días de su facturación.

Gastos B: Gastos que devengan mensualmente de forma uniforme. La mayor parte del gasto devengado se paga al principio del mes siguiente y el resto se va acumulando pagándose a mitad y a final del ejercicio.

Gastos C: Gastos que se pagan al mes siguiente a su devengo.

Gastos D: Gastos que devengan de forma uniforme durante un año pero que se pagan anticipadamente una sola vez al año.

Gastos E: Gastos que se producen algún mes del ejercicio y se pagan en los dos meses posteriores a su devengo.

Los gastos tipo A, podrían ser por ejemplo los de luz o agua, cuyo pago se suele producir de forma bimensual.

Los gastos tipo B, serían los de personal en los que el devengo del gasto suele ser uniforme en el tiempo, mientras que su pago es superior en los trimestres en los que se produce la paga extra.

Los gastos del tipo C serían aquellos en los que su devengo suele coincidir con su pago, o al menos estar muy próximos temporalmente. Entre ellos se situarían los de reparaciones y mantenimiento, así como los de limpieza.

Los gastos del tipo D serían por ejemplo los de un seguro multirriesgo, cuyo devengo es uniforme a lo largo del ejercicio, mientras que su pago se produce una vez al año.

Los gastos del tipo E, serían los de una reparación extraordinaria de cuantía importante.

La composición del epígrafe de acreedores a corto plazo es la siguiente:

Saldo	
A	103
B	50
C	81
E	0
Total	234

El saldo de acreedores por gastos tipo D no aparece ya que al tratarse de un gasto anticipado forma parte del activo circulante y su saldo deudor es de 288.

La composición del activo circulante es, como ya hemos visto, la siguiente:

Saldo	
Propietarios	998
Tesorería	100
D	288
Total	1386

Los ingresos trimestrales van a ir en función de los gastos devengados en cada trimestre con el objetivo de obtener un beneficio cero. Van a ser las derramas ordinarias que se emitirán al final de cada trimestre y se cobraran en el mes posterior.

El desarrollo de un presupuesto anual de 5.011 u.m. de gasto será el siguiente:

Presupuesto de Gastos e Ingresos

Gastos

	Ene	Feb	Mar	Abr	May	Jun	Jul	Ago	Sep	Oct	Nov	Dic
A	100	100	100	100	130	130	140	140	130	100	100	100
B	116	117	116	117	116	118	116	117	116	117	116	118
C	80	78	82	80	78	82	80	78	82	80	78	82
D	32	32	32	32	32	32	32	32	32	31	31	31
E	0	0	500	0	0	0	0	400	0	0	0	0
Total	328	327	830	329	356	362	368	767	360	328	325	331

Ingresos

	Ene	Feb	Mar	Abr	May	Jun	Jul	Ago	Sep	Oct	Nov	Dic
Total			1485			1047			1495			984

Resultado

	Ene	Feb	Mar	Abr	May	Jun	Jul	Ago	Sep	Oct	Nov	Dic
Total			0			0			0			0

Presupuesto de Tesorería

Pagos

	Ene	Feb	Mar	Abr	May	Jun	Jul	Ago	Sep	Oct	Nov	Dic
A	0	203	0	200	0	230	0	270	0	270	0	200
B	100	100	100	100	100	200	100	100	100	100	100	200
C	81	80	78	82	80	78	82	80	78	82	80	78
D	0	0	0	0	0	0	0	0	0	370	0	0
E	0	0	0	250	250	0	0	0	200	200	0	0
Total	181	383	178	632	430	508	182	450	378	1022	180	478

Cobros

	Ene	Feb	Mar	Abr	May	Jun	Jul	Ago	Sep	Oct	Nov	Dic
Total	998			1485			1047			1495		

Evolución Tesorería

Saldo	Ene	Feb	Mar	Abr	May	Jun	Jul	Ago	Sep	Oct	Nov	Dic
100	917	534	356	1209	779	271	1136	686	308	781	601	123

Evolución de las masas patrimoniales

Evolución saldos del pasivo corriente

	Saldo	Ene	Feb	Mar	Abr	May	Jun	Jul	Ago	Sep	Oct	Nov	Dic
A	103	203	100	200	100	230	130	270	140	270	100	200	100
B	50	66	83	99	116	132	50	66	83	99	116	132	50
C	81	80	78	82	80	78	82	80	78	82	80	78	82
E	0	0	0	500	250	0	0	0	400	200	0	0	0
Total	234	349	261	881	546	440	262	416	701	651	296	410	232

Evolución saldos del activo corriente

	Saldo	Ene	Feb	Mar	Abr	May	Jun	Jul	Ago	Sep	Oct	Nov	Dic
Prop	998	0	0	1485	0	0	1047	0	0	1495	0	0	984
Teso	100	917	534	356	1209	779	271	1136	686	308	781	601	123
D	288	256	224	192	160	128	96	64	32	0	339	308	277
Total	1386	1173	758	2033	1369	907	1414	1200	718	1803	1120	909	1384

Resumen

	Saldo	Ene	Feb	Mar	Abr	May	Jun	Jul	Ago	Sep	Oct	Nov	Dic
A.C.	1386	1173	758	2033	1369	907	1414	1200	718	1803	1120	909	1384
P.C.	234	349	261	881	546	440	262	416	701	651	296	410	232
F.P.	1152	824	497	1152	823	467	1152	784	17	1152	824	499	1152

F.P./Presupuesto (en %)

	Saldo	Ene	Feb	Mar	Abr	May	Jun	Jul	Ago	Sep	Oct	Nov	Dic
	23,0	16,4	9,9	23,0	16,4	9,3	23,0	15,6	0,3	23,0	16,4	10,0	23,0

Como podemos observar en el ejemplo, el saldo de caja se mantiene siempre positivo. También se observa que el fondo de maniobra se mantiene constante al final de cada trimestre debido a que los ingresos se determinan para compensar los gastos devengados en cada trimestre, produciéndose un beneficio cero, y por lo tanto no se genera reserva alguna.

Podemos deducir entonces que el fondo de Reserva es el adecuado en base al presupuesto previsto.

¿Qué ocurriría si partiéramos de un fondo de reserva inferior? Supongamos que el saldo de propietarios deudores a cierre del ejercicio anterior es de 700 u.m. El presupuesto se vería modificado de la siguiente forma:

Presupuesto de Gastos e Ingresos

Gastos

	Ene	Feb	Mar	Abr	May	Jun	Jul	Ago	Sep	Oct	Nov	Dic
A	100	100	100	100	130	130	140	140	130	100	100	100
B	116	117	116	117	116	118	116	117	116	117	116	118
C	80	78	82	80	78	82	80	78	82	80	78	82
D	32	32	32	32	32	32	32	32	32	31	31	31
E	0	0	500	0	0	0	0	400	0	0	0	0
Total	328	327	830	329	356	362	368	767	360	328	325	331

Ingresos

	Ene	Feb	Mar	Abr	May	Jun	Jul	Ago	Sep	Oct	Nov	Dic
Total			1485			1047			1495			984

Resultado

	Ene	Feb	Mar	Abr	May	Jun	Jul	Ago	Sep	Oct	Nov	Dic
Total			0			0			0			0

Presupuesto de Tesorería

Pagos

	Ene	Feb	Mar	Abr	May	Jun	Jul	Ago	Sep	Oct	Nov	Dic
A	0	203	0	200	0	230	0	270	0	270	0	200
B	100	100	100	100	100	200	100	100	100	100	100	200
C	81	80	78	82	80	78	82	80	78	82	80	78
D	0	0	0	0	0	0	0	0	0	370	0	0
E	0	0	0	250	250	0	0	0	200	200	0	0
Total	181	383	178	632	430	508	182	450	378	1022	180	478

Cobros

	Ene	Feb	Mar	Abr	May	Jun	Jul	Ago	Sep	Oct	Nov	Dic
Total	700			1485			1047			1495		

Evolución Tesorería

Saldo	Ene	Feb	Mar	Abr	May	Jun	Jul	Ago	Sep	Oct	Nov	Dic
100	619	236	58	911	481	-27	838	388	10	483	303	-175

Evolución de las masas patrimoniales

Evolución saldos del pasivo corriente

	Saldo	Ene	Feb	Mar	Abr	May	Jun	Jul	Ago	Sep	Oct	Nov	Dic
A	103	203	100	200	100	230	130	270	140	270	100	200	100
B	50	66	83	99	116	132	50	66	83	99	116	132	50
C	81	80	78	82	80	78	82	80	78	82	80	78	82
E	0	0	0	500	250	0	0	0	400	200	0	0	0
Total	234	349	261	881	546	440	262	416	701	651	296	410	232

Evolución saldos del activo circulante

	Saldo	Ene	Feb	Mar	Abr	May	Jun	Jul	Ago	Sep	Oct	Nov	Dic
Prop	700	0	0	1485	0	0	1047	0	0	1495	0	0	984
Teso	100	619	236	58	911	481	-27	838	388	10	483	303	-175
D	288	256	224	192	160	128	96	64	32	0	339	308	277
Total	1088	875	460	1735	1071	609	1116	902	420	1505	822	611	1086

Resumen

	Saldo	Ene	Feb	Mar	Abr	May	Jun	Jul	Ago	Sep	Oct	Nov	Dic
A.C.	1088	875	460	1735	1071	609	1116	902	420	1505	822	611	1086
P.C.	234	349	261	881	546	440	262	416	701	651	296	410	232
F.P.	854	526	199	854	525	169	854	486	-281	854	526	201	854

F.P./Presupuesto (en %)

	Saldo	Ene	Feb	Mar	Abr	May	Jun	Jul	Ago	Sep	Oct	Nov	Dic
	17,0	10,5	3,9	17,0	10,5	3,4	17,0	9,7	-5,6	17,0	10,5	4,0	17,0

Observamos que el fondo de Reserva se ha reducido a 854 u.m. en lugar de las 1152 u.m. de la situación anterior y se prevén descubiertos en los meses de junio y diciembre. En este caso se deberá efectuar una derrama extraordinaria para incrementar el fondo de reserva hasta una cuantía que permita una mayor estabilidad financiera. Efectuando, antes del inicio del ejercicio, una derrama de 298 u.m. volveríamos a la situación anterior.

Presupuesto de Gastos e Ingresos

Gastos

	Ene	Feb	Mar	Abr	May	Jun	Jul	Ago	Sep	Oct	Nov	Dic
A	100	100	100	100	130	130	140	140	130	100	100	100
B	116	117	116	117	116	118	116	117	116	117	116	118
C	80	78	82	80	78	82	80	78	82	80	78	82
D	32	32	32	32	32	32	32	32	32	31	31	31
E	0	0	500	0	0	0	0	400	0	0	0	0
Total	328	327	830	329	356	362	368	767	360	328	325	331

Ingresos

	Ene	Feb	Mar	Abr	May	Jun	Jul	Ago	Sep	Oct	Nov	Dic
Total			1485			1047			1495			984

Resultado

	Ene	Feb	Mar	Abr	May	Jun	Jul	Ago	Sep	Oct	Nov	Dic
Total			0			0			0			0

Presupuesto de Tesorería

Pagos

	Ene	Feb	Mar	Abr	May	Jun	Jul	Ago	Sep	Oct	Nov	Dic
A	0	203	0	200	0	230	0	270	0	270	0	200
B	100	100	100	100	100	200	100	100	100	100	100	200
C	81	80	78	82	80	78	82	80	78	82	80	78
D	0	0	0	0	0	0	0	0	0	370	0	0
E	0	0	0	250	250	0	0	0	200	200	0	0
Total	181	383	178	632	430	508	182	450	378	1022	180	478

Cobros

	Ene	Feb	Mar	Abr	May	Jun	Jul	Ago	Sep	Oct	Nov	Dic
Total	700			1485			1047			1495		

Evolución Tesorería

Saldo	Ene	Feb	Mar	Abr	May	Jun	Jul	Ago	Sep	Oct	Nov	Dic
398	917	534	356	1209	779	271	1136	686	308	781	601	123

Evolución de las masas patrimoniales

Evolución saldos del pasivo corriente

	Saldo	Ene	Feb	Mar	Abr	May	Jun	Jul	Ago	Sep	Oct	Nov	Dic
A	103	203	100	200	100	230	130	270	140	270	100	200	100
B	50	66	83	99	116	132	50	66	83	99	116	132	50
C	81	80	78	82	80	78	82	80	78	82	80	78	82
E	0	0	0	500	250	0	0	0	400	200	0	0	0
Total	234	349	261	881	546	440	262	416	701	651	296	410	232

Evolución saldos del activo corriente

	Saldo	Ene	Feb	Mar	Abr	May	Jun	Jul	Ago	Sep	Oct	Nov	Dic
Prop	700	0	0	1485	0	0	1047	0	0	1495	0	0	984
Teso	398	917	534	356	1209	779	271	1136	686	308	781	601	123
D	288	256	224	192	160	128	96	64	32	0	339	308	277
Total	1386	1173	758	2033	1369	907	1414	1200	718	1803	1120	909	1384

Resumen

	Saldo	Ene	Feb	Mar	Abr	May	Jun	Jul	Ago	Sep	Oct	Nov	Dic
A.C.	1386	1173	758	2033	1369	907	1414	1200	718	1803	1120	909	1384
P.C.	234	349	261	881	546	440	262	416	701	651	296	410	232
F.P.	1152	824	497	1152	823	467	1152	784	17	1152	824	499	1152

F.P./Presupuesto (en %)

	Saldo	Ene	Feb	Mar	Abr	May	Jun	Jul	Ago	Sep	Oct	Nov	Dic
	23,0	16,4	9,9	23,0	16,4	9,3	23,0	15,6	0,3	23,0	16,4	10,0	23,0

¿Cuál sería el Fondo de Reserva óptimo? Descartando fórmulas magistrales, si seguimos con el ejemplo que nos ocupa, podemos observar a continuación que un Fondo de reserva de 1.029 u.m. es el punto extremo en el que no tenemos descubiertos en tesorería, aunque probablemente en la realidad no sea así debido a retrasos en el cobro de recibos, gastos extraordinarios, etc.

En el ejemplo si partimos de un saldo de tesorería de 75 y un saldo de deudores de 900, el presupuesto aparecería de la siguiente forma:

Presupuesto de Gastos e Ingresos

Gastos

	Ene	Feb	Mar	Abr	May	Jun	Jul	Ago	Sep	Oct	Nov	Dic
A	100	100	100	100	130	130	140	140	130	100	100	100
B	116	117	116	117	116	118	116	117	116	117	116	118
C	80	78	82	80	78	82	80	78	82	80	78	82
D	32	32	32	32	32	32	32	32	32	31	31	31
E	0	0	500	0	0	0	0	400	0	0	0	0
Total	328	327	830	329	356	362	368	767	360	328	325	331

Ingresos

	Ene	Feb	Mar	Abr	May	Jun	Jul	Ago	Sep	Oct	Nov	Dic
Total			1485			1047			1495			984

Resultado

	Ene	Feb	Mar	Abr	May	Jun	Jul	Ago	Sep	Oct	Nov	Dic
Total			0			0			0			0

Presupuesto de Tesorería

Pagos

	Ene	Feb	Mar	Abr	May	Jun	Jul	Ago	Sep	Oct	Nov	Dic
A	0	203	0	200	0	230	0	270	0	270	0	200
B	100	100	100	100	100	200	100	100	100	100	100	200
C	81	80	78	82	80	78	82	80	78	82	80	78
D	0	0	0	0	0	0	0	0	0	370	0	0
E	0	0	0	250	250	0	0	0	200	200	0	0
Total	181	383	178	632	430	508	182	450	378	1022	180	478

Cobros

	Ene	Feb	Mar	Abr	May	Jun	Jul	Ago	Sep	Oct	Nov	Dic
Total	900			1485			1047			1495		

Evolución Tesorería

Saldo	Ene	Feb	Mar	Abr	May	Jun	Jul	Ago	Sep	Oct	Nov	Dic
75	794	411	233	1086	656	148	1013	563	185	658	478	0

Evolución de las masas patrimoniales

Evolución saldos del pasivo corriente

	Saldo	Ene	Feb	Mar	Abr	May	Jun	Jul	Ago	Sep	Oct	Nov	Dic
A	103	203	100	200	100	230	130	270	140	270	100	200	100
B	50	66	83	99	116	132	50	66	83	99	116	132	50
C	81	80	78	82	80	78	82	80	78	82	80	78	82
E	0	0	0	500	250	0	0	0	400	200	0	0	0
Total	234	349	261	881	546	440	262	416	701	651	296	410	232

Evolución saldos del activo corriente

	Saldo	Ene	Feb	Mar	Abr	May	Jun	Jul	Ago	Sep	Oct	Nov	Dic
Prop	900	0	0	1485	0	0	1047	0	0	1495	0	0	984
Teso	75	794	411	233	1086	656	148	1013	563	185	658	478	0
D	288	256	224	192	160	128	96	64	32	0	339	308	277
Total	1263	1050	635	1910	1246	784	1291	1077	595	1680	997	786	1261

Resumen

	Saldo	Ene	Feb	Mar	Abr	May	Jun	Jul	Ago	Sep	Oct	Nov	Dic
A.C.	1263	1050	635	1910	1246	784	1291	1077	595	1680	997	786	1261
P.C.	234	349	261	881	546	440	262	416	701	651	296	410	232
F.P.	1029	701	374	1029	700	344	1029	661	-106	1029	701	376	1029

F.P./Presupuesto (en %)

	Saldo	Ene	Feb	Mar	Abr	May	Jun	Jul	Ago	Sep	Oct	Nov	Dic
	20,5	14,0	7,5	20,5	14,0	6,9	20,5	13,2	-2,1	20,5	14,0	7,5	20,5

En el ejemplo expuesto en los cuadros anteriores observamos que el Fondo de Reserva adecuado sería de un 23% del presupuesto anual con el cual tendríamos un margen de seguridad. Sin embargo, como ya hemos visto en su redacción actual la Ley sobre Propiedad Horizontal determina que el fondo de reserva no debe ser inferior al 5% del presupuesto de la comunidad.

Evidentemente, el 5% está lejos del 23% que hemos obtenido de nuestro análisis. ¿Qué ocurrirá en nuestro ejemplo si partimos de un fondo de reserva del 5% del presupuesto anual?

Si partimos de un saldo de tesorería de 45 y un saldo de deudores de 150, veamos que le ocurre al presupuesto:

Presupuesto de Gastos e Ingresos

Gastos

	Ene	Feb	Mar	Abr	May	Jun	Jul	Ago	Sep	Oct	Nov	Dic
A	100	100	100	100	130	130	140	140	130	100	100	100
B	116	117	116	117	116	118	116	117	116	117	116	118
C	80	78	82	80	78	82	80	78	82	80	78	82
D	32	32	32	32	32	32	32	32	32	31	31	31
E	0	0	500	0	0	0	0	400	0	0	0	0
Total	328	327	830	329	356	362	368	767	360	328	325	331

Ingresos

	Ene	Feb	Mar	Abr	May	Jun	Jul	Ago	Sep	Oct	Nov	Dic
Total			1485			1047			1495			984

Resultado

	Ene	Feb	Mar	Abr	May	Jun	Jul	Ago	Sep	Oct	Nov	Dic
Total			0			0			0			0

Presupuesto de Tesorería

Pagos

	Ene	Feb	Mar	Abr	May	Jun	Jul	Ago	Sep	Oct	Nov	Dic
A	0	203	0	200	0	230	0	270	0	270	0	200
B	100	100	100	100	100	200	100	100	100	100	100	200
C	81	80	78	82	80	78	82	80	78	82	80	78
D	0	0	0	0	0	0	0	0	0	370	0	0
E	0	0	0	250	250	0	0	0	200	200	0	0
Total	181	383	178	632	430	508	182	450	378	1022	180	478

Cobros

	Ene	Feb	Mar	Abr	May	Jun	Jul	Ago	Sep	Oct	Nov	Dic
Total	150			1485			1047			1495		

Evolución Tesorería

Saldo	Ene	Feb	Mar	Abr	May	Jun	Jul	Ago	Sep	Oct	Nov	Dic
45	14	-369	-547	306	-124	-632	233	-217	-595	-122	-302	-780

Evolución de las masas patrimoniales

Evolución saldos del pasivo corriente

	Saldo	Ene	Feb	Mar	Abr	May	Jun	Jul	Ago	Sep	Oct	Nov	Dic
A	103	203	100	200	100	230	130	270	140	270	100	200	100
B	50	66	83	99	116	132	50	66	83	99	116	132	50
C	81	80	78	82	80	78	82	80	78	82	80	78	82
E	0	0	0	500	250	0	0	0	400	200	0	0	0
Total	234	349	261	881	546	440	262	416	701	651	296	410	232

Evolución saldos del activo corriente

	Saldo	Ene	Feb	Mar	Abr	May	Jun	Jul	Ago	Sep	Oct	Nov	Dic
Prop	150	0	0	1485	0	0	1047	0	0	1495	0	0	984
Teso	45	14	-369	-547	306	-124	-632	233	-217	-595	-122	-302	-780
D	288	256	224	192	160	128	96	64	32	0	339	308	277
Total	483	270	-145	1130	466	4	511	297	-185	900	217	6	481

Resumen

	Saldo	Ene	Feb	Mar	Abr	May	Jun	Jul	Ago	Sep	Oct	Nov	Dic
A.C.	483	270	-145	1130	466	4	511	297	-185	900	217	6	481
P.C.	234	349	261	881	546	440	262	416	701	651	296	410	232
F.P.	249	-79	-406	249	-80	-436	249	-119	-886	249	-79	-404	249

F.P./Presupuesto (en %)

	Saldo	Ene	Feb	Mar	Abr	May	Jun	Jul	Ago	Sep	Oct	Nov	Dic
	5,0%	-1,6%	-8,1%	5,0%	-1,6%	-8,7%	5,0%	-2,4%	-17,7%	5,0%	-1,6%	-8,1%	5,0%

Como se observa, nos encontramos con inestabilidad financiera prácticamente todo el año. Por lo tanto, en nuestra opinión, el fondo de reserva óptimo será particular de cada comunidad y de la naturaleza de los gastos propios de ésta. Recomendamos pues establecer este fondo en función del presupuesto de tesorería de la Comunidad y de un análisis financiero basado en Principios de Contabilidad Generalmente Aceptados.

5.5. Principio contable del devengo

En el presupuesto expuesto anteriormente se han aplicado los Principios de Contabilidad Generalmente aceptados, uno de los más relevantes es el principio contable del devengo que dice lo siguiente:

«La imputación de ingresos y gastos deberá hacerse en función de la corriente real de bienes y servicios que los mismos representan y con independencia del momento en que se produzca la corriente monetaria o financiera derivada de ellos».

La falta de rigor contable en la gestión de muchas Comunidades de Propietarios lleva al incumplimiento de este principio efectuándose las derramas trimestrales para compensar los pagos del trimestre ya vencido. Veamos que ocurre con el presupuesto anteriormente expuesto si no se aplica este principio fundamental:

Presupuesto de Gastos e Ingresos

Gastos

	Ene	Feb	Mar	Abr	May	Jun	Jul	Ago	Sep	Oct	Nov	Dic
A	0	203	0	200	0	230	0	270	0	270	0	200
B	100	100	100	100	100	200	100	100	100	100	100	200
C	81	80	78	82	80	78	82	80	78	82	80	78
D	0	0	0	0	0	0	0	0	0	370	0	0
E	0	0	500	0	0	0	0	400	0	0	0	0
Total	181	383	678	382	180	508	182	850	178	822	180	478

Ingresos

	Ene	Feb	Mar	Abr	May	Jun	Jul	Ago	Sep	Oct	Nov	Dic
Total	998			742			1570			1010		

Resultado

	Ene	Feb	Mar	Abr	May	Jun	Jul	Ago	Sep	Oct	Nov	Dic
Total			-244			-328			360			-470

Presupuesto de Tesorería

Pagos

	Ene	Feb	Mar	Abr	May	Jun	Jul	Ago	Sep	Oct	Nov	Dic
A	0	203	0	200	0	230	0	270	0	270	0	200
B	100	100	100	100	100	200	100	100	100	100	100	200
C	81	80	78	82	80	78	82	80	78	82	80	78
D	0	0	0	0	0	0	0	0	0	370	0	0
E	0	0	0	250	250	0	0	0	200	200	0	0
Total	181	383	178	632	430	508	182	450	378	1022	180	478

Cobros

	Ene	Feb	Mar	Abr	May	Jun	Jul	Ago	Sep	Oct	Nov	Dic
Total	998			742			1570			1010		

Evolución Tesorería

Saldo	Ene	Feb	Mar	Abr	May	Jun	Jul	Ago	Sep	Oct	Nov	Dic
100	917	534	356	466	36	-472	916	466	88	76	-104	-582

Evolución de las masas patrimoniales

Evolución saldos del pasivo corriente

	Saldo	Ene	Feb	Mar	Abr	May	Jun	Jul	Ago	Sep	Oct	Nov	Dic
A	0	0	0	0	0	0	0	0	0	0	0	0	0
B	0	0	0	0	0	0	0	0	0	0	0	0	0
C	0	0	0	0	0	0	0	0	0	0	0	0	0
E	0	0	0	500	250	0	0	0	400	200	0	0	0
Total	0	0	0	500	250	0	0	0	400	200	0	0	0

Evolución saldos del activo corriente

	Saldo	Ene	Feb	Mar	Abr	May	Jun	Jul	Ago	Sep	Oct	Nov	Dic
Prop	0	0	0	0	0	0	0	0	0	0	0	0	0
Teso	100	917	534	356	466	36	-472	916	466	88	76	-104	-582
D	0	0	0	0	0	0	0	0	0	0	0	0	0
Total	100	917	534	356	466	36	-472	916	466	88	76	-104	-582

Resumen

	Saldo	Ene	Feb	Mar	Abr	May	Jun	Jul	Ago	Sep	Oct	Nov	Dic
A.C.	100	917	534	356	466	36	-472	916	466	88	76	-104	-582
P.C.	0	0	0	500	250	0	0	0	400	200	0	0	0
F.P.	100	917	534	-144	216	36	-472	916	66	-112	76	-104	-582

F.P./Presupuesto (en %)

	Saldo	Ene	Feb	Mar	Abr	May	Jun	Jul	Ago	Sep	Oct	Nov	Dic
	2,0	18,3	10,7	-2,9	4,3	0,7	-9,4	18,3	1,3	-2,2	1,5	-2,1	-11,6

Como podemos observar, se producen importantes descubiertos en los meses de junio y diciembre, precisamente finales de los trimestres en los que el volumen de pagos es mayor. Este hecho nos obliga a incrementar el fondo de reserva siendo la realidad idéntica a la del supuesto inicial en el que aplicábamos el principio de devengo. Si hemos incrementado el fondo de reserva en 600 u.m. tendremos entonces un saldo de caja de 700 u.m.:

Presupuesto de Gastos e Ingresos

Gastos

	Ene	Feb	Mar	Abr	May	Jun	Jul	Ago	Sep	Oct	Nov	Dic
A	0	203	0	200	0	230	0	270	0	270	0	200
B	100	100	100	100	100	200	100	100	100	100	100	200
C	81	80	78	82	80	78	82	80	78	82	80	78
D	0	0	0	0	0	0	0	0	0	370	0	0
E	0	0	500	0	0	0	0	400	0	0	0	0
Total	181	383	678	382	180	508	182	850	178	822	180	478

Ingresos

	Ene	Feb	Mar	Abr	May	Jun	Jul	Ago	Sep	Oct	Nov	Dic
Total	998			742			1570			1010		

Resultado

	Ene	Feb	Mar	Abr	May	Jun	Jul	Ago	Sep	Oct	Nov	Dic
Total			-244			-328			360			-470

Presupuesto de Tesorería

Pagos

	Ene	Feb	Mar	Abr	May	Jun	Jul	Ago	Sep	Oct	Nov	Dic
A	0	203	0	200	0	230	0	270	0	270	0	200
B	100	100	100	100	100	200	100	100	100	100	100	200
C	81	80	78	82	80	78	82	80	78	82	80	78
D	0	0	0	0	0	0	0	0	0	370	0	0
E	0	0	0	250	250	0	0	0	200	200	0	0
Total	181	383	178	632	430	508	182	450	378	1022	180	478

Cobros

	Ene	Feb	Mar	Abr	May	Jun	Jul	Ago	Sep	Oct	Nov	Dic
Total	998			742			1570			1010		

Evolución Tesorería

Saldo	Ene	Feb	Mar	Abr	May	Jun	Jul	Ago	Sep	Oct	Nov	Dic
700	1517	1134	956	1066	636	128	1516	1066	688	676	496	18

Evolución de las masas patrimoniales

Evolución saldos del pasivo corriente

	Saldo	Ene	Feb	Mar	Abr	May	Jun	Jul	Ago	Sep	Oct	Nov	Dic
A	0	0	0	0	0	0	0	0	0	0	0	0	0
B	0	0	0	0	0	0	0	0	0	0	0	0	0
C	0	0	0	0	0	0	0	0	0	0	0	0	0
E	0	0	0	500	250	0	0	0	400	200	0	0	0
Total	0	0	0	500	250	0	0	0	400	200	0	0	0

Evolución saldos del activo corriente

	Saldo	Ene	Feb	Mar	Abr	May	Jun	Jul	Ago	Sep	Oct	Nov	Dic
Prop	0	0	0	0	0	0	0	0	0	0	0	0	0
Teso	700	1517	1134	956	1066	636	128	1516	1066	688	676	496	18
D	0	0	0	0	0	0	0	0	0	0	0	0	0
Total	700	1517	1134	956	1066	636	128	1516	1066	688	676	496	18

Resumen

	Saldo	Ene	Feb	Mar	Abr	May	Jun	Jul	Ago	Sep	Oct	Nov	Dic
A.C.	700	1517	1134	956	1066	636	128	1516	1066	688	676	496	18
P.C.	0	0	0	500	250	0	0	0	400	200	0	0	0
F.P.	700	1517	1134	456	816	636	128	1516	666	488	676	496	18

F.P./Presupuesto (en %)

	Saldo	Ene	Feb	Mar	Abr	May	Jun	Jul	Ago	Sep	Oct	Nov	Dic
	14,0	30,3	22,7	9,1	16,3	12,7	2,6	30,3	13,3	9,8	13,5	9,9	0,4

Un aspecto a tener en cuenta es la oscilación que pueden presentar las distintas derramas ordinarias entre sí. Este hecho puede provocar molestias entre los propietarios, aparte de posibles retrasos en el pago de los recibos. En estadística esta característica se denomina dispersión y consiste en la mayor o menor agrupación de los valores en torno al valor central. Una medida de dispersión es la desviación típica que se define como la raíz cuadrada de la varianza, siendo la varianza la suma de las diferencias al cuadrado de los valores de la variable respecto a la media aritmética.

Si calculamos la desviación típica para el caso en el que hemos aplicado el principio contable del devengo obtenemos que ésta asciende a 468.8, mientras que para el caso en el que no hemos aplicado este principio es de 604.9.

Aplicación principio devengo

	Ene	Abr	Jul	Oct		
Derramas	998	1485	1047	1495	1256,25	Media
Desv.s/media	-258	229	-209	239		
(Desv.s/media)^2	66693	52327	43786	57002	219807	Varianza

Desviación típica: $(219.807)^{1/2} = 468.8$

No Aplicación principio devengo

	Ene	Abr	Jul	Oct		
Derramas	998	742	1570	1010	1080	Media
Desv.s/media	-82	-338	490	-70		
(Desv.s/media)^2	6724	114244	240100	4900	365968	Varianza

Desviación típica: $(365.968)^{1/2} = 604.9$

Resumiendo, la no aplicación del principio del devengo tiene dos efectos inmediatos. Por un lado el fondo de reserva debe ser superior y por otro lado, las distintas derramas padecen mayores oscilaciones.

5.6. Conclusiones

La contabilidad debe expresar la imagen fiel del patrimonio, de la situación financiera y de los resultados de las operaciones. Para ello, el Administrador deberá aplicar los Principios Contables Generalmente Aceptados, recogidos en nuestro P.G.C., y las normas de valoración que los desarrollan. La consecución de estos objetivos va a permitir la disposición de información suficiente para la toma de decisiones por parte de la Junta de Propietarios y asegurar la integridad del patrimonio de la Comunidad.

La complejidad y dimensión de ciertas Comunidades de Propietarios hacen necesaria pues la implantación de sistemas contables profesionales basados en Principios de Contabilidad Generalmente Aceptados. A lo largo de este apartado hemos tratado de justificar dicha necesidad y ofrecer las líneas básicas y herramientas para su desarrollo por parte del Administrador de la Comunidad, refiriéndonos en particular al principio de devengo. La contabilidad debe pues convertirse en pieza fundamental para la toma de decisiones en las Juntas de Propietarios y ser un adecuado instrumento de control de la gestión.

6. EJEMPLO PRÁCTICO DE LA ELABORACIÓN DE LAS CUENTAS ANUALES Y DEL PRESUPUESTO DE UNA COMUNIDAD, SEGÚN EL CRITERIO CONTABLE DEL DEVENGO

Mediante un sencillo ejemplo de una comunidad de propietarios denominada «Los Vecinos» vamos a ilustrar la metodología que puede emplearse para elaborar las cuentas anuales, bajo la consideración del principio contable de devengo. Asimismo, esta metodología nos permitirá calcular la cuantía a liquidar para cada periodo y determinar la idoneidad del Fondo Social o Fondo de Reserva.

La Comunidad «Los Vecinos» se constituyó hace 5 años y está formada por un pequeño conjunto residencial de 30 apartamentos, de una y dos habitaciones, alrededor de una zona común que incluye una piscina. La plaza de garaje se encuentra en superficie. El complejo cuenta con la presencia de un Conserje en nómina que trabaja una jornada de 20 horas a la semana.

A pesar de que el tamaño de los apartamentos difiere según sea de una o dos habitaciones, los estatutos de la Comunidad expresan que el reparto de gastos se realiza a partes iguales. Igualmente, en cuanto a la liquidación de los gastos se indica que se efectuará trimestralmente en periodos vencidos.

A continuación, se muestra el Balance de Situación de «Los Vecinos» al 30/09/20X0 y la Cuenta de Pérdidas y Ganancias del tercer trimestre del año 20X0, así como la acumulada al 30/09/20X0, expresados en unidades monetarias (u.m.). Estos documentos se han formulado de acuerdo con los modelos del P.G.C.

BALANCE DE SITUACIÓN DE «Los Vecinos» AL 30/09/20X0 (expresado en u.m.)

ACTIVO

Activo Corriente

DEUDORES

(4300) Propietarios deudores por cuotas ordinarias	1.500,09
(4315) Recibos impagados	45,00
TESORERÍA	
(5700) Caja	10,00
(5720) Bancos	290,00
PERIODIFICACIONES A CORTO PLAZO	
(4800) Gastos anticipados	310,00
TOTAL ACTIVO	**2.155,09**

PATRIMONIO NETO Y PASIVO

Patrimonio Neto

FONDOS PROPIOS

(1010) Fondo social	1.616,00
Pasivo corriente	
DEUDAS A CORTO PLAZO	
(4100) Acreedores por prestaciones de servicios	360,09
(4650) Remuneraciones pendientes de pago	75,00
(4751) Hacienda Pública, acreedor por retenciones practicadas	90,00
(4760) Organismos de la Seguridad Social, acreedores	14,00
TOTAL NETO Y PASIVO	**2.155,09**

CUENTA DE PÉRDIDAS Y GANANCIAS DE «LOS VECINOS» DEL TERCER TRIMESTRE DEL AÑO 20X0 (en u.m.)

Importe neto de la cifra de negocios

(7053) Ingresos por cuotas ordinarias	1.500,09
Gastos de personal	
(6400) Sueldos y salarios	525,00
(6420) Seguridad Social a cargo de la comunidad	27,00
Otros gastos de explotación	
(6220) Reparaciones y conservación	275,00

(6230) Servicios profesionales independientes	30,09
(6250) Primas de seguros	75,00
(6260) Servicios bancarios y similares	11,00
(6280) Suministros	260,00
(6290) Otros servicios	297,00
Resultado de explotación	**0,00**
Resultado del periodo	**0,00**

CUENTA DE PÉRDIDAS Y GANANCIAS DE «LOS VECINOS» ACUMULADA AL TERCER TRIMESTRE DEL AÑO 20X0 (en u.m.)

Importe neto de la cifra de negocios	
(7053) Ingresos por cuotas ordinarias	4.427,10
Gastos de personal	
(6400) Sueldos y salarios	1.575,00
(6420) Seguridad Social a cargo de la comunidad	81,00
Otros gastos de explotación	
(6220) Reparación y conservación	600,00
(6230) Servicios profesionales independientes	150,45
(6250) Primas de seguros	191,25
(6260) Servicios bancarios y similares	21,00
(6280) Suministros	858,00
(6290) Otros servicios	950,40
Resultado de explotación	**0,00**
Resultado del periodo	**0,00**

También se dispone de INFORMACIÓN ADICIONAL sobre algunas de las partidas recogidas en el Balance y en las Cuentas de Pérdidas y Ganancias:

- Propietarios deudores por cuotas ordinarias, incluye el importe total a cobrar a los propietarios de la Comunidad resultante de la liquidación del tercer trimestre, con vencimiento el día 5 de octubre.
- Recibos impagados, refleja cuotas devengadas y no atendidas en tiempo por los propietarios.
- Gastos anticipados, comprende las siguientes periodificaciones:
  - o Seguro general de la Comunidad 100,00
    (Se paga el 1 de febrero de cada año. Cuatro meses)

- o Servicio de mantenimiento de la piscina y jardines.............. 60,00
  (Se paga el 15 de diciembre de cada año. Dos meses y medio).
- o Mantenimiento de los ascensores 150,00
  (Se paga el 1 de diciembre de cada año. Dos meses)

- Acreedores por prestaciones de servicios, incluye recibos pendientes de pago de los suministros de electricidad y teléfono, así como una reparación de los ascensores y los honorarios de los administradores del tercer trimestre:
  - o Electricidad.. 58,00
    (Pago el día 1 del mes siguiente)
  - o Teléfono 22,00
    (Pago el día 5 de octubre)
  - o Reparación ascensores.. 250,00
    (Pago el día 10 de octubre el 50% y el resto el 10 de noviembre)
  - o Honorarios administración del tercer trimestre 30,09
    (Pago el día 10 de octubre)
- Remuneraciones pendientes de pago, muestra la periodificación de la paga extraordinaria de navidad (tres meses). Se paga el 23 de diciembre de cada año.
- Hacienda Pública, acreedor por retenciones practicadas, recoge las retenciones por IRPF practicadas al conserje y a los profesionales independientes. Se paga el día 20 del mes siguiente del trimestre vencido.
- Organismos de la Seguridad Social, acreedores, muestra la seguridad social del conserje que se paga dentro del mes siguiente al devengado.

Durante el cuarto trimestre del año 20X0 tienen lugar los hechos contables que se enumeran a continuación:

1. El 1 de octubre se paga el recibo de electricidad pendiente.
2. El 5 de octubre se envía al cobro la remesa por la totalidad de los recibos pendientes de los propietarios del tercer trimestre.
3. Pago el 5 de octubre de la factura de teléfono pendiente.
4. El 10 de octubre se paga el 50% de la reparación de los ascensores. También el banco nos devuelve recibos de propietarios por importe de a 65,00 u.m. y cobra 5,00 u.m. por gastos de impago.
5. Se satisface el día 10 de octubre los honorarios pendientes con los administradores de la Comunidad.
6. El IRPF pendiente del trimestre anterior se satisface el día 20 de octubre.

7. Pago al contado el 25 de octubre de una reparación en el sistema de antenas de la Comunidad por 97,00 u.m.
8. Se paga la seguridad social adeudada el día 30 de octubre.
9. El 31 de octubre se satisface al conserje la nómina del mes. Sueldo bruto 150,00 u.m. Retención por IRPF 25,00 u.m. Seguridad social del trabajador 5,00 u.m. y 8,00 u.m. la parte patronal.
10. El 1 de noviembre llega y se paga el recibo de electricidad del mes de octubre que asciende a 40 u.m.
11. Pago el 3 de noviembre mediante transferencia de la factura de agua que asciende a 35 u.m.
12. Del importe adeudado por los propietarios morosos a 30 de septiembre se logra cobrar el 50% el día 9 de noviembre. El banco carga en cuenta 5,00 u.m. en concepto de gestión de cobro.
13. El 10 de noviembre se paga el 50% restante de la reparación de los ascensores.
14. El 25 de noviembre, de acuerdo con lo acordado en la última junta general de propietarios se aporta la cantidad de 25,00 u.m. para constituir un fondo para hacer frente a una demanda judicial ante la empresa constructora. A partir de ahí, cada trimestre se realizará esta aportación extraordinaria hasta que alcance la cuantía de 100,00 u.m.
15. El 27 de noviembre se paga por caja 2,50 u.m. por la compra de sellos y sobres de correo.
16. Se paga la seguridad social adeudada del mes de octubre el día 29 de noviembre.
17. El 30 de noviembre se satisface al conserje la nómina del mes. Sueldo bruto 150,00 u.m. Retención por IRPF 25,00 u.m. Seguridad social del trabajador 5,00 u.m. y 8,00 u.m. la parte patronal.
18. El 1 de diciembre se renueva el servicio de mantenimiento de los ascensores por importe de 720,00 u.m. al año. El 25% a pagar el día 15 y el resto en tres partes iguales el día 15 de los siguientes trimestres.
19. Pago el 2 de diciembre de la electricidad del mes de noviembre por importe de 60 u.m. También se paga por 40,00 u.m. la factura de agua para el mismo periodo.
20. Pago el 5 de diciembre de la factura de teléfono de los dos meses anteriores por importe de 41 u.m.
21. El 15 de diciembre se renueva y paga por adelantado el servicio de mantenimiento de la piscina y del jardín con otra empresa por un importe de 180,00 u.m. para un periodo de 6 meses.

22. Se paga el 15 de diciembre la parte acordada del mantenimiento de los ascensores.

23. El 20 de diciembre llega una factura de reparación de las bombas de agua por importe de 85,00 u.m. a pagar dentro de 15 días.

24. El 23 de diciembre se satisface al conserje la nómina del mes. Sueldo bruto 150,00 u.m. Retención por IRPF 25,00 u.m. Seguridad social del trabajador 5,00 u.m. y 8,00 u.m. la parte patronal. Asimismo, se le integra la paga extra de navidad que asciende a 150,00 u.m., con una retención por IRPF de 25,00 u.m.

25. Se paga la seguridad social adeudada del mes de noviembre el día 30 de diciembre.

26. El 31 de diciembre los administradores pasan factura en concepto de honorarios del cuarto trimestre, pagándose de inmediato. Base imponible 29,21 u.m., importe con IVA 34,47 y retención IRPF 15%.

27. Se estima que el importe del consumo eléctrico para el mes de diciembre ascenderá en torno a 50 u.m. Para el consumo de teléfono se hace una estimación de 25 u.m. y de 20 u.m. para el de agua.

A continuación, se va a reflejar en el libro diario de la Comunidad los apuntes contables correspondientes a las operaciones que han tenido lugar durante el cuarto trimestre del año 20X0.

1. El 1 de octubre se paga el recibo de electricidad pendiente.

		01 – 10 – X0		
58,00	Acreedores por prestación de servicios (4100)	a	Bancos (5720)	58,00
		(Pago del recibo de la luz)		

2. El 5 de octubre se envía al cobro la remesa por la totalidad de los recibos pendientes de los propietarios del tercer trimestre.

		05 – 10 – X0		
1.500,09	Bancos (5720)	a	Propietarios deudores por cuotas ordinarias (4300)	1.500,09
		(Por el envío al cobro de la remesa de los recibos del 3T)		

3. Pago el 5 de octubre de la factura de teléfono pendiente.

		05 – 10 – X0		
22,00	Acreedores por prestación de servicios (4100)	a	Bancos (5720)	22,00
		(Pago del recibo de teléfono)		

4. El 10 de octubre se paga el 50% de la reparación de los ascensores. También el banco nos devuelve recibos de propietarios por importe de a 65,00 u.m. y cobra 5,00 u.m. por gastos de impago.

		10 – 10 – X0		
125,00	Acreedores por prestación de servicios (4100)	a	Bancos (5720)	125,00
		(Pago 50% reparación ascensores)		

		10 – 10 – X0		
65,00	Recibos impagados (4315)			
5,00	Servicios bancarios y similares (6260)	a	Bancos (5720)	70,00
		(Por los recibos devueltos y gastos del impago)		

5. Se satisface el día 10 de octubre los honorarios pendientes con los administradores de la Comunidad.

		10 – 10 – X0		
30,09	Acreedores por prestación de servicios (4100)	a	Bancos (5720)	30,09
		(Pago honorarios administradores 3T)		

6. El IRPF pendiente del trimestre anterior se satisface el día 20 de octubre.

		01 – 10 – X0		
90,00	Hacienda Pública, acreedor por retenciones practicadas (4751)	a	Bancos (5720)	90,00
		(Pago liquidación IRPF del 3T)		

7. Pago al contado el 25 de octubre de una reparación en el sistema de antenas de la Comunidad por 97,00 u.m.

25 – 10 – X0

97,00	Reparaciones y conservación (6220)	a	Bancos (5720)	97,00
	(Pago reparación antenas TDT)			

8. Se paga la seguridad social adeudada el día 30 de octubre.

30 – 10 – X0

14,00	Organismos de la Seguridad Social, acreedores (4760)	a	Bancos (5720)	14,00
	(Pago seguros sociales del mes de septiembre)			

9. El 31 de octubre se satisface al conserje la nómina del mes. Sueldo bruto 150,00 u.m. Retención por IRPF 25,00 u.m. Seguridad social del trabajador 5,00 u.m. y 8,00 u.m. la parte patronal.

31 – 10 – X0

150,00	Sueldos y Salarios (6400)		Hacienda Pública, acreedor por retenciones practicadas (4751)	25,00
8,00	Seguridad Social a cargo de la comunidad (6420)	a	Organismos de la Seguridad Social, acreedores (4760)	13,00
			Bancos (5720)	120,00
	(Nómina conserje del mes de octubre)			

10. El 1 de noviembre llega y se paga el recibo de electricidad del mes de octubre que asciende a 40 u.m.

01 – 11 – X0

40,00	Suministros (6282)	a	Bancos (5720)	40,00
	(Pago recibo de electricidad del mes de octubre)			

11. Pago el 3 de noviembre mediante transferencia de la factura de agua que asciende a 35 u.m.

03 – 11 – X0

35,00	Suministros (6282)	a	Bancos (5720)	35,00

(Pago recibo de agua del mes de octubre)

12. Del importe adeudado por los propietarios morosos a 30 de septiembre se logra cobrar el 50% el día 9 de noviembre. El banco carga en cuenta 5,00 u.m. en concepto de gestión de cobro.

09 – 11 – X0

17,50	Bancos (5720)			
5,00	Servicios bancarios y similares (6260)	a	Recibos impagados (4315) [50% de 45,00]	22,50

(Cobro de parte de los impagados)

13. El 10 de noviembre se paga el 50% restante de la reparación de los ascensores.

10 – 11 – X0

125,00	Acreedores por prestación de servicios (4100)	a	Bancos (5720)	125,00

(Pago 50% restante de la reparación de los ascensores)

14. El 25 de noviembre, de acuerdo con lo acordado en la última junta general de propietarios se aporta la cantidad de 25,00 u.m. para constituir un fondo para hacer frente a una demanda judicial ante la empresa constructora. A partir de ahí, cada trimestre se realizará esta aportación extraordinaria hasta que alcance la cuantía de 100,00 u.m.

25 – 11 – X0

25,00	Propietarios deudores por cuotas extraordinarias (4301)	a	Provisión para otras responsabilidades (1420)	25,00

(Aportación extraordinaria para la demanda judicial)

15. El 27 de noviembre se paga por caja 2,50 u.m. por la compra de sellos y sobres de correo.

27 – 11 – X0

2,50	Otros servicios (6290)	a	Caja (5700)	2,50

(Compra de sellos y sobres de correo)

16. Se paga la seguridad social adeudada del mes de octubre el día 29 de noviembre.

29 – 11 – X0

13,00	Organismos de la Seguridad Social, acreedores (4760)	a	Bancos (5720)	13,00

(Pago seguros sociales del mes de octubre)

17. El 30 de noviembre se satisface al conserje la nómina del mes. Sueldo bruto 150,00 u.m. Retención por IRPF 25,00 u.m. Seguridad social del trabajador 5,00 u.m. y 8,00 u.m. la parte patronal.

30 – 11 – X0

150,00	Sueldos y Salarios (6400)		Hacienda Pública, acreedor por retenciones practicadas (4751)	25,00
8,00	Seguridad Social a cargo de la comunidad (6420)	a	Organismos de la Seguridad Social, acreedores (4760)	13,00
			Bancos (5720)	120,00

(Nómina conserje del mes de noviembre)

18. El 1 de diciembre se renueva el servicio de mantenimiento de los ascensores por importe de 720,00 u.m. al año. El 25% a pagar el día 15 y el resto en tres partes iguales el día 15 de los siguientes trimestres.

- En primer lugar reflejamos el gasto de los meses de octubre y noviembre que aparecía recogido en la cuenta de gastos anticipados:

01 – 12 – X0

150,00	Otros servicios (6290)	a	Gastos anticipados (4800)	150,00

(Periodificación del gasto de los ascensores)

- A continuación, contabilizamos la renovación del servicio de mantenimiento de los ascensores. Corresponde un gasto de 1 meses:

01 – 12 – X0

60,00	Otros servicios (6290) [720,00/12]			
660,00	Gastos anticipados (4800) [720,00 – 60,00]	a	Acreedores por prestaciones de servicios (4100)	720,00

(Renovación contrato de los ascensores)

19. Pago el 2 de diciembre de la electricidad del mes de noviembre por importe de 60 u.m. También se paga por 40,00 u.m. la factura de agua para el mismo periodo.

02 – 12 – X0

60,00	Suministros (6282)	a	Bancos (5720)	60,00

(Pago recibo de electricidad del mes de noviembre)

02 – 12 – X0

40,00	Suministros (6282)	a	Bancos (5720)	40,00

(Pago recibo de agua del mes de noviembre)

20. Pago el 5 de diciembre de la factura de teléfono de los dos meses anteriores por importe de 41 u.m.

05 – 12 – X0

41,00	Suministros (6282)	a	Bancos (5720)	41,00

(Pago recibo de teléfono del mes de noviembre)

21. El 15 de diciembre se renueva y paga por adelantado el servicio de mantenimiento de la piscina y del jardín con otra empresa por un importe de 180,00 u.m. para un periodo de 6 meses.

    - En primer lugar, reflejamos el gasto de los meses de octubre y noviembre y la primera quincena de diciembre que aparecía recogido en la cuenta de gastos anticipados:

15 – 12 – X0

60,00	Otros servicios (6290)	a	Gastos anticipados (4800)	60,00

(Periodificación mantenimiento de la piscina y jardines)

- **A continuación, contabilizamos la renovación y pago por adelantado del servicio de mantenimiento de la piscina y de los jardines. Corresponde un gasto de una quincena.**

15 – 12 – X0

15,00	Otros servicios (6290) [180,00/6 * 1/2]			
165,00	Gastos anticipados (4800) [180,00 – 15,00]	a	Bancos (5720)	180,00

(Renovación contrato mantenimiento de la piscina y jardines)

22. Se paga el 15 de diciembre la parte acordada del mantenimiento de los ascensores.

15 – 12 – X0

180,00	Acreedores por prestaciones de servicios (4100) [25%720,00]	a	Bancos (5720)	180,00

(Pago del 25% de la deuda con la empresa de mantenimiento de los ascensores)

23. El 20 de diciembre llega una factura de reparación de las bombas de agua por importe de 85,00 u.m. a pagar dentro de 15 días.

20 – 12 – X0

85,00	Reparaciones y conservación (6220)	a	Acreedores por prestaciones de servicios (4100)	85,00

(Reparación de las bombas de agua)

24. El 23 de diciembre se satisface al conserje la nómina del mes. Sueldo bruto 150,00 u.m. Retención por IRPF 25,00 u.m. Seguridad social del trabajador 5,00 u.m. y 8,00 u.m. la parte patronal. Asimismo, se le integra la paga extra de navidad que asciende a 150,00 u.m., con una retención por IRPF de 25,00 u.m.

- Por la paga del mes de diciembre hay que reflejar el siguiente apunte contable:

23 – 12 – X0

150,00	Sueldos y Salarios (6400)		Hacienda Pública, acreedor por retenciones practicadas (4751)	25,00
8,00	Seguridad Social a cargo de la comunidad (6420)	a	Organismos de la Seguridad Social, acreedores (4760)	13,00
			Bancos (5720)	120,00

(Nómina conserje del mes de diciembre)

- Por la paga extraordinaria de Navidad hay que efectuar la anotación que sigue. Hay que tener en consideración que la partida de remuneraciones pendientes de pago recoge 75,00 u.m. que se habían periodificado:

23 – 12 – X0

75,00	Sueldos y Salarios (6400)			
75,00	Remuneraciones pendientes de pago (4650)	a	Hacienda Pública, acreedor por retenciones practicadas (4751)	25,00
			Bancos (5720)	125,00

(Paga extra de navidad del conserje)

25. Se paga la seguridad social adeudada del mes de noviembre el día 30 de diciembre.

30 – 12 – X0

13,00	Organismos de la Seguridad Social, acreedores (4760)	a	Bancos (5720)	13,00

(Pago seguros sociales del mes de noviembre)

26. El 31 de diciembre los administradores pasan factura en concepto de honorarios del cuarto trimestre, pagándose de inmediato. Base imponible 28,49 u.m., importe con IVA 34,47 y retención IRPF 4,38 u.m.

31 – 12 – X0

34,47	Servicios de profesionales independientes (6230)	a	Hacienda Pública, acreedor por retenciones practicadas (4751)	4,38
			Bancos (5720) [34,47 – 4,38]	30,09

(Honorarios administradores 4T)

27. Se estima que el importe del consumo eléctrico para el mes de diciembre ascenderá en torno a 50 u.m. Para el consumo de teléfono se hace una estimación de 25 u.m. y de 20 u.m. para el de agua.

31 – 12 – X0

95,00	Suministros (6282) [50,00 + 25,00 + 20,00]	a	Acreedores por prestaciones de servicios (4100)	95,00

(Por el gasto de luz, agua y teléfono periodificado)

Asimismo, según se desprende de la información que se facilita, el seguro general de la Comunidad se renovará el día 1 de febrero del próximo año y la cuenta de gastos anticipados recoge cuatro meses cuyo gasto se ha periodificado (octubre, noviembre, diciembre y enero), de los que tres meses hay que imputarlos al cuarto trimestre del año en curso. Por consiguiente, hay que efectuar el siguiente apunte contable:

31 – 12 – X0

75,00	Primas de seguro (6250) [100,00/4 * 3]	a	Gastos anticipados (4800)	75,00

(Imputación del seguro general de la Comunidad)

Una vez hemos reflejado contablemente en el diario de la Comunidad «Los Vecinos» todas las operaciones del cuarto trimestre, vamos a empezar elaborando el Balance de Sumas y Saldos.

BALANCE DE SUMAS Y SALDOS DE «Los Vecinos» AL 31/12/20X0 (expresado en u.m.)

CÓDIGO	DESCRIPCIÓN	DEBE	HABER	SALDO
101000	Fondo social	0,00	1.616,00	-1.616,00
142000	Provisión para otras responsabilidades	0,00	25,00	-25,00
410000	Acreedores por prestaciones de servicios	540,09	1.260,09	-720,00
430000	Propietarios deudores por cuotas ordinarias	1.500,09	1.500,09	0,00
430100	Propietarios deudores por cuotas extraordinarias	25,00	0,00	25,00
431500	Recibos impagados	110,00	22,50	87,50
465000	Remuneraciones pendientes de pago	75,00	75,00	0,00
475100	H.P. acreedor por retenciones practicadas	90,00	194,38	-104,38
476000	Organismos de la S.S. acreedores	40,00	53,00	-13,00
480000	Gastos anticipados	1.135,00	285,00	850,00
570000	Caja	10,00	2,50	7,50
572000	Bancos	1.742,59	1.683,18	59,41
622000	Reparaciones y conservación	182,00	0,00	182,00
623000	Servicios profesionales independientes	34,47	0,00	34,47
625000	Primas de seguro	75,00	0,00	75,00
626000	Servicios bancarios y similares	10,00	0,00	10,00
628200	Suministros	311,00	0,00	311,00
629000	Otros servicios	287,50	0,00	287,50
640000	Sueldos y Salarios	525,00	0,00	525,00
642000	Seguridad Social a cargo de la comunidad	24,00	0,00	24,00
	TOTALES	6.716,74	6.716,74	0,00

El Balance de Sumas y Saldos recoge el movimiento que han tenido las diferentes cuentas de la Comunidad durante el cuarto trimestre del año, distinguiendo entre apuntes de debe o cargos y apuntes de haber o abonos. Asimismo, refleja el saldo resultante al 31/12/X0, de modo que los saldos deudores se muestran en positivo y los acreedores en negativo.

La suma de todas las partidas de gasto que aparecen detalladas en el Balance de Sumas y Saldos, es decir, las cuentas del Grupo 6, determinan la cuantía a reclamar a los propietarios por cuotas ordinarias, correspondientes al cuarto trimestre del año. Una vez calculado el importe total de la liquidación ordinaria del cuarto trimestre, se trasladaría este apunte contable al libro diario:

	31 - 12 - X0			
1.448,97	Propietarios deudores por cuotas ordinarias (4300)	a	Ingresos por cuotas ordinarias (7053)	1.448,97
	(Cuotas a cobrar a los propietarios 4T)			

A partir de la información que proporciona el Balance de Sumas y Saldos y teniendo en cuenta este último apunte contable, vamos a confeccionar el Balance de Situación y la Cuenta de Pérdidas y Ganancias al 31/12/X0, como se muestra:

BALANCE DE SITUACIÓN DE «Los Vecinos» AL 31/12/20X0 (expresado en u.m.)

ACTIVO

Activo Corriente

DEUDORES

(4300) Propietarios deudores por cuotas ordinarias 1.448,97

(4301) Propietarios deudores por cuotas extraordinarias 25,00

(4315) Recibos impagados 87,50

TESORERÍA

(5700) Caja 7,50

(5720) Bancos 59,41

PERIODIFICACIONES A CORTO PLAZO

(4800) Gastos anticipados 850,00

TOTAL ACTIVO **2.478,38**

PATRIMONIO NETO Y PASIVO

Patrimonio Neto

FONDOS PROPIOS

(1010) Fondo social 1.616,00

Pasivo no corriente

PROVISIONES A LARGO PLAZO

(1420) Provisión para otras responsabilidades 25,00

Pasivo corriente

DEUDAS A CORTO PLAZO

(4100) Acreedores por prestaciones de servicios 720,00

(4650) Remuneraciones pendientes de pago 0,00

(4751) Hacienda Pública, acreedor por retenciones practicadas 104,38

(4760) Organismos de la Seguridad Social, acreedores 13,00

TOTAL NETO Y PASIVO **2.478,38**

CUENTA DE PÉRDIDAS Y GANANCIAS DE «LOS VECINOS» DEL CUARTO TRIMESTRE DEL AÑO 20X0 (u.m.)

Importe neto de la cifra de negocios	
(7053) Ingresos por cuotas ordinarias	1.448,97
Gastos de personal	
(6400) Sueldos y salarios	525,00
(6420) Seguridad Social a cargo de la comunidad	24,00
Otros gastos de explotación	
(6220) Reparaciones y conservación	182,00
(6230) Servicios profesionales independientes	34,47
(6250) Primas de seguros	75,00
(6260) Servicios bancarios y similares	10,00
(6280) Suministros	311,00
(6290) Otros servicios	287,50
Resultado de explotación	**0,00**
Resultado del periodo	**0,00**

La Comunidad «Los Vecinos» está constituida por 30 propietarios que, de acuerdo con los estatutos, liquidan a partes iguales. Así pues, la cuota a pagar correspondiente al cuarto trimestre del año 20X0 ascendería a:

1.448,97 / 30 = 48,30 u.m., para cada vecino de la Comunidad.

Seguidamente, se va a confeccionar la Cuenta de Pérdidas y Ganancias de todo el ejercicio 20X0, esto es, la Cuenta de Pérdidas y Ganancias acumulada al 31/12/X0. Para tal efecto, partiremos de la Cuenta de Pérdidas y Ganancias acumulada que teníamos al 30/09/X0 y le añadiremos los movimientos que recoge la Cuenta de Pérdidas y Ganancias que se ha obtenido para el cuarto trimestre del año.

CUENTA DE PÉRDIDAS Y GANANCIAS DE «LOS VECINOS» ACUMULADA AL CUARTO TRIMESTRE DEL AÑO 20X0 (u.m.)

Importe neto de la cifra de negocios	
(7053) Ingresos por cuotas ordinarias	5.876,07
Gastos de personal	
(6400) Sueldos y salarios	2.100,00
(6420) Seguridad Social a cargo de la comunidad	105,00

Otros gastos de explotación	
(6220) Reparación y conservación	782,00
(6230) Servicios profesionales independientes	184,92
(6250) Primas de seguros	266,25
(6260) Servicios bancarios y similares	31,00
(6280) Suministros	1.169,00
(6290) Otros servicios	1.237,90
Resultado de explotación	**0,00**
Resultado del periodo	**0,00**

A partir de la Cuenta de Pérdidas y Ganancias acumulada al 31/12/X0, resulta muy sencillo elaborar un presupuesto para el ejercicio siguiente. Por ejemplo, si estimamos un crecimiento medio del 5% para todos los epígrafes del presupuesto de gastos e ingresos del año 20X1, podría quedar como se muestra a continuación:

PRESUPUESTO DE GASTOS E INGRESOS DE «LOS VECINOS» PARA EL AÑO 20X1 (u.m.)

Importe neto de la cifra de negocios	
(7053) Ingresos por cuotas ordinarias	6.169,88
Gastos de personal	
(6400) Sueldos y salarios	2.205,00
(6420) Seguridad Social a cargo de la comunidad	110,25
Otros gastos de explotación	
(6220) Reparación y conservación	821,10
(6230) Servicios profesionales independientes	194,17
(6250) Primas de seguros	279,56
(6260) Servicios bancarios y similares	32,55
(6280) Suministros	1.227,45
(6290) Otros servicios	1.299,80
Resultado de explotación	**0,00**
Resultado del periodo	**0,00**

Por otro lado, se observa que el fondo social del que se dispone (1.616,00 u.m.) está claramente por encima del 5% del presupuesto de gastos del ejercicio siguiente, por lo que no se incumple con la normativa legal:

$$5\% * 6.169,88 < 1.616,00$$

Otro aspecto a considerar es si el fondo social existente es el adecuado, conforme a la estimación de ingresos y gastos realizada, para hacer frente a las necesidades de tesorería. Dado que la liquidación de gastos en el ejemplo que nos ocupa se realiza a trimestres vencidos, siguiendo prácticas profesionales generalmente aceptadas, podría considerarse la cuarta parte de la estimación del total de gastos del periodo siguiente como la cuantía mínima de salvaguarda a la que debería ascender este fondo. De este modo se contaría con una cuantía razonable de recursos para atender las obligaciones de cada periodo trimestral.

Fondo social al 31/12/X0	1.616,00
Estimación de gastos para el año 20X1	6.169,88
Importe de salvaguarda del fondo para atender los pagos de cada trimestre (6.169,88 / 4)	1.542,47

Por consiguiente, y puesto que la última cantidad reflejada es superior al fondo social al 31/12/X0, no habría que solicitar a los propietarios ninguna aportación adicional con el fin de incrementar el fondo social ordinario, de acuerdo con el criterio comentado.

Sin embargo, en el supuesto de que el fondo social resultase insuficiente habría que incrementar el mismo. Este aumento se obtendría cono diferencia entre el importe mínimo calculado del fondo para atender los pagos de cada trimestre y el importe del fondo social al cierre del ejercicio. En tal caso, el apunte que podría reflejarse en la contabilidad podría quedar así:

31 – 12 – X0

XXX	Propietarios deudores por Fondo social (4303)	a	Fondo social (1010)	XXX

(Incremento del Fondo social)

Asimismo, en la Junta General el Administrador de la Comunidad, en el momento de la rendición de cuentas, debería poner en conocimiento de los propietarios esta situación de desequilibrio patrimonial con el fin de solicitar la aprobación de esta aportación correctora del fondo social.

X Personal al servicio de las Comunidades de Propietarios

1. INTRODUCCIÓN

Con la inclusión de las llamadas urbanizaciones en el campo de aplicación de la Ley de Propiedad Horizontal tras la reforma de 1999, se amplió la problemática técnica de la administración de fincas, debido a que muchos de estos complejos, sobre todo los de mayor envergadura, cuentan con personal diverso de características muy distintas a las del tradicional portero o conserje: jardineros, socorristas, guardas de seguridad, personal de mantenimiento, etc.

Esta diversidad laboral obliga al profesional de la administración a contar con unos conocimientos mínimos en Derecho del Trabajo y Seguridad Social, los cuales le evitarán incurrir en costosos errores de difícil reparación y, por otra parte, ahorrar dinero a las comunidades a las que representa, eligiendo modalidades de contratación adecuadas, solicitando subvenciones y/o bonificaciones...

Por ello, hemos estimado de vital importancia dedicar un capítulo al personal contratado en las comunidades de propietarios. En dicho capítulo tratamos de forma sucinta, ya que no pretendemos sustituir a publicaciones especializadas, diversos aspectos fundamentales: la contratación, la extinción del contrato, la Seguridad Social y un aspecto poco desarrollado en la mayoría de comunidades: la seguridad en el trabajo.

2. CONTRATACIÓN DEL PERSONAL

2.1. Requisitos previos

Para poder contratar trabajadores, la Comunidad de Propietarios debe estar constituida legalmente y ha de disponer de su correspondiente Número de Identificación Fiscal, tramitado ante la Delegación de Hacienda de la demarcación.

Además, hará falta una copia del acta en la que se nombró Presidente, debiendo aportarse el DNI y el NIF del propietario que ostente la representación de la Comunidad.

Será necesaria también la solicitud de inscripción de empresa en el Régimen General (TA. 6)

El empresario está obligado a solicitar la afiliación al sistema de la Seguridad Social de las personas no afiliadas, así como el alta en el régimen por cuenta ajena que corresponda.

Con todo se podrá proceder a la contratación de cualquier trabajador en el Régimen General de la Seguridad Social.

2.2. *Afiliación de los trabajadores*

2.2.1. Concepto

La afiliación de los trabajadores viene regulada en el art. 100 del TRLGSS y en el RD 84/96, de 26 de enero, por el que se aprueba el Reglamento General sobre inscripción de empresas y afiliación, altas, bajas y variaciones de datos de trabajadores en la Seguridad Social, en adelante RGAE.

El art. 6 de dicho RD dispone que la afiliación es un acto administrativo mediante el cual *«...la Tesorería General de la Seguridad Social reconoce la condición de incluida en el sistema de la Seguridad Social, con los efectos establecidos en la Ley, a la persona física que por vez primera realiza una actividad determinante de su inclusión en el ámbito de aplicación del mismo»*.

2.2.2. Características

Según lo dispuesto en el art. 6 del RD 84/96, la afiliación presenta las siguientes notas características:

1. Es obligatoria para todas las personas comprendidas en el campo de aplicación del sistema de la Seguridad Social, a efectos de los derechos y obligaciones en su modalidad contributiva.
2. Es única y general para todos los Regímenes que componen el sistema aunque las personas incluidas, por razón de su actividad, puedan cambiar de uno a otro Régimen del mismo.
3. Se extiende a toda la vida de las personas comprendidas en el campo de aplicación del sistema.
4. Es exclusiva, sin que por la misma actividad ejercida en igualdad de condiciones pueda estarse obligatoriamente incluido en otro u otros Regímenes obligatorios de previsión, conforme a lo establecido en el art. 8 de la LGSS.

2.2.3. Obligación de solicitar la afiliación

En virtud de lo dispuesto en el art. 100.1 TRLGSS, será la Comunidad de Propietarios la obligada a solicitar la afiliación al sistema de la Seguridad Social de los trabajadores que ingresen a su servicio.

Si la Comunidad incumpliera tal obligación, *«el trabajador podrá instar su afiliación, alta o baja, directamente al organismo competente de la Administración de la Seguridad Social», según lo dispuesto en el art. 100.2 TRLGSS.*

Asimismo, el art. 23 del RD 84/96 dispone que *«La afiliación a la Seguridad Social podrá realizarse a instancia de los empresarios, a petición de los trabajadores o de oficio por la Tesorería General de la Seguridad Social...». (...)*

La solicitud de afiliación debe formularse por el empresario en el modelo oficial o por cualquier otro sistema establecido, aportándose el documento nacional de identidad de la persona que se pretende afiliar o el documento que se declare equivalente y fotocopias de los mismos, el número de la Seguridad Social (art. 24.2 del RGAE), y demás datos personales, que el trabajador deberá suministrar al empresario con carácter previo a su prestación de servicios, si no le constaren con anterioridad (art. 21.3 del RGAE), así como la documentación complementaria que sea necesaria establecida en los arts. 38 y ss. del RGAE.

Dicha solicitud, a nombre de cada trabajador, se dirigirá, acompañada de la documentación pertinente, a la Dirección Provincial de la TGSS o Administración de la misma en la provincia en que esté domiciliada la empresa en que preste servicios el trabajador por cuenta ajena o asimilado (art. 27.1 del RGAE), con anterioridad al inicio de su actividad como tal, en los mismos términos establecidos para las solicitudes de altas, bajas y variaciones de datos (art. 27.2 del RGAE).

Asimismo, también será posible su presentación ante otra Dirección Provincial de la TGSS o Administración de la Seguridad Social o en los lugares previstos en la Ley 30/1992, de 26 de noviembre, en cuyo caso, la unidad u oficina ante la que se hubieren presentado las remitirá en el mismo día o al siguiente hábil a la Dirección Provincial o Administración de la TGSS competente (art. 27.1 de la RGAE).

Si la solicitud de afiliación no se formulara en el modelo oficial o por el sistema establecido, o no se aportara la documentación necesaria, se requerirá a quien la hubiere presentado para que, en el plazo de 10 días, subsane la falta o acompañe los documentos preceptivos, con indicación de que, si no lo hiciere, se le tendrá por desistido de su petición y se realizarán de oficio las actuaciones que procedan, incluida, eventualmente, la afiliación de oficio, notificándose a la Inspección de Trabajo y Seguridad Social a los efectos pertinentes (arts. 24.3, 26 y 31.2 del RGAE).

Además, el empresario o, quien hubiere presentado las solicitudes de afiliación, podrá exigir el correspondiente justificante, en los mismos términos establecidos para las solicitudes de altas, bajas y variaciones de datos (art. 27.1 del RGAE).

Por último, la afiliación a la Seguridad Social significará el alta inicial en el régimen de Seguridad Social que corresponda (art. 24.2 del RGAE); y si la afiliación se solicitara fuera de plazo, la misma no tendrá efecto retroactivo alguno (art. 102.2 de la LGSS).

Esquema sobre afiliación

¿QUIÉN PUEDE SOLICITARLO?

Podrá solicitar número de la SS **todo ciudadano o trabajador** por cuenta ajena o por cuenta propia que no dispusiesen del mismo.

El empresario, deberá solicitar el número de la SS de la persona que va a contratar si éste no lo tuviese.

¿QUÉ TRÁMITES SE TIENEN QUE REALIZAR?

Junto con el **Modelo TA1**, en ambos casos firmado por el interesado, se ha de acompañar:

¿DÓNDE SE TRAMITA?

La solicitud y documentación solicitada deberá **presentarse en la TGSS** del domicilio del ciudadano o empresa según el caso.

El plazo máximo para dictar y notificar la resolución sobre la solicitud será de 45 días. Transcurridos éstos, la solicitud se entenderá como estimada.

El número de la SS será asignado por las Direcciones provinciales de la TGSS cuando incumpla su obligación trabajador y empresario.

NOTA: El número de la SS se convertirá en número de Afiliación en el momento en que el ciudadano comienza una relación laboral.

Documento extraído de la página web de la TGSS.

2.3. Alta y baja de los trabajadores

2.3.1. Consideraciones generales

Las altas y bajas están reguladas en el Capítulo IV del RD 84/96. Así, el art. 29 de dicha norma se refiere a las formas de promover las altas y bajas de los trabajadores, disponiendo lo siguiente:

1. Se solicitarán a nombre de cada trabajador y se promoverán ante la TGSS en cualquiera de las formas previstas para la afiliación.
2. Los empresarios estarán obligados a comunicar la iniciación y el cese de la prestación de servicios de los trabajadores en su empresa para que sean dados de alta o baja.
3. Los trabajadores por cuenta ajena incluidos en el campo de aplicación de los Regímenes del Sistema de la SS se considerarán, de pleno derecho, en situación de alta en los mismos, a efectos de accidentes de trabajo, enfermedades profesionales, desempleo, riesgo durante el embarazo y riesgo durante la lactancia natural aunque su empresario hubiera incumplido sus obligaciones al respecto. Igual norma se aplicará a los exclusivos efectos de la asistencia sanitaria por enfermedad común, maternidad y accidente no laboral.
4. La iniciación del período de prueba se considerará como iniciación de la prestación de servicios y no tendrá la consideración de cese, a efectos de causar la baja correspondiente, la situación de Incapacidad Temporal ni aquellas otras asimiladas a las de alta en las que se mantenga la obligación de cotizar por parte del empresario.

2.3.2. Solicitud de alta y baja

El art. 30.1 del RD 84/96 establece que

> *«La comunicación de iniciación de la prestación de servicios o de la actividad o la del cese en las mismas efectuadas en los modelos oficiales de alta o de baja, o por los sistemas especialmente establecidos al efecto, implicará la solicitud en regla del alta o de la baja en la Seguridad Social».*

Asimismo, en el apartado segundo se dispone que la solicitud de alta contendrá los datos relativos al ejercicio de su actividad que faciliten una información completa a las entidades gestoras y a la TGSS y, en especial, los siguientes:

> *1º «En los documentos para el alta de los trabajadores por cuenta ajena figurarán, respecto del empresario, su nombre o razón social, código de cuenta de cotización y Régimen de Seguridad Social aplicable, y respecto del trabajador, su nombre y apellidos, su número de la Seguridad Social y, en tanto éste no fuera exigible, su número de afiliación a la Seguridad Social, así como*

el del documento nacional de identidad o equivalente, domicilio, fecha de iniciación de la actividad, grupo de cotización, condiciones especiales de ésta y, a efectos de la correspondiente a accidentes de trabajo y enfermedades profesionales, la actividad económica u ocupación desempeñada, con arreglo a la tarifa de primas vigente».

2º «El documento para el alta de los trabajadores por cuenta propia, además de los datos indicados en el apartado anterior relativos al trabajador por cuenta ajena, contendrá los referidos a su actividad económica u ocupación, sede de ésta, si fuere distinta al domicilio del titular, Régimen de Seguridad Social en el que se solicita la inclusión y, en su caso, los relativos a las peculiaridades en materia de cotización y acción protectora».

El art. 30.3 RD 84/96 establece que

«en las solicitudes o procedimientos especiales para la baja de los trabajadores, además de los datos de identificación del trabajador, incluido el número de la Seguridad Social, figurará la fecha de la baja, su causa y los datos relativos a las peculiaridades en materia de cotización y acción protectora y, tratándose de trabajador por cuenta ajena, deberán constar los datos de identificación del empresario, incluido el código de cuenta de cotización al que figure adscrito el trabajador cuya baja se solicita y, en su caso la fecha de finalización de las vacaciones anuales devengadas y no disfrutadas y que sean retribuidas a la finalización de la relación laboral».

Será el Presidente de la Comunidad de Propietarios, como representante legal de la misma, quien haya de firmar la solicitud de alta y baja, a tenor de lo regulado en el art. 30.4 del RD 84/96. Cuando las altas y bajas se instrumenten por medios técnicos, cualquiera que sea su soporte, gozarán de la validez y la eficacia de las solicitudes presentadas mediante documentos, siempre que quede garantizada su autenticidad, integridad y conservación y, en su caso, la recepción por las Direcciones Provinciales de la TGSS y por los interesados, en los términos que determine el Ministerio de Trabajo y Seguridad Social.

Asimismo, el art. 31.2 del RD 84/96 establece que

«si las solicitudes de alta y baja no reunieren los requisitos establecidos ni se acompañare la documentación exigida en este Reglamento y demás disposiciones complementarias, se requerirá a quien las hubiere presentado para que en el plazo de diez días subsane la falta o acompañe los documentos preceptivos, con indicación de que, si no lo hiciere, se le tendrá por desistido de su petición y se realizarán de oficio las actuaciones que procedan, notificándose a la Inspección de Trabajo y Seguridad Social a los efectos pertinentes».

2.3.3. Alta de los trabajadores. Documentación y plazos

Para poder dar de alta a un trabajador hará falta el DNI y la tarjeta de la Seguridad Social de la persona que vaya a contratarse en el régimen general de la Seguridad Social. El parte de alta en la Seguridad Social (TA2/S) se presentara previamente al comienzo de la prestación de servicios por el trabajador, sin que en ningún caso pueda serlo antes de los sesenta días naturales anteriores al previsto para la iniciación de la misma (art. 32.3 RGAE).

Los empresarios están obligados a comunicar a la oficina pública de empleo, en el plazo de los diez días siguientes a su contratación y en los términos que reglamentariamente se determinen, el contenido de los contratos de trabajo que celebren o las prórrogas de los mismos, deban o no formalizarse por escrito (art. 16 ET). Todo ello sin perjuicio de la actual utilización de medios telemáticos.

2.3.4. Baja de los trabajadores. Documentación y plazos

Documentación

El cese de efectos de la relación jurídica con la Seguridad Social lo constituye la finalización de la actividad laboral que ha determinado el encuadramiento en uno de sus regímenes, por lo que el sujeto obligado, en este caso la Comunidad de Propietarios deberá comunicar dicha baja inmediatamente a la Tesorería General de la Seguridad Social mediante el correspondiente parte de baja (modelo TA. 2/2, en régimen general).

Los plazos están establecidos en el artículo 32.3 del RD 84/1996 y bien tanto la variación de datos como la baja, habrán de presentarse en el plazo de seis días naturales siguientes al del cese en el trabajo o de aquel en que la variación se produzca.

Las solicitudes de baja del trabajador por cuenta ajena deberán ir firmadas por el empresario (presidente de la comunidad), aunque no es imprescindible que las firme el trabajador (art. 30.4 del RD 84/96). El sujeto responsable de actos relacionados con la baja en el Régimen General es el empresario.

Conservación de la comunicación

Reconocido el derecho a la baja, bien mediante resolución presencial en una Administración de Seguridad Social, o bien mediante resolución telemática a través del sistema RED, los documentos habrán de conservarse durante un período de 5 años (art. 35.4 RGAE).

Plazo de presentación

El artículo 32.3 del RD 84/1996 establece que la baja habrá de presentarse en el plazo de seis días naturales siguientes al del cese en el trabajo. En consecuencia, en el supuesto de que coincida con «un fin de semana largo», los días festivos se computan como días de plazo, por lo que hay que prever esta circunstancia.

Forma o sistemas de presentación

Tal y como se establece en el art. 30 del RD 84/1996, la comunicación del cese en la actividad, deberá realizarse en los modelos oficiales de alta o de baja, o por los sistemas especialmente establecidos al efecto. Tal comunicación implicará la solicitud en regla del alta o de la baja en la Seguridad Social.

Desde hace unos años, la mayoría de los trámites de alta y baja se llevan a cabo a través del RED (Remisión Electrónica de Datos), que permite presentar o confeccionar documentación relativa a cotización y afiliación de empresas, bien a sus propios titulares o a sus representantes.

En la actualidad, y desde el 1-1-2011, están obligadas a transmitir por RED todas las empresas del régimen general, con independencia del número de trabajadores (Orden TAS/1562/2005, de 25 mayo, modificada por la Orden TIN/2777/2010).

La Tesorería ha puesto en servicio una nueva modalidad de RED, que es el RED DIRECTO, adecuado para las pequeñas empresas, con un máximo de 15 trabajadores.

2.4. Documentación de una comunidad con personal contratado

Es preceptivo el libro de visitas que deben diligenciarse ante la Dirección Provincial del Ministerio de Empleo y Seguridad Social. Además, el calendario laboral, horario y los seguros sociales (TCs) que deberán estar expuestos en tablón de anuncios, en lugar visible y la información relativa a la mutua de accidentes de trabajo y enfermedades profesionales, donde debe estar inscrito el personal de la comunidad.

2.5. Tipos de contratos

Son diversas las modalidades de contratación que la Comunidad de propietarios, en función de su tamaño, complejidad y necesidades podrá utilizar: los contratos por tiempo indefinido, los contratos eventuales, de obra o servicio determinado e interinos. Contratos a tiempo parcial en sus distintas variantes: común, relevo y fijos y periódicos de carácter discontinuo. Mayor problema en cuanto a su aplicación presentan los contratos formativos, aunque quizá quepa su aplicación en determinados complejos con numeroso y especializado personal.

Nuestro consejo al respecto es que, con carácter previo a cada contratación, se estudie detenidamente su carácter, bien si ha de ser eventual o de tracto permanente y una vez diferenciada su naturaleza se elija detenidamente la modalidad contractual a utilizar con el fin de evitar errores que podrían resultar costosos para la comunidad y, si es posible, para solicitar subvenciones y/o bonificaciones.

Cuestiones útiles

1. **¿Qué modalidad contractual debemos utilizar para contratar al sustituto del portero durante sus vacaciones?**
El contrato eventual por circunstancias de la producción. La STS de 12-7-94 *(Tol 267531)* se expresa en esos términos, haciendo una interpretación restrictiva del concepto de interinidad que cubría tradicionalmente tales situaciones.

2. **El conserje de la comunidad ha pedido la excedencia voluntaria. ¿Debe contratarse un interino para su sustitución?**
Entendemos que no, pues la situación de excedencia voluntaria no origina la reserva del puesto de trabajo sino tan sólo la readmisión subordinada a la existencia de vacante.

3. **En nuestra urbanización, este año, va a ser necesario contratar a un jardinero en el periodo estival que ayude al fijo de plantilla, pues debido a las fuertes y continuas lluvias se han acumulado una serie de tareas que tenían que haberse realizado. ¿Qué modalidad contractual debemos utilizar?**
La de eventual por circunstancias de la producción, ya que en principio lo que caracteriza a dicho contrato no es el elemento cualitativo sino el cuantitativo, esto es, no la realización de otras actividades en la empresa sino el aumento de las tareas habituales y ordinarias de la misma [por todas, STS en unificación de doctrina, de 26 de mayo de 1997 *(Tol 237311)*].
Al respecto es necesario que estudiemos convenientemente el convenio colectivo respectivo por si el mismo pudiera establecer puntualizaciones o variaciones respecto a las distintas modalidades contractuales. A modo de ejemplo vemos que el convenio colectivo de trabajo para los empleados de fincas urbanas de Catalunya suscrito el 8 de mayo de 2014, concreta respecto a este contrato:
«Artículo 30 Contratos eventuales. De acuerdo con lo establecido en el artículo 3 del Real Decreto 2720/1998, de 8 de enero en relación con el artículo 15.1.b) del Estatuto de los Trabajadores, según redacción dada por el apartado ocho de la Ley 12/2001, de 9 de julio (BOE de 10 de julio), la duración máxima de estos contratos será de 12 meses dentro de un período de 18 meses. En caso de que se concierte por una duración inferior a 12 meses, podrá prorrogarse mediante acuerdo de las partes, por una única vez, sin que la duración total del contrato pueda exceder del mencionado límite máximo. El período de 18 meses se computará a partir de la fecha de inicio de la prestación laboral».

4. ¿Podría el Presidente contratar libremente a un empleado?
No sin el correspondiente acuerdo de la Junta, pues tal medida adolecería de un vicio de nulidad por ir en contra de la normativa sobre adopción de acuerdos de la Junta de propietarios.

5. ¿Pueden las comunidades de propietarios ser objeto de planes de control periódicos por parte de la Inspección Provincial de Trabajo y Seguridad Social?
Si, siempre y cuando, por parte del citado organismo, se apreciasen indicios de posibles irregularidades como puede ser el que en una comunidad se esté empleando trabajadores en situación irregular y no se hubiera procedido previamente a su regularización.
En ese sentido cabe reseñar que el Ministerio de Trabajo e Inmigración, a través de la Inspección Provincial de Trabajo y Seguridad Social, ha realizado campañas requiriendo a las comunidades de propietarios para que aporten diversa información justificativa de haber dado de alta a los trabajadores que son contratados para realizar las sustituciones de sus trabajadores durante los periodos de vacaciones, libranzas por festivos o por licencia retribuida y situaciones de enfermedad. En dichas campañas también ha solicitado las altas de los trabajadores que realicen las actividades de limpieza, en las zonas comunes de los edificios, o de haber contratado esta actividad de limpieza con empresas o profesionales autónomos, copia de los contratos mercantiles. En el mismo orden de cosas la Inspección de Trabajo y en relación a la encomienda de los asuntos corrientes de la comunidad a un administrador, solicita que las comunidades aporten copia del contrato concertado o, en su caso y de no existir éste, acta de la junta de propietarios por la que se decidiera el nombramiento de un administrador. El incumplimiento por parte de las comunidades de dicho requerimiento, puede constituir una infracción administrativa tipificada como grave.

3. COTIZACIÓN A LA SEGURIDAD SOCIAL

3.1. Normativa aplicable

La normativa sobre cotización a la Seguridad Social se encuentra recogida en los siguientes textos legales:

- RD 1/94 por el que se aprueba el Texto Refundido de la Ley General de Seguridad Social.
- RD 2064/95, de 22 de diciembre, por el que se aprueba el Reglamento General sobre cotización y liquidación de otros derechos de la Seguridad Social.

- Orden del Ministerio de Empleo y Seguridad Social por la que se desarrollan las normas de cotización a la Seguridad Social, Desempleo, Fondo de Garantía Salarial y Formación Profesional contenidas en la Ley de de presupuestos Generales del Estado de cada año.

3.2. Obligación de cotizar

Art. 103. Sujetos obligados:
1. Estarán sujetos a la obligación de cotizar a este Régimen General los trabajadores y asimilados comprendidos en su campo de aplicación y los empresarios por cuya cuenta trabajen.
2. La cotización comprenderá dos aportaciones:
a) De los empresarios, y b) De los trabajadores.
3. No obstante lo dispuesto en los números anteriores, por las contingencias de accidentes de trabajo y enfermedades profesionales la cotización completa correrá a cargo exclusivamente de los empresarios.
Asimismo, el art. 22.1 del RD 2064/95 contempla que «están sujetos a la obligación de cotizar al Régimen General de la Seguridad Social los trabajadores que, en razón de su actividad, se encuentren comprendidos en su campo de aplicación y los empresarios por cuya cuenta trabajen aquéllos».

3.3. Cotización por contingencias comunes y profesionales

En virtud de lo establecido en el art. 22.2 del RD 2064/95, los trabajadores y los empresarios deberán cotizar por dichas contingencias comunes, sin embargo, la cotización por contingencias profesionales corresponde exclusivamente a los empresarios, ya que el art. 103.3 TRLGSS determina que «*...por las contingencias de accidentes de trabajo y enfermedades profesionales la cotización completa correrá a cargo exclusivamente de los empresarios*». En los mismos términos se pronuncia el art. 22.3 del RD 2064/95.

Por tanto, las comunidades de propietarios habrán de cotizar por contingencias comunes y profesionales.

3.4. Nulidad del pacto que altere las cotizaciones

Según lo establecido en el art. 105 TRLGSS, será nulo el pacto por el cual el trabajador asuma parte de la cotización correspondiente a la comunidad, ya que el mencionado artículo contempla que será nulo todo pacto, individual o colectivo, por el cual el trabajador asuma la obligación de pagar total o parcialmente la prima o parte de cuota a cargo del empresario.

Igualmente, será nulo todo pacto que pretenda alterar las bases de cotización que se fijan en el artículo 109 de la presente Ley.

3.5. Obligación de ingresar el importe de las cotizaciones

El art. 104.1 TRLGSS dispone que *«el empresario es sujeto responsable del cumplimiento de la obligación de cotización e ingresará las aportaciones propias y las de sus trabajadores, en su totalidad...»*.

El apartado segundo del mencionado artículo y el art. 22.4 del RD 2064/95 determinan que *«el empresario descontará a sus trabajadores, en el momento de hacerles efectivas sus retribuciones, la aportación que corresponda a cada uno de ellos. Si no efectuase el descuento en dicho momento no podrá realizarlo con posterioridad, quedando obligado a ingresar la totalidad de las cuotas a su exclusivo cargo»*.

De igual forma, el art. 22.6 del RD 2064/95 establece que *«...el sujeto responsable del pago o cumplimiento de la obligación de cotizar al Régimen General de la Seguridad Social es el empresario, que deberá ingresar en su totalidad tanto las aportaciones propias como las de sus trabajadores»*.

Por tanto, será la comunidad de propietarios la encargada de ingresar el importe de las cotizaciones.

Si la comunidad descontara la aportación de los trabajadores pero no la ingresara en la Seguridad Social *«...incurrirá en responsabilidad ante ellos y ante los organismos de la Administración de la Seguridad Social afectados, sin perjuicio de las responsabilidades penal y administrativa que procedan»*, tal como contempla el art. 104.3 TRLGSS. En similares términos se pronuncia el art. 22.5 del RD 2064/95.

3.6. Cuota de la Seguridad Social

El art. 6.2 del RD 2064/95 dispone que

> *«la cuota de la Seguridad Social expresa el importe de la obligación de cotizar a la Seguridad Social durante un tiempo reglamentariamente delimitado, designado período de liquidación, respecto de los sujetos obligados a cotizar. Dicha cantidad resulta de la operación liquidatoria de aplicar un porcentaje, llamado tipo de cotización, a una cantidad fijada en las normas aplicables a la cotización en los diferentes Regímenes que integran el sistema de la Seguridad Social, denominada base de cotización, y de deducir, en su caso, el importe de las bonificaciones y/o reducciones que resulten aplicables, sin perjuicio de que su cuantía pueda ser fijada directamente por las normas reguladoras de la cotización en los distintos Regímenes del Sistema».*

Asimismo, el art. 15 del RD 2064/95 determina que

> *«la obligación de cotizar en los distintos Regímenes del sistema de la Seguridad Social implica la realización de las operaciones y demás actos de determinación de las cuotas, así como de los conceptos de recaudación conjunta con las mismas o asimilados a ellas y, en su caso, de los recargos e intereses sobre unas y otros, mediante la aplicación del porcentaje o porcentajes del tipo o tipos de cotización correspondientes a la base o bases de cotización de los sujetos por los*

que existe obligación de cotizar durante el período o períodos a liquidar, deduciendo, en su caso, el importe de las deducciones procedentes, en los términos y condiciones establecidos a efectos del cumplimiento de la obligación de cotizar».

3.7. Bases y tipos de cotización

El art. 16.1 del TRLGSS establece que «*Las bases y tipos de cotización a la Seguridad Social serán los que establezca cada año la correspondiente Ley de Presupuestos Generales del Estado*».

2. Las bases de cotización a la Seguridad Social, en cada uno de sus Regímenes, tendrán como tope mínimo las cuantías del salario mínimo interprofesional vigente en cada momento, incrementadas en un sexto, salvo disposición expresa en contrario.

El desarrollo concreto se encuentra en la Orden del Ministerio de Empleo y Seguridad Social por la que se desarrollan las normas de cotización a la Seguridad Social, Desempleo, Fondo de Garantía Salarial y Formación Profesional contenidas en la Ley de de presupuestos Generales del Estado de cada año.

3.7.1. Base de cotización

3.7.1.1. Conceptos que la integran

Los conceptos que integran la base de cotización están regulados en el art. 109 del TRLGSS y en el art. 23 del RD 2064/95, modificado por el RD 637/2014, de 25 de julio.

1. La base de cotización para todas las contingencias y situaciones amparadas por la acción protectora del Régimen General de la Seguridad Social, así como por los conceptos de recaudación conjunta con las cuotas de dicho régimen, estará constituida por la remuneración total, cualquiera que sea su forma o denominación, que, con carácter mensual, tenga derecho a percibir el trabajador o la que efectivamente perciba de ser ésta superior, por razón del trabajo que realice por cuenta ajena.

A) Las percepciones de vencimiento superior al mensual se prorratearán a lo largo de los doce meses del año.

B) A efectos de su inclusión en la base de cotización, se considerará remuneración la totalidad de las percepciones recibidas por los trabajadores, en dinero o en especie y ya retribuyan el trabajo efectivo o los períodos de descanso computables como de trabajo, así como los importes que excedan de lo dispuesto en el apartado 2 de este artículo.

A estos efectos, ***constituyen percepciones en especie*** la utilización, consumo u obtención, para fines particulares, de bienes, derechos o servicios de forma gratuita o por precio inferior al normal de mercado, aun cuando no supongan un gasto real para quien las conceda.

a) Cuando el empresario entregue al trabajador importes en metálico, vales o cheques de cualquier tipo para que éste adquiera bienes, derechos o servicios, la percepción económica y el importe del vale o cheque recibido por el trabajador se valorarán por la totalidad de su importe.

También se valorarán por la totalidad de su importe: las acciones o participaciones entregadas por los empresarios a sus trabajadores que se valorarán en el momento en que se acuerda su concesión de conformidad con lo establecido en los artículos 15 y 16 de la Ley 19/1991, de 6 de junio, del Impuesto sobre el Patrimonio; las primas o cuotas satisfechas por los empresarios a entidades aseguradoras para la cobertura de sus trabajadores; las contribuciones satisfechas a planes de pensiones en el marco del texto refundido de la Ley de Regulación de Planes y Fondos de Pensiones, aprobada por el Real Decreto Legislativo 1/2002, de 29 de noviembre, y su normativa de desarrollo, y las mejoras de las prestaciones de Seguridad Social concedidas por las empresas, a excepción de las previstas en el apartado 2.C) de este artículo.

b) Con carácter general, la valoración de las percepciones en especie satisfechas por los empresarios vendrá determinada por el coste medio que suponga para los mismos la entrega del bien, derecho o servicio objeto de percepción, entendiendo este coste medio como el resultado de dividir los costes totales que suponga para la empresa la entrega de un bien, derecho o servicio directamente imputables a dicha retribución entre el número de perceptores potenciales de dicho bien, derecho o servicio.

c) No obstante lo previsto en el párrafo b), cuando se trate de la prestación del servicio de educación en las etapas de infantil, primaria, secundaria obligatoria, bachillerato y formación profesional por centros educativos autorizados, a los hijos de sus empleados, con carácter gratuito o por precio inferior al normal de mercado, su valoración vendrá determinada, en el momento de inicio del curso escolar correspondiente, por el coste marginal que suponga para la empresa la prestación de tal servicio, entendiendo este como el incremento del coste total directamente imputable a la prestación que suponga para el centro educativo un servicio de educación para un alumno adicional de la etapa de enseñanza que corresponda. Asimismo, la valoración del resto de servicios educativos prestados por los centros autorizados en la atención, cuidado y acompañamiento de los alumnos, vendrá determinada por el coste marginal que suponga para la empresa la prestación de tal servicio.

Esta misma valoración será aplicable a la prestación por medios propios del empresario del servicio de guardería para los hijos de sus empleados.

d) La utilización de una vivienda propiedad o no del empresario o la utilización o entrega de vehículos automóviles se valorará en los términos previstos para estos bienes en el artículo 43 de la Ley 35/2006, de 28 de noviembre, del Impuesto sobre la Renta de las Personas Físicas y de modificación parcial de las Leyes de los Impuestos sobre Sociedades, sobre la Renta de no Residentes y sobre el Patrimonio.

e) Asimismo, los préstamos concedidos a los trabajadores con tipos de interés inferiores al legal del dinero se valorarán por la diferencia entre el interés pagado y el referido interés legal vigente en el respectivo ejercicio económico.

2. Únicamente ***no se computarán*** en la base de cotización los siguientes conceptos:

A) Los gastos de manutención y estancia, así como los gastos de locomoción, cuando correspondan a desplazamientos del trabajador fuera de su centro habitual de trabajo para realizar el mismo en lugar distinto, en los términos y en las cuantías siguientes:

1) No se computarán en la base de cotización las cantidades destinadas por el empresario a compensar los gastos normales de manutención y estancia en restaurantes, hoteles y demás establecimientos de hostelería, devengadas por gastos en municipio distinto del lugar del trabajo habitual del trabajador y del que constituya su residencia, cuando los mismos se hallen exceptuados de gravamen conforme a los apartados 3, 4, 5 y 6 del artículo 9.A) del Reglamento del Impuesto sobre la Renta de las Personas Físicas, aprobado por el Real Decreto 439/2007, de 30 de marzo.

El exceso sobre los límites señalados en los apartados citados, se computará en la base de cotización a la Seguridad Social.

Tampoco se computarán en la base de cotización los gastos de manutención, abonados o compensados por las empresas a trabajadores a ellas vinculados por relaciones laborales especiales, por desplazamientos fuera de la fábrica, taller, oficina o centro habitual de trabajo, para realizarlo en lugar distinto de este en diferente municipio, tanto si el empresario los satisface directamente como si resarce de ellos al trabajador, con los límites establecidos en el artículo 9.B) del Reglamento del Impuesto sobre la Renta de las Personas Físicas.

El exceso sobre los límites señalados en el citado artículo 9.B) se computará en la base de cotización a la Seguridad Social.

2) A los mismos efectos de su exclusión en la base de cotización a la Seguridad Social, se consideran gastos de locomoción las cantidades destinadas por el empresario a compensar los gastos del trabajador por sus desplazamientos fuera de la fábrica, taller, oficina o centro habitual de trabajo, para realizarlo en lugar distinto del mismo o diferente municipio.

Los gastos de locomoción, tanto si el empresario los satisface directamente como si resarce de ellos al trabajador, estarán excluidos de la base de cotización en su totalidad cuando se utilicen medios de transporte público, siempre que el importe de dichos gastos se justifique mediante factura o documento equivalente. De utilizarse otros medios de transporte, estarán excluidos de la base de cotización en los términos y con el alcance establecido en los apartados A).2, 4, 5 y 6 y B) del artículo 9 del Reglamento del Impuesto sobre la Renta de las Personas Físicas.

El exceso sobre las cantidades señaladas en los citados apartados, se incluirá en la base de cotización a la Seguridad Social.

B) Las indemnizaciones por fallecimiento y las correspondientes a traslados, suspensiones, despidos y ceses, en los términos previstos en el artículo 109.2.c) del texto refundido de la Ley General de la Seguridad Social.

De superar el importe de estas indemnizaciones los límites establecidos en el citado artículo, el exceso a incluir en la base de cotización se prorrateará a lo largo de los doce meses anteriores a aquel en que tenga lugar la circunstancia que las motive.

C) Las prestaciones de la Seguridad Social y las mejoras de las prestaciones por incapacidad temporal concedidas por las empresas.

D) Las asignaciones destinadas a satisfacer gastos de estudios del trabajador dispuestos por instituciones, empresarios o empleadores y financiados directamente por ellos para la actualización, capacitación o reciclaje de su personal, cuando vengan exigidos por el desarrollo de sus actividades o las características de los puestos de trabajo.

E) Las horas extraordinarias, salvo en la base de cotización por accidentes de trabajo y enfermedades profesionales y sin perjuicio de la cotización adicional por tal concepto en los términos establecidos en el artículo 24 de este reglamento.

3. Lo establecido en el apartado 2 se entiende sin perjuicio de las especialidades previstas en la sección 10.ª de este mismo capítulo, así como de las facultades del Ministerio de Empleo y Seguridad Social para establecer el cómputo de las horas extraordinarias en la determinación de la base de cotización por contingencias comunes, ya sea con carácter general o ya por sectores laborales en los que la prolongación de la jornada sea característica de su actividad.

Cuestiones útiles

6. ¿Qué diferencia existe entre la base de cotización por contingencias comunes y la base de cotización por contingencias profesionales?

En virtud de lo dispuesto en el art. 23 del RD 2064/95, en la base de cotización por contingencias profesionales se incluirán las horas extraordinarias, además de todos los conceptos que integran la base de cotización de contingencias comunes.

7. ¿Las horas extra cotizan únicamente mediante su inclusión en la base de cotización por contingencias profesionales?

No, ya que el art. 24 del RD 2064/95 establece la cotización adicional por horas extras, al disponer que «*la remuneración que obtengan los trabajadores en concepto de horas extraordinarias, con independencia de su cotización a efectos de accidente trabajo y enfermedades profesionales, estará sujeta a una cotización adicional, destinada a incrementar los recursos generales del sistema de la Seguridad Social, y que no será computable a efectos de determinar la base reguladora de las prestaciones*». En similares términos se pronuncia el art. 111 del TRLGSS.

Respecto a las horas extras, los tipos de cotización, establecidos los últimos años en la respectiva orden de cotización, son los siguientes:

– Horas extras motivadas por fuerza mayor:
Tipo 14%: 12% la empresa.
2% el trabajador.

– Horas extras ordinarias:
Tipo 28.3%: 23.6% la empresa.
4.7% el trabajador.

8. ¿Se tiene en cuenta la categoría profesional a la hora de cotizar a la Seguridad Social?

Efectivamente, ya que el art. 26.1 del RD 2064/95 dispone que «*la base de cotización, para todas las contingencias y situaciones protegidas por el Régimen General de la Seguridad Social, exceptuadas las de desempleo y accidentes de trabajo y enfermedades profesionales, estará sujeta para cada grupo de categorías profesionales, a los límites relativos de las bases mínimas y máximas...*».

Respecto a los porteros y conserjes deben ser encuadrados en el grupo 6, correspondiente a subalternos.

Otros grupos bastante utilizados en comunidades que cuenten con personal diverso, son el grupo de cotización 8 relativo a oficiales de primera y segunda o el grupo de cotización 10 correspondiente a peones.

9. ¿Existe algún tope en la cuantía que integra la base de cotización?

Sí, el art. 110 del TRLGSS y los arts. 9 y 25 del RD 2064/95 prevén unos límites máximos y mínimos para las bases de cotización, cuya cuantía se fijará cada año en función de la categoría profesional de que se trate.

3.7.2. Tipos de cotización

Los tipos de cotización consisten en un porcentaje que se aplica a la base de cotización.

El art. 107 del TRLGSS establece que

> *«el tipo de cotización tendrá carácter único para todo el ámbito de protección de este Régimen General. Su establecimiento y su distribución, para determinar las aportaciones respectivas del empresario y trabajador obligados a cotizar, se efectuarán en la correspondiente Ley de Presupuestos Generales del Estado».*

2. El tipo de cotización se reducirá en el porcentaje o porcentajes correspondientes a aquellas situaciones y contingencias que no queden comprendidas en la acción protectora que se determine de acuerdo con lo previsto en el apartado 2 del artículo 114 de esta Ley, para quienes sean asimilados a trabajadores por cuenta ajena, así como para otros supuestos establecidos legal o reglamentariamente.

Las últimas Órdenes del Ministerio de Trabajo e inmigración, por la que se desarrollan las normas de cotización para cada año, están estableciendo los siguientes porcentajes, que incluimos a título informativo, debiendo consultarse, necesariamente, la Orden de cada año por si hubiere variaciones.

PERSONAL FIJO (INCLUIDO TIEMPO PARCIAL Y FIJO DISCONTINUO) Y TEMPORAL (CONTRATO DE INTERINIDAD, CON DISCAPACITADOS, FORMATIVOS EN PRÁCTICAS, DE RELEVO) 2014			
CONTINGENCIA	**EMPRESA**	**TRABAJADOR**	**TOTAL**
C. COMUNES	23,60	4,70	28,30
DESEMPLEO	5,50	1,55	7,05
F. PROFESIONAL	0,60	0,10	0,70
FOGASA	0,20	-	0,20
TOTALES	29,9	6,35	36,25
+ CNAE u OCUPACIÓN			

LABORALES TEMPORALES A TIEMPO COMPLETO 2014			
CONTINGENCIA	**EMPRESA**	**TRABAJADOR**	**TOTAL**
C. COMUNES	23,60	4,70	28,30
DESEMPLEO	6,70	1,60	8,30
F. PROFESIONAL	0,60	0,10	0,70
FOGASA	0,20	-	0,20
TOTALES	31,10	6,40	37,50
+ CNAE u OCUPACIÓN			

LABORALES TEMPORALES A TIEMPO PARCIAL 2014			
CONTINGENCIA	EMPRESA	TRABAJADOR	TOTAL
C. COMUNES	23,60	4,70	28,30
DESEMPLEO	6,70	1,60	8,30
F. PROFESIONAL	0,60	0,10	0,70
FOGASA	0,20	-	0,20
TOTALES	31,10	6,40	37,50
+ CNAE u OCUPACIÓN			

A modo de ejemplo hacemos constar que el CNAE para porteros y conserjes de las Comunidades de Propietarios es el 95000 al que corresponde una cotización por IT de 0,70 y para IMS de 0,45.

4. TRÁMITES PERIÓDICOS

Además de los seguros sociales (TC1 y TC2) que deben presentarse mensualmente, habrá que presentar, trimestralmente, el modelo 111 de pago a cuenta de las retenciones para el Impuesto sobre la Renta de las Personas Físicas y anualmente, el modelo 190, resumen anual de los cuatro modelos 111 que se habrán presentado a lo largo del año.

Será también preceptivo el certificado de retenciones practicadas para entregar al trabajador a fin de que pueda cumplimentar su correspondiente declaración de renta.

5. EMPLEADOS DE FINCAS URBANAS: CLASIFICACIÓN, DERECHOS Y OBLIGACIONES

El principal cometido de los empleados de fincas urbanas es el de la vigilancia de la Comunidad y la limpieza y conservación de la misma en lo que respecta a los elementos comunes: patio-zaguán, escaleras, azotea, pasillos, etc. También tienen a su cuidado todos aquellos aparatos que no exijan de personal cualificado para su entretenimiento.

Asimismo, el empleado debe atender debidamente a toda persona que acuda al edificio y hacerse cargo de la correspondencia y del traslado de la basura generada por los propietarios del inmueble, desde los cubos colectivos hasta el lugar de recogida por el servicio municipal correspondiente. De la lectura de los convenios colectivos se desprende que no es obligatoria la recogida de basura de cada una de las viviendas, servicio que debe pactarse, individual o colectivamente.

En los siguientes epígrafes se va a hacer referencia a las funciones del portero y otros empleados de fincas urbanas exponiendo, a modo de ejemplo, la regulación que realizan diversos Convenios Colectivos para empleados de Fincas Urbanas.

5.1. El portero

Según el Art. 22.1 del ET, *«Mediante negociación colectiva o, en su defecto, acuerdo entre la empresa y los representantes de los trabajadores, se establecerá el sistema de clasificación profesional de los trabajadores, por medio de categorías o grupos profesionales.»*

El Artículo 35 del IV Convenio colectivo de trabajo de para los empleados de fincas urbanas de Cataluña, establece la clasificación funcional para sus empleados de fincas urbanas:

> *«A. Porteros con plena dedicación: Se entiende incluido en la categoría de portero con plena dedicación a la persona mayor de edad civil que, teniendo casa/habitación en el inmueble en el que preste sus servicios y, cumpliendo los requisitos de capacidad determinados en este convenio, realice los cometidos señalados en el mismo en virtud de contrato de trabajo y en forma de dedicación exclusiva. Para el cumplimiento de su cometido laboral se entenderá que el puesto de trabajo será tanto en la conserjería, mostrador, etc., como desarrollando las funciones propias de su labor.*
> *B. Porteros sin plena dedicación: Se entiende incluido en la categoría de portero sin plena dedicación a la persona mayor de edad civil que, teniendo casa/habitación en el inmueble en el que preste sus servicios y cumpliendo los requisitos de capacidad determinados en este convenio, realice los cometidos señalados en el mismo en virtud de contrato de trabajo con la posibilidad de compatibilizar estos trabajos con otra actividad retribuida. Para el cometido de su actividad laboral como portero se entenderá que, el puesto de trabajo será tanto en la conserjería, mostrador, etc., como desarrollando las funciones propias de su labor.*
> *C. Conserje con plena dedicación: Se entiende incluido en la categoría de conserje con plena dedicación a la persona mayor de edad civil que, sin tener casa/habitación en el inmueble en el que preste sus servicios y cumpliendo los requisitos de capacidad determinados en este convenio, realice los cometidos señalados en el mismo en virtud de contrato de trabajo. Para el cumplimiento de su actividad laboral se entenderá que, el puesto de trabajo será tanto en la conserjería, mostrador, etc., como desarrollando las funciones propias de su labor.*
> *D. Conserje sin plena dedicación: Se entiende incluido en la categoría de conserje sin plena dedicación a la persona mayor de edad civil que, sin tener casa/habitación en el inmueble en el que preste sus servicios y cumpliendo los requisitos de capacidad determinados en este convenio, realice los cometidos señalados en el mismo en virtud de contrato de trabajo con la posibilidad de compatibilizar estos trabajos con otra actividad retribuida. Para el cometido de su actividad laboral se entenderá que, el puesto de trabajo será tanto en la conserjería, mostrador, etc., como desarrollando las funciones propias de su labor».*

El art. 7 del Convenio Colectivo de Madrid define lo que debe entenderse por portero: *«Se entiende incluida en la categoría de portero a la persona mayor de edad civil que, teniendo casa-habitación en el inmueble, propiedad de la empresa en el que presta sus servicios y cumpliendo los requisitos de capacidad determinados en este convenio, realice los cometidos señalados en el mismo en virtud de contrato de trabajo. Para el cumplimiento de su cometido laboral, se entenderá que el puesto de trabajo será, tanto en la portería, mostrador, etcétera como desarrollando las funciones que son propias de su labor».*

5.2. Otros empleados de fincas urbanas

De nuevo hemos de acudir a los diferentes convenios colectivos, en los cuales se especifica cómo se encuentran clasificados. El convenio colectivo de Madrid los clasifica en el art. 6º:

- Porteros.
- Conserjes.
- Limpiadores/as.
- Jardineros.
- Vigilantes de garaje.
- Controladores.

Cuestiones útiles

10. ¿Cuál es el período de prueba aplicable a los empleados de fincas urbanas?

Según el Art. 14 del ET *«En defecto de pacto en convenio, la duración del período de prueba no podrá exceder de seis meses para los técnicos titulados, ni de dos meses para los demás trabajadores».*

Por tanto, el periodo máximo para conserjes y porteros será de dos meses. No obstante habrá que acudir a los diferentes convenios para concretar el periodo de prueba.

Vemos que el Convenio Colectivo de Cataluña lo tipifica en su artículo 29: *«Se establece para porteros y conserjes un periodo de prueba de un mes que, les será retribuido con el salario previsto en el presente convenio colectivo. Durante el periodo de prueba el portero no tendrá derecho al disfrute de la vivienda gratuita».*

Por su parte, el art. 27 del Convenio Colectivo de Madrid dispone que *«Se establece un período de prueba máximo de dos meses, en el que el empleado de finca urbana tendrá los derechos y obligaciones derivados del puesto de trabajo que desempeñe, excepto los derivados del disfrute de casa-habitación en el caso de los porteros y de los derivados de la resolución laboral, que podrá producirse a instancia de cualquiera de las partes en el transcurso de la misma y en la totalidad de las categorías»*.

11. ¿Cuáles son las funciones de un portero?

Según Art. 22.5 del ET *«Por acuerdo entre el trabajador y el empresario se establecerá el contenido de la prestación laboral...»*.

Por ello habrá que estar a lo establecido en los convenios colectivos.

Así, El art. 17 del Convenio Colectivo de Madrid dispone lo siguiente:

«Son obligaciones específicas de los trabajadores clasificados como porteros y conserjes:

1. La limpieza, conservación y cuidado del portal, portería, escaleras, pasillos, patios, sótanos y demás dependencias que tengan acceso por elemento común, así como de los aparatos eléctricos o de otros destinos que en ella se encuentren instalados, sin que se les exijan las actuaciones propias del personal especializado en el tipo de aparato o elemento que requiera atención. En las fincas destinadas a viviendas en que por la configuración de su portal existan locales comerciales, se considerará como 'pasaje comercial', sin que sea obligación del portero o conserje su limpieza, y tampoco lo será cualquiera que se derive del paso de animales domésticos por los elementos comunes de la finca, así como la limpieza de zonas deportivas, saunas y gimnasios. Los trabajos de limpieza deberán realizarse con preferencia en las primeras horas del día en beneficio del principal cometido, que es la vigilancia.
2. Vigilancia en esas mismas dependencias, así como de las personas que entren en el inmueble, velando porque no se perturbe el orden en el mismo ni el sosiego de los que en él habitan.
3. Cuidará los pisos y locales vacíos y acompañará a las personas que deseen verlos, facilitándoles cuantas noticias conciernen a los mismos, de acuerdo con las instrucciones previamente recibidas al efecto, a no ser que la propiedad adopte un acuerdo en contrario; atenderá con toda amabilidad a las personas que soliciten noticias de los ocupantes de las viviendas y otras dependencias de la finca, siempre que no sean de índole confidencial o informativo que afecten a la dignidad de los mismos, debiendo obrar siempre con la mayor discreción.
4. Tendrá a su cargo la puntual apertura y cierre del portal, así como el encendido y apagado de las luces de los elementos comunes; se hará cargo de la correspondencia o avisos que reciba para los ocupantes del inmueble y para la propiedad o administración de la finca, haciéndolo llegar a manos del destinatario con mayor diligencia, siempre que no reciba instrucciones en contrario por escrito de la propiedad.

5. Cumplimentará los encargos, avisos y comisiones encomendadas por las personas a que se refieren los artículos 5 y 16, y si fueran encargados del cobro de los alquileres o cuotas de la comunidad o cooperativa, lo cumplimentarán sin demora, entregando inmediatamente los fondos recaudados en la forma que haya sido señalada, siendo a cargo de la propiedad los gastos de toda clase que en dichos encargos, avisos, comisiones o cobros pudieran producirse.
6. Comunicará a la propiedad o representante de la comunidad o cooperativa cualquier intento o realización por parte de los propietarios o inquilinos de situaciones que puedan suponer molestias para los demás o que den lugar a subarriendos u ocupaciones clandestinas o traspasos fraudulentos, comunicando, asimismo, cualquier obra que se realice en las viviendas o locales y que haya llegado a su conocimiento.
7. Se ocupará del encendido, apagado y mantenimiento de los servicios de calefacción y agua caliente central, salvo que la propiedad los tenga contratados con un tercero; de la centralita telefónica, si no hubiera telefonista, y de los ascensores y montacargas que existan en la finca, así como de cuantos motores se utilicen para los servicios comunes. Pondrán urgentemente en conocimiento de la propiedad o administración y de la casa conservadora cuantas anormalidades o averías observen en el funcionamiento de los correspondientes aparatos, suspendiendo el servicio afectado bajo su responsabilidad, si pudiere haber peligro en su utilización.
8. Cuidará de los cuartos de contadores y motores y de las entradas de energía eléctrica, así como de la conducción general de agua, bajantes y sumideros receptores de aguas pluviales en las terrazas, azoteas, patios, etcétera, de acceso por servicios comunales y que no entrañen peligrosidad. En caso de nevada, cumplimentará los usos y costumbres del lugar y cuanto dispongan las ordenanzas municipales de la localidad.
9. Tendrá la obligación del traslado de los cubos colectivos de basura en estado de llenos del inmueble hasta el lugar destinado por las ordenanzas municipales para su retirada por sus servicios. No así la recogida de cubos, bolsas o recipientes de cada piso o del pozal colector, que será objeto de pacto con la propiedad.
En aquellos casos que por la ubicación del cuarto de basuras o el lugar que tenga destinado la comunidad para depositar los cubos de basuras hubiera que salvar obstáculos de más de 10 escalones o 2 metros de rampa, el traslado de los cubos colectivos se haría en estado de vacíos. En este último caso, el empleado los depositaría en el lugar que destine la comunidad al efecto para posteriormente trasladarlos una vez llenos hasta el lugar destinado por las ordenanzas municipales para su retirada».

12. ¿Tienen los porteros la obligación de sacar la basura del inmueble?

De los distintos convenios estudiados se desprende que, como norma general, existe la obligación del traslado de los cubos colectivos de basura del inmueble hasta el lugar destinado por las ordenanzas municipales, no así la recogida de la basura de cada piso o del pozal colector, para lo cual será necesario pacto individual o colectivo, según hacen referencia los convenios de Cataluña y Madrid. No obstante al respecto habrá que estudiar con detenimiento el respectivo convenio de aplicación.

13. ¿En qué se diferencian un portero y un conserje?

A través de las definiciones ofrecidas por los distintos convenios colectivos estudiados, puede afirmarse que la diferencia básica entre ambos puestos de trabajo radica en que, a diferencia del conserje, el portero dispone de casa-habitación en el inmueble en que presta sus servicios.

En este sentido el convenio de Cataluña en su art. 35 establece la definición de los porteros con plena dedicación: *«Se entiende incluido en la categoría de portero con plena dedicación a la persona mayor de edad civil que, disponiendo de una vivienda apta para ser habitada en el inmueble en el que preste sus servicios y, cumpliendo los requisitos de capacidad determinados en este convenio, realice los cometidos señalados en el mismo en virtud de contrato de trabajo y en forma de dedicación exclusiva. Para el cumplimiento de su cometido laboral se entenderá que el puesto de trabajo será tanto en la conserjería, mostrador, etc., como desarrollando las funciones propias de su labor».*

14. ¿Cuál es la edad obligatoria para la jubilación de los porteros?

Hasta la entrada en vigor de la Ley 3/2012, de 6 de julio, de medidas urgentes para la reforma del mercado laboral era admisible la jubilación forzosa en convenios pactados a partir del 4 de julio del año 2005, conforme a la Disposición Adicional Décima del Estatuto de los Trabajadores (en la redacción de la Ley 14/2005, de 1 de julio —BOE de 2 de julio de 2005—).

La Ley 3/2012, de 6 de julio, de medidas urgentes para la reforma del mercado laboral, modificó la redacción de la Disposición Adicional Décima del Texto Refundido del Estatuto de los Trabajadores, estableciendo en cuanto a las cláusulas de los convenios colectivos referidas al cumplimiento de la edad ordinaria de jubilación, que «se entenderán nulas y sin efecto las cláusulas de los convenios colectivos que posibiliten la extinción del contrato de trabajo por el cumplimiento por parte del trabajador de la edad ordinaria de jubilación fijada en la normativa de Seguridad Social, cualquiera que sea la extensión y alcance de dichas cláusulas.»

15. ¿Qué jornada de trabajo tienen los empleados de fincas urbanas?

La jornada de trabajo viene regulada en el art. 34 del ET:

«1. La duración de la jornada de trabajo será la pactada en los Convenios colectivos o contratos de trabajo. La duración máxima de la jornada ordinaria de trabajo será de 40 horas semanales de trabajo efectivo de promedio en cómputo anual.

2. Mediante convenio colectivo o, en su defecto, por acuerdo entre la empresa y los representantes de los trabajadores se podrá establecer la distribución irregular de la jornada a lo largo del año. Dicha distribución deberá respetar en todo caso los períodos de descanso diario y semanal previstos en la Ley...».

Por ello, de nuevo recalcamos la vital importancia de conocer el contenido de los respectivos convenios.

El art. 20 del Convenio Colectivo de Catalunya establece, respecto a la jornada de trabajo que:

«La duración de la jornada para porteros y conserjes de plena dedicación será de 40 horas semanales de trabajo efectivo, equivalentes a 1.827 horas anuales de trabajo efectivo respetando el contenido del artículo 34.2 del Texto Refundido de la Ley del Estatuto de los Trabajadores, Real Decreto Legislativo 1/1995, de 24 de marzo, con los siguientes apartados:

Tiempo de servicio:

A. Será tiempo de servicio, para los porteros con plena dedicación, el comprendido entre las horas señaladas por las Ordenanzas Municipales para apertura y cierre de portales, siempre que esto permita el descanso nocturno de 10 horas.

B. Para los porteros sin plena dedicación, regirá el mismo tiempo de servicio, pero dispondrán, dentro del mismo, de las horas precisas para la realización de la labor que tengan autorizada. Por la propiedad podrá exigirse un tiempo de presencia mínimo de tres horas diarias para realizar las funciones previstas en este convenio.

C. Los conserjes y porteros tendrán ocho horas de trabajo efectivo al día que, podrán ser ampliadas a diez, pagándose las que excedan de ocho a prorrata».

Los arts. 29 y 30 del Convenio Colectivo de Madrid disponen lo siguiente:

Art. 29.

a) Será tiempo de servicio para los empleados a jornada completa el comprendido entre las horas señaladas por las ordenanzas municipales para apertura y cierre de los portales, con los descansos señalados en el artículo 3 del Decreto 1561/ 1995, de 21 de septiembre, sobre jornadas especiales. En el caso de los vigilantes de garaje o controladores, el tiempo de servicio podrá cubrir las veinticuatro horas del día mediante los correspondientes turnos.

b) Para los porteros a jornada parcial regirá el mismo tiempo de servicio, pero dispondrán dentro del mismo de las horas precisas para la realización de la labor preferente que tengan autorizada.

Art. 30.

a) Los porteros con jornada completa tendrán un tiempo de trabajo efectivo de cuarenta horas semanales, que será fijado por la propiedad en cualquier momento dentro de su tiempo de servicio.

b) A los porteros con jornada a tiempo parcial tendrán un tiempo de trabajo efectivo de acuerdo con lo pactado con la propiedad.

c) Los conserjes, limpiadores, jardineros, vigilantes de garaje y controladores el tiempo de trabajo efectivo será el pactado con la propiedad, con un máximo de cuarenta horas semanales, dentro de su tiempo de servicio.

6. LA PREVENCIÓN DE RIESGOS LABORALES EN LAS COMUNIDADES DE PROPIETARIOS

Hemos entendido de vital importancia introducir en este capítulo una parte dedicada a la prevención de riesgos laborales en relación con el personal contratado por las comunidades de propietarios.

No deben existir dudas sobre la obligatoriedad de cumplimiento por parte de las comunidades de propietarios tanto de Ley de Prevención de Riesgos Laborales como de las disposiciones posteriores que la desarrollan y complementan.

No existe artículo o disposición alguna en el citado texto legal que exima a las comunidades sujetas a la propiedad horizontal de su cumplimiento y menos dudas existen, a nuestro juicio, si por añadidura la comunidad no sólo cuenta con el típico portero o conserje, sino con varios trabajadores como socorristas, encargados de mantenimiento, jardineros etc. En términos similares se expresa la STSJ de Galicia de 15 de julio de 2008 *(Tol 1360531)*, al entender que, desde el momento en que se contrate personal, deben observarse todas las obligaciones de la normativa de prevención de riesgos laborales siendo la comunidad responsable en caso de incumplimiento.

Por todo ello, aconsejamos que, lo coherente en estos casos, es encomendar el tema de prevención a una entidad especializada sin perjuicio de que efectuemos una serie de comentarios u observaciones sobre la Ley y su relación con las Comunidades que consideramos e interés.

6.1. Normativa aplicable

La normativa en esta materia es muy extensa y puede ampliarse en función de los trabajos que se desarrollan en cada caso, atendiendo a que son distintos los riesgos laborales de un jardinero o un vigilante que los de un portero. No obstante entendemos primordial y mínimo, para una Comunidad de Propietarios, el estudio de las siguientes disposiciones:

- Ley 31/1995, de 8 de noviembre, de Prevención de Riesgos Laborales (LPRL).
- RD 39/1997 de 17 de enero, sobre reglamento de los servicios de prevención.

- RD 485/1997 de 14 de abril sobre disposiciones mínimas en materia de señalización de seguridad y salud en el trabajo.
- RD 486/1997 sobre disposiciones mínimas de seguridad y salud en los lugares de trabajo.
- RD 487/1997 sobre disposiciones mínimas de seguridad y salud relativas a la manipulación de cargas que entrañe riesgos, en particular dorsolumbares, para los trabajadores.

6.2. Responsabilidad del empresario

El empresario —en este caso la comunidad— es el único y principal responsable en materia preventiva, debiendo de cumplir las obligaciones recogidas en el LPRL y en la normativa de desarrollo.

A continuación citaremos algunas de las principales obligaciones preventivas y, de forma muy sintetizada, su relación con las comunidades de propietarios:

Art. 14: Deber del empresario de protección de los trabajadores frente a los riesgos laborales

«1. Los trabajadores tienen derecho a una protección eficaz en materia de seguridad y salud en el trabajo.

El citado derecho supone la existencia de un correlativo deber del empresario de protección de los trabajadores frente a los riesgos laborales.

Los derechos de información, consulta y participación, formación en materia preventiva, paralización de la actividad en caso de riesgo grave e inminente y vigilancia de su estado de salud, en los términos previstos en la Ley, forman parte del derecho de los trabajadores a una protección eficaz en materia de seguridad y salud en el trabajo.

2. En cumplimiento del deber de protección, el empresario deberá garantizar la seguridad y la salud de los trabajadores a su servicio en todos los aspectos relacionados con el trabajo. A estos efectos, en el marco de sus responsabilidades, el empresario realizará la prevención de los riesgos laborales mediante la adopción de cuantas medidas sean necesarias para la protección de la seguridad y la salud de los trabajadores, con las especialidades que se recogen en los artículos siguientes en materia de evaluación de riesgos, información, consulta y participación y formación de los trabajadores, actuación en casos de emergencia y de riesgo grave e inminente, vigilancia de la salud, y mediante la constitución de una organización y de los medios necesarios en los términos establecidos en el capítulo IV de la presente Ley.

El empresario desarrollará una acción permanente con el fin de perfeccionar los niveles de protección existentes y dispondrá lo necesario para la adaptación de las medidas de prevención señaladas en el párrafo anterior a las modificaciones que puedan experimentar las circunstancias que incidan en la realización del trabajo.

5. El coste de las medidas relativas a la seguridad y la salud en el trabajo no deberá recaer en modo alguno sobre los trabajadores.»

Art. 16: Obligación de evaluar los riesgos

«1. La acción preventiva en la empresa se planificará por el empresario a partir de una evaluación inicial de los riesgos para la seguridad y la salud de los trabajadores, que se realizará, con

carácter general, teniendo en cuenta la naturaleza de la actividad, y en relación con aquellos que estén expuestos a riesgos especiales.
Igual evaluación deberá hacerse con ocasión de la elección de los equipos de trabajo, de las sustancias o preparados químicos y del acondicionamiento de los lugares de trabajo. La evaluación inicial tendrá en cuenta aquellas otras actuaciones que deban desarrollarse de conformidad con lo dispuesto en la normativa sobre protección de riesgos específicos y actividades de especial peligrosidad. La evaluación será actualizada cuando cambien las condiciones de trabajo y, en todo caso, se someterá a consideración y se revisará, si fuera necesario, con ocasión de los daños para la salud que se hayan producido.
Cuando el resultado de la evaluación lo hiciera necesario, el empresario realizará controles periódicos de las condiciones de trabajo y de la actividad de los trabajadores en la prestación de sus servicios, para detectar situaciones potencialmente peligrosas.
2. Si los resultados de la evaluación prevista en el apartado anterior lo hicieran necesario, el empresario realizará aquellas actividades de prevención, incluidas las relacionadas con los métodos de trabajo y de producción, que garanticen un mayor nivel de protección de la seguridad y la salud de los trabajadores. Estas actuaciones deberán integrarse en el conjunto de las actividades de la empresa y en todos los niveles jerárquicos de la misma.
Las actividades de prevención deberán ser modificadas cuando se aprecie por el empresario, como consecuencia de los controles periódicos previstos en el apartado anterior, su inadecuación a los fines de protección requeridos.
3. Cuando se haya producido un daño para la salud de los trabajadores o cuando, con ocasión de la vigilancia de la salud prevista en el artículo 22, aparezcan indicios de que las medidas de prevención resultan insuficientes, el empresario llevará a cabo una investigación al respecto, a fin de detectar las causas de estos hechos».

Normalmente las comunidades de propietarios suelen contratar a un Servicio de Prevención de Riesgos para efectuar la correspondiente evaluación. De estas evaluaciones, sobre todo en comunidades con inmuebles antiguos, suele desprenderse la necesidad de adaptar alguna de las dependencias a la normativa. El resultado de las evaluaciones y los posibles presupuestos para adoptar las medidas oportunas, deberían ser expuestos en la correspondiente Junta de la comunidad.

Las evaluaciones también pueden dar como resultado determinados riesgos para los puestos de trabajo que deberán corregirse.

Art. 17: Obligación de proporcionar equipos de trabajo y medios de protección
«1. El empresario adoptará las medidas necesarias con el fin de que los equipos de trabajo sean adecuados para el trabajo que deba realizarse y convenientemente adaptados a tal efecto, de forma que garanticen la seguridad y la salud de los trabajadores al utilizarlos. Cuando la utilización de un equipo de trabajo pueda presentar un riesgo específico para la seguridad y la salud de los trabajadores, el empresario adoptará las medidas necesarias con el fin de que:
a) La utilización del equipo de trabajo quede reservada a los encargados de dicha utilización.
b) Los trabajos de reparación, transformación, mantenimiento o conservación sean realizados por los trabajadores específicamente capacitados para ello.
2. El empresario deberá proporcionar a sus trabajadores equipos de protección individual adecuados para el desempeño de sus funciones y velar por el uso efectivo de los mismos cuando, por la naturaleza de los trabajos realizados, sean necesarios.

Los equipos de protección individual deberán utilizarse cuando los riesgos no se puedan evitar o no puedan limitarse suficientemente por medios técnicos de protección colectiva o mediante medidas, métodos o procedimientos de organización del trabajo.»

La adquisición y entrega de equipos de protección individual se derivará de la evaluación de riesgos efectuada por el técnico competente. En una comunidad de propietarios pueden ser muy diversos, dependiendo de su personal: botas de seguridad o guantes de trabajo para el personal de mantenimiento, mascaras protectoras para los jardineros, chalecos de alta visibilidad para los vigilantes...

Art. 18: Obligación de información, consulta y participación

«1. A fin de dar cumplimiento al deber de protección establecido en la presente Ley, el empresario adoptará las medidas adecuadas para que los trabajadores reciban todas las informaciones necesarias en relación con:

a) Los riesgos para la seguridad y la salud de los trabajadores en el trabajo, tanto aquellos que afecten a la empresa en su conjunto como a cada tipo de puesto de trabajo o función.

b) Las medidas y actividades de protección y prevención aplicables a los riesgos señalados en el apartado anterior.

c) Las medidas adoptadas de conformidad con lo dispuesto en el artículo 20 de la presente Ley.

En las empresas que cuenten con representantes de los trabajadores, la información a que se refiere el presente apartado se facilitará por el empresario a los trabajadores a través de dichos representantes; no obstante, deberá informarse directamente a cada trabajador de los riesgos específicos que afecten a su puesto de trabajo o función y de las medidas de protección y prevención aplicables a dichos riesgos.

2. El empresario deberá consultar a los trabajadores, y permitir su participación, en el marco de todas las cuestiones que afecten a la seguridad y a la salud en el trabajo, de conformidad con lo dispuesto en el capítulo V de la presente Ley.

Los trabajadores tendrán derecho a efectuar propuestas al empresario, así como a los órganos de participación y representación previstos en el capítulo V de esta Ley, dirigidas a la mejora de los niveles de protección de la seguridad y la salud en la empresa».

En prevención existe una máxima que afirma que *«una actividad preventiva no documentada es una actividad no realizada»*. Por eso, todas y cada una de las obligaciones de la comunidad deberán tener su justificante documental. En el apartado de la información supone, entre otras cosas, la necesidad de entregar a cada trabajador la evaluación de riesgos de su puesto de trabajo, las medidas de emergencia etc., siempre por escrito, recabando el oportuno recibí y archivándolo a disposición de la autoridad laboral.

Art. 19: Obligación de formación de los trabajadores

«1. En cumplimiento del deber de protección, el empresario deberá garantizar que cada trabajador reciba una formación teórica y práctica, suficiente y adecuada, en materia preventiva, tanto en el momento de su contratación, cualquiera que sea la modalidad o duración de ésta, como cuando se produzcan cambios en las funciones que desempeñe o se introduzcan nuevas tecnologías o cambios en los equipos de trabajo. La formación deberá estar centrada específicamente en el puesto de trabajo o función de cada trabajador, adaptarse a la evolución de los riesgos y a la aparición de otros nuevos y repetirse periódicamente, si fuera necesario.

2. La formación a que se refiere el apartado anterior deberá impartirse, siempre que sea posible, dentro de la jornada de trabajo o, en su defecto, en otras horas pero con el descuento en aquélla del tiempo invertido en la misma.
La formación se podrá impartir por la empresa mediante medios propios o concertándola con servicios ajenos, y su coste no recaerá en ningún caso sobre los trabajadores».

Con carácter previo al inicio de la actividad laboral, hemos de facilitar a cada trabajador de la comunidad, un curso de formación en materia preventiva (normalmente a través del Servicio de Prevención). Si tenemos trabajadores que ya llevan tiempo prestando servicios en la comunidad (por ejemplo el típico portero o conserje con bastante antigüedad) y no están formados, debemos, con carácter urgente, facilitarles formación en materia preventiva para ayudar a prevenir accidentes y evitar importantes consecuencias jurídicas. Habitualmente este tipo de cursos son de corta duración, por lo que en una mañana o tarde podemos tener solventada dicha obligación.

Art. 20: Obligación de adoptar medidas de emergencia

«El empresario, teniendo en cuenta el tamaño y la actividad de la empresa, así como la posible presencia de personas ajenas a la misma, deberá analizar las posibles situaciones de emergencia y adoptar las medidas necesarias en materia de primeros auxilios, lucha contra incendios y evacuación de los trabajadores, designando para ello al personal encargado de poner en práctica estas medidas y comprobando periódicamente, en su caso, su correcto funcionamiento. El citado personal deberá poseer la formación necesaria, ser suficiente en número y disponer del material adecuado, en función de las circunstancias antes señaladas.
Para la aplicación de las medidas adoptadas, el empresario deberá organizar las relaciones que sean necesarias con servicios externos a la empresa, en particular en materia de primeros auxilios, asistencia médica de urgencia, salvamento y lucha contra incendios, de forma que quede garantizada la rapidez y eficacia de las mismas».

Estas medidas suelen ser sencillas de cumplir en comunidades pequeñas con un solo trabajador (conserje o portero) y en una primera fase suele ser suficiente con la entrega de unas normas de actuación que normalmente redacta el Servicio de Prevención. En comunidades grandes con bastante personal, las normas pueden ser mas complejas, pudiendo legar a ser necesario la confección de un plan de autoprotección y habrá que crear equipos de alarma, intervención y evacuación y realizar los simulacros que sean necesarios. En cualquier caso será necesario contar, en perfecto estado de uso, todos los medios de extinción, detección y señalización de emergencia que sean necesarios.

Art. 21: Obligaciones ante un riesgo grave e inminente

«1. Cuando los trabajadores estén o puedan estar expuestos a un riesgo grave e inminente con ocasión de su trabajo, el empresario estará obligado a:
a) Informar lo antes posible a todos los trabajadores afectados acerca de la existencia de dicho riesgo y de las medidas adoptadas o que, en su caso, deban adoptarse en materia de protección.
b) Adoptar las medidas y dar las instrucciones necesarias para que, en caso de peligro grave, inminente e inevitable, los trabajadores puedan interrumpir su actividad y, si fuera necesario, abandonar de inmediato el lugar de trabajo. En este supuesto no podrá exigirse a los trabajadores que reanuden su actividad mientras persista el peligro, salvo excepción debidamente justificada por razones de seguridad y determinada reglamentariamente.

c) Disponer lo necesario para que el trabajador que no pudiera ponerse en contacto con su superior jerárquico, ante una situación de peligro grave e inminente para su seguridad, la de otros trabajadores o la de terceros a la empresa, esté en condiciones, habida cuenta de sus conocimientos y de los medios técnicos puestos a su disposición, de adoptar las medidas necesarias para evitar las consecuencias de dicho peligro.

2. De acuerdo con lo previsto en el apartado 1 del artículo 14 de la presente Ley, el trabajador tendrá derecho a interrumpir su actividad y abandonar el lugar de trabajo, en caso necesario, cuando considere que dicha actividad entraña un riesgo grave e inminente para su vida o su salud.

3. Cuando en el caso a que se refiere el apartado 1 de este artículo el empresario no adopte o no permita la adopción de las medidas necesarias para garantizar la seguridad y la salud de los trabajadores, los representantes legales de éstos podrán acordar, por mayoría de sus miembros, la paralización de la actividad de los trabajadores afectados por dicho riesgo. Tal acuerdo será comunicado de inmediato a la empresa y a la autoridad laboral, la cual, en el plazo de veinticuatro horas, anulará o ratificará la paralización acordada.

El acuerdo a que se refiere el párrafo anterior podrá ser adoptado por decisión mayoritaria de los Delegados de Prevención cuando no resulte posible reunir con la urgencia requerida al órgano de representación del personal.

4. Los trabajadores o sus representantes no podrán sufrir perjuicio alguno derivado de la adopción de las medidas a que se refieren los apartados anteriores, a menos que hubieran obrado de mala fe o cometido negligencia grave».

Art. 22: Obligación de vigilancia de la salud

«1. El empresario garantizará a los trabajadores a su servicio la vigilancia periódica de su estado de salud en función de los riesgos inherentes al trabajo.

Esta vigilancia sólo podrá llevarse a cabo cuando el trabajador preste su consentimiento. De este carácter voluntario sólo se exceptuarán, previo informe de los representantes de los trabajadores, los supuestos en los que la realización de los reconocimientos sea imprescindible para evaluar los efectos de las condiciones de trabajo sobre la salud de los trabajadores o para verificar si el estado de salud del trabajador puede constituir un peligro para el mismo, para los demás trabajadores o para otras personas relacionadas con la empresa o cuando así esté establecido en una disposición legal en relación con la protección de riesgos específicos y actividades de especial peligrosidad.

En todo caso se deberá optar por la realización de aquellos reconocimientos o pruebas que causen las menores molestias al trabajador y que sean proporcionales al riesgo.

2. Las medidas de vigilancia y control de la salud de los trabajadores se llevarán a cabo respetando siempre el derecho a la intimidad y a la dignidad de la persona del trabajador y la confidencialidad de toda la información relacionada con su estado de salud.

3. Los resultados de la vigilancia a que se refiere el apartado anterior serán comunicados a los trabajadores afectados.

4. Los datos relativos a la vigilancia de la salud de los trabajadores no podrán ser usados con fines discriminatorios ni en perjuicio del trabajador.

El acceso a la información médica de carácter personal se limitará al personal médico y a las autoridades sanitarias que lleven a cabo la vigilancia de la salud de los trabajadores, sin que pueda facilitarse al empresario o a otras personas sin consentimiento expreso del trabajador.

No obstante lo anterior, el empresario y las personas u órganos con responsabilidades en materia de prevención serán informados de las conclusiones que se deriven de los reconocimientos efectuados en relación con la aptitud del trabajador para el desempeño del puesto de trabajo o con la necesidad de introducir o mejorar las medidas de protección y prevención, a fin de que puedan desarrollar correctamente sus funciones en materia preventiva.

5. En los supuestos en que la naturaleza de los riesgos inherentes al trabajo lo haga necesario, el derecho de los trabajadores a la vigilancia periódica de su estado de salud deberá ser prolongado más allá de la finalización de la relación laboral, en los términos que reglamentariamente se determinen.

6. Las medidas de vigilancia y control de la salud de los trabajadores se llevarán a cabo por personal sanitario con competencia técnica, formación y capacidad acreditada».

Las comunidades suelen contratar un Servicio Médico de Vigilancia de la Salud. Anualmente, el Presidente o Administrador debe ofrecer, siempre por escrito a sus trabajadores, la posibilidad de efectuarse la vigilancia de la salud (que se deriva en las oportunas revisiones médicas). El trabajador podrá o no aceptarla (salvo excepciones de obligatoriedad). Por lo tanto, es una obligación para la comunidad de propietarios y, generalmente, un derecho voluntario para el trabajador.

Art. 23: Obligación de elaborar y conservar determinada documentación

«1. El empresario deberá elaborar y conservar a disposición de la autoridad laboral la siguiente documentación relativa a las obligaciones establecidas en los artículos anteriores:

a) Evaluación de los riesgos para la seguridad y la salud en el trabajo, y planificación de la acción preventiva, conforme a lo previsto en el artículo 16 de la presente Ley.

b) Medidas de protección y de prevención a adoptar y, en su caso, material de protección que deba utilizarse.

c) Resultado de los controles periódicos de las condiciones de trabajo y de la actividad de los trabajadores, de acuerdo con lo dispuesto en el tercer párrafo del apartado 1 del artículo 16 de la presente Ley.

d) Práctica de los controles del estado de salud de los trabajadores previstos en el artículo 22 de esta Ley y conclusiones obtenidas de los mismos en los términos recogidos en el último párrafo del apartado 4 del citado artículo.

e) Relación de accidentes de trabajo y enfermedades profesionales que hayan causado al trabajador una incapacidad laboral superior a un día de trabajo. En estos casos el empresario realizará, además, la notificación a que se refiere el apartado 3 del presente artículo.

2. En el momento de cesación de su actividad, las empresas deberán remitir a la autoridad laboral la documentación señalada en el apartado anterior.

3. El empresario estará obligado a notificar por escrito a la autoridad laboral los daños para la salud de los trabajadores a su servicio que se hubieran producido con motivo del desarrollo de su trabajo, conforme al procedimiento que se determine reglamentariamente.

4. La documentación a que se hace referencia en el presente artículo deberá también ser puesta a disposición de las autoridades sanitarias al objeto de que éstas puedan cumplir con lo dispuesto en el artículo 10 de la presente Ley y en el artículo 21 de la Ley 14/1986, de 25 de abril, General de Sanidad».

Debemos reiterar la máxima ya expresada de que, en prevención, «una actividad preventiva no documentada es una actividad no realizada». Por ello, aparte de las obligaciones documentales tipificadas por Ley, existen otras que requerirán una justificación documental, como las de haber formado e informado al trabajador o haberle entregado las medidas de emergencia, o en su caso los equipos de protección individual. Nuestro consejo al respecto, para evitar cualquier tipo de responsabilidad, es que contemos con justificantes documentales de cada una de las actividades preventivas que realicemos y, si están relacionadas individualmente con los trabajadores, que recabemos el oportuno «recibí» de cada uno de ellos.

Art. 24: Obligación de coordinación de actividades empresariales

«1. Cuando en un mismo centro de trabajo desarrollen actividades trabajadores de dos o más empresas, éstas deberán cooperar en la aplicación de la normativa sobre prevención de riesgos laborales. A tal fin, establecerán los medios de coordinación que sean necesarios en cuanto a la protección y prevención de riesgos laborales y la información sobre los mismos a sus respectivos trabajadores, en los términos previstos en el apartado 1 del artículo 18 de esta Ley.

2. El empresario titular del centro de trabajo adoptará las medidas necesarias para que aquellos otros empresarios que desarrollen actividades en su centro de trabajo reciban la información y las instrucciones adecuadas, en relación con los riesgos existentes en el centro de trabajo y con las medidas de protección y prevención correspondientes, así como sobre las medidas de emergencia a aplicar, para su traslado a sus respectivos trabajadores.

3. Las empresas que contraten o subcontraten con otras la realización de obras o servicios correspondientes a la propia actividad de aquéllas y que se desarrollen en sus propios centros de trabajo deberán vigilar el cumplimiento por dichos contratistas y subcontratistas de la normativa de prevención de riesgos laborales.

4. Las obligaciones consignadas en el último párrafo del apartado 1 del artículo 41 de esta Ley serán también de aplicación, respecto de las operaciones contratadas, en los supuestos en que los trabajadores de la empresa contratista o subcontratista no presten servicios en los centros de trabajo de la empresa principal, siempre que tales trabajadores deban operar con maquinaria, equipos, productos, materias primas o útiles proporcionados por la empresa principal.

5. Los deberes de cooperación y de información e instrucción recogidos en los apartados 1 y 2 serán de aplicación respecto de los trabajadores autónomos que desarrollen actividades en dichos centros de trabajo».

La obligación derivada de este artículo respecto a las comunidades de propietarios, suele ser la necesidad de comprobar que las posibles empresas que puedan trabajar para ellas, cumplen con la normativa. Asimismo, habrá que hacer entrega a las empresas contratadas, las medidas de emergencia o posibles riesgos que puedan existir, entre otros extremos.

Art. 25: Obligación de protección de trabajadores especialmente sensibles a determinados riesgos

«1. El empresario garantizará de manera específica la protección de los trabajadores que, por sus propias características personales o estado biológico conocido, incluidos aquellos que tengan reconocida la situación de discapacidad física, psíquica o sensorial, sean especialmente sensibles a los riesgos derivados del trabajo. A tal fin, deberá tener en cuenta dichos aspectos en las evaluaciones de los riesgos y, en función de éstas, adoptará las medidas preventivas y de protección necesarias. Los trabajadores no serán empleados en aquellos puestos de trabajo en los que, a causa de sus características personales, estado biológico o por su discapacidad física, psíquica o sensorial debidamente reconocida, puedan ellos, los demás trabajadores u otras personas relacionadas con la empresa ponerse en situación de peligro o, en general, cuando se encuentren manifiestamente en estados o situaciones transitorias que no respondan a las exigencias psicofísicas de los respectivos puestos de trabajo.

2. Igualmente, el empresario deberá tener en cuenta en las evaluaciones los factores de riesgo que puedan incidir en la función de procreación de los trabajadores y trabajadoras, en particular por la exposición a agentes físicos, químicos y biológicos que puedan ejercer efectos mutagénicos o de toxicidad para la procreación, tanto en los aspectos de la fertilidad, como del desarrollo de la descendencia, con objeto de adoptar las medidas preventivas necesarias».

Respecto a las trabajadoras embarazadas y los colectivos especialmente protegidos (disminuidos psíquicos, físicos o sensoriales o especialmente sensibles —alergias, epilepsias, etc., etc.—) les hemos de prestar una especial atención y, si tenemos conocimiento de su existencia, con

carácter inmediato debemos pedir que el técnico del Servicio de Prevención evalúe su puesto, para poder adaptar el mismo a las especialidades características del trabajador/a.
Por ejemplo, si tenemos una jardinera en la comunidad y la misma esta embarazada, habrá que adaptar el puesto, pues en su situación no debe manejar productos fitosanitarios.

Art. 26: Obligación de protección de la maternidad
«1. La evaluación de los riesgos a que se refiere el artículo 16 de la presente Ley deberá comprender la determinación de la naturaleza, el grado y la duración de la exposición de las trabajadoras en situación de embarazo o parto reciente a agentes, procedimientos o condiciones de trabajo que puedan influir negativamente en la salud de las trabajadoras o del feto, en cualquier actividad susceptible de presentar un riesgo específico. Si los resultados de la evaluación revelasen un riesgo para la seguridad y la salud o una posible repercusión sobre el embarazo o la lactancia de las citadas trabajadoras, el empresario adoptará las medidas necesarias para evitar la exposición a dicho riesgo, a través de una adaptación de las condiciones o del tiempo de trabajo de la trabajadora afectada. Dichas medidas incluirán, cuando resulte necesario, la no realización de trabajo nocturno o de trabajo a turnos.
2. Cuando la adaptación de las condiciones o del tiempo de trabajo no resultase posible o, a pesar de tal adaptación, las condiciones de un puesto de trabajo pudieran influir negativamente en la salud de la trabajadora embarazada o del feto, y así lo certifiquen los Servicios Médicos del Instituto Nacional de la Seguridad Social o de las Mutuas, con el informe del médico del Servicio Nacional de la Salud que asista facultativamente a la trabajadora, ésta deberá desempeñar un puesto de trabajo o función diferente y compatible con su estado. El empresario deberá determinar, previa consulta con los representantes de los trabajadores, la relación de los puestos de trabajo exentos de riesgos a estos efectos.
El cambio de puesto o función se llevará a cabo de conformidad con las reglas y criterios que se apliquen en los supuestos de movilidad funcional y tendrá efectos hasta el momento en que el estado de salud de la trabajadora permita su reincorporación al anterior puesto. En el supuesto de que, aun aplicando las reglas señaladas en el párrafo anterior, no existiese puesto de trabajo o función compatible, la trabajadora podrá ser destinada a un puesto no correspondiente a su grupo o categoría equivalente, si bien conservará el derecho al conjunto de retribuciones de su puesto de origen.
3. Si dicho cambio de puesto no resultara técnica u objetivamente posible, o no pueda razonablemente exigirse por motivos justificados, podrá declararse el paso de la trabajadora afectada a la situación de suspensión del contrato por riesgo durante el embarazo, contemplada en el artículo 45.1.d) del Estatuto de los Trabajadores, durante el período necesario para la protección de su seguridad o de su salud y mientras persista la imposibilidad de reincorporarse a su puesto anterior o a otro puesto compatible con su estado.
4. Lo dispuesto en los números 1 y 2 de este artículo será también de aplicación durante el período de lactancia, si las condiciones de trabajo pudieran influir negativamente en la salud de la mujer o del hijo y así lo certificase el médico que, en el régimen de Seguridad Social aplicable, asista facultativamente a la trabajadora.
5. Las trabajadoras embarazadas tendrán derecho a ausentarse del trabajo, con derecho a remuneración, para la realización de exámenes prenatales y técnicas de preparación al parto, previo aviso al empresario y justificación de la necesidad de su realización dentro de la jornada de trabajo.»

Art. 27: Obligación de protección de los menores
«1. Antes de la incorporación al trabajo de jóvenes menores de dieciocho años, y previamente a cualquier modificación importante de sus condiciones de trabajo, el empresario deberá efectuar

una evaluación de los puestos de trabajo a desempeñar por los mismos, a fin de determinar la naturaleza, el grado y la duración de su exposición, en cualquier actividad susceptible de presentar un riesgo específico al respecto, a agentes, procesos o condiciones de trabajo que puedan poner en peligro la seguridad o la salud de estos trabajadores.

A tal fin, la evaluación tendrá especialmente en cuenta los riesgos específicos para la seguridad, la salud y el desarrollo de los jóvenes derivados de su falta de experiencia, de su inmadurez para evaluar los riesgos existentes o potenciales y de su desarrollo todavía incompleto. En todo caso, el empresario informará a dichos jóvenes y a sus padres o tutores que hayan intervenido en la contratación, conforme a lo dispuesto en la letra b) del artículo 7 del texto refundido de la Ley del Estatuto de los Trabajadores aprobado por el Real Decreto legislativo 1/1995, de 24 de marzo, de los posibles riesgos y de todas las medidas adoptadas para la protección de su seguridad y salud.

2. Teniendo en cuenta los factores anteriormente señalados, el Gobierno establecerá las limitaciones a la contratación de jóvenes menores de dieciocho años en trabajos que presenten riesgos específicos».

Tengamos en cuenta que, si una comunidad de propietarios quiere contratar a un menor, con carácter previo deberá evaluar el puesto y toda la documentación preventiva que se le entregue tendrá que ser firmada, asimismo, por su padre/ madre o tutor legal.

Art. 28: Obligaciones respecto a relaciones de trabajo temporales, de duración determinada y en empresas de trabajo temporal

«1. Los trabajadores con relaciones de trabajo temporales o de duración determinada, así como los contratados por empresas de trabajo temporal, deberán disfrutar del mismo nivel de protección en materia de seguridad y salud que los restantes trabajadores de la empresa en la que prestan sus servicios.

La existencia de una relación de trabajo de las señaladas en el párrafo anterior no justificará en ningún caso una diferencia de trato por lo que respecta a las condiciones de trabajo, en lo relativo a cualquiera de los aspectos de la protección de la seguridad y la salud de los trabajadores. La presente Ley y sus disposiciones de desarrollo se aplicarán plenamente a las relaciones de trabajo señaladas en los párrafos anteriores.

2. El empresario adoptará las medidas necesarias para garantizar que, con carácter previo al inicio de su actividad, los trabajadores a que se refiere el apartado anterior reciban información acerca de los riesgos a los que vayan a estar expuestos, en particular en lo relativo a la necesidad de cualificaciones o aptitudes profesionales determinadas, la exigencia de controles médicos especiales o la existencia de riesgos específicos del puesto de trabajo a cubrir, así como sobre las medidas de protección y prevención frente a los mismos.

Dichos trabajadores recibirán, en todo caso, una formación suficiente y adecuada a las características del puesto de trabajo a cubrir, teniendo en cuenta su cualificación y experiencia profesional y los riesgos a los que vayan a estar expuestos.

3. Los trabajadores a que se refiere el presente artículo tendrán derecho a una vigilancia periódica de su estado de salud, en los términos establecidos en el artículo 22 de esta Ley y en sus normas de desarrollo.

4. El empresario deberá informar a los trabajadores designados para ocuparse de las actividades de protección y prevención o, en su caso, al servicio de prevención previsto en el artículo 31 de esta Ley de la incorporación de los trabajadores a que se refiere el presente artículo, en la medida necesaria para que puedan desarrollar de forma adecuada sus funciones respecto de todos los trabajadores de la empresa.

5. En las relaciones de trabajo a través de empresas de trabajo temporal, la empresa usuaria será responsable de las condiciones de ejecución del trabajo en todo lo relacionado con la pro-

tección de la seguridad y la salud de los trabajadores. Corresponderá, además, a la empresa usuaria el cumplimiento de las obligaciones en materia de información previstas en los apartados 2 y 4 del presente artículo. La empresa de trabajo temporal será responsable del cumplimiento de las obligaciones en materia de formación y vigilancia de la salud que se establecen en los apartados 2 y 3 de este artículo. A tal fin, y sin perjuicio de lo dispuesto en el párrafo anterior, la empresa usuaria deberá informar a la empresa de trabajo temporal, y ésta a los trabajadores afectados, antes de la adscripción de los mismos, acerca de las características propias de los puestos de trabajo a desempeñar y de las cualificaciones requeridas.

La empresa usuaria deberá informar a los representantes de los trabajadores en la misma de la adscripción de los trabajadores puestos a disposición por la empresa de trabajo temporal. Dichos trabajadores podrán dirigirse a estos representantes en el ejercicio de los derechos reconocidos en la presente Ley».

Las obligaciones preventivas son las mismas para un trabajador temporal que para uno fijo. Por ello si la comunidad contrata a un trabajador temporal, aunque sea por un periodo muy corto de tiempo, debe de asegurarse que cumple, entre otras, las obligaciones de formación, información o vigilancia de la salud.

6.3. Los servicios de prevención

Al objeto de dar cumplimiento a la actividad preventiva, el art. 30 LPRL establece que el empresario designará uno o varios trabajadores para ocuparse de dicha actividad, constituirá un Servicio de Prevención o concertará dicho servicio con una entidad especializada ajena a la empresa.

En las empresas de hasta 10 trabajadores —como suelen ser la mayoría de las comunidades—, el empresario podrá asumir personalmente las funciones señaladas en el apartado 1, siempre que desarrolle de forma habitual su actividad en el centro de trabajo y tenga la capacidad necesaria, en función de los riesgos a que estén expuestos los trabajadores y la peligrosidad de las actividades.

Atendiendo al difícil encuadre de este precepto en una Comunidad de Propietarios, nuestro consejo es que la actividad preventiva se concierte mediante una entidad especializada.

Cuestiones útiles

16. ¿Están las Porterías excluidas de las previsiones contempladas en la LPRL?

Ni la LPRL ni el RD 486/1997 por el que se establecen las disposiciones mínimas de Seguridad y Salud en los lugares de trabajo contemplan dicha exclusión, por lo que, como lugares de trabajo que son deben adaptarse a la normativa.

En este sentido el artículo 2 del citado RD define como lugares de trabajo las áreas del centro de trabajo, edificados o no, en las que los trabajadores deban permanecer o a las que puedan acceder en razón de su trabajo, considerando en esta definición los locales de descanso, de primeros auxilios y los comedores e incluyendo, asimismo, las instalaciones de servicio o protección anejas a los lugares de trabajo.

17. ¿Existe obligación de que las Comunidades adapten los lugares de trabajo de los porteros a la normativa?

Al igual que una Comunidad que tiene personal contratado debe cumplir la normativa laboral a todos los efectos, igual debe cumplir con los preceptos relativos a la seguridad laboral de sus empleados.

En este sentido el art. 3 del RD 486/1997 establece la obligación del empresario de adoptar las medidas necesarias para que la utilización de los lugares de trabajo no origine riesgos para la seguridad y salud de los trabajadores o, si ello no fuera posible, para que tales riesgos se reduzcan al mínimo.

18. El portero de la Comunidad ha sufrido un accidente en su vivienda que está ubicada en el ático del edificio. Nos indica que es un accidente de trabajo en función de lo que su asesor le ha informado. ¿Es cierto ello?

Es un tema en el que resulta difícil pronunciarse, ya que sí bien es cierto que hay sentencias en las que se considera accidente de trabajo el que le sucede al trabajador en su vivienda, si está situada en el centro de trabajo, no es menos cierto que para considerarlo accidente de trabajo establecen una relación directa con la actividad que se realiza, por lo que resulta muy difícil poder evaluar si el accidente es o no de trabajo y serán los tribunales los que se pronuncien al respecto, ya que hay, por otro lado, sentencias en sentido contrario que no consideran bajo ningún concepto, accidentes de trabajo los que han sucedido en la propia vivienda.

Así, habría que saber cual ha sido el accidente en concreto, horario en que se produjo, sus causas y la posible relación con el trabajo habitual del empleado de la Comunidad.

19. Nuestra Comunidad dispone de un área ajardinada y este verano se ha decidido contratar a un jardinero por tres meses, por acumulación de tareas, para que pueda ayudar al jardinero fijo con el que cuenta la Comunidad. ¿Está la comunidad obligada a formarlo en salud laboral y a realizar la revisión médica de dicho trabajador temporal?

La LPRL es muy clara al respecto al establecer en su art. 28 que los trabajadores con relaciones de trabajo temporales o de duración determinada, así como los contratados por empresas de trabajo temporal, deberán disfrutar del mismo nivel de protección en materia de seguridad y salud que los restantes trabajadores de la empresa en la que prestan sus servicios.

Prosigue la Ley estableciendo que la existencia de una relación de trabajo de las señaladas en el párrafo anterior no justificará en ningún caso una diferencia de trato por lo que respecta a las condiciones de trabajo, en lo relativo a cualquiera de los aspectos de la protección de la seguridad y la salud de los trabajadores y ordenando que todo su articulado y sus disposiciones de desarrollo se aplicarán plenamente a las relaciones de trabajo señaladas en los párrafos anteriores.

20. Por motivos del servicio, el conserje que tenemos contratado no puede acudir, en horas de trabajo, al curso de formación en materia de salud laboral que organiza el Servicio de Prevención y, por el mismo motivo, las horas no le pueden ser compensadas. ¿Tiene la comunidad la obligación de pagarle dichas horas?

Sí, dado que el artículo 19 LPRL establece que la formación deberá impartirse, dentro de la jornada de trabajo o en otras horas pero con el descuento en aquélla del tiempo invertido en la misma, por lo tanto si no pueden descontarse las horas de asistencia, las mismas deberán ser abonadas.

21. ¿Cuales serían los riesgos más comunes a los que puede estar sometido un conserje o portero?

Los riesgos deberán ser evaluados en cada caso particular en función del trabajo específico que desarrolla, los medios de que dispone, etc. No obstante, a grandes rasgos, podemos citar los siguientes:

- Sobreesfuerzos, posturas inadecuadas o movimientos repetitivos.
- Caída a distinto nivel.
- Iluminación inadecuada.
- Golpes, cortes con herramientas.
- Contactos eléctricos.
- Otros.

22. ¿Cómo se detectan dichos riesgos?

El lugar de trabajo deberá ser inspeccionado por un experto que, con la evaluación de riesgos, dictaminará si, por ejemplo, la silla que utiliza es ergonómica, si el mostrador donde presta servicios es desproporcionado respecto a la propia silla, si la iluminación se adapta a las condiciones mínimas o si los medios auxiliares cumplen la normativa (como la utilización de escaleras homologadas, deberán cumplir unos requisitos mínimos como llevar incorporados tacos de goma en las patas) etc.

23. ¿Existen medidas mínimas que deben cumplir los lugares de trabajo?

Sí. Al respecto se debe consultar el RD 486/97, de 14 de abril, relativo a las disposiciones mínimas de seguridad y salud en los lugares de trabajo.

7. EXTINCIÓN DE LA RELACIÓN LABORAL

7.1. *Supresión del servicio de portería*

En base al artículo 17.3 LPH, el establecimiento o supresión de los servicios de portería, conserjería, vigilancia u otros servicios comunes de interés general, supongan o no modificación del título constitutivo o de los estatutos, requerirán el voto favorable de las tres quintas partes del total de los propietarios que, a su vez, representen las tres quintas partes de las cuotas de participación.

Con independencia de que las causas de extinción de la relación laboral pueden ser diversas: jubilación, declaración de invalidez, renuncia etc., y cuyo trabajo excede a las posibilidades del presente capítulo, a continuación vamos a abordar la extinción por causas objetivas, concretamente por concurrir causas económicas, técnicas, organizativas o de producción, la extinción basada en una modificación de las condiciones de trabajo y el despido disciplinario, atendiendo a la complejidad y frecuencia de las mismas.

7.2. *Extinción de la relación laboral por causas objetivas*

En el caso de que se pretenda la *supresión del servicio de portería* y el mismo esté ocupado por un trabajador, para rescindir el contrato deberemos cumplir el procedimiento establecido en el Estatuto de los Trabajadores para la amortización del puesto de trabajo *si concurren causas económicas, técnicas, organizativas o de producción según establece el artículo 52.c del Estatuto de los trabajadores* (normalmente la supresión de este servicio se suele basar en alguna de estas causas, argumentando las comunidades el vacío de contenido de la figura del portero (al contar con porteros automáticos, servicios de vigilancia externalizada etc. y ser una figura antieconómica para la comunidad).

Las causas para extinguir un contrato de trabajo por causas objetivas que podrían aplicarse a contratos celebrados con comunidades de propietarios son las siguientes (artículos 51 y 52 ET):

a) Por ineptitud del trabajador conocida o sobrevenida con posterioridad a su colocación efectiva en la empresa. La ineptitud existente con anterioridad al cumplimiento de un período de prueba no podrá alegarse con posterioridad a dicho cumplimiento.

b) Por falta de adaptación del trabajador a las modificaciones técnicas operadas en su puesto de trabajo, cuando dichos cambios sean razonables. Previamente el empresario deberá ofrecer al trabajador un curso dirigido a facilitar la adaptación a las modificaciones operadas. El tiempo destinado a la formación se considerará en todo caso tiempo de trabajo efectivo y el empresario abonará al trabajador el salario medio que viniera percibiendo. La extinción no podrá ser acordada por el empresario hasta que hayan transcurrido, como mínimo, dos meses desde que se introdujo la modificación o desde que finalizó la formación dirigida a la adaptación.

c) Cuando concurra alguna de las causas previstas en el artículo 51.1 de esta Ley y la extinción afecte a un número inferior al establecido en el mismo.

A efectos de lo dispuesto en el ET Ley se entenderá por despido colectivo la extinción de contratos de trabajo fundada en causas económicas, técnicas, organizativas o de producción.

Se entiende que concurren **causas económicas** cuando de los resultados de la empresa se desprenda una situación económica negativa, en casos tales como la existencia de pérdidas actuales o previstas, o la disminución persistente de su nivel de ingresos ordinarios o ventas. En todo caso, se entenderá que la disminución es persistente si durante tres trimestres consecutivos el nivel de ingresos ordinarios o ventas de cada trimestre es inferior al registrado en el mismo trimestre del año anterior.

Se entiende que concurren **causas técnicas** cuando se produzcan cambios, entre otros, en el ámbito de los medios o instrumentos de producción; **causas organizativas** cuando se produzcan cambios, entre otros, en el ámbito de los sistemas y métodos de trabajo del personal o en el modo de organizar la producción y **causas productivas** cuando se produzcan cambios, entre otros, en la demanda de los productos o servicios que la empresa pretende colocar en el mercado.

d) Por faltas de asistencia al trabajo, aun justificadas pero intermitentes, que alcancen el 20% de las jornadas hábiles en dos meses consecutivos siempre que el total de faltas de asistencia en los doce meses anteriores alcance el cinco por ciento de las jornadas hábiles, o el 25% en cuatro meses discontinuos dentro de un periodo de doce meses.

No se computarán como faltas de asistencia, a los efectos del párrafo anterior, las ausencias debidas a huelga legal por el tiempo de duración de la misma, el ejercicio de actividades de representación legal de los trabajadores, accidente de trabajo, maternidad, riesgo durante el embarazo y la lactancia, enfermedades causadas por embarazo, parto o lactancia, paternidad, licencias y vacaciones, enfermedad o accidente no laboral cuando la baja haya sido acordada por los servicios sanitarios oficiales y tenga una duración de más de veinte días consecutivos, ni las motivadas por la situación física o psicológica derivada de violencia de género, acreditada por los servicios sociales de atención o servicios de Salud, según proceda.

Tampoco se computarán las ausencias que obedezcan a un tratamiento médico de cáncer o enfermedad grave.

La comunidad de propietarios habrá de de cumplir unos requisitos formales para proceder al despido (art. 53 ET):

a) Comunicación escrita al trabajador expresando la causa.

b) Poner a disposición del trabajador, simultáneamente a la entrega de la comunicación escrita, la indemnización de veinte días por año de servicio, prorrateándose por meses los períodos de tiempo inferiores a un año y con un máximo de doce mensualidades.

   Cuando la decisión extintiva se fundare en causas económicas, de esta Ley, con alegación de causa económica, y como consecuencia de tal situación económica no se pudiera poner a disposición del trabajador la indemnización a que se refiere el párrafo anterior, el empresario, haciéndolo constar en la comunicación escrita, podrá dejar de hacerlo, sin perjuicio del derecho del trabajador de exigir de aquél su abono cuando tenga efectividad la decisión extintiva.

c) Concesión de un plazo de preaviso de quince días, computado desde la entrega de la comunicación personal al trabajador hasta la extinción del contrato de trabajo.

Durante el período de preaviso el trabajador, o su representante legal si se trata de un disminuido que lo tuviera, tendrá derecho, sin pérdida de su retribución, a una licencia de seis horas semanales con el fin de buscar nuevo empleo.

Contra la decisión extintiva podrá recurrir como si se tratare de despido disciplinario.

Cuando la decisión extintiva del empresario tuviera como móvil algunas de las causas de discriminación prohibidas en la Constitución o en la Ley o bien se hubiera producido con violación de derechos fundamentales y libertades públicas del trabajador, la decisión extintiva será nula, debiendo la autoridad judicial hacer tal declaración de oficio.

Será también nula la decisión extintiva en los siguientes supuestos:

a) La de los trabajadores durante el período de suspensión del contrato de trabajo por maternidad, riesgo durante el embarazo, riesgo durante la lactancia natural, enfermedades causadas por embarazo, parto o lactancia natural, adopción o acogimiento o paternidad al que se refiere la letra d) del apartado 1 del artículo 45, o el notificado en una fecha tal que el plazo de preaviso concedido finalice dentro de dicho período.

b) La de las trabajadoras embarazadas, desde la fecha de inicio del embarazo hasta el comienzo del periodo de suspensión a que se refiere la letra a), y la de los trabajadores que hayan solicitado uno de los permisos a los que se refieren los apartados 4, 4 bis y 5 del artículo 37, o estén disfrutando de ellos, o hayan solicitado o estén disfrutando la excedencia prevista en el apartado 3 del artículo 46; y la de las trabajadoras víctimas de violencia de género por el ejercicio de los derechos de reducción o reordenación de su tiempo de trabajo, de movilidad geográfica, de cambio de centro de trabajo o de suspensión de la relación laboral en los términos y condiciones reconocidos en esta Ley.

c) La de los trabajadores después de haberse reintegrado al trabajo al finalizar los periodos de suspensión del contrato por maternidad, adopción o acogimiento o paternidad, siempre que no hubieran transcurrido más de nueve meses desde la fecha de nacimiento, adopción o acogimiento del hijo.

Lo establecido en las letras anteriores será de aplicación, salvo que, en esos casos, se declare la procedencia de la decisión extintiva por motivos no relacionados con el embarazo o con el ejercicio del derecho a los permisos y excedencia señalados.

La decisión extintiva se considerará procedente siempre que se acredite la concurrencia de la causa en que se fundamentó la decisión extintiva y se hubieren cumplido los requisitos establecidos en el apartado 1 de este artículo. En otro caso se considerará improcedente.

No obstante, la no concesión del preaviso o el error excusable en el cálculo de la indemnización no determinará la improcedencia del despido, sin perjuicio de la obligación del empresario de abonar los salarios correspondientes a dicho período o al pago de la indemnización en la cuantía correcta, con independencia de los demás efectos que procedan.

La calificación por la autoridad judicial de la nulidad, procedencia o improcedencia de la decisión extintiva producirá iguales efectos que los indicados para el despido disciplinario, con las siguientes modificaciones:

a) En caso de procedencia, el trabajador tendrá derecho a la indemnización de veinte días por año de servicio, prorrateándose por meses los períodos de tiempo inferiores a un año y con un máximo de doce mensualidades, consolidándola de haberla recibido, y se entenderá en situación de desempleo por causa a él no imputable.

b) Si la extinción se declara improcedente, y el empresario procede a la readmisión, el trabajador habrá de reintegrarle la indemnización percibida. En caso de sustitución de la readmisión por compensación económica, se deducirá de ésta el importe de dicha indemnización.

Por último, hay que tener en cuenta, respecto a la indemnización a percibir, que habrá que estar a lo estableciendo en los convenios colectivos respectivos, dado que en alguno de ellos se establece la posibilidad de opción para el portero entre la indemnización o por el disfrute de la vivienda por un determinado periodo de tiempo.

Jurisprudencia relevante

En relación con el posible incumplimiento de requisitos de un despido objetivo llevado a cabo por una comunidad de propietarios, se pronuncia la **STSJ Castilla-León sede en Valladolid de 27/01/2004** *(Tol 356316)*:

«PRIMERO.- La sentencia de instancia acogió la pretensión deducida por el actor, declarando la nulidad del despido objetivo, de que fue objeto por la Comunidad demandada con efectos de 31 de marzo de 2002, al entender que se habían omitido las exigencias formales impuestas por el artículo 53.1.a) y 6) del Estatuto Laboral, haciendo las pronunciamientos de condena pertinentes, decisión que es recurrida en suplicación por la condenada, formalizando un primer motivo de revisión histórica con objeto de que se modifique la redacción de los ordinales 2° y 4° del relato de instancia en el sentido que propone, invocando al efecto los documentos que identifica, revisión que no se acoge, por cuanto los documentos invocados, no contradicen la cuantía del salario mensual percibido en metálico según se afirma en el ordinal 2°, y en cuanto al ordinal 4°, el documento invocado al efecto, no reviste por su propio contenido autoliteral eficacia revisoria ex artículo 191.b) de la Ley Procesal, al constituir mero testimonio escrito de quienes lo confeccionaron y describieron.

SEGUNDO.- El motivo destinado a la revisión del derecho aplicado en instancia denuncia entre otras, la infracción de los artículos 52.c), 53.1ª) b) y c), 3, 4, 5, 55 y 56 todos ellos del Estatuto Laboral en relación con el artículo 17.1° y 2° de la Ley de Propiedad Horizontal, alegación que alcanza éxito por las siguientes reflexiones: A) La redacción del artículo 52.2 c) del Estatuto Laboral por Ley 63/1997, según ha recordado reciente sentencia de 30 de septiembre de 2002, al aproximarse a la de los artículos 40 y 41 del Estatuto Laboral y no a la del artículo 51, esta revelando la voluntad del legislador de exigir un menor rigor causal y dotar de mayor flexibilidad a los supuestos de despido objetivo abarcados por dicho precepto, y este desde tal criterio teleológico, como han de entenderse las exigencias formales del artículo 53.1, y si bien no han perdido su naturaleza objetivamente causal, la comunicación formal escrita de la causa concurrente, no puede revestirse de condición sacramental, entendiéndose cumplida cuando permita al empleado conocer los hechos determinantes de la resolución unilateral adoptado por el empleador, en forma suficiente para ejercer su derecho de contradicción y defensa, con independencia de que aquellos hayan sido calificados jurídicamente en forma correcta, dado que no son exigibles conocimientos de técnica jurídica ni al trabajador ni al empleador.

B) En la carta entregada al actor en fecha 30 de marzo de 2002 —hecho probado 4°— consta claramente el acuerdo adoptado en Junta de Propietarios de suprimir el servicio de portería atendido el coste económico del mismo, y a no considerarse necesario tal servicio para el funcionamiento de la Comunidad, acuerdo cuya legalidad pudo y debió ser examinado por la Juzgadora de instancia en observancia del artículo 4 de la Ley Procesal Laboral, sin necesidad de acudir a la suspensión acordada en fecha 12 de junio de 2002, dado que el ejercicio de su función jurisdiccional sólo podía sufrir tal demora, por las cuestiones prejudiciales penales especificas —no todas— que se contemplan en el n° 3 de dicha norma, acuerdo cuya legalidad hoy indiscutible, encaja plenamente en el supuesto contemplado en el artículo 52.c) del Estatuto como causa organizativa obstativa de la relación laboral mantenida con el actor, al haber sido adoptado por quien legítimamente estaba dotado de facultad para ello, ex artículo 17 de la Ley de Propiedad Horizontal, según redacción dada por Ley de 8/1999, en cuanto gestor el interés general de la Comunidad, prevalerte en la pacifica convivencia comunitaria, sobre los intereses particulares de los participes, y que al dejar vacío de contenido funcional el servicio de portería, imponía la amortización del puesto de trabajo correspondiente, al haber desapare-

cido la demanda de tales servicios provocando un claro desequilibrio contractual sin que toque a los Órganos Judiciales el examen de la repercusión de la supresión acordada en adecuado funcionamiento de la Comunidad, al afectar la presencia y vigilancia propia del portero, a cuestiones tan intimas y ligadas a la privacidad de los vecinos, como son los horarios de salida y entrada, visitas que reciben, relaciones familiares o sociales, etc.

C) Al haberse consignado en la carta de despido como hechos determinantes del despido la supresión del servicio por su alto coste y considerarse innecesario para el funcionamiento de la Comunidad, es claro que las 'causas' motivadoras no eran exclusiva ni principalmente económicas, sino también organizativas, y con ello cumplía satisfactoriamente la exigencia formal del artículo 53.1.a) del Estatuto Laboral, resultando ociosa toda consideración sobre la situación económica-financiera de la Comunidad, carente por otra parte de personalidad jurídica, y su constancia en la comunicación escrita.

D) Se combate asimismo por la recurrente el incumplimiento formal afirmado en instancia, consistente en no alcanzar la indemnización ofrecida el mínimo legal exigible, así como no haber sido oportunamente puesto a disposición del trabajador despedido, alegación que asimismo ha de acogerse por cuanto: 1º.- Si bien es obvio que el uso de la vivienda y plaza de garaje atribuido al actor en razón de su trabajo así como los suministros de agua y electricidad para la vivienda, tienen claro contenido económico y como tal su estimación dineraria, constituyen salario integrante de la indemnización legal impuesta en el epígrafe b) del nº 1 al artículo 53 del Estatuto Laboral, al no estar concretado por acuerdo de los contratantes tal estimación, no podía exigirse su cuantificación unilateral por parte de la empleadora cual hace la sentencia en el 19 por ciento del salario metálico, para dar cumplimiento al requisito formal cuya omisión se sanciona con la nulidad del despido, y ello porque tal alejada de la realidad social se halla dicha cuantificación, como el 30 por ciento que como límite máximo establece el artículo 26 del Estatuto, por lo que a falta de liquidación por mutuo acuerdo, no podía imponerse el ofrecimiento de pago en la cuantía señalada en instancia, sin perjuicio de que en sede judicial debiera efectuarse, para determinar en sus justos términos la indemnización a satisfacer, pero es que aún cuando a efectos dialécticos se admitiera que la estimación del salario en especie debía ascender a dicho 19 por ciento equivalente a 98 euros/mes, el salario/día a efectos del módulo legal, ascendencia a 20.186 euros (516+98 X 12 y dividido por 365) que teniendo en cuenta el período de servicios del actor, 3 de diciembre de 2001 al 31 de marzo de 2002, comportaría una indemnización de 6.66 días o 134,44 euros (s.e.u.o.), existiendo por ello una diferencia en menos frente a la señalada en la carta de despido, de 12,82 euros, ciertamente escasa y como tal sin significación para acarrear el desproporcionado efecto de determinar la nulidad acordada en instancia.

SEGUNDO.- Por lo que toca a la afirmación recogida en instancia, de no haber existido puesta a disposición de la indemnización legal simultánea a la entrega de la carta de despido, concepto éste de poner a disposición de carácter jurídico indeterminado, ha de entenderse igualmente cumplido, partiendo de las afirmaciones fácticas recogidas en instancia, ya que la propia Juzgadora de instancia en el antepenúltimo punto del fundamento 3º no niega la realidad de los hechos que refleja la diligencia a que hace referencia el ordinal 4º del relato histórico, limitándose a extraer la conclusión de que como la oferta fue insuficiente cuantitativamente, no puede acreditarse la puesta a disposición, valoración jurídica que indebidamente y por ello carente de eficacia, traslada al relato histórico como cierre del ordinal 4º, y que a tenor del ofrecimiento hecho y documentado en tal diligencia, no comparte la Sala, ya que aparte de que según ha venido reiterando la jurisprudencia, la entrega de la carta y de la indemnización, no exigen unidad de acto, siendo suficiente que el ofrecimiento de tal entrega se haga en la forma acorde con los usos laborales o mercantiles, que permitan la efectividad o percepción sin dilaciones o condicionamientos obstativos, el ofrecimiento de entrega de la indemnización de 121,61 euros, y del salario correspondiente al mes de preaviso, tuvo lugar al tiempo de entrega de la carta, con lo cual quedaron cumplidas las exigencias formales impuestas por el artículo 53 del Estatuto Laboral y al no entenderlo así la sentencia de instancia, incurrió en su infracción, lo que impone el acogimiento del recurso, la revocación del fallo, y declaración de procedencia del despido llevado a cabo en 31 de marzo de 2002, con los legales efectos inherentes, debiendo mantenerse la estimación de las prestaciones en especie en 98 euros mensuales, al no haber sido combatida por la recurrente, no sin añadir 'obiter dicta', que aún cuando se hubiera considerado incumplida la obligación de simultanea entrega de la carta de despido y puesta a disposición de la indemnización legal, tal defecto de forma hubiera quedado enervada con la oferta hecha en la conciliación administrativa llevada a cabo el 25 de abril de 2002 —hecho 5º— superadora ampliamente de los módulos legales inherentes al despido objetivo, cuya naturaleza, o causa no se modificó en dicha oferta, y cuya posibilidad permitía el nº 4 del mencionado artículo 53, aunque con el natural efecto de abonar los salarios devengados hasta dicha fecha, ofrecimiento asimismo realizado seguido de la consignación judicial».

7.3. Extinción de la relación laboral por modificación sustancial de las condiciones de trabajo

Es posible que la comunidad no pretenda la rescisión de un determinado contrato pero entienda que, para su viabilidad presente o futura, sea necesario modificar algún de las condiciones sustanciales de las condiciones de trabajo originarias del mismo.

Si la comunidad adopta el acuerdo de modificar dichas condiciones de trabajo originariamente, deberá estar a lo establecido en el artículo 41 ET, el cual establece que la dirección de la empresa podrá acordar modificaciones sustanciales de las condiciones de trabajo cuando existan probadas razones económicas, técnicas, organizativas o de producción. Se considerarán tales las que estén relacionadas con la compatibilidad, productividad u organización técnica o del trabajo en la empresa. Tendrán la consideración de modificaciones sustanciales de las condiciones de trabajo, entre otras, las que afecten a las siguientes materias:

a. Jornada de trabajo.
b. Horario y distribución del tiempo de trabajo.
c. Régimen de trabajo a turnos.
d. Sistema de remuneración y cuantía salarial.
e. Sistema de trabajo y rendimiento.
f. Funciones, cuando excedan de los límites que para la movilidad funcional prevé el artículo 39 ET.

Las modificaciones sustanciales de las condiciones de trabajo podrán afectar a las condiciones reconocidas a los trabajadores en el contrato de trabajo, en acuerdos o pactos colectivos o disfrutadas por éstos en virtud de una decisión unilateral del empresario de efectos colectivos.

La decisión de modificación sustancial de condiciones de trabajo de carácter individual deberá ser notificada por el empresario al trabajador afectado y a sus representantes legales con una antelación mínima de quince días a la fecha de su efectividad.

En los supuestos previstos en los párrafos a), b) y c), d) y f) y sin perjuicio de lo dispuesto de que la modificación pudiese suponer un menoscabo de su formación profesional o afectar a su dignidad, si el trabajador resultase perjudicado por la modificación sustancial tendrá derecho a rescindir su contrato y percibir una indemnización de veinte días de salario por año de servicio prorrateándose por meses los períodos inferiores a un año y con un máximo de nueve meses.

Sin perjuicio de la ejecutividad de la modificación en el plazo de efectividad anteriormente citado, el trabajador que no habiendo optado por la rescisión de su contrato se muestre disconforme con la decisión empresarial podrá impugnarla ante la jurisdicción social. La sentencia declarará la modificación justificada o injustificada y, en este último caso, reconocerá el derecho del trabajador a ser repuesto en sus anteriores condiciones.

7.4. Despido disciplinario

El despido disciplinario está basado en un incumplimiento grave y culpable del trabajador. Hemos de destacar que la carga de la prueba recae sobre el empleador (la Comunidad) que deberá acreditar todos y cada uno de los incumplimientos que se le imputen.

El contrato de trabajo podrá extinguirse por decisión del empresario, mediante despido basado en un incumplimiento grave y culpable del trabajador (art. 54 ET).

Se considerarán incumplimientos contractuales:

a) Las faltas repetidas e injustificadas de asistencia o puntualidad al trabajo.

b) La indisciplina o desobediencia en el trabajo.

c) Las ofensas verbales o físicas al empresario o a las personas que trabajan en la empresa o a los familiares que convivan con ellos.

d) La transgresión de la buena fe contractual, así como el abuso de confianza en el desempeño del trabajo.

e) La disminución continuada y voluntaria en el rendimiento de trabajo normal o pactado.

f) La embriaguez habitual o toxicomanía si repercuten negativamente en el trabajo.

g) El acoso por razón de origen racial o étnico, religión o convicciones, discapacidad, edad u orientación sexual y el acoso sexual o por razón de sexo al empresario o a las personas que trabajan en la empresa.

Por su parte el artículo 55 del ET establece la forma y efectos del despido disciplinario:

1. El despido deberá ser notificado por escrito al trabajador, haciendo figurar los hechos que lo motivan y la fecha en que tendrá efectos.

Por convenio colectivo podrán establecerse otras exigencias formales para el despido.

Cuando el trabajador fuera representante legal de los trabajadores o delegado sindical procederá la apertura de expediente contradictorio, en el que serán oídos, además del interesado, los restantes miembros de la representación a que perteneciere, si los hubiese.

Si el trabajador estuviera afiliado a un sindicato y al empresario le constare, deberá dar audiencia previa a los delegados sindicales de la sección sindical correspondiente a dicho sindicato. (Obviamente los dos casos expuestos en el presente y en el párrafo anterior son muy poco comunes en las comunidades de propietarios).

2. Si el despido se realizara inobservando lo establecido en el apartado anterior, el empresario podrá realizar un nuevo despido en el que cumpliese los requisitos omitidos en el precedente. Dicho nuevo despido, que sólo surtirá efectos desde su fecha, sólo cabrá efectuarlo en el plazo de veinte días, a contar desde el siguiente al del primer despido. Al realizarlo, el empresario pondrá a disposición del trabajador los salarios devengados en los días intermedios, manteniéndole durante los mismos en alta en la Seguridad Social.

3. El despido será calificado como procedente, improcedente o nulo.

4. El despido se considerará procedente cuando quede acreditado el incumplimiento alegado por el empresario en su escrito de comunicación. Será improcedente en caso contrario o cuando en su forma no se ajustará a lo establecido en el apartado 1 del artículo 55 ET.

5. Será nulo el despido que tenga por móvil alguna de las causas de discriminación prohibidas en la Constitución o en la Ley, o bien se produzca con violación de derechos fundamentales y libertades públicas del trabajador.

Será también nulo el despido en los siguientes supuestos:

a) El de los trabajadores durante el período de suspensión del contrato de trabajo por maternidad, riesgo durante el embarazo, riesgo durante la lactancia natural, enfermedades causadas por embarazo, parto o lactancia natural, adopción o acogimiento o paternidad al que se refiere la letra d) del apartado 1 del artículo 45, o el notificado en una fecha tal que el plazo de preaviso concedido finalice dentro de dicho período.

b) El de las trabajadoras embarazadas, desde la fecha de inicio del embarazo hasta el comienzo del período de suspensión a que se refiere la letra a), y el de los trabajadores que hayan solicitado uno de los permisos a los que se refieren los apartados 4, 4 bis y 5 del artículo 37, o estén disfrutando de ellos, o hayan solicitado o estén disfrutando la excedencia prevista en el apartado 3 del artículo 46; y el de las trabajadoras víctimas de violencia de género por el ejercicio de los derechos de reducción o reordenación de su tiempo de trabajo, de movilidad geográfica, de cambio de centro de trabajo o de suspensión de la relación laboral, en los términos y condiciones reconocidos en el ET.

c) El de los trabajadores después de haberse reintegrado al trabajo al finalizar los períodos de suspensión del contrato por maternidad, adopción o acogimiento o paternidad, siempre que no hubieran transcurrido más de nueve meses desde la fecha de nacimiento, adopción o acogimiento del hijo.

Lo establecido en las letras anteriores será de aplicación, salvo que, en esos casos, se declare la procedencia del despido por motivos no relacionados con el embarazo o con el ejercicio del derecho a los permisos y excedencia señalados.

6. El despido nulo tendrá el efecto de la readmisión inmediata del trabajador, con abono de los salarios dejados de percibir.

7. El despido procedente convalidará la extinción del contrato de trabajo que con aquél se produjo, sin derecho a indemnización ni a salarios de tramitación.

El artículo 56 del ET regula el despido improcedente:

1. Cuando el despido sea declarado improcedente, el empresario, en el plazo de cinco días desde la notificación de la sentencia, podrá optar entre la readmisión del trabajador, o el abono de una indemnización equivalente a treinta y tres días de salario por año de servicio, prorrateándose por meses los períodos de tiempo inferiores a un año, hasta un máximo de veinticuatro mensualidades.

El abono de la indemnización determinará la extinción del contrato de trabajo, que se entenderá producida en la fecha del cese efectivo en el trabajo.

2. En el caso de que se opte por la readmisión, el trabajador tendrá derecho a los salarios de tramitación. Éstos equivaldrán a una cantidad igual a la suma de los salarios dejados de percibir desde la fecha de despido hasta la notificación de la sentencia que declarase la improcedencia o hasta que hubiera encontrado otro empleo, si tal colocación fuera anterior a dicha sentencia y se probase por el empresario lo percibido, para su descuento de los salarios de tramitación.

3. En el supuesto de no optar el empresario por la readmisión o la indemnización, se entiende que procede la primera.

4. Si el despedido fuera un representante legal de los trabajadores o un delegado sindical, la opción corresponderá siempre a éste. De no efectuar la opción, se entenderá que lo hace por la readmisión. Cuando la opción, expresa o presunta, sea a favor de la readmisión, ésta será obligada. Tanto si opta por la indemnización como si lo hace por la readmisión, tendrá derecho a los salarios de tramitación a los que se refiere el apartado de readmisión.

Jurisprudencia relevante

Resulta de interés, sobre el despido procedente de un portero, la STSJ de Madrid de 21-5-2012 *(Tol 2575469)*:

> *«...SEGUNDO.- En el 2º motivo del recurso, que se ampara en el apartado c) del art. 191 LPL, se denuncia la infracción del art. 54.2.b) ET, así como del art. 58.3.b) del convenio colectivo de empleados de fincas urbanas de la Comunidad de Madrid. Aduce la recurrente que entre el 16 de mayo y el 30 del mismo mes, en que se produjo el despido, el actor en ningún momento ha procedido a la limpieza de los patios interiores, siendo obligación de los porteros y conserjes la limpieza de los mismos. También alega que al ser falta muy grave la reincidencia en faltas graves, no se han tenido en cuenta en la instancia las sanciones de los días 28-1-11 y 25-4-11, que no han sido impugnadas por el demandante, con cita de diversa doctrina judicial sobre la reincidencia, en la que según la recurrente ha incurrido el trabajador. [Siguiente]*
> *En relación a este segundo argumento, aduce la recurrida en su escrito de impugnación que en la carta de despido no se hacia alusión a la existencia de una posible reincidencia, por lo que entiende que su debate por primera vez en este trámite de recurso le genera indefensión. Pero de la lectura de la carta, que se tiene por reproducida en el hecho probado 3º y consta aportada a los folios 7 al 9 de los autos, cabe concluir, sin dificultad, que los extremos relativos a la comisión de las faltas de los días 28 de enero y 25 de abril, si constan relatados en la carta de despido, en el último párrafo de la 2ª hoja —folio 8—, por lo que debe rechazarse, por infundado, el alegato que sobre este particular hace la recurrida. [Siguiente] [Contextualizar]*
> *La sentencia de instancia argumenta, sobre los hechos reflejados en la carta, y que no incluyen los sancionados en estas otras fechas —los días 28 de enero y 25 de abril—, que los hechos acreditados de desobediencia a la orden de limpiar los patios constituyen una falta grave, pero no muy grave, según así se afirma, literalmente en el F. de D. 4º, 'in fine'. Pero al mismo tiempo, y en el relato de hechos probados, también refiere la resolución recurrida que con anterioridad, y en concreto los días 28 de enero de 2011 y 25 de abril de 2011 —hecho 13º—, el actor había sido sancionado como autor de una falta grave con una suspensión de empleo y sueldo de siete días de duración, que no ha sido recurrida, más otra posterior, de amonestación por escrito, que tampoco consta recurrida. Según así se recoge en la carta de esta segunda sanción —folio 148 de los autos, al que se remite el hecho 13º—, esta última fue calificada por la empleadora como falta grave, si bien de forma condicional —'podría ser considerada una infracción grave'—, aunque la sanción que al final se impuso al trabajador fue solo la de una amonestación escrita, ponderadas las circunstancias que en ella se precisan, fundamentalmente, 'en la convicción de que desistirá en su actitud'. [Siguiente] [Contextualizar]*

Pues bien, y sobre dichos presupuestos fácticos, fiel reflejo de lo afirmado en la instancia, ha de prosperar la presente censura jurídica, ya que a los incumplimientos imputados en la carta, que la resolución recurrida ha estimado son solo constitutivos de una falta grave, hay que añadir aquellos otros incumplimientos, ya sancionados en aquellas otras fechas, y de los cuales al menos una de ellas lo ha sido, sin discusión alguna, por falta grave, por lo que ha de apreciarse la reincidencia en la comisión de faltas graves, a que se refiere el art. 58.3.b) del convenio colectivo de empleados de fincas urbanas de la CAM, y que se denuncia por la recurrente, para considerar como muy grave, y por ello merecedora de la sanción máxima de despido, la nueva falta grave imputada y acreditada en autos, dado que, y como se razona en la STS de 22-9-88, EDJ 7253, se sanciona con el despido una reincidencia con ocasión de un nuevo incumplimiento, y no por las infracciones que anteriormente habían sido ya sancionadas. Por ello el presente motivo debe ser estimado».

Sobre la procedencia del despido del conserje por incumplimiento reiterado de sus obligaciones de limpieza, se pronuncia la STSJ de Andalucía de 21-3-2012 *(Tol 2594366).*

Cuestiones útiles

24. Dado que la portería esta configurada como un elemento común ¿Se requiere unanimidad para rescindir el servicio del portero?

No. Aunque la Ley 8/1999 de reforma de la LPH, dando una nueva redacción del art. 396 del Código Civil consideró elemento común a las porterías, el art. 17.3 LPH regula que *«El establecimiento o supresión de los servicios de ascensor, portería, conserjería, vigilancia u otros servicios comunes de interés general, incluso cuando supongan la modificación del título constitutivo o de los estatutos, requerirá el voto favorable de las tres quintas partes del total de propietarios que, a su vez, representen las tres quintas partes de la cuota de participación».*

No debe confundirse el elemento físico de la portería con la figura laboral del portero. En ese sentido se pronuncia la **SAP de Málaga de 10-9-99**, al establecer que *«...el portero no es un elemento común, calificación que sólo puede adscribirse a la portería como elemento de guardería y control dentro de la comunidad...».*

No obstante, además de la citada indemnización, habrá que estar a lo establecido por los distintos convenios si contemplan tal posibilidad. En el convenio de Cataluña hace referencia a esta cuestión en su Artículo 14: «Supresión del servicio de portería: Para el supuesto de supresión del servicio de portería el empleado tendrá la opción en su caso, bien para cobrar la indemnización que legalmente proceda, bien para el disfrute gratuito de la vivienda por un período de 2 a 4 años como máximo. Igualmente se establece para el supuesto de amortización del puesto de trabajo del portero por causas objetivas, previsto en el artículo 52 del Texto Refundido de la Ley del Estatuto de los Trabajadores.» (Real Decreto Legislativo 1/1995, de 24 de marzo).

25. ¿Requiere el mismo tipo de mayoría la supresión del servicio de portería que el despido del portero?

No, el despido del portero requeriría mayoría simple, ya que se trata de un acto de administración, tal y como estableció la STS de 26-2-96.

26. ¿Qué acuerdo es necesario para la sustitución de un conserje?

Según la **STS de 7-11-2005** *(Tol 765865)* la sustitución de la conserjería requeriría mayoría simple, al entender que dicha sustitución no es otra cosa que un acto de administración, requiriendo la mayoría simple de los comuneros.

27. Cuando llegamos a casa el portero no está, aunque le corresponde permanecer en su puesto, en función del horario establecido. ¿Qué se puede hacer?

Llamarle la atención, averiguar los motivos de sus ausencias y, en todo caso, una carta de sanción por la falta cometida en la que, al entregársela, deberá firmar el recibí.

Las sanciones pueden ser, en función de la gradación de la falta (que será leve, grave o muy grave): amonestación verbal, amonestación por escrito, suspensión de empleo y sueldo, llegando inclusive hasta el despido en el caso de falta muy grave. AL respecto es conveniente estudiar el convenio colectivo correspondiente por estudiar si el mismo contuviera determinado articulado relativo al régimen disciplinario.

28. ¿Puede el Presidente despedir a un empleado?

No, con independencia de que la respectiva comunicación o carta de despido debiera ser firmada por él, como representante de la Comunidad, tal decisión compete, exclusivamente, a la Junta de Propietarios.

Esquema del capítulo

CONTRATACIÓN DEL PERSONAL:

- ❐ Es necesario que la comunidad esté constituida legalmente (CIF).
- ❐ Alta en el R.G.S.S.
- ❐ Es necesario identificar a quien ostenta la representación de la comunidad (DNI/NIF + acta Junta).
- ❐ Obligación de afiliar a la Seguridad Social a todos los trabajadores que presten sus servicios para la Comunidad.
- ❐ Las altas y bajas de trabajadores se tramitan ante la TGSS.
- ❐ Obligación de la Comunidad de tener a disposición de la autoridad laboral la documentación relativa a los trabajadores contratados.
- ❐ Se pueden contratar trabajadores conforme a los diferentes tipos de contratos legalmente establecidos.

COTIZACIÓN A LA SEGURIDAD SOCIAL:

- Es necesario que la comunidad esté constituida legalmente (CIF).
- Obligación de cotizar a la Seguridad Social:
  a) Por el empresario (Comunidad).
  b) Por el trabajador contratado.
- Se cotiza:
  a) Por contingencias comunes.
  b) Por contingencias profesionales.
- Cuota, bases y tipos de cotización.
- Trámites periódicos:
  a) TC1 y TC2 (mensualmente).
  b) Modelo 111 de pago a cuenta de retenciones IRPF (trimestralmente).
  c) Modelo 190 (resumen anual de los cuatro modelos 111 presentados durante el año).
  d) Certificado de retenciones practicadas (se entrega al trabajador).

PREVENCIÓN DE RIESGOS LABORALES:

- Sujeción de la Comunidad a las obligaciones previstas en la LPRL y normativa de desarrollo con respecto a los trabajadores contratados.

EXTINCIÓN DE LA RELACIÓN LABORAL:

- Por las causas previstas en el ET (arts. 51 a 54).
- Requisitos: arts. 53 y 55 ET.
- Despido: procedente, improcedente o nulo.

Índice analítico por voces

LEY 49/1960, DE 21 DE JULIO, SOBRE PROPIEDAD HORIZONTAL

EXPOSICIÓN DE MOTIVOS

Si en términos generales toda ordenación jurídica no puede concebirse ni instaurarse a espaldas de las exigencias de la realidad social a que va destinada, tanto más ha de ser así cuando versa sobre una institución que como la propiedad horizontal, ha adquirido, sobre todo en los últimos años, tan pujante vitalidad, pese a no encontrar más apoyo normativo que el abiertamente insuficiente representado por el artículo 396 del Código Civil. La presente Ley pretende, pues, seguir la realidad social de los hechos. Pero no en el simple sentido de convertir en norma cualquier dato obtenido de la práctica, sino con un alcance más amplio y profundo. De un lado, a causa de la dimensión de futuro inherente a la ordenación jurídica, que impide entenderla como mera sanción de lo que hoy acontece y obliga a la previsión de lo que puede acontecer. Y de otro lado, porque si bien el punto de partida y el destino inmediato de las normas es regir las relaciones humanas, para lo cual importa mucho su adecuación a las concretas e históricas exigencias y contingencias de la vida, no hay que olvidar tampoco que su finalidad última, singularmente cuando se concibe el Derecho positivo en función del Derecho natural, es lograr un orden de convivencia presidido por la idea de la justicia, la cual, como virtud moral se sobrepone tanto a la realidad de los hechos como a las determinaciones del legislador, que siempre han de hallarse limitadas y orientadas por ella.

Hay un hecho social básico que en los tiempos modernos ha influido sobre manera en la ordenación de la propiedad urbana. Se manifiesta a través de un factor constante, cual es la insuprimible necesidad de las edificaciones, tanto para la vida de la persona y la familia como para el desarrollo de fundamentales actividades, constituidas por el comercio, la industria y, en general, el ejercicio de las profesiones, junto a ese factor, que es constante en el sentido de ser connatural a todo sistema de vida y de convivencia dentro de una elemental civilización, se ofrece hoy, provocado por muy diversas determinaciones, otro factor que se exterioriza en términos muy acusados, y es el representado por las dificultades que entraña la adquisición, la disponibilidad y el disfrute de los locales habituales. La acción de Estado ha considerado y atendido a esta situación real en tres esferas, aunque diversas, muy directamente relacionadas: en la esfera de la construcción impulsándola a virtud de medidas indirectas e incluso, en ocasiones, afrontando de modo directo la empresa, en la esfera del arrendamiento, a través de una legislación frecuentemente renovada, que restringe el poder autónomo de la voluntad con el fin de asegurar una permanencia en el disfrute de las viviendas y los locales de negocio en condiciones económicas sometidas a un sistema de intervención y revisión, y en la esfera de la propiedad, a virtud principalmente de la llamada propiedad horizontal, que proyecta esta titularidad sobre determinados espacios de la edificación. La esencial razón de ser del régimen de la propiedad horizontal descansa en la finalidad de lograr el acceso a la propiedad urbana mediante una inversión de capital que, al quedar circunscrita al espacio y elementos indispensables para atender a las propias necesidades, es menos cuantiosa y, por lo mismo, más asequible a todos y la única posible para grandes sectores de personas. Siendo ello así, el régimen de la propiedad horizontal no sólo precisa ser reconocido, sino que además requiere que se le aliente y encauce, dotándole de una ordenación completa y eficaz. Y más aún si se observa que, por otra parte, mientras las disposiciones legislativas vigentes en materia de arrendamientos urbanos no pasan de ser remedios ocasionales, que resuelven el conflicto de intereses de un modo imperfecto, puesto que el fortalecimiento de la institución arrendaticia se consigue imponiendo a la propiedad una carga que difícilmente puede sobrellevar en cambio, conjugando las medidas dirigidas al incremento de la construcción con un bien organizado régimen de la propiedad horizontal, se afronta el problema de la vivienda y los conexos a él en un plano más adecuado, que permite soluciones estables y ello a la larga redundará en ventaja del propio régimen arrendaticio, que podrá, sin la presión de unas exigencias acuciantes, liberalizarse y cumplir normalmente su función económico-social.

La Ley representa, más que una reforma de la legalidad vigente, la ordenación ex novo, de manera completa, de la propiedad por pisos. Se lleva a cabo mediante una Ley de carácter general, en el sentido de ser de aplicación a todo el territorio nacional. El artículo 396 del Código Civil, como ocurre en supuestos análogos, recoge las notas esenciales de este régimen de propiedad y, por lo demás, queda reducido a norma de remisión. El carácter general de la Ley viene aconsejado, sobre todo, por la razón de política legislativa derivada de que la necesidad a que sirve se manifiesta por igual en todo territorio; pero también se ha tenido en cuenta una razón de técnica legislativa, como es la de que las disposiciones en que se traduce, sin descender a lo reglamentario, son a veces de una circunstanciada concreción que excede de la tónica propia de un Código Civil.

La propiedad horizontal hizo su irrupción en los ordenamientos jurídicos como una modalidad de la comunidad de bienes. El progresivo desenvolvimiento de la institución ha tendido principalmente a subrayar los perfiles que la independizan de la comunidad.

La modificación que introdujo la Ley de 26 de octubre de 1939 en el texto del artículo 396 del Código Civil ya significó un avance en ese sentido, toda vez que reconoció la propiedad privativa o singular del piso o local, quedando la comunidad, como accesoria, circunscrita a lo que se ha venido llamando elementos comunes. La Ley que recoge el material preparado con ponderación y cuidado por la Comisión de Códigos, dando un paso más pretende llevar al máximo posible la individualización de la propiedad desde el punto de vista del objeto.

A tal fin, a este objeto de la relación, constituido por el piso o local, se incorpora el propio inmueble, sus pertenencias y servicios. Mientras sobre el piso stricto sensu, o espacio delimitado y de aprovechamiento independiente, el uso y disfrute son privativos, sobre el inmueble, edificación, pertenencias y servicios —abstracción hecha de los particulares espacios— tales uso y disfrute han de ser, naturalmente, compartidos; pero unos y otros derechos, aunque distintos en su alcance, se reputan inseparablemente unidos, unidad que también se mantiene respecto de la facultad de disposición. Con base en la misma idea se regula el coeficiente o cuota, que no es ya la participación en lo anteriormente denominado elementos comunes, sino que expresa, activa y también pasivamente, como módulo para cargas, el valor proporcional del piso y a cuanto él se considera unido en el conjunto del inmueble, el cual, al mismo tiempo que se divide física y jurídicamente en pisos o locales se divide así económicamente en fracciones o cuotas.

En este propósito individualizador no hay que ver una preocupación dogmática y mucho menos la consagración de una ideología de signo individualista. Se trata de que no olvidando la ya aludida función social que cumple esta institución, cabe entender que el designio de simplificar y facilitar el régimen de la propiedad horizontal se realiza así de modo más satisfactorio. Con el alejamiento del sistema de la comunidad de bienes resulta ya no sólo congruente, sino tranquilizadora la expresa eliminación de los derechos de tanteo y retracto, reconocidos, con ciertas peculiaridades, en la hasta ahora vigente redacción del mencionado artículo 396. Ahora bien: tampoco en este caso ha sido esa sola consideración técnica la que ha guiado la Ley. Decisivo influjo han ejercido tanto la notoria experiencia de que actualmente se ha hecho casi cláusula de estilo la exclusión de tales derechos como el pensamiento de que no se persigue aquí una concentración de la propiedad de los pisos o locales, sino, por el contrario, su más amplia difusión.

Motivo de especial estudio ha sido la concerniente a la constitución del régimen de la propiedad horizontal y a la determinación del conjunto de deberes y derechos que lo integran. Hasta ahora, y ello tiene una justificación histórica esta materia ha estado entregada casi de modo total, en defecto de normas legales, a la autonomía privada reflejada en los Estatutos. Estos, frecuentemente, no eran fruto de las libres determinaciones recíprocas de los contratantes, sino que, de ordinario, los dictaba, con sujeción a ciertos tipos generalizados por la práctica, el promotor de la empresa de construcción, limitándose a prestar su adhesión las personas que ingresaban en el régimen de la propiedad horizontal.

La Ley brinda una regulación que, por un lado es insuficiente por sí —con las salvedades dejadas a la iniciativa privada— para constituir, en lo esencial, el sistema jurídico que presida y gobierne esta clase de relaciones, y, por otro lado, admite que, por obra de la voluntad, se especifiquen, completen y hasta modifiquen ciertos derechos y deberes, siempre que no se contravengan las normas de derecho necesario, claramente deducibles de los mismos términos de la Ley. De ahí que la formulación de Estatutos no resultará indispensable, si bien podrán éstos cumplir la función de desarrollar la ordenación legal y adecuarla a las concretas circunstancias de los diversos casos y situaciones.

El sistema de derechos y deberes en el seno de la propiedad horizontal aparece estructurado en razón de los intereses en juego.

Los derechos de disfrute tienden a atribuir al titular las máximas posibilidades de utilización, con el límite representado tanto por la concurrencia de los derechos de igual clase de los demás cuanto por el interés general, que se encarna en la conservación del edificio y en la subsistencia del régimen de propiedad horizontal, que requiere una base material y objetiva. Por lo mismo íntimamente unidos a los derechos de disfrute aparecen los deberes de igual naturaleza. Se ha tratado de configurarlos con criterios inspirados en las relaciones de vecindad, procurando dictar unas normas dirigidas a asegurar que el ejercicio del derecho propio no se traduzca en perjuicio del ajeno ni en menoscabo del conjunto, para así dejar establecidas las bases de convivencia normal y pacífica.

Además de regular los derechos y deberes correspondientes al disfrute, la Ley se ocupa de aquellos otros que se refieren a los desembolsos económicos a que han de atender conjuntamente los titulares, bien por derivarse de las instalaciones y servicios de carácter general, o bien por constituir cargas o tributos que afectan a la totalidad del edificio. El criterio básico tenido en cuenta para determinar la participación de cada uno en el desembolso a realizar es la expresada cuota o coeficiente asignado al piso o local, cuidándose de significar que la no utilización del servicio generador del gasto no exime de la obligación correspondiente.

Una de las más importantes novedades que contiene la Ley es la de vigorizar en todo lo posible la fuerza vinculante de los deberes impuestos a los titulares, así por lo que concierne al disfrute del apartamento, cuanto por lo que se refiere al abono de gastos. Mediante la aplicación de las normas generales vigentes en la materia, el incumplimiento de las obligaciones genera la acción dirigida a exigir judicialmente su cumplimiento, bien de modo específico, esto es, imponiendo a través de la coacción lo que voluntariamente no se ha observado, o bien en virtud de la pertinente indemnización. Pero esta normal sanción del incumplimiento puede no resultar suficientemente eficaz en casos como los aquí considerados, y ello por diversas razones: una es la de que la inobservancia del deber trae repercusiones sumamente perturbadoras para grupos extensos de personas, al paso que dificulta el funcionamiento del régimen de propiedad horizontal; otra razón es la de que, en lo relativo a los deberes de disfrute, la imposición judicial del cumplimiento específico es prácticamente imposible por el carácter negativo de la obligación, y la indemnización no cubre la finalidad que se persigue de armonizar la convivencia. Por eso se prevé la posibilidad de la privación judicial del disfrute del piso o local cuando concurran circunstancias taxativamente señaladas, y por otra parte se asegura la contribución a los gastos comunes con una afectación real del piso o local al pago de este crédito considerado preferente.

La concurrencia de una colectividad de personas en la titularidad de derechos que, sin perjuicio de su sustancial individualización, recaen sobre fracciones de un mismo edificio y dan lugar a relaciones de interdependencia que afectan a los respectivos titulares ha hecho indispensable en la práctica la creación de órganos de gestión y administración. La Ley, que en todo momento se ha querido mostrar abierta a las enseñanzas de la experiencia, la ha tenido muy especialmente en cuenta en esta materia. Y fruto de ella, así como de la detenida ponderación de los diversos problemas, ha sido confiar normalmente al adecuado funcionamiento del régimen de propiedad horizontal a tres órganos: la Junta, el Presidente de la misma y el Administrador. La Junta, compuesta de todos los titulares, tiene los cometidos propios de un órgano rector colectivo, ha de reunirse preceptivamente una vez al año, y para la adopción de acuerdos válidos se requiere, por regla general, el voto favorable tanto de la mayoría numérica o personal cuanto de la económica, salvo cuando la trascendencia de la materia requiera la unanimidad, o bien cuando por el contrario, por la relativa importancia de aquélla, y para que la simple pasividad de los propietarios no entorpezca el funcionamiento de la institución, sea suficiente la simple mayoría de los asistentes. El cargo de Presidente, que ha de ser elegido del seno de la Junta, lleva implícita la representación de todos los titulares en juicio y fuera de él, con lo que se resuelve el delicado problema de legitimación que se ha venido produciendo. Y, finalmente, el Administrador, que ha de ser designado por la Junta y es amovible, sea o no miembro de ella, ha de actuar siempre en dependencia de la misma, sin perjuicio de cumplir en todo caso las obligaciones que directamente se le imponen.

Por otra parte se ha dado a esto una cierta flexibilidad para que el número de estas personas encargadas de la representación y gestión sea mayor o menor según la importancia y necesidad de la colectividad.

Por último, debe señalarse que la economía del sistema establecido tiene interesantes repercusiones en cuanto afecta al Registro de la Propiedad y exige una breve reforma en la legislación hipotecaria. Se ha partido, en un afán de claridad, de la conveniencia de agregar dos párrafos al artículo 8 de la vigente Ley Hipotecaria, el cuarto y el quinto, que sancionan, en principio, la posibilidad de la inscripción del edificio en su conjunto, sometido al régimen de propiedad horizontal, y al mismo tiempo la del piso o local como finca independiente, con folio registral propio.

El número cuarto del mencionado artículo 8 prevé la hipótesis normal de constitución del régimen de propiedad horizontal, es decir, la construcción de un edificio por un titular que lo destine precisamente a la enajenación de pisos y el caso, menos frecuente, de que varios propietarios de un edificio traten de salir de la indivisión de mutuo acuerdo, o construyan un edificio con ánimo de distribuirlo, ab initio, entre ellos mismos, transformándose en propietarios singulares de apartamento o fracciones independientes. A título excepcional, y con el mismo propósito de simplificar los asientos, se permite inscribir a la vez la adjudicación concreta de los repetidos apartamentos a favor de sus respectivos titulares, siempre que así lo soliciten todos ellos.

Y el número quinto del mismo artículo 8 permite crear el folio autónomo e independiente de cada piso o local, siempre que consten previamente inscritos el inmueble y la constitución del régimen de propiedad horizontal.

En su virtud, y de conformidad con la propuesta elaborada por las Cortes Españolas, dispongo:

CAPÍTULO I. DISPOSICIONES GENERALES

Artículo 1

La presente Ley tiene por objeto la regulación de la forma especial de propiedad establecida en el artículo 396 del Código Civil, que se denomina propiedad horizontal.

A efectos de esta Ley tendrán también la consideración de locales aquellas partes de un edificio que sean susceptibles de aprovechamiento independiente por tener salida a un elemento común de aquél o a la vía pública.

Artículo 2

Esta Ley será de aplicación:

a) A las comunidades de propietarios constituidas con arreglo a lo dispuesto en el artículo 5.

b) A las comunidades que reúnan los requisitos establecidos en el artículo 396 del Código Civil y no hubiesen otorgado el título constitutivo de la propiedad horizontal.

Estas comunidades se regirán, en todo caso, por las disposiciones de esta Ley en lo relativo al régimen jurídico de la propiedad, de sus partes privativas y elementos comunes, así como en cuanto a los derechos y obligaciones recíprocas de los comuneros.

c) A los complejos inmobiliarios privados, en los términos establecidos en esta Ley.

d) A las subcomunidades, entendiendo por tales las que resultan cuando, de acuerdo con lo dispuesto en el título constitutivo, varios propietarios disponen, en régimen de comunidad, para su uso y disfrute exclusivo, de determinados elementos o servicios comunes dotados de unidad e independencia funcional o económica.

e) A las entidades urbanísticas de conservación en los casos en que así lo dispongan sus estatutos.

CAPÍTULO II DEL RÉGIMEN DE LA PROPIEDAD POR PISOS O LOCALES

Artículo 3

En el régimen de propiedad establecido en el artículo 396 del Código Civil corresponde a cada piso o local:

a) El derecho singular y exclusivo de propiedad sobre un espacio suficientemente delimitado y susceptible de aprovechamiento independiente, con los elementos arquitectónicos e instalaciones de todas clases, aparentes o no, que estén comprendidos dentro de sus límites y sirvan exclusivamente al propietario, así como el de los anejos que expresamente hayan sido señalados en el título, aunque se hallen situados fuera del espacio delimitado.

b) La copropiedad, con los demás dueños de pisos o locales, de los restantes elementos, pertenencias y servicios comunes.

A cada piso o local se atribuirá una cuota de participación con relación al total del valor del inmueble y referida a centésimas del mismo. Dicha cuota servirá de módulo para determinar la participación en las cargas y beneficios por razón de la comunidad. Las mejoras o menoscabos de cada piso o local no alterarán la cuota atribuida, que sólo podrá variarse de acuerdo con lo establecido en los artículos 10 y 17 de esta Ley.

Cada propietario puede libremente disponer de su derecho, sin poder separar los elementos que lo integran y sin que la transmisión del disfrute afecte a las obligaciones derivadas de este régimen de propiedad.

Artículo 4

La acción de división no procederá para hacer cesar la situación que regula esta Ley. Sólo podrá ejercitarse por cada propietario proindiviso sobre un piso o local determinado, circunscrita al mismo, y siempre que la proindivisión no haya sido establecida de intento para el servicio o utilidad común de todos los propietarios.

Artículo 5

El título constitutivo de la propiedad por pisos o locales describirá, además del inmueble en su conjunto, cada uno de aquellos al que se asignara número correlativo. La descripción del inmueble habrá de expresar las circunstancias exigidas en la legislación hipotecaria, y los servicios e instalaciones con que cuente el mismo. La de cada piso o local expresará su extensión, linderos, planta en la que se hallare y los anejos, tales como garaje, buhardilla o sótano.

En el mismo título se fijará la cuota de participación que corresponde a cada piso o local, determinada por el propietario único del edificio al iniciar su venta por pisos, por acuerdo de todos los propietarios existentes, por laudo o resolución judicial. Para su fijación se tomará como base la superficie útil de cada piso o local en relación con el total del inmueble, su emplazamiento interior o exterior, su situación y el uso que se presuma racionalmente que va a efectuarse de los servicios o elementos comunes.

El título podrá contener, además, reglas de constitución y ejercicio del derecho y disposiciones no prohibidas por la Ley en orden al uso o destino del edificio, sus diferentes pisos o locales, instalaciones y servicios, gastos, administración y gobierno, seguros, conservación y reparaciones, formando un estatuto privativo que no perjudicará a terceros si no ha sido inscrito en el Registro de la Propiedad.

En cualquier modificación del título, y a salvo lo que se dispone sobre validez de acuerdos, se observarán los mismos requisitos que para la constitución.

Artículo 6

Para regular los detalles de la convivencia y la adecuada utilización de los servicios y cosas comunes, y dentro de los límites establecidos por la Ley y los estatutos, el conjunto de propietarios podrá fijar normas de régimen interior que obligarán también a todo titular mientras no sean modificadas en la forma prevista para tomar acuerdos sobre la administración.

Artículo 7

1. El propietario de cada piso o local podrá modificar los elementos arquitectónicos, instalaciones o servicios de aquél cuando no menoscabe o altere la seguridad del edificio, su estructura general, su configuración o estado exteriores, o perjudique los derechos de otro propietario, debiendo dar cuenta de tales obras previamente a quien represente a la comunidad.

En el resto del inmueble no podrá realizar alteración alguna y si advirtiere la necesidad de reparaciones urgentes deberá comunicarlo sin dilación al administrador.

2. Al propietario y al ocupante del piso o local no les está permitido desarrollar en él o en el resto del inmueble actividades prohibidas en los estatutos, que resulten dañosas para la finca o que contravengan las disposiciones generales sobre actividades molestas, insalubres, nocivas, peligrosas o ilícitas.

El presidente de la comunidad, a iniciativa propia o de cualquiera de los propietarios u ocupantes, requerirá a quien realice las actividades prohibidas por este apartado la inmediata cesación de las mismas, bajo apercibimiento de iniciar las acciones judiciales procedentes.

Si el infractor persistiere en su conducta el presidente, previa autorización de la Junta de propietarios, debidamente convocada al efecto, podrá entablar contra él acción de cesación que, en lo no previsto expresamente por este artículo, se substanciará por las normas que regulan el juicio ordinario.

Presentada la demanda, acompañada de la acreditación del requerimiento fehaciente al infractor y de la certificación del acuerdo adoptado por la Junta de propietarios, el Juez podrá acordar con carácter cautelar la cesación inmediata de la actividad prohibida, bajo apercibimiento de incurrir en delito de desobediencia. Podrá adoptar asimismo cuantas medidas cautelares fueran precisas para asegurar la efectividad de la orden de cesación. La demanda habrá de dirigirse contra el propietario y, en su caso, contra el ocupante de la vivienda o local.

Si la sentencia fuese estimatoria podrá disponer, además de la cesación definitiva de la actividad prohibida y la indemnización de daños y perjuicios que proceda, la privación del derecho al uso de la vivienda o local por tiempo no superior a tres años, en función de la gravedad de la infracción y de los perjuicios ocasionados a la comunidad. Si el infractor no fuese el propietario, la sentencia podrá declarar extinguidos definitivamente todos sus derechos relativos a la vivienda o local, así como su inmediato lanzamiento.

Artículo 8 (Derogado)

Los pisos o locales y sus anejos podrán ser objeto de división material, para formar otros más reducidos e independientes, y aumentados por agregación de otros colindantes del mismo edificio, o disminuidos por segregación de alguna parte.

En tales casos se requerirá, además del consentimiento de los titulares afectados, la aprobación de la junta de propietarios, a la que incumbe la fijación de las nuevas cuotas de participación para los pisos reformados con sujeción a lo dispuesto en el artículo quinto, sin alteración de las cuotas de los restantes.

Artículo 9

1. Son obligaciones de cada propietario:

a) Respetar las instalaciones generales de la comunidad y demás elementos comunes, ya sean de uso general o privativo de cualquiera de los propietarios, estén o no incluidos en su piso o local, haciendo un uso adecuado de los mismos y evitando en todo momento que se causen daños o desperfectos.

b) Mantener en buen estado de conservación su propio piso o local e instalaciones privativas, en términos que no perjudiquen a la comunidad o a los otros propietarios, resarciendo los daños que ocasione por su descuido o el de las personas por quienes deba responder.

c) Consentir en su vivienda o local las reparaciones que exija el servicio del inmueble y permitir en él las servidumbres imprescindibles requeridas para la realización de obras, actuaciones o la creación de servicios comunes llevadas a cabo o acordadas conforme a lo establecido en la presente Ley, teniendo derecho a que la comunidad le resarza de los daños y perjuicios ocasionados.

d) Permitir la entrada en su piso o local a los efectos prevenidos en los tres apartados anteriores.

e) Contribuir, con arreglo a la cuota de participación fijada en el título o a lo especialmente establecido, a los gastos generales para el adecuado sostenimiento del inmueble, sus servicios, cargas y responsabilidades que no sean susceptibles de individualización.

Los créditos a favor de la comunidad derivados de la obligación de contribuir al sostenimiento de los gastos generales correspondientes a las cuotas imputables a la parte vencida de la anualidad en curso y los tres años anteriores tienen la condición de preferentes a efectos del artículo 1923 del Código Civil y preceden, para su satisfacción, a los citados en los números 3.º, 4.º y 5.º de dicho precepto, sin perjuicio de la preferencia establecida a favor de los créditos salariales en el texto refundido de la Ley del Estatuto de los Trabajadores, aprobado por el Real Decreto Legislativo 1/1995, de 24 de marzo.

El adquirente de una vivienda o local en régimen de propiedad horizontal, incluso con título inscrito en el Registro de la Propiedad, responde con el propio inmueble adquirido de las cantidades adeudadas a la comunidad de propietarios para el sostenimiento de los gastos generales por los anteriores titulares hasta el límite de los que resulten imputables a la parte vencida de la anualidad en la cual tenga lugar la adquisición y a los tres años naturales anteriores. El piso o local estará legalmente afecto al cumplimiento de esta obligación.

En el instrumento público mediante el que se transmita, por cualquier título, la vivienda o local el transmitente, deberá declarar hallarse al corriente en el pago de los gastos generales de la comunidad de propietarios o expresar los que adeude. El transmitente deberá aportar en este momento certificación sobre el estado de deudas con la comunidad coincidente con su declaración, sin la cual no podrá autorizarse el otorgamiento del documento público, salvo que fuese expresamente exonerado de esta obligación por el adquirente. La certificación será emitida en el plazo máximo de siete días naturales desde su solicitud por quien ejerza las funciones de secretario, con el visto bueno del presidente, quienes responderán, en caso de culpa o negligencia, de la exactitud de los datos consignados en la misma y de los perjuicios causados por el retraso en su emisión.

f) Contribuir, con arreglo a su respectiva cuota de participación, a la dotación del fondo de reserva que existirá en la comunidad de propietarios para atender las obras de conservación y reparación de la finca y, en su caso, para las obras de rehabilitación.

El fondo de reserva, cuya titularidad corresponde a todos los efectos a la comunidad, estará dotado con una cantidad que en ningún caso podrá ser inferior al 5 por ciento de su último presupuesto ordinario.

Con cargo al fondo de reserva la comunidad podrá suscribir un contrato de seguro que cubra los daños causados en la finca o bien concluir un contrato de mantenimiento permanente del inmueble y sus instalaciones generales.

g) Observar la diligencia debida en el uso del inmueble y en sus relaciones con los demás titulares y responder ante éstos de las infracciones cometidas y de los daños causados.

h) Comunicar a quien ejerza las funciones de secretario de la comunidad, por cualquier medio que permita tener constancia de su recepción, el domicilio en España a efectos de citaciones y notificaciones de toda índole relacionadas con la comunidad. En defecto de esta comunicación se tendrá por domicilio para citaciones y notificaciones el piso o local perteneciente a la comunidad, surtiendo plenos efectos jurídicos las entregadas al ocupante del mismo.

Si intentada una citación o notificación al propietario fuese imposible practicarla en el lugar prevenido en el párrafo anterior, se entenderá realizada mediante la colocación de la comunicación correspondiente en el tablón de anuncios de la comunidad, o en lugar visible de uso general habilitado al efecto, con diligencia expresiva de la fecha y motivos por los que se procede a esta forma de notificación, firmada por quien ejerza las funciones de secretario de la comunidad, con el visto bueno del presidente. La notificación practicada de esta forma producirá plenos efectos jurídicos en el plazo de tres días naturales.

i) Comunicar a quien ejerza las funciones de secretario de la comunidad, por cualquier medio que permita tener constancia de su recepción, el cambio de titularidad de la vivienda o local.

Quien incumpliere esta obligación seguirá respondiendo de las deudas con la comunidad devengadas con posterioridad a la transmisión de forma solidaria con el nuevo titular, sin perjuicio del derecho de aquél, a repetir sobre éste.

Lo dispuesto en el párrafo anterior no será de aplicación cuando, cualquiera de los órganos de gobierno establecidos en el artículo 13 haya tenido conocimiento del cambio de titularidad de la vivienda o local por cualquier otro medio o por actos concluyentes del nuevo propietario, o bien cuando dicha transmisión resulte notoria.

2. Para la aplicación de las reglas del apartado anterior se reputarán generales los gastos que no sean imputables a uno o varios pisos o locales, sin que la no utilización de un servicio exima del cumplimiento de las obligaciones correspondientes, sin perjuicio de lo establecido en el artículo 17.4.

Artículo 10

1. Tendrán carácter obligatorio y no requerirán de acuerdo previo de la Junta de propietarios, impliquen o no modificación del título constitutivo o de los estatutos, y vengan impuestas por las Administraciones Públicas o solicitadas a instancia de los propietarios, las siguientes actuaciones:

a) Los trabajos y las obras que resulten necesarias para el adecuado mantenimiento y cumplimiento del deber de conservación del inmueble y de sus servicios e instalaciones comunes, incluyendo en todo caso, las necesarias para satisfacer los requisitos básicos de seguridad, habitabilidad y accesibilidad universal, así como las condiciones de ornato y cualesquiera otras derivadas de la imposición, por parte de la Administración, del deber legal de conservación.

b) Las obras y actuaciones que resulten necesarias para garantizar los ajustes razonables en materia de accesibilidad universal y, en todo caso, las requeridas a instancia de los propietarios en cuya vivienda o local vivan, trabajen o presten servicios voluntarios, personas con discapacidad, o mayores de setenta años, con el objeto de asegurarles un uso adecuado a sus necesidades de los elementos comunes, así como la instalación de rampas, ascensores u otros dispositivos mecánicos y electrónicos que favorezcan la orientación o su comunicación con el exterior, siempre que el importe repercutido anualmente de las mismas, una vez descontadas las subvenciones o ayudas públicas, no exceda de doce mensualidades ordinarias de gastos comunes. No eliminará el carácter obligatorio de estas obras el hecho de que el resto de su coste, más allá de las citadas mensualidades, sea asumido por quienes las hayan requerido.

c) La ocupación de elementos comunes del edificio o del complejo inmobiliario privado durante el tiempo que duren las obras a las que se refieren las letras anteriores.

d) La construcción de nuevas plantas y cualquier otra alteración de la estructura o fábrica del edificio o de las cosas comunes, así como la constitución de un complejo inmobiliario, tal y como prevé el artículo 17.4 del texto refundido de la Ley de Suelo, aprobado por el Real Decreto Legislativo 2/2008, de 20 de junio, que resulten preceptivos a consecuencia de la inclusión del inmueble en un ámbito de actuación de rehabilitación o de regeneración y renovación urbana.

e) Los actos de división material de pisos o locales y sus anejos para formar otros más reducidos e independientes, el aumento de su superficie por agregación de otros colindantes del mismo edificio, o su disminución por segregación de alguna parte, realizados por voluntad y a instancia de sus propietarios, cuando tales actuaciones sean posibles a consecuencia de la inclusión del inmueble en un ámbito de actuación de rehabilitación o de regeneración y renovación urbanas.

2. Teniendo en cuenta el carácter de necesarias u obligatorias de las actuaciones referidas en las letras a) a d) del apartado anterior, procederá lo siguiente:

a) Serán costeadas por los propietarios de la correspondiente comunidad o agrupación de comunidades, limitándose el acuerdo de la Junta a la distribución de la derrama pertinente y a la determinación de los términos de su abono.

b) Los propietarios que se opongan o demoren injustificadamente la ejecución de las órdenes dictadas por la autoridad competente responderán individualmente de las sanciones que puedan imponerse en vía administrativa.

c) Los pisos o locales quedarán afectos al pago de los gastos derivados de la realización de dichas obras o actuaciones en los mismos términos y condiciones que los establecidos en el artículo 9 para los gastos generales.

3. Requerirán autorización administrativa, en todo caso:

a) La constitución y modificación del complejo inmobiliario a que se refiere el artículo 17.6 del texto refundido de la Ley de Suelo, aprobado por el Real Decreto Legislativo 2/2008, de 20 de junio, en sus mismos términos.

b) Cuando así se haya solicitado, previa aprobación por las tres quintas partes del total de los propietarios que, a su vez, representen las tres quintas partes de las cuotas de participación, la división material de los pisos o locales y sus anejos, para formar otros más reducidos e independientes; el aumento de su superficie por agregación de otros colindantes del mismo edificio o su disminución por segregación de alguna parte; la construcción de nuevas plantas y cualquier otra alteración de la estructura o fábrica del edificio, incluyendo el cerramiento de las terrazas y la modificación de la envolvente para mejorar la eficiencia energética, o de las cosas comunes, cuando concurran los requisitos a que alude el artículo 17.6 del texto refundido de la Ley de Suelo, aprobado por el Real Decreto Legislativo 2/2008, de 20 de junio.

En estos supuestos deberá constar el consentimiento de los titulares afectados y corresponderá a la Junta de Propietarios, de común acuerdo con aquéllos, y por mayoría de tres quintas partes del total de los propietarios, la determinación de la indemnización por daños y perjuicios que corresponda. La fijación de las nuevas cuotas de participación, así como la determinación de la naturaleza de las obras que se vayan a realizar, en caso de discrepancia sobre las mismas, requerirá la adopción del oportuno acuerdo de la Junta de Propietarios, por idéntica mayoría. A este respecto también podrán los interesados solicitar arbitraje o dictamen técnico en los términos establecidos en la Ley.

Artículo 11 (Derogado)

1. Ningún propietario podrá exigir nuevas instalaciones, servicios o mejoras no requeridos para la adecuada conservación, habitabilidad, seguridad y accesibilidad del inmueble, según su naturaleza y características.

2. Cuando se adopten válidamente acuerdos para realizar innovaciones no exigibles a tenor del apartado anterior y cuya cuota de instalación exceda del importe de tres mensualidades ordinarias de gastos comunes, el disidente no resultará obligado, ni se modificará su cuota, incluso en el caso de que no pueda privársele de la mejora o ventaja.

Si el disidente desea, en cualquier tiempo, participar de las ventajas de la innovación, habrá de abonar su cuota en los gastos de realización y mantenimiento, debidamente actualizados mediante la aplicación del correspondiente interés legal.

3. Cuando se adopten válidamente acuerdos para la realización de obras de accesibilidad, la comunidad quedará obligada al pago de los gastos, aun cuando su importe exceda de doce mensualidades ordinarias de gastos comunes.

4. Las innovaciones que hagan inservible alguna parte del edificio para el uso y disfrute de un propietario requerirán, en todo caso, el consentimiento expreso de éste.

5. Las derramas para el pago de mejoras realizadas o por realizar en el inmueble serán a cargo de quien sea propietario en el momento de la exigibilidad de las cantidades afectas al pago de dichas mejoras.

Artículo 12 (Derogado)

La construcción de nuevas plantas y cualquier otra alteración de la estructura o fábrica del edificio o de las cosas comunes afectan al título constitutivo y deben someterse al régimen establecido para las modificaciones del mismo. El acuerdo que se adopte fijará la naturaleza de la modificación, las alteraciones que origine en la descripción de la finca y de los pisos o locales, la variación de cuotas y el titular o titulares de los nuevos locales o pisos.

Artículo 13

1. Los órganos de gobierno de la comunidad son los siguientes:

a) La Junta de propietarios.

b) El presidente y, en su caso, los vicepresidentes.

c) El secretario.

d) El administrador.

En los estatutos, o por acuerdo mayoritario de la Junta de propietarios, podrán establecerse otros órganos de gobierno de la comunidad, sin que ello pueda suponer menoscabo alguno de las funciones y responsabilidades frente a terceros que esta Ley atribuye a los anteriores.

2. El presidente será nombrado, entre los propietarios, mediante elección o, subsidiariamente, mediante turno rotatorio o sorteo. El nombramiento será obligatorio, si bien el propietario designado podrá solicitar su relevo al juez dentro del mes siguiente a su acceso al cargo, invocando las razones que le asistan para ello. El juez, a través del procedimiento establecido en el artículo 17.3.ª, resolverá de plano lo procedente, designando en la misma resolución al propietario que hubiera de sustituir, en su caso, al presidente en el cargo hasta que se proceda a nueva designación en el plazo que se determine en la resolución judicial.

Igualmente podrá acudirse al juez cuando, por cualquier causa, fuese imposible para la Junta designar presidente de la comunidad.

3. El presidente ostentará legalmente la representación de la comunidad, en juicio y fuera de el, en todos los asuntos que la afecten.

4. La existencia de vicepresidentes será facultativa. Su nombramiento se realizará por el mismo procedimiento que el establecido para la designación del presidente.

Corresponde al vicepresidente, o a los vicepresidentes por su orden, sustituir al presidente en los casos de ausencia, vacante o imposibilidad de éste, así como asistirlo en el ejercicio de sus funciones en los términos que establezca la Junta de propietarios.

5. Las funciones del secretario y del administrador serán ejercidas por el presidente de la comunidad, salvo que los estatutos o la Junta de propietarios por acuerdo mayoritario, dispongan la provisión de dichos cargos separadamente de la presidencia.

6. Los cargos de secretario y administrador podrán acumularse en una misma persona o bien nombrarse independientemente.

El cargo de administrador y, en su caso, el de secretario y administrador podrá ser ejercido por cualquier propietario, así como por personas físicas con cualificación profesional suficiente y legalmente reconocida para ejercer dichas funciones. También podrá recaer en corporaciones y otras personas jurídicas en los términos establecidos en el ordenamiento jurídico.

7. Salvo que los estatutos de la comunidad dispongan lo contrario, el nombramiento de los órganos de gobierno se hará por el plazo de un año.

Los designados podrán ser removidos de su cargo antes de la expiración del mandato por acuerdo de la Junta de propietarios, convocada en sesión extraordinaria.

8. Cuando el número de propietarios de viviendas o locales en un edificio no exceda de cuatro podrán acogerse al régimen de administración del artículo 398 del Código Civil, si expresamente lo establecen los estatutos.

Artículo 14

Corresponde a la Junta de propietarios:

a) Nombrar y remover a las personas que ejerzan los cargos mencionados en el artículo anterior y resolver las reclamaciones que los titulares de los pisos o locales formulen contra la actuación de aquéllos.

b) Aprobar el plan de gastos e ingresos previsibles y las cuentas correspondientes.

c) Aprobar los presupuestos y la ejecución de todas las obras de reparación de la finca, sean ordinarias o extraordinarias, y ser informada de las medidas urgentes adoptadas por el administrador de conformidad con lo dispuesto en el artículo 20.c).

d) Aprobar o reformar los estatutos y determinar las normas de régimen interior.

e) Conocer y decidir en los demás asuntos de interés general para la comunidad, acordando las medidas necesarias o convenientes para el mejor servicio común.

Artículo 15

1. La asistencia a la Junta de propietarios será personal o por representación legal o voluntaria, bastando para acreditar ésta un escrito firmado por el propietario.

Si algún piso o local perteneciese pro indiviso a diferentes propietarios éstos nombrarán un representante para asistir y votar en las juntas.

Si la vivienda o local se hallare en usufructo, la asistencia y el voto corresponderá al nudo propietario, quien, salvo manifestación en contrario, se entenderá representado por el usufructuario, debiendo ser expresa la delegación cuando se trate de los acuerdos a que se refiere la regla primera del artículo 17 o de obras extraordinarias y de mejora.

2. Los propietarios que en el momento de iniciarse la junta no se encontrasen al corriente en el pago de todas las deudas vencidas con la comunidad y no hubiesen impugnado judicialmente las mismas o procedido a la consignación judicial o notarial de la suma adeudada, podrán participar en sus deliberaciones si bien no tendrán derecho de voto. El acta de la Junta reflejará los propietarios privados del derecho de voto, cuya persona y cuota de participación en la comunidad no será computada a efectos de alcanzar las mayorías exigidas en esta Ley.

Artículo 16

1. La Junta de propietarios se reunirá por lo menos una vez al año para aprobar los presupuestos y cuentas y en las demás ocasiones que lo considere conveniente el presidente o lo pidan la cuarta parte de los propietarios, o un número de éstos que representen al menos el 25 por 100 de las cuotas de participación.

2. La convocatoria de las Juntas la hará el presidente y, en su defecto, los promotores de la reunión, con indicación de los asuntos a tratar, el lugar, día y hora en que se celebrará en primera o, en su caso, en segunda convocatoria, practicándose las citaciones en la forma establecida en el artículo 9. La convocatoria contendrá una relación de los propietarios que no estén al corriente en el pago de las deudas vencidas a la comunidad y advertirá de la privación del derecho de voto si se dan los supuestos previstos en el artículo 15.2.

Cualquier propietario podrá pedir que la Junta de propietarios estudie y se pronuncie sobre cualquier tema de interés para la comunidad; a tal efecto dirigirá escrito, en el que especifique claramente los asuntos que pide sean tratados, al presidente, el cual los incluirá en el orden del día de la siguiente Junta que se celebre.

Si a la reunión de la Junta no concurriesen, en primera convocatoria, la mayoría de los propietarios que representen, a su vez, la mayoría de las cuotas de participación se procederá a una segunda convocatoria de la misma, esta vez sin sujeción a quórum.

La Junta se reunirá en segunda convocatoria en el lugar, día y hora indicados en la primera citación, pudiendo celebrarse el mismo día si hubiese transcurrido media hora desde la anterior. En su defecto, será nuevamente convocada, conforme a los requisitos establecidos en este artículo, dentro de los ocho días naturales siguientes a la Junta no celebrada, cursándose en este caso las citaciones con una antelación mínima de tres días.

3. La citación para la Junta ordinaria anual se hará, cuando menos, con seis días de antelación, y para las extraordinarias, con la que sea posible para que pueda llegar a conocimiento de todos los interesados. La Junta podrá reunirse válidamente aun sin la convocatoria del presidente, siempre que concurran la totalidad de los propietarios y así lo decidan.

Artículo 17

Los acuerdos de la Junta de propietarios se sujetarán a las siguientes reglas:

1. La instalación de las infraestructuras comunes para el acceso a los servicios de telecomunicación regulados en el Real Decreto-ley 1/1998, de 27 de febrero, sobre infraestructuras comunes en los edificios para el acceso a los servicios de telecomunicación, o la adaptación de los existentes, así como la instalación de sistemas comunes o privativos, de aprovechamiento de energías renovables, o bien de las infraestructuras necesarias para acceder a nuevos suministros energéticos colectivos, podrá ser acordada, a petición de cualquier propietario, por un tercio de los integrantes de la comunidad que representen, a su vez, un tercio de las cuotas de participación.

La comunidad no podrá repercutir el coste de la instalación o adaptación de dichas infraestructuras comunes, ni los derivados de su conservación y mantenimiento posterior, sobre aquellos propietarios que no hubieren votado expresamente en la Junta a favor del acuerdo. No obstante, si con posterioridad solicitasen el acceso a los servicios de telecomunicaciones o a los suministros energéticos, y ello requiera aprovechar las nuevas infraestructuras o las adaptaciones realizadas en las preexistentes, podrá autorizárseles siempre que abonen el importe que les hubiera correspondido, debidamente actualizado, aplicando el correspondiente interés legal.

No obstante lo dispuesto en el párrafo anterior respecto a los gastos de conservación y mantenimiento, la nueva infraestructura instalada tendrá la consideración, a los efectos establecidos en esta Ley, de elemento común.

2. Sin perjuicio de lo establecido en el artículo 10.1 b), la realización de obras o el establecimiento de nuevos servicios comunes que tengan por finalidad la supresión de barreras arquitectónicas que dificulten el acceso o movilidad de personas con discapacidad y, en todo caso, el establecimiento de los servicios de ascensor, incluso cuando impliquen la modificación del título constitutivo, o de los estatutos, requerirá el voto favorable de la mayoría de los propietarios, que, a su vez, representen la mayoría de las cuotas de participación.

Cuando se adopten válidamente acuerdos para la realización de obras de accesibilidad, la comunidad quedará obligada al pago de los gastos, aun cuando su importe repercutido anualmente exceda de doce mensualidades ordinarias de gastos comunes.

3. El establecimiento o supresión de los servicios de portería, conserjería, vigilancia u otros servicios comunes de interés general, supongan o no modificación del título constitutivo o de los esta-

tutos, requerirán el voto favorable de las tres quintas partes del total de los propietarios que, a su vez, representen las tres quintas partes de las cuotas de participación.

Idéntico régimen se aplicará al arrendamiento de elementos comunes que no tengan asignado un uso específico en el inmueble y el establecimiento o supresión de equipos o sistemas, no recogidos en el apartado 1, que tengan por finalidad mejorar la eficiencia energética o hídrica del inmueble. En éste último caso, los acuerdos válidamente adoptados con arreglo a esta norma obligan a todos los propietarios. No obstante, si los equipos o sistemas tienen un aprovechamiento privativo, para la adopción del acuerdo bastará el voto favorable de un tercio de los integrantes de la comunidad que representen, a su vez, un tercio de las cuotas de participación, aplicándose, en este caso, el sistema de repercusión de costes establecido en dicho apartado.

4. Ningún propietario podrá exigir nuevas instalaciones, servicios o mejoras no requeridos para la adecuada conservación, habitabilidad, seguridad y accesibilidad del inmueble, según su naturaleza y características.

No obstante, cuando por el voto favorable de las tres quintas partes del total de los propietarios que, a su vez, representen las tres quintas partes de las cuotas de participación, se adopten válidamente acuerdos, para realizar innovaciones, nuevas instalaciones, servicios o mejoras no requeridos para la adecuada conservación, habitabilidad, seguridad y accesibilidad del inmueble, no exigibles y cuya cuota de instalación exceda del importe de tres mensualidades ordinarias de gastos comunes, el disidente no resultará obligado, ni se modificará su cuota, incluso en el caso de que no pueda privársele de la mejora o ventaja. Si el disidente desea, en cualquier tiempo, participar de las ventajas de la innovación, habrá de abonar su cuota en los gastos de realización y mantenimiento, debidamente actualizados mediante la aplicación del correspondiente interés legal.

No podrán realizarse innovaciones que hagan inservible alguna parte del edificio para el uso y disfrute de un propietario, si no consta su consentimiento expreso.

5. La instalación de un punto de recarga de vehículos eléctricos para uso privado en el aparcamiento del edificio, siempre que éste se ubique en una plaza individual de garaje, sólo requerirá la comunicación previa a la comunidad. El coste de dicha instalación y el consumo de electricidad correspondiente serán asumidos íntegramente por el o los interesados directos en la misma.

6. Los acuerdos no regulados expresamente en este artículo, que impliquen la aprobación o modificación de las reglas contenidas en el título constitutivo de la propiedad horizontal o en los estatutos de la comunidad, requerirán para su validez la unanimidad del total de los propietarios que, a su vez, representen el total de las cuotas de participación.

7. Para la validez de los demás acuerdos bastará el voto de la mayoría del total de los propietarios que, a su vez, representen la mayoría de las cuotas de participación. En segunda convocatoria serán válidos los acuerdos adoptados por la mayoría de los asistentes, siempre que ésta represente, a su vez, más de la mitad del valor de las cuotas de los presentes.

Cuando la mayoría no se pudiere lograr por los procedimientos establecidos en los apartados anteriores, el Juez, a instancia de parte deducida en el mes siguiente a la fecha de la segunda Junta, y oyendo en comparecencia los contradictores previamente citados, resolverá en equidad lo que proceda dentro de veinte días, contados desde la petición, haciendo pronunciamiento sobre el pago de costas.

8. Salvo en los supuestos expresamente previstos en los que no se pueda repercutir el coste de los servicios a aquellos propietarios que no hubieren votado expresamente en la Junta a favor del acuerdo, o en los casos en los que la modificación o reforma se haga para aprovechamiento privativo, se computarán como votos favorables los de aquellos propietarios ausentes de la Junta, debi-

damente citados, quienes una vez informados del acuerdo adoptado por los presentes, conforme al procedimiento establecido en el artículo 9, no manifiesten su discrepancia mediante comunicación a quien ejerza las funciones de secretario de la comunidad en el plazo de 30 días naturales, por cualquier medio que permita tener constancia de la recepción.

9. Los acuerdos válidamente adoptados con arreglo a lo dispuesto en este artículo obligan a todos los propietarios.

10. En caso de discrepancia sobre la naturaleza de las obras a realizar resolverá lo procedente la Junta de propietarios. También podrán los interesados solicitar arbitraje o dictamen técnico en los términos establecidos en la Ley.

11. Las derramas para el pago de mejoras realizadas o por realizar en el inmueble serán a cargo de quien sea propietario en el momento de la exigibilidad de las cantidades afectas al pago de dichas mejoras.

Artículo 18

1. Los acuerdos de la Junta de Propietarios serán impugnables ante los tribunales de conformidad con lo establecido en la legislación procesal general, en los siguientes supuestos:

a) Cuando sean contrarios a la ley o a los estatutos de la comunidad de propietarios.

b) Cuando resulten gravemente lesivos para los intereses de la propia comunidad en beneficio de uno o varios propietarios.

c) Cuando supongan un grave perjuicio para algún propietario que no tenga obligación jurídica de soportarlo o se hayan adoptado con abuso de derecho.

2. Estarán legitimados para la impugnación de estos acuerdos los propietarios que hubiesen salvado su voto en la Junta, los ausentes por cualquier causa y los que indebidamente hubiesen sido privados de su derecho de voto. Para impugnar los acuerdos de la Junta el propietario deberá estar al corriente en el pago de la totalidad de las deudas vencidas con la comunidad o proceder previamente a la consignación judicial de las mismas. Esta regla no será de aplicación para la impugnación de los acuerdos de la Junta relativos al establecimiento o alteración de las cuotas de participación a que se refiere el artículo 9 entre los propietarios.

3. La acción caducará a los tres meses de adoptarse el acuerdo por la Junta de propietarios, salvo que se trate de actos contrarios a la ley o a los estatutos, en cuyo caso la acción caducará al año. Para los propietarios ausentes dicho plazo se computará a partir de la comunicación del acuerdo conforme al procedimiento establecido en el artículo 9.

4. La impugnación de los acuerdos de la Junta no suspenderá su ejecución, salvo que el juez así lo disponga con carácter cautelar, a solicitud del demandante, oída la comunidad de propietarios.

Artículo 19

1. Los acuerdos de la Junta de propietarios se reflejarán en un libro de actas diligenciado por el Registrador de la Propiedad en la forma que reglamentariamente se disponga.

2. El acta de cada reunión de la Junta de propietarios deberá expresar, al menos, las siguientes circunstancias:

a) La fecha y el lugar de celebración.

b) El autor de la convocatoria y, en su caso, los propietarios que la hubiesen promovido.

c) Su carácter ordinario o extraordinario y la indicación sobre su celebración en primera o segunda convocatoria.

d) Relación de todos los asistentes y sus respectivos cargos, así como de los propietarios representados, con indicación, en todo caso, de sus cuotas de participación.

e) El orden del día de la reunión.

f) Los acuerdos adoptados, con indicación, en caso de que ello fuera relevante para la validez del acuerdo, de los nombres de los propietarios que hubieren votado a favor y en contra de los mismos, así como de las cuotas de participación que respectivamente representen.

3. El acta deberá cerrarse con las firmas del presidente y del secretario al terminar la reunión o dentro de los diez días naturales siguientes. Desde su cierre los acuerdos serán ejecutivos, salvo que la Ley previere lo contrario.

El acta de las reuniones se remitirá a los propietarios de acuerdo con el procedimiento establecido en el artículo 9.

Serán subsanables los defectos o errores del acta siempre que la misma exprese inequívocamente la fecha y lugar de celebración, los propietarios asistentes, presentes o representados, y los acuerdos adoptados, con indicación de los votos a favor y en contra, así como las cuotas de participación que respectivamente supongan y se encuentre firmada por el presidente y el secretario. Dicha subsanación deberá efectuarse antes de la siguiente reunión de la Junta de propietarios, que deberá ratificar la subsanación.

4. El secretario custodiará los libros de actas de la Junta de propietarios. Asimismo deberá conservar, durante el plazo de cinco años las convocatorias, comunicaciones, apoderamientos y demás documentos relevantes de las reuniones.

Artículo 20

Corresponde al administrador:

a) Velar por el buen régimen de la casa, sus instalaciones y servicios, y hacer a estos efectos las oportunas advertencias y apercibimientos a los titulares.

b) Preparar con la debida antelación y someter a la Junta el plan de gastos previsibles, proponiendo los medios necesarios para hacer frente a los mismos.

c) Atender a la conservación y entretenimiento de la casa, disponiendo las reparaciones y medidas que resulten urgentes, dando inmediata cuenta de ellas al presidente o, en su caso, a los propietarios.

d) Ejecutar los acuerdos adoptados en materia de obras y efectuar los pagos y realizar los cobros que sean procedentes.

e) Actuar, en su caso, como secretario de la Junta y custodiar a disposición de los titulares la documentación de la comunidad.

f) Todas las demás atribuciones que se confieran por la Junta.

Artículo 21

1. Las obligaciones a que se refieren los apartados e) y f) del artículo 9 deberán cumplirse por el propietario de la vivienda o local en el tiempo y forma determinados por la Junta. En caso contrario, el presidente o el administrador, si así lo acordase la junta de propietarios, podrá exigirlo judicialmente a través del proceso monitorio.

2. La utilización del procedimiento monitorio requerirá la previa certificación del acuerdo de la Junta aprobando la liquidación de la deuda con la comunidad de propietarios por quien actúe como secretario de la misma, con el visto bueno del presidente, siempre que tal acuerdo haya sido notificado a los propietarios afectados en la forma establecida en el artículo 9.

3. A la cantidad que se reclame en virtud de lo dispuesto en el apartado anterior podrá añadirse la derivada de los gastos del requerimiento previo de pago, siempre que conste documentalmente la realización de éste, y se acompañe a la solicitud el justificante de tales gastos.

4. Cuando el propietario anterior de la vivienda o local deba responder solidariamente del pago de la deuda, podrá dirigirse contra él la petición inicial, sin perjuicio de su derecho a repetir contra el actual propietario. Asimismo se podrá dirigir la reclamación contra el titular registral, que gozará del mismo derecho mencionado anteriormente.

En todos estos casos, la petición inicial podrá formularse contra cualquiera de los obligados o contra todos ellos conjuntamente.

5. Cuando el deudor se oponga a la petición inicial del proceso monitorio, el acreedor podrá solicitar el embargo preventivo de bienes suficientes de aquél, para hacer frente a la cantidad reclamada, los intereses y las costas.

El tribunal acordará, en todo caso, el embargo preventivo sin necesidad de que el acreedor preste caución. No obstante, el deudor podrá enervar el embargo prestando aval bancario por la cuantía por la que hubiese sido decretado.

6. Cuando en la solicitud inicial del proceso monitorio se utilizaren los servicios profesionales de abogado y procurador para reclamar las cantidades debidas a la Comunidad, el deudor deberá pagar, con sujeción en todo caso a los límites establecidos en el apartado tercero del artículo 394 de la Ley de Enjuiciamiento Civil, los honorarios y derechos que devenguen ambos por su intervención, tanto si aquél atendiere el requerimiento de pago como si no compareciere ante el tribunal.

En los casos en que exista oposición, se seguirán las reglas generales en materia de costas, aunque si el acreedor obtuviere una sentencia totalmente favorable a su pretensión, se deberán incluir en ellas los honorarios del abogado y los derechos del procurador derivados de su intervención, aunque no hubiera sido preceptiva.

Artículo 22

1. La comunidad de propietarios responderá de sus deudas frente a terceros con todos los fondos y créditos a su favor. Subsidiariamente y previo requerimiento de pago al propietario respectivo, el acreedor podrá dirigirse contra cada propietario que hubiese sido parte en el correspondiente proceso por la cuota que le corresponda en el importe insatisfecho.

2. Cualquier propietario podrá oponerse a la ejecución si acredita que se encuentra al corriente en el pago de la totalidad de las deudas vencidas con la comunidad en el momento de formularse el requerimiento a que se refiere el apartado anterior.

Si el deudor pagase en el acto de requerimiento, serán de su cargo las costas causadas hasta ese momento en la parte proporcional que le corresponda.

Artículo 23

El régimen de propiedad horizontal se extingue:

1. Por la destrucción del edificio, salvo pacto en contrario. Se estimará producida aquélla cuando el coste de la reconstrucción exceda del cincuenta por ciento del valor de la finca al tiempo de ocurrir el siniestro, a menos que el exceso de dicho coste esté cubierto por un seguro.

2. Por conversión en propiedad o copropiedad ordinarias.

CAPÍTULO III. DEL RÉGIMEN DE LOS COMPLEJOS INMOBILIARIOS PRIVADOS

Artículo 24

1. El régimen especial de propiedad establecido en el artículo 396 del Código Civil será aplicable a aquellos complejos inmobiliarios privados que reúnan los siguientes requisitos:

a) Estar integrados por dos o más edificaciones o parcelas independientes entre sí cuyo destino principal sea la vivienda o locales.

b) Participar los titulares de estos inmuebles, o de las viviendas o locales en que se encuentren divididos horizontalmente, con carácter inherente a dicho derecho, en una copropiedad indivisible sobre otros elementos inmobiliarios, viales, instalaciones o servicios.

2. Los complejos inmobiliarios privados a que se refiere el apartado anterior podrán:

a) Constituirse en una sola comunidad de propietarios a través de cualquiera de los procedimientos establecidos en el párrafo segundo del artículo 5. En este caso quedarán sometidos a las disposiciones de esta Ley, que les resultarán íntegramente de aplicación.

b) Constituirse en una agrupación de comunidades de propietarios. A tal efecto, se requerirá que el título constitutivo de la nueva comunidad agrupada sea otorgado por el propietario único del complejo o por los presidentes de todas las comunidades llamadas a integrar aquélla, previamente autorizadas por acuerdo mayoritario de sus respectivas Juntas de propietarios. El título constitutivo contendrá la descripción del complejo inmobiliario en su conjunto y de los elementos, viales, instalaciones y servicios comunes. Asimismo fijará la cuota de participación de cada una de las comunidades integradas, las cuales responderán conjuntamente de su obligación de contribuir al sostenimiento de los gastos generales de la comunidad agrupada. El título y los estatutos de la comunidad agrupada serán inscribibles en el Registro de la Propiedad.

3. La agrupación de comunidades a que se refiere el apartado anterior gozará, a todos los efectos, de la misma situación jurídica que las comunidades de propietarios y se regirá por las disposiciones de esta Ley, con las siguientes especialidades:

a) La Junta de propietarios estará compuesta, salvo acuerdo en contrario, por los presidentes de las comunidades integradas en la agrupación, los cuales ostentarán la representación del conjunto de los propietarios de cada comunidad.

b) La adopción de acuerdos para los que la ley requiera mayorías cualificadas exigirá, en todo caso, la previa obtención de la mayoría de que se trate en cada una de las Juntas de propietarios de las comunidades que integran la agrupación.

c) Salvo acuerdo en contrario de la Junta no será aplicable a la comunidad agrupada lo dispuesto en el artículo 9 de esta Ley sobre el fondo de reserva.

La competencia de los órganos de gobierno de la comunidad agrupada únicamente se extiende a los elementos inmobiliarios, viales, instalaciones y servicios comunes. Sus acuerdos no podrán menoscabar en ningún caso las facultades que corresponden a los órganos de gobierno de las comunidades de propietarios integradas en la agrupación de comunidades.

4. A los complejos inmobiliarios privados que no adopten ninguna de las formas jurídicas señaladas en el apartado 2 les serán aplicables, supletoriamente respecto de los pactos que establezcan entre sí los copropietarios, las disposiciones de esta Ley con las mismas especialidades señaladas en el apartado anterior.

DISPOSICIÓN ADICIONAL

1. Sin perjuicio de las disposiciones que en uso de sus competencias adopten las Comunidades Autónomas, la constitución del fondo de reserva regulado en el artículo 9.1.f) se ajustará a las siguientes reglas:

a) El fondo deberá constituirse en el momento de aprobarse por la Junta de propietarios el presupuesto ordinario de la comunidad correspondiente al ejercicio anual inmediatamente posterior a la entrada en vigor de la presente disposición.

Las nuevas comunidades de propietarios constituirán el fondo de reserva al aprobar su primer presupuesto ordinario.

b) En el momento de su constitución el fondo estará dotado con una cantidad no inferior al 2,5 por 100 del presupuesto ordinario de la comunidad. A tal efecto, los propietarios deberán efectuar previamente las aportaciones necesarias en función de su respectiva cuota de participación.

c) Al aprobarse el presupuesto ordinario correspondiente al ejercicio anual inmediatamente posterior a aquel en que se constituya el fondo de reserva, la dotación del mismo deberá alcanzar la cuantía mínima establecida en el artículo 9.

2. La dotación del fondo de reserva no podrá ser inferior, en ningún momento del ejercicio presupuestario, al mínimo legal establecido.

Las cantidades detraídas del fondo durante el ejercicio presupuestario para atender los gastos de las obras o actuaciones incluidas en el artículo 10 se computarán como parte integrante del mismo a efectos del cálculo de su cuantía mínima.

Al inicio del siguiente ejercicio presupuestario se efectuarán las aportaciones necesarias para cubrir las cantidades detraídas del fondo de reserva conforme a lo señalado en el párrafo anterior.

DISPOSICIONES TRANSITORIAS

Primera

La presente Ley regirá todas las comunidades de propietarios, cualquiera que sea el momento en que fueron creadas y el contenido de sus estatutos, que no podrán ser aplicados en contradicción con lo establecido en la misma.

En el plazo de dos años, a contar desde la publicación de esta Ley en el «Boletín Oficial del Estado», las comunidades de propietarios deberán adaptar sus estatutos a lo dispuesto en ella en lo que estuvieren en contradicción con sus preceptos.

Transcurridos los dos años, cualquiera de los propietarios podrá instar judicialmente la adaptación prevenida en la presente disposición por el procedimiento señalado en el número segundo del artículo dieciséis.

Segunda

En los actuales estatutos reguladores de la propiedad por pisos en los que esté establecido el derecho de tanteo y retracto en favor de los propietarios, se entenderán los mismos modificados en el sentido de quedar sin eficacia tal derecho, salvo que, en nueva junta, y por mayoría que represente, al menos, el ochenta por ciento de los titulares, se acordare el mantenimiento de los citados derechos de tanteo y retracto en favor de los miembros de la comunidad.

DISPOSICIÓN FINAL

Quedan derogadas cuantas disposiciones se opongan a lo establecido en esta Ley.